ARBEITSAMT MANNHEIM

1893–1993

PYLON

WOLFRAM FÖRSTER

ARBEITSAMT MANNHEIM
1893–1993

INSTITUTION – WIRTSCHAFT – BEVÖLKERUNG – POLITIK

EINE JAHRHUNDERTBETRACHTUNG

PYLON

Einband: Plakat der Mannheimer „Centralanstalt für unentgeltlichen Arbeitsnachweis", veröffentlicht um das Jahr 1900. Vorlage und Aufnahme: Generallandesarchiv Karlsruhe, Faszikel 237/26686.

CIP – Titelaufnahme der Deutschen Bibliothek

Förster, Wolfram. Arbeitsamt Mannheim: 1893–1993;
Institution, Wirtschaft, Bevölkerung, Politik;
eine Jahrhundertbetrachtung/
Wolfram Förster. – 1. Aufl. – Mannheim: Pylon, 1994
ISBN 3-9803632-0-1
NE: Mannheim/Arbeitsamt

© Pylon Verlag, Mannheim
1. Auflage, 1994
Satz und Druck: Druckerei Odenwälder, Buchen
Buchbindung: Stürtz, Würzburg
Layout/Umschlag: Karin Schuler, Mannheim

Alle Rechte vorbehalten – Printed in Germany
ISBN 3-9803632-0-1

Grußwort

Die Bekämpfung von Arbeitslosigkeit ist eine der schwierigsten und auch wichtigsten Aufgaben von Politik und Verwaltung. Dies wird in der augenblicklichen krisenhaften Entwicklung besonders deutlich, in der gleichzeitig strukturelle und konjunkturelle Probleme aufeinandertreffen. Allenthalben werden neue Handlungsstrategien gefordert, um den sozialen und wirtschaftspolitischen Auswirkungen von Massenarbeitslosigkeit entgegenzuwirken.

Die vorliegende Jubiläumsschrift zeichnet nicht nur die Geschichte der Arbeitsverwaltung in Mannheim nach, sondern ist auch eine Dokumentation der Entwicklung der Arbeitslosigkeit und der Versuche, zeitgemäße Lösungsansätze für die Bewältigung der Beschäftigungsprobleme zu finden.

Das 100jährige Bestehen der Arbeitsverwaltung Mannheim ist eng verknüpft mit der Geschichte der Stadt. Schon in der zweiten Hälfte des 19. Jahrhunderts, als Mannheim eine sich rasch und dynamisch entwickelnde Industrialisierungsphase erlebte, entstand hier vergleichsweise früh ein Bewußtsein innerhalb der städtischen Verwaltung, daß die Mitwirkung bei der Bewältigung sozialpolitischer Aufgaben im ureigensten Interesse der Stadt lag. Deshalb waren unter der Amtszeit von Oberbürgermeister Otto Beck Mannheims Gemeindeeinrichtungen zu einer breiten Leistungs- und Fachverwaltung ausgebaut worden. Im Bündnis mit Handels- und Industrievereinen, aber auch getragen von Arbeiter- und gewerkschaftlichen Organisationen, entstanden so viele für die Stadt beispielhafte Einrichtungen. Sie nahmen – bei aller Unvollkommenheit – wichtige soziale Ordnungsfunktionen wahr und entwickelten sich vielfach zu den uns heute vertrauten Institutionen des Sozialstaates. Wesentliche Elemente der heutigen Arbeitsverwaltung haben in der Zeit bis 1927, in der die Behörde unter kommunaler Trägerschaft stand, ihre erste zeitgemäße Ausformung gefunden. Aus der anschließend gegründeten Reichsanstalt entwickelte sich später die Bundesanstalt für Arbeit.

Die Konzentration zusammenhängender Aufgaben bei einem Amt hat zu einer Steigerung der Effektivität der damals gebräuchlichen arbeitsmarktpolitischen Instrumente beigetragen und in der Folgezeit die Übertragung weiterer Aufgaben nach sich gezogen.

Während der Zeit des Nationalsozialismus wurde das Arbeitsamt zum Erfüllungsgehilfen eines auf Kriegsvorbereitung orientierten Gewaltsystems. Das dabei verlorengegangene Vertrauen in das ehemals städtische Amt konnte aber nach 1945 durch das engagierte Wirken von Männern wie August Kuhn oder Jakob Trumpfheller wiedergewonnen werden.

In den letzten Jahrzehnten hat die Tätigkeit der Arbeitsverwaltung noch an Bedeutung gewonnen. Die neuen Aufgaben der Gegenwart, die strukturellen Veränderungen auf dem Arbeitsmarkt in der jüngsten Vergangenheit weisen dem Arbeitsamt heute eine wichtige Mittlerfunktion zu und haben wesentlichen Einfluß auf die Entwicklung der Region gehabt. Dafür möchte ich an dieser Stelle dem Amt und seinen Mitarbeiterinnen und Mitarbeitern den Dank der Stadt Mannheim aussprechen.

Gerhard Widder
Oberbürgermeister der Stadt Mannheim

Vorwort

Am 2. August 1893 wurde in Mannheim das Büro der „Centralanstalt für unentgeltlichen Arbeitsnachweis" eröffnet. Dies war der Anlaß, in Zusammenarbeit mit dem Personalamt der Stadt Mannheim eine Studie über die Entwicklung der Institution zum heutigen Arbeitsamt in Auftrag zu geben. Diese Studie liegt nun vor. Sie beschreibt den Werdegang des neutralen Verbandes über den städtischen Arbeitsnachweis zur heute staatlichen Behörde, eingebunden in die kommunale Entwicklung und die großen Geschehnisse der Zeit.

Gegen Ende des vorigen Jahrhunderts, als die gesellschaftlichen Gegensätze an Schärfe gewannen, kam auf Anregung des Gewerbe- und Industrievereins ein Verband von Behörden, Korporationen und gemeinnützigen Vereinen zustande. Seine Aufgabe bestand in der Gründung und Unterhaltung eines Arbeitsnachweises in Mannheim. „Arbeitsnachweis" war damals der geläufige Ausdruck für Arbeitsvermittlung. Im Gegensatz zu ähnlichen Institutionen in anderen Städten, erfolgte in Mannheim die Vermittlung von Anfang an unentgeltlich.

Bei der Einführung des Gesetzes über die Arbeitsvermittlung und Arbeitslosenversicherung (AVAVG) im Jahre 1927 orientierte sich der Staat unter anderem am Beispiel Mannheims. Den inzwischen im ganzen Lande entstandenen Arbeitsämtern wurden die Aufgaben übertragen, die das Mannheimer Arbeitsamt in seinem Bezirk bereits innehatte.

Seit nunmehr 100 Jahren nimmt das Mannheimer Arbeitsamt auf dem Arbeitsmarkt die Mittlerrolle zwischen Wirtschaft und Bevölkerung ein. Durch die politische und wirtschaftliche Entwicklung wurden ihm dabei immer wieder Grenzen gesetzt, die es zu überwinden galt. So wurden in den 60er Jahren, als die Wirtschaft händeringend nach Arbeitskräften suchte, mit der Anwerbung von Ausländern neue Wege beschritten. Der technische Fortschritt führte zu höheren Anforderungen an die Beschäftigten. Die Qualifikation des Bewerberpotentials stand danach im Vordergrund.

Die Entwicklung des Arbeitsamtes Mannheim steht exemplarisch für die Arbeitsnachweisbewegung in ganz Deutschland. Deutlich wird daran auch die Entstehung des Alleinvermittlungsrechts der Bundesanstalt für Arbeit. Damit bildet die Studie einen sachlichen Hintergrund für die aktuelle „Monopoldiskussion".

Heute, in der schwersten Rezession der Nachkriegszeit, sieht sich das Arbeitsamt einer Massenarbeitslosigkeit gegenüber, die es einzudämmen gilt. Nach wie vor ist die Vermittlung in Arbeit vordringliche Aufgabe. Die Erhaltung und Schaffung neuer Arbeitsplätze gehören zu den arbeitsmarktpolitischen Maßnahmen, die es einzusetzen gilt. Die Arbeitsverwaltung steht damit vor einer der schwierigsten Herausforderungen seit ihrem Bestehen.

Es bleibt zu hoffen, daß bei allen an der Entscheidungsfindung Beteiligten das notwendige Augenmaß vorhanden bleibt und sie sich an den Erfahrungen der Geschichte orientieren. Vorrangig ist dabei die Beibehaltung einer aktiven Arbeitsmarktpolitik, wie sie weitschauend im Arbeitsförderungsgesetz von 1969 formuliert wurde.

Dr. Rudo Friedrich
Direktor des Arbeitsamtes Mannheim

Inhalt

I. Einleitung

II. Von den Anfängen im Deutschen Kaiserreich 1893–1914 15

   1. Kontext: Wirtschaftsgeschehen, Arbeitsmarkt und Stellenvermittlung 15

   2. Das Arbeitsamt in der Pionierphase: „Centralanstalt für Arbeitsnachweis jegl. Art in Mannheim S1. 15" 1893–1905 20

     2.1. Trägerschaft und Organisation in den Anfängen 20

     2.2. Ausdifferenzierung der Vermittlungstätigkeit 25

     2.3. Ansätze und Instrumentarien kommunaler Arbeitsmarktpolitik 29

   3. Kompetenzzuwachs: Das Arbeitsamt als Städtische Behörde 1906–1914 29

     3.1. Industrie und gewerbsmäßiger Arbeitsnachweis – Reaktionen 31

     3.1.1. Der „Arbeitsnachweis der Industrie Mannheim-Ludwigshafen e.V." 33

     3.1.2. Gewerbsmäßige Stellenvermittlung in der Kritik 35

     3.2. Am Rande: Paritätischer Stellennachweis und Sonstige 35

     3.3. Das Städtische Arbeitsamt in der Bewährung 1906–1914 36

     3.3.1. Multifunktionalität und Etablierung der Arbeitslosenfürsorge 37

     3.3.2. Verbreiterung der organisatorischen Basis 38

     3.3.3. Vermittlungstätigkeit unter dem Druck der Konkurrenz 38

III. Die Zäsur des Ersten Weltkrieges 1914–1918 43

IV. Demokratische Erneuerung und Weimarer Zeit 1919–1933 49

   1. Kontext: Sozialpolitische Schieflage, Wirtschaftsentwicklung und Korrekturen am Arbeitsrecht 49

   2. Das Mannheimer Arbeitsamt 1919–1927: Zwischen Strukturanpassung und Krisenmanagement 52

     2.1. Die Bewältigung der Nachkriegswirren bis zur Stabilisierung 1922/23 54

     2.1.1. Demobilmachung, organisatorischer Umbau und Monopolisierungstendenzen 54

     2.1.2. Die Erwerbslosenfrage im ideologischen Widerstreit und Notstandsarbeiten 58

     2.2. Konsequenzen für Mannheim aus dem Arbeitsnachweisgesetz 1922/23 61

     2.3. Konjunkturelle Wechsellagen und strukturelle Verwerfungen 1923–1927 63

     2.3.1 Arbeitsvermittlung, Berufsberatung und Lehrstellenvermittlung 67

     2.3.2 Fortgang der Notstandsarbeiten 70

   3. Das Mannheimer Arbeitsamt 1928–1933: Staatliche Unterinstanz im Sog der großen Krise 72

     3.1. Der gesetzliche Rahmen des Arbeitsvermittlungs- und Arbeitslosenversicherungsgesetzes von 1927 72

     3.2. Wirtschaftskatastrophe, Massenarbeitslosigkeit und Korrekturversuche 77

     3.3. Exkurs: Das neue Verwaltungsgebäude des Arbeitsamtes 1930/32 89

V.	Nationalsozialismus und Gewaltherrschaft 1933–1945	91	VI.	Orientierungssuche in den Wirren der ersten Nachkriegsjahre 1945–1952	149

V. Nationalsozialismus und Gewaltherrschaft 1933–1945 91

1. Kontext: Machtergreifung, Gleichschaltung und Wirtschaftslenkung 91

2. Arbeitsmarkt, Arbeitsmarktlenkung und wirtschaftlicher Gestellungsbefehl 99

2.1. Der Abbau der Arbeitslosigkeit in Baden und im Reich 99

2.2. Konzepte und Instrumentarien der Arbeitsplatzlenkung 101

2.2.1. Indirekte Maßnahmen
Wirtschaftsförderung allgemein – Bevölkerungspolitik/Frauen – Entlassung/Emigration/Inhaftierung – statistische Manipulationen 101

2.2.2. Direkte Maßnahmen
Arbeitsbeschaffung – Arbeitsmarktlenkung: Umschichtung von Arbeitsplätzen; Reichsarbeitsdienst; Arbeitsbuch; Monopolgesetz; Berufsnachwuchslenkung; Vierjahresplan; Dienstverpflichtung 101

3. Das Mannheimer Arbeitsamt in der Funktion des NS-Erfüllungsgehilfen 106

3.1. Zu den Hintergründen rückläufiger Arbeitslosigkeit im Bezirk 107

3.2. Arbeitsbeschaffung: Reichsautobahn und Kleinsiedlungsprojekte im Mittelpunkt 114

3.3. Von der Berufsberatung zur „Berufslenkung" 119

3.4. Diskriminierung und Ausgrenzung der Mannheimer Juden 121

3.5. Arbeitsverwaltung während des Zweiten Weltkrieges 125

4. Zeitzeugenberichte früherer Mitarbeiter des Mannheimer Arbeitsamtes 133

4.1. Interviewgestaltung Peter Hanser 134

4.1.1. Herr S. und L. – Erinnerungen an Weimar, Nationalsozialismus und Nachkriegszeit 1918–1950 134

4.1.2. Herr D. – Vom Zahllistenschreiber zum Verwaltungsamtmann 1926–1972 139

4.1.3. Herr J. – Lehrling, Buchhalter und Verwaltungsleiter 1937–1982 140

4.2. Interviewgestaltung Dieter Maier 141

4.2.1. Herr Dr. Tischer – Auf Reisen in Sachen Arbeitsverwaltung 1928–1945 141

VI. Orientierungssuche in den Wirren der ersten Nachkriegsjahre 1945–1952 149

1. Kontext: Besatzung, Wiederaufbau und demokratische Erneuerung 149

2. Wirtschaft, Konjunktur und Arbeitsmarkt im Mannheimer Raum 152

3. Das Mannheimer Arbeitsamt – ein Provisorium mit zentraler Funktion 158

3.1. Krisenbewältigung als vordringliche Aufgabe 159

3.2. Stichworte zu den Aktivitäten des Arbeitsamtes und Tendenzen des Arbeitsmarktgeschehens 160

VII. Stationen der weiteren Nachkriegsentwicklung bis zur Gegenwart 1952–1993 171

1. Kontext: Wirtschaftswunder, Strukturwandel und Krise auf hohem Niveau 171

2. Wirtschaft, Konjunktur und Arbeitsmarkt in Mannheim und Umgebung 177

3. Das Mannheimer Arbeitsamt – Etappen zu einer modernen Sozialbehörde 194

3.1. Reetablierung der staatlichen Trägerschaft (1952) und Arbeitsförderungsgesetz (1969) 195

3.2. Instrumente der Arbeitsmarktpflege: Einsatz und Wirkung 196

3.2.1. Ausdifferenzierung der Tätigkeitsbereiche 196

3.2.2. Erwerbslosigkeit und arbeitsmarktpolitische Maßnahmen 199

3.2.3. Berufsberatung und Ausbildungsstellenvermittlung 203

VIII. Bilanz 205

IX. Anhang

    Verzeichnis der Tabellen
    und Abbildungen mit Quellenangabe   207

    Anmerkungen   209

    Quellen- und Literaturverzeichnis   213

    Fotonachweis   216

I.
Einleitung

An der Schwelle zum 20. Jahrhundert nahm Mannheim mehr denn je die Rolle einer Industriemetropole an. Mit beinahe schwindelerregenden Produktionszuwächsen boomte jetzt die Industrie, riesige Menschenmassen zog es in die Stadt. Ein gewerblich-industrieller Arbeitsmarkt entstand, der ohne große Reglementierung strikt Angebot und Nachfrage gehorchte. Eher unscheinbar wirkte da ein kleiner Verein, der die überparteiliche Stellenvermittlung zum Ziel hatte – die „Centralanstalt für Arbeitsnachweis jegl. Art". Unweit des Marktplatzes im Quadrat Q2, 2–3 eröffnete am 2. August 1893 die Centralanstalt den Geschäftsbetrieb, und zählte somit immerhin mit zu den frühesten Einrichtungen im Deutschen Reich. Gleichermaßen Arbeitgebervereinigungen, Gewerkschaftsorganisationen, Wohlfahrtsverbände und nicht zuletzt die Stadtgemeinde und Kreisverwaltung gehörten dem Fähnlein der zusammen 17 Gründungsakteure an. Dieses Ereignis im Sommer 1893 signalisiert die Geburtsstunde des Mannheimer Arbeitsamtes – mit der hier vorliegenden Chronik blickt die Institution auf eine hundertjährige, in Wirtschaft, Politik und das Zeitgeschehen eingebundene Geschichte zurück.

Die Chronik beleuchtet das Wirken einer Behörde, die bereits aus dem institutionsgeschichtlichen Blickwinkel heraus einen gleichermaßen interessanten wie facettenreichen Betrachtungsgegenstand hergibt. Auf die Institution gerichtet umfaßt der Fragenkatalog die gesellschaftliche Verankerung respektive Trägerschaft, Direktorium und Belegschaft, Unterbringung und Behördenalltag, Aufgabenspektrum, Arbeitsweise, Zuständigkeit, Erfolg und Mißerfolg. Allerdings, bliebe die Darstellung allein auf die institutionsgeschichtliche Perspektive beschränkt, der eigentliche Stellenwert der Einrichtung würde nur unzureichend wiedergegeben.

Eine andere ohne Zweifel wichtige Einflußgröße stellt die Kommunalpolitik dar. Schließlich gehörte die Stadt ja schon 1893 dem Kreis der Trägerschaft an, ehe sie darüberhinausgehend zwischen 1906 und 1927 die alleinige Zuständigkeit übernahm. Selbst nach 1945 rückte die Kommune, zumindest für einige Zeit, abermals in die Verantwortlichkeit. Auch begegnete man in Mannheim seit der Jahrhundertwende der Arbeitslosigkeit mit einer frühen Form der Arbeitsbeschaffung – das hiesige Stadtbild (z.B. Strandbad, Vorortbildung) wurde hierdurch heute noch sichtbar berührt.

Mit dem Arbeitsmarkt einer aufblühenden Industriestadt ergab sich eine weitere Einflußgröße, so daß Wirtschaftsentwicklung samt Bevölkerungsgeschehen unbedingt der Berücksichtigung bedürfen. Neben der Institutionsgeschichte einer Sozialbehörde und der Kommunalpolitik rückt somit die Wirtschaftsgeschichte einer Industriemetropole, verbunden durch die Klammer des Arbeitsmarktes, erweiternd ins Blickfeld. Zu erwähnen ist ebenso, daß die Centralanstalt Teil einer in weiten Gebieten Deutschlands vorhandenen Arbeitsnachweisbewegung darstellte. Zur Jahrhundertwende listete die Statistik alleine hier vor Ort beinahe einhundert Stellenvermittlungsagenturen auf – das Spektrum reichte vom gewerbsmäßigen Profiteur teils unseriöser Machart über paritätische Einrichtungen bis hin zur karitativen Bestrebung. Reichsweit gingen zu jener Zeit gut 6000 Stellenvermittler entsprechen-

den Tätigkeiten nach. Erst im Laufe der Zeit nahm sich der Staat, dann aber mit großem Engagement und Konsequenz, der Arbeitsnachweisbewegung an. Der gesetzliche Grundstein unserer heutigen Arbeitsverwaltung wurde hierdurch gelegt. Staatliche Sozialpolitik, und dies bis hin zur Aktualität, tritt als vierter Aufhänger hinzu. Gesagt sei zusätzlich, daß trotz dieser seit 1927 vorgenommenen Uniformierung dennoch einer jeden Behörde die eigene unverwechselbare Identität erhalten blieb.

Eingerahmt wird das Thema durch den Gang der Zeitgeschichte unter Betonung wichtiger Ereignisse der großen Politik. Man denke beispielsweise an den Konflikt zwischen Kapital und Arbeit im Wilheminischen Kaiserreich, an die militärische Mobilisierung während des Ersten Weltkrieges, an Ruhrkampf, Massenarbeitslosigkeit und Politisierung des Alltags in der Weimarer Republik, Machtergreifung, Judenverfolgung und Krieg nach 1933, Deutschland unter dem Besatzungsstatut 1945–1949 und Wiederaufbau, Wirtschaftswunder, Vollbeschäftigung, Gastarbeiteranwerbung und schließlich Massenarbeitslosigkeit in unserer heutigen Zeit – in der Geschichte des Mannheimer Arbeitsamtes spiegeln sich jene Ereignisse wider.

Fünf verschiedene und auch ineinander verwobene Blickwinkel sind es also, die zeitlich, den Umständen entsprechend in variierender Dichte, die Geschichte des Mannheimer Arbeitsamtes reflektieren:

- Kontinuität und Wandel einer Behörde
- Kommunalpolitik
- Wirtschaft, Bevölkerung und Arbeitsmarkt
- staatliche Sozialpolitik
- Zeitgeschichte und große Politik.

Zudem führt die Chronik durch ein ganzes Jahrhundert Zeitgeschehen. Dem liegt inhaltlich eine übersichtliche Gliederung den prägnanten zeitgeschichtlichen Epochen folgend zugrunde:

- Wilheminisches Kaiserreich
- Weimarer Republik
- Nationalsozialistische Gewaltherrschaft
- Deutschland unter den Alliierten
- Bundesrepublik Deutschland.

Ein jedes dieser Hauptkapitel wird mit Ausführungen eröffnet, die nötige Hintergründe zu den Bereichen Zeitgeschehen, Politik, Wirtschaft und Bevölkerung aufzeigen – national, landesweit, regional, kommunal. Hieran und in Verbindung hierzu knüpft dann die Berichterstattung zur geschichtlichen Entwicklung des Mannheimer Arbeitsamtes an. Die Hauptkapitel basieren somit auf einem weitgehend standardisierten Gliederungsmechanismus.

Ein paar Anmerkungen zu den eingearbeiteten Quellenbeständen seien noch erwähnt. Es ist alles andere als selbstverständlich, auf Orginalüberlieferungen eines Arbeitsamtes zumal älteren Datums zurückgreifen zu können. Mannheim stellt hier eine erfreuliche Ausnahme dar. Bis zurück zu den späten Zwanziger Jahren lassen sich Arbeitsmarktberichte verfolgen, die einen unzweifelhaft sehr wertvollen Einblick insbesondere in das Behördengeschäft und daneben auch das Wirtschaftsgeschehen erlauben. In Verschränkung mit weiteren Orginalquellen und der ortsgeschichtlichen Literatur konnte so die gewerblich – industrielle Entwicklung der Stadt einschließlich des Arbeitsmarktgeschehens erstmals in einem Gesamtüberblick Niederschlag finden. Unterlagen des Karlsruher Generallandesarchivs und solche des Mannheimer Stadtarchivs halfen die Berichterstattung abzurunden.

Es ist ein guter Brauch, sich vor den Förderern einer Schrift in der Einleitungspassage zu verneigen. Ohne die unbürokratische und immerwährende Unterstützung des Mannheimer Arbeitsamtes bei der Quellenaufbereitung hätte die Chronik elementarer Erkenntnisse entbehrt. Dank hierbei an Herrn Direktor Dr. Rudo Friedrich ebenso, wie an Frau Regina Gentgen und Frau Annemarie Maretzek von der Abteilung Öffentlichkeitsarbeit und Statistik. Dank für Hinweise, Anregungen und förderliche Kritik schulde ich Herrn Verwaltungsdirektor Maier, Dozent an der Fachhochschule des Bundes – Fachbereich Arbeitsverwaltung. Durch die Einbeziehung verschiedener, in der Aussage sehr interessanter Zeitzeugenberichte, konnte die Chronik nennenswert erweitert werden. Die Gesprächsunterlagen stellten freundlicherweise Herr Dieter Maier und Herr Dr. Peter Hanser zur Verfügung. Dem Stadtarchiv und dem Vermessungsamt der Stadt Mannheim sei gedankt für die allseitige Unterstützung bei der Aufbereitung der Illustrationsmaterialien.

II.
Von den Anfängen im Deutschen Kaiserreich 1893–1914

1. Kontext: Wirtschaftsgeschehen, Arbeitsmarkt und Stellenvermittlung

Stellenvermittlung in Mannheim und anderswo, jedenfalls in ihrer ursprünglichen Form, ist keinesfalls eine Erfindung des 19. Jahrhunderts. Vielmehr kannte bereits das spätmittelalterliche Zunftwesen den Arbeitsmarkt, der auf der Grundlage von Stellengesuch und Arbeitsplatzangebot Regelungen des Ausgleichs und der Vermittlung kannte. So entstanden etwa von Gesindemäklern organisiert lokal oder gar regional ausgerichtete Gesindemärkte, daneben vermittelten Herbergen, und auch zünftiges Wandern galt als gängige Form des zwischenbezirklichen Arbeitskräfteausgleichs. Allein dreißig eigenständige Zünfte registrierte die Gewerbestatistik zur Mitte des 18. Jahrhunderts in der damaligen Residenzstadt Mannheim, und mehr noch als die lokal üblichen Branchen, bedurfte das vornehmlich auf die kurpfälzische Herrschaft ausgerichtete Luxusgewerbe immer wieder des Nachschubes an auswärtigen Spezialisten. Nach feststehenden Vorschriften regelten bis zur Mitte des 19. Jahrhunderts hinein Zünfte und mitunter auch zugelassene Gesellenverbände alle Belange des Gewerbes, der von Fluktuation weniger berührte Arbeitsmarkt zu jener Zeit war insgesamt gut überschaubar.

Der Entwicklung zur modernen Industrie stand das Zunftwesen mit seinen strengen berufsbezogenen Zulassungsbeschränkungen erheblich im Wege. Abhilfe resultierte aus der Einführung der Gewerbefreiheit 1862 in Baden, wonach mit wenigen Ausnahmen (Ärzte, Apotheker, Wirte etc.) ein Jeder ungehinderten Zugang zu jeglicher beruflichen Tätigkeit bekam. Daß nunmehr der Austausch auf dem Arbeitsmarkt anderen, als den bisher maßgeblichen Regeln folgen mußte, lag praktisch auf der Hand. Es „trat an die Stelle der Bindung die Freiheit, aber auch die Lücke in dem Rechte des Arbeitsvertrages. Käufer und Verkäufer der Arbeitskraft standen sich frei und ungehindert von rechtlichen Fesseln gegenüber, und jedem war nur das eine gewährleistet, seine Interessen nach seinem besten Können zu vertreten"[1]. In dieser Lage wurde die Freie Umschau und das Inserieren zu einer gängigen Praxis der Arbeitssuche, und gleichzeitig entstand dadurch großer Mißstand zu Lasten der allmählich an Gewicht gewinnenden Arbeiterschaft. Ein Überangebot an Stellensuchenden begünstigte Streikbruch, Lohndrückerei und Entsolidarisierung. Überhaupt als erste Einrichtungen traten dann Arbeitsnachweise der Gewerkschaften diesem Übelstand entgegen, allerdings blieb deren Gründungseifer und mehr noch deren Erfolg vorerst doch recht beschränkt. Als schließlich die parteipolitische Front der Arbeiterschaft gerade in Verbindung mit der 1873 aufkeimenden Rezession (sog. Gründerkrise) größere Wahlerfolge zu verbuchen hatte, erließen beunruhigt hiervon Reichsregierung samt bürgerlicher Parteigruppierungen 1878 das Gesetz „wider die gemeingefährlichen Bestrebungen der Sozialdemokratie" (Sozialistengesetz). Demnach wurden sozialdemokratische und sozialistische Vereine verboten, ebenso deren Veranstaltungen, Umzüge und Versammlungen. Auf diese Weise hoffte die Obrigkeit Arbeiterpartei und Gewerkschaften zu zerschlagen. Unter solch organisationsfeindlichen Umständen haftete nun auf dem Arbeitsmarkt der Freien Umschau weiterhin entwürdigender Charakter an, gewerbsmäßige Stellenvermittler feierten Konjunktur.

Mannheim, bei Einführung der Gewerbefreiheit eine eben erst 27 000 Einwohner zählende Provinzstadt, hatte zwischenzeitlich bis in die 1880er Jahre hinein den Status eines in Süddeutschland an führender Stelle stehenden Handels- und Verkehrszentrums realisiert. Der kontinuierliche Ausbau der Hafenanlagen, ein in alle Himmelsrichtungen verlaufender Schienenstrang und nicht zuletzt die Funktion als Endpunkt der Rheingroßschiffahrt hatten bei diesem Aufschwung wesentlich Pate gestanden (Tabelle 1= T 1).

Im Zähljahr 1885 notierte man in den Quadraten und wenigen Außenbezirken die Ortsbevölkerung auf bereits über 61 000 Personen. Neben gewerblicher Geschäftigkeit bestimmte die Hafenarbeit den Arbeitsalltag in der Stadt. Getreide insbesondere aus Übersee, sowie Ruhrkohle gingen in Mannheim vom Schiff über Lagerhäuser auf die Bahn, um je nach Bedarf nach ganz Süddeutschland verbracht zu werden. In der Regel wohl mehr noch als im Gewerbe, dürfte die Hafenarbeit von besonderer Körperanstrengung gewesen sein. Die Entladung eines Schiffes erfolgte unter großem Zeitdruck, da es generell die Liegegebühren niedrig zu halten galt. Tägliche Nettoarbeitszeiten rangierten bei 10 bis 11 Stunden, Überstunden (oftmals nicht bezahlt) waren die Regel. Hierbei sahen sich die zumeist ungelernten und im Tagelohn beschäftigten Hafenarbeiter sog. Akkordanten gegenüber, die formal in der Rolle eines „Oberarbeiters", de facto jedoch Subunternehmers, die Anheuerung an bekannten Treffpunkten übernahmen[2]. Das weitgehend vertragsfreie Arbeitsverhältnis im Verein mit hoher Fluktuation öffnete Schiebereien Tür und Tor, wie die Ausführungen eines zeitgenössischen Beobachters offenkundig belegen:

„Im Jahre 1881 wurde zwischen den Getreidelagerbesitzern und der Großherzoglichen Oberzollbehörde ein Vertrag vereinbart, welcher die Rechte der Oberarbeiter und der Arbeiter genau stipuliert. Insbesondere wird dort gesagt, daß die Oberarbeiter von dem verdienten Arbeitslohn bis zu 5% vorweg für sich in Abzug bringen können (es wird in Partien gearbeitet) und den Rest gleichmäßig zu verteilen haben. Seit Jahren wird nun seitens der Oberarbeiter den Arbeitern bis zu 20% und mehr vorenthalten. Gegen dieses Ausbeutungssystem wurde seitens der Organisation der Arbeitervereinigungen in Mannheim Protest eingelegt, welcher zur Folge hatte, daß im Februar 1891 etwa 20 Arbeiter willkürlich und ohne Kündigung entlassen wurden. Es wurde seitens der Arbeiter nur die Aufrechterhaltung der Vertragsbestimmungen verlangt, insbesondere soweit es zur Kontrolle der richtigen Geldverteilung das System der Vertrauensmänner betrifft. Fast alle Gewählten wurden aber

---

T 1:
Güterumschlag in den Mannheimer Häfen zwischen 1855 und 1913 (in 1000 Tonnen)

1855	1865	1875	1885	1895	1905	1913
194	368	751	1761	3279	6870	7396

Gewerbsmäßiger Stellenvermittler (Akkordand) mit geworbener Arbeiterschaft im Mannheimer Hafen – Aufnahme um das Jahr 1890.

entlassen. Da nun die Prinzipale über die Ausübung der Arbeit und über die verdienten Gelder und deren richtige Vertheilung Buch führen sollen, so müssen jene Bücher ausweisen, wie die Sache gehandhabt wird. Mit diesen Maßregelungen ist eine gefahrdrohende Erregung unter den Arbeitern dieser Branche entstanden, die sich in dem Bewußtsein befinden, daß von ihrem Verdienste der Löwenantheil denjenigen Arbeitern zufällt, welche eine physische Arbeit überhaupt nicht leisten, sondern nur die Arbeitsleistung überwachen"[3].

In dieser konfliktgeladenen Situation setzte das Großherzogliche Hauptzollamt eine Schlichtungskommission mit dem Ergebnis ein, daß alle gemaßregelten (entlassenen) Arbeiter wieder einzustellen waren. Fortan sollten die Arbeiter auch faktisch das Recht besitzen, die Berechnung und Verteilung ihrer Einkommen zu kontrollieren. Dagegen opponierten jetzt die Akkordanten, die ihren bisherigen Freiraum respektive ihre Willkür gefährdet sahen. Die Arbeiter gingen in den Ausstand. Am Ende schließlich legten die Unternehmen die Akkordanten verbindlich darauf fest, den Arbeitern die verbürgten Rechte ohne Einschränkung zuzugestehen. Hierzu abermals der zeitgenössische Beobachter: „Es ist aber fraglich, ob hierdurch ein dauernder Friedenszustand herbeigeführt ist. Die Oberarbeiter sind offenbar bestrebt, sich zu einer besonderen Unternehmerklasse zu entwickeln, was von den Arbeitern grundsätzlich bekämpft wird"[4]. Zu lange hatte offensichtlich dieser Unrechtszustand existiert, so daß dieser Kreis an gewerbsmäßigen Stellenvermittlern selbst Anordnungen der Obrigkeit nicht ohne weiteres zu folgen bereit war.

Immerhin war es den Mannheimer Hafenarbeitern am Ende gelungen, gewerkschaftlich ausgerichtete Berufsvereinigungen als Interessenvertreter in den Konflikt mit einzubringen. Nicht zufällig aber entstanden der „Verein zur Wahrung der wirtschaftlichen Interessen der Getreidearbeiter Mannheim-Ludwigshafen" und der „Verein zur Wahrung der wirtschaftlichen Interessen der Kohlearbeiter Mannheim-Ludwigshafen" gerade im Jahr 1890. Dieses Datum stand für die endgültige Annullierung des Sozialistengesetzes, was man auf Seiten der Arbeiterschaft mit regen Gründungsaktivitäten würdigte. Trotz der Bismarck'schen Sozialpolitik (Gesetze zur Versicherung bei Krankheit, Unfall, Invalidität, Alter zwischen 1883 und 1889) und sonstiger Entpolitisierung in den 1880er Jahren wahrte die Arbeiterschaft die geistige Nähe zur Sozialdemokratie. Bereits die Ankündigung der Rücknahme des Sozialistengesetzes löste eine Gründungswelle bei den sozialdemokratisch ausgerichteten Freien Gewerkschaften aus, was potentiell neue Dimensionen der Interessenswahrnehmung zumindest eröffnete. Während in Deutschland bis 1888 insgesamt 44 Gewerkschaftseinrichtungen allerdings stark beschränkter Befugnisse entstanden, verzeichnete man nachfolgend bis 1910 die Neugründung weiterer 300 Verbände aller ideologischer Richtungen (T 2). Allerdings benennt diese Statistik ausschließlich Berufsverbände, die einen Arbeitsnachweis unterhielten, so daß der Gründungseifer in der Tat noch höher einzuschätzen ist.

Mannheim spiegelte auf lokaler Ebene die reichsweiten Gewerkschaftsaktivitäten in gewisser Weise wider. Nach Berufszugehörigkeit gegliedert, bestanden 1890 reichlich zwei Dutzend Verbände in der Stadt. Hiervon existierten 10 Einrichtungen als örtliche Gründung (T 3). Auffallend blieb die Tatsache, daß die große Mehrzahl dieser Berufsverbände erst 1888 oder später ins Leben gerufen worden war, also die zeitliche Nähe zur Streichung des Sozialistengesetzes auch hier Rückkoppelung auslöste. An Leistungen versprachen die Organisationen Rechtsschutz in gewerblichen Angelegenheiten, Bildung (Bibliotheken, Vorträge), Freizeitaktivitäten (Festveranstaltungen, Theater), Herbergsunterbringung und nicht zuletzt Hilfe bei der Arbeitssuche über die Unterhaltung von Arbeitsnachweisen einschl. Reiseunterstützung. Insgesamt jedoch schien die Position der Mannheimer Berufsverbände zu schwach, als daß man bereits jetzt Arbeitsbedingungen über Tarifverträge neu zu regeln versuchte. Einfacher mutete da die Etablierung von Arbeitsnachweisen an, zumal gerade großgewerblich verankerte Berufe eine geschlossenere Interessenformation im Bereich der Stellensuche eigentlich begünstigen mußte. Dennoch, solange die Fabrikherren gewerkschaftliche Arbeitsnachweise einfach übergingen und über Freie Umschau bzw. offene Stellenausschreibung an den Fabriktoren operierten, blieb den Gewerkschaften das Nachsehen. Insgesamt also wies der Wegfall des Sozialistengesetzes dem Arbeiter einen legalen Weg zur Interessenformation, an seiner Abhängigkeit und beträchtlichen Rechtlosigkeit hatte sich noch lange nichts geändert.

Dann nach 1890 nahm Mannheims Wirtschaft eine Entwicklung, die endgültig den Durchbruch vom Handelsplatz zu der in Baden an führender Stelle stehenden Industriemetropole signalisierte. Der Stadthistoriker Friedrich Walter notierte aus eigener Anschauung heraus hierzu folgende Anmerkung: „Dieser Prozeß der Industrialisierung hat (..) in den unmittelbar auf (...) 1895 folgenden Jahren ganz ungeahnte Fortschritte gemacht, ja man kann ohne Übertreiben sagen, daß der Charakter der Stadt in den vier Jahren 1896/99 sich mehr verändert hat als in den zwanzig Vorangegangenen"[5]. Tatsäch-

T 2.
Arbeitsnachweis-Anstalten in Deutschland 1865-1910

Errichtungsjahr	Freie Gewerkschaft	Christliche Gewerkschaft	Gewerbevereine	Gewerkschaftl. Arbeitsnachweis zusammen	Paritätische Facharbeitsnachweise	Öffentliche Nachweise	Alle Nachweise zusammen
1910	—	—	—	—	—	2	2
1909	16	4	3	23	3	7	33
1908	25	7	4	36	5	13	54
1907	21	8	4	33	7	4	44
1906	34	9	—	43	7	9	59
1905	23	4	4	31	6	7	44
1904	35	4	4	39	10	2	51
1903	26	2	1	29	6	6	41
1902	18	1	—	19	19	7	45
1901	16	—	—	16	3	9	28
1900	10	1	—	11	—	9	20
1899	13	1	—	14	—	9	23
1898	15	—	—	15	1	9	25
1897	13	—	—	13	—	10	23
1896	8	—	—	8	—	17	25
1895	14	—	—	14	1	27	42
1894	8	—	—	8	—	11	19
1893	14	—	—	14	—	5	19
1892	7	—	—	7	—	1	8
1891	9	—	—	9	—	—	9
1890	18	—	—	18	—	2	20
1889	10	—	—	10	1	—	11
1888	3	—	—	3	—	1	4
1887	5	—	—	5	—	1	6
1886	4	—	—	4	—	—	4
1885	10	—	—	10	—	1	11
1884	7	—	—	7	—	—	7
1883	3	—	—	3	—	—	3
1882	3	—	—	3	—	1	4
1881	1	—	—	1	—	—	1
1880	1	—	—	1	—	—	1
1875	1	—	—	1	—	—	1
1873	1	—	1	2	—	—	2
1872	3	—	—	3	—	—	3
1869	—	—	1	1	—	—	1
1865	1	—	—	1	—	—	1
	396	41	18	455	69	170	694

T 3.
Berufsorganisationen der Mannheimer Arbeiter und Handwerker 1890

Organisationen mit Stellenvermittlung	Gründung	Mitglieder
Vereinigung der Schmiede	1889	78
Deutscher Tischlerverband	1887	200
Unterstützungsverein der Bildhauer	1882	15
Unterstützungsverein der Tabakarbeiter	1883	49
Unterstützungsverein Deutscher Buchdrucker	1872	120
Verband Deutscher Zimmerleute	1883	87
Fachverein der Gipser und Stukkateure Mannheims	1890	44
Verein der Maler, Tüncher, Lackierer und Anstreicher Deutschlands	1887	140
Verband der Glaser	1885	45
Allgemeiner Deutscher Sattler-Verband	1890	21
Allgemeiner deutscher Tapezierer-Verband	1890	44
Fachverein der Buchbinder	1888	32
Schneider- und Schneiderinnen-Verband	1888	120
Fachverein der Kesselschmiede Mannheim und Umgebung	1890	50
Verein der Former Mannheim	1889	240
Verein der Spengler und Installateure	1890	60
Fachverein der Lithographen, Steindrucker und deren Hilfsarbeiter	1890	15
Fachverein der Küfer	1888	70
Verein zur Wahrung der wirtschaftlichen Interessen der Getreidearbeiter	1890	110
Organisationen ohne Stellenvermittlung		
Deutscher Tischlerverband	1887	200
Verein Deutscher Schuhmacher	1884	70
Verein zur Wahrung der wirtschaftlichen Interessen der Kohlearbeiter	1890	243
Fachverein der Metallarbeiter	1888	135
Fachverein der Maurer in Mannheim und Umgebung	1889	80
Fachverein der Steinmetzen	1889	30

Mannheimer Industriehafen nach der Jahrhundertwende – Die Stadt hat den Durchbruch geschafft, die Schornsteine rauchen.

lich notierte man in jenen Jahren eine Konjunkturbelebung, die in bis dahin völlig unbekannte Dimensionen von Wirtschaftswachstum führte (Hochindustrialisierung). Zählte die Badische Fabrikinspektion als staatliche Aufsichtsbehörde 1896 noch 367 Industriebetriebe mit Motorenantrieb oder mehr als 10 Beschäftigten bei 17 578 Mitarbeitern am Ort, so notierte man bereits drei Jahre später einen Bestand von 433 Unternehmen mit 25 709 Beschäftigten. Dies entsprach einer Beschäftigungszunahme von 46% binnen dreier Jahre! Alleine in der Metall- und Maschinenindustrie hob während dieser kurzen Zeitspanne die Quote von 5 332 auf 9 529 Lohnempfänger an, in der Stadt zählte man nunmehr 106 verschiedene Gewerbetätigkeiten[6].

Mehr und mehr dominierte jetzt der Maschinenbau das industrielle Branchengefüge, die Zahl der Großbetriebe wuchs beständig an. Teilweise zog es die expandierenden Unternehmen in die Außenbezirke, die dadurch in Hafennähe gelegen (Rheinauhafen 1900, Industriehafen 1907) auf kostengünstiges Gelände zurückgreifen konnten. Hinter diesem Sachverhalt stand das Konzept einer kommunalen Wirtschaftspolitik, die den geänderten Verhältnissen um die Position der Mannheimer Verkehrslage Rechnung trug. Denn bereits deutlich noch vor der Jahrhundertwende stand die Erweiterung der Rheingroßschiffahrt über Mannheim hinaus bis Karlsruhe, Kehl und später Basel an, wodurch zwangsläufig die privilegierte Verkehrslage als Handelsplatz verloren gehen mußte. Unter Bürgermeister Beck setzte die Kommune auf Eingemeindung umliegender Orte in Begleitung des Hafenbaus, um auf diese Weise über das Angebot verkehrserschlossener Gewerbeflächen einen Industrialisierungsschub zu begünstigen. Mit Blick auf den Wirtschaftsstand des Jahres 1914 ging das Konzept zweifelsfrei auf. Im Zuge der Mannheimer Eingemeindungswelle (1895/1913) kam eine Vervierfachung der Gemarkungsfläche zustande, die neue Industrieansiedlungen mit Schwerpunkt Nähe Friesenheimer Insel und Rheinau in großzügiger Weise in die Wege leitete (T 4).

T 4.
Daten zur Industrieentwicklung in Mannheim 1882–1910

	1882	1895	1907
Beschäftigte im Gewerbe°)	13302	23545	50676
hiervon Industrie		14595	32345
Zahl der Betriebe	3004	3620	4928
Tagespendler	2000	4000	11000
Einwohner rd.	54000	91119	175858

Anzahl der Großbetriebe (über 100 Beschäftigte)

	1890		1910	
	Betriebe	Beschäft.	Betriebe	Beschäft.
Gesamt	14	4071	52	23688
hierunter				
Maschinenbau	4	1943	15	12005
Chemie	3	826	15	6373
Metallverarb.	1	111	5	1147
Sonstige	6	1191	17	4163

°) einschl. Bergbau und Bauwirtschaft

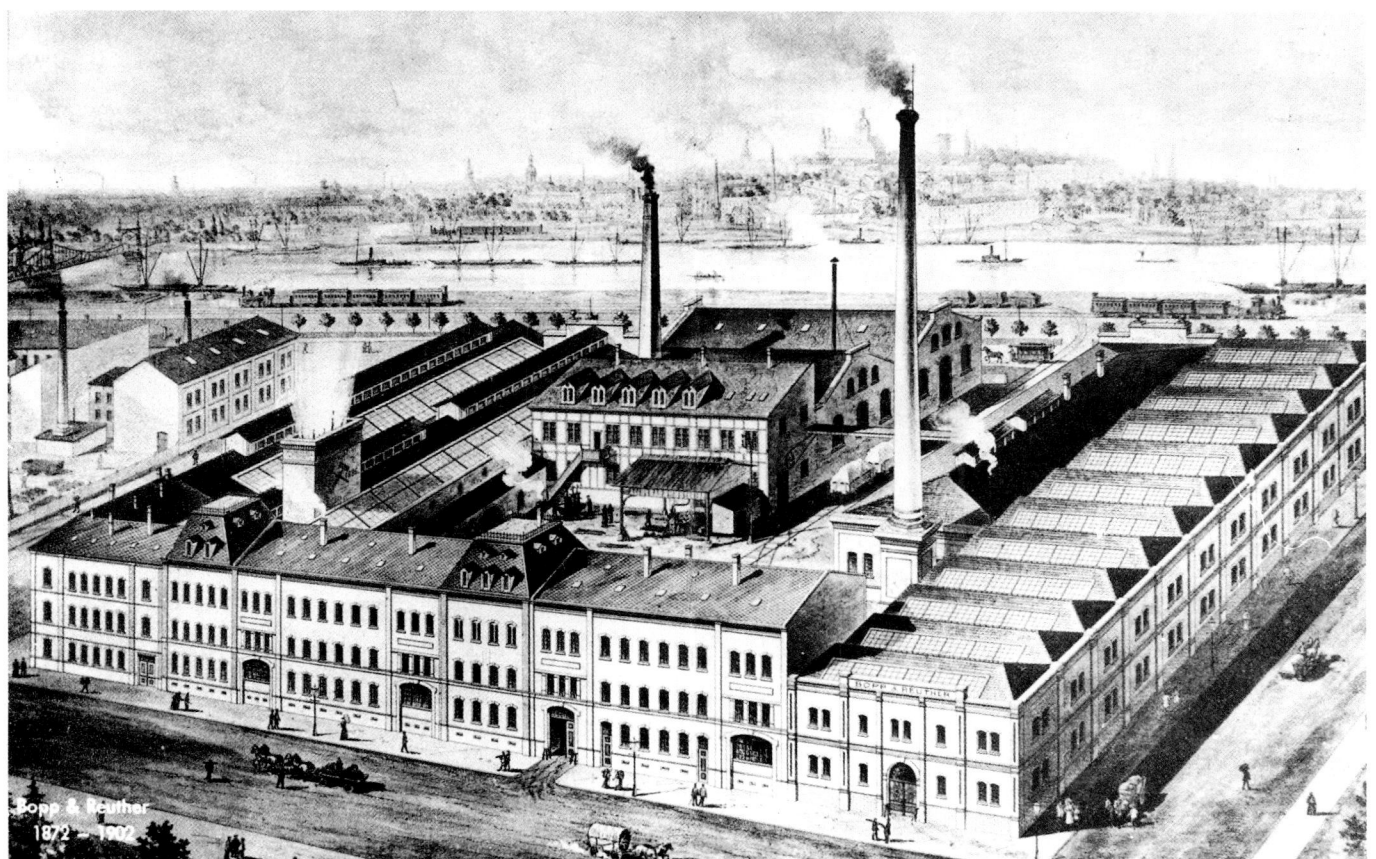

Fabrikanlage der Mannheimer Traditionsfirma Bopp & Reuther, Hersteller von Armaturen aller Art (um 1900).

Parallel zur Industrialisierung wuchs nunmehr beständig die Ortsbevölkerung an. Gerade aus dem ländlichen Umfeld zog es die Menschen in die Stadt. So lebten um die Jahrhundertwende bereits mehr gebürtige Buchener in Mannheim als in dem dazugehörigen Amtsbezirk[7]. Überhaupt profitierte Mannheims Bevölkerungswachstum (1914: 226 770 Personen!) von enormen Zuwanderungsströmen, die es dem Schwerpunkt nach insbesondere aus dem badischen Odenwald und Bauland nach der Großstadt zog. Eingemeindungen, Zuwanderung, neue Stadtteile, Hafenbau und schließlich Industrialisierung vermittelten Mannheim somit in kürzester Zeit ein völlig neues Gesicht.

In unmittelbarer Wechselwirkung zur forcierten städtischen Industrialisierung nach 1890 stand ein boomender Arbeitsmarkt, der zunächst nach ungeschriebenen Regeln, mehr willkürlich Menschen auf der Suche nach Arbeit umhertrieb. Von gesellschaftlicher Übereinkunft, wie man irgendwelche Einrichtungen, Regelungen und Aktivitäten zur Vermittlung arbeitsuchender Menschen schaffen konnte, war man gerade zu jener Zeit verschärfter Klassengegensätze weit entfernt. Neben den Gewerkschaftsnachweisen hatten sich im Bereich des Handwerks seit etwa 1880 Innungsnachweise herausgebildet, die den Organisationsprinzipien nach an die bis zur Gewerbefreiheit existenten Vorläufer anknüpften. Beide Gruppierungen, die der jüngeren Gewerkschaften wie die der traditionsgebundenen Innungen standen somit für die ältesten Arbeitsnachweis-Aktivisten, die im Laufe des Industrialisierungsprozesses entstanden. Die Existenz gewerbsmäßiger Stellenvermittler, die es immer und überall in allerhand Berufskategorien gab, reichte freilich in fernere Zeiten zurück.

Zu den genannten Gattungen dieser interessengebundenen Nachweise traten zur Jahrhundertwende hin solche Organisationen hinzu, die auf der Basis des sozialen Ausgleichs (Parität) zwischen Arbeitgeber und Arbeitnehmern neutrale Arbeitsvermittlung als Aufgabe und Ziel proklamierten. Grundsätzlich ließen sich diese Organisationen weiter dadurch unterscheiden, ob auch Kommunen als Träger auftraten oder nicht. Da, wo Gemeinden Anteil an den Vereinsaktivitäten hatten, ging die Einrichtung früher oder später in ausschließlich kommunale Trägerschaft bzw. Verantwortung über. Auf diese Weise entstanden mit eindeutigem Schwerpunkt auf Süddeutschland nach der Jahrhundertwende „Städtische Arbeitsämter". Umgekehrt blieb das Städtische Arbeitsamt nördlich der Mainlinie zumindest bis zur reichseinheitlichen Regelung eher die Ausnahme, reichsweit kam auf diese Weise dem Verbreitungsmuster nach ein ausgesprochenes Nord-Süd Gefälle zustande[8]. Zu gegensätzlichen Einschätzungen der Städtischen Arbeitsämter gelangten Kapital und Arbeit. Hierzu ein Zitat aus dem Jahre 1911: „das steigende Interesse, das die freien Gewerkschaften im Laufe der letzten zehn Jahre der öffentlichen und paritätischen Arbeitsvermittlung bewiesen, genügte in manchen Industriekreisen ohne weiteres, um diese Nachweisform verdächtig, ja grundsätzlich unannehmbar zu machen"[9]. Unmißverständlich hierzu hieß es im sozialpolitischen Programm des 1904 gegründeten Verbandes der Arbeitgeberverbände: „Die Arbeitsnachweise müssen im Interesse der vaterländischen Gewerbetätigkeit in den Händen der Arbeitgeber liegen. Das System der paritätischen und öffentlichen (kommunalen) Arbeitsnachweise ist zu verwerfen"[10]. Aber auch in Gewerkschaftskreisen ging man vorerst noch von der festen Überzeugung aus, in jedem Fall die eigenen Arbeitsnachweise zum dominanten Instrument am Arbeitsmarkt entwickeln zu müssen. Auch hierzu die Einschätzung eines zeitgenössischen Beobachters: „Die damals im Entstehen begriffenen kommunalen Arbeitsnachweise (...) wurden als Abschlagszahlung hingestellt, als Übergang zu den eben geforderten gewerkschaftlichen Arbeiterbörsen"[11]. Auf die Formel gebracht hieß dies: „den Arbeitsnachweis den Arbeitern". Später aber, von der konstruktiven Arbeit der paritätischen wie städtischen Arbeitsnachweise überzeugt, ging man bei den Gewerkschaften zur Unterstützung dieser Einrichtungen über bzw. regte darüberhinaus gar die Neueinrichtung dieser spezifischen Stellenvermittlungen an. Der Staat und die einzelnen Länder sahen sich zur Neutralitätspflicht (jedenfalls formal) veranlaßt, sie nahmen folglich keinen aktiv gestalterischen Einfluß auf das am Arbeitsmarkt vorhandene Geschehen. Bis 1914 also verblieb der Arbeitsmarkt als ein gesellschaftlicher Bereich, um dessen Beherrschung Arbeitgeber, paritätisch/städtische Einrichtungen und gewerbsmäßige Stellenvermittler konkurrierten.

Geradezu klassisch lagen diesbezüglich die Verhältnisse in Mannheim. Neben den älteren gewerkschaftlichen Einrichtungen entstand 1893 unter städtischer Mitwirkung ein paritätisch verankerter Arbeitsnachweis, dessen Geschäftstätigkeit analog des beschleunigten Industrialisierungstempos zunehmend wuchs. Als dann 1906 unter dem Beifall der Gewerkschaften die Stadt den paritätischen Arbeitsnachweis zur kommunalen Behörde erklärte, ließ die Reaktion der ansässigen Großindustrie nicht lange auf sich warten. Bereits 1907 entstand der „Arbeitsnachweis der Industrie Mannheim-Ludwigshafen e.V.", der später des öfteren wegen gesellschaftlich umstrittenen Praktiken in die Schlagzeilen öffentlicher Kritik geriet. Klassengegensätze machten sich an dem Mannheim-Ludwigshafener Industrie-Arbeitsnachweis fest, gesellschaftlich rangen Kapital und Arbeit auch an dieser Front unversöhnlich um Einfluß. Aus der Sicht der durchaus nun in größerer Zahl am Ort auch vorhandenen gewerbsmäßigen Stellenvermittler wirkte allemal günstig, daß ganze Scharen einer ländlichen Bevölkerung Mannheim zum Wanderungsziel erkor. Besonders junge Frauen, die als Dienstpersonal nach einer Anstellung in gehobenen Haushalten Ausschau hielten, avancierten hier zum umworbenen Objekt. Allerdings machte die öffentliche Kritik auch an den Praktiken der gewerbsmäßigen Stellenvermittler nicht Halt, als dort vorhandene Mißstände immer krasser zutage traten. Mehr am Rande wirkten die Innungsnachweise des Mannheimer Handwerks, deren Vermittlungsgeschäft in vergleichsweise bescheidenem Umfang blieb.

2. Das Arbeitsamt in der Pionierphase: „Centralanstalt für unentgeltlichen Arbeitsnachweis jegl. Art in Mannheim S1. 15" 1893–1906

In größerer Zahl entstanden Arbeitsnachweise unter städtischer Mitwirkung insbesondere während des letzten Jahrzehnts des 19. Jahrhunderts in allen drei zu Süddeutschland zählenden Ländern. Während aber in Bayern die Etablierung entsprechender Einrichtungen lediglich in den bevölkerungsstarken Städten stattfand, brachte umgekehrt die Bewegung in Württemberg ausgesprochen breitgestreute Aktivitäten hervor. Baden nahm vor diesem Hintergrund eine gewisse Mittelstellung ein. Eine erstmalige Gründungsaktivität ging 1891 von der Landeshauptstadt Karlsruhe aus, wenig später folgten Freiburg/Br. (1892) und Mannheim (1893). Als Gründungsakteure traten in diesen Städten gleichermaßen die Kommunen, Korporationen und Vereine auf, wodurch der paritätische Grundgedanke deutlich zum Ausdruck kam. Folgende Vereine wirkten in den drei badischen Städten an der Konstituierung mit: [1]

– Gewerbevereine
– Arbeiterbildungsvereine
– Konfessionelle Arbeitervereine
– vereinigte Innungen
– Vereine gegen Haus- und Straßenbettel
– Bezirksschutzvereine für entlassene Strafgefangene
– Herbergen zur Heimath

In Karlsruhe und Freiburg dezentralisierten die verantwortlichen Kreise die Vermittlungstätigkeit über die zusätzliche Etablierung von Filialen im weiteren Umfeld der Standorte. Mitunter nahmen diese Filialen dann über Zeit einen selbständigen Status an. Mannheim bedurfte dieser Maßgabe nicht, da die rechtsrheinisch in stärkerer Konzentration vorhandene Industrie durchaus in nächster Nähe lag. Zudem folgte bereits drei Jahre später die Stadt Heidelberg mit der Errichtung eines öffentlichen Arbeitsnachweises, Weinheim kam 1906 hinzu. Eine weitere Besonderheit zeichnete Mannheim insofern aus, als die hiesige Einrichtung als erste und über Jahre hinweg einzige im Lande auf die Erhebung irgendwelcher Vermittlungsgebühren verzichtete. Anderswo in Baden bestanden je nach Art und Umfang der Vermittlungstätigkeit Gebührensätze, die von 20 Pfennigen bis zu respektablen 1,20 Reichsmark gingen.

Bis zur Jahrhundertwende registrierte man im Großherzogtum Baden die Etablierung von insgesamt elf öffentlichen Arbeitsnachweisen (Abbildung 1 = A 1). Hierbei resultierten frühe Aktivitäten aus den größten und größeren Städten, während stärker landwirtschaftlich geprägte Gemeinden bzw. Regionen relativ spät dem Beispiel folgten. In Nordostbaden etwa entstand mit Eberbach/Neckar erst 1909 ein öffentlicher Arbeitsnachweis, der im Verlauf des Jahres 1913 ganze zwölf Stellenvermittlungen verzeichnete. Die Vergleichszahl für Mannheim benannte demgegenüber 24 626 Vermittlungen. So gesehen kam über das Gründungsdatum und zusätzlich den Umfang der Geschäftstätigkeit der öffentlichen Arbeitsnachweise auch der Stand der jeweiligen Industrialisierung indirekt zum Vorschein. Wo in Baden also die große Industrie entstand, ließ die Etablierung öffentlicher Arbeitsnachweise nicht lange auf sich warten.

2.1. Trägerschaft und Organisation in den Anfängen

Die Gründung der „Mannheimer Centralanstalt für Arbeitsnachweis jegl. Art" wurde im wesentlichen durch zwei Umstände begünstigt. Zum einen übte die Karlsruher Einrichtung einen durchaus inspirierenden Einfluß auf sozialpolitisch engagierte Zeitgenossen aus, so daß in vielen größeren Städten, hierunter auch Mannheim, entsprechende Zirkel über den Nutzen einer solchen Institution diskutierten. Und anderer-

A1. *Gründung und Tätigkeit öffentlicher Arbeitsnachweisanstalten in Baden 1891–1923*

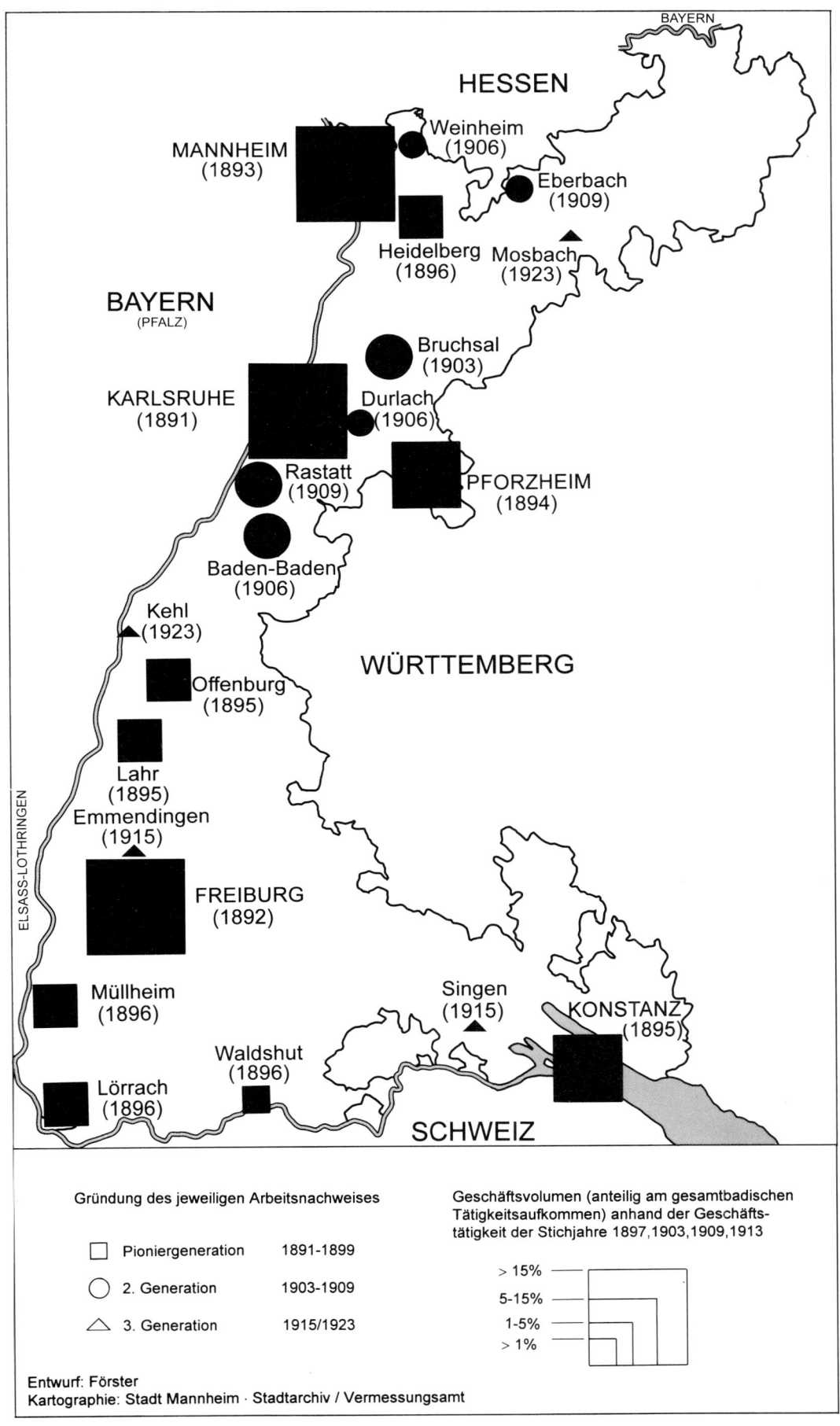

seits war es nicht von ungefähr gerade der Mannheimer Gewerbe- und Industrieverein, auf dessen Betreiben vor dem Hintergrund des wirtschaftlichen Aufschwungs vor Ort Stadt und Kreis im Verein mit 14 weiteren Interessen- und Wohlfahrtsverbänden die Gründung der Centralanstalt am 2. August 1893 als eingetragener Verein initiierten. Folgende Vereinigungen traten als Mitbegründer bei der konstituierenden Versammlung auf:[2]

- Stadtgemeinde Mannheim
- Kreisausschuß
- Handelskammer
- Fabrikantenverein
- Gewerbe- und Industrieverein
- Kaufmännischer Verein
- Landwirtschaftlicher Bezirksverein
- Verein gegen Haus- und Straßenbettel
- Herberge zur Heimath
- Verein zum Schutz des Detailgeschäfts
- Verein zum Schutz entlassener Sträflinge
- Israelitischer Verein zur Förderung des Handwerks
- Verein der Mannheimer Wirthe
- Werkmeisterverein
- Ortsverband der deutschen Gewerkvereine
- Katholischer Arbeiterverein
- Evangelischer Arbeiterverein

Alle Träger stellten jeweils zwei Vertreter zur jährlich einberufenen Generalversammlung ab, die ihrerseits wiederum die Zusammensetzung des zur Rechenschaft verpflichteten Geschäftsführenden Ausschusses festlegte. Leitung, Beaufsichtigung und Repräsentation des Arbeitsnachweises lag in der Verantwortung dieses Geschäftsführenden Ausschusses, der bis zur Jahrhundertwende über sieben Mitglieder verfügte. Im Gründungsjahr 1893 setzte sich das Gremium aus folgenden Personen zusammen:[3]

- Vorsitzender: Guido Pfeiffer, Privatmann
- Stellvertreter: Karl Kober, Bäcker
- Kassier: Emil Engelhard, Fabrikant
- Beisitzer: Alfred Bräunig, Bürgermeister
  Karl Groß, Stadtrat
- Kontroleure: Eduard Kunkel, Steinhauer
  Valentin Wirschig, Heizer

Nach allgemeiner Anschauung mußten vier dieser Mitglieder ihrem politischen Grundverständnis nach der Arbeitgeberseite zugerechnet werden, ohne daß jedoch der paritätische Grundkonsens dadurch nun vollkommen versperrt worden wäre. Allerdings lehnte das sozialdemokratisch ausgerichtete Gewerkschaftskartell, das in Mannheim nach 1893 zur Einrichtung kam, zumindest bis zur Ablösung des Vorsitzenden Pfeiffer durch Bürgermeister Bräunig (1897/98) jede Form der Kooperation ab. Ausschlaggebend mag hier der Positionswechsel der Freien Gewerkschaften in der Grundsatzfrage der Ausrichtung der Arbeitsnachweise gewesen sein, daneben sah man in der städtischen Leitung der Geschäftsführung jetzt wohl ohne jeden Vorbehalt Neutralität in der arbeitsmarktspezifischen Interessensabwägung. Exakt zur Jahrhundertwende trat das lokale Gewerkschaftskartell mittels der Entsendung zweier Vertreter der Centralanstalt bei, ergänzt durch jeweils einen Vertreter der christlichen Gewerkschaften, des Fabrikantenvereins und Handwerkervereins. Die von 7 auf 15 Mitglieder erweiterte Geschäftsführung räumte somit dem paritätischen Grundgedanken eine breitere Basis ein. Für jeweils zwei Jahre gewählt, gehörten gegenüber 1893 in leicht geänderter Konstellation nunmehr elf Vereinigungen der Geschäftsführung an:[4]

- Rechtsschutzstelle für Frauen und Mädchen
- Stadtrath
- Fabrikantenverein
- Rechtsschutzstelle
- Handwerkerverein
- Gewerkschaftskartell
- Katholischer Arbeiterverein
- Evangelischer Arbeiterverein
- Christliche Gewerkschaften
- Stadtgemeinde
- Werkmeisterverein

Den Vorsitz übernahm Dr. Schott als Leiter des 1895 eingerichteten Mannheimer Statistischen Amtes. Überhaupt brachten die Geschäftsjahre 1900 und 1901 etliche erwähnenswerte Neuerungen. Nach der Eingemeindung Sandhofens (1899) kam dort, wenn auch wegen zu geringer Auslastung nur für kurze Zeit, eine Filiale der Centralanstalt zu stehen (1902: 62 Vermittlungen). Den Tätigkeitsberichten gab man jetzt eine neue, repräsentativere Aufmachung mit größerem Format, der Einband wirkte stattlich. Am Inhalt fiel die mehr denn je differenzierte Aufgliederung der Tätigkeit ins Auge. Letzter Sachverhalt wies darauf hin, daß die Anstalt zum jetzigen Zeitpunkt unzweifelhaft über sachlich differenziertes Profil verfügte und im Bewußtsein dieser Vorbildfunktion vollzog man zusätzlich die Umbenennung der Einrichtung in „unentgeltlichen Arbeitsnachweis". Schließlich hatte man in dieser Hinsicht für ganz Deutschland eine Vorreiterrolle eingenommen, und in Baden waren immerhin alle verwandten Einrichtungen bis 1900 dieser Vorgabe gefolgt. Erstmals gelangten zudem zwei Frauen in die Geschäftsführung, die als erfahrene Vertreterinnen der Rechtsschutzstelle für Frauen und Mädchen in der Vermittlung weiblichen Dienstbotenpersonals verantwortlich zeichneten. Entsprechende Korrekturen berücksichtigte die neue Satzung vom Februar 1901.

Aufgaben und Arbeitsweise der Centralanstalt regelte die 1893 erstellte Geschäftsordnung, die desweiteren organisatorische Belange wie Personal, Öffnungszeiten und einige Prinzipien des Vermittlungsgeschäftes definierte (Geschäftsordnung 1893). Auch ein jeder Nicht-Mannheimer besaß das Recht, Dienste der Centralanstalt in Anspruch zu nehmen. So reichten die Aktivitäten von Beginn an weit über die Stadtgrenzen hinaus. Daß die räumliche Unterbringung der Centralanstalt bereits in der Gründungsphase mit erheblichen Unzulänglichkeiten konfrontiert wurde, lag nicht zuletzt auch an der beständig prosperierenden Geschäftstätigkeit. Bereits im April 1894 siedelte die Centralanstalt vom Quadrat Q3. 2–3 nach S1. 17 in Marktnähe über, wo unter Aufstockung des Personals von zwei auf jetzt drei Mitarbeiter (Verwalter, Gehilfe, weibl. Vorsteherin) erweiterte Geschäftsraume in Beschlag genommen werden konnten. Fortan verlief das Vermittlungsgeschäft nach Geschlechtern getrennt, ein drittes Zimmer diente als Telephon- und Sprechraum. Dennoch stellten sich bald auch in S1. 17 gewisse Mängel ein. Im Bereich der oft überfüllten Männerabteilung schlossen Arbeitgeber an der Centralanstalt vorbei nicht nur ausnahmsweise irgendwelche Arbeitsverträge ab, der gemeinsame Eingang für alle Stellensuchenden hielt Frauen mitunter an der Nutzung der Einrichtung ab. So gering diese Raummängel dem Beobachter auch erschienen, ihr Schaden fiel ungleich höher ins Gewicht.

T 5. Gründungsmitglieder der Mannheimer Centralanstalt für Arbeitsnachweis (1893)

Verzeichniß

#		
1	Stadtgemeinde	ℳ 1200
2	Kreisausschuß	„ 600
3	Handelskammer	„ 300
4	Fabrikanten-Verein	„ 300
5	Verein gegen Haus- & Straßen-Bettel	„ 300
6	Herberge zur Heimath	„ 200
7	Verein zum Schutze entlassener Sträflinge	„ 150
8	Gewerbe- & Industrie-Verein	„ 100
9	Kaufm. Verein	„ 50
10	Kathol. Arbeiter-Verein	„ 50
11	Evang. „ „	„ 50
12	Schwäb. Verein z. Förderung des Handwerks	„ 50
13	Landwirthschaftl. Verein	„ 40
14	Ortsverband deutscher Gewerk-Vereine	„ 25
15	Verein z. Schutze des Detailgeschäfts	„ 25
16	Werkmeister-Verein	„ 20

Außerdem bringen sämmtl. hiesige u. auch einige auswärtige Zeitungen der Umgegend fast täglich den Arbeitsmarkt unentgeldlich.

Mannheim 14. Juli 1894.

A 2. *Satzung der Centralanstalt für unentgeltlichen Arbeitsnachweis jeglicher Art*

§ 1.

Unter dem Namen „Centralanstalt für unentgeltlichen Arbeitsnachweis in Mannheim" wird daselbst ein Verein gegründet, welcher den Zweck der Arbeitsvermittlung zwischen Arbeitnehmer und Arbeitgeber jeglicher Art hat.

§ 2.

Mitglieder des Vereins können Behörden, Körperschaften, sowie Vereine und einzelne Personen werden. Die Höhe der Beiträge bleibt dem Beschluß dieser Behörden, Corporationen ꝛc. überlassen. Die Beiträge der Einzelmitglieder sollen mindestens 2 Mark im Jahr betragen. Jeder, der dem Verein angehört, verpflichtet sich, dessen Interessen nach besten Kräften zu fördern.

§ 3.

Die Vertretung des Vereins, insbesondere die Errichtung der Anstalt und die Leitung sowie Beaufsichtigung derselben geschieht durch einen auf 2 Jahre gewählten Ausschuß von 7 Mitgliedern. Die Wahl kann durch Zuruf erfolgen.

Die Mitglieder des Ausschusses müssen entweder Mitglieder der beigetretenen Vereine, Körperschaften oder Vertreter der beigetretenen öffentlichen Behörden oder Einzelmitglieder sein.

§ 4.

Der Ausschuß wählt aus seiner Mitte einen ersten und einen zweiten Vorsitzenden, einen Rechnungs- und Kassenführer, sowie zwei Controleure.

§ 5.

Die Sitzungen des Ausschusses sind von dem ersten oder in dessen Verhinderung von dem zweiten Vorsitzenden einzuberufen; dieselben finden nach Bedürfniß statt. Der Ausschuß faßt seine Beschlüsse nach einfacher Stimmenmehrheit, Stimmengleichheit gilt der Ablehnung gleich. Die nach § 4 vorzunehmenden Wahlen können durch Zuruf vorgenommen werden. Zur Beschlußfähigkeit ist die Anwesenheit eines Vorsitzenden, sowie 3 weiterer Mitglieder erforderlich.

§ 6.

Die Arbeiten der Geschäftsstelle besorgt ein vom Ausschuß bestellter Verwalter in Gemäßheit der ihm von dem Ausschuß ertheilten Weisungen.

§ 7.

Dem Ausschuß steht es zu, die Geschäftsführung zu ordnen, Zweigstellen in's Leben zu rufen und mit auswärtigen Arbeitsnachweisstellen in Geschäftsverbindung zu treten, sowie alle Einrichtungen, die im Interesse der Geschäftsstelle für nöthig gehalten werden, zu treffen.

§ 8.

Jede dem Verein als Mitglied angehörende Behörde, jede Corporation, sowie jeder Verein bezeichnet in die Generalversammlung 2 Vertreter, von denen jeder eine Stimme hat. Ist einer dieser Delegirten am Erscheinen verhindert, so kann der andere dasselbe Mitglied vertretende Delegirte dessen Stimme übernehmen. Anderweitige Stimmenübertragungen finden nicht statt. Die Einzelmitglieder wählen, sobald ihre Zahl mehr als 50 beträgt, ebenfalls 2 Delegirte in die Generalversammlung; kommt eine solche Wahl nicht zu Stande, so bezeichnet der Ausschuß zwei dem Verein als Einzelmitglieder angehörende Herren, welche diese Letzteren in der Generalversammlung mit den gleichen Rechten wie die obigen Delegirten zu vertreten haben.

§ 9.

Die Generalversammlung findet alljährlich in den drei ersten Monaten des Jahres statt. Sie wird durch den Ausschuß berufen. Die Einladung hierzu muß mindestens drei Tage vor dem angesetzten Termin erfolgen. Außerordentliche Generalversammlungen ist der Vorsitzende zu berufen verpflichtet, wenn die Hälfte der Delegirten schriftlich bei dem Ausschuß den Antrag stellt. In dem letzteren muß der Zweck der Berufung angegeben sein. Der ordentlichen Generalversammlung steht insbesondere zu:

a) Den Rechenschaftsbericht des Ausschusses entgegenzunehmen und dem Ausschusse bezw. dem Rechnungs- und Kassenführer Entlastung zu ertheilen;
b) Aenderung des Statuts;
c) Wahl dreier Revisoren;
d) Die Wahl des Ausschusses, sofern dessen Amtszeit umlaufen.

Bei allen Beschlüssen der Generalversammlung entscheidet einfache Stimmenmehrheit der anwesenden Vertreter. Stimmengleichheit gilt der Ablehnung gleich. Jede ordnungsgemäß berufene Generalversammlung ist beschlußfähig. Bei Aenderung der Satzungen muß mindestens die Hälfte sämmtlicher stimmberechtigter Delegirten anwesend sein.

§ 10.

Die Arbeitsvermittlung geschieht für den hiesigen Platz u n e n t g e l t l i c h. Nach Auswärts werden nur die Auslagen berechnet.

Mannheim, im Juli 1893.

Der geschäftsführende Ausschuß.

Das alte Mannheimer Arbeitsamt im Quadrat M3a, dort untergebracht von 1903–1932 im Gebäude der früheren Dragonerkaserne.

Abermals stand 1903 ein Umzug an, jetzt in die ehemalige Dragonerkaserne nach M3a. Hierdurch wurde die Tätigkeit nun nachhaltig begünstigt. Männer und Frauen bekamen jeweils eigene Eingänge, erstere zudem getrennte Zimmer für Arbeiter und Arbeitgeber. Ebenfalls muteten die Erstellung einer Wärmehalle, und im Innern insgesamt günstigere Lichtverhältnisse, als nennenswerter Fortschritt an. Zusätzlich erfuhr die Ausstattung an Mobiliar einige Ergänzungen, was in Teilen als Spende an die junge Einrichtung ging. Hierunter befand sich auch ein neues Plakat als Gabe des Landesverbandes badischer Arbeitsnachweise, das jedoch auf Mannheimer Seite an der wirklichen Tauglichkeit einige Zweifel aufkommen ließ. Man war der Ansicht, daß „das neue Plakat der Arbeitsnachweisanstalten des Großherzogtums (...) nach der ästhetischen wie nach der praktischen Seite als verunglückt bezeichnet werden muß und in fataler Weise an die Anpreisungen gewisser Haarwuchsmittel erinnert"[5]. Zwar gingen hier scheinbar die Anschauungen in Fragen der Öffentlichkeitsarbeit drastisch auseinander, aber erste Ansätze in dieser Richtung waren wenigstens doch erkennbar. Die genannten Exempel machten eigentlich nur deutlich, auf welch elementare Behinderungen der Geschäftsbetrieb der noch jungen Centralanstalt von Anbeginn an stieß. Ein weiteres Defizit bestand über Personalnot, die Mannheim eine weitere, wenn auch eher fragwürdige Spitzenposition bescherte: an den Vermittlungskosten der bedeutendsten Arbeitsnachweise in Deutschland des Jahres 1899 gemessen, lag die hiesige Einrichtung an vorderster Front (T 6). Dem stand eine übermäßige Arbeitsbelastung des Personals gegenüber, gepaart mit niedrigsten Gehältern. Nach der Jahrhundertwende kam hier Abhilfe.

2.2. Ausdifferenzierung der Vermittlungstätigkeit

Im Mittelpunkt aller Aktivitäten der Centralanstalt stand zu Beginn ausschließlich die Stellenvermittlung, die ganz in der Regie der drei hauptamtlich Tätigen lag. Der Arbeitsuchende trug seine Wünsche persönlich bei der Stelle vor, die unter Ausstellung eines Arbeitsplatzzuweisungszettels den direkten Kontakt zum Vorstellungsgespräch anbahnte. Offene Stellen wiederum meldeten interessierte Arbeitgeber, auch praktizierte ihrerseits die Centralanstalt telephonische Anfragen direkt bei den Betrieben. Der Zielsetzung nach sollte möglichst das gängige Berufsspektrum der Stadt wie des näheren Umfeldes durch die Vermittlungstätigkeit erfaßt werden. Hierbei bediente man sich zur Steigerung der Resonanz schon während des ersten Geschäftsjahres einiger Tageszeitungen, die in wöchentlichem Abstand Informationen zum Arbeitsmarktgeschehen am Standort selbst wie in Ludwigshafen, Heidelberg, Weinheim, Wiesloch und Sinsheim kostenfrei publizierten. Im näheren Umfeld (Ladenburg, Ilvesheim, Neckarau, Neckarhausen, Schriesheim, Sandhofen, Wallstadt) dienten zusätzlich die vorhandenen Ortstafeln als Multiplikator der Nachrichten. Eine weitere Operationsbasis bestand in der Kontaktaufnahme zu anderen öffentlichen Arbeitsnachweisen teilweise weit über die Landesgrenzen hinaus, um selbst überregional den Arbeitsmarktausgleich zu fördern. Bereits 1894 pflegte man Kontakt zu Arbeitsnachweisen in Karlsruhe, Freiburg und Darmstadt. Zwei Jahre später erreichte der Austausch zusätzlich die badischen Gemeinden Heidelberg, Pforzheim und Konstanz, außerhalb der Landesgrenzen umfaßte die Kooperation die Städte Ludwigshafen, Kaiserslautern, Wiesbaden, Worms, Frankfurt und schließlich Stuttgart[6]. Auf der Ebene der Einzelkontakte verfügte Mannheim also schon bald über ein Netz an Beziehungen, das in Ansätzen einer überregionalen Arbeitsteilung entsprach.

Auf systematische Koordination, Professionalisierung und Vereinheitlichung der Vereinstätigkeit war die Gründung überregionaler Verbände angelegt. Als Zusammenschluß aller bestehenden öffentlichen Einrichtungen entstand 1896 der „Verband der badischen Arbeitsnachweisanstalten". Über mehrere Einzelstaaten hinweg reichten zudem die Aktivitäten des Rhein-Main Verbandes, überhaupt des einzigen Ländergrenzen überschreitenden Zusammenschlusses in Deutschland (A 3). Schließlich avancierte die Mannheimer Centralanstalt zum Mitglied des Verbandes Deutscher Arbeitsnachweise, der jedoch nicht Arbeitsmarktausgleich, sondern Informationsaustausch zu allgemeinen Aspekten des Arbeitsmarktgeschehens über Tagungen, Vorträge und Publikationen (bes. „Arbeitsmarkt") in theoretischem Ansatz betrieb.

Binnen weniger Jahre also verfügte die Mannheimer Centralanstalt über ein System gut ausgebauter Beziehungen und Mitgliedschaften. Tageszeitungen und Ortstafeln unterrichteten direkt im Umfeld der Stadt über etwaige Beschäftigungsmöglichkeiten. Mehr in Richtung des überregionalen Arbeitsmarktausgleiches zielten die Einzelkontakte unter den Nachweisen. Mannheims Beziehungen reichten hierbei weit über Baden hinaus in die bayerische Pfalz, nach Württemberg und in hessische Gefilde hinein. Zu insgesamt 17 öffentlichen Arbeitsnachweisen existierte regelmäßiger Kontakt. Zusätzlich begünstigten die Landesverbände und der Reichsverband die Tätigkeit der angeschlossenen Vereine in der Weise, daß Staat und Politik den Fragen des Arbeitsmarktes der Tendenz nach wachsende Aufmerksamkeit zuwandten. Gesetzliche Regelungen blieben demgegenüber vorerst aus.

Mannheims öffentlicher Arbeitsnachweis profitierte nachhaltig von der nach allen Seiten installierten Kooperation. Schon im Geschäftsjahr 1893/94 nahmen annähernd 7700 Angehörige 75 verschiedener Männerberufe sowie 14 unterschiedlicher Frauenberufe die Dienste der Einrichtung erfolgreich in Anspruch (T 7). Die männliche Arbeitsvermittlung umspannte gleichermaßen Industrie, Handwerk und Dienstleistungen. Angestelltenberufe blieben eher noch außen vor. Bei den Industriebeschäftigten rangierten die Branchen Metallverarbeitung und Maschinenbau mit Abstand an oberer Stelle. Die Menge ungelernter Fabrikarbeiter bildete ebenfalls ein größeres Kontingent. Insgesamt ca. 30 Prozent der vermittelten Männer fanden eine Beschäftigung in der Industrie. Unter den Handwerksberufen nahm die Baubranche eine Sonderposition ein. Den saisonal mit Schwankungen beschäftigten Akteuren am Bau wie deren Arbeitgebern war der Arbeitsnachweis wohl von besonderem Vorteil, da man nunmehr kosten- und zeitsparend des Inserierens wie der Freien Umschau weit weniger bedurfte. In der Summe also traten schon zu diesem frühen Zeitpunkt jene drei Berufssegmente in den Vordergrund, die auch entlang der nachfolgenden Jahrzehnte das Zentrum der männlichen Vermittlung markierten. Jedoch auch Überbesatz in Berufen wie Maschinenschlosser, Tagnern, Hausburschen und Ausläufern benannte der Geschäftsbericht für 1893/94, während gerade Mangel an Schuhmachergesellen herrschte.

Unter den Frauenberufen dominierten Dienstmädchen und durchweg wohl ungelernte Fabrikarbeiterinnen. Dienstmädchen erfreuten sich einer äußerst regen Nachfrage, als ernsthafter Konkurrent zur Centralanstalt blieb der gewerbsmäßige Stellenvermittler nicht aus. Anders bei den ungelernten Fabrikarbeiterinnen, deren Vermittlungspotential sichtbar auf enge Grenzen stieß. Überhaupt warf die Unterbringung ungelernter Kräfte beachtliche Probleme auf: „Tausende solcher Leute müssen mangels Arbeitsgelegenheit von uns abgewiesen werden", berichtete die Centralanstalt im Geschäftsjahr 1896. Schon früh richtete man Appelle an Eltern und Lehrer, Kinder in jedem Fall einen Beruf erlernen zu lassen, um das Heer der Unqualifizierten nicht noch zu erweitern. Ausbil-

T 6.   Personalaufwand der größten deutschen Arbeitsnachweis-Anstalten 1899

Anstalt (* Communale Anstalten)	Personal der Anstalt	Besetzte Stellen	Personal-Aufwand im Ganzen (ℳ)	Personal-Aufwand auf eine besetzte Stelle	Verwalter Gehalt (ℳ)	Verwalter ob pensionsberechtigt	I. Gehilfe Gehalt (ℳ)	I. Gehilfe ob pensionsberechtigt	Leiterin der weiblichen Abtheilung Gehalt (ℳ)	Leiterin der weiblichen Abtheilung ob pensionsberechtigt	Bemerkungen
*München	11	40295	14243*	35,6	2580	ja	2022	ja	1700	ja	[1]) Agitationsbeamter
Berlin	8	30353	9360**	30,8	2400	nein	1800[1])	nein	960	nein	
Köln	6	20336	9500	46,7	2700–4800	nein	2000	nein	1300	nein	
*Stuttgart	6	17891	9400	52,5	2900	ja	1700	ja	1000	nein	[2]) Nebenbeschäftigung
Mannheim	8	17222	3640	21,1	1400	nein	1400	nein	840	nein	[3]) Ehefrau des Verwalters
Karlsruhe	3	14428	3160	21,9	2100	nein	410[2])	nein	650[3])	nein	
*Erfurt	4	10318	2790	27,0	1200	nein	—	—	900	nein	
*Breslau	4	8666	5280	60,9	1800	ja	1400	nein	900	nein	[4]) Schreiber
Freiburg i/Br.	4	8518	4460	52,4	2100	ja	—	—	1000	ja	
*Nürnberg	4	8003	5600	70,0	2500	nein	900[4])	nein	1200	nein	
Im Durchschnitt	5,3	17603	6753	38,3	2168	(4 ja, 6 nein)	1454[5])	(2 ja, 6 nein)	1045	(2 ja, 8 nein)	[5]) ohne Karlsruhe und Nürnberg M. 1719

dungsplätze registrierte man zur Genüge, zudem sollten in den Büroräumen aufgestellte „Warnungstafeln" Besucher auf überbesetzte Berufe hinlenken. Hinsichtlich auswärtiger Stellenvermittlung zeigte das zügig entwickelte Austauschsystem von Anfang an gute Erfolge. Im Postzustellverfahren deklarierten dem Schwerpunkt nach Arbeitgeber ihren Bedarf nach Arbeitskräften, die Centralanstalt wies geeignete Bewerber zu. Gemessen an der Gesamtzahl erfolgreicher Vermittlungen stieg der Anteil überregionaler Tätigkeit auf zuletzt fast ein Fünftel der Aktivitäten (1904). Baden, die bayerische Pfalz und mit einigem Abstand Hessen führten die Auswärtsstatistik an. Aber auch aus größerer Entfernung gingen Offerten ein, Maschinenfabriken selbst aus Augsburg, Bremen und Posen fragten wegen qualifizierter Arbeitskräfte an.

Aus der Anreihung der jährlichen Vermittlungsergebnisse der Mannheimer Centralanstalt konnten zumindest näherungsweise einige Tendenzen des lokalen Wirtschaftsgeschehens herausgelesen werden. Dieser Betrachtungsweise, jetzt erweitert um den Vergleich regionaler, landes- und reichsweiter Konstellationen, räumten die interessierten Zeitgenossen die Funktion eines Konjunkturbarometers ein. Von daher rückte die Arbeitsmarktstatistik zusätzlich in der Funktion eines volkswirtschaftlichen Indikators stärker in den Vordergrund bzw. trat damit die Existenz städtisch-verankerter Arbeitsnachweise nachhaltiger in das öffentliche Bewußtsein. Gerade das Konjunkturgeschehen um die Jahrhundertwende herum brachte gegenläufige Zyklen hervor und lieferte von daher (nicht zuletzt zur Erbauung diskutierfreudiger Fachkreise) reichlich relevantes Anschauungsmaterial. Schließlich leitete die 1895 fest greifende Hochindustrialisierungsphase zur Jahrhundertwende für die Dauer von cirka drei Jahren in eine handfeste Krise über, um nach der Tendenzwende 1903 abermals kräftig zu prosperieren (nochmaliger Einbruch: 1908/09). Und in der Tat spiegelte die Vermittlungsstatistik der Mannheimer Centralanstalt die wirtschaftlichen Wechsellagen jener Jahre recht anschaulich wider (T 8). Ab der Jahrhundertwende ging hier das Angebot offener Stellen drastisch zurück, umgekehrt wuchs das Heer der Arbeitssuchenden entsprechend rasch an. Dann kehrten sich wieder 1903, und nochmals 1908 die Verhältnisse um. Dem entsprach gleichermaßen die Entwicklung in den einzelnen Berufssparten. Inwieweit die Centralanstalt entlang jener Jahre bis zur Kommunalisierung 1906 den städtischen Arbeitsmarkt beherrschte, läßt sich allenfalls

---

T 7.
Stellenvermittlung der Mannheimer Centralanstalt im Geschäftsjahr 1893/94

Ia. Männliche Personen (Arbeitnehmer).

27 Bäcker.	19 Installateure.	355 Maschinen- und Bauschlosser.
3 Conditor.	1 Rohrleger.	
3 Müller.	54 Friseure u. Barbiere.	5 Metallpolirer.
2 Bildhauer.		3 Monteure.
53 Holzdreher.	2 Krankenwärter.	6 Mechaniker.
26 Eisendreher.	4 Metzger.	2 Kunstschlosser.
1 Modelleur.	67 Glaser.	48 Maschinisten u. Heizer.
1 Korbmacher.	1 Goldarbeiter.	
10 Beindreher.	1 Gürtler.	170 Schmiede.
6 Bürstenbinder.	7 Lackirer.	38 Wagner.
5 Buchdrucker.	265 Maler und Tüncher.	487 Schuhmacher.
6 Schriftsetzer.		479 Schneider.
3 Steindrucker.	1 Mützenmacher.	679 Bau- u. Möbelschreiner.
27 Kaufleute.	3 Kürschner.	
1 Zeichner.	21 Kübler.	10 Säger.
47 Buchbinder.	90 Küfer.	24 Sesselmacher.
3 Färber.	1 Mälzer.	1 Fraiser.
8 Seiler.	41 Maurer.	926 Taglöhner und Fabrikarbeiter.
235 Spengler.	35 Steinhauer.	
35 Gießer.	61 Zimmerleute.	761 Ausläuf., Haus- u. Zapfburschen.
6 Gußputzer.	1 Schieferdecker.	
2 Kernmacher.	5 Zementeure.	116 Kutscher und Fuhrleute.
6 Kesselschmiede.	1 Uhrmacher.	
7 Kupferschmiede.	6 Feilenhauer.	14 Kellner.
1 Drahtflechter.	39 Sattler.	11 Gärtner.
10 Metalldrucker.	118 Tapezirer.	5 Cigarrenmacher.
1 Zinngießer.		

Ib. Lehrlinge.

33 Schlosser.	5 Gärtner.	2 Metzger.
9 Kaufleute.	4 Tapezirer.	2 Ofensetzer.
8 Spengler.	3 Friseure.	1 Steindrucker.
8 Sattler.	3 Electrotechniker.	1 Koch.
7 Schneider.	3 Conditore.	1 Lithograph.
7 Schreiner.	2 Vergolder.	1 Schmied.
6 Buchbinder.	2 Wagner.	1 Küfer.
5 Bäcker.	2 Mechaniker.	1 Schuhmacher.
5 Drechsler.	2 Lackirer.	1 Kellner.
5 Buchdrucker.	2 Tüncher.	

II. Weibliche Personen (Arbeitnehmerinnen).

880 Dienstmädchen.	20 Ladnerinnen.	1 Kindergärtnerin.
171 Monats-, Putz- u. Waschfrauen.	31 Kleidermacherin.	2 Maschinenstrick.
	37 Kellnerinnen.	14 Lehrmädchen.
803 Fabrikarbeiterinnen.	2 Laufmädchen.	2 Buffetfräulein.
	38 Näherinnen.	4 Büglerinnen.

T 8.
Stellenvermittlung der Mannheimer Centralanstalt für unentgeltlichen Arbeitsnachweis 1893-1913

Jahr	Arbeitsgesuche	offene Stellen	Vermittlung	Gesuche auf 100 offene Stellen	Vermittlg. bei 100 Arbeitssuchenden
1893/94	24118	5806	7658	415	32
1895	21884	10706	10671	204	49
1896	26121	18195	14055	144	54
1897	23777	17456	15339	136	65
1898	19939	21701	14974	92	75
1899	43924	24446	21128	180	48
1900	55122	22107	15462	250	28
1901	72227	19261	13637	374	19
1902	62829	14780	10939	425	17
1903	53636	17396	13092	308	24
1904	56725	21361	15865	266	28
1905	40970	22977	17264	179	42
1906	23234	28396	19940	82	86
1907	35631	23580	16807	151	47
1908	40015	19633	15933	204	40
1909	38848	17984	15009	216	39
1910	33937	17802	15241	191	45
1911	40417	22049	17740	183	44
1912	41162	21583	17317	191	42
1913	51119	33223	24626	154	48

A 3.
Die Mannheimer Centralanstalt für Arbeitsnachweis im überregionalen Informationsverbund (Stand 1899)

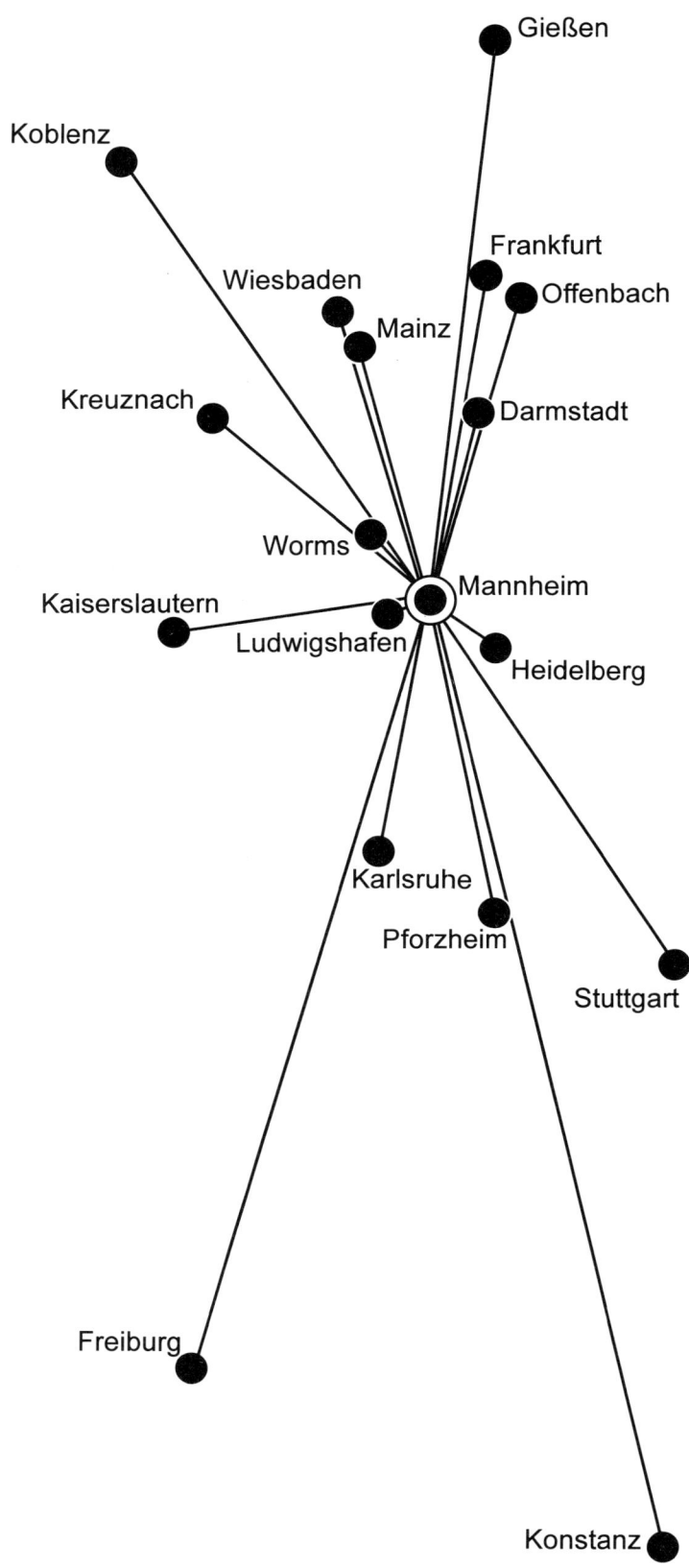

Entwurf: Förster
Kartographie: Stadt Mannheim · Stadtarchiv / Vermessungsamt

A 3.
Die Mannheimer Centralanstalt für Arbeitsnachweis im überregionalen Informationsverbund (Stand 1899)

nur erahnen. Jedenfalls nahmen die Stellensuchenden laut Statistik die Einrichtung in zunehmenden Maße in Anspruch, so daß auf die Freie Umschau mit all ihren Nachteilen für den Abhängigen mehr und mehr verzichtet werden konnte. Weniger Resonanz löste die Centralanstalt allerdings in Kreisen der Industrie aus: „Die Benützung unserer Anstalt durch die großen Arbeitgeber läßt nach wie vor zu wünschen übrig, da wir die vielfach verlangte genauere Kennzeichnung der zugewiesenen Arbeitskräfte nicht geben können und dürfen", hieß es im Geschäftsbericht für 1900. Dieses Manko fehlender oder unzureichender Akzeptanz konnte auch im Laufe der nachfolgenden Jahre nicht beseitigt werden, während umgekehrt die Gewerkschaften ungeachtet eigener Vermittlungsaktivitäten verstärkt zu einer positiven Einschätzung gelangten.

2.3. Ansätze und Instrumentarien einer Arbeitsmarktpolitik

Mit dem Aufstieg Mannheims zur Industriemetropole geriet der städtische Arbeitsmarkt samt Peripherie beträchtlich in Bewegung. Von einer Arbeitsmarktpolitik konnte jedoch, wenn überhaupt, nur in Ansätzen die Rede sein. Zu unterschiedlich schienen die Interessenlagen und Instrumentarien der ohnehin zahlreich am Platz vorhandenen Stellenvermittlungen, als daß das Arbeitsmarktgeschehen in halbwegs koordinierter Art und Weise ablief. Neben gewerblichen Gesindevermittlern konkurrierten jede Menge Innungen, hinzu kamen paritätische Verbände und natürlich die Gewerkschaften. Nicht zu vergessen das Inserat samt der Freien Umschau als weiteres Korrektiv des Marktausgleichs, größere Industriebetriebe begannen mit der Etablierung eigenständiger Personalbüros. Kurzum, die Arbeitsvermittlung als Zentralbereich der Arbeitsmarktpolitik lag zu jener Zeit in Mannheim in vielerlei Händen, getragen von Zielrichtungen teils sogar widersprüchlicher Art.

Das spezifische Instrumentarium der Centralanstalt basierte bis einschl. 1905 auf zwei Ebenen: Arbeitsvermittlung und Aufbau einer Arbeitsmarktstatistik. Im Bereich der Arbeitsvermittlung existierte lediglich das Unterscheidungskriterium des Geschlechts, eine nach Berufen gegliederte Fachvermittlung blieb vorerst außen vor. Auch gelang es nicht, höhere Berufe in das Vermittlungsgeschäft zu integrieren. Demgegenüber konnte wiederum auf die Etablierung einer Lehrstellenvermittlung verwiesen werden, die nach Ausbruch des Ersten Weltkrieges zusätzlich erste Aktivitäten im Bereich der Berufsberatung umspannte. Ein weiterer Aktivposten war im Bereich des zwischenbezirklichen Ausgleichs angesiedelt, der nach Reichweite und Umfang binnen weniger Jahre erstaunliche Konturen angenommen hatte. Daß in der Kategorie einer Arbeitslosenversicherung, oder zumindest einer Arbeitslosenunterstützung der Centralanstalt keine Funktion zukommen konnte, lag unzweifelhaft am Eigenverständnis der Institution als wirtschaftspolitisch interessenneutraler Verein. Im zweiten Tätigkeitsbereich, der Erstellung einer Arbeitsmarktstatistik, standen während der Anfangsjahre methodische Probleme zwischenbezirklicher und länderübergreifender Vergleichbarkeit im Vordergrund. Wie waren Begriffe wie „Vermittlung" oder „Arbeitslosigkeit" inhaltlich zu fassen und zu messen? Die praktische Arbeit blieb auf der anderen Seite von solchen Ungereimtheiten weitgehend unberührt.

3. Kompetenzzuwachs: Die Centralanstalt als städtische Behörde 1906–1914

Die erfolgreiche Tätigkeit der in großer Zahl in Südwestdeutschland entstandenen Arbeitsnachweise städtischer Verankerung führte rasch zu der Überlegung, diese Einrichtungen ganz und ausschließlich in kommunale Verantwortung überzuleiten. Schließlich agierten jetzt die öffentlichen Arbeitsnachweise als die eigentlichen Hauptakteure im Vermittlungsgeschäft vor Ort, ohne aber der Öffentlichkeit gegenüber in irgend einer Form verbindlich Rechenschaft ablegen zu müssen. Die erweiterte Geschäftstätigkeit hatte zudem zur Folge, daß Staat, Gemeinden und Kreisverbände in zunehmenden Maße den erhöhten Finanzbedarf aufbrachten, während die Beitragszahlungen der übrigen Vereinsmitglieder stagnierten bzw. anteilig sogar beträchtlich sanken. In Konsequenz dieser Sachlage wurde auf badische Gefilde bezogen der Kommunalisierungsgedanke zügig umgesetzt. Erstmals 1894 in Lahr, Offenburg, Heidelberg sowie bei den württembergischen Nachbarn in Esslingen und Heilbronn praktiziert, folgten im darauffolgenden Jahr weitere 17 Einrichtungen in den beiden Ländern dem Beispiel[1]. In Württemberg wurden die Arbeitsnachweise von vornherein mit der Bezeichnung „Arbeitsamt" versehen, die badischen Anstalten verwendeten unterschiedliche Nomenklaturen.

Zur Jahrhundertwende fungierten bereits zwölf öffentliche Arbeitsnachweise in Baden als städtische Behörde, 1904 stellten nur noch Karlsruhe und Mannheim rühmliche Ausnahmen im Lande dar. Beide Städte beherbergten das Hauptkontingent der in Baden vorhandenen Großindustrie, möglicherweise resultierte die Zurückhaltung bei der dortigen Kommunalisierung aus der Rücksicht auf die in dieser Sache betont kritisch gestimmten Wirtschaftskreise. Und tatsächlich sprach man bereits im Tätigkeitsbericht des Jahres 1900 die als dringend eingestufte Notwendigkeit an, die Centralanstalt ausschließlich an die Stadtverwaltung zu koppeln. Immerhin nahm Mannheim zu dieser Zeit am Umfang der Tätigkeit gemessen den 5. bis 6. Rang im Deutschen Reich ein, wobei weitere Steigerung der Aktivitäten in Aussicht stand. Schon um die nötige Stärkung der Organisation zu erreichen, sei die Kommunalisierung ein unausweichlicher Schritt. Zudem wies der Berichterstatter auf den Umstand hin, daß dieses Thema in der Öffentlichkeit, der Presse und bei Versammlungen immer wieder zur Sprache kam.

Erstaunlicherweise dauerte es nach dieser dringlichen Stellungnahme weitere fünf Jahre, ehe mit Stadtratsbeschluß vom 14. Dezember 1905 der Übergang der Centralanstalt in die städtische Trägerschaft konkret Gestalt annahm. Auf der einen Seite waren zwischen 1899 und 1904 die Ausgaben der Centralanstalt von 4874 auf stattliche 8033 Reichsmark angestiegen, umgekehrt aber der Finanzierungsanteil der privaten Trägerschaft von 24 auf gerade noch 14 Prozent abgerutscht. Im Gründungsjahr hatten die Vereine immerhin noch zur Hälfte finanziert[2]. Von der Bedeutung und der Aufgabenstellung her sah man in der Einrichtung schon lange kein der Öffentlichkeit gegenüber unverantwortliches Gremium mehr – „es

---

T 10.
Anzahl der Arbeitgebernachweise in Deutschland 1889–1910

Jahr	1889	1897	1904	1908	1909	1910
Einrichtungen	1	15	33	44	98	189

T 9.
Nachweisung über die Einnahmen und Ausgaben der Centralanstalt für Arbeitsnachweis pro 1907

Nachweisung
über
die Einnahmen und Ausgaben der Zentralanstalt
für Arbeitsnachweis
pro 1907.

A. Einnahmen

I. Beiträge

Gr. Staatskasse	ℳ. 2000.—	
Kreisausschuß	1200.—	
Handelskammer	50.—	
Berufliche Vereine und Korporationen	775.—	ℳ. 4025.—

II. Rückersatz von Porto und Durchgangsgebühren durch den Zentralverband der deutschen Arbeitsnachweise ... 74.50

Summe der Einnahmen ℳ. 4099.50

B. Ausgaben

I.	Gehälter		ℳ. 6285.—
II.	Sachlicher Aufwand		
	a. für Bureaureinigung	ℳ. 268.02	
	b. " Heizung und Beleuchtung	207.57	
	c. " Porto	80.57	
	d. " Drucksachen	299.68	
	e. " Zeitschriften	19.80	
	f. " Telephonanschluß und Telephongebühren	449.10	
	g. " bauliche Veränderungen	457.79	
	h. " Reinigungsbrand des Lokals	1000.—	
	i. " Sonstiges (Kanzleigeb. Bureaubeiträge)	182.28	2964.81

Summe der Ausgaben ℳ. 9249.81

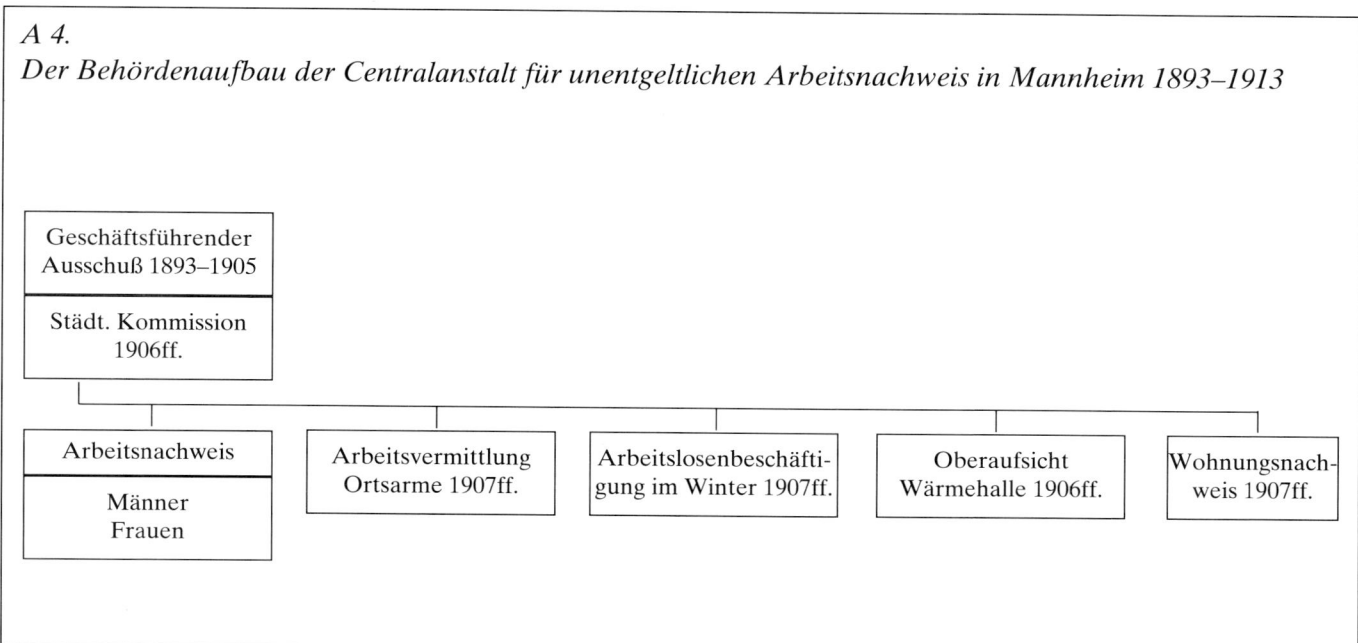

A 4.
Der Behördenaufbau der Centralanstalt für unentgeltlichen Arbeitsnachweis in Mannheim 1893–1913

segelt unter falscher Flagge", resümierte der Geschäftsbericht für 1905. Insofern bildete die Kommunalisierung den Schlußpunkt einer Entwicklung, die sich, wenn auch etwas zögerlich, über Jahre hinweg anbahnte.

Im organisatorischen Bereich erbrachte die Kommunalisierung zunächst keine grundsätzlichen Neuerungen (A 4). Den geschäftsführenden Ausschuß ersetzte fortan die „Kommission für Arbeitsnachweis", der vom Stadtrat berufen insgesamt neun Mitglieder angehörten:

– Bürgermeister v. Hollander	Vorsitzender
– Duttenhofer	Stadtrat
– Foshag	Stadtrat
– Böttger	Arbeitersekretär
– Schenk	Arbeitersekretär
– Engelhard	Fabrikant
– Dr. Schott	Stadtbeirat
– Fanny Böhringer	Privatfrau
– Leontine Simon	Privatfrau

Im Geschäftsjahr 1906 fand lediglich eine Sitzung der Kommission statt, deren Funktion, unter Beibehaltung eines wenn auch gestrafften paritätischen Grundgedankens, wesentlich beratenden Charakters war. Ergänzend übernahm die Centralanstalt die Oberaufsicht über die städtische Wärmehalle, die während der Wintermonate den Ortsarmen zur Verfügung stand. Zwei weitere Aufgabenbereiche ergänzten 1907 die Verbindung zur Armenpflege: Arbeitsvermittlung für Ortsarme sowie winterliche Arbeitslosenbeschäftigung. Auf diese Weise vermittelte die Stadt arbeitsfähigen Ortsarmen zumutbare Beschäftigungsmöglichkeiten, bei Ablehnung drohte der Entzug der Unterstützung. Ebenfalls der Förderung der Arbeitsaufnahme (wie der Entlastung der Stadtkasse) diente die Beschäftigung von Arbeitslosen im Winter. Der Versuch einer unentgeltlichen Kleinwohnungsvermittlung über die Installation eines Wohnungsnachweises erbrachte kaum Resonanz. In der Summe also knüpfte man in den Jahren direkt nach der Kommunalisierung an einer Geschäftspraxis an, die seit geraumer Zeit in Übung allgemein als solide Basis der Arbeitsvermittlung angesehen wurde.

3.1. Industrie und gewerbsmäßiger Arbeitsnachweis – Reaktionen

Die massenweise Kommunalisierung der öffentlichen Arbeitsnachweise im Südwesten war dem Sinn nach praktisch gleichbedeutend mit einer landesgesetzlichen Erhebung dieser Institution zu der zentralen und alles überragenden Vermittlungsstelle am Arbeitsmarkt. Von den Gewerkschaften durchweg begrüßt, reagierte das Großkapital mit einer Gegenoffensive. Hinzu kam die Furcht vor einer angeblichen Gesetzesvorlage, wonach sämtlichen nichtöffentlichen Arbeitsnachweisen demnächst ein Verbot drohen sollte. Sprunghaft ging die Anzahl der Arbeitgebernachweise insbesonders nach 1908 in die Höhe:[3]

So trug die Etablierung städtischer Arbeitsnachweise kaum zur Klärung gruppenspezifischer Interessen bei, sondern verhärtete eher noch die Fronten (Streikbruch, „schwarze Listen" als Sanktionsmittel gegen Aktivisten etc.). Allerdings machte nur ein Teil der Arbeitgebernachweise von jenen rigorosen Mitteln Gebrauch, und dem Schwerpunkt nach lagen die Gründungsaktivitäten vor allem in Regionen nördlich der Mainlinie. Während in ganz Süddeutschland bis 1909 gerade zehn Einrichtungen der industriellen Arbeitgeberschaft bestanden, blieben Württemberg, Elsaß-Lothringen ganz ohne Gründungsaktivität (T 11). Innerhalb Badens registrierte die Statistik eine einzige Einrichtung, die am 1. Dezember 1907 gegründet am Standort Mannheim zu stehen kam.

Im Innungsbereich agierten 1904 reichsweit 2 410 Akteure, die zu annähernd 90 Prozent von Meistern verwaltet wurden. Anders als die großen Arbeitgeberverbände, bestanden die Innungen als Körperschaften des öffentlichen Rechts mit gesetzlich festgelegten Aufgaben und Zuständigkeiten, dies unter ständiger Aufsicht der Verwaltungsbehörden. Von daher blieben in dieser Kategorie nicht nur Konflikte weitgehend aus,

T 11. Arbeitsnachweise der Arbeitgeber in Deutschland des Jahres 1909

Ort	Name des Arbeitsnachweises	Besetzte Stellen im Jahre 1904	1908	1909
I. Metallindustrie.				
Berlin	Verband Berliner Metallindustrieller	38 209	38 252	—
"	Vereinigung Berliner Metallwarenfabrikanten	10 142	5 929	—
Bremen	Arbeitgeberverband „Unterweser"	3 736	5 056	4 812
Bremerhaven	Arbeitgeberverband „Unterweser"	7 418	4 849	4 083
a) Breslau	Verband Schlesischer Metallindustrieller	—	—	3 201
Chemnitz	Chemnitzer Bezirksverband deutscher Metallindustrieller	10 110	8 364	9 287
Cöln	Bezirksverband f. d. Metallind. des Reg.-Bez. Cöln u. Nachbargebiete	—	—	4 103
Danzig	Verband der Metallindustriellen von Danzig und Umgegend	—	—	2 702
Dresden	Verband der Metallindustriellen in der Kreishauptmannschaft Dresden	4 331	3 466	4 304
Halle a. S.	Verband der Metallindustriellen von Halle und Umgegend	2 605	2 995	3 478
Hamburg	Verband der Eisenindustrie Hamburgs	13 989	18 958	22 852
Hannover-Linden	Verein der Metallindustriellen der Provinz Hannover	4 445	4 380	3 094
Kiel	Arbeitgeberverband der Eisen- und Metallindustrie Kiels	6 130	6 341	6 915
Leipzig	Verband der Metallindustriellen im Bezirke Leipzig	6 277	6 579	7 655
Lübeck	Verein Lübecker Metallindustrieller	1 997	—	1 620
Magdeburg	Verband der Metallindustriellen von Magdeburg und Umgegend	9 027	—	3 622
c) Mannheim	Arbeitsnachweis der Industrie in Mannheim (Metallindustrie)	—	—	4 551
*) München	Verband bayerischer Metallindustrieller	—	—	361
°) Nürnberg	Verband bayerischer Metallindustrieller	—	—	1 393
Stettin-Grabow	Vereinigung der Eisenindustriellen Stettins	—	11 583	7 197
Vegesack	Arbeitgeberverband „Unterweser"	3 920	1 288	1 802
II. Textilindustrie.				
Chemnitz	Verband der Textilindustriellen von Chemnitz	7 068	5 208	6 924
Crimmitschau	Spinner- und Fabrikantenverein	4 248	4 328	4 534
Forst	Arbeitgeberverband der Textilindustrie	12 627	6 912	7 903
8) Neumünster	Fabrikantenverein der Textilindustrie	—	—	1 749
III. Baugewerbe.				
Aumund-Vegesack	Arbeitgeberverband für das Baugewerbe der Stadt Vegesack	—	—	1 557
Berlin	Verband der Baugeschäfte von Berlin	2 504	19 514	12 494
Braunschweig	Arbeitgeberverband für das Baugewerbe	1 147	2 372	2 636
Bremerhaven	Arbeitgeberverband für das Baugewerbe an der Unterweser	—	—	3 592
Breslau	Arbeitgeberverband für das Maurer- und Zimmergewerbe	—	—	6 755
Celle	Arbeitgeberverband für Baugewerbe und Industrie	—	—	1 798
Cuxhaven	Arbeitgeberverband für das Baugewerbe an der Unterelbe	—	—	1 274
Eisenach	Arbeitgeberverband für das Baugewerbe von Eisenach und Umgegend	—	—	1 298
b) Essen	Arbeitgeberverband für das Baugewerbe mit sämtlichen 27 Zweigstellen	—	—	23 731
Halle	Arbeitgeberverband für das Baugewerbe von Halle und Umgegend	—	1 015	2 251
Hamburg	Baugewerbeverband (Baugewerksinnung „Bauhütte")	—	—	10 078
Hannover	Arbeitgeberverband für das Baugewerbe	—	—	17 156
Hildesheim	Arbeitgeberverband für das Baugewerbe des Stadt- und Landkreises Hildesheim	—	—	1 415
Königsberg i. Pr.	Arbeitgeberverband für das Baugewerbe	—	2 343	2 955
Linden b. Hannover	Arbeitgeberverband für das Baugewerbe	—	—	3 063
Lübeck	Arbeitgeberverband für das Baugewerbe	1 869	2 399	1 933
Magdeburg	Arbeitgeberverband der Maurer und Zimmerer	1 224	21 810	1 502
4) München	Arbeitgeberverband für das Baugewerbe	—	15 956	8 811
Nürnberg	Arbeitgeberverband für das Baugewerbe	—	3 429	6 230
Posen	Arbeitgeberverband der Maurer und Zimmerer	—	1 309	1 686
München	Ortsgruppe des süddeutschen Maler- und Tünchermeisterverbandes	—	—	2 829
IV. Verkehrsgewerbe.				
Bremerhaven	Arbeitgeberverband „Lagerei"	2 772	3 859	3 051
Hamburg	Stauereibetriebe von Hamburg-Altona	12 339	—	—
"	Hafenbetriebsverein in Hamburg e. V.	—	123 785	141 840
"	Hamburg-Amerika-Linie (Kaibetrieb)	11 622	—	—
"	Kaibetriebe der Hamburg-Amerika-, Woermann-, deutschen Ostafrika- und deutschen Levante-Linie (Hafenbetriebsverein)	—	18 492	29 359
"	Verein der Hamburg-Altonauer Ewerführerbaase von 1874	4 193	5 082	5 451
"	Firma R. M. Sloman u. Co. (Heuerbureau)	3 425	—	—
"	Hamburg-Amerika-Linie (Heuerbureau und Stauereibetrieb)	26 401	21 885	27 999
"	Verein Hamburger Reeder	19 183	20 891	21 366
"	Zentralheuerstelle d. Arbeitgeberverbandes f. Binnenschiffahrt u. verwandte Gewerbe	—	9 073	8 721
"	Verein Hamburger Fuhrherren von 1885	316	685	—
Leipzig	Arbeitgeberverband im Leipziger Fuhr- und Verkehrsgewerbe	—	1 740	1 108
Kiel	Zentralverein deutscher Reeder, Heuerstelle Kiel	—	616	813
München	Arbeitgeberverband des Transport-, Handels- und Verkehrsgewerbes	—	1 191	798
Stettin	Verein Stettiner Reeder	—	1 252	1 361
	Übertrag:	233 274	410 127	468 951
		233 274	*413 186*	*475 116*
	Transport:	233 274	410 127	468 951
		233 274	*413 186*	*475 116*
V. Sonstige Gewerbe.				
Berlin	Arbeitgeberschutzverband Berliner Tischlermeister und Holzindustrieller	7 617	—	—
Hamburg	Verein der Zigarrenfabrikanten von 1890	689	1 204	1 250
Leipzig	Vereinigung Leipziger lithographischer Anstalten	—	20	—
"	Arbeitgeberverband der Holzindustrie	—	—	2 204
Berlin	Verband der Berliner Schuhfabrikanten	—	rd. 2000	rd. 2000
Weißenfels	Verein Weißenfelser Schuh- und Schäftefabrikanten	—	—	730
VI. Gemischte Verbände.				
7, e) Ahlen	Arbeitgeberverein für die Stadt Ahlen	—	226	58
Altena i. W.	Arbeitgeberverein für Altena und Umgegend	—	685	—
Brake	Verein der Arbeitgeber für Brake und Umgegend	—	—	2 657
Bromberg	Allgemeiner Arbeitgeberverband	—	2 031	2 038
Elmshorn	Arbeitgeberverband	—	312	333
*) Flensburg	Verband für Handwerk, Industrie und Landwirtschaft	—	—	2 015
f) Hamburg usw.	Arbeitgeberverband für Landwirtschaft und Industrie, 9 Arbeitsnachweise	—	—	3 541
Harburg	Verein der Arbeitgeber von Harburg und Umgegend	10 546	6 290	9 811
e) Iserlohn	Fabrikanten- und Arbeitgebervereinigung von Iserlohn und Umgegend	2 378	1 595	2 091
Kiel	Arbeitgeberverband Kiel	—	3 426	5 452
d) Mannheim	Arbeitsnachweis der Industrie in Mannheim und Ludwigshafen, E. V.	—	15 312	16 800
Neumünster	Arbeitgeberverband für Landwirtschaft und Industrie	—	—	1 094
Nordenham	Verein der Arbeitgeber für Nordenham und Umgegend	—	—	4 467
*) Plettenberg	Arbeitgeberverein für den Stadt- und Amtsbezirk Plettenberg	—	—	212
Rostock	Arbeitgeberverband für Rostock, Warnemünde und Umgegend	—	—	1 814
Werdau i. S.	Industrieverein	—	777	1 083
	Sämtliche Arbeitsnachweise, amtliche Zahlen (1904: 33, 1908: 44, 1909: 98 Nachweise):	254 504	426 693	523 230
	Dieselben einschließlich der Nachträge (1904: 33, 1908: 49, 1909: 109 Nachweise):	*254 504*	*447 064*	*534 766*

sondern die Innungsnachweise tendierten zusehends zur Parität bzw. zum direkten Anschluß an die städtischen Arbeitsnachweise. Einige Zweige jedoch, wie etwa die Bauwirtschaft, gingen in nahestehenden Arbeitgeberverbänden auf.

Bei den gewerbsmäßigen Stellenvermittlern rissen auch nach der Jahrhundertwende die Mißstände nicht ab. Gemessen an der Anzahl der Einrichtungen expandierte dieser Berufszweig, im Deutschen Reich hielten 1907 immerhin 7 205 Personen entsprechende Konzessionen in Händen. Die Entwicklung der gewerbsmäßigen Stellenvermittler in Baden spiegelte recht typisch den reichsweiten Trend wider[4].

Der drastische Rückgang der gewerbsmäßigen Stellenvermittler vor allem nach 1910 resultierte aus dem sog. Stellenvermittlergesetz vom Juni 1910, das übrigens das einzige arbeitsmarktpolitische Instrument länderübergreifender Ausrichtung bis 1914 darstellte (T 12). Die gesetzlichen Bestimmungen zielten auf fortan erhöhten Schutz des Stellensuchenden vor möglichen Willkürakten des gewerblichen Vermittlers. Maßnahmen hierzu betrafen erhöhte Anforderungen an die Persönlichkeit des Vermittlers sowie dessen Geschäftsführung. Der Erlaß diesbezüglich verbindlicher Richtlinien (u.a. Gebührenabsenkung) lag in der Befugnis der jeweiligen Bezirksräte, Neuerteilungen von Konzessionen schloß man bei Vorhandensein öffentlicher Arbeitsnachweise jetzt gänzlich aus. Da das Hauptvermittlungsgeschäft der Gewerbsmäßigen hauptsächlich bei Dienstleistungsberufen ansetzte, begrüßten paritätische wie öffentliche Nachweise als interessenungebundene Mitkonkurrenten in dieser Berufssparte die getroffenen Regelungen in besonderer Weise.

3.1.1. Der „Arbeitsnachweis der Industrie Mannheim-Ludwigshafen e.V."

Obwohl keine eindeutigen Belege dafür aufgeboten werden können, muß die Gründung des Mannheimer Arbeitgebernachweises als direkte Reaktion auf die Kommunalisierung vor Ort gewertet werden. Im Industrienachweis sahen die Mitgliedsbetriebe eine Plattform, die Arbeiterschaft gemäß eigener Interessen und von keinerlei Seite reglementiert zu beschaffen. Mit einer Gesamtbelegschaft von zehn Personen (!) verlegte man die Geschäftsräume nach der Schwetzinger Vorstadt, ergänzend richtete der Nachweis im August 1908 linksrheinisch eine Filiale in Ludwigshafen ein. Geschäftsordnung und Satzung regelten den Betrieb, im Vorstand und Ausschuß berieten die führenden Großindustriellen über Mittel und Wege effektiver Arbeitsweise. Von der Mitgliederzahl her mobilisierte der Nachweis regen Zuspruch, den 255 beigetretenen Firmen mit 37 950 Arbeitern für 1912 standen 1913 bereits 328 Betriebe mit 40 426 Beschäftigten gegenüber[5]. Über Zeit schlossen sich verstärkt auch kleinere Unternehmen dem Industrienachweis an, dessen Tätigkeit in Kreisen der Unternehmerschaft breite Zustimmung erzeugte.

Der Centralanstalt erwuchs mit dem Arbeitsnachweis der Industrie gleich von Anbeginn an eine ernstzunehmende Konkurrenz. Sowohl von der Anzahl der Stellengesuche wie von der Vermittlungsquote her überflügelte der Industrienachweis die städtische Behörde. Praktisch alle am Platz vorhandenen Branchen und Berufe industrieller Ausrichtung waren Bestandteil des Vermittlungsgeschäftes. Mitunter übertrugen Betriebe dem Nachweis die Aufgabe, selbstständig auch komplette Einstellungen vorzunehmen. Nach Branchen betrachtet dominierten beim Vermittlungsgeschäft die Sektoren Metall, Maschinenbau und Chemie, unter den Berufen stachen Schlossertätigkeiten neben Anlernberufen (Chemie, Maschinenbau) und Hilfstätigkeiten (Bordträger, Kohlearbeiter) heraus (T 13). Ebenso wie der städtische Arbeitsnachweis, praktizierte der Industriellennachweis die Auswärtsvermittlung in Voraussetzung eines vorhandenen Überangebotes an Kräften. Bei der Lehrlingsvermittlung ließ der Industriellennachweis den städtischen Konkurrenten gleich um Längen zurück. Während für 1912 der städtischen Behörde ganze fünf Unterbringungen gelangen, registrierte man auf der anderen Seite 180 Vertragsabschlüsse. Unter Berücksichtigung der Vorjahresergebnisse war es dem Industriellennachweis gelungen, die Lehrlingsvermittlung weitgehend in eigene Regie zu bringen. Allerdings bestand bei der Lehrlingsvermittlung jener Zeit die Praxis vornehmlich darin, die Söhne (und seltener Töchter) im Betrieb beschäftigter Väter und Mütter per Empfehlung in die Lehre zu übernehmen (1912: 444 Lehrlinge). Sonstige Stellenausschreibungen jedoch hatten die Mitgliedsbetriebe obligatorisch dem eigenen Nachweis anzuzeigen.

Insgesamt betrachtet blieb die Tätigkeit des Industriellennachweises ebenso erfolgreich wie umstritten. Exemplarisch für letzteren Sachverhalt wirkten die Äußerungen, die der Mannheimer Gewerkschaftsführer Merkel und dessen Gegenspieler Dr. Engelhorn zum Rollenverständnis der Einrichtung im Rahmen einer Kommissionssitzung der Centralanstalt Mitte 1909 abgaben[6]. Unter Berufung auf zahlreiche Belege sah Merkel das Gründungsmotiv in der Absicht, in der Gewerkschaft tätige Arbeiter aus den Betrieben hinauszudrängen. Engelhorn verwies demgegenüber darauf, daß die Centralanstalt alleine den Arbeiterbedarf der Industrie nicht befriedigen könne und hierin das Gründungsmotiv zu sehen sei. Tatsächlich führten manche Industriebetriebe „schwarze Listen" mit Namen unliebsamer Arbeiter, wie eine im christlichen Gewerkschaftsverlag erschienene Schrift mit dem Titel „Aus der Geheimpraxis eines Unternehmer-Arbeits-Nachweises. Ein Beitrag zur Arbeitsnachweisfrage" belegte. Ausführlich schilderte der Verfasser die Verfahrensweise eines ansonsten in Fragen der Arbeiterwohlfahrt sehr vorbildlichen Landmaschinenproduzenten in Mannheim, der über die Verwendung von runden und rechteckigen Stempeln auf Meldezetteln dem Industriellennachweis signalisierte, ob der Stellensuchende von einer künftigen Vermittlung an den eigenen Betrieb auszuschließen sei. Der Negativbescheid führte dann zum Eintrag in das Schwarze Buch. Der Landmaschinenproduzent hielt etwa folgende Ablehnungsgründe fest: Hauptagitator – Kontraktbruch – Beleidigung – Simulant – Leistenbruch – ohne Angaben vor Gründen – auf Veranlassung der Gewerkschaft nicht gearbeitet[7]. In einem ausführlichen Bericht der

---

T 12. Gewerbsmäßige Stellenvermittler in Baden 1902–1924

Jahr	1902	1903	1908	1909	1910	1911	1912	1913	1914	1915	1916	1921	1922	1924
Gesamtzahl	173	187	229	216	209	150	101	81	71	69	62	34	27	23
nur Männer	5	9	16				6	5		2				
nur Frauen	105	104	106				49	47		47				

T 13.
Die Vermittlungstätigkeit des Arbeitsnachweises der Industrie Mannheim-Ludwigshafen in den Jahren 1909–1913

Der Verkehr im Arbeitsnachweis ist aus den nachstehenden Tabellen ersichtlich. Zur Erläuterung dieser Statistik bemerken wir, daß in sämtlichen nachstehenden Tabellen jeder der sich meldenden Arbeitsuchenden nur einmal im Jahre gezählt worden ist. Aus diesem Grunde ist es möglich, daß bei einzelnen Gewerken die Zahl der Einstellungen größer ist, als die der Arbeitsuchenden.

Beruf	Arbeitsuchende 1913 Sa.	davon in M'heim	davon in L'hafen	1912 Sa.	davon in M'heim	davon in L'hafen	1911 Sa.	davon in M'heim	davon in L'hafen	1910 Sa.	davon in M'heim	davon in L'hafen	1909	Eingestellte 1913 Sa.	davon in M'heim	davon in L'hafen	1912 Sa.	davon in M'heim	davon in L'hafen	1911 Sa.	davon in M'heim	davon in L'hafen	1910 Sa.	davon in M'heim	davon in L'hafen	1909
Feilenhauer	7	1	6	8	—	8	7	1	6	10	6	4	12	1	—	1	—	—	—				1	1		7
Bauschlosser	2217	1623	594	921	610	311	897	665	232	1188	902	286	864	1134	806	328	827	575	252	990	874	116	556	512	44	416
Maschinenschlosser	4281	3033	1248	3380	2487	893	2963	2133	830	2279	1826	453	1424	2402	1620	782	2404	1959	445	2352	1920	432	1593	1452	141	1142
Elektriker	373	258	115	230	159	71	169	137	32	193	167	26	189	188	109	79	145	109	36	136	115	21	123	122	1	137
Feinmechaniker	501	407	94	239	170	69	219	165	54	247	199	48	146	72	53	19	62	57	5	87	76	11	77	72	5	80
Hobler	99	69	30	76	57	19	68	55	13	53	43	10	44	39	31	8	62	57	5	53	48	5	43	43		50
Bohrer	245	170	75	197	159	38	154	128	26	117	97	20	81	105	87	18	123	114	9	210	187	23	115	113	2	80
Fraiser	103	69	34	102	85	17	107	88	19	79	63	16	69	65	58	7	66	61	5	90	87	3	71	67	4	98
Eisendreher	1640	1192	448	1313	952	361	1297	994	303	999	798	201	729	803	612	191	1210	995	215	1371	1191	180	824	772	52	621
Metalldreher	14	6	8	9		9	12	6	6	12	5	7	15	7	3	4	11	8	3	38	37	1	12	12		12
Kesselschmiede	319	241	78	204	113	91	216	146	70	210	153	57	102	206	166	40	81	63	18	102	75	27	82	75	7	61
Schmiede	1167	871	296	784	575	209	663	497	166	549	426	123	377	474	402	72	481	430	51	551	494	57	346	315	31	246
Eisenschiffbauer	25	24	1	11	11	—	38	38	—	13	12	1	11	25	25		7	7		41	40	1	9	9		6
Nieter und Vorhalter	67	34	33	58	17	41	94	54	40	58	18	40	51	81	77	4	42	36	6	87	67	20	35	32	3	50
Nietenwärmer	65	63	2	5	—	5	52	49	3	32	30	2	35	47	47		30	30	—	83	79	4	20	20	—	21
Former	1361	1023	338	1131	790	341	1047	795	252	926	715	211	605	616	592	24	774	703	71	1051	991	60	855	831	24	503
Kernmacher	336	254	82	255	184	71	232	160	72	173	124	49	119	179	157	22	256	224	32	242	210	32	164	141	23	112
Gürtler	32	30	2	19	13	6	11	4	7	11	8	3	21	2	2	—	2	2	—	2	2	—	4	2	2	8
Gelbgießer	23	23	—	51	41	10	35	22	13	25	19	6	18	10	6	4	21	20	1	42	40	2	29	29	—	6
Schleifer	184	170	14	98	85	13	152	142	10	39	26	13	24	67	62	5	76	73	3	101	97	4	52	46	6	49
Kupferschmiede	203	188	15	127	98	29	198	160	38	53	42	11	76	90	86	4	87	72	15	71	61	10	24	23	1	49
Spengler	1192	881	311	662	519	143	526	366	160	459	338	121	443	266	179	87	293	221	72	291	231	60	179	145	34	189
Drahtzieher	12	10	2	8	2	6	8	—	8	17	11	6	33	—	—	—	—	—	—	—	—		1	1	—	20
Heizer u. Maschinisten	526	359	167	350	219	131	374	237	137	372	269	103	420	182	136	46	141	111	30	166	132	34	98	87	11	151
Metalldrücker	56	47	9	40	24	16	16	5	11	15	9	6	9	8	7	1	13	12	1	3	3	—	6	6	—	1
Metallschleifer	58	27	31	74	35	39	32	5	27	79	70	9	93	9	5	4	36	31	5	26	21	5	47	44	3	52
Ziseleure, Retoucheure	12	12	—	5	3	2	8	6	2	5	5	—	20	4	4	—	1	1	—	2	2	—	—	—	—	9
Maler und Tüncher	716	552	164	344	220	124	579	468	111	743	590	153	998	73	62	11	81	63	18	410	354	56	676	616	60	1120
Lackierer	204	195	9	151	134	17	114	100	14	93	79	14	108	88	87	1	103	101	2	87	86	1	60	59	1	99
Hauszimmerleute	634	360	274	241	150	91	226	150	76	167	134	33	223	236	64	172	86	52	34	115	76	39	82	70	12	91
Schiffszimmerleute	10	10	—	13	12	1	7	5	2	2	2	—	4	4	4	—	2	2	—	4	4	—	5	5	—	2
Modellschreiner	278	209	69	147	102	45	147	103	44	122	85	37	98	80	62	18	106	99	7	109	97	12	106	101	5	68
Bau- u. Möbelschreiner	1686	1274	412	794	553	241	646	447	199	791	637	154	708	317	234	83	243	158	85	251	189	62	359	348	11	369
Arbeiter für Holzbearbeitungsmaschinen	317	242	75	244	174	70	189	134	55	211	168	43	185	141	110	31	191	140	51	152	117	35	155	139	16	206
Holzbildhauer	7	7	—	2	1	1	6	1	5	2	1	1	10	—			1	1								1
Holzdreher	68	61	7	42	19	23	42	19	23	39	28	11	57	13	12	1	9	9	—	12	12	—	8	6	2	11
Glaser	191	133	58	92	43	49	55	28	27	92	62	30	125	41	15	26	43	12	31	32	12	20	36	27	9	95
Wagner	431	348	83	160	128	32	106	84	22	180	141	39	148	42	40	2	68	67	1	47	45	2	65	65	—	61
Küfer	219	134	85	104	65	39	97	49	48	118	84	34	112	28	17	11	28	24	4	46	34	12	22	20	2	20
Sattler	414	361	53	163	120	43	143	110	33	225	186	39	191	119	119	—	56	54	2	61	60	1	64	64		60
Jugendl. Arbeiter für chem. Fabriken	4589	2763	1826	4631	2708	1923	4383	2497	1886	3621	2369	1252	2655	3584	1749	1835	2945	1717	1228	2875	1565	1310	2071	1548	523	1694
Arbeiter für Baubetrieb	1898	649	1249	1582	794	788	1049	509	540	615	419	196	720	210	143	67	229	210	19	133	130	3	95	79	16	317
Maurer, Gipser und Schieferdecker	730	436	294	359	210	149	372	215	157	309	248	61	454	170	77	93	119	50	69	123	78	45	120	104	16	130
Steinmetzen	95	60	35	60	24	36	55	20	35	66	47	19	62	4	3	1	1	-	1	1	1	—	2	2		5
Pflästerer	7	7	—	13	1	12	18	5	13	4	2	2	16	—	—	—	—	—	—	—	—	—	1	1	—	12
Zementierer	38	33	5	59	18	41	39	12	27	51	28	23	93	—	—	—	1	—	1	4	4	—	2	1	1	60
Chamottesteinformer	19	8	11	30	1	29	28	2	26	13	7	6	14	14	—	14	16	1	15	11	1	10	8	1	7	2
Porzellanarbeiter	5	5	—	13	4	9	13	2	11	21	18	3	25	—	—	—	—	—	—	—	—	—	1	1		28
Hafner	9	8	1	4	2	2	14	2	12	3	1	2	5	—	—	—	—	—	—	—	—	—	—	—	—	—
Textilarbeiter	25	24	1	87	20	67	69	8	61	55	30	25	73	—	—	—	1	—	1	4	—	4	2	2	—	23
Kartonnagenarbeiter	3	3	—	38	15	23	27	14	13	33	15	18	20	—	—	—	4	3	1	2	1	1	6	1	5	10
Tabakarbeiter	51	16	35	63	37	26	69	22	47	47	29	18	23	—	—	—	—	—	—	—	—	—	—	—	—	2
Seifensieder	3	2	1	3	2	1	4	—	4	1	1	—	1	—	—	—	—	—	—	—	—	—	—	—	—	—
Magazinarb. u. Packer	421	356	65	782	645	137	1038	871	167	636	559	77	768	228	207	21	308	299	9	419	381	38	254	233	21	220
Brauer und Mälzer	68	54	14	55	30	25	67	31	36	96	61	35	77	1	—	1	—	—	—	—	—	—	23	13	10	14
Müller	274	175	99	217	136	81	237	114	123	167	99	62	156	36	16	20	67	37	30	85	38	47	56	36	20	88
Bäcker	281	190	91	109	72	37	148	87	61	134	110	24	128	3	3	—	—	—	—	2	1	1	7	7		3
Arbeiter f. Maschinenfabriken	5207	4418	789	3743	2988	755	2565	1838	727	1411	1200	211	1344	3669	3423	246	3934	3605	329	4178	3658	520	2365	2237	128	2030
Arbeitsburschen für Maschinenfabriken	2803	2369	434	1631	1239	392	1084	699	385	544	433	111	264	1762	1607	155	1434	1237	197	1644	1453	191	939	904	35	654
Buchbinder	52	45	7	24	4	20	6	1	5	9	9	—	12	3	1	2	—	—	—	—	—	—	5	5		5
Steindrucker	15	12	3	8	4	4	12	3	9	13	2	11	5	2	—	2	3	—	3	—	—	—	1	—	1	
Arbeiter für Schiffbau	38	38	—	24	24	—	65	65	—	194	190	4	261	47	47	—	36	36	—	109	109	—	43	43	—	63
Stückgutarbeiter	528	332	196	560	393	167	424	284	140	529	399	130	525	749	647	102	760	603	157	851	710	141	824	669	155	1022
Getreidearbeiter	189	136	53	240	206	34	182	147	35	249	220	29	260	225	182	43	397	338	59	435	362	73	304	213	91	509
Schiffer	99	77	22	164	145	19	187	158	29	206	185	21	232	7	5	2	19	16	3	38	35	3	15	13	2	87
Bordträger	665	547	118	1189	1020	169	1044	897	147	720	630	90	692	1959	1899	60	3419	3355	64	3512	3374	138	2823	2726	97	2702
Kohlenarbeiter	340	273	67	353	272	81	378	316	62	286	225	61	311	941	941	—	689	689	—	717	716	1	805	804	1	316
Arbeiter von chem. Fabriken	5714	2949	2765	4986	2513	2473	4347	2278	2069	4132	2694	1438	3129	6271	2466	3805	5667	2538	3129	5682	2400	3282	4376	2991	1385	4236
Arbeiter für Grund- u. Tiefbau	1273	411	862	1088	637	451	1392	942	450	1341	1030	311	972	146	105	41	273	88	185	427	167	260	487	183	304	595
Arbeiter f. Fuhrbetrieb	351	236	115	258	169	89	322	188	134	385	316	69	356	36	35	1	33	28	5	38	26	12	45	43	2	142
Kammacher	—	—	—	2	—	2	—	—	—	—	—	—	—	—	—	—	—	—	—							
Arbeiterinnen	—	—	—	—	—	—													—							
Lehrlinge	230	230	—	—	—	—	—	—	—	—	—	—	—	139	139	—	—	—	—	—	—					
Summa	46313	31833	14480	35229	23462	11767	31590	20983	10607	26889	20154	6735	22650	28470	19853	8617	28623	21603	7020	30801	23376	7428	22684	19352	3332	21351

sozialdemokratischen „Volksstimme" vom 11. Februar 1910 kamen die Vorgänge direkt vor Ort zur Sprache. Zwar bestätigte eine behördlich inszenierte Untersuchung die Richtigkeit der Vorwürfe, irgendwelche Konsequenzen aber blieben dennoch aus. Hierzu der Bericht: „In einer persönlichen Aussprache erklärte der Staatsanwalt, daß dessen ungeachtet hingegen (gemeint waren die Vorwürfe, Anm. d. Verf.) strafrechtlich nicht vorgegangen werden könne (...). Jeder Arbeitsnachweis könne in seiner Vermittlungstätigkeit völlig willkürlich verfahren". Das Mannheimer Gewerkschaftskartell richtete wenig später eine Petition an den Badischen Landtag, um ein Verbot des Industriellennachweises zu bewirken. Diesem Antrag wurde nicht entsprochen, zumal in der Nachfolgezeit die Kritik merkbar abflaute. Im Geschäftsbericht des Industriellennachweises für 1913 hieß es hierzu: „Als Beweis, daß wir mit der geübten Praxis der Arbeitsvermittlung auf dem richtigen Wege sind, können wir auch den Umstand anführen, daß die Beurteilung unserer Tätigkeit seitens der Arbeitnehmer im vergangenen Jahre ruhiger geworden ist. Daß unserem Arbeitgeber-Institut in gegnerischen Kreisen jemals in vollem Umfange eine objektive Beurteilung zuteil werden sollte, wagen wir nicht zu hoffen". Mit tiefem Mißtrauen verfolgten Kapital und Arbeit praktisch alle Aktivitäten des jeweilig gegnerischen Lagers.

3.1.2. Gewerbsmäßige Stellenvermittlung in der Kritik

Auch nach der Jahrhundertwende blieb die gewerbsmäßige Stellenvermittlung weitgehend ein Phänomen der großen Städte. In Baden dominierte Mannheim gemessen an der Zahl der Akteure eindeutig das private Vermittlungsgeschäft, im Vorfeld des Stellenvermittlungsgesetzes von 1910 notierte die amtliche Statistik den Höchststand von 69 Einrichtungen (!) am Platz.

Schließlich löste die gesetzliche Einschränkung den bereits genannten Rückgang in der Anzahl der Vermittler aus, der ebenfalls in Mannheim vergleichbare Auswirkungen zeigte. Im Durchschnitt tätigten die Gewerbsmäßigen etwa 100 bis 200 Vermittlungen pro Jahr, sodaß die Ausübung im Normalfall als Nebenerwerb erfolgte. Frauen, insbesondere als Dienstpersonal aller Gattungen, standen im Mittelpunkt des Vermittlungsgeschäftes (Kellnerinnen, Köchinnen, landwirtschaftliche Dienstboten, Putzfrauen, Waschfrauen, Lauffrauen, häusliche Dienstboten aller Art, Ammen, Ladnerinnen, Buchhalterinnen, freie Berufe). Näherungsweise jede achte Vermittlung (1913) ging an Männer, hier kamen im wesentlichen Berufe wie Ausläufer, Hausbursche, Hausdiener, Packer, Fuhrknecht, Kutscher, Melker, Küfer, Bierbrauer, Kellner, Kochbursche, Zapfbursche, Hotelbursche und freie Tätigkeiten wie Theater- und Bühnenpersonal zum Einsatz[8]. Als Hauptkonkurrenten in dieser Vermittlungskategorie traten paritätische Arbeitsnachweise und die Centralanstalt auf.

Auswüchse bei den Gewerbsmäßigen gab es in vielfältiger Weise und oftmals verdeckt. Die Lage der Mannheimer Hafenarbeiter hatte sich allerdings nicht zuletzt als Resultat gehäufter Streikaktivitäten bereits in den 1890er Jahren nachhaltig gebessert. Zwar petitionierte die Gruppe 1898 bei der Badischen Kammer wegen überstrapaziösen Arbeitszeiten und prekären Unfallgefahren, von Mißständen im Vermittlungsgeschäft durch Private war in der Bittschrift aber keine Rede mehr. Auch später blieben hier Klagen aus. Anders bei der weiblichen Dienstbotenvermittlung, wie dem Geschäftsbericht der Centralanstalt für 1900 entnommen werden kann:

„AUSWÜCHSE IN DER WEIBLICHEN STELLENVERMITTLUNG (...) speziell in der Dienstbotenvermittlung. Bekanntlich ist es nicht nur die FINANZIELLE AUSBEUTUNG der Dienstboten in Gestalt der Abforderung einer häufig in gar keinem Verhältnis zur Leistung stehenden Vermittlungsgebühr, vielmehr sind es gleichermaßen Bedenken sittlicher Natur, welche gegen die gewerbliche Stellenvermittlung sprechen. Zu ersterer Beziehung mag als charakteristisches Beispiel angeführt werden, daß Mädchen, welche von uns unentgeltlich Stellen nachgewiesen wurden, von Vermittlerinnen abgefangen und – natürlich gegen Erlegung einer Gebühr – IN DENSELBEN STELLEN untergebracht wurden! Daß Mädchen vor den Augen unseres Personals abgefangen und ihnen andere Stellen, als die von uns angewiesenen, aufgeschwätzt werden, ist keine Seltenheit; damit aber nicht genug gewinnt die gewerbliche Stellenvermittlung auch noch Einblick in den von uns ausgestellten Schein, erfährt dadurch Adressen von Dienstboten suchenden Herrschaften und benutzt so den Arbeitsnachweis zur Erweiterung ihrer Kundschaft. Als sittliches Bedenken muß geltend gemacht werden, daß die gewerbliche Stellenvermittlung – d. h. deren schlechte Elemente, von welchen hier natürlich allein die Rede ist – namentlich in der gegenwärtigen dientbotenarmen Zeit vom häufigen Dienstbotenwechsel geradezu lebt und an der Lockerung der Beziehungen zwischen Herrschaften und Dienstboten das größte Interesse hat".

Obwohl in den Geschäftsberichten späterer Jahre Beschwerden über ähnliches Fehlverhalten ausblieben, durfte ausschließliches Wohlverhalten auch nicht auf Seiten der Mannheimer Gewerbsmäßigen geherrscht haben – wie sonst wohl wäre das Stellenvermittlungsgesetz für 1910 zustande gekommen.

3.2. Am Rande: Paritätischer Stellennachweis und Sonstige

Ein ebenfalls auf Süddeutschland begrenztes Phänomen blieb nach der Jahrhundertwende der vielfältige Ausbau paritätischer Arbeitsnachweise, die abseits städtischer Mitwirkung auf engere Berufskategorien bezogen gegründet worden waren. Dergestalt existierten nun in Baden Einrichtungen, die den Kategorien Innungen – Fachvereine für männliches Personal – Konfessionelle Anstalten für weibliches Personal – Frauenvereine für weibliches Personal angehörten. Landesweit erfaßte die amtliche Statistik für 1913 die Gesamtzahl von 44 paritätisch verankerten Nachweisen, deren jährliches Vermittlungspotential je nach Standort und Berufsausrichtung von knapp 100 bis gut 2000 Abschlüssen reichte. Durchschnittlich lag die Quote bei 300 bis 500 Verträgen.

Daß Mannheim an der Zahl der paritätischen Einrichtungen gemessen die Hierarchie in Baden anführte, durfte vor dem

---

T 14.
Gewerbsmäßige Stellenvermittler in Mannheim
1902–1921

Jahr	1902	1903	1909	1912	1913	1914	1921
Zahl der Gewerbsmäßigen	42	55	69	24	15	15	8
anteilig an Baden	24%	29%	32%	24%	19%	21 %	24%

Hintergrund des Handels, der Banken und allgemein der Industrialisierung nur wenig verwundern. Nach der Statistik von 1913 kam jede vierte paritätische Einrichtung in der Stadt zu stehen, nachfolgend rangierten Freiburg, Karlsruhe und Heidelberg. Auskunft über die spezifische Zusammensetzung der Mannheimer paritätischen Stellenvermittler erteilt eine 1910 erstellte Auflistung (T 15).

Unter Berücksichtigung der annähernd zwei Dutzend paritätischer Nachweise erreichten die Vermittlungsaktivitäten am Mannheimer Arbeitsmarkt um 1910 herum wohl einen Höhepunkt, indem die Gesamtzahl der am Ort vorhanden Stellenvermittler bald gegen einhundert (!) ging (1910: 69 Gewerbsmäßige + 21 Paritätische + Stadt + Industrie = 92 Nachweise). Da die dazugehörigen Räumlichkeiten zumeist noch in der Innenstadt Anbindung fanden, dürfte die Dichte an Gastwirtschaften jener Zeit kaum über der an Arbeitsnachweisen gelegen haben – mitunter waren die Orte ja auch identisch! Auffallend hoch stellte sich im Bereich der Paritätischen die Zahl der Fachvereine kaufmännischer Ausrichtung neben der des Dienstpersonals. Angesichts des industriellen Ausbaus jedoch wuchsen auch die Verwaltungen in Betrieben, zusätzlich erhöhte die Internationalisierung der Handelsbeziehungen die Bürotätigkeit. Städtischer Wohlstand fragte vermehrt nach Dienstpersonal. Interessanterweise zeigten ebenso die kaufmännischen Berufe mindestens in Ansätzen doch gruppenspezifische Abgrenzungskriterien, wie dies zuvor auf Seiten der Arbeiterschaft prinzipiell bereits geschehen war: religiös – lokal – hierarchisch. An reinen Innungsvermittlungen zählte man nur noch drei Körperschaften, hier im Bereich des Handwerks regierte offenkundig der städtische Nachweis neben dem der Industrie. Auf der Ebene mehr oder minder gewerkschaftlich ausgerichteter Berufsverbände lagen im Vergleich zu 1890 die Verhältnisse jetzt quasi umgekehrt: Hatte einst fast jeder Berufsverband den Arbeitsnachweis auf seine Fahnen geschrieben (1890 = 25:19), so überließ man dies zwei Jahrzehnte später (1910 = 20:2) dem städtischen Arbeitsamt.

Soweit insgesamt der Hintergrund, der im Kontext des örtlichen Arbeitsmarktes nach der Kommunalisierung und bis zum Vorabend des Ersten Weltkrieges die Entwicklung des städtischen Arbeitsnachweises in Mannheim begleitete. An Konkurrenz fehlte es keineswegs. Nach Abschluß der Pionierphase folgte jetzt die Zeit der Bewährung.

3.3. Das städtische Arbeitsamt in der Bewährung 1906–1914

Gleichzeitig mit der Kommunalisierung geriet die Centralanstalt unter spürbaren Erfolgsdruck. Schließlich sollte und mußte der erhöhte Finanzierungsaufwand der Stadt in einem rechten Verhältnis zu den jeweiligen Vermittlungsbilanzen stehen, wollte man zu einer positiven Einschätzung der jetzigen Geschäftstätigkeit gelangen. Hierbei kam eine Strategie zustande, die in einem ersten Schritt allgemein auf eine Kompetenzerweiterung zielte. Bestimmte Aufgabenbereiche, zuvor in Verantwortung anderer städtischer Behörden, gingen sukzessiv bis 1913 an die Centralanstalt über. Der nachfolgende Schritt ging in die Richtung, die Geschäftsordnung 1913 einer grundlegenden Reform zu unterziehen. An dieser Stelle markierte der großzügige Ausbau der Institution auch symbo-

T 15. Im Gebiet der Stadt Mannheim tätige nichtöffentliche Arbeitsnachweise des Jahres 1910

Titel	Vermittelte Berufe
Bäckerzwangsinnung	Bäckergehilfen
Deutschnationaler Handlungsgehilfen Verband	Kaufmännisches Personal
Evangelischer Diakonissenverein (Marthahaus)	Hauspersonal
Internationaler Verband der Köche	Küchenchefs, Köche
Freie Vereinigung selbständiger Friseure und Perückenmacher Mannheim	Friseure
Kaufmännischer Verein Mannheim e.V.	Kaufmännisches Personal
Kaufmännischer Verein weibl. Angestellter	Kaufmännisches Personal
Älteste Mannheimer Stenographen- und Handelsschule Friedrich Burckhards Nachf.	Kaufmännisches Personal
Ortskrankenkasse für häusl. Dienstboten	Hauspersonal
St. Nicolas Schiffer-Verein	Schiffspersonal
Theresien-Verein	Hauspersonal
Deutscher Transportarbeiter-Verband	Handels- und Transportarbeiter
Verband badischer Anwaltsgehilfen	Anwaltsgehilfen
Verband der Gemeinde- und Staatsarbeiter	Krankenpflege-, Bade- und Massagepersonal
Verband Deutscher Handlungsgehilfen zu Leipzig	Kaufmännisches Personal
Verein für Handlungskommis von 1858 Hamburg	Kaufmännisches Personal
Wirthe-Innung	Hotel- und Wirtschaftspersonal
Verband Katholischer Vereinigungen Deutschlands Essen/Ruhr.	Kaufmännisches Personal
Katholischer Kaufmännischer Verein Columbus	Kaufmännisches Personal
Jüdische Frauenvereinigung Frauenbund Caritas	Hauspersonal
Frauenwohl Mannheim e.V.	Hauspersonal
Buch- und Steindruckhilfsarbeiter - Verband	Buchdruckpersonal
Deutscher Registratoren - Verband	Registratur- und Archivpersonal

lisch die erfolgreiche Bewährung. Dem Engagement am Platz konkurrierender Agenturen hatte man offenbar standgehalten.

3.3.1. Multifunktionalität und Ausbau der Arbeitslosenfürsorge

Konkret bestand die über die Arbeitsvermittlung hinausreichende Zuständigkeit der Centralanstalt in der organisatorischen Verzahnung der Bereiche Ortsarmenwesen, Notstandsarbeiten und Arbeitslosenunterstützung[9]. Ergänzend zu den bereits 1906/07 verankerten Arbeitsbereichen traten die Vormerkung und Einberufung der Notstandsarbeiter (1909), der Anschluß der städtischen Rechtsauskunftsstelle (1910) und am Ende die komplette Regulierung der kommunalen Arbeitslosenfürsorge (1913). Von Multifunktionalität konnte also durchaus die Rede sein.

Notstandsarbeiten, deren Anfänge in Mannheim wie allgemein in Deutschland bis 1891 zurückreichten, standen ursprünglich in alleiniger Verbindung zur Armenpflege. Die Motive, Notstandsarbeiter nunmehr über den Kreis der Ortsarmen hinausreichend an außerhalb des Armenwesens angesiedelte Arbeitslose zu vergeben, lag im Bereich sozialfürsorglicher Überlegungen. Nicht selten eben verzichtete der in Arbeitslosigkeit Gestürzte darauf, zur Wahrung seines sozialen Status und Sicherung der politischen Rechte (der Verlust des Wahlrechtes drohte!), Leistungen der Armenverwaltung in Anspruch zu nehmen – lieber verkaufte man den Hausrat oder nahm Schulden auf. Um diese mißliche Situation zu beheben, startete Mannheim alljährlich seit 1891 ein winterliches Programm an Notstandsarbeiten, das je nach Konjunkturlage respektive Arbeitslosigkeit einem dementsprechenden Kontingent an Personen Beschäftigung bot (T 16).

Von den Tätigkeiten her standen Schotterschlagen (die in ganz Deutschland übliche Notstandsarbeit bis 1914) und Erdarbeiten im Vordergrund. Im Gegensatz zu dem eher unproduktiven Schotterschlagen zielten die Erdarbeiten direkt auf die Hebung der städtischen Infrastruktur. Im Winter 1901/02 setzte der Stadtrat folgende Arbeiten auf das Programm:[10]

– Schotterschlagen
– Straßenreinigungsarbeiten
– Anlage von Baumgruben
  in den Stadterweiterungsgebieten

– Arbeiten am Sportplatz im Luisenpark
– Aushub der Schloßplätze
– Straße durch den Schloßgarten
– Arbeiten an Anlagen in der Augustaanlage
– Humusandecken in der östlichen Stadterweiterung
– Anlagen am Eingang zum Luisenpark
– Verbreiterung der Stephanienpromenade

Die Planungen zu den Notstandsarbeiten führte eine für diesen Zweck noch vor der Jahrhundertwende eingerichtete Kommission der Stadt durch. Genannte Kompetenzen gingen in vollem Umfang 1908 an die Centralanstalt über, wodurch die Behörde über ein zusätzliches arbeitsmarktrelevantes Instrument verfügte. Bis 1914 agierten reichsweit 14 Städte nach diesem Muster.

Debatten über Sinn und Zweck der Arbeitslosenversicherung setzten gegen Ende des 19. Jahrhunderts ein und förderten gleich von Anfang an recht kontroverse Anschauungen zutage. Während der Staat das Thema tendenziell eher tabuisierte, gingen im Gegensatz hierzu einzelne Stadtverwaltungen zur Etablierung eigenständiger Unterstützungskassen über[11]. Ergänzend traten des öfteren Gewerkschaften auf den Plan. Der Aufbau der städtischen Arbeitslosenkassen nun orientierte sich an dem sog. Genter-System (erstmals 1901 in der belgischen Stadt Gent praktiziert), dem selbst europaweit Vorbildfunktion zukam. Der Praxis nach begünstigte das Genter-System jedoch indirekt gewerkschaftliche Unterstützungseinrichtungen, da ausschließlich deren Klientel bei Beschäftigungslosigkeit zusätzliche Unterstützungszahlungen erhielt. Nichtorganisierten Arbeitslosen verblieb somit lediglich die Armenhilfe. Existierten in Deutschland 1909 erst zwei dieses System praktizierende Städte, so verfügten 1914 immerhin schon 16 Kommunen über das sozialpolitische Korrektiv. Auf Arbeitgeberseite allerdings stieß das Genter-System auf entschiedene Ablehnung, da man durch die Nähe zu den Gewerkschaften Parteilichkeit zu erblicken glaubte.

In Mannheim, das zu den 16 genannten Städten zählen sollte, näherte man sich schrittweise einer politisch-ausgewogenen Regelung der Arbeitslosenunterstützung. Wie andernorts auch, setzten intensive Debatten etwa um die Jahrhundertwende ein. Offiziellen Charakter nahm das umstrittene Thema endgültig 1909 an, als der Stadtrat mit Vorerhebungen zur Einrichtung einer Arbeitslosenversicherung begann. Die schließlich 1911 gefundene Regelung sah vor, Inhabern von selbstfinanzierten Sondersparbüchern bei Arbeitslosigkeit Ergänzungszuschüsse zu den jetzt vorgenommenen Abbuchungen zu gewähren. Von den hierfür bereitgestellten 5000 Reichsmark wurden ganze 142 Mark in Anspruch genommen, die Initiative degenerierte zur Makulatur.

Ein erneuter Anlauf führte 1913 zur Übernahme eines modifizierten Genter-Systems. Das jetzige Konzept zielte darauf ab, unabhängig von der Gewerkschaftsmitgliedschaft fortan allen unverschuldet in Arbeitslosigkeit geratenen Ortsbürgern Unterstützung zukommen zu lassen, sofern die zurückliegende Beschäftigung nicht unter zwölf Monaten lag. Die Bestimmungen hierzu sahen vor:[12]

I. Zuschüsse an Mitglieder von Berufsvereinen mit Arbeitslosenunterstützung

---

T 16.
Notstandsarbeiter in Mannheim 1891—1912

Jahr	Beschäftigte Arbeitslose	Jahr	Beschäftigte Arbeitslose
1891	70	1902	431
1892	530	1903	121
1893	623	1904	105
1894	465	1905	0
1895	334	1906	62
1896	361	1907	363
1897	168	1908	687
1898	55	1909	347
1899	131	1910	195
1900	1029	1911	264
1901	684	1912	233

II. Zahlungen an nicht-organisierte Arbeitnehmer und an Mitglieder vor Berufsvereinen ohne Arbeitslosenunterstützung

Kritik von Arbeitgeberseite blieb aus. Reger Zuspruch herrschte im Lager der gewerkschaftlich ausgerichteten Berufsverbände, sodaß bis Ende 1913 die Zulassung von insgesamt 52 Organisationen vermeldet werden konnte. Hierzu zählten:[13]

29 freie Gewerkschaften	16 641 Mitglieder
5 christl. Gewerkschaften	1 076 Mitglieder
15 Gewerkvereine (Hirsch-Dunker)	820 Mitglieder
3 sonst. Berufsverbände	524 Mitglieder

Schon bei Einführung des Arbeitersparbuches gingen entsprechende Kontrollfunktionen an die Centralanstalt über. Der unterstützte Arbeitslose hatte die Pflicht zur täglichen Meldung bei der Behörde, um möglichst umgehend wieder in Arbeit gebracht zu werden. Diese Regelung wurde nach 1913 durchgängig beibehalten und hatte bis in die Zeit nach dem Zweiten Weltkrieg Bestand.

3.3.2. Verbreiterung der organisatorischen Basis

Während die Kommune unmittelbar nach der Kommunalisierung gleich ein ganzes Bündel in der Tat beachtlicher Kompetenzen der Centralanstalt übertrug, blieb demgegenüber die alte Satzung vom Juli 1893 vorerst noch bestehen. Lediglich im Bereich der Aufsicht ersetzte seit 1906 eine städtische Kommission den zuvor maßgeblichen Ausschuß, dies allerdings ohne klar definierten Zuständigkeitsbereich. Diese abwartende Haltung hing wohl damit zusammen, daß die Stadt mittelfristig auf die Errichtung einer vollkommen paritätisch verankerten Behörde hoffte, andererseits der massive Widerstand insbesondere der großen Industrieunternehmen eine wie auch immer geartete Kooperation verhinderte. Unmißverständlich setzte der 1907 eingerichtete Arbeitgebernachweis ein Zeichen. „Die Unternehmer hielten die Konkurrenz für notwendig, weil der paritätische Nachweis nicht im Interesse der Arbeitgeber arbeite und zudem nicht in der Lage sei, qualifizierte Facharbeitskräfte zu liefern"[14]. Damit lagen die Mannheimer Arbeitgeber ganz auf der Linie der reichsweit angelegten Strategie. Dennoch glaubte oder hoffte man wenigstens in den Kreisen der Kommune an die Zukunft der uneingeschränkten Parität, und so gesehen entsprach das vom Bürgerausschuß und Innenministerium gebilligte Ortstatut von 1911 dem Grundverständnis nach eigentlich einer einseitig vorgenommenen Übergangsregelung. Immerhin arbeitete die städtische Kommission jetzt erstmals auf einer verbindlichen, per Verordnung fixierten Grundlage, die ein Regelwerk zur Leitung und Beaufsichtigung der jetzt auch offiziell in „Städtisches Arbeitsamt" umbenannten Behörde vorgab. Insgesamt neun Passagen lagen dem Ortstatut zugrunde (A 5)[15]. Entsprechend der Zusammensetzung der Kommission blieb der uneingeschränkte Paritätsgedanke hierbei zwar außen vor, Ergänzungen sollten jedoch jederzeit möglich sein (3). Artikel 8 des Ortstatuts machte dem Stadtrat zur Aufgabe, die noch aus der Gründungsphase herrührende Geschäftsordnung im Sinne der mittlerweile inszenierten Kompetenzerweiterung und künftiger Aufgabenstellungen durch eine Neufassung zu ersetzen. Immerhin hatte dieses alte Regelwerk exakt zwei Jahrzehnte lang gegolten, ehe die im Mai 1913 erlassene Geschäftsordnung nicht nur formal die Multifunktionalität der Behörde fixierte, sondern weitergehender noch in Ergänzung bisheriger Aufgaben den Geschäftsbereich großzügig ausweitete (A 6, A 7). Die Aufgliederung der Sparten Arbeitsnachweis, Arbeitslosenfürsorge und Wohnungsnachweis ging auf zuvor getroffene Ausweitungen im Zuge der Kommunalisierung zurück, einen ausgesprochen innovativen Schritt jedoch markierte die Ausdifferenzierung des Arbeitsnachweises in acht nach Beruf und Geschlecht getrennte Unterabteilungen. Parallel erfolgte die Aufstockung des Personals von ursprünglich drei auf jetzt zehn Mitarbeiter, die den Bereichen Sekretariat (2 Beamte), Telefonzentrale (1 Gehilfin), männliche Abteilung (4 Vermittlungsbeamte) und weibliche Abteilung (2 Vermittlungsbeamtinnen, 1 Gehilfin) angehörten. Neue Geschäftsräume wurden zudem in N6. 3 bezogen, und schließlich bewirkte der funktionale Behördenausbau eine beträchtliche Aufstockung der Finanzmittel. Umfaßte das Budget im Geschäftsjahr 1912 noch einen Betrag von 9 481 Reichsmark, so erforderte 1913 immerhin die Summe von 36 419 und 1914 von 46 337 Reichsmark. Der städtische Zuschuß, am Vorabend der Kommunalisierung noch bei 42 Prozent verankert, stieg bis 1912 bereits auf rd. 60 Prozent. Nachfolgend kam die Quote bei mehr als 85 Prozent zu stehen. Kreis und Staat hielten in etwa die absolute Höhe ihrer Beiträge, umgekehrt sank anteilig das Aufkommen von rd. 45 Prozent für 1905 auf gerade noch 16 Prozent für 1913. Im Bereich der privaten Vereinigungen charakterisierte der Rückzug auf breiter Basis das Geschehen. Bis 1913 schied die private Wirtschaft ganz aus der Reihe der Fördermitglieder aus, es verblieben lediglich einige wenige Berufs- und Wohlfahrtsvereinigungen.

Hinter dieser Entwicklung verbargen sich zweierlei Tendenzen: Während die eine Gruppe an Vereinen die eigenen Interessen unabhängig von der Kommunalisierung nach wie vor oder möglicherweise mehr denn je gewahrt sah, glaubten entgegengesetzt die Wirtschaftskreise gerade jetzt an die Notwendigkeit der Eigeninitiative. In der Summe also hatte die Kommunalisierung der früheren Centralanstalt dieser Einrichtung sicherlich einige gewichtige Kompetenzausweitungen respektive eine Aufwertung der Institution erbracht, von der monopolartigen Beherrschung des Arbeitsmarktes schien man jetzt jedoch vielleicht weiter entfernt zu sein als 1905 und früher.

3.3.3. Vermittlungstätigkeit unter dem Druck der Konkurrenz

Als Hauptkonkurrent des Städtischen Arbeitsamtes am Mannheimer Arbeitsmarkt, der auch nach 1906 auf insgesamt respektable Zuwachsraten verweisen konnte (die Bevölkerung etwa stieg um 60 000 Personen zwischen 1906 und 1914), stach an den Aktivitäten gemessen der Industriellennachweis deutlich heraus. Andere Konkurrenten entstammten dem Innungsbereich, wobei Dienstboten, das Handwerk und mehr am Rande weibliche Angestellte das Vermittlungsgeschäft bestimmten. An gewerbsmäßigen Vermittlern gab es 1913 noch 15 Konzessionäre in der Stadt, nachdem die gesetzlichen Beschränkungen von 1910 diesen Berufskreis auch und gerade in Mannheim rigoros ausgedünnt hatte. Mehr im Abseits verblieben die Gewerkschaften, deren Engagement im Bereich der Stellenvermittlung unter Würdigung der städtischen Aktivitäten zwischenzeitlich praktisch gegenstandslos geworden war.

A 5.   *Ortsstatut für die Kommission zur Verwaltung des Städtischen Arbeitsamtes*

Ortsstatut
für die Kommission zur Verwaltung des städtischen Arbeitsamts.

§ 1.
Zur Verwaltung des städtischen Arbeitsamts wird eine besondere Kommission gebildet, welche den Namen „Kommission für das städtische Arbeitsamt" führt.

§ 2.
Der Kommission für das städtische Arbeitsamt liegt die gesamte Leitung und Beaufsichtigung des städtischen Arbeitsamts ob.

§ 3. [*§ 2 den Stadtvorstehern Kollegium*]
Die Kommission besteht aus einem Bürgermeister als Vorsitzenden und zehn ~~vom Stadtrat zu ernennenden~~ Mitgliedern. Von diesen Mitgliedern müssen zwei dem Stadtrat angehören, zwei müssen Arbeitgeber oder Vertreter von Arbeitgeberorganisationen und zwei Arbeitnehmer oder Vertreter von Arbeiterorganisationen sein. Ferner können zwei Frauen zu Mitgliedern ernannt werden.

§ 4.
Die Ernennung erfolgt jeweils auf 3 Jahre nach den Erneuerungswahlen der städtischen Kollegien. Scheidet ein Mitglied während der Dienstperiode aus, so wird für die Restdauer ein Ersatzmitglied ernannt.

§ 5.
Die Kommission ist beschlußfähig, wenn auf ergangene Einladung außer dem Vorsitzenden mindestens fünf Mitglieder erschienen sind.

§ 6.
Die Beschlußfassung erfolgt durch absolute Stimmenmehrheit; im Falle der Stimmengleichheit entscheidet die Stimme des Vorsitzenden. Ueber die gefaßten Beschlüsse ist ein Protokoll aufzunehmen, das von dem Vorsitzenden und dem Schriftführer zu unterzeichnen ist.

§ 7.
Nach § 137 Abs. 1 St.O. wird der Kommission die Befugnis eingeräumt, im Umfange ihres Geschäftskreises, Einnahme- und Ausgabedekreturen sowie Abgangsdekreturen zu erteilen.

§ 8.
Die Geschäftsordnung für das städtische Arbeitsamt wird vom Stadtrat erlassen.

§ 9.
Dieses Ortsstatut tritt mit dem 1. Mai 1911 in Kraft.

(Genehmigt mit Bürgerausschussbeschluss vom 7. März 1911 und vom Grossherzoglichen Ministerium des Innern mit Erlass vom 3. April 1911 No. 16554).

A 6.

Geschäftsordnung (einschl. Hausordnung) des Städtischen Arbeitsamtes in Mannheim; erlassen vom Stadtrat am 23. Mai 1913

Geschäftsordnung

§ 1. Der Geschäftskreis des Städt. Arbeitsamtes erstreckt sich auf folgende Gebiete:
A. Arbeitsnachweis.
B. Arbeitslosenfürsorge.
C. Wohnungsnachweis.

§ 2. Das Arbeitsamt ist einem Vorstand unterstellt, dem für die einzelnen Abteilungen das erforderliche Verwaltungs- und Gehilfenpersonal beigegeben wird.

§ 3. Der Vorstand leitet die Geschäfte des Arbeitsamtes unter der Oberaufsicht und nach den allgemeinen und besonderen Weisungen der Kommission für das Städt. Arbeitsamt.

§ 4. Während der Geschäftsstunden, die jeweils besonders bekanntgegeben werden, muß ein Vermittlungsbeamter stets anwesend sein.

§ 5. Die einlaufenden Gesuche sind sorgfältig aufzuzeichnen und möglichst rasch und gewissenhaft zu erledigen.

A. Arbeitsnachweis.

§ 6. Die Aufgabe des Arbeitsnachweises ist die Vermittlung von Arbeit und Stellen jeder Art.

§ 7. Die dem Arbeitsamt erteilten Vermittlungsgesuche, die nicht bis zum Schluß des auf die Anmeldung folgenden Monats erledigt oder zurückgezogen sind, verlieren durch Fristablauf ihre Gültigkeit.

Die Gesuchsteller sind verpflichtet, dem Arbeitsamt sofort Nachricht zu geben, sobald ihr Gesuch durch Besetzung oder Einstellung erledigt ist.

Auswärtige Arbeitgeber sind verpflichtet, die ihnen innerhalb der in Absatz 1 bezeichneten Frist zugewiesenen, mit ordnungsmäßiger Anweisung versehenen Arbeiter für Hin- und Rückreise zu entschädigen, wenn letztere die ihnen angewiesene Stelle nicht mehr erhalten können.

§ 8. Die Vermittlung erfolgt für Arbeitgeber und Arbeitsuchende gebührenfrei.

§ 9. Vermittlungsgesuche gelten als ordnungsmäßig erledigt:
1. wenn vom Arbeitgeber die angemeldeten Stellen als besetzt abgemeldet werden;
2. wenn von zugewiesenen Stellensuchenden mitgeteilt wird, daß sie eine Stelle angetreten haben;
3. nach Ablauf der in § 7 vorgesehenen Vormerkfrist.

§ 10. Das Arbeitsamt hat durch Umfrage einen lebhaften Verkehr mit den Arbeitgebern zu unterhalten, um möglichst auf diesem Wege auch festzustellen, ob die Arbeitsuchenden versorgt sind, sowie ob und welche noch nicht angemeldeten Arbeitsstellen offen stehen.

B. Arbeitslosenfürsorge.

§ 11. Hiefür gelten die Bestimmungen über die Arbeitslosenfürsorge der Stadt Mannheim und die dazu erlassenen Ausführungsvorschriften.

C. Wohnungsnachweis.

§ 12. Die Aufgabe des Wohnungsnachweises ist:
1. die Vermittlung von Wohnungen, gewerblichen Räumen, möblierten Zimmern und Schlafstellen, vorwiegend für die minderbemittelte Bevölkerung;
2. die Führung einer entsprechenden Wohnungsstatistik.

§ 13. Die Wohnungsvermittlung erfolgt unentgeltlich.

§ 14. Für die Anmeldungen freier Wohnungen und für die Gesuche der Mieter werden entsprechende Formulare unentgeltlich abgegeben. Die Formulare sind vollständig und sorgfältig auszufüllen. Die Gesuchsteller haben für die Richtigkeit ihrer Angaben einzustehen.

§ 15. Den Beamten des Wohnungsnachweises muß es gestattet sein, die Wohnungen einzusehen.

§ 16. Der Vermieter ist verpflichtet, die erfolgte Vermietung der angezeigten Räume innerhalb 24 Stunden mitzuteilen. Ebenso der Mieter, sobald sein Gesuch durch Miete erledigt ist. Alle aus der Nichtbeachtung dieser Vorschriften entstehenden nachteiligen Folgen fallen den Gesuchstellern zur Last.

Hausordnung

§ 1. Der Aufenthalt in den Warteräumen ist nur den arbeit- und stellensuchenden Personen unter den in dieser Hausordnung festgesetzten Bedingungen gestattet.

Gewerbsmäßigen Stellenvermittlern (Verdingerinnen) und jenen Personen, die für solche tätig sind, ist der Zutritt strengstens untersagt.

§ 2. Die Arbeitsuchenden haben sich sofort in den Warte- oder Schalterraum zu begeben. Das Herumstehen in den Gängen und unter oder vor der Haustüre ist nicht gestattet.

§ 3. Jeder Arbeitsuchende hat ein Formular — Gesuch um Zuweisung von Arbeit — auszufüllen und am Schalter abzugeben.

§ 4. Arbeitsuchende, die im Bureau mittelst Karte Arbeit nachgewiesen erhalten, haben die Räume des Arbeitsamts sofort zu verlassen und sich zur bestimmten Zeit bei dem angewiesenen Arbeitgeber vorzustellen. Es ist ihnen streng untersagt, andern Arbeitsuchenden von der erhaltenen Adresse Kenntnis zu geben.

Die Karte darf weder einer andern Person vorgezeigt noch ausgehändigt werden; die Arbeitsuchenden sind dafür verantwortlich, daß die Karten — vom Arbeitgeber ausgefüllt und unterschrieben — umgehend längstens andern Tags wieder zum Arbeitsamt zurückgesendet werden.

Sobald ein Gesuchsteller irgendwo Arbeit erhalten hat, wenn auch nicht durch Vermittlung des Arbeitsamts, hat er die erhaltene Vormerkkarte sogleich beim Arbeitsamt abzugeben oder durch die Post mit der Angabe, wo Arbeit erhalten, einzusenden.

§ 5. Arbeitgeber und Dienstherrschaften, sowie solche Personen, die in deren Auftrag das Arbeitsamt aufsuchen, haben sich stets unmittelbar in die für sie bestimmten Räume zu begeben.

§ 6. Die Arbeitsuchenden haben sich stets eines ruhigen und anständigen Benehmens zu befleißigen und selbst für Ruhe, Ordnung und Reinlichkeit Sorge zu tragen. Jede Verunreinigung der Räume, insbesondere das Spucken auf den Boden, das Beschreiben der Tische und Wände, ist strengstens verboten.

§ 7. Rauchen, Karten- und Würfelspiel ist unbedingt verboten.

§ 8. Strafbare Handlungen, Hausfriedensbruch,*) Widersetzung gegen die Anordnungen des Vorsitzenden der Kommission, des Vorstands des Arbeitsamts oder deren Stellvertreter, Beleidigung derselben wie auch des übrigen Personals des Amtes werden der strafrechtlichen Verfolgung übergeben.

§ 9. Wer sich den Bestimmungen vorstehender Hausordnung nicht fügt, hat sofortige Ausweisung zu erwarten.

---

*) Wer in die Wohnung, in die Geschäftsräume oder in das befriedete Besitztum eines anderen oder in abgeschlossene Räume, welche zum öffentlichen Dienste oder Verkehre bestimmt sind, widerrechtlich eindringt, oder wer, wenn er ohne Befugnis darin verweilt, auf die Aufforderung des Berechtigten sich nicht entfernt, wird wegen Hausfriedensbruchs mit Geldstrafe bis zu dreihundert Mark oder mit Gefängnis bis zu drei Monaten bestraft. Ist die Handlung von einer mit Waffen versehenen Person oder von mehreren gemeinschaftlich begangen worden, so tritt Geldstrafe bis zu eintausend Mark oder Gefängnisstrafe bis zu einem Jahre ein. Die Verfolgung tritt nur auf Antrag ein.

A 7. *Der Behördenaufbau des Städtischen Arbeitsamtes in Mannheim 1913–1919*

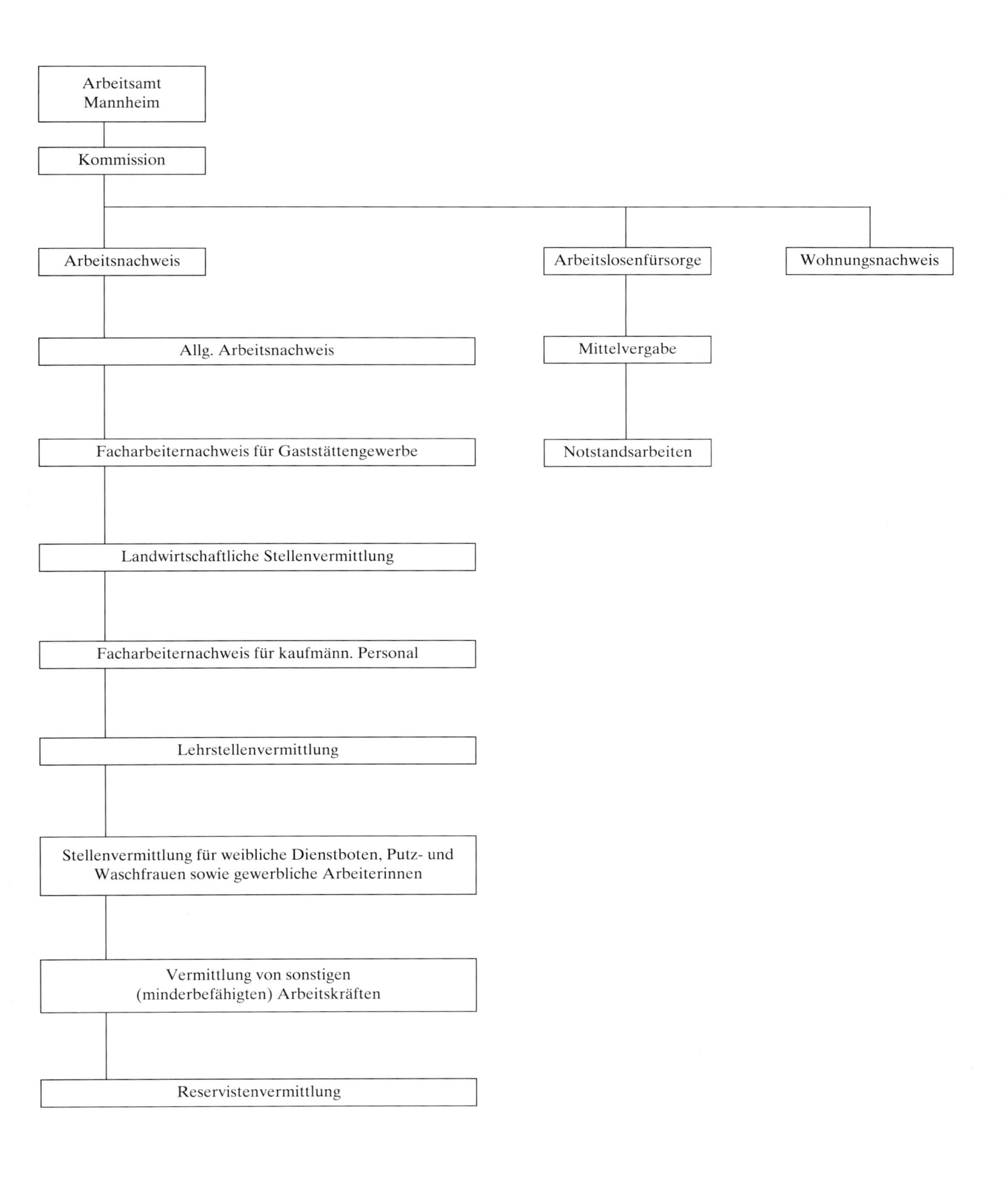

- Arbeitsamt Mannheim
  - Kommission
    - Arbeitsnachweis
      - Allg. Arbeitsnachweis
      - Facharbeiternachweis für Gaststättengewerbe
      - Landwirtschaftliche Stellenvermittlung
      - Facharbeiternachweis für kaufmänn. Personal
      - Lehrstellenvermittlung
      - Stellenvermittlung für weibliche Dienstboten, Putz- und Waschfrauen sowie gewerbliche Arbeiterinnen
      - Vermittlung von sonstigen (minderbefähigten) Arbeitskräften
      - Reservistenvermittlung
    - Arbeitslosenfürsorge
      - Mittelvergabe
      - Notstandsarbeiten
    - Wohnungsnachweis

Im Vorkriegsjahr 1913 nahmen die insgesamt 24 in Mannheim tätigen Agenturen mehr als 50 000 Stellenvermittlungen vor, darunter in unbekannter Zahl Mehrfacheinstellungen neben Auswärtsvermittlungen. Das Gros des Vermittlungsgeschäftes machten hierbei das Städtische Arbeitsamt und der Industriellennachweis untereinander aus, beide Einrichtungen zusammen erreichten annähernd 90 Prozent des Gesamtvolumens. In gewisser Weise agierten die beiden Einrichtungen arbeitsteilig, da die im Industriellenverband organisierten Gewerbebetriebe dort zur Disposition stehende Arbeitsplätze ausschließlich der eigenen Organisation anzeigten. So gesehen führte die Stellensuche des spezialisierten Facharbeiters der Tendenz nach zuerst zum Industriellennachweis, was zusätzlich die Vorsprache beim Städtischen Arbeitsamt natürlich nicht ausschloß. Bei der städtischen Behörde wiederum zeigten diejenigen Unternehmen offene Stellen an, die dem Industriellennachweis aus welchen Gründen auch immer ferngeblieben waren. Hieraus resultierten die jeweiligen Vermittlungsschwerpunkte der beiden in scharfer Konkurrenz zueinander stehenden Einrichtungen. Gemessen an den jeweiligen Vermittlungsziffern (1908–1913) führte der Industriellennachweis in der Hauptsache die Statistik an (T 17).

Stellenvermittlungsaktivitäten auf Seiten der handwerklich ausgerichteten Innungen bestanden ausschließlich in der Branche Nahrung und Genuß, da bei den hier angesiedelten Kleinstbetrieben der aus Zunftzeiten herrührende Traditionsgedanke weiterhin fortlebte und selbst noch zu Beginn der 1930er Jahre eine gewisse Rolle spielte. Eine vergleichbare Situation charakterisierte die Vermittlung von Dienstboten, die in der Hauptsache die hierfür zuständigen Innungsvermittlungen in Anspruch nahmen. Gemessen an der Zahl der 1910 in Mannheim agierenden Stellenvermittler gewerblicher und paritätischer Ausrichtung zeigte dieser Kreis nachfolgend durchaus rückläufige Tendenz, von ernsthaftem Bedeutungsschwund oder gar Auflösung konnte jedoch keineswegs die Rede sein.

T 17.
Vermittlungsziffern des Städtischen Arbeitsamtes und des Industriellennachweises im Vergleich der Jahre 1908–1913

	1908	1909	1910	1911	1912	1913
Städtisches Arbeitsamt	15933 (100)	15009 (100)	15241 (100)	17740 (100)	17317 (100)	24626 (100)
Industriellennachweis	15305 (96)	21364 (142)	19352 (127)	23376 (132)	21603 (127)	19853 (81)

III.
Die Zäsur des Ersten Weltkrieges

Hätte die Bevölkerung wenigstens in Umrissen den Verlauf und die Konsequenzen des Ersten Weltkrieges erahnt, der bei Ausbruch der Feindseligkeiten vorhandenen Begeisterung wären sicherlich Ernüchterung und Furcht gewichen. Eigentlich wurde der Ausbruch des Krieges schon seit längerem erwartet, da der zusehends nach Entladung drängende Konflikt zwischen den Mittelmächten und der Entente schließlich Aufrüstung in einem bis dahin unbekannten Maß herbeigeführt hatte. Das Kriegsende glaubte man demgegenüber bereits an Weihnachten feiern zu können. Für die Industrie, und hier insbesondere für den Investitionsgüterbereich, bedeutete dies der Tendenz nach zweierlei: Die Hereinnahme lukrativer Heeresaufträge neben sonstigen Aktivitäten vor 1914, und nach Kriegsbeginn die rasche Umstellung auf den steigenden Heeresbedarf. Aber auch Produktionseinschränkungen, Betriebsstillegungen und allgemein die großflächige Beunruhigung des Arbeitsmarktes kennzeichnete das Wirtschaftsleben jener Übergangszeit. In einem Bericht zur Mannheimer Kriegsarbeitslosenzählung von Oktober 1914 wird hierüber recht anschaulich Zeugnis abgelegt:[1]

"Man hatte so ziemlich allgemein angenommen, wenn ein großer Krieg über das Vaterland hereinbräche, würden 'alle Räder still stehen' und ein unabsehbares Arbeitslosenheer würde die deutschen Gaue überschwemmen. Und in der Tat, nach der Erklärung des Kriegszustandes, nach der Mobilmachung und während des Aufmarsches unseres Heeres befand sich unser Wirtschaftsleben in einem Zustand der Erstarrung; viele Großbetriebe wurden geschlossen, Tausende von Arbeitern und Angestellten wurden entlassen. Kein Mensch wußte, was der nächste Tag bringen würde; eine Lähmung hatte unseren Körper befallen; etwas Positives konnte nicht unternommen werden, und wohl oder übel mußten wir uns in unser Schicksal ergeben und abwarten. Da kamen die deutschen Siegesmeldungen; die Feinde wurden in 0st und West bei ihrem Vormarsch aufgehalten und wieder über die deutsche Grenze gejagt. Ein allgemeines Aufatmen. Man konnte allenthalben sorglos wieder seinem Beruf nachgehen, natürlich nur insofern es noch etwas zu tun gab; denn für Tausende von Arbeitswilligen gab es keine Arbeitsgelegenheit mehr. Das waren die drei ersten Kriegswochen. Inzwischen hatten aber die bedeutenden Heeres- und Marineaufträge unserer obersten Kriegsleitung bereits die erstarrte Warenherstellung etwas belebt und bald hatten sonst mächtige Kräfte eingesetzt, um das Wirtschaftsleben immerhin einigermaßen aufrecht zu erhalten. Und über Erwarten erfreulich war die weitere Entwicklung; im November bereits zeigte der deutsche Arbeitsmarkt ein äußerst günstiges Gepräge. Selbstverständlich waren die Arbeits- und Verdienstmöglichkeiten nicht dieselben wie vor dem Kriege; einige Industriezweige hatten vollauf zu tun, den anderen fehlte es mehr oder weniger an Aufträgen. Infolgedessen meldeten sich andauernd eine große – allerdings immer kleiner werdende – Zahl von Arbeitssuchenden, denen keine offene Stelle zugewiesen werden konnte; besonders in den großen Industriestädten war der Andrang zunächst ein ungeheurer; die Arbeitslosen drängten sich zu Hunderten vor den Arbeitsnachweisen".

Mannheims Wirtschaftslage und die Situation am Arbeitsmarkt entsprachen ziemlich exakt dieser Situationsbeschreibung. Gleich nach Kriegsbeginn (4. August) hob die Zahl arbeitslos gewordener Männer und Frauen auf immerhin 3448 Personen an (12. August), was einer in dieser Dimension bisher völlig unbekannten Arbeitslosigkeit entsprach. Am Monatsende erfaßte die diesbezügliche Statistik gar 6809 Erwerbslose[2]. Dem standen zuletzt lediglich 400 offene Stellen gegenüber. Allerdings blieb dieser besorgniserregende Zustand nur von kurzzeitiger Dauer, da die Anpassung der Produktion an die gewandelte Nachfrage zum vermehrten Arbeitskräftebedarf führte. Hierzu der Geschäftsbericht des Städtischen Arbeitsamtes:[3]

"schon im November 1914 trat eine Wendung ein. Die Rüstungsindustrie nahm einen ungestümen Aufschwung, der Bedarf der Militär- und Zivilbehörden und der kriegswirtschaftlichen Organisationen wuchs stetig, die Landwirtschaft mußte mit Arbeitern versorgt werden. Mit der Ausdehnung und Dauer des Krieges stieg der Arbeitermangel von Monat zu Monat, die Heereseinberufungen entvölkerten den Arbeitsmarkt, so daß die Beschaffung von Arbeitskräften zu einer immer schwierigeren Aufgabe wurde. Zu den noch nicht Heeresdienstpflichtigen, den älteren und halben Kräften, den Straf- und Kriegsgefangenen trat in einem nie geahnten Ausmaße die Verwendung weiblicher Kräfte; im Oktober 1918 waren rund 10000 Frauen in der Mannheimer Industrie tätig".

Gerade die Mannheimer Industrie zeigte im süddeutschen Vergleich mit einer hohen Zahl an Spezialbetrieben des Maschinenbaus und der Metallverarbeitung eine potentielle Nähe zur Kriegsproduktion, so daß noch zu Friedenszeiten eine ganze Reihe mit der Kriegsmarine abgeschlossene Lieferverträge Art und Umfang einer künftigen Kriegsproduktion anzeigten. Hierbei gestalteten sich die Übergänge zur Kriegswirtschaft zumindest in diesen Industrien recht überschaubar, Auftragsmangel und Entlassungen blieben weitgehend aus. Unter Berücksichtigung des nach 1914 permanent steigenden Rüstungsbedarf klagten speziell diese Mannheimer Betriebe bald über Mangel an qualifizierten Arbeitskräften.

Aus der Position des Staates nun ergab sich dringend die Notwendigkeit, den nachhaltig durch Einberufungen und betriebliche Umschichtungen abgewandelten Erfordernissen am Arbeitsmarkt koordinierte Regelungsmechanismen zur Seite zu stellen. Von einer reichsweiten Harmonisierung der Arbeitsnachweise war man nach wie vor weit entfernt, weil zumindest bis August 1914 der Staat auch nicht ansatzweise irgendwelche Anstrengungen unternommen hatte, der organisatorischen Zersplitterung entgegenzutreten. Umso zügiger entstand wenige Tage nach Kriegsausbruch zumindest eine Reichszentrale für Arbeitsnachweis, die als Koordinationsstelle sämtlicher nicht-gewerbsmäßiger Arbeitsnachweise Daten zum Zweck des zwischenbezirklichen Arbeitskräfteausgleichs registrierte und publizierte (Organ: Arbeitsmarktanzeiger). Die Tätigkeit der einzelnen Arbeitsnachweise wurde nur insofern berührt, als auf der Grundlage des jetzt reichsweit bekannten Arbeitskräftebedarfs die Möglichkeit der Verschickung am Ort vorhandener Erwerbsloser bestand. Zwänge blieben vorerst aus. Da das Städtische Arbeitsamt in

Mannheimer Kriegsküche im Juli 1916 – die anfängliche Kriegsbegeisterung bei der Bevölkerung ist gewichen.

Mannheim wie überhaupt die südwestdeutschen Einrichtungen diesen zwischenbezirklichen Arbeitskräfteausgleich schon seit längerem praktizierten, zielte dieser Vorstoß mehr auf norddeutsche Gefilde. Besonders in Ostpreußen herrschte immer wieder akuter Mangel an landwirtschaftlichen Arbeitskräften. Weitere staatliche Regulierungen bzw. später auch direkte Eingriffe folgten[4]. So erließ der Kriegsminister im September 1915 eine Verordnung, die ausschließlich den öffentlichen Arbeitsnachweisen die Begutachtung der Zurückstellungsanträge von Wehrpflichtigen übertrug. Im Juni 1916 ermächtigte der Bundesrat schließlich die Einzelstaaten, Gemeinden oder Gemeindeverbänden zwangsweise die Einrichtung öffentlicher Arbeitsnachweise aufzuerlegen.

Entgegen aller Erwartungen dauerte das Kriegsende über das Jahr 1915 hinaus an. Die Kämpfe erstarrten zum Stellungskrieg, Materialschlachten lösten einander ab. Vom sog. Hindenburg-Programm, Mitte 1916 aufgelegt, erhoffte die Oberste Heeresleitung eine gewaltige Steigerung der Produktion von Kriegsgerät und Munition. Der Krieg sollte baldigst entschieden werden. Zum Ausgleich des jetzt abermals erhöhten Arbeitskräftebedarfs kam unter Beteiligung aller gesellschaftlich relevanten Kräfte gegen Weihnachten 1916 das „Gesetz über den Vaterländischen Hilfsdienst" zustande, das, organisiert über die öffentlichen Arbeitsnachweise als Beschaffungsbehörde, die Zwangsrekrutierung geeigneter Arbeitskräfte vorsah[5]. Dieser massive Eingriff in die Persönlichkeitsrechte des Einzelnen ermöglichte die Arbeitsverpflichtung aller männlichen Personen vom 17. bis zum 60. Lebensjahr bzw. deren Zuweisung an entsprechende Betriebe. Zusätzlich konnten eher rüstungsferne Betriebe nach deren Überprüfung veranlaßt werden, personellen Überbesatz in Richtung Kriegsproduktion zur Disposition zu stellen. Selbst ganze Betriebsstillegungen kamen vor. In der Summe gingen die letztgenannten Aktivitäten nicht ausschließlich nur zu Lasten der in der Heimat befindlichen Arbeiterschaft, da quasi als Kompensation den Gewerkschaften als Mitunterzeichner des Gesetzes deren Anerkennung als legitimer Vertreter der Arbeiterschaft gelang. Erstmals räumte die Obrigkeit dem Tarifrecht neben Betriebsratswahlen gesetzlichen Status ein – das Ereignis ging als Markstein in die deutsche Sozialgeschichte ein. Andererseits hatte sich der Staat über die Einführung des Vaterländischen Hilfsdienstes zwar erstmals, dafür aber umso nachhaltiger der öffentlichen Arbeitsnachweise ermächtigt, was in der Folge zu einer spürbaren Aufwertung der Einrichtungen beitrug.

Natürlich spiegelte der Mannheimer Arbeitsmarkt die Eckdaten des volkswirtschaftlichen Gesamtrahmens der Tendenz nach wider, obwohl auch hier regionale Besonderheiten eine gewisse Rolle spielten. So hielt sich der Arbeitskräftemangel durchaus in Grenzen, da die Stadt mit ihren selbst reichsweit höchsten Industrielöhnen zwischenzeitlich zum Wanderungsziel ganzer Massen geworden war. Gegenüber 1915 sackte zwar im Folgejahr die Gesamtzahl der lokalen Stellenvermittlungen spürbar ab, die Anzahl der Arbeitsgesuche lag trotzdem deutlich über der Zahl der beim Städtischen Arbeitsamt gemeldeten offenen Stellen (T 18). So gesehen klaffte die Schere zwischen Angebot und Nachfrage an Arbeitskräften nicht übermäßig auseinander, den ständigen Einberufungen stand die Mobilisierung zuvor nicht Erwerbstätiger neben Zuzug als gut funktionierendes Regulativ gegenüber. Frauenarbeit, die Tätigkeit Junger und Alter sowie der Einsatz von Kriegsgefangenen trugen also zu einer relativ ausgeglichenen Bilanz des Mannheimer Arbeitsmarktes bei, wobei neben dem Städtischen Arbeitsamt der Industriellennachweis (mit Ausnahme von August 1914 bis Februar 1915 wegen Personalmangels) als zweiter Hauptakteur am Ort agierte. Die Aktivitäten der Innungsnachweise nahmen im Laufe der Zeit einen bescheideneren Umfang an, Gewerbsmäßige fielen kaum mehr ins Gewicht.

Neben den altangestammten Funktionen des Städtischen Arbeitsamtes kamen etliche Aufgaben hinzu, deren Existenz aus den Zwängen des Kriegsgeschehens herrührte. Insgesamt ließ sich ein arbeitsintensiver Kompetenzausbau festmachen, der dem Industriellennachweis als interessengebundene Einrichtung naturgemäß vorenthalten blieb:[6]

- Gesetzliche Informationspflicht im Sinne der Förderung des zwischenbezirklichen Ausgleichs
- Begutachtung und Zurückstellung von Heeresdienstpflichtigen
- Zwangsrekrutierung von Arbeitskräften infolge des Vaterländischen Hilfsdienstes
- Zuweisung arbeitsfähiger Kriegsgefangener
- Schaffung eines Stellennachweises für Kriegsbeschädigte (1915)
- Einrichtung eines Lazarettarbeitsnachweises (1916)
- Arbeitsbeschaffung für Kriegerfrauen über die Kontaktnahme mit der Kriegsfürsorgestelle und dem Nationalen Frauendienst

Über den Bereich der Arbeitsbeschaffung für Kriegerfrauen trat das Städtische Arbeitsamt zusätzlich in die Sphäre der nach Kriegsbeginn entstandenen Sozialfürsorge kommunaler Verankerung ein. Unter Zusammenfassung der nach August 1914 gegründeten Hilfseinrichtungen entstand noch im September die Zentrale für Kriegsfürsorge, die als Dachorganisation die einzelnen Hauptarbeitsbereiche koordinierte. Es lohnt die Benennung dieser Tätigkeitsbereiche, da sie in der Summe die bevölkerungsseitige Identifikation mit dem Kriegsgeschehen zumindest der Anfangszeit (Stichwort: Kriegsbegeisterung) indirekt reflektieren:[7]

- Naturalien-Abgabe an Bedürftige
    Ernährung
    Brennmaterialien
    Kleider und Schuhe

- Wohnungsfürsorge
    Mietkostenunterstützung
    Wohnungsvermittlung
    Aufbewahrung der Möbel

- Kranken-, Säuglings- und Wöchnerinnenfürsorge

- Arbeitsbeschaffung

- Besondere Hilfseinrichtungen
    Kinderfürsorge (Hort, Kindergarten, Tagesheim)
    Kriegstageheim für arbeitslose Mädchen
    Berufsberatung und Kriegswitwenberatung
    Fürsorge für Versicherte der Landesversicherungsanstalt Baden
    Hilfe für Familien der Kriegsteilnehmer
    Hilfe für Arbeitslose
    Hilfe für die Familien Arbeitsloser
    Hilfe für Hinterbliebene
    Schlichtungsstelle für Mietangelegenheiten
    Beratungsstelle für Kleinhandel und Gewerbe

T 18. Stellenvermittlung beim Mannheimer Arbeitsamt 1913-1918

Jahr	Arbeitsgesuche (Neumeldungen)			Offene Stellen (Neumeldungen)			Vermittlungen (Besetzte Stellen)		
	männlich	weiblich	Summe	männlich	weiblich	Summe	männlich	weiblich	Summe
(1913)	(33 710)	(17 409)	(51 119)	(15 241)	(17 982)	(33 223)	(11 537)	(13 089)	(24 626)
1914[1])	43 003	22 112	65 115	24 246	22 672	46 918	19 257	16 595	35 852
1915[1])	25 107	18 834	43 941	21 111	16 876	37 987	16 839	13 813	30 652
1916	15 312	19 226	34 538	12 201	17 556	29 757	10 921	15 337	26 258
1917	11 384	16 809	28 193	11 971	17 375	29 346	9 397	12 004	21 401
1918[2])	17 290	15 194	32 484	10 480	16 383	26 863	9 560	10 145	19 705

[1]) Vereinigung mit dem Arbeitsnachweis der Industrie vom August 1914 bis März 1915
[2]) Steigerung infolge der Beendigung des Krieges

Nähstube des Volksdienstes für Frauen (1916).

Weibliche Angestellte im Büro der Maschinenbaufirma Mohr & Federhaff – Frauenarbeit hat sich endgültig am Arbeitsmarkt durchgesetzt (Juli 1918).

Kriegsgefangene und Wachpersonal im Gefangenenlager Mannheim-Käfertal (ca. 1916).

– Ausschuß zur Förderung der kriegsmäßigen Lebensweise
  Lebensmittelbeschaffung
  Lebensmittelverwaltung
  Propaganda, Schulungen

Kommunale Kriegsfürsorge während des Ersten Weltkrieges in Mannheim: im Bereich der Nähstube tätige Frauen und Mädchen holten im Hof der Einrichtung (P6.20) Auftragsarbeiten ab, die sie zuhause in Heimarbeit erledigten.

Dem Städtischen Arbeitsamt oblag im Kontext der kommunalen Kriegsfürsorge die Aufgabe, in Not geratenen Bürgern adäquate Beschäftigung durch Vermittlungstätigkeit zu eröffnen. Hierzu kooperierte man mit der Hauptabteilung „Arbeitsbeschaffung", die Aktivitäten über eine Nähstube, Berufsberatung für Schulentlassene, Kriegswitwenberatung und ein Tagesheim für arbeitslose Mädchen entfalte. Besonders beschäftigungsintensiv wirkte die Nähstube. Über Auftragsvergaben des Militärs und der Industrie mit Arbeit gut versorgt, konnte bis Mitte 1915 ein Beschäftigungshöchststand von 3 100 Frauen und Mädchen erreicht werden. Bedingt durch die Rohstoffbewirtschaftung ging die Beschäftigung nachfolgend zwar etwas zurück, Mitte 1916 standen immerhin noch 1 500 Personen in Arbeit. Im Tagesheim für arbeitslose Mädchen kamen insbesondere weniger belastbare Schulabgänger zusammen. Trotzdem konnten unter der Vermittlungstätigkeit des Städtischen Arbeitsamtes bis Mitte 1916 annähernd 1 000 Mädchen Anstellungen erreichen. Notstandsarbeiten nach klassischem Muster, wie in Mannheim seit 1891 praktiziert, spielten während der Kriegsjahre keine Rolle mehr.

Zu den Hauptaufgaben des Städtischen Arbeitsamtes gehörte seit 1913 die Erledigung der kommunalen Arbeitslosenfürsorge nach dem modifizierten Genter-System. Mit Kriegsbeginn wurde hier der Kreis der Unterstützungswürdigen auch für Nichtarbeitnehmer geöffnet, wodurch etwa Handwerker oder Dienstleistungsberufe bei Wegfall der Beschäftigungsbasis auf entsprechenden Beistand rechnen konnten[8]. Zudem erhöhte man in Mannheim generell die Anspruchsdauer und die Höhe der Leistungen in Berücksichtigung der veränderten Verhältnisse am Arbeitsmarkt und kriegsbedingter Teuerung. Gemessen an der Zahl der beim Städtischen Arbeitsamt Arbeitslosenfürsorge beziehenden Personen, konnte die im August 1914 registrierte hohe Arbeitslosigkeit in Schnelle überwunden werden. Es gingen im Laufe des Gesamtjahres 1915 insgesamt gerade noch 314 Meldungen ein, die Quote monatlicher Schwankungen reichte von Null bis 120 Arbeitslose (T 19). Nach 1915 registrierte man zwischen 14 und 32 Arbeitslose. Allerdings verbarg sich hinter diesen Zahlen nicht automatisch Vollbeschäftigung, da die Gruppe von auswärts nach Mannheim gezogener Arbeitssuchender über keinen, wie auch immer gearteten Anspruch auf Arbeitslosenunterstützung verfügte.

Hindenburg-Programm und ergänzend der Vaterländische Hilfsdienst vermochten die Niederlage höchstens zu verzögern. Inzwischen verlor die Bevölkerung den Glauben an den Sieg, der Kohlrübenwinter 1916/17 deckte eklatante Versorgungslücken auf. Unruhe breitete sich bei den Industriebeschäftigten aus. In Mannheim gingen im Sommer 1917 reihenweise Rüstungsarbeiter auf die Straße, um ihren Unmut gegen extrem gestiegene Unternehmensgewinne zu artikulieren. Ein Höhepunkt war zu Anfang 1918 erreicht, als 15 000 Metallbeschäftigte in den Ausstand traten. Kurzum, aufgestaute Spannungen drohten im Innern in revolutionären Umsturz zu münden, während von außen der Kriegseintritt der Vereinigten Staaten den Ausgang des Krieges endgültig besiegelte. Am 11. November 1918 schließlich kam der Waffenstillstand, Deutschland stand auf der Verliererseite.

T 19.   Arbeitslosigkeit in Mannheim 1915 nach der Statistik des Städtischen Arbeitsamtes

Berufszugehörigkeit	Neumeldungen im Berichtsjahr	von den Neugemeldeten wurden zugelassen	verzichteten freiwillig	abgewiesen	Arbeit erhielten durch das Arbeitsamt	auf andere Weise	Der städt. Zuschuss bzw. die Unterstützung wurde gewährt an						Alter der Unterstützten ... Jahre			
							Ledige für Tage	Betrag ℳ | ₰	Verheiratete für Tage	Betrag ℳ | ₰	Zusammen für Tage	Betrag ℳ | ₰	unter 20	20 bis 40	über 40 bis 60	über 60
1	2	3	4	5	6	7	8	9	10	11	12	13	14	15	16	17
I. Organisierte																
a. Freie Gewerkschaften.																
Deutscher Metallarbeiterverband	6	4	—	2	3	2	22	15 40	86	69 70	108	85 10	—	3	4	—
Deutscher Holzarbeiterverband	9	7	2	—	3	12	13	9 10	188	169 70	201	178 80	—	4	8	—
Deutscher Transportarbeiterverband	—	—	—	—	—	—	—	—	—	—	—	—	—	—	—	—
Zentralverb. der Zimmerer Deutschl.	7	7	—	—	1	6	8	5 60	26	19 80	34	25 40	1	3	1	2
Verband der Fabrikarbeiter Deutschl.	1	1	—	—	—	1	—	—	4	2 80	4	2 80	—	—	—	1
Deutscher Bauarbeiterverband	22	22	—	—	3	23	10	7 —	190	158 50	200	165 50	—	8	8	6
Verband der Gemeinde- u. Staatsarb.	1	1	—	—	1	—	—	—	—	—	—	—	—	—	—	—
Verband d. Kupferschmiede Deutschl.	—	—	—	—	—	—	—	—	—	—	—	—	—	—	—	—
Zentralverb. der Maschin. und Heizer sowie Berufsg. Deutschl. Mitgliedschaft „Rheinschiffahrt"	—	—	—	—	—	—	—	—	—	—	—	—	—	—	—	—
Zentralverb. der Maschin. und Heizer s. B. Deutschlands	—	—	—	—	—	—	—	—	—	—	—	—	—	—	—	—
Verband d. Brauerei- und Mühlenarb. und verwandten Berufsgenossen	—	—	—	—	—	—	—	—	—	—	—	—	—	—	—	—
Zentralverband der Glaser Deutschl.	4	3	—	1	2	3	—	—	81	22 30	81	22 30	—	1	3	—
Verband der deutschen Buchdrucker	5	5	—	—	—	10	63	44 10	42	32 50	105	76 60	3	7	—	3
Zentralverband deutscher Böttcher	—	—	—	—	—	—	—	—	—	—	—	—	—	—	—	—
Deutscher Tapeziererverband	—	—	—	—	—	—	—	—	—	—	—	—	—	—	—	—
Allgemeiner deutscher Gärtnerverein	—	—	—	—	—	—	—	—	—	—	—	—	—	—	—	—
Verband der Bäcker, Conditoren und verw. Berufsgenossen Deutschl.	—	—	—	—	—	—	—	—	—	—	—	—	—	—	—	—
Zentralverband der Fleischer und Berufsgenossen Deutschlands	—	—	—	—	—	—	—	—	—	—	—	—	—	—	—	—
Zentralverein der Bildhauer Deutschl.	—	—	—	—	—	—	—	—	—	—	—	—	—	—	—	—
Zentralverb. d. Schuhmacher Deutschl.	—	—	—	—	—	—	—	—	—	—	—	—	—	—	—	—
Deutscher Kürschner-Verband	—	—	—	—	—	—	—	—	—	—	—	—	—	—	—	—
Verband der Sattler und Portefeuiller	—	—	—	—	—	—	—	—	—	—	—	—	—	—	—	—
Deutscher Buchbinder-Verband	—	—	—	—	—	—	51	35 70	—	—	51	35 70	2	—	—	—
Verb. d. Buch- u. Steindruckerei-Hilfsarbeit. u. Arbeiterinnen Deutschl.	1	—	—	1	—	—	—	—	—	—	—	—	—	—	—	—
Verb. der Lithographen, Steindrucker und verwandten Berufe	—	—	—	—	1	1	10	7 —	28	16 10	38	23 10	—	1	1	2
Verband der Porzellan- und verwandt. Arbeiter und Arbeiterinnen	—	—	—	—	—	—	—	—	—	—	—	—	—	—	—	—
Deutscher Tabakarbeiterverband	—	—	—	—	—	—	—	—	—	—	—	—	—	—	—	—
Zentralv. d. Handlungsgeh. Sitz Berlin	—	—	—	—	—	—	—	—	—	—	—	—	—	—	—	—
Verband deutscher Barbier-, Friseur- und Perückenmachergehilfen	—	—	—	—	—	—	—	—	—	—	—	—	—	—	—	—
Verband der Gastwirtsgehilfen	—	—	—	—	—	—	17	11 90	—	—	17	11 90	—	—	—	1
b. Christliche Gewerkschaften.																
Christl. Metallarbeiterverb. Deutschl.	—	—	—	—	—	—	—	—	—	—	—	—	—	—	—	—
Zentralv. christl. Holzarb. Deutschl.	—	—	—	—	—	—	—	—	—	—	—	—	—	—	—	—
Zentralverb. christl. Fabrik-, Verkehrs- und Hilfsarbeiter Deutschlands	—	—	—	—	—	—	—	—	—	—	—	—	—	—	—	—
Zentralverband der Gemeindearbeiter und Strassenbahner Deutschlands	—	—	—	—	—	—	—	—	—	—	—	—	—	—	—	—
Zentralverband der Nahrungs- und Genussmittelindustriearb. Deutschl.	—	—	—	—	—	—	—	—	—	—	—	—	—	—	—	—
c. Deutsche Gewerkv. (Hirsch-Duncker)																
Gewerkv. d. Maschinenb. u. Metallarb. Mannheim I	—	—	—	—	—	—	—	—	—	—	—	—	—	—	—	—
do. Mannheim II	—	—	—	—	—	—	—	—	—	—	—	—	—	—	—	—
do. Mannheim III	—	—	—	—	—	—	—	—	—	—	—	—	—	—	—	—
do. Käfertal	—	—	—	—	—	—	—	—	—	—	—	—	—	—	—	—
do. Neckarau	—	—	—	—	—	—	—	—	—	—	—	—	—	—	—	—
do. Rheinau	—	—	—	—	—	—	—	—	—	—	—	—	—	—	—	—
do. Waldhof	—	—	—	—	—	—	—	—	—	—	—	—	—	—	—	—
Gewerkverein d. Fabrik- u. Handarb. Mannheim I	—	—	—	—	—	—	—	—	—	—	—	—	—	—	—	—
do. Mannheim II	—	—	—	—	—	—	—	—	—	—	—	—	—	—	—	—
do. Käfertal	—	—	—	—	—	—	—	—	—	—	—	—	—	—	—	—
do. Sandhofen	—	—	—	—	—	—	—	—	—	—	—	—	—	—	—	—
do. Waldhof	—	—	—	—	—	—	—	—	—	—	—	—	—	—	—	—
Gewerkverein der Holzarb. Deutschl.	1	1	—	—	1	—	—	—	69	48 30	69	48 30	—	—	1	—
Gewerkv. d. Schneider, Schneiderinnen und verwandt. Berufsg. Deutschl.	—	—	—	—	—	—	—	—	—	—	—	—	—	—	—	—
Gewerkver. der deutsch. Schuhmacher und Lederarbeiter	—	—	—	—	—	—	—	—	—	—	—	—	—	—	—	—
d. Sonstige Berufsvereinigungen.																
Bund d. kaufmännischen Angestellten	—	—	—	—	—	—	—	—	—	—	—	—	—	—	—	—
Bund der techn.-Industr. Beamten	—	—	—	—	—	—	—	—	—	—	—	—	—	—	—	—
„Columbus" Verein für kathol. Kaufleute und Beamte E.V.	—	—	—	—	—	—	—	—	—	—	—	—	—	—	—	—
Deutscher Werkmeister-Verband	—	—	—	—	—	—	—	—	—	—	—	—	—	—	—	—
Zusammen	57	51	2	4	15	58	194	135 80	659	539 70	853	675 50	6	27	26	15
II. Nichtorganisierte im Sinne der Bestimmungen.																
Metallarbeiter	1	—	1	—	—	1	—	—	—	—	—	—	—	—	—	—
Holzarbeiter	7	7	—	—	4	6	11	7 70	98	69 40	109	77 10	1	1	5	4
Bauarbeiter	6	5	—	1	4	3	—	—	43	35 70	43	35 70	—	3	2	—
Sonstige gelernte Arbeiter	12	8	1	3	5	6	87	60 90	308	237 60	395	298 50	2	3	18	3
Ungelernte Arbeiter	9	7	—	2	3	4	24	16 80	142	104 —	166	120 80	—	6	2	6
Angestellte	7	5	—	2	7	7	74	51 80	137	113 70	211	165 50	1	11	3	1
Selbständige	11	11	—	—	6	8	80	62 80	442	349 40	531	411 70	—	7	20	7
Weibliche Unterstützte	101	41	10	16	36	40	1171	819 70	792	562 40	1963	1382 10	18	98	18	—
Zusammen	154	84	12	24	60	84	1456	1019 20	1962	1472 20	3418	2491 40	22	129	68	21
I und II zusammen	211	135	14	28	84	142	1650	1155 —	2621	2011 90	4271	3166 90	28	156	94	36

IV.
Demokratische Erneuerung und Weimarer Zeit 1919–1933

1. Kontext: Sozialpolitische Schieflage, Wirtschaftsentwicklung und Korrekturen am Arbeitsrecht

Der verlorene Erste Weltkrieg leitete in ein neues Kapitel deutscher Geschichte über: politisch, ökonomisch und gesellschaftlich. Politisch manifestierte sich der Umbruch augenfällig über die umfassende Demokratisierung des politischen Systems, verankert in der vom Rat der Volksbeauftragten ausgearbeiteten Weimarer Verfassung. Überhaupt erstmals in der deutschen Geschichte gestand man Frauen ein Wahlrecht zu, daneben gab der Verfassungstext reichlich Spielraum für den künftigen Ausbau und die Verdichtung des sozialen Systems. Dieser Ausbau des sozialen Systems hatte zunächst die Tatsache zu berücksichtigen, daß eine eigentümliche „Schieflage der Sozialpolitik" als Hinterlassenschaft des Kaiserreiches existierte. Einerseits konnten zwar durchaus nennenswerte Errungenschaften im Sektor der sozialen Sicherung (auch international!) registriert werden, arbeitsrechtliche Reformen demgegenüber blieben der Substanz nach aus – reichlich Anschauungsmaterial lieferte hier, wie gesehen, ja die staatliche Abstinenz in Sachen Arbeitsmarkt. Genauer betrachtet wies selbst noch die vorhandene Sozialsicherung markante Defizite auf:[1]

- eine öffentliche Fürsorge war nicht vorhanden
- Hinterbliebenenversicherung (seit 1911) gestaltete sich von der Leistung her praktisch gegenstandslos
- Kranken-, Unfall- und Rentenversicherung schlossen zahlreiche Erwerbsgruppen aus
- Krankenkassen boten Leistungen lediglich für Direktversicherte, Familienangehörige blieben außen vor
- Renten bildeten de facto einen Zuschuß zum Lebensunterhalt
- gänzliches Fehlen einer Arbeitslosenversicherung reichsweit

In allen genannten Punkten konnten tatsächlich im Laufe der Zwanziger Jahre grundlegende Verbesserungen erreicht werden, wobei die Erweiterung des Sozialsystems um eine reichsweit vereinheitlichte Arbeitslosenversicherung (1927) allgemein als bedeutsamster und interessantester sozialpolitischer Vorgang der Weimarer Jahre angesehen wird (Artikel 163 der Verfassung fixierte einen Rechtsanspruch auf Arbeitsnachweis und Arbeitslosenversicherung). Über die Arbeitslosenversicherung hinausgehend umfaßte dieses Gesetz auch die Bereiche Berufsberatung, berufliche Fortbildung und Umschulung – unter Berücksichtigung des gesamten Aufgabenkatalogs wurde es am Ende ein arbeitsmarktpolitisches Grundlagengesetz. Entlang der Vorjahre 1919 bis 1927 regelten zunächst jedoch zahlreiche und fortgesetzt abgeänderte Provisorien die Beziehungen am Arbeitsmarkt. Zwei Ursachen sind hierfür anzuführen: Gegensätzliche Grundauffassungen zwischen Kapital und Arbeit einerseits, auf der anderen Seite erschwerten konjunkturelle Wechsellagen die Konzeption zeitlich durchgängiger Lösungen. Aber selbst noch nach 1927, hier mit Einsetzen der Weltwirtschaftskrise 1929, stieß das gesetzliche Arbeitsmarktregulativ auf Grenzen: Massenarbeitslosigkeit in jetzt dramatischer Höhe zehrte gravierend an der Finanzierbarkeit des Leistungspotentials.

So verblieben die nach Kriegsende vorhanden Arbeitsnachweise öffentlicher Ausrichtung zumindest bis 1927 mehr oder minder in kommunaler Verantwortung, obwohl insbesondere das Reich über Rahmenverordnungen direkten Einfluß auf Inhalt und Form der Geschäftstätigkeit gewann. Eine weitere Einflußgröße beachtlichen Umfanges resultierte aus der Wirtschaftsentwicklung, die in Verschränkung der jeweiligen Konjunkturzyklen mit den regionalen und lokalen Besonderheiten eines Wirtschaftsstandortes die Tätigkeit der öffentlichen Arbeitsnachweise (etwa über die Bewältigung der Arbeitslosigkeit respektive die Vergabe von Notstandsarbeiten) nachhaltig berührte. Vereinfacht läßt sich die Wirtschaftentwicklung der Weimarer Zeit in drei Phasen unterteilen:

- 1919–1923/24   Kriegsende, Inflation und Stabilisierung
- 1924–1929   Konjunkturaufschwung, Einschnitt 1926
- 1929–1933   Weltwirtschaftskrise, Krise des Systems

Aber schon aus dem zurückliegenden Kriegsgeschehen heraus resultierte eine mehrfache Hypothek, die eigentlich für die gesamte Dauer der Weimarer Republik den Wirtschaftsgang hemmte. Zerrüttete Staatsfinanzen mit inflationärer Schubwirkung nach 1918 standen als Ergebnis einer kontinuierlichen Kreditschöpfung, die der Finanzierung der Kriegsmaschinerie nach 1914 diente. Die abermalige Umstellung der Wirtschaft jetzt wieder auf den Friedensbedarf bewirkte eine unsicher kalkulierbare Nachfrage, zumal der einst gewinnträchtige Auslandsmarkt wenigstens vorübergehend abhanden kam. Und schließlich stand der Versailler Vertrag mit schmerzlich empfundenen Gebietsverlusten und schier unbegrenzt anmutenden Reparationsleistungen (132 Mrd. Reichsmark ab 1921 zahlbar in 30 Jahren) als Hauptereignis, das nicht nur wirtschaftlich praktisch die ganzen Zwanziger Jahre über destabilisierend wirkte, sondern mehr noch zum Zankapfel einer in Teilen bald Extremen zuneigenden Politik wurde. Trotzdem kam der Wirtschaftsprozeß seit 1919 relativ gut in Gang, so daß die urplötzlich vorhandene Nachkriegsarbeitslosigkeit von etwa einer Million bis 1921 auf 215 000 Erwerbslose (Quote ca. 1,1%) zurückgefahren werden konnte. Allerdings entsprach der dahintergelagerte Konjunkturaufschwung einer sogenannten Scheinblüte, da inflationsbedingt besonders vehement die Auslandsnachfrage (z.B. nach Automobilen) genährt wurde und dies am Ende den Ausverkauf der deutschen Industrie begünstigte. Im Laufe des Jahres 1923 verzeichnete man schließlich Geldentwertung in unvorstellbarer Höhe – dieses Phänomen war neu im Alltag und führte zur Verarmung selbst der Mittelschicht. Ende 1923 stand die Bevölkerung hinsichtlich der materiellen Versorgung wieder dort, wo man nach 1918 mit dem Wiederaufbau begonnen hatte. Gegenüber 1922 registrierte die Statistik 1923 die Vervierfachung der Arbeitslosigkeit, extremer noch infolge der französischen Besatzungspolitik lagen die Verhältnisse jener Zeit in Baden. Politische Destabilisierung, eine sprunghafte Zunahme der Arbeitskämpfe bis hin zur Verhängung des Ausnahmezustandes waren die Folge. Vor diesem Hintergrund katastrophaler wirtschaftlicher und auch politischer Verhältnisse schien die durchgreifende Sanierung der Währung, wenn auch nicht frei von Risiken, so doch unausweichlich. Zum Jahreswechsel 1923/24 entsprach im Zuge der Währungsneuordnung eine Billion Papiermark dem Gegenwert der neugeschaffenen Rentenmark. Die Wirtschaft erholte sich.

Dann folgte in der Zeit von 1924 bis 1929 ein ökonomischer Aufschwung, der politisch und gesellschaftlich stabilisierend unter der Bezeichnung „Goldene Zwanziger Jahre“ in die Geschichtsbücher einging. Tatsächlich erfaßte ein kräftiger Konjunkturaufschwung das Wirtschaftsleben, lediglich durch einen allerdings massiven Entwicklungsknick für 1926 unterbrochen. Allerorts setzte eine sog. Gesundungskrise ein, die eine regelrechte Rationalisierungseuphorie im industriellen Bereich auslöste[2)]. Begleitet von Unternehmenskonzentration, der vorbehaltlosen Stillegung unrentabler Betriebe und Produktbereinigung erfolgte breitflächig der Übergang zur fließbandgestützten Großserienfertigung und Massenproduktion. „Der Gedanke der Rationalisierung entwickelte sich in Deutschland in jenen Jahren zu einer Art Ideologie“[3)]. Die Kehrseite dieser volkswirtschaftlich nicht unberechtigten, weil internationale Konkurrenzfähigkeit wieder herstellenden und zudem auch international angeheizten Rationalisierungswelle bildete der unter Druck geratene Arbeitsmarkt, der die Erwerbslosenquote für 1926 auf 10 Prozent und damit auf den Höchststand der Zwanziger Jahre hochschnellen ließ. Eine geballte Massierung produktionstechnischer Umstellungen gerade 1925 hatte diese Situation herbeigeführt, nur leichte Entspannung kennzeichnete den Arbeitsmarkt in der darauffolgenden Zeit. Überhaupt wurde das Phänomen der Arbeitslosigkeit im Gegensatz zu den Verhältnissen der Vorkriegszeit erstmals zu einem umbestreitbar elementaren Problem: „Spätestens seit der Mitte der 20er Jahre drückte Baden (was gleichermaßen für alle anderen deutschen Länder galt, Anm. d. Verf.) das Joch einer vielschichtigen und von verschiedenen Faktoren herbeigeführten strukturellen Arbeitslosigkeit“[4)]. Und strukturelle Arbeitslosigkeit hieß nichts anderes, als daß der jetzt freigesetzte Arbeitnehmer entlang seiner bisherigen Qualifikation nur noch mit Schwierigkeiten (wenn überhaupt) in einer vergleichbaren Position unterzubringen war – im Zuge des sektoralen Strukturwandels starben alte Berufe aus, neue Tätigkeitsfelder (Modeberufe) entstanden. Arbeitslosigkeit jedenfalls erstarrte zum gesellschaftlichen Dauerphänomen. Im Oktober 1929 wies das Konjunkturbarometer mehr denn je nach unten. Massive Überproduktion im Verein mit der breitangelegten Rückführung amerikanischen Kapitals aus Europa (Schwarzer Freitag) löste reihenweise Firmenzusammenbrüche aus, Bankschließungen und Zuspitzung der Massenarbeitslosigkeit folgten. Deutschland geriet nachhaltig in den Sog der Krise. Anfang 1932 überschritt die Zahl der Erwerbslosen die Sechsmillionengrenze, jeder Dritte stand ohne Arbeit da.

Dieses Bild konjunktureller Wechsellagen läßt erkennen, weshalb der Staat unablässig und selbst noch nach 1927 nach immer wieder neuen bzw. modifizierten Mitteln und Wegen suchte, um den beinahe durchgängigen Unwägbarkeiten des Arbeitsmarktes bzw. der Arbeitslosigkeit mit möglichst effektiven Steuerungsmitteln zu begegnen. Getroffene Maßnahmen reichten mitunter nach relativ kurzer Dauer kaum mehr aus, die Folgen erneuter ökonomischer Erosion abzufangen. Die rein gesellschaftliche Basis der staatlichen Regulierungen bildete das sog. Stinnes-Legien-Abkommen, das kurz vor Kriegsende abgeschlossen eine zukunftsgerichtete Plattform zwischen Kapital und Arbeit abgab[5)]. Zu den wichtigsten Vereinbarungen gehörte die Ausrichtung auf eine gemeinsame Arbeitsvermittlung unter Federführung der öffentlichen Nachweise, ebenso bei Tarifrecht und der Mitbestimmung herrschte vorerst ein gewisser Grundkonsens. Auch die Politik hatte den Arbeitsmarkt vor Augen. Im November 1918 verkündete der Rat der Volksbeauftragten: „Die Regierung wird alles tun, um für ausreichende Arbeitsgelegenheit zu sorgen. Eine Verordnung für die Unterstützung von Erwerbslosen ist fertiggestellt. Sie verteilt die Lasten auf Reich, Staat und Gemeinden“[6)]. Staatlicherseits richtete man nun in Erwartung der sechs Millionen Kriegsheimkehrer bzw. zum Zweck ihrer Integration in die Wirtschaft im Dezember 1918 das Reichsamt für wirtschaftliche Demobilmachung ein, und in Berücksichtigung weiterer staatlicher Aktivitäten am Arbeitsmarkt wurden die öffentlichen Arbeitsnachweise erstmals auch außerhalb des kriegsbedingten Ausnahmezustandes zum direkten Objekt der Reichsgewalt. Zwar erfolgte kein Verbot der übrigen Vermittlungsinstanzen, arbeitsmarktrelevante Steuerungsmechanismen gleich größerer Komplexität übertrug der Staat jedoch ausschließlich den öffentlichen Nachweisen. Eine dieser substantiellen Neuerungen bestand darin, den öffentlichen Arbeitsnachweisen die Lehrstellenvermittlung und daneben die Berufsberatung fakultativ anzutragen. Auf eine vorübergehende Arbeitslosigkeit größeren Umfanges schien man gerüstet, insofern sämtlichen arbeitsfähigen und arbeitswilligen Personen Erwerbslosenunterstützung zukommen sollte, die als Folge des Krieges ihre Anstellung verloren (Einschränkung 1924 auf die Bedingung dreimonatiger versicherungspflichtiger Tätigkeit während der letzten 12 Monate). Die Finanzierung lag bis 1923 ausschließlich in der Obhut des Reiches, der Länder und der Gemeinden, danach brachten ergänzend Arbeitgeber und Arbeitnehmer Beitragsleistungen ein. Was bei der Erwerbslosenfürsorge ursprünglich 1919 als einjähriger Übergangsmodus konzipiert wurde, blieb am Ende bis 1927 und darüberhinaus bestehen.

Als ausgesprochen aktiven Beitrag zur möglichst raschen Überwindung der Nachkriegsarbeitslosigkeit stufte der Staat die in Eigenregie vorgenommene Verankerung einer Arbeitsbeschaffung ein, die bereits im November 1918 mit 250 Mio. RM ausgestattet bis Mitte 1919 immerhin 300 000 Personen per Rotation zeitweiligen Erwerb bot (Finanzierung $\frac{3}{6}$ Reich; $\frac{2}{6}$ Länder; $\frac{1}{6}$ Gemeinden – Kosten bis Juni 1919 = 950 Mio. RM). Mit der Einführung der „produktiven Erwerbslosenfürsorge“ im Oktober 1919 setzte der Staat nunmehr auf solche Aktivitäten öffentlicher Körperschaften, die ohne diesen finanziellen Sonderaufwand nicht zustande gekommen wären. Man zielte neben dem Beschäftigungsaspekt also auf die Schaffung zusätzlicher volkswirtschaftlicher Werte allgemeinen Nutzens. Der Tätigkeitskatalog, im nachfolgenden ausgeführt, gab den Grundzügen nach auch die Strategie späterer, mehrfach nach 1919 neu inszenierter Arbeitsbeschaffungsprogramme vor:[7)]

a. Tätigkeiten zur Vermehrung einheimischer Nahrungsmittel, Rohstoffe und Betriebsstoffe
  – Erschließung von Ödland
  – Eindeichung an Meeresküsten
  – Meliorationen zur Verbesserung minderwertiger Böden
  – Flußregulierungen zur Vermeidung von Überschwemmungen
  – Aufforstung zur Vermehrung von Waldbeständen
  – Talsperren mit Kraftanlagen zur Ausnutzung der Wasserkräfte
b. Verbesserung der Infrastruktur
  – Umbau und Neubau von Landstraßen
  – Eisenbahnanlagen
  – Kanäle
  – Herstellung von Industriegelände
  – Vorbereitungsarbeiten für künftige Ansiedlungen

Für den Einzelnen blieb die Tätigkeit auf max. 3 Monate beschränkt, die planmäßige Rekrutierung der Arbeiter besorgte der öffentliche Arbeitsnachweis unter Bevorzugung zuallererst von Langzeitarbeitslosen. Bis Mitte 1922 hatte die produktive Erwerbslosenfürsorge in dieser Phase ihren Zweck erfüllt, die Demobilmachung endete ebenfalls.

Zu einem Zeitpunkt, als man der dringendsten Nachkriegsprobleme des Arbeitsmarktes habhaft geworden schien und das Wirtschaftsleben in halbwegs geordneten Bahnen verlief, installierte der Staat mit dem Arbeitsnachweisgesetz von Juli 1922 ein Reformwerk, das die historisch bis dahin gewachsenen Strukturen des Arbeitsnachweiswesens auf allen Politikebenen verbindlich fixierte[8]. Nach dem Willen des Gesetzgebers sollte das Reichsgebiet mit einem lückenlosen Netz öffentlicher Arbeitsnachweise überzogen werden, so daß ohne Ausnahme eine jede Gemeinde am Arbeitsmarkt erfaßt wurde. Den Landesämtern für Arbeitsvermittlung, für deren Einrichtung die jeweiligen Landesregierungen verbindlich zu sorgen hatten, oblag die zweckmäßige Abgrenzung der jeweiligen Arbeitsamtsbezirke. Weiter gab das Gesetz verbindliche Richtlinien den Behördenaufbau (strenge Parität im Verwaltungsausschuß) und die Geschäftsführung betreffend vor: Lehrstellenvermittlung und Berufsberatung gehörten zu den Pflichtaufgaben, ebenso wie die Errichtung von Fachabteilungen und Abteilungen für Angestellte. Prinzipien der Arbeitsvermittlung wie Unentgeltlichkeit, Unparteilichkeit, Auswahl nach Eignung und Neutralität bei Arbeitsstreitigkeiten entsprachen ohnehin den altbewährten Grundsätzen der öffentlichen Arbeitsnachweise, was gleichermaßen für die Erledigung der Erwerbslosenfürsorge und Beschäftigungsmaßnahmen galt. Als Zentralinstanz fungierte die Reichsanstalt für Arbeitsvermittlung (Gründung bereits Mitte 1920) an der Spitze des dreistufigen Aufbaus. Dem Eigenverständnis nach entsprach das Arbeitsnachweisgesetz eigentlich einer Übergangsregelung. Es sollten organisatorisch die Voraussetzungen zur reichsweiten Vereinheitlichung des Arbeitsnachweises geschaffen werden, auf der unteren Ebene sollte der öffentliche Arbeitsnachweis der verbliebenen Konkurrenz gegenüber praktisch als Kristallisationskern wirken.

In der Tat erklärten sich nach Inkrafttreten des Gesetzes viele Verbände bereit, ihren Arbeitsnachweis den öffentlichen Einrichtungen anzugliedern. Vornehmlich Arbeitgebernachweise und mehr noch gewerkschaftliche Agenturen gingen diesen Weg, während umgekehrt Angestelltennachweise gerade nach 1920 in vermehrter Zahl entstanden. Berührungsängste und Abgrenzung wirkten wohl im Hintergrund. Mit der gesetzlich vorgeschriebenen Neugliederung der Zuständigkeitsbereiche der öffentlichen Nachweise ging die Anzahl derselben analog entsprechender Gebietserweiterungen zurück, während noch kurz zuvor per Demobilmachungsverordnung eine kräftige Zunahme zustande kam. Versuche der Arbeiterbewegung, im Schulterschluß mit den Gemeindevertretern den öffentlichen Arbeitsnachweis quasi als Monopolist zu etablieren, stießen auf den entschiedenen und schließlich erfolgreichen Widerstand der Repräsentanten von Unternehmern und Angestellten. Lediglich den Gewerbsmäßigen versperrte der Gesetzgeber in Erhärtung des 1910 verabschiedeten Stellenvermittlergesetzes zusätzliche Vergaben, Verlängerungen und Übertragungen von Konzessionen. Die Tätigkeit dieses Berufskreises sollte nach einer 10jährigen Übergangsfrist gegen Herausgabe einer Entschädigung ganz enden. Ausgespart hiervon blieben Spezialberufe wie Bühnenkünstler, Artisten und Musiker (Gesetz über die Entschädigung der Stellenvermittler, März 1931). Ab 1922 unterlag die Tätigkeit der Gewerbsmäßigen der unmittelbaren Aufsicht der öffentlichen Arbeitsnachweise, über Aktivitäten sonstiger nichtgewerbsmäßiger Arbeitsnachweise wachten die Landesämter.

Nachdem der Staat auf der Basis des Arbeitsnachweisgesetzes von 1922 den öffentlichen Arbeitsnachweis zu der zentralen Schaltstelle des Arbeitsmarktgeschehens erhob, ergänzten und verdichteten mehrere bis 1926 getroffene Verordnungen das System. Im Bereich der Berufsberatung und Lehrstellenvermittlung erließ die Regierung im Mai 1923 allgemeine Grundsätze, die einheitlich den Handlungsrahmen auch außerhalb der öffentlichen Nachweise definierten. Eine wachsende Loslösung von der Struktur des Lohnsystems kennzeichnete die Erwerbslosenfürsorge seit 1924. Geleitet von sozialethischen Vorstellungen näherte man die Bezüge der einzelnen Berufssparten untereinander an: Männer - Frauen; Jugendliche - Erwachsene; Ungelernte - Gelernte. Frei von Kritik blieben diese Anpassungen nicht. Selbstkritisch merkte die Reichsregierung 1926 dazu an: „Der gegenwärtige Aufbau der Unterstützungskasse und ihre Höhe nehmen den Erwerbslosen vielfach den Anreiz, zu einer gering entlohnten Arbeit überzugehen"[9]. Auf der anderen Seite war es aber nur zu verständlich, wenn ein der Arbeit entledigter Facharbeiter die Übernahme der Tätigkeit etwa eines Bauhandlangers ablehnte – wer akzeptierte schon wehrlos den eigenen Abstieg?

Weitere Ergänzungsregelungen brachte der Staat in Berücksichtigung des Konjunktureinbruches 1926 an. Um der Massenarbeitslosigkeit wirksam entgegenzutreten, welche jetzt im Anschluß an die gemachten Erfahrungen ja als Dauerphänomen verstanden wurde, sollte ein konzeptionell gewandeltes Arbeitsbeschaffungsprogramm zumindest einen Teil der Erwerbslosen langfristig und somit dauerhaft in den Produktionsprozeß reintegrieren. Hierzu erweiterte man das bisherige Spektrum der Notstandsarbeiten auch wieder auf reguläre Tätigkeiten der Kommunen, zudem hofften die Verantwortlichen, über spezielle Auftragsvergaben an Bahn, Post und Länder (letzteres Straßenbau) Multiplikatoreneffekte in Richtung Privatwirtschaft zu erreichen. Die Mittel hierzu veranschlagte der Staat zunächst bei reichlich einer Milliarde Reichsmark, die Mobilisierung von ursprünglich 500 000 Personen hatte man im Visier[10]. Da entgegen der meisten Prognosen ein greifbarer Konjunkturaufschwung die zweite Hälfte des Jahres 1926 kennzeichnete, ging der Dringlichkeitscharakter der Eingabe allerdings etwas verloren. In der Realität lag die Zahl der Notstandsarbeiter im Mai bei 171 000 Personen, im Dezember um 50 000 darunter. Insgesamt jedoch wurden die 1926 gemachten Erfahrungen als geeignete Strategie angesehen, der Erscheinung der Massenarbeitslosigkeit wirksam zu begegnen und zudem konjunkturelle Akzente zu setzen. Noch ehe der Staat also die Gestaltung des Arbeitsmarktes ab 1927 in ungeteilter Regie übernahm, hatte man nachhaltig für Strukturreformen im Sinne einer verbesserten reichsweiten Vereinheitlichung gesorgt.

2. Das Mannheimer Arbeitsamt 1919–1927: Zwischen Strukturanpassung und Krisenmanagement

Neben der Vereinheitlichung der Geschäftstätigkeit öffentlicher Arbeitsnachweise zielten die mehrfach nach 1918 fortgeschriebenen Rahmenrichtlinien nicht zuletzt auch auf die Überwindung des nach wie vor existenten Nord-Süd-Gefälles innerhalb Deutschlands. Noch immer war den Gefilden nördlich der Mainlinie eine Unterversorgung öffentlicher Nachweise eigen, während umgekehrt in Süddeutschland mitunter schon Überbesatz herrschte. So bestanden in Baden direkt bei der Verabschiedung des Arbeitsnachweisgesetzes immerhin 58 öffentliche Arbeitsnachweise aller Gattungen einschl. Nebenstellen, deren Zahl nach der bezirklichen Neuordnung dann auf 17 Einrichtungen absank[1]. Auch hinsichtlich des staatlicherseits neu verordneten Aufgabenspektrums brachte der sukzessiv installierte Kompetenzausbau durchaus keine völlig unvertrauten Neuerungen. Mannheim etwa praktizierte schon seit Jahren die kommunale Erwerbslosenfürsorge im Verein mit der Vergabe von Notstandsarbeiten, lediglich der nach 1918 geänderte Finanzierungs- und Ausgestaltungsrahmen bedurfte hier entsprechender Modifikationen. In welcher Weise jedoch dieser zunehmenden Uniformierung der öffentlichen Arbeitsnachweise ein spezifisches Eigenleben auf der Ebene des jeweiligen Arbeitsmarktes gegenüberstand, um dessen konstruktive Gestaltung man sich mit allen Kräften ja zu mühen hatte, resultierte neben der konjunkturellen Großwetterlage ganz wesentlich auch aus dem jeweiligen Gang der Wirtschaft vor Ort.

Es sei an dieser Stelle gleich vorweggenommen: Mannheims Wirtschaft degenerierte im Verlauf der Zwanziger Jahre deutlich über den Reichsdurchschnitt hinaus, teilweise überdauerten Strukturdefizite Jahrzehnte. Gleich nach Kriegsende setzte ganz den Umständen entsprechend ein massiver Schub der Arbeitslosigkeit ein. Zwar notierte man jetzt jeden zweiten badischen Erwerbslosen in Mannheim, in grenznahen zu Frankreich weisenden Gegenden lag die Quote dennoch deutlich höher. Größere Sorgen bereitete vorerst der politische Umbruch, der zu Beginn des Jahres 1919 beinahe in Bürgerkrieg auszuufern drohte. Der KPD-Mann Stolzenberg rief im Februar die Räterepublik in Mannheim aus, der Staat antwortete mit Standrecht und Belagerung. Im März kehrte schließlich wieder Ruhe ein. Hatten nun die anschließend diktierten Versailler Verträge schon reichsweit großen Unmut hervorgerufen, in Baden provozierte der Vertrag Empörung. Bedingt durch die territoriale Neuordnung an der Westseite des Reiches rutschte das Land zur Grenzregion ab, die ökonomischen Benachteiligungen speziell Mannheims traten besonders prekär zutage[2]. Die Stadt partizipierte früher in fast allen Zweigen der Industrie an der Belieferung der nunmehr abgetrennten Gebiete, auch hatten Unternehmungen dortige Niederlassungen und Lager, oder sonstige Verflechtungen wie etwa Rohstoffbezug lagen vor. Wenn auch die wirtschaftlichen Nachteile für die Stadt statistisch kaum in Zahlen zu fassen waren, die Klagen über den Verlust ehemaliger Wirtschaftskontakte gingen gleich einem roten Faden durch sämtliche Jahresberichte der hiesigen Handelskammer. Dennoch hellte der Konjunkturhimmel nach 1918 vorübergehend auf. Noch Mitte 1922 sah sich die Mannheimer Unternehmerschaft darauf angewiesen, Facharbeiter auch außerhalb der Stadtgrenzen anzuwerben. Die Arbeitslosigkeit erreichte im Januar des Jahres den absoluten Nachkriegstiefstand von 1265 Erwerbslosen, was noch einem bescheidenen Zehntel der ursprünglichen Höchstmarke von Anfang 1919 entsprach (T 20). Die Wirtschaft blühte auch wieder in Mannheim – aus der Rückschau allerdings auch hier zum Schein.

Erste Anzeichen einer Konjunkturabflachung notierte die Industrie bereits im Herbst 1922, als ein merkbarer Rückgang der Auftragslage einsetzte. Vermehrt Kurzarbeit und schließlich eine abermalige Zunahme der Erwerbslosigkeit stellten sich ein. Das nachfolgende Wirtschaftsjahr 1923 stand im Zeichen des Ruhrkampfes und des Währungszusammenbruches. Teile der Stadt Mannheim wurden für die Dauer von 21 Monaten von französischen Truppen besetzt. Mit der Besetzung der Stadt ging die Schaffung einer Besatzungs- und Zollgrenze einher, die sämtliche Hafenanlagen, den Zentralgüterbahnhof und große Teile von Industrie und Handel vom übrigen Wirtschaftsraum isolierte.[3] Im besetzten Gebiet lagen 265 Betriebe aller Ausrichtungen, die Belegschaft machte 17000 Personen aus. Die Wirtschaft kam ins Stocken, bis zum Jahreswechsel 1923/24 katapultierte die Erwerbslosigkeit auf mehr als 20 000 Betroffene. Gemessen auch am Güterverkehr erlebte die Stadt 1923 einen absoluten Tiefpunkt (T 21).

Mannheims Wirtschaft kam in den 1920er Jahren unter wachsenden Druck. Eine der Ursachen, derer es ein ganzes Bündel gab, kam durch die Besatzung der Stadt durch die Franzosen zustande: Für die Dauer von 21 Monaten trennte eine Zollgrenze Hafen und Güterbahnhof vom übrigen Wirtschaftsgebiet.

In dieser instabilen Situation erwogen und tätigten de facto Unternehmer zusätzlich die Verlagerung der Betriebsstätten oder Verwaltungssitze in zentral gelegenere Teile Deutschlands, was wiederum einem Entzug städtischer Gewerbesteuern gleichkam. In der Summe also bewirkten die vielfachen Beeinträchtigungen am Wirtschaftsstandort Mannheim, daß sich zum Zeitpunkt der Währungsstabilisierung die Stadt merkbar bereits über den Reichsdurchschnitt hinaus verschlechtert hatte[4]. In Bezug auf die Arbeitslosenquote führte Mannheim jetzt im innerbadischen Vergleich.

Leichte Entspannung brachte das Wirtschaftsjahr 1924, zumal neben der Währungsneuordnung eine Entschärfung der Reparationszahlungen (Dawes Plan) Ausblick auf eine baldige Konjunkturbesserung bot. Während andernorts in Deutschland tatsächlich ein milder Aufschwung auch mittelfristig ein-

---

T 21.
Gesamtgüterumschlag in Mannheim 1909—1924

	1909	1918	1919	1929	1921	1922	1923	1924
Schiff	7380	5878	4804	6614	5004	7179	1172	7147
Bahn	4905	7043	5184	7019	k.A.	9536	3652	7778

(in 1000 Tonnen)

T 20.

Die Entwicklung der Arbeitslosigkeit im Bezirk des Mannheimer Arbeitsamtes 1919–1927

Jahre	Stichtage	Erwerbslose überhaupt	davon Hauptunterstützungsempfänger
	Stadtgebiet Mannheim		
1919	15. Januar	ca. 11 600	ca. 7 000
	15. April	ca. 10 700	ca. 6 500
	15. Juli	ca. 8 700	ca. 5 300
	15. Oktober	4 370	3 540
1920	15. Januar	3 565	2 424
	15. April	3 100	1 677
	15. Juli	2 801	984
	15. Oktober	2 244	726
1921	15. Januar	2 617	607
	15. April	3 070	767
	15. Juli	3 247	1 075
	15. Oktober	1 607	157
1922	15. Januar	1 265	60
	15. April	1 315	24
	15. Juli	2 005	2
	15. Oktober	1 720	–
1923	15. Januar	4 064	55
	Arbeitsnachweisbezirk Mannheim (Mannheim-Stadt und 17 Gemeinden)		
	15. April	5 314	1 659
	15. Juli	5 322	2 461
	15. Oktober	8 536	4 671
1924	15. Januar	20 331	16 402
	15. März	14 421	8 672

	Erwerbslose überhaupt	Davon bezog. Erwerbslosenunterstützung	in %	Zuschlagsempfänger
1924				
15. April	10 980	5 580	51	5 809
15. Mai	9 279	4 318	47	4 463
15. Juni	7 680	3 561	46	4 215
15. Juli	8 184	3 754	45	4 400
15. August	9 545	5 223	53	5 237
15. September	9 788	5 511	56	5 470
15. Oktober	10 249	6 082	59	6 237
15. November	9 446	5 748	60	6 090
15. Dezember	9 351	5 473	58	5 726
1925				
15. Januar	9 936	6 215	62	6 424
15. Februar	10 073	6 093	60	6 496
15. März	9 388	5 454	58	5 746
15. April	8 979	4 475	49	4 894
15. Mai	8 286	3 937	47	4 398
15. Juni	7 896	3 558	46	4 051
15. Juli	7 941	3 429	44	3 862
15. August	7 510	3 243	43	3 758
15. September	7 504	3 171	42	3 439
15. Oktober	8 323	3 263	40	2 756
15. November	10 904	5 320	48	4 630
15. Dezember	14 823	8 704	58	7 983
1926				
15. Januar	18 239	13 822	75	13 040
15. Februar	22 032	17 068	77	14 695
15. März	24 455	18 417	76	16 492
15. April	22 792	14 719	64	9 879
15. Mai	22 361	14 079	62	9 512
15. Juni	22 048	13 824	62	8 907
15. Juli	21 608	13 328	61	8 712
15. August	20 666	12 492	60	9 175
15. September	20 151	12 148	60	9 136
15. Oktober	19 885	11 790	54	9 313
15. November	19 599	11 484	58	9 160
15. Dezember	19 711	11 580	59	9 650
1927				
15. Januar	20 471	12 617	61	10 640
15. Februar	19 306	11 118	57	9 431
15. März	16 226	8 944	55	7 903

trat, zeigte in Mannheim die Wirtschaft keineswegs vergleichbare Ansätze. Der Handelskammerbericht hielt hierzu fest:[5]

„Das Jahr 1925 wird in der Geschichte der Stadt Mannheim als die Epoche gelten, in welcher sich die seit Kriegsende fühlbaren vielseitigen ungünstigen Einflüsse auf das Mannheimer Wirtschaftsleben in voller Stärke auszuwirken begannen".

Die Prognose schien kaum übertrieben. Am 1. März 1926 stand Mannheim unter allen deutschen Großstädten bezüglich der Arbeitslosigkeit an erster Stelle (T 22, A 8).

Die Ursache dieser extremen Arbeitslosigkeit vor Ort sah man beim Arbeitsamt Mannheim insbesondere in der „rücksichtslosen Wiederherstellung der Rentabilität der Betriebe durch Rationalisierung und Konzentration"[6]. Der Handelskammerbericht für 1926 trug der Einschätzung, dies mit einer gewissen Akzentverlagerung, durchaus Rechnung:[7]

„Die Wirtschaftsstruktur hat sich in Deutschland im Berichtsjahr sehr weitgehend verändert. Die Rationalisierung wurde mit großer Energie in Angriff genommen, unrentable Betriebe abgestoßen und die Fortschritte der Technik zugute gemacht".

Die Zahl der in Deutschland zwischen 1924 und 1926 in Konkurs oder sonstig in Auflösung gegangenen Betriebe wurde auf etwa 100 000 geschätzt. Ähnliche Verhältnisse registrierte der Beobachter in Mannheim. Gleich mehrere Großbetriebe des krisengeschüttelten Maschinen- und Fahrzeugbaus ordneten Kurzarbeit an, verfügten temporäre Werksbeurlaubungen bis hin zur definitiven Entlassung. Konzentration respektive Fusion auf der einen Seite, Betriebsstillegungen andererseits. Die Tabakkrise überspannte Deutschland, Baden rangierte als das Hauptanbaugebiet. Um Hockenheim und Schwetzingen herum, beide Orte gehörten seit 1923 zum Mannheimer Arbeitsamtsbezirk, registrierte man im Oktober 1925 gut 200 Kurzarbeiter, sechs Monate später waren es 3000 Kurzarbeiter. Mitunter heftig geführte Arbeitskämpfe flammten schon seit längerem wieder auf. Hatte die geographische Lage Mannheims einst nicht unwesentlich zum industriellen Aufstieg beigetragen, jetzt verspürte man in ihr eine geopolitische Hypothek.

Daß dem Städtischen Arbeitsamt in Mannheim zusätzlich noch unter Berücksichtigung dieser außergewöhnlich prekären Wirtschaftsentwicklung eine in der Verantwortung mehr denn je herausgehobene Position zukommen würde, ergab sich praktisch von selbst. Über die Planung und Vergabe von Notstandsarbeiten, Umschulung, Vermittlung und Beratung suchte man eine Entspannung der Arbeitsmarktlage zu erreichen, Erwerbslosenfürsorge und zusätzlich eine 1925 ein-

T 22.
Erwerbslosigkeit in deutschen Großstädten am 1. März 1926

Mannheim	56,5	Hauptunterstützungsempfänger
Gelsenkirchen	55,4	auf 1000 Einwohner
Dortmund	51,3	
Stettin	48,8	
Kiel	47,1	
Essen	46,6	
Duisburg	46,3	
...		
Stuttgart	16,6	

Luftaufnahme des Elektroherstellers Brown, Boverie & Cie. (BBC) im Jahr 1927 – stärkste Rationalisierung und strukturelle Arbeitslosigkeit bedingen einander.

gerichtete Krisenunterstützung für Langzeitarbeitslose verhinderten zumindest vorübergehend irreversiblen sozialen Abstieg. Aber schon direkt bei Kriegsende zog das Städtische Arbeitsamt die Aufmerksamkeit größerer Bevölkerungsteile an.

2.1. Die Bewältigung der Nachkriegswirren bis zur Stabilisierung 1922/23

Die Beendigung des Ersten Weltkrieges und die hieraus resultierenden Konsequenzen kurz- wie mittelfristiger Reichweite tangierten natürlich nachhaltig auch die Tätigkeit des Mannheimer Arbeitsamtes. Weniger die Übernahme neuer Funktionen als vielmehr eine stärkere Ausdifferenzierung und Akzentverschiebung bisher vertrauter Aktionsfelder kennzeichneten den Übergang. Wesentliche Rahmendaten definierte der Gesetzgeber, während auf der Ebene des lokalen Arbeitsmarktes die abrupte Beendigung der Kriegsproduktion, jetziger Überbesatz insbesondere an Frauenbeschäftigung (Entlassung von 7000 Personen), die Freisetzung von Hilfsdienstpflichtigen und Massen an Kriegsheimkehrern die Verhältnisse der ersten Zeit praktisch auf den Kopf stellten. Insgesamt genügten die vier nach 1918 folgenden Jahre, um das Städtische Arbeitsamt aus dem Blickwinkel der Bevölkerung in einem deutlich veränderten Rampenlicht erscheinen zu lassen. Mehr als je zuvor harrte jetzt das Vermittlungsmonopol der Realisierung, zumal der Arbeitsnachweis der Industrie schon bald den Rückzug anordnete. Aus der Sicht der Öffentlichkeit blickte man nunmehr deshalb verstärkt hierher, weil Problemlagen eben ganz anderer Dimension selbst den einst gut gesicherten Bürger mit Kurzarbeit oder schlimmer noch Erwerbslosigkeit erreichen mochte – und Mannheims Wirtschaft hatte schließlich erheblich über dem Reichsdurchschnitt liegend unter den geänderten Verhältnissen besonders zu leiden.

2.1.1. Demobilmachung, organisatorischer Umbau und Monopolisierungstendenzen

Aktivitäten zur möglichst konstruktiven Globalgestaltung des Mannheimer Arbeitsmarktes rührten innengesteuert aus zweierlei Bereichen her: Auf der einen Seite verfügte der örtliche Demobilmachungsausschuß (18. 12. 1918 – 31. 3. 1921) umfängliche Maßnahmen zur Regulierung der Übergangswirtschaft, was am Ende einer „Zwangsbewirtschaftung des Arbeitsmarktes" gleichkam. Daneben und in enger Kooperation hierzu regelte das Städtische Arbeitsamt die Belange der Arbeitsvermittlung. Zusätzliche Schwerpunktaktivitäten entfaltete das Arbeitsamt auf den Ebenen der Erwerbslosenfürsorge und der Notstandsarbeiten. Massenarbeitslosigkeit, und mehr noch im „roten" Mannheim, mußte den politischen Umbruch zusätzlich in destabilisierender Weise anheizen. Erwerbslose ohne unmittelbare Aussicht auf Beschäftigung trugen ihren Teil zum Schwarzhandel bei. In den I-Quadraten funktionierte ein von Seiten der Bevölkerung gut besuchter Markt für Lebensmittel, Seifen, Zigaretten und Sonstiges. Polizeimaßnahmen zur Eindämmung der Unternehmungen griffen angesichts der „Mobilität" der Handelstreibenden ins Leere. Hamsterkäufe auf dem Lande dienten der Besserung des Lebensunterhaltes, zusätzlich aber auch der Ablenkung und des Beschäftigungstriebes. Freie Plätze an den Stadträndern übten für die Erwerbslosen die Funktion von Informationsbörsen aus und begünstigten weiter die Politisierung der Ge-

A 8.   Die Entwicklung des Mannheimer Arbeitsmarktes 1924–1927

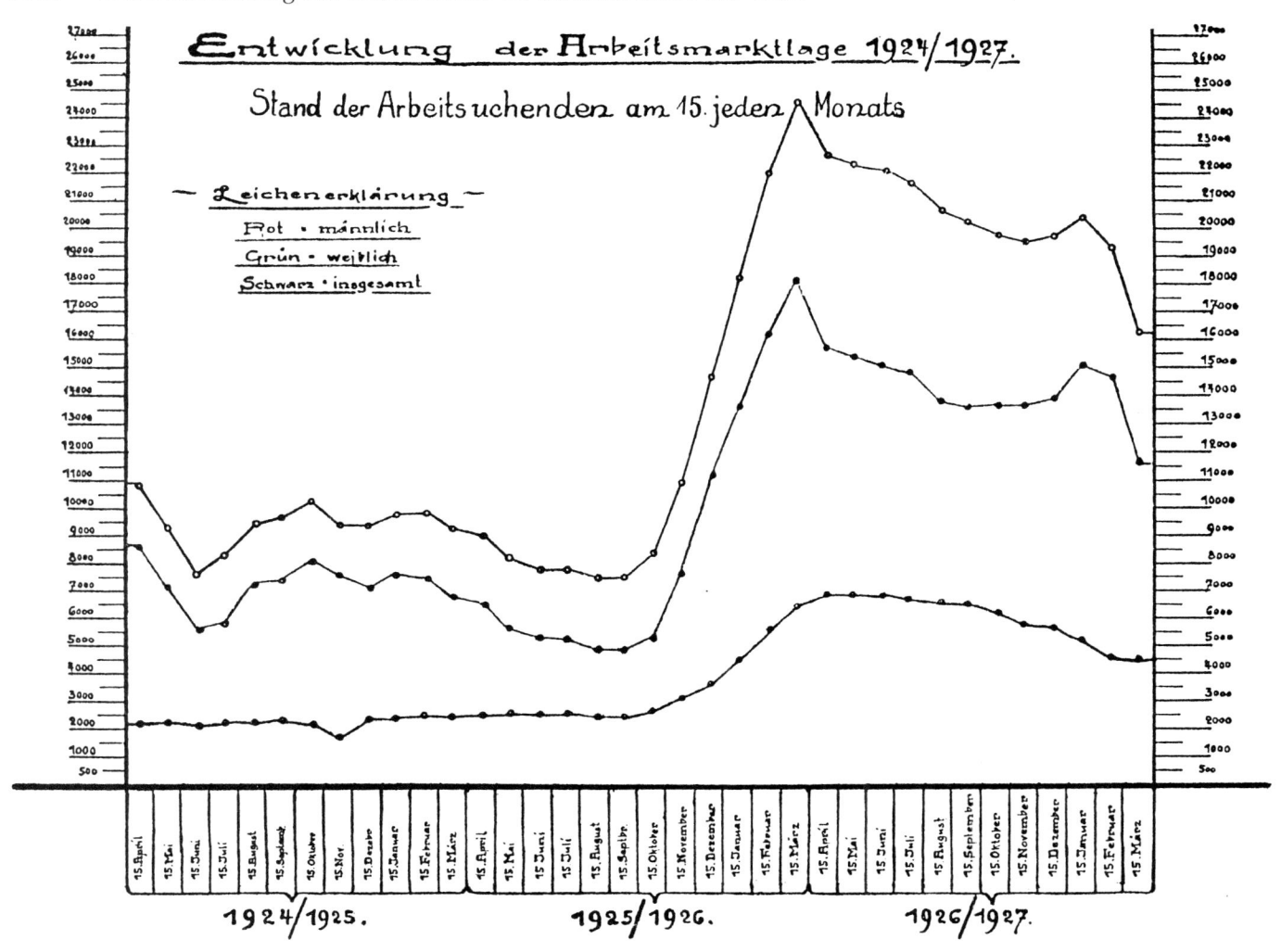

Entwicklung der Arbeitsmarktlage 1924/1927.

Stand der Arbeitsuchenden am 15. jeden Monats

— *Zeichenerklärung* —
Rot · männlich
Grün · weiblich
Schwarz · insgesamt

1924/1925.   1925/1926.   1926/1927.

schehnisse. „Quertreiber fanden hier für ihre politischen und sonstigen Ziele reichlich Anhang", urteilte ein Zeitgenosse[9]. Nachdem allerdings der Staat den für Mannheim an anderer Stelle genannten revolutionären Umtrieben mit harter Hand ein Ende setzte, kehrte am Ort eine relative Beruhigung ein. Demgegenüber hielt jedoch die Erwerbslosigkeit weiterhin den sozial und nicht zuletzt eben auch politisch besorgniserregenden Stand. Von Seiten des Städtischen Arbeitsamtes kam der Versuch, auf der Grundlage einer im März 1919 neu installierten Geschäftsordnung der labilen Verhältnisse Herr zu werden. Folgende Worte schaltete der städtische Verwaltungsbericht Jahrgang 1919/20 der Benennung und Erläuterung der jüngsten Geschäftsordnung vor:[10]

„Die Staatsumwälzung im November 1918 hatte eine ungeheure Arbeitslosigkeit zur Folge, die lawinenartig anschwoll und zu Anfang des Jahres 1919 den Höhepunkt erreichte. Tausende von Arbeitsuchenden sprachen damals Tag für Tag beim Arbeitsamt vor. Die Abfertigung dieser Massen war deshalb sehr schwierig, weil die verfügbaren Räume im Hause N6, 3 für einen solchen Massenverkehr bei weitem nicht ausreichten und das vorhandene Personal auch bei angestrengtester Tätigkeit nicht genügte. Die räumliche Ausdehnung war nur schrittweise und dadurch möglich, daß die bis dahin vom Militär belegten Räume im angrenzenden Gebäude N6, 4 dem Arbeitsamt nach und nach überlassen werden konnten. Während die Abteilung ‚Erwerbslosenfürsorge‘ bereits Ende 1918 einige Räume dieses Schulhauses erhielt, war es dann im Februar 1919 möglich, die ‚Arbeitsnachweise für Männer‘ dahin zu verlegen und die so verfügbar gewordenen Räume im Hause N6, 3 den ‚Arbeitsnachweisen für Frauen‘ zu überlassen. Damit war die Möglichkeit geschaffen, die Arbeitsnachweise in weiterem Umfang nach ‚Berufen‘ zu gliedern und die Arbeitsvermittlung zu verbessern, nachdem inzwischen auch eine dem Geschäftsstand entsprechende ‚Vermehrung des Personals‘ vorgenommen war."

Die Geschäftsordnung von März 1919 sah eine wesentlich stärkere Ausdifferenzierung bisheriger Tätigkeitsfelder unter Hinzunahme neuer Funktionen vor (A 9). Im Bereich der Arbeitsvermittlung ersetzten nunmehr drei Hauptabteilungen mit insgesamt 17 Einzelnachweisen das achtgliedrige Schema der Vorzeit. Andere Neuerungen bildeten:

– jeweils eigene Abteilungen für Berufsberatung einschl. Lehrstellennachweis
– Stellennachweis für Binnenschiffer im Hafengebiet
– Facharbeiternachweis für Musiker

Gemäß den Umständen regelten temporär errichtete Arbeitsnachweise für Kriegsgefangene/Kriegsbeschädigte sowie Kriegswitwen/Kriegswaisen die Angelegenheiten nachhaltig kriegsgeschädigter Personen. Im Bereich der Arbeitslosenfürsorge kamen in Berücksichtigung des politischen Umbruchs demokratische Mitbestimmungs- und Kontrollorgane zum Tragen: Arbeitslosenrat, Schlichtungsausschuß und Arbeitsvermittlungskommission. Um dem jetzt stark erweiterten Ge-

A 9. Der Behördenaufbau des Städtischen Arbeitsamtes in Mannheim 1919–1923

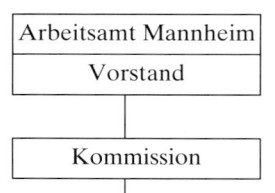

- **Arbeitsamt Mannheim – Vorstand**
  - **Kommission**
    - **Arbeitsnachweis**
      - **I. Abteilung für Männerarbeit**
        - Berufsberatung und Lehrstellenvermittlung, Arbeitsnachweise für ständige Stadtarbeiter, Arbeitsnachweis der Tarifgemeinschaft der deutschen Buchdrucker
        - Arbeitsnachweis für Handwerker
        - Arbeitsnachweis für Landwirtschaft, Gärtnerei, Forstwirtschaft, Fuhrbetriebe
        - Arbeitsnachweis für Erwerbsbeschränkte
        - Arbeitsnachweis für Facharbeiter in Fabriken, Maschinisten, Heizer, Pförtner, Ausläufer, Geschäftsdiener, Packer, Transport- und Lagerarbeiter, Nachtwächter
        - Arbeitsnachweis für Erdarbeiter, Bautaglöhner, Handlanger und sonstige Taglöhner
        - Arbeitsnachweis für Kriegsgefangene (temporär)
        - Arbeitsnachweis für Kriegsbeschädigte (temporär)
      - **II. Abteilung für Frauenarbeit**
        - Berufsberatung und Lehrstellennachweis, Stellennachweis für höhere Berufe
        - Stellennachweis für weibl. kaufm. Angestellte
        - Stellennachweis für häusliche Dienstboten
        - Stellennachweis für Wasch-, Putz- und Monatsfrauen
        - Stellennachweis für gewerbliche und ungelernte Arbeit
        - Berufsberatung und Arbeitsbeschaffung für Kriegswitwen und Kriegsweisen (temporär)
        - Abteilung für Jugendliche
      - **III. Facharbeiternachweise**
        - Stellennachweis für männliche kaufmännische, technische und Büroangestellte
        - Arbeitsnachweis für das Gastwirtsgewerbe
        - Stellennachweis für Binnenschiffer (ab Juni 1919)
        - Facharbeiternachweis (ab Juni 1919)
        - Arbeitsnachweis der Metallindustriellen Mannheim-Ludwigshafen (ab Jan. 1920 beim Städt. Arbeitsamt)
    - **Arbeitslosenfürsorge**
      - Mittelvergabe für AL-Förderung
      - Prüfungsabteilung
      - Kontrollabteilung
      - Zuweisung von Notstandsarbeitern
      - Arbeitslosenrat
      - Schlichtungsausschuß
      - Arbeitsvermittlungskommission
      - Hauptfürsorgeausschuß
      - Unterausschüsse
      - Verrechnungsstelle für Kurzarbeiter
      - Rechnungsabteilung
      - Statistische Abteilung
    - **Nebenstellen**
      - Feudenheim
      - Käfertal
      - Neckarau
      - Rheinau
      - Sandhofen

schäftsumfang gerecht zu werden, entstanden in Vororten fünf Nebenstellen. Der Personalbestand des von Friedrich Kasten geleiteten Amtes machte annähernd 50 Beamte, Angestellte und Subalterne aus. In der Summe also reagierte die Stadtverwaltung gleich nach Kriegsende auf der Ebene der Arbeitsmarktgestaltung durchaus prompt.

Mit einer eigens verfaßten Denkschrift würdigte anschließend das Städtische Arbeitsamt die Tatsache, daß der Mannheim-Ludwigshafener Industriellennachweis am 10. November 1919 dem Bürgermeister Mannheims die Einstellung aller Aktivität zum 1. Januar 1920 anzeigte. Der Stadtrat beschloß die formale Übernahme des Nachweises einschl. der vier vorhandenen Nebenstellen entlang der bisher praktizierten Arbeitsweise. Die Verschmelzung des Komplexes sollte schnellstens folgen. In welcher Richtung und Intensität man den Arbeitsmarkt jetzt nach der Vereinnahmung des Hauptkonkurrenten zu beherrschen suchte, gab die Schrift schon in der Einleitungspassage unmißverständlich zu erkennen:[11]

"Diese Zusammenlegung der beiden größten Arbeitsnachweise bietet eine willkommene Gelegenheit, der Frage der Vereinheitlichung des gesamten Arbeitsnachweiswesens im Mannheim mit Aussicht auf Erfolg näher zu treten (...) die Vorteile einer Zentralisation sind mannigfaltiger Art. Vor allem wird dadurch fortlaufend ein klarer und lückenloser Überblick über die stets wechselnde Lage des Arbeitsmarktes in Mannheim gewonnen. Die Ausgleichung von Angebot und Nachfrage kann viel wirksamer erfolgen, wodurch auch eine wesentliche Entlastung der Erwerbslosenfürsorge herbeigeführt werden wird. Dies wird indessen nur dann der Fall sein, wenn ein Gebäude zur Verfügung steht, das eigens für die Zwecke der Unterbringung von Arbeitsnachweisen erbaut und dementsprechend eingerichtet worden ist (...). Der Gedanke der Errichtung eines zweckentsprechenden Neu- oder Umbaus auf einem in der Mitte der Stadt gelegenen Platz sollte jedoch weiter verfolgt und mit der Zeit verwirklicht werden".

Die Strategie zielte offensichtlich auf die Angliederung aller nichtgewerbsmäßigen Arbeitsnachweise am Ort, die gemessen zumindest an der Zahl der Einrichtungen noch immer ein beachtliches Gegengewicht darstellten (T 23). Immerhin praktizierten jetzt wieder fünf Gewerkschaftsnachweise, 1910 waren es zwei Stellen gewesen. Hier durfte man dennoch am ehesten auf Kooperation und am Ende Übernahme der Einrichtungen hoffen. Anders die Nachweise der Handwerksinnungen, die mit Zähigkeit und großem Nachdruck auf die fachspezifische Notwendigkeit der eigenen Existenz verwiesen. Was die Tradition dem einen als Leitpfad bedeutete, war dem anderen der christliche Glaube. Theresienhaus und Evangelischer Diakonissenverein übten den Nachweis in sozialethischer Praxis, was sicherlich als gleichwohl zeitlose Aufgabe verstanden wurde. Außerhalb der interessenungebundenen Akteure verblieben die Gewerbsmäßigen, deren Fähnlein an der Zahl der Handelnden gemessen unablässig zusammenschmolz. Ganze elf Vertreter beherbergte 1920 die Stadt, im darauffolgenden Jahr zählte der Kreis noch acht Personen. Keiner dieser gewerbsmäßigen Stellenvermittler konnte jetzt aus der Vermittlungstätigkeit auch nur annähernd den Lebensunterhalt bestreiten – die Zeit etwa des reichlich Mannheimer Hafenarbeiter abschöpfenden Akkordanten schien ebenso endgültig wie unwiederbringlich vorbei.

Allerdings gab die pure Anzahl der Mitkonkurrenten, wenn überhaupt, eine nur ungefähre Vorstellung der Monopolisierungstendenzen am Arbeitsmarkt. Geeigneter als Indikator erwies sich hier der jeweilige Anteil an der Gesamtzahl der besetzten Stellen. Auf Reichsebene hatte der Proporz öffentlicher Arbeitsnachweise an den statistisch erfaßten Stellenvermittlungen im Vergleich zur Vorkriegszeit einen enormen Aufschwung genommen, und dies nicht zuletzt infolge der staatlicherseits arrangierten Aufwertung. Notierte die Statistik für 1913 eine öffentliche Vermittlungsquote von 53 Prozent, so lag der Vergleichswert für 1919 deutlich höher bei bemerkenswerten 83 Prozent. Unter Einschluß des Industriellennachweises zeigte das Mannheimer Arbeitsamt hierbei eine Quote, die den Reichsdurchschnitt noch um gut 10 Prozent übertragte. Das Vermittlungspotential der elf Gewerbsmäßigen näherte sich fast schon der Bedeutungslosigkeit, und nicht viel günstiger stand es um die übrigen Vertreter abseits des Städtischen Nachweises. So gesehen lag das Arbeitsamt eigentlich in Tuchfühlung zum Monopol, dies allerdings unter statistischem Ausschluß der altbekannten Freien Umschau. Die Freie Umschau, einst für den Stellensuchenden zweifellos mit allerhand Benachteiligungen behaftet, existierte zwischenzeitlich jedoch in modifizierter Form. Nicht mehr die Anfrage am Fabriktor oder im Personalbüro des Unternehmens stand im Mittelpunkt, sondern der gezielte Blick in die facettenreichen Tageszeitungen. Nicht weniger als sechs politisch unterschiedlich ausgerichtete Gazetten bedienten das

---

T 23.
Mannheimer Arbeitsvermittlungen des Jahres 1920

1. Öffentlicher Arbeitsnachweis
    Arbeitsamt Mannheim (ab 1. 1. 1920 einschl. des Arbeitsnachweises der Industrie Mannheim-Ludwigshafen e.V.)
2. Nichtöffentlicher und nichtgewerbsmäßiger Arbeitsnachweis
    Gewerkschaftliche Arbeitsnachweise
    Arbeitsnachweis des deutschen Holzarbeiterverbandes
    Arbeitsnachweis des deutschen Buchbinderverbandes
    Zentralverband christlicher Bauarbeiter
    Verband christlicher Maler und verwandter Berufsgenossen
    Zentralverband für Krankenpflege-, Massage- und Badepersonal
    Handwerkerinnungs-Nachweise
    Bäckerzwangsinnung
    Fleischerinnung
    Freie Innung für das Schlosserhandwerk
    Freie Vereinigung selbständiger Friseure und Perückenmacher
    Arbeitsnachweis für Hausangestellte
    Stellennachweis des Theresien-Haus Vereins e.V.
    Evangelischer Diakonissenverein Mannheim (Marthahaus)
    Ortskrankenkasse der häuslichen Dienstboten
    Stellennachweis für Angestellte
    Arbeitsgemeinschaft der kaufmänn. Verbände (Kaufmänn. Verein)
    Verein weibl. kaufmänn. Angestellter
3. Gewerbsmäßige Stellenvermittler
    5 Vermittler für Hausangestellte
    3 Vermittler für weibl. Wirtschaftspersonal
    3 Vermittler für Bühnenpersonal und sonstige Angehörige

Mannheimer Publikum, die Auflage schwankte bei 100 000 und mehr. Im Nachkriegsjahr 1919 bilanzierte das Arbeitsamt hier insgesamt über 30 000 Stellenangebote aller Ausrichtungen, daneben kamen weitere 5000 Stellengesuche vor. Im Kontext der Vermittlungsinstanzen dominierte das Arbeitsamt jetzt nach Kriegsende zwar eindeutig den Mannheimer Arbeitsmarkt, mehr als je zuvor gingen Offerten jedoch über Printmedien am Arbeitsamt vorbei. Dem Vermittlungsmonopol im Kreis der Instanzen jetzt endlich nahe, erwuchs dem Mannheimer Arbeitsamt über Stellenausschreibungen in Tageszeitungen abermals eine ernstzunehmende Konkurrenz.

2.1.2. Die Erwerbslosenfrage im ideologischen Widerstreit und Notstandsarbeiten

„Bei dem flutartigen Zustrom der Erwerbslosen, dem Fehlen an geeigneten und entsprechend eingerichteten Räumlichkeiten, dem Mangel an geschulten und ausreichenden Beamten war es anfangs schlechterdings unmöglich, die täglichen Massenanträge auch nur oberflächlich auf ihre Zulassungsberechtigung zu prüfen. Die Folge davon war natürlich auch die Zulassung solcher Elemente, die keine Berechtigung dazu hatten, und die oft längere Zeit, teilweise bis 1920, mitgeschleppt wurden, ohne daß es möglich war, sie abzustoßen. Man mußte damals einfach über alle Bedenken hinweggehen, wenn man die Gewalttätigkeiten berücksichtigt, mit denen die Erwerbslosen, gleichviel ob mit oder ohne Berechtigungsgrund, sich damals die Zulassung erzwangen (...). Eine sichtbare Besserung des anfänglich bedrohlichen Zustandes trat erst im Frühjahr 1919 ein. Sie fiel zeitlich mit dem Augenblick zusammen, als die Zahl der Erwerbslosen ihren Höhepunkt überschritten hatte und in den einsichtigeren Kreisen der Arbeiterschaft sich allmählich die Überzeugung Bahn brach, daß nicht der Weg über die Erwerbslosenfürsorge, sondern nur die Rückkehr zur werktätigen Arbeit uns vor dem Verderben retten könne"[12].

Das Gesagte spricht dafür, daß Mannheims Städtisches Arbeitsamt direkt nach Friedensschluß ebenso wie manch andere gesellschaftliche Bereiche in den Strudel politischer Wirren um den Aufbau des neuen Staates geriet. Im Hintergrund schwelten konträre Konzeptionen die Struktur der künftigen Demokratie betreffend: repräsentativ oder direkt? Letzter Ansatz sah zuallererst im russischen Rätemodell (Oktoberrevolution 1917) das Vorbild, und den Kapitalismus, der in der Tat mächtige Renditen aus dem Krieg gezogen hatte, hoffte man kompromißlos durch Verstaatlichung und Dirigismus zu überwinden. Reichsweit entstand aus diesem Konflikt heraus die Spaltung der Sozialdemokratie, deren linker Flügel (Unabhängige SPD) mit dem außerparlamentarischen Spartakusbund im Januar 1919 die Kommunistische Partei Deutschlands (KPD) ins Leben rief. Jene parteipolitische Spaltung der Arbeiterklasse setzte sich in einer Vielzahl anderer Ebenen nach unten fort, und machte hier in Mannheim selbst vor den Toren des Städtischen Arbeitsamtes nicht Halt. Das Karlsruher Tageblatt vom 23. Mai 1919 berichtete:

„Eine Kundgebung der Arbeitslosen in Mannheim

Am Mittwoch fand in Mannheim eine Massendemonstration der Arbeitslosen statt. Der Zug bewegte sich durch eine Reihe von Straßen. Vor allem waren darin die Arbeiterschaft der Firma Bopp & Reuther, die Arbeitergruppen des Glaswerks Luzenberg und der Spiegelmanufaktur Waldhof, sowie Angestellte des Bezirkskommandos vertreten. Im Zug wurden mehrere rote Fahnen und Schilder getragen, auf denen u. a. zu lesen war: ‚Niedere Löhne, hohe Lebensmittelpreise', ‚Arbeiter, Genossen, wo bleibt die Hilfe der Volksregierung?' ‚Sozialisierung schafft Arbeit'. ‚Hütet Euch, Ihr Kriegshetzer'. Zu gleicher Zeit hatte der Arbeitslosenrat an die Stadtverwaltung die Forderung gerichtet, der Stadtrat möge eine Abordnung der Arbeitslosen empfangen und ihre Forderungen entgegennehmen. Der Oberbürgermeister erwiderte darauf, daß im Hinblick auf frühere Vorkommnisse das Bürgermeisteramt nicht gewillt sei, während des Verlaufs einer Massendemonstration zu verhandeln. Im übrigen sei es aber bereit, die Wünsche der Arbeitslosen zu hören. Auffallend war, daß in dem Demonstrationszug selbst in der Hauptsache Arbeiter und Arbeiterinnen aus im Betrieb befindlichen Fabriken mitgingen".

Der Mannheimer Arbeitslosenrat als revolutionäre Vorhut manövrierte entlang einer zweigleisigen Strategie. Das globale Ziel hieß Überwindung der herrschenden politischen Zustände, weg von der repräsentativen hin zur direkten Demokratie. Agitatorisch reihte man sich zusätzlich vor Ort möglichst in jede der zahlreich vorhandenen sozialen Bewegungen unterprivilegierter Massen ein, um alsbald in der Rolle einer politischen Speerspitze die Richtung der Politisierung zu akzentuieren. Dabei sollten die Forderungen konkrete Besserungen herbeiführen, aber auch die Unzulänglichkeit der gegenwärtigen Verhältnisse demonstrieren. Eine Mannheimer Zeitung vom 26. Mai 1919 schrieb hierzu:[13] „Fast täglich wurde das Bürgermeisteramt mit Forderungen bombardiert, die zum Teil als unerfüllbar angesehen werden mußten, da dieselben soweit gehen, daß der größte Teil der in der Industrie beschäftigten Arbeitskräfte nicht einmal die Höhe der Arbeitslosenbezüge verdienen". Auf der anderen Seite: „Die Stadtverwaltung sah sich jedoch außerstande, diesem Drängen nachzugeben, da sie sich sonst der Gefahr ausgesetzt hätte, daß ihr der Reichs- und Staatszuschuß entzogen worden wäre, was ihr ohnehin mehrfach angedroht worden ist"[14]. „Im Jahr 1919 zahlte die Stadt Mannheim die höchsten Unterstützungssätze im Deutschen Reich und stellte fernerhin bedeutende Mittel für Sonderunterstützungen der Erwerbslosen zur Verfügung"[15]. Dennoch änderte dieser durchaus sozialverantwortliche Grundzug der Stadt nichts an der eigentlichen Berechtigung der Forderung Erwerbsloser nach Besserstellung, denn:

„Trotz Erhöhung der Sätze blieb jedoch die Erwerbslosenunterstützung infolge der stetigen Geldentwertung immer weiter zurück und überstieg fast nie das physische Existenzminimum. Während der anhaltenden schlechten Arbeitsmarktlage reichten die Unterstützungssätze kaum zur Beschaffung der dringlichst erforderlichen Lebensmittel aus. Die sonstigen Lebenshaltungsbedürfnisse (Brennmaterial, Kleidung und Miete) blieben gänzlich ungedeckt. Lediglich unter Mithilfe caritativer Organisationen und privater Kreise und durch Eingreifen der Armenbehörden war es möglich, die notdürftigste Ernährung zu sichern und die anderweitigen Bedürfnisse für Heizung und Bekleidung zum Teil zu beschaffen. Bei langanhaltender Inanspruchnahme versagten auch diese Quellen. Die Rückstände in den Mietzinszahlungen häuften sich, zahlreiche Räumungsklagen und Obdachlosigkeit waren die Folge"[16].

Daß am Ende dieser Konflikt, der wie auch immer geregelt, zwangsläufig Unzufriedenheit bei vielen oder den meisten Erwerbslosen heraufbeschwören mußte, nicht in Eskalation und schließlich Aufruhr mündete, verdankte man nicht zuletzt der umsichtigen Erweiterung in Richtung demokratischer Mitbestimmung anstelle autoritärer Attitüden. Im Mai 1919 noch entstand eine Beratungsstelle (Schlichtungsausschuß), die gutachterlich Arbeitsverweigerungen zu untersuchen und ebenfalls zu entscheiden hatte. Neben einem Vertreter des Arbeitslosenrates, ursprünglich hatte man das Gremium zu dominieren versucht, komplettierten jeweils ein Abgesandter der Kommune und der Gewerkschaften die Runde. Ebenfalls im gleichen Monat entstand gewerkschaftlich initiiert und besetzt die Hauptvermittlungskommission, die bei der Arbeitsvermittlung beratend mitwirkte. Schließlich entschied der paritätisch verankerte Hauptfürsorgeausschuß (samt Unterausschüsse) bei Einsprüchen gegen Antragsbescheide. Die genannten Gremien stellten später die Aktivitäten wieder ein, nachdem der Rückgang der Erwerbslosigkeit politische Brisanz entzog und vorerst die sozialen Verwerfungen der Tendenz nach begradigte.

Im Vergleich zur Vorkriegszeit spielten die Notstandsarbeiten eine ungleich wichtigere Rolle, da Vermittlungen, Fortbildung, Umschulung und die Integration des Nachwuchses für sich genommen nicht mehr ausreichten, um den jetzigen Umfang an Arbeitslosigkeit schnell und wirksam zu bekämpfen. Von daher kam der Arbeitsbeschaffung mehr denn je gewachsene Bedeutung zu, zumal neben dem Beschäftigungseffekt die Bewältigung dringender kommunaler Aufgaben angegangen werden konnte. Von Seiten der Trägerschaft ausgehend (Gemeinde, Gemeindeverbände, öffentliche Wassergenossenschaften, Feldbereinigungsgenossenschaften, Kirchengemeindeverbände) liefen die Anträge an das Landesministerium des Innern, bei Bewilligung rekrutierte und überwachte der öffentliche Arbeitsnachweis die Arbeitsbeschaffung. Insoweit Auftragsvergaben an Privatunternehmen gingen, verpflichteten sich diese im Rahmen der vereinbarten Tätigkeit zur vorübergehenden Anstellung von wenigstens 40 Prozent Erwerbslosen, wovon insgesamt eine Besserung der Arbeitsmarktlage erwartet wurde. Notstandsarbeiten im Bezirk der Stadt Mannheim initiierten fast ausschließlich städtische Ämter, wobei das Tiefbauamt, Gartenverwaltung und die Bauverwaltung mit der Ausrichtung von drei Viertel aller Tagewerke bei im Durchschnitt 937 Beschäftigten in den Vordergrund traten (T 24). Die Tätigkeiten zielten auf ein breites Spektrum städtischer Infrastruktur zur Hebung des allgemeinen Versorgungsstandes, zeigten aber auch mitunter im Kreise der direkt Betroffenen Phantasie und Engagement. Ein Auszug aus der Liste der bis 1922 erledigten Notstandsarbeiten möge dies verdeutlichen:[17]

Auszug aus den Mannheimer Notstandsarbeiten der Nachkriegsjahre 1919–1922

1919

Ausbaggerung des Bellenkrappens im Waldpark Neckarau

Stadtgärtnerei: Herstellung von Obstbaumpflanzungen, Arbeiten in Parkanlagen, Neuanlage von Spielplätzen, Errichtung einer Gärtnerei zur Versorgung des Krankenhauses, Umgraben von städtischem Gemüsegelände

Kleingartenanlage (151 Einheiten) im Kleinen Sandgewann zwischen Hauptfriedhof und Feudenheim

Bildungsveranstaltung für jugendliche Erwerbslose jeweils zwei Stunden vor- und nachmittags. Dozenten: Kunst- und Musikwissenschaftler, Handelshochschuldozenten, Rechtsanwälte, Schauspieler, Ärzte

1920

Wiederinstandsetzung der durch Hochwasser beschädigten Straße nach Feudenheim und der angrenzenden Feldwege

Anlage von Kleingärten in Seckenheim

Erstellung eines Kadaverhäuschens und Entnebelungsanlage beim städtischen Schlacht- und Viehhof

Abbruch des Gaswerkes Lindenhof

Beschäftigung arbeitsloser Steinhauer. Hintergrund: „Im Laufe des Monats September 1920 wurden die Steinhauer Mannheims bei uns vorstellig und baten um Zuteilung von Arbeit, um nicht arbeitslos zu werden. Die Stadtgemeinde hat sich daraufhin entschlossen, auf dem Lagerplatz des ehemaligen Gaswerkes Lindenhof lagernde alte Hausteine durch die erwerbslosen Steinhauer umarbeiten zu lassen, um sie als Treppentritte, Sockelsteine und Sockelgurten bei den von uns in Angriff zu nehmenden Wohnungsbauten verwenden zu können". (Protokoll des Bürgermeisteramtes)

Notwohnungen in: ehemaliges Gaswerk Sandhofen, Proviantamt Mannheim, Schulhaus Feudenheim, Rathaus Feudenheim/früheres Arrestlokal, ehemalige Dragonerkaserne, Innenstadtquadrate

Neckarkanalisierung entlang der Strecke Mannheim - Ladenburg. „Das Arbeitsamt wird nicht allein von den Arbeitssuchenden Mannheims und der ganzen Umgegend bestürmt, es wird auch fortgesetzt gedrängt von den Gemeindeverwaltungen der engeren und weiteren Umgegend, die alle versuchen Arbeitslose unterzubringen. Von unbekannter Seite ist die Mitteilung verbreitet worden, 4–5000 Arbeitslose könnten untergebracht werden, besonders die hessischen Gemeinden fussen auf diesen Zahlen. Demgegenüber steht der wirkliche Bedarf weit zurück". (Protokoll des Bürgermeisteramtes)

Gesuch der Oberrheinischen Eisenbahngesellschaft (OEG) um Bewilligung eines Darlehens von 500.000 Reichsmark zinslos, da ansonsten die Strecken Neckarau-Rheinau und Hafenbahnstraße - Zellstoffstraße der Einstellung drohten. Gewährung, da die OEG als gemischt-wirtschaftliches Unternehmen zu 80 Prozent unter kommunaler Beteiligung stand, hiervon Mannheim mit 62 Prozent.

1921

Herstellung eines Kanalableitungssiels nach dem Rhein mit Klärbrunnen im Vorort Sandhofen

Baumbepflanzungen an den Straßen in den Baugebieten der Oststadterweiterung

Verlegung der zur Erweiterung der Gartenstadt Waldhof gehörenden Wasser- und Gashauptrohrleitungen, Elektrifizierung

Errichtung einer Turn- und Spielplatzanlage auf dem städtischen Gelände zwischen Luisenpark-Rennwiese und Neckardamm

Selbsthilfe stellenloser Kaufleute und Techniker zur genossenschaftlichen Produktion chemisch-technischer Erzeugnisse, beantragt von „Fünfzig mit ihren Familien im Elend immer mehr versinkenden stellenloser Kaufleute und Techniker"

Zeichnerische Aufnahmen geschichtlich wertvoller Bauten

Herstellung von Wohnungen durch die Stadtgemeinde gemieteter Wohnungen (Notunterkünfte)

Brunnen, Farrenstall-Käfertal, Volksbad, Schlachthof, Obdachlosenbaracke, Nationaltheater, Rathaus, Leichenhalle, Fuhrhof, Schulen – Ausbesserungsarbeiten hieran

Oberleitungsarbeiten und Gleisarbeiten der elektrischen Straßenbahn Mannheim-Waldhof-Sandhofen

Elektrifizierung Reiherplatz Käfertal, Siedlung Hochuferstraße, Krankenhaus am Weissen Sand, Großkraftwerk-Elektrizitätswerk-Industriehafen, Wohnstadt Waldhof, Messplatz

Bau der elektrischen Straßenbahn Waldhof-Sandhofen (Teilstrecke Zellstoffstraße km 1.85–3.88, eingleisig)

Erweiterung der städtischen Industriehafenanlagen auf der Friesenheimer-Insel, 300 Erwerbslose für 2 Jahre mit 135 000 Tagewerken, Mittel 24 Mio. RM. Entscheid wurde hinausgezögert, da in Mannheim die zwischenzeitlich niedrige Erwerbslosigkeit 1921/22 der Mindestquote an Erwerbslosen (= 3 EL auf 1000 EW) als Voraussetzung zur Förderungswürdigkeit nicht mehr entsprach
Umbau und Instandsetzungsarbeiten in städtischen Betriebs- und Verwaltungsgebäuden: div. Schulgebäude, Rosengarten, Litfaßsäule, Volksküche, Betriebsbahnhof, Krankenhaus, Pergola am Friedrichsplatz
Ausführung von Instandhaltungsarbeiten durch Gaswerkarbeiter, die ansonsten wegen Kohlemangel beschäftigungslos geworden wären. Erstellung von Notwohnungen (7 Gebäude) beim Gaswerk Luzenberg

1922
Gesuch der Maschinenfabrik Heinrich Lanz um Bewilligung eines Zuschusses aus Mitteln der Erwerbslosenfürsorge zur Sicherung der betrieblichen Existenz (Überstellung von Notstandsarbeitern), ebenso Oberrheinische Metallwerke GmbH Mannheim – abgelehnt

Nicht nur in Ausnahmen blieben Teile der inszenierten Aktivitäten für die Stadt und gleichermaßen das Stadtbild von bleibender Bedeutung. Wohnungsnot zählte zu den mißlichsten Problemen, zumal die Ortsbevölkerung binnen 12 Monate um reichlich 18 000 gegenüber 1918 anhob. Durch die Umwandlung einfacher wie zuvor gewerblich genutzter Räume in Wohnungen und zusätzlich die Unterteilung größerer Einheiten suchte man den gröbsten Engpässen zu begegnen. Immerhin konnten auf diese Weise 1919/20 insgesamt 1200 neue Wohnungen übergeben werden[18]. Auf der Suche nach alternativen Lebensformen abseits großstädtische Tristesse und Anonymität legten ganz im Gegensatz zum obrigkeitsstaatlichen Kaiserreich die Zwanziger Jahre gleich ein ganzes Bündel schillernder Kräfte frei. Im Feld der Architektur etwa kam als Gegenpol zu den lebensfeindlichen Mietskasernen u. a. aus England kommend der genossenschaftlich-akzentuierte „Gartenstadt-Gedanke" auf. Mannheims Gartenstadt-Akteure

---

T 24.
Notstandsarbeiten im Arbeitsamtsbezirk Mannheim Jan. 1919 – Juni 1922

a. Art und Umfang der Notstandsarbeiten

Träger	Anzahl der Arbeiten	Art der Tätigkeit	Tageswerke insg. (einschl. reguläre Arbeit)	Mittlere Beschäftg.
Tiefbauamt	54	Straßen, Wege, Plätze, Entwässerung, Uferbauten, Kanalisation	267 213	371
Gas-, Wasser- Elektrizitätswerk	68	Städtische Infrastruktur	54 174	75
Gartenverwaltung	14	Nutzflächenaufbereitung, Spielplätze, Schnakenbekämpfung	119 468	166
Bauverwaltung	10	Schulen, Hallenbäder, Krankenanstalten	288 916	401
Hochbauamt	25	Wohnungsbauten (Um- und Neubauten)	71 429	99
Maschinenamt	10	Einrichtungen in städt. Gebäuden (Schulen, Krankenanstalten)	71 555	99
Straßenbahnamt	7	Infrastruktur	15 628	22
Gutsverwaltung	1	Umschulung von Fabrikarbeiterinnen	6 640	9
Wohnungsamt	3	Bau von Notwohnungen	10 730	15
Summe	194		898 753	1248

b. Gesamtbeschäftigungsintensität bei Notstandsarbeiten über Zeit (Mittel)

Jahr	Quartal	Beschäftigte	Jahr	Quartal	Beschäftigte
1919	I.	2016	1921	I.	751
	II.	2607		II.	832
	III.	2137		III.	654
	IV.	1921		IV.	445
1920	I.	1664	1922	I.	180
	II.	1710		II.	30
	III.	1350		III	0
	IV.	908			

gehörten zu den Pionieren im Lande, der Einzug in erste Wohneinheiten, dies „am Kugelfang", erfolgte noch 1912[19]. Mit der Herstellung der nötigen Infrastruktur per Notstandsarbeiten unterstützte die Kommune die Wohnungsgenossenschaft als eine Variante gegen die Misere des spekulativ-profitorientierten Wohnungsbaus. Überhaupt wurden nachfolgend Wohnungsbauprojekte eine tragende Säule der Arbeitsbeschaffung. Daß Notstandsarbeiter unter Berücksichtigung organisatorischer Vorbilder der Soldatenräte schließlich über adäquate Mitbestimmungsorgane verfügten, entsprach den allgemeinen Tendenzen der Zeit.

An der Beschäftigungsintensität der Notstandsarbeiten gemessen, zeigte die Entwicklung spiegelbildlich den Verlauf der Erwerbslosigkeit. Nach der Mitte des Jahres 1919 ging analog der Arbeitslosigkeit die Anzahl der Notstandsarbeiter beständig zurück, zu Beginn des Jahres 1922 näherte man sich allmählich der Einstellung jener Sonderaktion. Durchschnittlich 1248 Personen standen bis Mitte 1922 hierbei in Arbeit. In nennenswertem Umfang trugen die Notstandsarbeiten zur Entlastung des örtlichen Arbeitsmarktes bei (T 25).

Mannheim investierte insgesamt 75 Mio. RM in diesen Bereich, Land und Reich steuerten hierzu knapp 12 Mio. RM Überteuerungsausgleich bei. Werte wurden geschaffen, deren Realisierung auf anderem Wege nur eingeschränkt zustandegekommen wäre, und nicht zuletzt sah man in der Aktion einen Beitrag zur Aufrechterhaltung von Ruhe und Ordnung während dieser kritischen Zeit.

2.2. Konsequenzen für Mannheim aus dem Arbeitsnachweisgesetz von 1922/23

Im Gegensatz zu den bisher eher halbherzig angegangenen Regulierungsversuchen regelte der Staat jetzt mit dem Arbeitsnachweisgesetz erstmals reichsweit in einheitlicher Version Struktur und Tätigkeit der öffentlichen Einrichtungen. Mannheim trug dieser Maßgabe mit der Neufassung der Satzung Rechnung, die anstelle des 1911 verabschiedeten Ortsstatuts die Belange wo nötig revidierte.

Auf mehreren Ebenen reflektierten die staatlichen Vorgaben den bisherigen Entwicklungsstand einer jeden Organisation, dies natürlich nur sofern öffentliche Nachweise örtlich überhaupt existierten (Nord-Süd-Gefälle!). Mannheim jedenfalls konnte für sich genommen ohne Zweifel einen vergleichsweise fortgeschrittenen Stand der Arbeitsweise in Anspruch nehmen. Maxime wie Unentgeltlichkeit und Unparteilichkeit (letzteres mit strukturellen Einschränkungen) waren bekanntermaßen schon recht lange in Übung, die Arbeitsvermittlung agierte nach einem relativ modernen Schema. Nach einer inoffiziellen Umstrukturierung zeigte der jetzige Behördenaufbau gegenüber 1919 am ehesten bei der Männerabteilung gewisse Modifikationen, wobei die Auflösung des Industriellennachweises natürlich nicht unberücksichtigt blieb (A 10). Nachkriegsbedingt eingerichtete Sonderabteilungen waren schon zuvor nach Erledigung der spezifischen Aufgaben entfallen, gleiches galt für die in Berücksichtigung der politischen Umstände installierten Mitbestimmungsorgane. Der Abteilung Arbeitsvermittlung für Frauen wurde eine eigenständige Arbeitsberatung beigegeben, die Differenzierung Industriearbeiterinnen versus Handwerkerinnen verwies auf die verstärkte Integration des Geschlechtes nach 1914 in das Arbeitsleben. Ein Novum kam nach der Zusammenfassung jeweiliger Berufsgruppen gegliedert durch die Errichtung der Abteilung Arbeitslosenversicherung zustande, die über Beiträge von Kapital und Arbeit finanziert fortan auch reichsweit einheitliche Erwerbslosenunterstützung garantierte. Die Festlegung diesbezüglicher Beitragssätze berücksichtigte durchaus den wechselhaften Konjunkturverlauf, zeigten umgekehrt aber auch mittels abrupter Sprünge die noch geringe Praxis mittelfristiger Planung (T 26). Vom Grundsatz her knüpfte die neuerrichtete Arbeitslosenversicherung am Solidargedanken an.

Ein vorhandener Ausbau auf der Ebene der Vermittlungssegmente (z. B. Industriearbeiterinnen - Handwerkerinnen) sowie die organisatorische Verselbständigung einzelner Sparten (z. B. Berufsberatung) kennzeichneten insgesamt die Angleichung des Mannheimer Arbeitsamtes an die Vorgaben des Arbeitsnachweisgesetzes im geschäftsführenden Bereich, was gleichermaßen aber auch angesichts eigentlich geringer Modi-

---

T 26.
Beiträge zur Arbeitslosenversicherung 1923–1926

11. 1923 – 02. 1924 = 2,0 Prozent (je hälftig)
03. 1924 – 06. 1924 = 3,0
06. 1925 – 07. 1924 = 2,5
07. 1924 – 08. 1924 = 2,0
08. 1924 – 10. 1924 = 1,6
10. 1924 – 11. 1924 = 1,2
12. 1924 – 05. 1925 = 1,0
05. 1925 – 01. 1926 = 1,5
01. 1925ff.   = 3,0

T 25.
Der Einfluß von Notstandsarbeiten auf die Entwicklung des Mannheimer Arbeitsmarktes 1919-1922

Jahr	Unterstützungsberechtigte Vollerwerbslose	Unterstützte Vollerwerbsl.	Zahl der Notstandsarbeiter	in % der unterstützten Erwerbslosen
1919	9312	7142 (76,7%)	2170	(30,4%)
1920	3495	2087 (59,8%)	1408	(67,5%)
1921	1818	1073 (62,2%)	670	(62,4%)
1922				
Jan.	568	152 (26,7%)	416	(273,7%)
Febr.	122	84 (68,9%)	38	(45,2%)
Juni	53	0	0	

A 10. Der Behördenaufbau des Städtischen Arbeitsamtes in Mannheim (1923–1927)

```
┌─────────────────────────┐
│ Arbeitsamt Mannheim     │
│ Direktion               │
└────┬────────────────────┘
     │
┌────┴────────────────────┐
│ Verwaltungsausschuß     │
├─────────────────────────┤
│ Unterausschüsse für:    │
│                         │
│ Unterstützende Erwerbs- │
│ losenfürsorge           │
│ Durchführung v. Not-    │
│ standsarbeiten          │
│ Fortbildungskurse       │
└────┬────────────────────┘
```

- Abt. Berufsberatung und Lehrstellenvermittlung (männlich) einschl. Arbeitsnachweis jugendliche Ungelernte

- Melde- und Kontrollstellen in sämtlichen Vororten und Landgemeinden

- Abt. Angestellte (einschl. Arbeitslosenvers.)
  - Arbeitsnachweis f. kaufmänn. u. Büroangest.
  - Arbeitsnachweis für Techniker

- Abt. Gastwirtsgewerbe und Musiker (einschl. Arbeitslosenvers. f. Gastwirtspersonal)
  - Facharbeiternachweis für Gastwirtsgewerbe (männlich und weiblich)

- Frauenabteilung (einschl. Arbeitslosenvers.) Berufsberatung und Lehrstellenvermittlung weibl. Jugend/Arbeitsnachweis jugendl. Ungelernte/Arbeitsberatung Frauen und Männer
  - Arbeitsnachweise für:
    - Hausangestellte
    - gehobenes Haus- und Erziehungspersonal
    - Wasch- und Putzfrauen
    - Industriearbeiterinnen
    - Handwerkerinnen
    - kaufmännische Angestellte

- Abt. Arbeiter (einschl. Arbeitslosenvers. für Mannheim-Land)
  - Arbeitsnachweis für:
    - Landwirtschaft
    - Handwerk
    - Metallgewerbe
    - Holzgewerbe
    - Baugewerbe
    - Verkehrsgewerbe
    - Hilfsarbeiter
    - Erwerbsbeschränkte und Sonderberufe

- Abt. Arbeitslosenversicherung f. Arbeiter

- Rechnungsabteilung

fikationen den fortschrittlichen Status der Institution nur unterstrich.

Wirklich weitgehende Umstrukturierungen bzw. Akzentverlagerungen verzeichnete man demgegenüber in Fragen der Trägerschaft und der paritätischen Reichweite, was entsprechend staatlicher Vorgaben in differenzierter Weise über die neue Satzung Gestalt annahm. Fortan ging die Zuständigkeit des Mannheimer Arbeitsnachweises weit über die Stadtgrenzen hinaus (A 11), wie in der Präambel festgelegt wurde:

„Aufgrund von § 5 des Arbeitsnachweisgesetzes und der übereinstimmenden Beschlüsse der gemeinsamen Versammlung der Errichtungsgemeinden Ilvesheim, Ladenburg, Mannheim mit Kirschgartshausen und Sandtorf, Neckarhausen, Schriesheim, Seckenheim, Wallstadt umfassend den Amtsbezirk Mannheim und Altlußheim, Brühl, Edingen, Friedrichsfeld, Hockenheim, Ketsch, Neulußheim, Oftersheim, Plankstadt, Reilingen und Schwetzingen vom 29. Januar 1923 sowie des Stadtrats Mannheim, der durch Verordnung des badischen Arbeitsministeriums vom 23. Dezember 1922 zur Vertretung der Verwaltungsgemeinde Mannheim bestimmt ist, wird im Einvernehmen mit dem vorläufigen Verwaltungsausschuß für das Arbeitsamt Mannheim (Gemeinsamer öffentlicher Arbeitsnachweis für die Amtsbezirke Mannheim und Schwetzingen) folgende Satzung erlassen".

Zur organisatorischen Sicherstellung der Aufgaben lösten Melde- und Kontrollstellen in sämtlichen Vororten und Landgemeinden die bisherigen Nebenstellen ab, die Wirtschaftsstruktur des erweiterten Arbeitsamtsbezirkes wies spürbare wirtschaftssektorale Umgewichtungen vor. Das Gros der Beitrittsgemeinden zeigte einen agrarwirtschaftlichen Schwerpunkt, insbesondere Handelsgewächse teilweise bis zur gewerblich-industriellen Weiterverarbeitung reichend (Tabak, Konserven, Zucker) dominierten den dortigen Anbau. Insofern die Tabakindustrie Mitte der Zwanziger Jahre in eine Krise geriet, trug diese Berufssparte unmittelbar und zusätzlich zur weiteren Anspannung im Mannheimer Arbeitsamtsbezirk für 1925/26 bei. Im Bereich des Gewerbes lag der Akzent mehr auf dem Handwerk, bei klein- bis mittelständigen Gewerbeeinheiten und dies entlang einer eher durchmischten Branchenstruktur. Die Wohnbevölkerung des erweiterten Arbeitsamtsbezirkes nahm um 22 Prozent (Zählung 1925) zu. Der Hauptsitz des Arbeitsamtes verblieb in Mannheim, der ehemalige Kreisarbeitsnachweis Schwetzingen ging am 15. April 1923 in eine Zweigstelle über.

Der zweite große Einschnitt zielte auf eine noch stärker Einzelinteressen berücksichtigende Ausrichtung der paritätischen Verfassung. Allemal wirkte hierbei günstig, daß der in der Hauptsache großgewerblich organisierte Industriellennachweis als Konkurrenzeinrichtung nun nicht mehr existierte und somit der gesamte Gewerbekomplex repräsentativ erfaßt werden konnte. Ein aus 18 Mitgliedern bestehender Verwaltungsausschuß löste die Kommission als Aufsichtsgremium ab. Jeweils sechs Vertreter der Arbeitgeber und Arbeitnehmer (ursprünglich je zwei Personen) mit Stimmrecht und bis zu sechs Abgesandte der Errichtungsgemeinden mit beratender Stimme gehörten der Versammlung an. Der Vorsitzende selbst wurde vom Stadtrat Mannheim im Benehmen mit den Errichtungsgemeinden und nach Anhörung des Verwaltungsausschusses bestellt. Über Vorschlagslisten bekamen die am Arbeitsmarkt vertretenen Gruppierungen die Möglichkeit, Repräsentanten in den Verwaltungsausschuß zu entsenden. Möglichst alle relevanten Kräfte auf beiden Seiten sollten berücksichtigt werden:

„Liegen mehrere solcher Vorschlagslisten vor, so sind auf sie die Arbeitgeberbeisitzer und ihre Stellvertreter nach der Zahl der beschäftigten Arbeitnehmer, die Arbeitnehmerbeisitzer und ihre Stellvertreter nach der Zahl der Mitglieder, die den vorschlagenden wirtschaftlichen Vereinigungen im Arbeitsnachweisbezirk Mannheim angehören, zu verteilen, in beiden Fällen unter billiger Berücksichtigung des Schutzes der Minderheiten". (Auszug aus § 5 der Satzung)

Arbeitgeber- und Arbeitnehmereigenschaften wiederum definierte Paragraph 7, Abs. 3,4 des Arbeitsnachweisgesetzes. Bei Dissens, dies auch in anderen Angelegenheiten, ging die Entscheidungsbefugnis auf die Landesbehörde über.

Ferner lagen differenzierte Regelungen zur Funktionsausübung der Arbeitsvermittler, der Fachausschüsse und des Beirates für Berufsberatung und Lehrstellenvermittlung vor. Paragraph 19 fixierte die diversen Beschwerdeverfahren, Instanzen reichten bis zur Ebene des Verwaltungsausschusses des Landes. Hinsichtlich der Finanzierung zeichnete der Kreis der Errichtungsgemeinden verantwortlich, der Beitragsanteil entsprach dem Proporz der jeweiligen Einwohnerzahl. Durch Verordnung vom 15. Oktober 1923 ging der Hauptteil des Aufwandes an die Träger der Arbeitslosenversicherung über (T 27). Das Arbeitsamt Mannheim als gemeinsamer öffentlicher Arbeitsnachweis für die Amtsbezirke Mannheim und Schwetzingen avancierte aus der seit 1906 vorhandenen Kommunalverantwortlichkeit heraus quasi zur halbstaatlichen Behörde, Neutralität garantierte jetzt vollkommen uneingeschränkt das Fundament auf breitester Front interessensausgleichender Parität.

2.3. Konjunkturelle Wechsellagen und strukturelle Verwerfungen 1923–1927

Jetzt zum Jahreswechsel 1922/23 hätte das Mannheimer Arbeitsamt angesichts der erweiterten Geschäftstätigkeit in Begleitung des zusätzlichen Rückzuges der Konkurrenz durchaus mit Gelassenheit den kommenden Ereignissen entgegensehen können, wäre nicht abermals ein schon erheblicher Anstieg der Erwerbslosigkeit zu verzeichnen gewesen. Scheinblüte und Inflation begannen auf der Wirtschaft zu lasten, spezifische Standortnachteile und Hafenbesetzung fügten ein Übriges hinzu. Die Erwerbslosenquote erreichte binnen zwölf Monate den vierfachen Stand, im Januar 1923 nunmehr notierte die Statistik 4 064 Personen. Der Arbeitslosenrat formierte erneut zur Aktion, Ende April 1923 demonstrierten eintausend Erwerbslose auf dem Mannheimer Meßplatz. Die tieferen Ursachen der aktuellen Krise sah man naturgemäß im System bedingt, wie der Eingangspassus einer später dem Stadtrat zugeleiteten Resolution entnommen werden konnte:[20]

„Wir versammelten Arbeitslosen und Kurzarbeiter sind uns bewußt, daß die kapitalistische Produktionsordnung in ihrer Ziel- und Planlosigkeit der Erzeugung und Verteilung der gesamten Lebens- und Bedarfsmittel jederzeit einen Teil der Arbeiterschaft aus dem Produktionsprozeß hinausschleudert. Zur Beseitigung dieses Systems, der Anarchie und Zersetzung des ganzen Wirtschaftslebens und der Vernichtung von Millionen Menschen, werden wir in Verbindung mit unseren Klassengenossen in den Betrieben den schärfsten Kampf führen. Von unseren Arbeitsbrüdern in den Betrieben, unseren Vertretern in

A 11. Der Arbeitsamtsbezirk Mannheim nach der Neugliederung Februar 1923

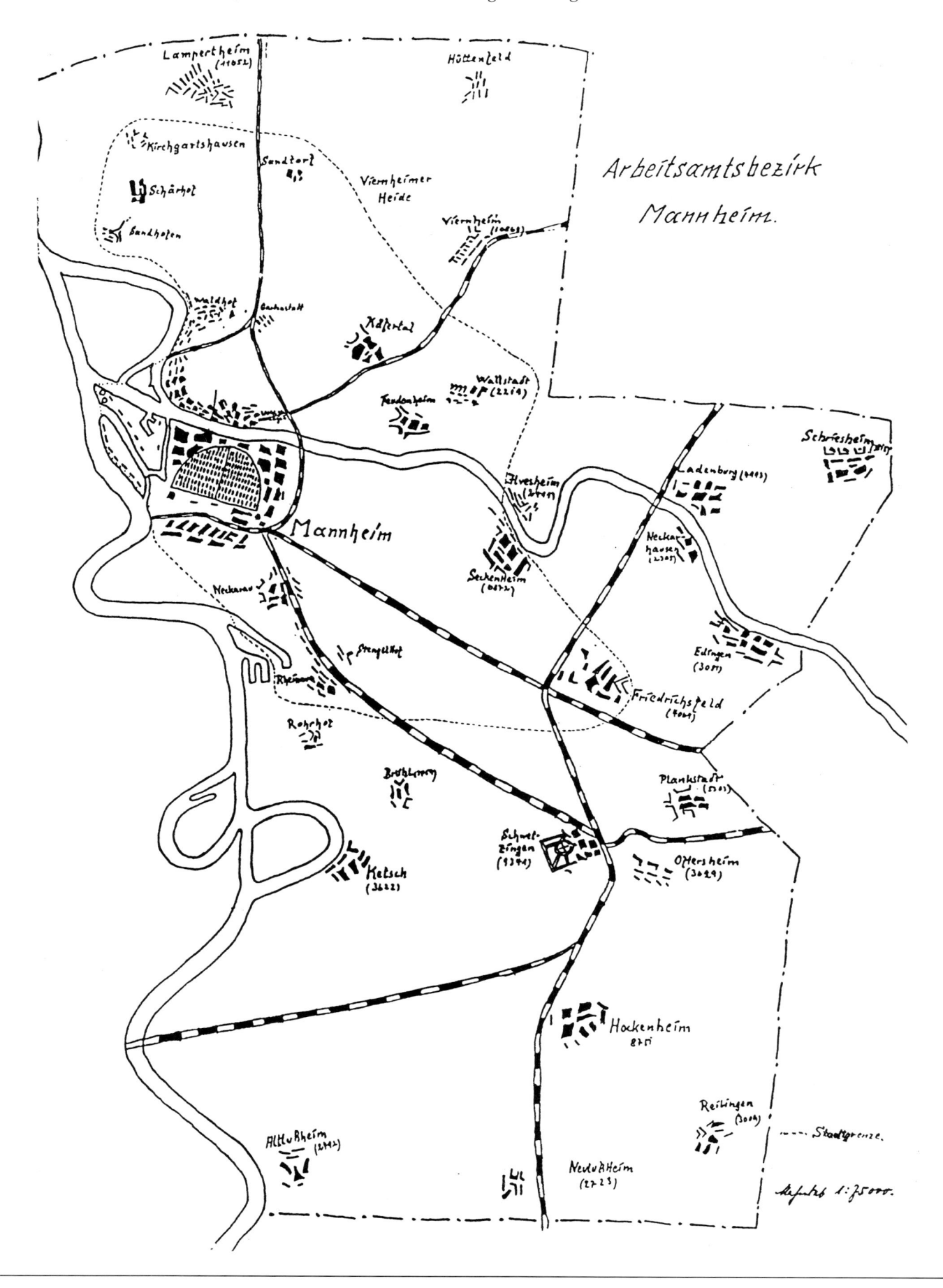

den Arbeiterorganisationen und in Reichs-, Staats- und Kommunalkörperschaften fordern und erwarten wir aktive Unterstützung in unserem Kampfe um unsere Existenz, dem Kampfe, der auch ihr Kampf sein muß".

Die Abschaffung des Kapitalismus schrieb man nach wie vor als Fernziel auf die Fahnen, während konkrete Forderungen, wie die Anpassung der Unterstützung an das Existenzminimum, unmittelbar auf die Linderung der ärgsten Not zielten. Von der umgehenden Wiederaufnahme der Notstandsarbeiten in den Bereichen Wohnungsbau, Infrastruktur und Volkshygiene erhoffte man die zügige Einreihung der Erwerbslosen in den Produktionsprozeß, anstelle des Arbeitsamtes sollten Vertreter der Erwerbslosen selbst als Kontrollinstanz agieren. In eigener Sache ging man von der Anerkennung als Mitbestimmungsorgan bei allen relevanten Angelegenheiten aus. Durch wirtschaftliche Reglementierung hofften die Versammelten, weiterer Erosion am Arbeitsmarkt entgegenzutreten: Verbot von Kurzarbeit und Entlassungen; gleichmäßige Auftragsvergabe an lokale Unternehmen in Verantwortlichkeit der Stadt; Einrichtung weiterer Schichtarbeit zur Rekrutierung zusätzlicher Arbeitskräfte. Kurzum, es handelte sich bei genauerer Betrachtung eigentlich um den revolutionären Übergang zur wirtschaftsdirigistischen Räterepublik – eindeutig sprach diese Stoßrichtung aus den genannten Forderungen. Der Sozialdemokratie warf man Klassenverrat vor, wie eine zweite an die örtliche Sektion des Allgemeinen Deutschen Gewerkschaftsbundes gerichtete Resolution plausibel machte: „Weiter fordern wir den ADGB auf, sofort mit der Einheitsfront mit der Bourgeoisie zu brechen, da diese Einheitsfront nur den Interessen des Kapitals dient und die vitalsten Rechte der Arbeiterschaft preisgegeben werden". Die politisch wie ökonomisch ausgesprochen brisante Lage des Jahres 1923 schürte und begünstigte gleichermaßen den revolutionären Eifer, das Feindbild wies mehr denn je Konturen auf.

Insofern anschließend bis Januar 1924 die Erwerbslosigkeit auf die absolute Nachkriegshöchstmarke von mehr als 20 000 Personen stieg und danach auch für 1925 bei einer ungüten Höhe von um 9 000 pendelte, hatte Mannheim das Phänomen der strukturellen Arbeitslosigkeit vergleichsweise früh erfaßt. Dem potentiellen Arbeitslosenrat jedenfalls schien mittlerweile auch die Arbeiterschaft Teilschuld an der Misere zu tragen, wie im Januar 1925 der Vertreter Bosch einer im alten Rathaussaal inszenierten Versammlung von 500 Erwerbslosen erklärte: „Ihr habt euch nicht genügend um eure Lage gekümmert, habt es vorgezogen, andere für euch denken und handeln zu lassen: HINEIN IN DIE GEWERKSCHAFTEN"[21]. An den badischen Staat gerichtete Forderungen der Versammelten zielten insbesondere auf die gesetzliche Verankerung des kaum noch praktizierten Achtstundentages, die Aufbesserung der Erwerbslosensätze fixierte man bei nötigen einhundert Prozent. Und in der Tat darbte der Erwerbslose auch noch zur Mitte der Zwanziger Jahre mehr dahin, als daß er sich anständig zu versorgen wußte. Hierzu die Einschätzung des Mannheimer Arbeitsamtes: „Die Unterstützungssätze sind mehrfach, dem Steigen des Lebenshaltungsindexes zufolge, erhöht worden, ohne daß jedoch jemals auch nur die Annäherung an das Existenzminimum möglich war"[22]. Außerplanmäßige Aktionen der Stadtverwaltung suchten wiederholt die soziale Not wenigstens zu begrenzen, als Ergänzung gingen Milch, Kartoffel, Mehl, Schuhe, Kleidung, Wä-

T 27.
Haushalt des öffentlichen Arbeitsnachweises Mannheim 1924/25

Rechenschaftsbericht
über die Einnahmen und Ausgaben des öffentlichen Arbeitsnachweises Mannheim für das Rechnungsjahr 1924 (1. April 1924 bis 31. März 1925)

O.-Z.	Einnahmen	Rechn.-Soll RM.	Voranschl. RM.	O.-Z.	Ausgaben	Rechn.-Soll RM.	Voranschl. RM.
1/2	I. Aus früheren Rechnungen	117 881	—	1	I. Aus früheren Rechnungen	117 881	—
	II. Betriebseinnahmen:				II. Betriebsausgaben:		
1	Beiträge der Arbeitgeber und Arbeitnehmer	2 339 419	2 696 800	1	a) Verwaltungsaufwand: Persönlich	364 469	420 900
2	Beiträge der Errichtungsgemeinden:			2	Sachlich	72 426	139 700
	a) der Stadt Mannheim	316 810	541 400		b) Fürsorgeaufwand:		
	b) der Bezirksgemeinden	88 988		3	Unterstützung an Vollerwerbslose	1 891 859	3 305 000
3	Zuschüsse aus der Landesausgleichskasse	25 908	1 235 300	4	Unterstützung an Kurzarbeiter	6 659	12 000
				5	Zuschläge an Notstandsarb.	167 722	378 700
				6	Krankenkassenbeiträge	273 011	207 000
4	Sonstige Einnahmen	13 997	5 200	7	Sonstige Ausgaben	8 976	15 400
	Sa. Rechn. Abt. II	2 785 122	4 478 700		Sa. Rechn. Abt. II	2 785 122	4 478 700
1/2	III. Uneigentliche Einnahmen	1 938 124		1/2	III. Uneigentliche Ausgaben	1 938 124	
	Summe aller Einnahmen	4 841 127			Summe aller Ausgaben	4 841 127	

T 28. *Vermittlungsziffern des Städtischen Arbeitsamtes 1893–1926/27*

Vergleichende Jahresübersicht

Jahr	Arbeitsgesuche Neumeldungen			Offene Stellen Neumeldungen			Vermittlungen (Besetzte Stellen)		
	männl.	weibl.	zus.	männl.	weibl.	zus.	männl.	weibl.	zus.
[1]) 1893	?	?	24 118	?	?	7 658	5 737	1 921	7 658
1894	?	?		?	?				
1895	16 965	4 919	21 884	?	?	10 706	8 625	2 036	10 661
1896	21 315	4 806	26 121	13 741	4 454	18 195	11 142	2 913	14 055
1897	20 082	3 695	23 777	13 782	3 674	17 456	12 520	3 442	15 962
1898	16 059	3 880	19 939	17 066	4 635	21 701	12 295	2 679	14 974
1899	17 647	3 481	21 128	19 348	5 098	24 446	14 232	2 990	17 222
1900	15 524	3 254	18 778	16 788	5 319	22 107	12 600	2 862	15 462
1901	13 315	3 131	16 446	14 349	4 912	19 261	11 141	2 496	13 637
1902	10 464	2 504	12 968	11 026	3 754	14 780	8 924	2 015	10 939
1903	13 155	2 100	15 255	14 115	3 281	17 396	11 364	1 728	13 092
1904	14 624	3 537	18 161	16 569	4 792	21 361	12 864	3 001	15 865
1905	15 393	3 792	19 185	17 815	5 162	22 977	13 829	3 435	17 264
[2]) 1906	18 851	4 383	23 234	22 556	5 840	28 396	16 195	3 745	19 940
[3]) 1907	30 881	4 750	35 631	17 605	5 975	23 580	13 220	3 587	16 807
1908	34 987	5 028	40 015	14 742	4 891	19 633	12 710	3 223	15 933
1909	33 253	5 595	38 848	12 394	5 590	17 984	11 122	3 887	15 009
1910	28 145	5 792	33 937	12 161	5 641	17 802	10 957	4 284	15 241
1911	33 647	6 770	40 417	15 714	6 535	22 249	12 730	5 010	17 740
1912	33 748	7 414	41 162	14 384	7 199	21 583	11 670	5 647	17 317
1913	33 710	17 409	51 119	15 241	17 982	33 223	11 537	13 089	24 626
[4]) 1914	43 003	22 112	65 115	24 246	22 672	46 918	19 257	16 595	35 852
1915	25 107	18 834	43 941	21 111	16 876	37 987	16 839	13 813	30 652
1916	15 312	19 226	34 538	12 201	17 556	29 757	10 921	15 337	26 258
1917	11 384	16 809	28 193	11 971	17 375	29 346	9 397	12 004	21 401
1918	17 290	15 194	32 484	10 480	16 383	26 863	9 560	10 145	19 705
[5]) 1919/20	37 029	31 283	68 312	26 478	31 440	57 918	24 887	20 845	45 732
1920/21	34 285	27 928	62 213	27 759	26 971	54 730	26 764	19 781	46 545
1921/22	41 319	29 655	70 974	39 181	28 139	67 320	37 401	20 455	57 856
[6]) u. [7]) 1922/23	39 794	23 379	63 173	32 318	21 817	54 135	30 435	15 291	45 726
1923/24	32 892	23 278	56 170	11 528	18 916	30 444	10 974	13 668	24 642
1924/25	45 849	27 410	73 259	23 585	19 937	43 522	22 764	17 114	39 878
1925/26	67 608	32 686	100 294	24 249	19 908	44 157	22 856	16 700	39 556
1926/27	59 536	37 306	96 842	22 429	20 589	43 018	20 671	17 428	38 099

Bemerkungen:
[1]) Eröffnung der Anstalt am 2. 8. 1893. Ergebnisse vom 2. 8. 1893 bis 31. 12. 1894
[2]) Uebernahme der Anstalt in städtische Verwaltung am 1. 1. 1906
[3]) Eröffnung des Arbeitsnachweises der Industrie am 2. 12. 1907
[4]) Von August 1914 bis März 1915 mit Arbeitsnachweis der Industrie vereinigt
[5]) Ergebnisse vom 1. 1. 1919 bis 31. 3. 1920 nach Verlegung des Geschäftsjahres
— vom 1. 4. bis 31. 3. — und Uebernahme des Arbeitsnachweises der Industrie am 1. 1. 1920
[6]) Ab 1. 4. 1922 ohne Lehrlinge
[7]) Ab 1. 2. 1923 Oeffentlicher Arbeitsnachweis für den Amtsbezirk Mannheim

sche und Finanzmittel für Medikamente an bedürftige Familien. Täglich für mehrere hundert Menschen avancierte die Mannheimer Volksküche quasi zur Institution. So gesehen klagte der Arbeitslosenrat keineswegs zu Unrecht völlig ungenügende Unterstützungssätze ein, Akzeptanz über amtliche Anerkennung blieb ihm dennoch nach 1919 stets versagt. Die Arbeitslosenquote jener Zeit lag schwankend zwischen zehn und zwanzig Prozent.

2.3.1. Arbeitsvermittlung, Berufsberatung und Lehrstellenvermittlung

Die Funktion eines Konjunkturbarometers maß die interessierte Öffentlichkeit schon seit geraumer Zeit der Arbeitsmarktstatistik des Mannheimer Arbeitsamtes bei. Nach weitgehender Erlangung des faktischen Vermittlungsmonopols schien dieser Gradmesser zwar gewisser Ungenauigkeiten über den fast kompletten Wegfall konkurrierender Agenturen enthoben, gleichzeitig erzeugten aber die Umstellung des Geschäftsjahres (1919/20), die Integration des Großindustriellen-Nachweises, die geographische Ausweitung der Geschäftstätigkeit 1923 und zusätzlich noch das gestiegene Anzeigengeschäft der Tageszeitungen nur bedingt abzuschätzende Umgewichtungen. Dennoch spiegelte die Statistik mehr als schemenhaft die diversen Konjunkturlagen in ihrem Wechselspiel bis zum krisenhaften Kulminationspunkt des Jahres 1926/27 wider (T 28). Gemessen an der Vermittlungsquote zeigten die Ziffern der Jahre 1919/20 bis 1921/22 durchaus markant die Konjunkturaufhellung an. Insbesondere der wachsende Männeranteil verwies auf die Reintegration der Kriegsheimkehrer. Das Inflationsjahr 1923 ließ die Quote abrupt nach unten fallen, während nachfolgend nun, dies eher untypisch, entgegengesetzt zur Konjunktureintrübung der Vermittlungsstand stagnierte. Umgekehrt aber nahm die Anzahl der Arbeitssuchenden erheblich an Umfang zu, was möglicherweise auf eine Verringerung der individuellen Beschäftigungsdauer hindeutet. Die Entwicklung der Kategorie „offene Stellen" bestärkt diese Deutung. Die statistische Trennung zwischen Arbeitssuchenden und Arbeitslosen ab 1927 stellte den interregionalen Vergleich auf eine verläßlichere Basis, Mannheim allerdings unterschied hier bereits seit 1919. An der zusätzlich geübten Vermittlungspraxis über Ländergrenzen hinweg, die traditionell nach ganz Südwestdeutschland, nach der Pfalz, Hessen und dem Saargebiet ging, hielt die Institution natürlich weiterhin fest.

Das Maß struktureller Arbeitslosigkeit am Ort resultierte aus dem spezifischen Branchengefüge mit den Schwerpunkten Metall, Maschinen, Bauwirtschaft und Verkehrsgewerbe in Verschränkung mit einem relativ hohen Anteil ungelernter Kräfte. Maschinen-, Motoren- und Automobilbau schlitterten zwar allerorts in eine nicht selten bis zur Existenzfrage reichenden Krise, Mannheims Betriebe jedoch zeigten besonders eklatanten Substanzverlust. Benz & Cie. etwa, während der Vorkriegszeit noch der Welt größter Automobilproduzent, baut ausgehend von rd. 10000 Beschäftigten für 1918/19 bis 1925 die Belegschaft auf 3838 Personen ab, 1933 schließlich produzierte der Betrieb mit verbliebenen 383 Personen[23]. Nicht viel anders lagen die Verhältnisse beim Landmaschinenproduzenten Heinrich Lanz, oder sonstigen dieser Branche zugehörigen Hauptbetrieben.

Während man in der Stadt immer wieder Mangel an hochqualifizierten Facharbeitern konstatierte, gab die Vermittlung im Überfluß vorhandener Jungfacharbeiter reichlich zu Denken auf. Das Arbeitsamt schlug die Umschulung bzw. Spezialisierung dieser Berufsgruppe zu Fräsern und Bohrern vor, der Betroffene selbst wertete diesen Schritt eher als Abstieg. Die abrupte wirtschaftliche Talfahrt Mannheims Mitte der Zwanziger Jahre erwies sich ganz wesentlich als Folge einer umbruchartigen Erosion des Maschinenbaus (T 29).

Etwa jedes vierte Arbeitsgesuch des Krisenjahres 1925/26 kam aus dieser Sparte, was im Vergleich zum Vorjahr einen Zuwachs um 100 Prozent ausmachte! Betriebe gingen zur Kurzarbeit, saisonalen Werksbeurlaubungen und der Schließung ganzer Abteilungen über. Ungelernte Kräfte sah man verstärkt in den Branchen wie Metall, Maschinen, Chemie, aber auch im Bauhandwerk angesiedelt. Nach den Erfahrungen des Mannheimer Arbeitsamtes stand fest, daß dieser Personenkreis „immer am stärksten die Schwankungen der jeweiligen Wirtschaftslage" verspürt. Erschwerend für den hiesigen Arbeitsmarkt kam also der hohe Proporz Ungelernter (etwa jeder fünfte Erwerbslose) hinzu.

Ausgesprochene Berührungsängste zum Arbeitsamt hegten die Angestellten: „In keinem anderen Berufe haben sich Hemmungen gerade von Arbeitnehmerseite in solch hohem Maße gezeigt". Tatsächlich lag der Mißstand im „Hineinströmen Ungeeigneter in den Konjunkturberuf der Nachkriegszeit". Hierzu die „Volksstimme" vom 2. Dezember 1924:

„Nachdem während der Inflationszeit in Verfolgung des Grundsatzes der hemmungslosen Entfaltung der ‚privaten Initiative' sich an jeder Straßenecke ein ‚Unternehmen' und in jedem günstig liegenden Straßenzug eine Bank aufmachte, die sich ein Heer von Angestellten heranholten, schickt man den Mohr nach der Stabilisierung der Währung einfach wieder von hinnen".

Die Überfüllung des Kaufmannberufes war also zunächst durch die Integration von Minderqualifizierten und Berufsfremden vorbedingt. Als schließlich wie gehört Banken, und zusätzlich Behörden, Handel und Industrie zu Entlassungen größeren Umfanges schritten, traf es jenen Kreis an Seiteneinsteigern zuerst. Rationalisierung und Mechanisierung bewirkten, daß später selbst erstklassigen Fachkräften die Arbeit abhanden kam. Höhe Tarifgehälter bei Älteren auf der einen Seite, mangelndes Qualifikationsprofil andererseits lasteten hypothekartig auf der Vermittelbarkeit der Berufsgruppe. Jeweils in Eintausender-Raten stiegen hier die Arbeitsgesuche zwischen 1924 und 1926 an. Die „wachsende Not der Angestelltenberufe hat (...) mehrfach die Öffentlichkeit beschäftigt".

Im Vergleich weniger krisenanfällig zeigte sich Frauenarbeit, die historisch bedingt volle gesellschaftliche Akzeptanz allerdings noch lange nicht aufwies. Die konstanteren Arbeits-

---

T 29.
Vermittlungsstatistik des Mannheimer Maschinenbaus beim Städtischen Arbeitsamt 1924/25– 1926/27

	Arbeitsgesuche	offene Stellen	Vermittlungen
1924/25	9.851	3.277	3.196
1925/26	26.300	3.664	3.556
1926/27	15.594	4.214	4.076

(Angaben für Industrie und Handwerk)

marktverhältnisse resultierten aus dem deutlich geringeren Industriearbeiterinnenbesatz. Wo Aushilfstätigkeiten existierten, blieben diese eher schon von Kontinuität. Bestimmte Sparten beim Handwerk, der Dienstleistung und der Angestelltenberufe bildeten Domänen des weiblichen Geschlechts, lediglich Verkäuferinnen, Büroangestellte und Kontorpersonal verloren vermehrt den Arbeitsplatz. Unter dem Aspekt konkurrierender Arbeitsvermittlung traten kaufmännische Verbände für Büropersonal neben mehreren konfessionellen Anstalten wenn auch mit bescheidenen Vermittlungsergebnissen auf, Gewerbsmäßige gingen dem Nullpunkt zu. Das Arbeitsamt unterhielt seit 1923 eine weitgehend eigenständige Frauenabteilung (Ausnahme: Musiker, Gastwirtsgewerbe) einschl. Berufsberatung und gesonderter Erwerbslosenfürsorge. Frauenarbeit entlang der Zwanziger Jahre stand endgültig für eine feste Größe am Arbeitsmarkt.

Die Industrialisierung bewirkte fortschreitende Arbeitsteilung, alte Berufe starben infolge des Strukturwandels aus, neue Tätigkeitsfelder entstanden. Unübersichtlichkeit des Berufsspektrums einerseits, und daneben Unkenntnis über Anforderungen und Perspektiven möglicher Ausbildungsgänge charakterisierten die Lage des Schulabgängers. Von daher legten die Bestimmungen des Arbeitsnachweisgesetzes dringlich die Einrichtung berufsberatender Abteilungen nahe, die Kontaktnahme zu Schule, Schularzt, Psychologie und Wirtschaft deutete auf die Richtung des institutionellen Aufbaus hin. Bereits 1921 arrangierte das Mannheimer Arbeitsamt den Aufbau einer Berufsberatung, die bei Männern durch die Zusammenfassung einzelner Lehrlingsabteilungen zustande kam[24]. Berufsberatung für Frauen knüpfte an den 1916 etablierten Informations- und Beratungsservice des Nationalen Frauendienstes an. Schließlich komplettierte 1926 die Ernennung eines Berufsberatungsbeirates den institutionellen Ausbau, externe Mitglieder entstammten den Bereichen Schule, Psychologie, Jugend-/Wohlfahrtspflege sowie der Verwaltungsgemeinde.

Systematisch suchte man möglichst breite Kreise aller Schulabgangskategorien zu erfassen (Volksschule bis Höhere Lehranstalten), die Vorgehensweise reichte von der Information bis hin zur aktiven Lehrstellenvermittlung. Einzelschritte bildeten:[25]

– Vorbereitende Tätigkeit

    Berufskundliche Vortragsabende durch Berufsvertreter und Berufsberater

    Sammlung berufskundlicher Materialien

    Erfassung persönlicher Daten (Schülerkartei)

– Beratung für

    Schüler Höherer Lehranstalten, akademische und Beamtenberufe

    kaufmännische und gewerbliche Lehrlinge im Handwerk

    technische und gewerbliche Lehrlinge in der Metallindustrie und dem Baugewerbe

– Eignungsprüfung

    Test zur Feststellung allgemeiner und berufswichtiger Eigenschaften (Berufstests)

    wissenschaftlich fundiertes Ausleseverfahren/ psychotechnische Eignung (erstmals 1925 für kaufmännische Bewerber)

– Lehrstellenvermittlung

    auf der Basis enger Kontakte zu Wirtschaftsstellen und deren Repräsentanten

Die Statistik der männlichen Berufsberatung für 1927 notierte die Erfassung und Beratung von zwei Drittel aller Schulgänger im Arbeitsamtsbezirk, nach Schulart rangierte die Volksschule (Stadtgebiet = 93%; Landkreis = 31%) deutlich vor Höheren Lehranstalten (= 25%). Zusätzlich gehörten unter dem Eindruck der strukturellen Arbeitslosigkeit ab 1926 Fortbildungsmaßnahmen für bestimmte Erwerbslose zum Aktionsrahmen der Berufsberatung, wobei durchaus differenzierte Zusatzqualifikationen der arbeitsmarktspezifischen Reintegration dienlich sein sollten:

– Mangelhaft ausgebildete Angestellte

    Kurse in Kurzschrift, Maschinenschreiben, Buchführung, Korrespondenz, Fremdsprachen

– Facharbeiter

    praktische und theoretische Fortbildungskurse

– Hilfsarbeiter

    Kurse in Deutsch, Rechnen, Wirtschaftskunde, Staatsverfassung

– Sondermaßnahmen für Mädchen und Frauen

    Kochkurs, Krankenpflegekurs

– Pflege der Allgemeinbildung als Belohnung für außerordentliches Engagement

    Symphoniekonzerte
    öffentliche Vorstellungen des Nationaltheaters
    Vortragsreihe in der Kunsthalle

Trotz intensiver Bemühungen brachten die Aktivitäten nur begrenzten Erfolg, wie das Badische Arbeitsministerium im August 1924 feststellte:[26]

„Nach den in den letzten Jahren gemachten Erfahrungen haben die Umschulungsmaßnahmen in Baden nicht die Erfolge gebracht, die vielfach erwartet wurden. Nur selten wurde erreicht, daß ein Erwerbsloser infolge Umschulung ein gleichwertiger Arbeiter gegenüber gelernten Arbeitern in dem neuen Berufe wurde und aus der Erwerbslosenfürsorge ausgeschieden werden konnte".

Das Fortbildungsprogramm für 1926/27 umfaßte insgesamt 700 Erwerbslose, darunter 450 Angestellte, 120 Facharbeiter und 130 Hilfsarbeiter.

Im Mittelpunkt der Berufsberatung allerdings verweilten zur Schulentlassung anstehende Jungen und Mädchen, die in beständig wachsendem Umfang die Dienste des Arbeitsamtes in Anspruch nahmen. Mehr als 2 200 Ratsuchende für 1921/22 standen über 5 000 Interessenten im Geschäftsjahr 1926/27 gegenüber (T 30). Während die Anzahl besetzter Lehrstellen bei beiden Geschlechtern bei 90 Prozent schwankend einen erfreulich hohen Stand anzeigte, blieb demgegenüber die Vermittlungsziffer recht deutlich zurück – noch augenfälliger als bei Jungen fiel das Defizit bei Mädchen aus. Ursachen hierfür gab es deren vieler. Am Berufswunsch gemessen zeigten beide Geschlechter recht wesenseigene Züge:[27]

WEIMARER JAHRE

Berufswünsche Jungen	anteilig (%) 1924/25	Tendenz bis 1926/27	
Metallindustrie	45,2	stark rückläufig	(29,9%)
Kaufmänn. Angestellte	19,9	rückläufig	(14,4%)
Holz-, Schnitzstoffe	9,8	konstant	(9,8%)
Baugewerbe	4,4	stark zunehmend	(10,9%)
Nahrungsmittel	3,6	stark zunehmend	(8,2%)
Bekleidung	3,6	stark zunehmend	(5,1%)
Sonstige Berufe	13,5	stark zunehmend	(20,7%)
Berufswünsche Mädchen			
Kaufmänn. Angestellte	41,7	konstant	(39,6%)
Bekleidung	29,3	schwankend	(27,0%)
kein bestimmter Beruf	18,1	stark rückläufig	(12,2%)
häusl. Dienst	4,3	stark zunehmend	(7,8%)
Gesundheit, Körperpflege	2,1	stark zunehmend	(8,1%)
Sonstige Berufe	4,5	konstant	(5,3%)

Auffallend der Umstand, daß bei Jungen die Tendenzen am Arbeitsmarkt durchaus den Berufswunsch tangierten, so z. B. bei Metallberufen und Ausbildungen zu kaufmännischen Angestellten. Modeberufe gab es natürlich auch weiterhin, um die Mitte der Zwanziger Jahre kam in diesem Sinne der Kraftfahrzeugschlosser auf. Insgesamt zeigten die Berufswünsche der Jungen über Zeit ein differenzierteres Spektrum, was gleichermaßen für Mädchen galt.

T 30.
Entwicklung der Berufsberatung und Lehrstellenvermittlung im Arbeitsamtsbezirk Mannheim 1921/22 – 1926/27

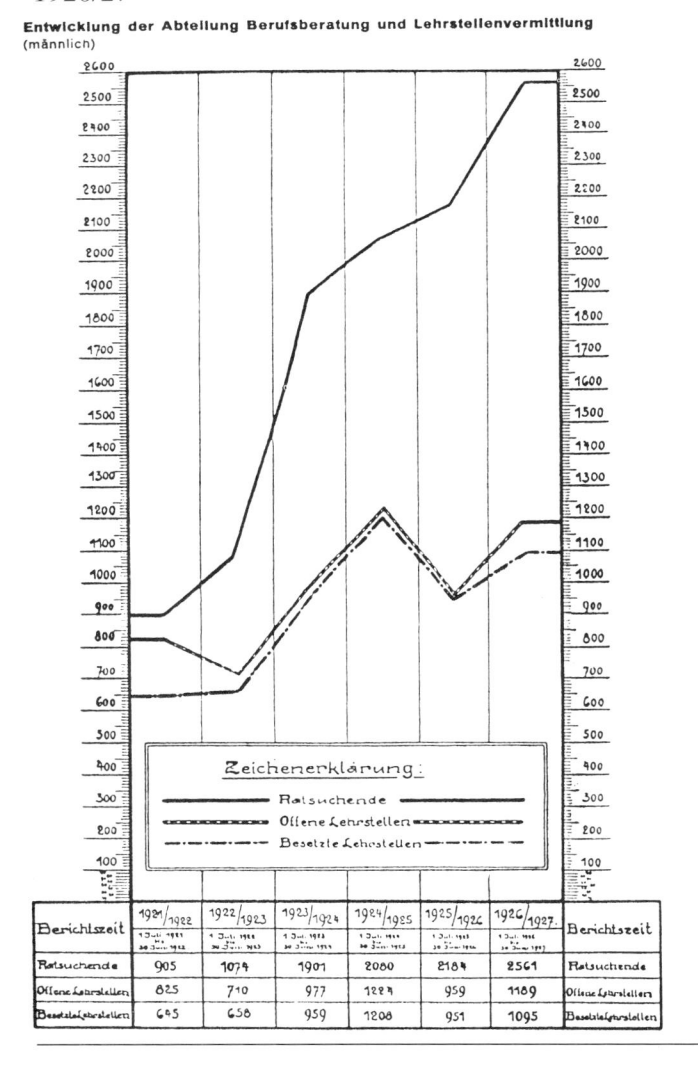

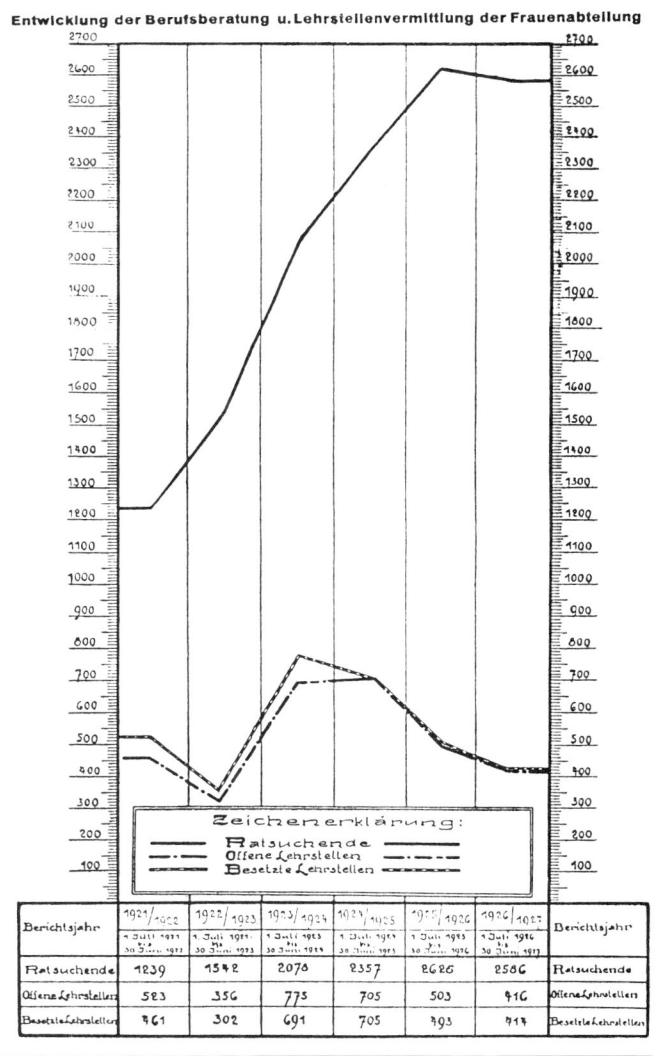

Entwicklung der Abteilung Berufsberatung und Lehrstellenvermittlung (männlich)

Berichtszeit	1921/1922	1922/1923	1923/1924	1924/1925	1925/1926	1926/1927
Ratsuchende	905	1074	1901	2080	2184	2561
Offene Lehrstellen	825	710	977	1287	959	1189
Besetzte Lehrstellen	645	658	959	1208	951	1095

Entwicklung der Berufsberatung u. Lehrstellenvermittlung der Frauenabteilung

Berichtsjahr	1921/1922	1922/1923	1923/1924	1924/1925	1925/1926	1926/1927
Ratsuchende	1239	1542	2070	2357	2626	2586
Offene Lehrstellen	583	356	775	705	503	416
Besetzte Lehrstellen	461	302	691	705	393	417

2.3.2. Fortgang der Notstandsarbeiten

Die Wiederaufnahme von Notstandsarbeiten Ende 1923 setzte zu einem Zeitpunkt an, als die öffentlichen Haushalte eine desolate Finanzlage penetrierte. Dieser Umstand führte im Februar 1924 zu einer grundlegenden Umstellung der produktiven Erwerbslosenfürsorge in der Weise, daß fortan der Notstandsarbeit etwas wie Pflichtcharakter anhaftete. Der Notstandsarbeiter wurde nicht mehr in tariflicher Anlehnung entlohnt, sondern konnte lediglich auf die Fortzahlung seiner Erwerbslosenbezüge zurückblicken, ergänzt durch Sonderleistungen für Mehraufwand, Kleidung und Nahrung. Insofern auch Prämien und Zuschläge auf gute Arbeitsleistungen als Anreiz zur Übernahme entsprechender Tätigkeiten existierten, konnte jedoch von direktem Zwang zur Arbeitsaufnahme weniger die Rede sein. Letztendlich legte das zuständige Arbeitsamt entsprechende Verordnungen aus bzw. rekrutierte mehr oder minder gezielt. Rückkehr zur ursprünglichen Regelung kam im April 1925 zustande, nachlassende Arbeitsleistung und unzureichende Einkommensverhältnisse im Hintergrund hatten das Umdenken ausgelöst.

Exemplarisch für die negativen Auswirkungen des neuregulierten Entlohnungssystems standen Arbeiten an der Ladenburger Staustufe im Umfeld der Neckarkanalisierung[28]. Die Aufnahme der Baumaßnahmen reichte noch vor 1922 zurück, allerdings bewirkten sprunghaft gestiegene Lohn- und Materialkosten neben Mannheims Finanzknappheit infolge der französischen Hafenbesetzung die vorübergehende Einstellung der Aktivitäten. Erst 20 Prozent der in Handschacht aufgenommenen Erdarbeiten waren zu diesem Zeitpunkt geleistet, an Erwerbslosen konnten zeitweilig bis zu 400 Personen neben 40 Stammarbeitern beschäftigt werden. Die Entlohnung entsprach am Ende zäher Verhandlungen doch dem geforderten ortsüblichen Tarif, die Arbeitsleistung galt als zufriedenstellend. Anders die Situation zu Beginn des Jahres 1924 nach der verordneten Kürzung der Bezüge. Zwar erging der Versuch, die Neuregelung zur Erreichung besserer Löhne zu umgehen, und zusätzlich richtete man Überstunden und Sonntagsarbeit ein – an der Tatsache massiver Einkommensbeschneidungen änderte dies in der Konsequenz jedoch nichts. Die deutlich rückläufige Arbeitsleistung brachte den Zeitplan erheblich in Unordnung, das jetzt bei Erdbewegungen erreichte theoretische Verhältnis von Maschinenarbeit zu Handarbeit lag bei 100:38. Schließlich stimmte das Badische Arbeitsministerium im Sommer 1924 der zusätzlichen Verwendung von Maschinen und Baggern zu, falls man 300 Erwerbslosen die Weiterbeschäftigung garantiere. Solche, wohl in breiter Front gemachten Erfahrungen bewirkten die Rückkehr zu früheren Konditionen. Die Neckarkanalstrecke übrigens wurde nach Entfernung der Schleppkette aus dem Flußbett am 27. Juli 1927 dem Verkehr übergeben, der neben Lasten- auch Personentransport ermöglichte.

Am Grad der Beschäftigung gemessen erreichten die im Arbeitsamtsbezirk zwischen 1924 und 1927 installierten Notstandsarbeiten nicht einmal annäherungsweise den unmittelbaren Nachkriegsstand, obwohl die höhere Erwerbslosigkeit dies durchaus nahegelegt hätte (T 31).

Ursachen hierfür lagen wohl in der keineswegs prognostizierbaren Konjunkturentwicklung, nicht beliebig vorhandener Finanzmasse und möglicherweise auch an einer begrenzten Anzahl überhaupt zu Notstandsarbeiten tauglicher Beschäftigun-

T 31.
Notstandsarbeit im Arbeitsamtsbezirk Mannheim 1924–1927

Jahr	Quartal	Notstandsarbeiter			Erwerbslose
		Stadt	Landkreis	Gesamt	
1924	II	197	444	641	17376
	III	483	229	712	9313
	IV	565	248	813	9172
1925	I	478	827	1305	9799
	II	801	258	1059	8388
	III	450	108	558	7652
	IV	301	34	335	11350
1926	I	275	84	359	21509
	II	773	349	1122	22400
	III	480	392	872	20805
	IV	547	142	689	19732
1927	I	309	101	410	18668

T 32.
Notstandsarbeiten im Arbeitsamtsbezirk Mannheim 1926/27

O.-Z.	Art der Arbeit	Zahl der geleisteten Tagewerke	Durchschn. Zahl der Notstandsarbeiter	Im Berichtsjahr gezahlte Grundförderung	
				RM.	Pf.
	I. Stadt Mannheim				
1	Erdarbeiten für die Errichtung eines Flugplatzes im Feudenheimer Schleim bei Neuostheim	3 051	44	11 807	37
2	Erd-, Beton- und Pflasterarbeiten zur Anlage und Erstellung eines Strandbades am Rhein . . .	9 783 1/2	35	37 862	14
3	Einebnung und Ausgleichung des linksseitigen Neckarvorlandes von 5,027–7,365 km, I. Abschn.	23 635	138	91 467	45
4/5	Bodenverbesserungsarbeiten der verschiedensten Art. 2 Arbeiten	2 293	32	8 873	91
6/7	Fluß- u. Bachregulierungsarbeiten und Hochwasserschutzanlagen. 2 Arbeiten	13 832	68	53 325	38
8/19	Weg- und Straßenbauten einschl. Kanalisation von Straßen und Ortsentwässerungsanlagen. 12 Arbeiten	77 549	659	233 676	85
20/21	Wasserversorgungsanlagen. 2 Arbeiten	4 675	39	18 091	74
22/25	Kraftgewinnungsanlagen, Gasversorgung, Bahnbauten und ähnliche werbende Anlagen. 4 Arbeiten	15 443	141	58 708	08
26/32	Anlage von Spielplätzen. 7 Arbeiten	19 996	167	77 345	82
		170 257 1/2	1 323	591 158	74
	II. Mannheim-Land				
33/36	Bodenverbesserungsarbeiten der verschiedensten Art. 4 Arbeiten	3 661	74	12 615	26
37/40	Fluß- u. Bachregulierungsarbeiten und Hochwasserschutzanlagen. 4 Arbeiten	5 359	98	19 330	28
41/57	Weg- und Straßenbauten einschl. Kanalisation und Ortsentwässerungsanlagen. 17 Arbeiten . .	37 999	369	128 499	43
58/61	Wasserversorgungsanlagen. 4 Arbeiten	3 914	74	12 041	01
62/63	Sonstige Arbeiten. 2 Arbeiten	284	22	690	15
		51 217	637	173 176	13
	I. Stadt Mannheim	170 257 1/2	1 323	591 158	74
	II. Mannheim-Land	51 217	637	173 176	13
	Zusammen	221 474 1/2	1 960	764 334	87

Bau des Strandbades 1928 – eingerichtet als „wertschaffende Erwerbslosenhilfe".

gen. Nur lose zeigte die Beschäftigungsintensität der Notstandsarbeiten eine direkte Konjunkturkoppelung.

Aus der Vielzahl in Angriff genommer Notstandsarbeiten, die dem Spektrum nach an den bereits bekannten und bewährten Feldern kommunaler Aufgaben anknüpften (T 32), seien zwei für die Stadtentwicklung besonders markante Aktionen herausgegriffen: Die Autostraße Mannheim - Heidelberg und das am Rhein im Waldpark gelegene Strandbad. Erstmals 1923 ging beim Bürgerausschuß ein Antrag auf die Errichtung eines Strandbades ein. Die Begründung dieses Antrages, die aus heutiger Sicht recht eindrucksvoll einen Aspekt zeitgenössischer Freizeitkultur widerspiegelt, machte mit Nachdruck auf folgenden Sachverhalt aufmerksam:[29]

„Die Anlage des Strandbades hat den Zweck, einem dringenden Bedürfnis nach einer Badegelegenheit am offenen Fluß abzuhelfen. Das wilde Baden am offenen Rhein und Neckar hat in den letzten Jahren stark überhand genommen und zahlreiche Opfer gefordert (jährlich 15–20 Ertrunkene!). Polizeiliche Verbote über das Baden im offenen Fluß können nicht durchgeführt werden, solange die Bevölkerung nicht an geeigneter Stelle Gelegenheit zum Baden im Freien geboten wird. Das Baden im Freien an geeigneten Stellen offener Flußläufe trägt durch das sich hierbei entwickelnde Strandleben, infolge des längeren Aufenthaltes des unbekleideten Körpers in der freien Luft und im Wasser, zur Kräftigung der Gesundheit bei und seine Förderung wird infolgedessen für die Erhaltung der Volksgesundheit von großer Bedeutung sein. Ein finanzielles Erträgnis kann nicht erwartet werden".

Entsprechende Arbeiten (Erdtransport, Uferbefestigung) sahen die Begradigung des gekrümmten Uferbaus bei km 249 bis 250 auf einem Kilometer Länge vor, der Badestrand sollte eine Breite von 50 Metern erreichen. Tatsächlich ging die Erstellung des Strandbades im November 1925 an, dies in Regie von 150 Notstandsarbeitern bei zusätzlich 30 Stammkräften (Ansatz: 12 380 Tagewerke, de facto 9 956 Tagewerke bis Mai 1927. Kosten für Land/Reich: 55 007 RM; Kosten für Stadt Mannheim: 186 900 RM). Weitere Ausbauarbeiten 1928/29 versetzten das Strandbad in kompletten Zustand – auf Seiten der Bevölkerung löste dieser spezifische Beitrag zur Förderung der Volksgesundheit sehr starke Resonanz aus, wie Besucherfrequenzen selbst viele Jahre danach noch dokumentierten.

Keineswegs geringere Bedeutung kam dem Bau geeigneter Autostraßen zu, dies vor dem Hintergrund gerade in Zentren aufkeimender Massenmotorisierung[30]. In einem Schreiben vom 11. Juni 1926 machte der badische Minister des Innern den für Finanzen zuständigen Kollegen darauf aufmerksam, daß im Zuge der Bekämpfung der Arbeitslosigkeit u. a. an die „Errichtung einer Kraftwagenstraße von Mannheim nach Heidelberg" zu denken sei. Wenig später schon diskutierte eine Sitzungsrunde im Mannheimer Rathaus ein diesbezügliches Vorprojekt, das bereits von einer konkreten Linienführung ausging. Beide Städte initiierten 1926/27 die Gründung der gemischtwirtschaftlichen Nordbadischen Autostraßengesellschaft mit Sitz in Mannheim, die in der Folge als Projektträger mehrfach auch in der Öffentlichkeit in Erscheinung trat. Gesamtbaukosten für Mannheim - Heidelberg veranschlagte man bei 6 Mio. Reichsmark (150 000 Erwerbslosentagewerke, d. h. 250 Arbeiter durchgängig auf 2 Jahre). Probleme bei der Geländeenteignung, des Kostenaspektes, der Erhebung von Straßengebühren und nicht zuletzt divergierende Gemeindestandpunkte bewirkten, daß die Straße erst mit erheblicher Verzögerung Realität wurde – nach der Machtergreifung 1933 zogen schließlich die Nationalsozialisten die seit langem fertigen Pläne zur Route Mannheim - Heidelberg aus der Schublade, und gaben das Projekt lautstark als eigene Großtat aus !

Bis 1927 bildeten Notstandsarbeiten im Arbeitsamtsbezirk Mannheim einen sicherlich merkbaren Beitrag zur Reduzierung der Erwerbslosigkeit, die diesbezügliche Quote reichte von 3,5 bis 13 Prozent. Durchschnittlich 2 710 Notstandsarbeiter errechnete die Statistik 1920 bis 1927 für Baden, der Vergleichswert für die Stadt Mannheim (1924–1926) benannte im Mittel 481 Tätige.

3. Das Mannheimer Arbeitsamt 1927–1933: Staatliche Unterinstanz im Sog der großen Krise

Staatlich instruiert und gleichermaßen kommunal verankert agierte also das Mannheimer Arbeitsamt entlang der letzten Jahre. Daß eine reichseinheitliche Regelung in Sachen Arbeitsvermittlung, Berufsberatung und Arbeitslosenversicherung gerade im Jahr 1927 gelang, resultierte ganz wesentlich aus dem wieder günstigeren Konjunkturverlauf. Für Mannheim und das Reich konstatierte der Handelskammerbericht einen Aufschwung, der „ursprünglich kaum für möglich gehalten worden" war. Vor diesem Hintergrund verloren die Auseinandersetzungen zwischen Kapital und Arbeit spürbar jetzt an Schärfe. Die jeweiligen Verbände regten deren in Regierung und Opposition befindlichen Repräsentanten dazu an, zügig eine brauchbare Revision des bisher nur bruchstückhaft verankerten Arbeitsnachweisgesetzes zu initiieren. Allerdings zeigte sich das neugeschaffene Arbeitsvermittlungs- und Arbeitslosenversicherungsgesetzes (AVAVG) später dann den Rückkoppelungen der Weltwirtschaftskrise kaum mehr gewachsen. Die Finanzierungsgrundlage, zusehends einer gesicherten Basis beraubt, mündete in einen Konflikt ersten Ranges. An der Frage, ob Erhöhung des Arbeitslosenversicherungsbeitrages oder Absenkung der Leistungen als Konsolidierungsstrategie zu verfolgen wäre, machte sich der Sturz des letzten sozialdemokratischen Kanzlers Herrmann Müller fest (27. März 1930). Alle nun nachfolgenden Regierungen entbehrten einer verläßlichen Parlamentsmehrheit, das Regierungsgeschäft der Minderheitenkabinette Brüning - Papen - Schleicher baute gezwungenermaßen auf Notverordnungen auf. Der Philosoph Oswald Spengler prophezeite in einer Abhandlung den „Untergang des Abendlandes", Wirtschaftsalternativen gingen in Richtung Staatssozialismus und Ständestaat. Als im Laufe des Jahres 1928 das Mannheimer Arbeitsamt in eine untergeordnete Behörde des Reiches überführt wurde, weilte erstmals Adolf Hitler anläßlich einer Ansprache im überfüllten Nibelungensaal. Der Handelskammerbericht nannte das Geschäftsjahr 1928 ein „Jahr des langsamen Abflauens der Konjunktur".

3.1. Der gesetzliche Rahmen des Arbeitsvermittlungs- und Arbeitslosenversicherungsgesetzes von 1927

Mit einer ungewöhnlich breiten, von weit links bis weit nach rechts gehenden Mehrheit verabschiedete der Reichstag am 16. Juli 1927 die umfangreichen Bestimmungen zum AVAV-Gesetz. Der in dieser Weise errichteten Reichsanstalt für Arbeitsvermittlung und Arbeitslosenversicherung in jetziger Gestalt als Exekutivorgan kam die Funktion einer Körperschaft des öffentlichen Rechtes zu, den abgestuft weisungsgebundenen Unterbau bildeten Landesarbeitsämter und die bis dato öffentlichen Arbeitsnachweise als mittlere respektive untere Instanz. Aus der Sphäre noch verbliebener Partikularinteressen herausgehoben, sollte die Steuerung des Arbeitsmarktes nun endgültig und besonders allerorts in Deutschland übergeordneten Prinzipien gehorchen: Für alle Arbeitsämter obligatorische Richtlinien für die Segmente Arbeitsvermittlung, Berufsberatung/Lehrstellenvermittlung und Arbeitslosenversicherung gaben eine uniforme Arbeitsplattform vor. Neben der Standardisierung der Geschäftstätigkeit in Verbindung mit der Umstellung der Trägerschaft (von halbstaatlich auf staatlich) fielen insbesondere der neuformierte Finanzierungsrahmen und das modifizierte Leistungsspektrum ins Gewicht. Beitragsleistungen hälftig von Kapital und Arbeit finanzierten das System, lediglich den nach sechs Monaten zur Krisenunterstützung ausgesteuerten Erwerbslosen hatten die so spürbar entlasteten Gemeinden festgelegte Anteilssätze zu garantieren. Die Schließung etwaiger Finanzierungsdefizite, deren spätere Größenordnung niemand auch nur erahnte, übernahm der Staat zu Lasten des Haushalts.

Unter dem Aspekt der Abgrenzung neuzubildender Verwaltungseinheiten vollzog der Gesetzgeber eine sichtbare Straffung. Anstelle der reichsweit bisher vorhandenen 885 öffentlichen Arbeitsnachweise kamen 361 Stellen zur Einrichtung, die Anzahl der Landesämter ging von 22 auf 15 zurück[1]. Eine abermalige Reduzierung auf 345 bzw. 13 Einheiten erfolgte bis 1937 (A 12). Für Südwestdeutschland sah der Umbau eine grenzüberschreitende Zusammenfassung der Gliedstaaten Baden, Württemberg und Hohenzollern vor, dies allerdings unter weitgehender Verkettung geschlossener Bezirksämter. Der Sitz des Landesarbeitsamtes Südwestdeutschland ging nach der württembergischen Landeshauptstadt Stuttgart.

Aus der Sicht der Beschäftigten des Mannheimer Arbeitsamtes traten zwar bedingt durch den staatlichen Übergang (offiziell am 1. Oktober 1928) mehrfache und der Substanz nach durchaus erhebliche Veränderungen ein, nach außen hin jedoch kam der institutionelle Umbau bei weitem nicht so erkennbar zum Tragen. Mit dem Ende der kommunalen Trägerschaft wechselte der Angestellte, Beamte und Subalterne praktisch den Arbeitgeber, behielt aber den Arbeitsplatz, die jeweilige Tätigkeit wurde nun eventuell um verschiedene Aufgaben erweitert oder umgestaltet, und nicht zuletzt kamen einige neue Kollegen hinzu. Vielleicht spiegelt sich der enorme Bedeutungszuwachs des Mannheimer Arbeitsamtes im Vergleich zur Vorkriegszeit am besten in der Personalentwicklung: Während 1913 gerade erst zwölf Beschäftigte in der Hauptsache Arbeitsvermittlung betrieben, gingen 1927 schließlich 209 Personen mittlerweile komplexesten Aufgabenstellungen nach. Analog hierzu zeigten erhebliche Beschäftigungsschwankungen zwischen 1924 und 1926 die Notwendigkeit direkter Koppelung an das Konjunkturgeschehen respektive die Arbeitslosigkeit[2].

A 12. Gliederung der Rechtsanstalt für Arbeitsvermittlung und Arbeitslosenversicherung

Beschäftigte im Arbeitsamt Mannheim 1924–1926

Datum	Beamte	Angestellte	Hilfsangest.	Gesamt
1893/1913	1	1	1	3
1913	9	2	1	12
1919	22	2	24	48
1924	33	5	108	146
1925	25	4	63	92
1926	25	11	129	165
1927	23	14	170	207

Der Beschäftigungsausbau von 1926 auf 1927 darf wohl unter Ausklammerung des Konjunkturverlaufs als Vorgriff auf die Erweiterungen durch das AVAVG gesehen werden.

Keineswegs Schritt mit dieser dynamischen Personalentwicklung hielt allerdings der Ausbau entsprechender Räumlichkeiten. Zum Zeitpunkt des staatlichen Übergangs verfügte die Behörde seit mehreren Jahren schon über einige in den Innenstadtquadraten gelegene Unterkünfte, die ohne große Veränderungen auch weiterhin zur Unterbringung der Hauptabteilungen dienten[3].

M3a	Hauptamt, Verwaltung, Kasse, verschiedene Vermittlungsstellen, Versicherungsabteilung für Angestellte
N6,3	Berufsberatung, Statistik, verschiedene Vermittlungsstellen für Arbeiter
R5	Versicherungsabteilung für Arbeiter
B7,15	Vermittlungsstelle für Binnenschiffer und Hafenpersonal

Nebenstellen etc. bestanden zusätzlich in diversen Gemeinden. Insofern der Mannheimer Arbeitsamtsbezirk lediglich um die hessischen Orte Lampertheim und Viernheim (1928–1943) per Neugliederung von 1927 erweitert wurde und dortige Hilfsstellen dezentraler Anbindung dienten, versah das Personal die Arbeit zumindest in den nächsten Jahren in der gewohnten Umgebung. Abhilfe, denn Klagen über Raummangel rissen nicht ab, kam 1932 mit der Errichtung eines Neubaus auf dem altangestammten Quadrat M3a.

Aus der Sicht der Stadt Mannheim wirkte die getroffene Umstellung gleich aus mehreren Gründen vorteilhaft. Immerhin 539 915 Reichsmark zahlte die Kommune im Rechnungsjahr 1925/26 zur Unterhaltung des Arbeitsamtes bei, was anteilig zehn Prozent des Gesamtvolumens entsprach. Durch die Neuregelung entfiel künftig jeder Mittelaufwand, sieht man von der Bezuschussung der Krisenunterstützung einmal ab. Die Möglichkeiten kommunaler Mitbestimmung im Rahmen der Tätigkeit des Verwaltungsausschusses beschränkte das Arbeitsnachweisgesetz von 1922 auf beratenden Status. Anders die Regelung von 1927, die unter Beibehaltung der paritätischen Selbstverwaltung den Vertretern der Errichtungsgemeinden abermals beschließenden Einfluß ermöglichte. Folgende Vertreter gehörten 1927 dem Mannheimer Verwaltungsausschuß an:[4]

1. Arbeitgeber
    Elsässer, Karl. Syndikus. D5,11
    Oßwald, Wilhelm. Direktor der Firma Heinrich Lanz AG
    Mintrop, H. Prokurist in Firma Hugo Stinnes
    Selinger, A. In Firma Selinger & Mahler. G7.19
    Eyer, Gottfried. Syndikus. L2.1
    Hohenstatt. Saatzuchtinspektor, Straßenheimerhof

2. Arbeitnehmer
    Mangold, Georg. Gew.-Angestellter. P4,4/5
    Schwarz, Josef. Gew.-Angestellter. P4,4/5
    Hankel, Adolf. Gew.-Angestellter. P4,4/5
    Amman, Herrmann. Gew.-Angestellter. Heinrich-Lanz-Straße 28
    Kehl, Lina. Gew.-Angestellte. P4,4/5
    Fuhrmann, Hermann. Geschäftsführer. N7,8

3. Vertreter der Errichtungsgemeinden
    Stadtrat Schneider, Mannheim. T5,12
    Stadtrat Kuhn, Mannheim. Heinrich-Lanz-Str. 28
    Stadtrat Ludwig, Mannheim. Luisenring 39
    Bürgermeister Götz, Schwetzingen
    Gemeinderat Josef Geschwill VII, Brühl
    Bürgermeister Flachs, Seckenheim

Unter diesem Aspekt gewannen die Gemeinden den ehemals vorhandenen Einfluß doch wieder etwas zurück, obwohl ihnen eigentlich in der Realität nicht viel mehr als die Interpretation staatlicher Vorgaben und deren Administration oblag.

Die Geschäftsführung aller Arbeitsämter betreffend gab die Reichsanstalt allgemeine Richtlinien an die Hand. Unter Berücksichtigung der jeweiligen Wirtschaftstruktur und der Bezirksgrenzen arbeitete man nachfolgend direkt vor Ort die Struktur des Behördenaufbaus aus (in Mannheim z. B. eine eigenständige Abteilung für das Verkehrsgewerbe, Nebenstellen, Kontrollstellen). Die Umstrukturierung im Bereich des Mannheimer Amtes fiel nicht allzu umfänglich aus, da die Behörde gemessen an ihrem Entwicklungsstand seit jeher zu den fortgeschrittensten Einrichtungen zählte (A 14). Im Vergleich zur Behördenstruktur des Jahres 1923 wurde ab 1927 in den Bereichen Berufsberatung und Arbeitsvermittlung eine noch ausgeprägtere Differenzierung installiert (z. B. Berufsberatung für höhere Frauenberufe; Aufschlüsselung der Hilfsarbeitertätigkeiten), in der Verwaltung entstanden eigenständige Unterabteilungen für Statistik, Registratur und Materialverwaltung. Über die einheitlich technische Ausstattung der Ämter und die Hebung des qualitativen Standards versetzte das Reich auch noch den letzten unübersichtlichen Karteien, zahllosen Listen und formloser Zettelwirtschaft das Aus – in Mannheim waren solche Altlasten wohl schon seit längerem nur noch Legende.

Aus dem Blickwinkel der werktätigen Bevölkerung kamen verschiedene Neuregelungen zum ausgesprochenen Vorteil eines jeden Versicherten hinzu. Zunächst avancierte die Berufsberatung und Lehrstellenvermittlung auf der Grundlage bindender Vorschriften und Grundsätze (z. B. Beratung von Frauen durch Frauen) zur Pflichtaufgabe einer jeden Einrichtung, darüberhinaus nahm die Behörde die Beaufsichtigung sonstiger nichtgewerbsmäßiger Berufsberatung vor. Berufsberatung durch Gewerbsmäßige verbot man gleich ganz. Maßnahmen zu einer effektiven Handhabung der Arbeitsvermittlung spiegelten sich in dem ausgeweiteten Behördenaufbau wider. Im Fall der Erwerbslosigkeit stellte das AVAVG eine Erwerbslosenunterstützung in Aussicht, die im Gegensatz zu alten Regelungen vor allem die Höhe zuletzt aktueller Einkommen in degressiver Abstufung berücksichtigte[5]. Konkret bedeutete dies, daß in der höchsten Lohnklasse am früheren Gehalt gemessen 50 Prozent Unterstützung anstanden, während umgekehrt in der untersten Lohnklasse der Satz bei immerhin 80 Prozent lag. Eine zusätzlich verankerte Neuerung bestand darin, bei der Durchführung von Notstandsarbeiten künftig ein vollkommen gewöhnliches, auf Zeit be-

A 13. Die Bezirke der Arbeitsämter in Südwestdeutschland 1927

A 14. Der Behördenaufbau des Mannheimer Arbeitsamtes 1927-1945

- **Arbeitsamt Mannheim Amtsleitung**
  - **Geschäftsführung/Sekretariat**
    - Direktionsabteilung für Erwerbslosenfürsorge
    - Abteilung für Notstandsarbeiten
    - Abteilung für Berufsberatung und Lehrstellenverm.
      - Abteilung für Berufsberatung
      - Arbeitsnachweis für ungelernte Jugendliche
      - Arbeitsnachweis für Erwerbsbeschränkte und freie Berufe
    - Abteilung für Angestellte
      - Arbeitsnachweis für Kaufleute
      - Arbeitsnachweis für Gastwirte
      - Arbeitsnachweis für Musiker
      - Unterstützungsabteilung
    - Frauenabteilung
      - Berufsberatung für höhere Frauenberufe
      - Arbeitsnachweis kaufm. Angestellte
      - Arbeitsnachweis Handwerkerinnen
      - Arbeitsnachweis Arbeiterinnen
      - Arbeitsnachweis Hausangestellte höherer Stellung
      - Arbeitsnachweis Hausgehilfinnen unterer Stellung
      - Berufsberatung Volksschuljugend
      - Berufsberatung für Jugendliche unter 18 Jahren
      - Abteilung für Erwerbslosenfürsorge
    - Abteilung für Facharbeiter
      - Arbeitsnachweis Metallindustrie
      - Arbeitsnachweis Landwirtschaft
      - Arbeitsnachweis Baugewerbe
      - Arbeitsnachweis Holzgewerbe
      - Unterstützungsabteilung
    - Abteilung für Hilfsarbeiter
      - Arbeitsnachweis für Hilfsarbeiter
      - Arbeitsnachweis für Verkehrsgewerbe
      - Abteilung für Erwerbslosenfürsorge
    - Verwaltungsregistratur und Materialverwaltung
    - Registratur für ruhende Unterstützungsakten
    - Kassen- und Rechnungsabteilung
    - Statistische Abteilung
    - Telefonzentrale
  - **Abteilung Mannheim-Land in Neckarau**
    - Nebenstellen:
      - Ladenburg
      - Hockenheim
      - Schwetzingen
      - Seckenheim
      - Weinheim (ab 1938)
    - Hilfsstellen In:
      - (1928–1943)
      - Lampertheim
      - Viernheim
  - **Kontrollstellen**
    - Waldhof
    - Sandhofen
    - Käfertal
    - Feudenheim

grenztes Arbeitsverhältnis zum Unternehmer oder öffentlichen Arbeitgeber einzurichten (Terminus jetzt: wertschaffende Erwerbslosenfürsorge). Folglich entsprachen Rechte und Pflichten den allseits gängigen Konditionen. Mittelbereitstellung betrieben Reichsanstalt, Reich und Länder. Vom Grundgedanken der Fürsorge her behielten diese ausgesprochen innovativen Schritte bis zur Gegenwart Bedeutung.

3.2. Wirtschaftskatastrophe, Massenarbeitslosigkeit und Korrekturversuche

Unter Berücksichtigung der genannten Umstellungen durch das AVAVG glitt das Mannheimer Arbeitsamt durchaus gut gerüstet und in neuer Gestalt einer staatlichen Unterinstanz mit in eine ökonomische Krise ab, deren am Ende katastrophale Auswüchse in dieser Phase um 1927 herum niemand auch nur ansatzweise erahnen konnte. Aus der Sicht der Mannheimer Handelskammer nahm der erosionsartige und im Sog der Weltwirtschaftskrise befindliche Umbruch nunmehr folgenden Gang:

1929
Das Jahr 1929 war ein Jahr bitterer Enttäuschung für die deutsche Wirtschaft". Probleme kamen zustande *„durch Überlastung mit Steuern und durch soziale Lasten verursachter Kapitalschwund".* Die Folge: *„Verödung der deutschen Börsen; erschreckendes Anwachsen von Konkursen und Vergleichen; bedrohliche Ebbe der Reichskasse".* Eine mögliche Strategie sah man in der schärferen Drosselung der Ausgaben sowie dem Umbau der Arbeitslosenversicherung, allerdings schätzte die Kammer die Aussichten für 1930 nicht sehr vielversprechend ein.

1930
„noch nie war das Urteil aller Firmen und Branchen so einmütig schlecht wie über das Jahr 1930". Geschäftsumfang und Ertrag der im Raum Mannheim angesiedelten Betriebe war fast ausnahmslos stark zurückgegangen, mit nur wenigen Ausnahmen zeigten die Geschäftsergebnisse höchst unbefriedigende Ergebnisse. Strategie: Steuersenkung und Lohnabbau.

1931
Anfang 1931 bestand angesichts der Dauer der Krise und des Tiefstandes der Wirtschaft einige Hoffnung auf langsamen Anstieg – zumal durch *Notverordnungen wesentliche Einsparungen in die Wege geleitet wurden".* Unter der Regierung Brüning erfolgte zur Überwindung der Finanzierungslücken im Haushalt im Juni 1931 die Abkoppelung der Arbeitslosenversicherung vom Staatsbudget, gleichzeitig wirkten die Kürzung der Leistungen bei Erwerbslosigkeit (Arbeitslosengeldbezug von ursprünglich 52 auf 26 und zuletzt 6 Wochen gekürzt), Lohnklassenabsenkung, kürzere Unterstützungsdauer für Saisonarbeiter, Verschärfung zur Pflicht der Arbeitsaufnahme kostenreduzierend. Im Oktober 1931 kam eine erweiterte Naturalversorgung der Arbeitslosen zum Tragen, zudem die Verschärfung der Rentenanrechnungen. Trotz der per sozialer Demontage erreichten Einsparungen konnte ein weiterer Erosionsprozeß im Wirtschaftsleben nicht aufgehalten werden: *„Weltwirtschaftskrise ungemein verschärft. Besonders bedrohlich ist die Finanzlage der Städte".* Mannheim konstatierte den sprunghaften Rückgang der Steuereinnahmen, der Haushalt blieb schließlich ungedeckt. Die Wirtschaft der Stadt lahmte praktisch auf allen Gebieten, und nicht zuletzt unterstrich abermals Mannheim den Sonderstatus einer überdurchschnittlich krisengeschüttelten Metropole: *„Rückgang Mannheims zum Teil erheblich über dem allgemeinen Rückgang".* Der leichte Optimismus zu Beginn des Jahres war zwischenzeitlich herber Enttäuschung gewichen: *„schon Ende 1931 (ist) unsere Wirtschaftslage sehr ungünstig geworden, so hat sich der Ausblick seitdem noch erheblich verschlechtert".*

1932
„Auch das Jahr 1932 hat eine Besserung nicht zu bringen vermocht. Es sind im Gegenteil auf allen Gebieten wirtschaftlichen Lebens weitere Rückgänge und Einschränkungen festzustellen (...) geradezu erschütterndes Bild von der Schrumpfung unseres Wirtschaftslebens".

Aus der Sicht einzelner Betriebe bewirkte die Krise anfänglich Auftragsrückgang, Kurzarbeit, dann Entlassung, die vorübergehende Schließung einzelner Abteilungen und mitunter gar diejenige des gesamten Werkes. Das sog. Krümper-System kam Anfang der 1930er Jahre in Übung, wonach Teile der Belegschaft vorübergehend „entlassen" wurden, um nach Ablauf der Arbeitslosengeldbezugsdauer wieder eingestellt zu werden. Auf diese Weise rotierten ganze Belegschaften. Exemplarisch für den Niedergang speziell des Mannheimer Maschinen- und Fahrzeugbaus steht die Unternehmensentwicklung des Automobilproduzenten Benz & Cie:[7]

„Ein äußerst gefährdetes Unternehmen war das Daimler-Benz-Werk in Mannheim. Die deutsche Automobilindustrie stand ab 1928 dem Zustrom billiger amerikanischer Wagen ziemlich hilflos gegenüber. Bei der Zersplitterung dieses Industriezweiges, 1924 stellten 86 PKW-Werke 146 Modelle her, und der zu teuren, weil meist veralteten Produktionsmethoden, überraschte das nicht. Bereits 1924 hatte die Zusammenarbeit von Daimler und Benz in Form einer Interessensgemeinschaft angefangen, die 1926 in die Fusion der beiden Firmen mündete. Als zur Strukturkrise in der Automobilindustrie noch die Weltwirtschaftskrise hinzukam, die sich als die große Marktbereinigung in der deutschen Automobilindustrie erweisen sollte, versuchten die um ihre Existenz ringenden Firmen mit allen Mitteln, ihre Produktionsstätten zu rationalisieren. Auch Daimler-Benz begann zu rationalisieren, wobei in erster Linie das Mannheimer Werk betroffen war. Eine Abteilung nach der anderen wurde nach Untertürkheim verlegt. Sehr erbost war man in Mannheim darüber, daß hier Facharbeiter entlassen wurden, während in Untertürkheim ungelernte Kräfte vom Land eingestellt wurden. Beschäftigte das Mannheimer Werk 1924 etwa 4500 Arbeiter, so wirkten sich Rationalisierung und Krise derart aus, daß die Stadt Mannheim mit der Daimler-Benz AG. Anfang 1930 einen Vertrag abschloß, der für die Firma finanzielle und steuerliche Erleichterungen vorsah, sofern die Beschäftigtenzahl nicht unter 1500 sinken würde. Aber schon im September 1930 betrug die Belegschaft nur noch 900 Mann, worauf die Stadt den Vertrag kündigte. Die Herstellung von Motoren und Getrieben wurde im Mannheimer Werk aufgegeben und die mechanische Abteilung aufgelöst. Eine Berliner Werkzeugmaschinenhandlung bot Ende 1930 Maschinen aus den Beständen des Werkes in Tageszeitungen an. Bis Oktober 1931 war die Zahl der Arbeiter auf 250 zurückgegangen. Das Werk war stark gefährdet, wie man bereits einem Bericht des badischen Gesandten in Berlin vom 2. 10. 1929 entnehmen konnte: ‚Mein Gewährsmann hat den Mannheimer Betrieb genau untersucht... Der Mannheimer Betrieb sei rückständig in allen Beziehungen; er nannte ihn eine „veraltete Bude", in der ein moderner Automobilbau gar nicht möglich sei. Wenn man den Betrieb wirklich vollenden und rationell gestalten wollte, so wäre es besser, das Werk wegzureißen und ein neues hinzubauen... Er hält die Lage der

Mannheimer Großkraftwerk im Krisenjahr 1933 – die Industrie hat die Talsohle der Konjunkturentwicklung erreicht.

Benz-Werke Mannheim in jedem Fall für verzweifelt und glaubt nicht daran, daß sie auf Dauer aufrecht erhalten werden können.' Durch Intervention der badischen Regierung wurde im September 1932 erreicht, daß der Vorstand der Daimler-Benz AG. von einer Verlegung bzw. Stillegung des Werkes einstweilen Abstand nahm."

Gleichermaßen geriet der Landmaschinenhersteller Heinrich Lanz in die Krise, nachdem insbesondere ein nachhaltiger Kaufkraftschwund der heimischen Landwirtschaft sowie geschmälerte Auslandsmärkte Auftragseinbußen drastischen Umfangs zur Folge hatten. Von 4000 Beschäftigten für 1925 ging die Belegschaft auf schließlich 700 Mitarbeiter im Dezember 1930 zurück, vorübergehend (Dezember 1930 bis März 1931) kam die Produktion ganz zum Erliegen[8]. Ähnlich fatal sah es in den meisten anderen Mannheimer Industriebetrieben aus.

Im Vergleich zum Beschäftigungsumfang in der Stadt Mannheim von 1925, die amtliche Statistik zählte hier insgesamt 118 593 Erwerbstätige, ging bis zum Krisenhöhepunkt des Jahres 1933 die Beschäftigung um annähernd 33 000 Personen zurück, was einer Quote von 28 Prozent entsprach (T 33). Äußerst massive Einbrüche verzeichneten hierbei die Metallverarbeitung, der Maschinenbau einschl. Fahrzeuge sowie das Baugewerbe und die Holzverarbeitung. Ferner degenerierten überdurchschnittlich Elektro, Chemie, Textil und Bekleidung am Ort. Mannheim als Produktionsstandort von Musikinstrumenten und Spielwaren (Schildkröt) spielte 1933 praktisch keine Rolle mehr. Lediglich Gaststätten wie Geschäfte des

T 33.
Beschäftigte in Mannheimer Betrieben und Arbeitsstätten 1925 und 1933

Branche	1925	1933	Veränderung absolut	%
Metallverarbeitung	4474	2265	– 2209	– 49,4
Maschinen, Apparate, Fahrzeuge	20538	8198	–12340	– 61,1
Elektrotechnik, Optik, Feinmechanik	7232	4525	– 2707	– 37,5
Chemie	8674	5462	– 3312	– 37,1
Textil	2852	1882	– 970	– 34,0
Baugewerbe	7072	3651	– 3421	– 48,4
Bekleidung	6827	4832	– 1995	– 29,3
Papier, Druck	5337	4608	– 729	– 13,7
Holzverarbeitung	3336	1230	– 2106	– 63,1
Musikinstrumente, Spielwaren	965	27	– 938	– 97,2
Nahrung, Genußmittel	7156	8292	+ 1136	+ 15,8
Verkehrswesen	9911	10037	+ 126	+ 1,1
Handel, Banken, Versicherungen	26171	23824	– 2347	– 9,0
Gaststätten	2756	3302	+ 546	+ 19,8
Sonstige	3473	2630	– 843	– 24,3
Gesamt	118593	85780	–32813	– 28,0

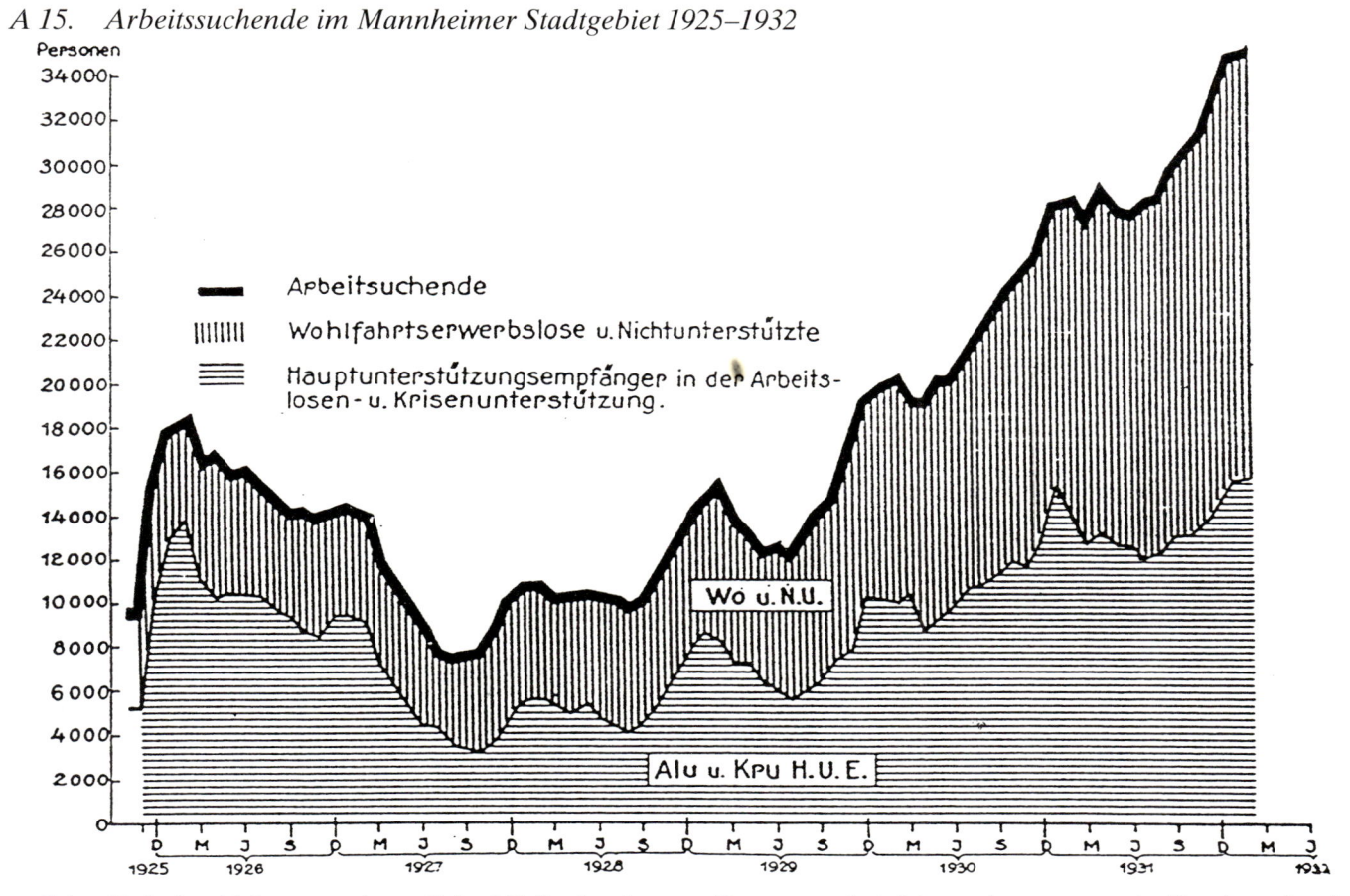

A 15. Arbeitssuchende im Mannheimer Stadtgebiet 1925–1932

täglichen Bedarfs erhielten vermehrten Zulauf. Teilweise ging der Belegschaftsabbau ausgesprochen ruckartig vonstatten, wie die Neue Mannheimer Zeitung am 21. Januar 1931 berichtete:

„*Die fluktuierende Bewegung auf dem Arbeitsmarkt des Mannheimer Industriegebietes kommt in folgenden Ziffern zum Ausdruck: Neuzugang von unterstützungsberechtigten Personen während der Zeit vom 16. Dezember bis 15. Januar in beiden Unterstützungsarten 10 733 Personen, Abgang 6 361 Personen. Die Arbeitsmarktlage hat sich im Arbeitsmarktbezirk in der ersten Januarhälfte noch erheblich verschlechtert. Die Hauptursache der Verschlechterung ist auf die fast restlose Entlassung der Arbeiter- und Angestelltenschaft (rund 5000) der Tabakindustrie zurückzuführen, die wegen der Tabaksteuererhöhung nach der Jahreswende zur Schließung ihrer Betriebe überging*".

Von den Gewerbestandorten um Schwetzingen und Hockenheim war hier die Rede, die beide seit 1923 dem Arbeitsamtsbezirk angehörten. Aber auch Mannheimer Vororte wie Sandhofen und Seckenheim galten als traditionelle Tabakbaugemeinden mit direkt angeschlossenen Verarbeitungsbetrieben.

Deutliche Spuren hinterließ diese in ihrer Konsequenz erschütternde Wirtschaftskrise auf dem Arbeitsmarkt. Gemessen an der Höhe arbeitsuchender Personen zeigte das Mannheimer Stadtgebiet direkte Rückkoppelungen den Konjunkturverlauf betreffend (A 15, T 34). Nach Überwindung des Konjunktureinbruches von 1925/26 setzte ein bis zum Sommer 1928 reichender Aufschwung ein, der zu einer nachhaltigen Entlastung des Arbeitsmarktes führte. Dann, zeitgleich mit ersten Ausschlägen der Weltwirtschaftskrise 1929, folgte für die Dauer von drei Jahren eine permanente Zunahme der Arbeitslosigkeit, deren Kulminationspunkt schließlich das Jahr 1932 darstellte. Ausgehend von 1928 notierte die Statistik bis zum Jahr 1932 reichlich eine Verdreifachung der Arbeitslosenquote, dies im Bezirk wie in der Stadt selbst. Die Arbeits-

T 34.
Arbeitssuchende im Mannheimer Arbeitsamtsbezirk 1923–1933

Zeitpunkt (Jahr/Quartal)	Arbeitsamtsbezirk Gesamt	Männer	Frauen	Stadt Mannheim Gesamt	Männer	Frauen
1923	7394	5426	1967			
1924	9863	7665	2198			
1925	9184	6772	2412			
1926	21052	15057	5995			
1927	12000	8307	3692			
1928	13584	9689	3895			
1929	19025	13840	5165			
1930	27702	21584	6118	21615	16609	5006
1931 I	37981	28468	9513	28094	22206	5888
II	36814	28537	8277	27939	22015	5924
III	36931	28387	8544	28459	22179	6280
IV	40533	32233	8300	31762	25110	6652
1932 I	45786	35700	10086	35407	27615	7792
II	44738	34848	9890	34995	27099	7896
III	43163	33742	9421	34204	26280	7924
IV	43126	34447	8679	34190	26767	7422
1933 I	45352	36230	9122	36230	27524	7815
II	43831	34669	9162	34170	26384	7786
III	40907	32320	8587	32652	25061	7591

Tägliches Ritual – „Stempeln" der Erwerbslosen im Mannheimer Arbeitsamt Anfang der 1930er Jahre.

losenquote für 1932 ist näherungsweise auf 28 Prozent (!) zu veranschlagen[9]. Anzeichen einer konjunkturellen Trendwende für 1933 glaubten die Wirtschaftsexperten allerdings bereits Mitte 1932 erkannt zu haben.

Mannheims Sonderstellung als im Gefolge des Ersten Weltkrieges drastisch über den Durchschnitt hinaus benachteiligter Wirtschaftsstandort blieb verstärkt noch im Sog der Weltwirtschaftskrise erhalten. Mit weitem Abstand führte der Arbeitsamtsbezirk im innerbadischen Vergleich die Arbeitslosenstatistik des Jahres 1932 an (A 16). Um mehr als dreißig Prozent lag die Arbeitslosigkeit Mannheims über der Karlsruhes als demjenigen Bezirk zweithöchster Arbeitslosigkeit im Lande. Auch reichsweit dürfte Mannheim, wie dies bereits für 1926 festgestellt werden mußte, mit an führender Stelle gelegen haben.

Die Ursachen der speziellen Mannheimer Problematik waren, wie an anderer Stelle bereits ausgeführt, ausgesprochen vielfältiger Art. Ein Aspekt resultierte bekanntermaßen aus der Zusammensetzung des gewerblich-industriellen Sektors am Ort, der exportlastig mit großbetrieblichem Schwerpunkt nach wie vor in der Hauptsache investitionsgüterbezogen produzierte. Übermäßig traten im Bereich der Männererwerbslosigkeit Personen minder qualifizierter Tätigkeit mit Durchschnittswerten von etwa dreißig Prozent an der Gesamtzahl jeweiliger Arbeitslosigkeit in den Vordergrund – Hilfsarbeiter waren immer die ersten Krisenopfer. Metallverarbeitung und Maschinenbau als gewerblich-industrielle Leitbranche setzten ebenfalls ein beachtliches Beschäftigungskontingent frei.

Während das Baugewerbe nun die typischen Saisonschwankungen aufwies und gerade ab 1929 hohe Erwerbslosenquoten hervorbrachte, trat beim Verkehrsgewerbe trotz einer fortwährend erschwerten Konkurrenzlage doch eine relative Stabilisierung ein. Das Hauptproblem im Bereich des Konjunkturberufes des Kaufmännischen Angestellten lag unverändert in minderer Qualifikation. Als Hauptmanko erschien nach wie vor fehlende Kompetenz in Kurzschrift und Schreibmaschine. Anders die Verhältnisse der Frauenarbeitslosigkeit, die in der Summe weniger stark durch Industriebeschäftigung bestimmt wurde und zudem anteilig betrachtet auch nur etwa ein Viertel der Gesamtarbeitslosigkeit markierte. Dienstleistungsberufe standen im Vordergrund, Konjunktureinbrüche bewirkten aber auch hier als Sekundäreffekt verstärkt Erwerbslosigkeit. So konnten sich in der Krise zunehmend weniger Bürger den Luxus einer Hausangestellten leisten, und im Falle der Arbeitslosigkeit des Ehemannes begaben sich keineswegs nur vereinzelt deren Frauen auf Arbeitssuche. Dennoch zeigte auch bei Frauen die Entwicklung der Erwerbslosigkeit über Zeit eindeutig strukturelle Züge auf. Strukturelle Arbeitslosigkeit hatte sich im Sog der Weltwirtschaftskrise im Mannheimer Wirtschaftsleben jetzt endgültig tief vergraben.

Ein weiteres Strukturmerkmal der Erwerbslosigkeit vor Ort war die Entstehung der besonders problematischen Langzeitarbeitslosigkeit, die insbesondere seit 1929 wegen der mehrjährig ununterbrochenen Dauer bzw. auch Verschärfung der Krise beständig an Brisanz gewann. Indikativ für diese Tatsache existierte die Zunahme der Wohlfahrtserwerbslosen (T 35). In die Arbeitslosigkeit abgerutscht, stand dem Erwerbslosen zunächst über die Reichsversicherung finanziert für eine festgelegte, allerdings nach 1927 mehrfach zusammengestrichene Dauer Arbeitlosenunterstützung zu. Nach Ablauf dieses Leistungsbezuges folgte die in der Höhe gekürzte Krisenunterstützung (bestand seit 1926, Gemeindeaufwand ein Fünftel der Kosten), um schließlich nach Verstreichen dieser Zweitabsicherung in die Wohlfahrtserwerbslosigkeit zu münden. Auf dieser untersten Stufe sozialer Sicherung angelangt begleitete den Erwerbslosen der Status des Armen, mitunter Persönlichkeitsabwandlungen und oftmals erschwerte Reintegration in den Arbeitsmarkt stellten sich ein. Insofern reichsweit, und darüberhinaus in Mannheim noch über dem Durchschnitt liegend, die Anzahl wohlfahrtsunterstützter Erwerbsloser beinahe schon sintflutartig seit 1929 zunahm, reflektiert dieses Geschehen die nachhaltige Verfestigung der Langzeitarbeitslosigkeit. Aus der Sicht der

---

T 35.

Formen der Erwerbslosenunterstützung im Deutschen Reich und im Arbeitsamtsbezirk Mannheim 1929–1933

	Deutsches Reich				AA Mannheim			
	Gesamtz. (in 1000)	ALU (%)	KRU (%)	WE (%)	Gesamtz. (in 1000)	ALU (%)	KRU (%)	WE (%)
1929	2315	77	9	14				
1930	3711	58	18	24	19,641	61	16	23
1931	4845	34	31	35	28,661	30	28	42
1932	4873	16	26	58	32,708	11	25	64
1933					28,643	10	33	57

ALU = Arbeitslosenunterstützung
KRU = Krisenunterstützung
WE = Wohlfahrtserwerbslose

A 16. Arbeitslosigkeit in den badischen Arbeitsamtsbezirken des Jahres 1932

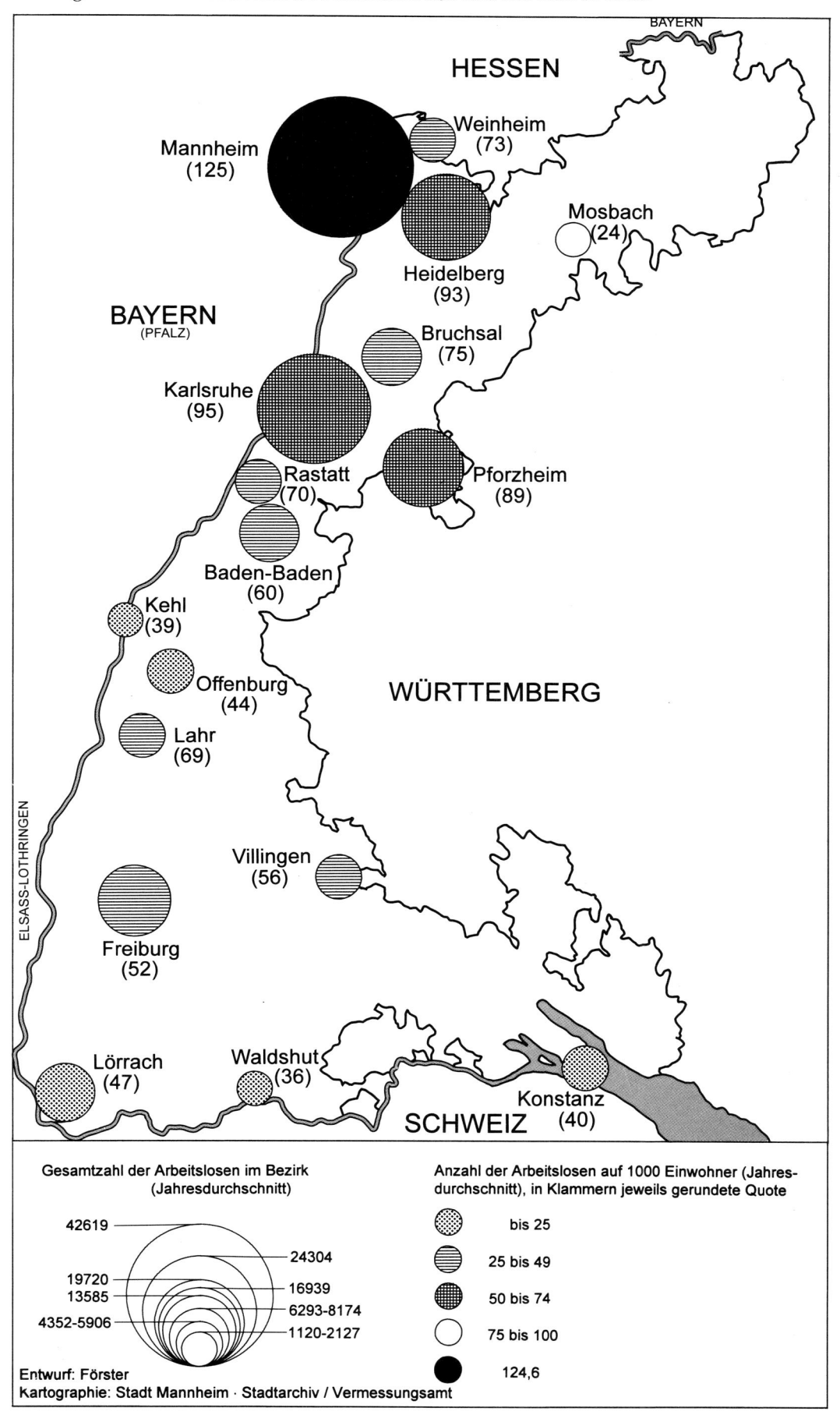

Arbeitslosenquoten je 1000 Einwohner (Jahresdurchschnitt):

- Mannheim (125)
- Weinheim (73)
- Heidelberg (93)
- Mosbach (24)
- Bruchsal (75)
- Karlsruhe (95)
- Pforzheim (89)
- Rastatt (70)
- Baden-Baden (60)
- Kehl (39)
- Offenburg (44)
- Lahr (69)
- Villingen (56)
- Freiburg (52)
- Lörrach (47)
- Waldshut (36)
- Konstanz (40)

Gesamtzahl der Arbeitslosen im Bezirk (Jahresdurchschnitt)
- 42619
- 24304
- 19720
- 16939
- 13585
- 6293–8174
- 4352–5906
- 1120–2127

Anzahl der Arbeitslosen auf 1000 Einwohner (Jahresdurchschnitt), in Klammern jeweils gerundete Quote
- bis 25
- 25 bis 49
- 50 bis 74
- 75 bis 100
- 124,6

Entwurf: Förster
Kartographie: Stadt Mannheim · Stadtarchiv / Vermessungsamt

Kommunen trug der erhöhte Aufwand zur Finanzierung der Wohlfahrtserwerbslosigkeit beträchtlich zu den Haushaltsdefiziten bei.

Eine weitere problembeladene Erscheinung dieser Jahre entstand mit der Jugendarbeitslosigkeit. Jeder sechste Erwerbslose 1930/32 zählte weniger als 21 Jahre. Der Gedanke wurde entwickelt, die Volksschulpflicht um ein neuntes Jahr zu verlängern. Hinter jedem zweiten der rd. 300 000 für 1931 in Deutschland berufstätigen Akademiker stand ein arbeitsloser Kollege mit Vollstudium[10]. Im Jahr 1924 studierten 81 500 Personen an Universitäten, acht Jahre später registrierte man 122 800 Einschreibungen. Die Reichsanstalt überwies jeder Wissenschaftseinrichtung drei bis vier Reichsmark Tagessatz für den Fall, daß zusätzlich ein unterstützungswürdiger Akademiker angestellt wurde. Als pädagogische Maßnahme der Aktivierung jugendlicher Erwerbsloser unter 25 Jahren entstand im August 1931 der Freiwillige Arbeitsdienst (FAD), dessen Tätigkeit kollektiv über Lager organisiert, auf die Durchführung gemeinnütziger Arbeiten zielte. Der Maßnahme gehörten im März 1932 bereits 27 000 Personen an, nach Wegfall sämtlicher Zugangsbeschränkungen katapultierte der Kreis auf 250 000 im Oktober 1932 Gezählte hoch. Der Mannheimer Stadthistoriker Friedrich Walter berichtet hierzu:[11] „Seit Anfang Januar (1932) entsendet das Hilfswerk Gruppen von Erwerbslosen zum Holzschlag in die Waldungen bei Zwingenberg am Neckar (...) Auf diese Weise können wöchentlich 3000 Zentner Holz nach Mannheim geliefert werden". Im Sommer des Jahres begann der Freiwillige Arbeitsdienst mit der Melioration des Sandtorfer Bruches im späteren Stadtteil Blumenau. Hierzu auch die Neue Mannheimer Zeitung vom 10./11. September 1932:

„Ingenieurdienst in Mannheim
Seit längerer Zeit ist das Arbeitsamt bestrebt, den überall im Reich angeregten und organisierten ‚Ingenieurdienst' auf breitere Basis zu stellen. Der Ingenieurdienst, dem alle namhaften technischen Organisationen angeschlossen sind, erstrebt stellenlosen Ingenieuren und Technikern Arbeit zu vermitteln, die ihrer praktischen und technischen Ausbildung förderlich ist. Als Vergütung sind, ähnlich wie beim Freiwilligen Arbeitsdienst, Vergütungen bis zu 2 Mark je Tag vorgesehen. Die Arbeiten sollen Projektierungen, Planungen von Maschinen und Werkstätten, Entwürfe technischer Art sein. Die Stadt Mannheim beschäftigt zur Zeit vier junge Ingenieure, die die Projekte für die Arbeiten am Sandtorfer Bruch ausarbeiten."

Andere Aktivitäten des Mannheimer FAD gingen nach der Friesenheimer Insel. Zeitweise deutlich über 1500 Personen gehörten dem FAD 1932 am Ort an. Erfassung und Überweisung der Aktivisten organisierte das hiesige Arbeitsamt.

Obwohl dem FAD gute Arbeit bescheinigt wurde, konnte die überwiegende Mehrzahl der jungen Menschen wegen der Begrenztheit der Aktion nicht in die Tätigkeiten eingebunden werden bzw. gingen die FAD-Absolventen nach Beendigung des Lagers (Dauer 20 bis 40 Wochen) wieder in den Kreis der Erwerbslosen ein. Um hier weitere Abhilfe zu schaffen, kam es nach einem Aufruf des Reichspräsidenten Hindenburg und der Regierung Schleicher zur Bildung des „Notwerkes der deutschen Jugend". Unter der Federführung der jeweiligen Arbeitsämter sollten sämtliche Berufsbildungsaktivitäten aller hier engagierter Organisationen koordiniert werden, um über entsprechende Kursangebote die berufliche Weiterbildung zu intensivieren. Sog. Kameradschaften hatten zudem den Zweck, über Loyalitätsbildung innerhalb der einzelnen Gruppen die psychosoziale Reintegration in den Arbeitsmarkt zu begünstigen. Zu Beginn des Jahres 1933 gab die Neue Mannheimer Zeitung vom 21. Februar die Existenz folgender Kameradschaften im Arbeitsamtsbezirk Mannheim bekannt:

– Sulzerkurs	50 Teilnehmer
– Gärtnerkurs	25
– Schreinerkurs	25
– Kameradschaft kaufmännischer Angestellter (männl.)	25
– Kameradschaft kaufmännischer Angestellter (weibl.)	25
– Orts-Caritasausschuß Hockenheim	18
– Hilfswerk Wertheim	80
– Reichsbanner, 8 Kameradschaften	75
	= 323 Teilnehmer

Nur zögerlich liefen die Koordinierungsversuche an, direkte Erfolge die Reintegration Einzelner in den Arbeitsmarkt betreffend waren schwerlich von diesem Vorstoß zu erwarten.

Bereits im November 1930 hatte die „Notschule für Erwerbslose in Mannheim" ihre Tätigkeit aufgenommen[12]. Im Hintergrund sah man das Problem, daß „die Arbeitslosen einen politisch äußerst labilen Bestandteil bilden". Deshalb hielt man es für geboten, „Maßnahmen, die geeignet sind (zu treffen), die Freizeit der Arbeitslosen auszufüllen mit geistiger und beruflicher Fortbildung und geistiger und künstlerischer Unterhaltung". Lebenswillen und Lebenstüchtigkeit sollten gestärkt werden. Qualifizierte Erwerbslose und ehrenamtliche Kräfte unterrichteten einen ganzen Kanon von Fächern: Sprachen, Bevölkerungslehre, Hygiene, Gymnastik, Rechtschreibung, Stilistik, Literatur, Rechnen, Physik, Chemie, Naturkunde, Stenographie. Ein Frauenkurs mit den Angeboten Nähen, Kochen, Säuglingspflege und Mütterberatung ergänzte das Spektrum. Themen der Politik und Religion blieben ausdrücklich und aus gutem Grunde ausgespart. Die Stadt Mannheim als Träger, die Initiative zur Gründung des Vereins ging ursprünglich auf den Oberbürgermeister Dr. Heimerich und den Direktor der Volkshochschule Privatdozent Dr. Eppstein zurück, hoffte auf diese Weise einen konstruktiven Beitrag zur Linderung des Arbeitslosenproblems hier in sozialpädagogischer Weise beizusteuern. Mitte 1932 allerdings schloß die Mannheimer Notschule ihre Pforten, dem Projekt blieb die erhoffte Resonanz versagt.

Als bewährtes Instrument, den Arbeitsmarkt zumindest temporär zu entlasten und gleichermaßen die Wiederaufnahme fester Anstellungsverhältnisse zu begünstigen, hatten sich besonders augenscheinlich nach Beendigung des Ersten Welt-

T 36.
Notstandsarbeiter im Deutschen Reich 1918/19–1932

Jahr	1918/19	1926	1928	1929	1930	1931	1932
Notstandsarbeiter	ca. 300 000	170 000/120 000	62 694	51 897	32 752	40 740	48 570

krieges Notstandsarbeiten erwiesen. Daß der wertschaffenden Erwerbslosenunterstützung jedoch in keiner Weise eine der Höhe der Arbeitslosigkeit angemessene Berücksichtigung nach 1927 eingeräumt wurde, resultierte zumindest in Teilen aus Finanzierungsengpässen des Versicherungssystems. Andererseits hatte der amerikanische Ökonom Keynes unter dem Eindruck der Weltwirtschaftskrise die tieferen Ursachen der Massenarbeitslosigkeit untersucht. Seine Krisenstrategie empfahl die Förderung der volkswirtschaftlichen Gesamtnachfrage durch Staatsaufträge und eine expansive Geldpolitik. In Deutschland hielten die seit 1930 an der Macht befindlichen Regierungskreise von solchen Interventionen nichts, von daher räumten die Verantwortlichen auch Notstandsarbeiten lange keine sonderliche Bedeutung ein. So gesehen blieb der Beitrag relativ bescheiden, der über die Vergabe von Notstandsarbeiten der Massenarbeitslosigkeit entgegenwirkte (T 36).

Analog dieser Entwicklung fielen Notstandsarbeiten im Mannheimer Arbeitsamtsbezirk nun in den Jahren nach 1927 relativ bescheiden aus. Lediglich einem Projekt, das ebenso wie erneut aufgelegte Straßen- und Kanalarbeiten der Aufwertung der öffentlichen Infrastruktur diente, kam vorerst eine etwas höher zu veranschlagende Bedeutung zu: Der Ausbau und die Modernisierung des Schienennetzes der Oberrheinischen Eisenbahn-Gesellschaft (OEG). Folgende Einzelmaßnahmen sollten angegangen werden:[13]

- Elektrifizierung der bestehenden Dampfbahnstrecken (A 17)
- Ausbau der Strecke Mannheim - Heidelberg über die Verbindung Seckenheim - Wieblingen
- Bau einer elektrischen Bahn Mannheim - Ladenburg - Schriesheim
- Bau einer elektrischen Bahn Mannheim - Rheinau -Brühl - Schwetzingen
- Bau einer elektrischen Bahn Mannheim - Sandhofen - Lampertheim

Die Stadt Mannheim übernahm die Bürgschaft für ein von der OEG aufzunehmendes Darlehen in Höhe von 15 Mio. Reichsmark, Anfang 1927 stimmte der Bürgerausschuß dem für die Region durchaus bedeutsamen Projekt zu. Die Anzahl der einzustellenden Notstandsarbeiter schien von vornherein recht begrenzt, was augenfällig in der Natur der auszuführenden Facharbeiten lag. Eine ganze Reihe von Auftragsvergaben nach außen (Waggonfabrik Fuchs AG. Heidelberg, BBC, Josef Vögele, Grün & Bilfinger etc.) trugen zusätzlich zur Sicherung dortiger Beschäftigung bei. Die Beendigung des Projektes reichte schließlich über 1932 hinaus, Teilprojekte wiederum fielen dem Rotstift zum Opfer. Durchschnittlich 100 Personen konnten als Notstandsarbeiter zu den Projekttätigkeiten herangezogen werden.

Ein weiteres Projekt größeren Umfanges beschloß der Mannheimer Stadtrat im Juli 1930, das auf die Herstellung und den Ausbau von Straßen und Kanalbauten unter Berücksichtigung von Anlagen und Plätzen zielte[14]. Für die Dauer eines halben Jahres beabsichtigte man 550 Personen zu beschäftigen (A 18). Zur Entlastung der Stadtkasse sollten die Notstandsarbeiten ausschließlich aus dem Kreise der Wohlfahrtserwerbslosen rekrutiert werden, die vorzugsweise Durchführung von Erdarbeiten garantierte maximale Beschäftigungshöhe. Die Anlage von Nebenerwerbssiedlungen, jenes vor allem in den großen, von Massenarbeitslosigkeit besonders nachhaltig

A 19.
Grundschema der Nebenerwerbssiedlungen Stand 1931

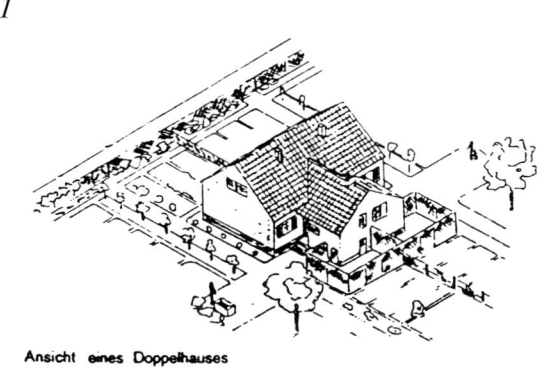

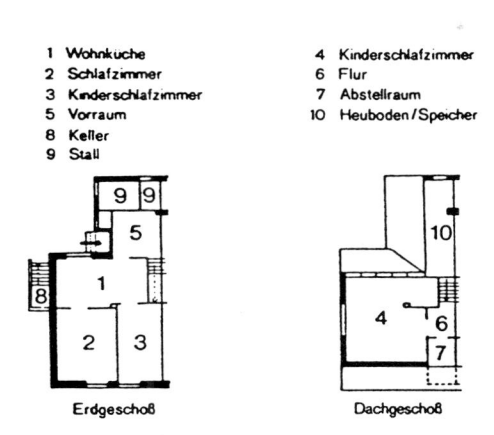

Ansicht eines Doppelhauses

1 Wohnküche
2 Schlafzimmer
3 Kinderschlafzimmer
5 Vorraum
8 Keller
9 Stall
4 Kinderschlafzimmer
6 Flur
7 Abstellraum
10 Heuboden/Speicher

Erdgeschoß   Dachgeschoß

geplagten Städten sah die 3. Verordnung des Reichspräsidenten vom 6. Oktober 1931 vor[15]. Auf der Grundlage verschiedener Notverordnungen erfolgte reichsweit der Bau von insgesamt 30 000 Siedlerstellen, dies zumeist in Stadtrandlagen. Die Siedlerstellen basierten weitgehend auf einheitlichen Grund- und Aufrissen (A 19), die Finanzierung beabsichtigte das Reich über langfristige Darlehensvergaben abzusichern. Aus dem Kontingent arbeitsloser Männer wählte das Mannheimer Arbeitsamt in Absprache mit der Fürsorgestelle nach Berufen geeignete Personen (anfänglich bes. Bauhandwerker) aus, die in Eigenarbeit bzw. Nachbarschaftshilfe die Hausbauten errichteten. Dem Haus wurde ein Gelände von 15 Ar zum Zweck partieller Eigenversorgung beigegeben, nach einer mehrjährigen Frist sollte die zunächst auf 30 Jahre in Erbpacht vergebene Liegenschaft ganz in das Eigentum des Pächters übergehen. Auf dieser Basis gingen in Mannheim 1930/31 folgende Projekte in Arbeit:

- Käfertal: Bäckerwegsiedlung, Sonnenschein
- Rheinau: Pfingstbergsiedlung
- Neckarau: Waldwegsiedlung
- Friedrichsfeld: Alteichwald
- Seckenheim: Suebenheim
- Sandtorf: Vorarbeiten Melioration zum Stadtteil Blumenau

Von Seiten der Stadt wurde Gelände für insgesamt 300 Siedlerstellen zur Verfügung gestellt, die zügige Aufnahme der Arbeiten stieß allerdings auf eine anfänglich doch recht zähe Mittelvergabe des Reiches.

A 17.

OBERRHEINISCHE EISENBAHN-GESELLSCHAFT A.-G.

Bestehende und geplante Vorortlinien der Oberrheinischen Eisenbahn-Gesellschaft.

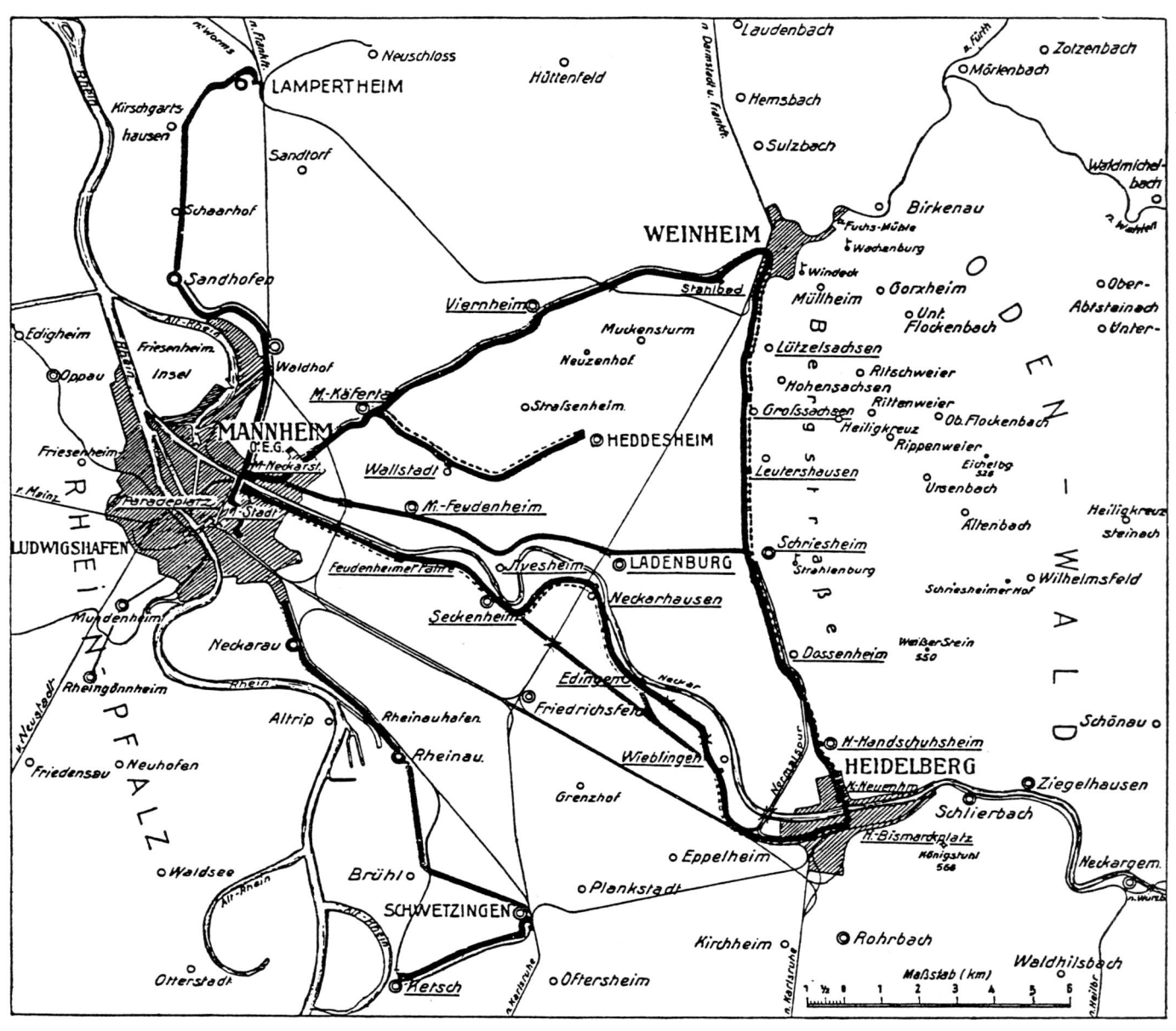

▬▬▬ Bestehende elektrische Bahnen.
▭▭▭ Dampfbahnen, welche elektrisiert werden sollen
▬▬▬ Geplante neue elektrische Bahnen.

A 18.

Uebersicht
der für die Beschäftigung von Wohlfahrtserwerbslosen vorgesehenen Arbeiten für den Winter 1930/31:

I. Herstellung von Anlagen und Plätzen:

	Ungefährer Kostenaufwand RM	Ungefähre Zahl der Tagewerke
1) Fortsetzung des Herzogenriedparks	150 000	5 000
2) Herrichtung des Geländes vor der Ausstellungshalle	100 000	6 600
3) Ausgestaltung des Geländes vor und hinter der Wohlgelegenschule	85 000	1 700
4) Einebnungsarbeiten am Flugplatz	35 000	2 000

II. Anschüttung von Straßendämmen:

5) Anschüttung der Möhlstraße und Herstellung des Platzes beim Möhlblock	162 000	5 000
6) Anschüttung der Straße „Am Aubuckel"	70 000	2 900

III. Sielbauten:

7) IV. und V. Bauabschnitt der Kanalisation in Sandhofen (Kredit bereits vom Bürgerausschuß genehmigt)	136 000	2 220
8) Erd- und Kanalarbeiten in der 27. bis 29. Sandgewann bei der Albrecht-Dürerschule, einschl. Straße „Auf dem Sand"		
a) Kanäle	90 500	2 500
b) Anschüttung der Straße „Auf dem Sand" halbe Breite	38 000	1 500
9) Erd- und Kanalarbeiten in der Eckgewann (östliches Ende von Feudenheim)		
a) Kanäle	64 000	1 800
b) Straßenanschüttung	27 000	1 800
10) Herstellung von Kanälen in der Neckargewann	84 000	2 400
11) Herstellung der Kanäle in der V. Sandgewann (beim Bahnhof Mannheim-Käfertal) (Kredit bereits vom Bürgerausschuß genehmigt)	24 500	700

IV. Weitere Straßenbauten:

12) Schaffung einer Ausfallstraße bei Käfertal in der Verlängerung der Rollbühlstraße (Umgehungsstraße)	300 000	10 000
13) Erd- und Kanalarbeiten in der südlichen Stadterweiterung:		
a) Speyerer Straße	138 000	5 600
b) Straßen im Umlegungsgebiet zwischen Germania-, Bebel- und Meeräckerstraße	177 000	5 700
c) Kleingartengelände im Rottfeld	100 000	6 000
14) Fortführung der Meeräckerstraße	159 000	5 400
15) Verbindungsweg von Neckarau zum Franzosenweg einschl. Parkplatz am Rheindamm	63 000	2 100
	2 003 000	70 920

Zahl der für 26 Wochen zu beschäftigenden Personen: etwa 550.

Daß unter dem Vorzeichen permanenter Wirtschaftserosion und den von vornherein stark begrenzten Interventionen arbeitsmarktbezogener Korrektur nun der Arbeitsvermittlung eine tendenziell rückläufige Rolle zukommen mußte, durfte keineswegs überraschen. Zwar verzichtete die Mannheimer Amtsstatistik jetzt erstmals auf die Nennung der gewerbsmäßigen Konkurrenz in den Monatsberichten, und auch Innungen und Sonstige blieben in ihrer Bedeutung mehr oder minder außen vor, dies jedoch änderte nichts am nachlassenden Vermittlungsgeschäft des Arbeitsamtes selbst (T 37).

Gemessen an der Vermittlungshäufigkeit rutschte das Ergebnis des Jahres 1932 auf etwa ein Drittel der Werte für 1928 ab, im Höhepunkt der Krise entsprach das Vermittlungsgeschäft gerade noch den Geschäftsaktivitäten der Vorkriegszeit.

Eine weitere Problematik existierte seit längerem auf der Ebene der Berufsberatung und Lehrstellenvermittlung. Die Neue Mannheimer Zeitung vom 24. Oktober 1932 gab in dieser Angelegenheit bekannt:

„Mit Recht macht die hiesige Berufsberatungsstelle allen Ernstes auf den kommenden Lehrlingsmangel, der vielfach zu leicht genommen werde, aufmerksam; er könne für die bei der Jugend wenig beliebten aber mitunter lebenswichtigen Berufe katastrophal werden. Eine graphische Darstellung zeigt, daß 1928: 1700, 1931 aber nur 850 Knaben aus der Mannheimer Volksschule entlassen werden. (1930 steigt die Zahl wieder auf 1750, etwa dem Stand von diesem Jahre). Bei etwa gleichbleibendem Bedarf und unveränderten Berufswünschen der Jungen können in den Jahren 1929 bis 1932 alle Berufsanwärter in den Modeberufen untergebracht werden und die anderen Berufe gehen leer aus!"

Mitunter hatte die starke Nachfrage bei einigen speziellen Berufen sogar dazu geführt, ein Lehr- und Kostgeld von den Eltern der Jugendlichen zu verlangen. Zu den Modeberufen bei Knaben zählten: Autoschlosser, Buchdrucker, Schriftsetzer, Elektroinstallateur, Feinmechaniker, Friseur, Koch und Konditor. Die genannten Berufe übten wegen einer begrenzten körperlichen Beanspruchung und vergleichsweise günstigen Zukunftschancen eine hohe Anziehungskraft auf den orientierungssuchenden Nachwuchs aus, während andere Berufe wie Former, Kernmacher, Dreher, Fräser, Schleifer, Schmied, Kesselschmied, Kunst- und Bauschlosser, ferner Schlächter, Bäcker und Schneider mit prekären Nachwuchssorgen zu kämpfen hatten. Bei Mädchen wiederum erfreuten sich Schneiderberufe, Friseusen und graphische Gewerbe besonderer Beliebtheit. Ganz wesentlich wurde die Berufsberatung der einzelnen Arbeitsämter von diesem Mißverhältnis berührt: „Um einen Ausgleich zwischen den Modeberufen und nachwuchsbedürftigen und unbeliebten Berufen herbeizuführen, bedurfte es einer intensiven berufskundlichen Aufklärung. Die Einzelberatung war notwendigerweise in weitem Umfang eine Umberatung"[16]. Der Einzelberatung vorgeschaltet dienten von Fachreferenten dargebotene berufskundliche Vorträge der Maßgabe, ein breites Berufsspektrum zu präsentieren und zusätzlich die einzelne Tätigkeit in angemessener Tiefe zu erläutern. Ausführliche Berichterstattungen in der Lokalpresse zu den jeweiligen Vortragsabenden machten einer erweiterten Öffentlichkeit das Informationsangebot bekannt.

Mit einem weiteren Kursangebot verfolgte das Mannheimer Arbeitsamt die Absicht, speziell die Reintegration bestimmter Erwerbslosengruppen durch berufliche Schulungen zu begünstigen. Hierzu die Neue Badische Landeszeitung vom 20. Dezember 1930: „Die Not der Arbeitslosen besteht ja nicht nur im Mangel an Existenzmitteln; die Mutlosigkeit nach vielen Mißerfolgen schafft Minderwertigkeitsgefühle, ja schafft auf die Dauer wirkliche Minderwertigkeit, da die Schulung, die in der täglichen Berufsarbeit liegt, fortfällt, und da die vorhandenen Kenntnisse vielleicht in unserer vom Tempo gehetzten Zeit überholt werden". Das Aufkommen bzw. die erste Verfestigung struktureller Arbeitslosigkeit im Gefolge des Konjunktureinbruches 1925/26 hatten zur festen Institutionalisierung der Berufsschulung für Erwerbslose im Mannheimer Arbeitsamt geführt. Jugendlichen unter 25 Jahren machte das Arbeitsamt den Besuch der sog. Arbeitsschule zur Pflicht, Älteren wurde die Teilnahme freigestellt. Das Kursangebot im Unterrichtszyklus Oktober/November 1930 umfaßte 36 Kurse mit 1350 Teilnehmern, hierunter:

15 Kurse mit	565 Teilnehmern in	Einheitsstenographie
10	380	Maschinenschreiben
2	90	Durchschreibebuchführung (für gelernte Buchhalter)
4	170	Plakatschrift (für gelernte Verkäufer)
2	20	Schaufensterdekoration
1	55	Betriebslehre (für Maschinentechniker)
1	35	Statik und Festigkeitslehre für Maschinentechniker
1	35	Stahl- und Baukonstruktionslehre für Bautechniker

T 37.
Arbeitsvermittlung im Arbeitsamtsbezirk Mannheim 1927–1933

Arbeitsamt Mannheim	1927	1928	1929	1930	1931	1932	1933
Männer	33 603	27 349	28 987	18 445	11 260	6 703	10 184
Frauen	20 691	21 511	22 793	16 543	12 158	9 430	10 565
Summe	54 294	48 860	51 780	34 988	23 418	16 133	20 749
Martha- und Theresienhs.	3 963	4 101	2 914	2 260	1 980	1 486	1 647
Bäckerinnung	187	155	116	30	29	17	k.A.
Fleischeringg.	346	600	528	406	396	271	k.A.
Verband der weibl. Büro- und Handelsangestellten	352	299	325	239	152	107	107

Wartehalle der Stellenvermittlung für Männer im Mannheimer Arbeitsamt – die Hoffnung auf Arbeit ist gering (Aufnahme zu Beginn der 1930er Jahre)

Obwohl im allgemeinen den Kursstafetten der Arbeitsschule ein gutes Urteil attestiert wurde, keimte zumindest vereinzelt auch Kritik an mancherlei Aktivitäten auf. Die KPD-orientierte Mannheimer Arbeiter-Zeitung vom 20. November 1928 berichtete unter dem Aufmacher: „Mannheimer Arbeitsamt bereitet Erwerbslose zu Kanonenfutter vor". Was war geschehen? Im Rahmen der Berufsumschulung hatte das Arbeitsamt mehrere Vortragsredner engagiert, deren Themenpräsentation den Unmut der Zeitungsredaktion auslöste. Zu folgenden Berufsbildern nahmen die Referenten Bezug:

„Der Flugzeugführer" (mit Lichtbildern)
Major a.D. Graetz, Leiter des Flughafens Mannheim

„Die Laufbahn der Reichswehr"
Major Schaede im Stabe der 5. Reichswehrdivision

„Die Laufbahn der Polizei"
Polizeihauptmann Voßberg

Der Verfasser des Artikels sah die wahre Absicht des Mannheimer Arbeitsamtes darin, die „Arbeitslosen im Interesse des Imperialismus und im Sinne der Niederschlagung der proletarischen Klassenkämpfe ‚umzuschulen'." Den im Verwaltungsrat mehrheitlich vorhandenen Sozialdemokraten warf man üblicherweise „Klassenverrat" vor. Geschlossener als bisher sollten die Arbeitslosen jetzt endlich die eigenen Interessen in die Hand nehmen und in diesem Sinne die anstehenden Arbeitslosenversammlungen verstärkt besuchen. Der Artikel endete mit einem Aufruf:

„Heraus also zum Protest! Besucht zahlreich die bevorstehenden Arbeitslosenversammlungen! Zeigt dem Mannheimer Arbeitsamt und den sozialdemokratischen imperialistischen Söldlingen, daß Ihr nicht gewillt seid, Euch als Kanonenfutter für die Ziele des deutschen Kapitalismus mißbrauchen zu lassen! Setzt die Entfernung der für diesen Skandal Verantwortlichen aus dem Arbeitsamt durch!"

Wirtschaftskrise, Massenarbeitslosigkeit und politische Radikalisierung gingen auch in Mannheim Hand in Hand. Man registrierte den rapiden Zerfall demokratischer Spielregeln, dies in der Politik gleichermaßen wie im Alltag. Josef Klee, zu dieser Zeit bereits in Diensten des hiesigen Arbeitsamtes, erinnert sich:[17]

„Zur damaligen Zeit kam es unter den Arbeitslosen aus politischen Meinungsverschiedenheiten öfters zu Reibereien und Schlägereien, die sich in den Warteräumen oder im Hof abspielten. Bei allzu harten Auseinandersetzungen mußte das Überfallkommando herbeigerufen werden, um Ordnung und Ruhe wieder herzustellen. Um nicht dauernd den Polizeieinsatz anzufordern, wurde ein Ordnungsdienst organisiert, der aufkommende Raufereien gleich im Keime ersticken sollte. Zu diesem Zweck wurden damals 2 Mitglieder eines Ring- und Stemmklubs eingestellt, die sich sportliche Meistertitel nicht nur in Deutschland, sondern auch in ganz Europa geholt hatten. Diese Männer waren bekannt und wurden als Respektpersonen in ihren sportlichen Leistungen angesehen. Das bloße Aufkreuzen in den Aufenthaltsräumen genügte daher, um die Durchführung eines geordneten Dienstbetriebes zu gewährleisten".

Anders lagen die Verhältnisse im örtlichen Bürgerausschuß – vorerst! Zwar fristete die NSDAP bis Ende der 1920er Jahre ein eher kümmerliches Dasein in dem traditionell „roten" Mannheim, dann aber im November 1930 buchte man einen ersten Erfolg: Es gelang gleich bei der Erstlingskandidatur der Einzug in die Kommunalpolitik. Allerdings nutzten die Nationalsozialisten das Forum ausschließlich zur Destruktion und Propaganda:[18]

„Eine Flut von nationalsozialistischen, antisemitischen oder wegen der Finanzlage aussichtslosen und daher demagogischen Anträgen überschüttete die Gemeindevertretungen (...) Obstruktion durch Nichterscheinen oder Verlassen der Sitzungen, Dauerreden, Herbeiführung von Beschlußunfähigkeit, Zwischenrufe, Handgreiflichkeiten, Schlägereien störten bereits technisch häufig den Ablauf der Sitzungen".

Die sozialdemokratische „Kommune" schildert die Atmosphäre im Mannheimer Bürgerausschuß nach mehrmonatiger Präsenz der NSDAP Anfang 1931:

„Nur auf einem Gebiet haben die Nationalsozialisten ihr Ziel erreicht: Durch ihre Schuld ist in die Verhandlungen der Städtischen Kollegien ein Sauherdenton hereingetragen worden, daß anständige Menschen sich schämen, mit ihren Vertretern an einem Tisch sitzen zu müssen: Lausbub, Dreckspatz, Zuhälter, blöder Hammel, fettes Schwein sind Ausdrücke, mit denen nationalsozialistische Stadträte ihre Gegner zu titulieren pflegen".

Die Situation spitzte sich zu, zumal die NSDAP auf allen Politikebenen von Wahl zu Wahl mehr Einfluß gewann. Auch außerhalb der politischen Gremien, etwa bei Demonstrationen und Aufmärschen, zeigten in zunehmender Häufung Gewalt den Zerfall der politischen Kultur, und aus der Rückschau, das Ende des demokratischen Staates an. Am 6. Januar 1933 verkündete das lokale NSDAP Organ, der mittlerweile täglich erscheinende „Hakenkreuzbanner", den Angriff auf die „Stadt der Marxisten und Juden" sowie die „Säuberung der Stadtverwaltung". Wenige Wochen später ernannte Hindenburg Hitler zum Kanzler des Deutschen Reiches.

Moderrner Neubau des Mannheimer Arbeitsamtes im Quadrat M3a – Eröffnung der Geschäftstätigkeit dort 1932.

3.3. Exkurs: Das neue Verwaltungsgebäude des Arbeitsamtes 1930/32

Als das Mannheimer Arbeitsamt nach den Regelungen des AVAVG an das Reich überging, geschah dies im „alten Kleid". Seit nunmehr 25 Jahren diente die alte Dragonerkaserne im Quadrat M3a als Zentralstelle der Behörde, über Zeit infolge ausgeweiteter Geschäftstätigkeit ergänzt durch verschiedene andere Gebäude. Räumliche und organisatorische Unzulänglichkeiten im Betrieb stellten sich unweigerlich ein, selbst die nötige Diskretion im Besuchergespräch blieb beim Fehlen von Warteräumen nicht nur ausnahmsweise auf der Strecke. Unter diesen Umständen sah das Reich umso mehr die Notwendigkeit baulicher Erneuerung – käuflich erworben hatte man das Gelände bereits 1928 von der Stadt, bis zur Einweihung des Neubaus sollten allerdings vier weitere Jahre vergehen. Schwierigkeiten, die einer zügigen Realisierung des Projektes im Wege standen, gab es gleich mehrfach. Von der Stadt etwa wollte das Reich Opfer (d. h. Mitfinanzierung) gebracht wissen, da nicht zuletzt diverse durch das Arbeitsamt zuvor genutzte Gebäude nach Bauabschluß wieder an die Kommune gingen – nach längeren Verhandlungen stimmte schließlich im Dezember 1930 der Bürgerausschuß einer Kompromißformel zu. Jetzt nachfolgend kamen 61 Anwohner von M3a auf den Plan, die durch die beabsichtigte Baumaßnahme den „Verlust von Licht und Luft", vermehrt Lärm und nicht zuletzt geschäftliche Einbußen fürchteten. Das Badische Innenministerium zerstreute die Bedenken. Nachdem dann noch die Witterung die Bauarbeiten beträchtlich in die Länge gezogen hatte, konnte schließlich am 1. August 1932 ein sachlich funktionaler Bau der Öffentlichkeit übergeben werden, der fortan alle Abteilungen unter einem Dach vereinigte.

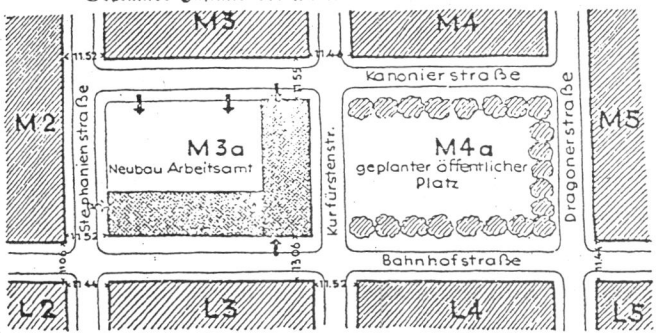

Skizze aus: Mannheimer Zeitung vom 18. Dezember 1930

V.
Nationalsozialismus und Gewaltherrschaft 1933–1945

1. Kontext: Machtergreifung, Gleichschaltung und Wirtschaftsentwicklung

Mannheim am 5. April 1933 – Die Neue Mannheimer Zeitung berichtet auf Seite 3 unter der Überschrift „Mit Hitler im Kampf gegen die Arbeitslosigkeit. Massenkundgebung für Arbeitsbeschaffung in der Neckarstadt" über eine Veranstaltung des Vortages. Die Ortsgruppe Humboldt der NS-Hago (NS-Handwerks-, Handels- und Gewerbeorganisation) hatte zu einer großen Kundgebung mit Umzug aufgerufen. An der Spitze des Zuges ein Kraftwagen mit Transparent und Aufschrift: „Wir kämpfen gegen die große Arbeitslosigkeit mit unserem Führer Adolf Hitler". Dahinter diverse Belegschaften in der Neckarstadt gelegener Betriebe im Verein mit zahlreichen Handwerkergruppen. Letztere Teilnehmer übten auf Tafeln berufliche Selbstdarstellung, daneben forderte man gleichermaßen Zuschauer und sonstige Passanten zur arbeitskräftemobilisierenden Auftragsvergabe auf. So konnte der Beobachter lesen:

– Schuhmacher: „Schwarzarbeit ist verboten"
– Metzger: „Fleisch und Wurst kauft man beim Metzger"
– Glaser: „Hausbesitzer, laß Deine undichten Fenster erneuern" ...

Der Aufmarsch ging in Richtung des alten Meßplatzes unweit der Hauptfeuerwache, wo Rednerpult, Mikrophon und eine riesige Leinwand mit Hakenkreuz als Kulisse im Hintergrund bereitstanden. Ortsgruppenleiter Wolfgang eröffnete mit den Worten: „der Aufmarsch hat gezeigt, daß die ärmsten Schichten der Bevölkerung die stärksten Stützen des Deutschen Reiches sind". Hauptredner Roth, in seiner Funktion Kreisleiter der NSDAP, führte anschließend aus:

„Die Begriffe Arbeitgeber und Arbeitnehmer bestehen heute in anderer Form als früher. Heute ist jeder Arbeitnehmer, der Arbeit hat, auch Arbeitgeber, denn er kann einkaufen und anderen wieder Verdienst geben (...). Es ist besser, mit Transparenten für Arbeitsbeschaffung zu werben, als, wie das früher der Fall war, mit Transparenten zum Klassenkampf und Brudermord aufzufordern."

Mit einem dreifachen „Sieg Heil", dem Deutschlandlied und dem Horst-Wessel-Lied klang die „machtvolle Kundgebung" aus.

Was hier an der Oberfläche dem Zeitgenossen eigentlich eher einmütig und friedfertig anmutete, symbolisierte im Gegenteil hierzu das ausgesprochen gewalthaft vollzogene Ende des demokratischen Staates. Wo blieb bei der Veranstaltung der quasi obligatorische Gegenprotest politisch Andersdenkender, wo die kritischen Pressestimmen der Mannheimer sozialdemokratischen „Volksstimme" und der kommunistischen „Arbeiter-Zeitung"? Warum marschierten ausgerechnet Erwerbstätige für Arbeit und nicht die unterprivilegierten Erwerbslosen selbst? Wer bereitete dem in Deutschland seit Jahren relativ fest verwurzelten Klassenkampf so plötzlich das Ende, und was war mit dem Arbeiter, der sich gleichzeitig auch in der Rolle des Arbeitgebers wiederfand? – Die Antwort war bekannt: Die Ernennung Hitlers zum Reichskanzler am 30. Januar 1933 hatte in der Folge nicht einmal zweier Monate einen substantiellen Systemwandel erzwungen, der die in Deutschland nach 1918 geschaffene Demokratie zum antidemokratischen Einparteienstaat und zur Führerdiktatur degenerieren ließ. Auf Lokalebene statuierten dann Aufmärsche wie der der Mannheimer NS-Ortsgruppe Humboldt Exempel hierfür.

Terrorakte und gleichermaßen Mobilisierungskampagnen bildeten die Strategie der schrittweise vollzogenen Machtergreifung durch die Nationalsozialisten. So erklärte Hitler etwa am 1. Februar 1933 in einem Aufruf: „Die nationale Regierung wird mit eiserner Entschlossenheit und zähester Ausdauer folgenden Plan verwirklichen (...). Binnen vier Jahre muß die Arbeitslosigkeit endgültig überwunden sein, gleichlaufend ergeben sich die Voraussetzungen für das Aufblühen der Wirtschaft"[1]. Den bis zur Gegenwart immer noch in der Schuldfrage ungeklärten Reichtagsbrand vom 27. Februar 1933 nahmen die Nationalsozialisten zum selbst provozierten oder auch nur willkommenen Anlaß, bereits am Folgetag die „Verordnung zum Schutz von Volk und Staat" in die Wege zu leiten. Der Substanz nach wurden hierdurch praktisch alle politischen Grundrechte der Weimarer Verfassung „bis auf weiteres" außer Kraft gesetzt. Zunächst machten sich die Nationalsozialisten kommunistischer Funktionäre und Reichstagsabgeordneter habhaft, um sie unter dem Vorwand sog. Schutzhaft einzukerkern. Die nächste Etappe der Machtergreifung bildete die Reichstagswahl vom 5. März, bei der die Nationalsozialisten auf die absolute Mehrheit hofften. Hier am Ort setzte der NS-Terror nun endgültig zum Kampf um das „rote" Mannheim an. Versammlungsverbote, Zensur, Beschlagnahme von Wahlkampfmaterial, Hausdurchsuchungen und willkürliche Verhaftungen ebneten hier wie andernorts den Weg. Wegen des verfehlten Wahlzieles bei der Reichstagswahl bedurfte die NSDAP vorläufig noch der Assistenz der Deutschnationalen Volkspartei des Medienzaren Hugenberg (NSDAP reichsweit 43,9% der Stimmen, in Mannheim „nur" 33,5%). Die Hissung der Hakenkreuzfahne auf dem Rathaus manifestierte in Mannheim den absoluten Machtanspruch. Binnen zweier Wochen gingen in der Stadt die lokalen Machtpositionen in die Hände der NSDAP über. Die Büros der sozialdemokratischen „Volksstimme" und des Volkshauses des Allgemeinen Deutschen Gewerkschaftsbundes (ADGB) fielen der Zerstörung anheim, eine Schutzhaftwelle überrollte die Stadt und machte selbst vor dem sozialdemokratischen Bürgermeister Heimerich nicht Halt. Im Schloßhof verpflichteten NS-Funktionäre die Mannheimer Polizei auf den Führer, die GESTAPO entstand. Die Ausrottung „kulturbolschewistischer Bilder" in der Kunsthalle wurde befohlen, Straßen und Brücken einfach umbenannt.

„Über konkrete Verfolgungen hinaus erfaßte der Zugriff des Terrors im Frühjahr 1933 die ganze Stadt. Neben Amtsenthebungen und Verhaftungen zersetzten Denunziation und Anpassung, Judenboykott und Bücherverbrennung zusehends ein politisches Klima, das jahrzehntelang von den Organisationen der Arbeiterbewegung und durch den Liberalismus sowie das ka-

Mannheimer Glaserinnung beim Festzug am 1. Mai 1934 – Propagandaveranstaltungen wie diese sollten von der Abschaffung elementarer Grundrechte ablenken.

tholische Zentrum geprägt war. Die Parteien des Bürgertums hatten in Mannheim ihre letzten Auftritte vor den Märzwahlen gehabt, ihr Abtreten von der politischen Bühne erregte in der Öffentlichkeit kein Aufsehen mehr"[2].

Den Schlußpunkt unter die Machtergreifung setzte das Ermächtigungsgesetz vom 23. März. Unter Zustimmung der bürgerlichen Parteien des Reichstages erteilte man den Nationalsozialisten für den Zeitraum von vier Jahren das Recht, selbst verfassungsändernde Akte ohne jede parlamentarische Zustimmung zu vollziehen. Dieser „Ausnahmezustand" wurde später mehrfach in rein formaler Weise verlängert und dauerte schließlich bis zum Ende des NS-Staates an. Soweit die Ereignisse des Februar und März im Hintergrund der erwähnten Mannheimer Massenkundgebung vom 5. April.

Jetzt direkt im Anschluß an die Erringung der politischen Macht im Staate drängten die Nationalsozialisten auf die Gleichschaltung in Politik, Wirtschaft und Gesellschaft. Die Länder büßten sukzessiv ihre Selbständigkeit ein, indem die Staatsgewalt an eingesetzte Reichsstatthalter überging (Baden: Gauleiter Robert Wagner), und zudem die Länderparlamente zu existieren aufhörten. In Mannheim wählte der „gereinigte Bürgerausschuß" am 15. Mai den Fabrikanten Karl Remminger auf Vorschlag des Gauleiter Wagner zum Oberbürgermeister. Die „Säuberung" der Stadtverwaltung reichte quer durch alle Verwaltungshierarchien, bis 1938 wechselten rd. 250 „zuverlässige Volksgenossen" in freigemachte Stellen. Die Leitung der Kunsthalle und des Nationaltheaters wurde neu besetzt.

Welche Erwartungen die Nationalsozialisten an die Haltung der bei der staatlichen Arbeitsverwaltung Beschäftigten knüpften, gab der Personalreferent der Reichsanstalt Anfang 1934 in einer Stellungnahme zu verstehen:

„Ein nicht vom nationalsozialistischen Geist durchdrungener Beamter oder Angestellter ist im nationalsozialistischen Staat undenkbar, da er nicht in der Lage ist, die von diesem Geist getragenen Gesetze und Bestimmungen auszulegen und auszuwerten, wie es der Wille des Gesetzgebers im Dritten Reiche ist (...) Es ist nicht erforderlich, daß der Beamte oder Angestellte Pg. ist, aber durchaus erforderlich, daß er Nationalsozialist ist, d. h. daß er sein Herz der neuen Weltanschauung geöffnet hat und es in dem großen Erlebnis der nationalsozialistischen Revolution mitschwingen läßt"[3].

Während reichsweit etwa 13% der Beschäftigten der staatlichen Arbeitsverwaltung bis März 1934 einfach entlassen oder in den Ruhestand versetzt wurden, tauschte man in Mannheim gleich ein Drittel der Angestellten und Beamten aus[4]. Die Leitung des Mannheimer Arbeitsamtes betreffend teilte die Neue Mannheimer Zeitung vom 28. 3. 1933 in einer kurzen Notiz mit, daß mit der kommissarischen Aufsicht der Behörde ein gewisser Dr. Orth betraut worden sei. „Diese Maßnahme erfolgte im Interesse der Aufrechterhaltung der Ruhe und Ordnung, sowie zur Vorbeugung der zu erwartenden Sabotage-Versuche". Den bisherigen Leiter, Oberregierungsrat Dr. Jaeck, hatten die Machthaber mit sofortiger Wirkung „beurlaubt". Ab Oktober 1933 schließlich stand Hermann Nickles dem Mannheimer Arbeitsamt vor, der seit 1928 als stellvertretender Leiter des Offenburger Arbeitsam-

Innenansicht des Mannheimer Arbeitsamtes Anfang der 1930er Jahre: Quotenregelung für „alte NSDAP-Kämpfer" gab es nach der Machtergreifung auch hier.

tes ausreichend Erfahrung in der Sparte bereits gesammelt hatte. Bis zu seiner Mannheimer-Ernennung hatte sich Nickles mehrfach darüber beschwert, daß „Schwarze" und „Rote" ihm gegenüber den Vorzug bekamen. Irgendwelche Zweifel an seiner nationalsozialistischen Gesinnung ließ Nickles bis zu seiner Versetzung nach Straßburg 1943, wo er das neugebildete Gauarbeitsamt Baden übernahm, nicht aufkommen.

Überhaupt hatten die Nationalsozialisten entlang ihrer Gleichschaltungsaktivitäten weit über die Arbeitsverwaltung hinausgehend die komplette Neuordnung der Arbeitsbeziehungen im Visier. Anstelle der ehemals demokratisch verankerten Gewerkschaften, deren Auflösung und Verbot Mitte 1933 erfolgte, suchte die neugeschaffene Deutsche Arbeitsfront (DAF) auf der Grundlage des Streik- und Versammlungsverbotes, der Aufhebung der Tarifautonomie und der Abschaffung der Mitbestimmung die Plattform einer breit verankerten „Volksgemeinschaft" in der Arbeitswelt zu etablieren. Der Unternehmer avancierte in romantisch-patriarchalischer Verklärung zum „Betriebsführer", die Arbeiterschaft erklärte man zur „Gefolgschaft". Über Fragen der Tarifgestaltung entschied künftig der „Treuhänder der Arbeit". Kontrolle und Steuerung der Arbeitsmarktparteien vervollständigte die DAF über die Zwangsmitgliedschaft von Kapital und Arbeit.

Von der gesellschaftlichen Reichweite der Gleichschaltung her ging die Staffelung der Aktionen bis hinunter zu rein geselligen Vereinsaktivitäten wie etwa der des „Reichsverbandes für das Deutsche Katzenwesen", der wegen Weigerung des Anschlusses an den „Reichsverband Deutscher Kleintierzüchter" am Ende, d. h. 1938, zur Auflösung kam[5]. Nach Aufforderung des Badischen Landespolizeiamtes, Abtlg. Geheime Staatspolizei, gab das Weinheimer Bezirksamt eine Liste mit im Amtsbezirk vorhandenen Kleintierzuchtvereine bekannt unter namentlicher Nennung der Mitglieder und deren Parteiorientierung. Hierunter Angaben über den Brieftaubenverein „Heimattreue" Hemsbach, die Ziegenzuchtgenossenschaft in Laudenbach und den Kaninchenzuchtverein „Einigkeit 1919" Hemsbach[6]. Selbst der unscheinbarsten Vereinigung brachten die neuen Machthaber ausgesprochenes Mißtrauen entgegen, sodaß praktisch alle außerhalb der NS-Ideologie stehenden Organisationen früher oder später in Auflösung gingen. Falls irgendwo Widerstand sich regte, führte dies in letzter Konsequenz in sog. wilde Konzentrationslager, die von der SS und SA unmittelbar nach der Machtergreifung errichtet beispielsweise in Dachau und Oranienburg existierten.

Obwohl die Nationalsozialisten im Bereich der Wirtschaft eigentlich nur über eine recht diffuse Ideologie verfügten, gab es dennoch ausgesprochen pragmatische Zielsetzungen. Im Zusammenhang mit der Verabschiedung einer Denkschrift zum Vierjahresplan von 1936, der die Hauptziele der Volkswirtschaft während der kommenden vier Jahre umriß, gab Hitler unmißverständlich ausformulierte Leitlinien vor[7].

„Ich stelle damit folgende Aufgabe:
 I. Die deutsche Armee muß in vier Jahren einsatzfähig sein
 II. Die deutsche Wirtschaft muß in vier Jahren kriegsfähig sein."

A 20.

Nationalsozialistische Deutsche Arbeiterpartei
Gauleitung. Baden

Gaugeschäftsstelle:
Karlsruhe, Adolf-Hitler-Haus, Ritterstr. 28
Postscheckkonto: Karlsruhe 8000 Peter Clever
Girokonto 1000, Bad. Kommunale Landesbank, Karlsruhe
Telefon: 6806—08

Hauptorgan des Gaues: „Der Führer"
Verlag und Schriftleitung: Karlsruhe, Lammstr. 1 b
Postscheckkonto: Karlsruhe 2988
Girokonto 796, Städt. Sparkasse Karlsruhe
Telefon: 7927—31

Amt für Beamte
Fernsprecher ~~188 und 5255~~ 6755 u. 6756

Der Gauamtsleiter

Betr. Unterbringung von alten Kämpfern in Beamtenstellen.

Karlsruhe, den 17. Mai 1935.
Rowackanlage 19

An den
Badischen Ministerpräsidenten
Pg. Walter K ö h l e r ,
Bad. Staatskanzlei,
K a r l s r u h e .
Erbprinzenstr. 15.

    Der Führer und Reichskanzler hat angeordnet, dass im Rechnungsjahr 1935 von den im Dienste des Reiches, der Länder und Gemeinden sowie der Körperschaften des öffentlichen Rechts freiwerdenden planmässigen Beamtenstellen des unteren und des einfachen mittleren Dienstes 10 v.H. mit solchen für die betreffende Laufbahn geeigneten Nationalsozialisten zu besetzen sind, die bis zum 14. September 1930 ihren Eintritt in die Partei erklärt haben.

    Ich bitte um Mitteilung, wieviel planmässige Beamtenstellen im dortigen Geschäftsbereich zur Besetzung mit alten Nationalsozialisten für das Rechnungsjahr 1935 voraussichtlich frei werden.

Heil Hitler !

Höflichkeitsformeln fallen bei allen parteiamtlichen Schreiben weg.

Dieses Postulat gab zu erkennen, daß die Beseitigung der Arbeitslosigkeit, 1933 noch als die große Aufgabe der NS-Wirtschaftsstrategie apostrophiert, bestenfalls ein mittelfristig verankertes Zwischenziel sein konnte. De facto sollte die Beseitigung der Arbeitslosigkeit die Machtbasis des Regimes festigen und gleichermaßen Deutschland zur Kriegsfähigkeit aufrüsten, humane Motive ins Feld zu führen wirkt allzu paradox. Tatsächlich stand die Lebensraum-Theorie, die auf die Eroberung eines großen Territoriums im Osten Europas (evtl. Ukraine) zielte, von Anbeginn im Zentrum der machtpolitischen Überlegungen. Ausführlich hierzu nahm Hitler bereits 1925 in seiner Bekenntnisschrift „Mein Kampf" Stellung. Jetzt nach Herstellung einer festen inneren Machtbasis stand die Schaffung militärischer Durchsetzungsfähigkeit analog aggressiver außenpolitischer Zielsetzung zur Disposition. Der hierfür in Szene gesetzte Vierjahres-Plan als Wirtschaftskonzept umfänglicher Aufrüstung und weitestgehender Autarkie folgte bzw. entsprach dem absoluten Vorrang der Politik. Auf die Wirtschaft kam nachfolgend ein ausgesprochener Staatsdirigismus zu, der dem einzelbetrieblichen Spielraum je nach Rüstungsrelevanz mehr oder minder Auflagen setzte. In diesem Zusammenhang sind zu nennen[8])

- Einfluß bzw. Vorgaben auf industrielle Standortentscheidungen
- Arbeitskräftebewirtschaftung
- Festlegung betrieblicher Kapazitäten/Rohstoffkontingentierung
- Finanzierungshilfen
- Terminüberwachung
- Autarkiebestrebungen/Importsubstitution (Rohstoffe, Nahrungsmittel)

Ankurbelung der Rüstungsindustrie, Arbeitsmarktlenkung und eine markante Staatsverschuldung (Kreditaufnahme und Umverteilung öffentlicher Ausgaben) firmierten nachfolgend als wesentliche Charakteristika des Wirtschaftsgeschehens bis 1939. Von der Beschäftigungsseite her konstatierte die amtliche Statistik eine beständige Zunahme der Erwerbsbevölkerung. Vollbeschäftigung sah man reichsweit etwa um 1937 hergestellt, Arbeitskräftemangel kam jetzt verstärkt zum Tragen.

Länderspezifisch, regional und lokal divergierte naturgemäß der jeweilige Wirtschaftsgang[9]). Auch nach 1933 verspürte speziell Baden die seit den Zwanziger Jahren vorhandene Hypothek der Grenzlandlage. Obwohl linksrheinisch das Rheinland einschl. Pfalz samt Koblenz und Mainz der französischen Besatzer 1930 ledig ging und auch das 1919 neutralisierte Saarland nach einer Volksabstimmung 1935 wieder zum integrativen Bestandteil des Reiches avancierte, hielten sich die lange schon in Unternehmerkreisen vorhandenen Ressentiments gegenüber Baden als Industriestandort im Bewußtsein. Nach wie vor genoß die Reichsmitte bei Industriestandortvergaben Priorität. Eine zusätzliche Benachteiligung Badens resultierte aus der Staatsvergabe rüstungsrelevanter Aufträge sowie aus eigenständigen staatlichen Gründungsaktivitäten (z. B. Volkswagen-Wolfsburg, Göring-Konzern Salzgitter u.a.m.). Außerdem litt die badische Wirtschaft überdurchschnittlich an der restriktiven Außenhandelspolitik. Die genannten Sachverhalte trugen nicht unwesentlich zur Abwanderung qualifizierter Arbeitskräfte nach dem Reichsinnern bei. Im Vergleich zu Württemberg etwa kam die badische Wirtschaft weit weniger schnell in Gang, zudem wiesen die jeweiligen Industriebranchen im Lande nochmals voneinander abweichende Tendenzen vor. Während z. B. die Metallverarbeitung und der Maschinenbau bald schon volle Auftragsbücher in Händen hielt, lahmte erheblich die Textilindustrie.

Der Wirtschaft in Mannheim kam nach 1933 zugute, daß trotz der massiven Standortschädigungen der vorgeschalteten Dekade die zahlreichen Großbetriebe des Maschinenbaus, der Elektrotechnik und der Chemie, wenn auch mitunter stark angeschlagen, dennoch die Krise überdauert hatten. Zudem paßte das am Ort vorhandene Produktionsspektrum nicht unbedingt schlecht in das Mosaik NS-gesteuerter Wirtschaftstrategie des Vierjahresplanes. In welcher Weise der gewerblich-industrielle Sektor der Stadt nach Überwindung der Weltwirtschaftskrise Anschluß an die allgemeine Konjunkturaufhellung fand und darüberhinaus staatliche Eingriffe die Belange des Einzelbetriebes tangierten, machen Auszüge aus den „Arbeitsmarkt- und Presseberichten" des Mannheimer Arbeitsamtes der Jahre 1933 bis 1937 transparent[10]). Hieraus einige aufschlußreiche Stichworte:

1933

Januar:
Schließung der Mannheimer Gummifabrik (384 Arbeiter, 45 Angestellte).

Februar:
Höhepunkt in der Krise der Metallindustrie scheint erreicht, keine weiteren Entlassungen.

März:
Firma Stotz-Kontakt kündigt 100 Entlassungen an. Lanz verfügt saisonbedingt Rückruf zuvor beurlaubter Betriebsangehöriger.

Juli:
Belebung in der Metallindustrie, Bauwirtschaft und Holzgewerbe.

September:
Industrie erhält zunehmend Aufträge.

1934

Juni:
Lanz schafft eine Reihe moderner Werkzeugmaschinen an. Seil & Kabelindustrie meldet wg. Devisenknappheit Probleme bei der Rohstoffbeschaffung, evtl. Kurzarbeit.

September:
Betriebe der Metallindustrie melden vereinzelt erstmals wieder Mangel an Spezialkräften.

Oktober:
Aufschwung in der chemischen Industrie, Kautschuk-, Gummi- und Zelluloidherstellung.

November:
Rohstoffmangel behindert vereinzelt die Produktion in Industriebetrieben. Daimler-Benz plant eine neue Wagenserie, eine Aufstockung der Belegschaft ist in Aussicht genommen. Lanz erweitert den Schlepperbau.

Dezember:
Überwindung des Rohstoffmangels. Badische Industrie- und Handelskammer berichtet über befriedigende Verhältnisse, die Anlaß zum Optimismus geben.

1935

Januar:
Weiter gute Geschäftsentwicklung, teilweise Verbesserungen im Außenhandel. Metallindustrie berichtet über sehr günstige Entwicklungen, Rohstoffprobleme kaum noch vorhanden.

Mühlen: Anstelle Auslandsweizen Bezug aus Norddeutschland.
Schiffsbau: Fachkräfte aus Norddeutschland herangezogen.

Februar:

Gutes Inlandsgeschäft. Zahlreiche Reichsaufträge. Steigerung des Auslandsabsatzes. Auslastungsquote großer Industriebetriebe 80 bis 85%.
Handwerksbereich rechnet mit Besserung und Stabilisierung.

Mai:

Traktorenbau bei Lanz mit starkem Zuwachs, bei Großmotoren Verdoppelung der Produktion (wahrscheinlich MWM).
Metall- und Maschinenbau: Außer Strebelwerk rege Tätigkeit.
Baugewerbe mit Belebung.

August:

Maschinenbau weiterhin gute Auftragslage, verbessertes Exportgeschäft.
Wirtschaft wird mit staatlich verfügten Produktionsquoten belegt – Beispiel Böhringer & Söhne: Chininbetrieb macht Überstunden und Sonntagsarbeit wg. Kontingentierung der Arbeitskräfte (Fachkräfte). Stillegung des Cumerin- und Vanillinbetriebes, da das festgesetzte Arbeitskräftekontingent bereits im Juli erreicht wurde – Verkauf ab Lager.

September:

Metallverarbeitung, Maschinenbau und Bauwirtschaft melden wachsenden Facharbeitermangel.

November:

Weihnachtsaufträge für die Industrie: Celluloid- und Gummiwaren, Tabakverarbeitung, Süßwaren.
Bekleidung: Herbst- und Wintersaison.
Strebelwerk stehen Entlassungen bevor, da Reichsaufträge auslaufen.
Rohstoffversorgung mit Problemen bei Leinöl, Jute, Kamelhaar, Gummi.
Exportquote gleichbleibend.
Lanz: Erstmals keine Entlassungen im lfd. Jahr, Erhöhung der Fabrikation (Bulldogbau) geplant.
Daimler-Benz plant die Erhöhung der Fabrikation.
Motorenwerke: Abschluß eines Rußlandgeschäftes über Motoren im Gesamtvolumen von 12 000 PS.

1936

März:

Daimler-Benz: Gießereivergrößerung um 30 bis 40 Personen.
Baugewerbe und Maschinenbau profitieren vom Plankendurchbruch.
Wirtschaftsbelebung durch die Stationierung der Wehrmacht in der Stadt.
Rohstoffversorgung mit Problemen bei Kupfer, Blei, Lagermetallen, Jute und Leinöl – Konsequenz: Überschreiten der Liefertermine mit verspäteter Erledigung.
Motorenwerke: Exportquote liegt bei 22 bis 24%.

Mai:

Bauwirtschaft nimmt Heeresbauten in Angriff, zusätzliche Industriebauten.
Lanz und BBC melden Auslastung der Produktionskapazität, ohne Probleme beim Rohstoffbezug.
Bopp & Reuther und Süddeutsche Kabelwerke melden Rohstoffmangel, Bopp & Reuther stellt hierdurch Entlassungen in Aussicht – Zitat: „Die Zuteilung der Metalle erfolgte, von (..) Ausnahmen abgesehen besonders für die Rüstungsbetriebe in der angeforderten Menge".

Juli:

Lanz meldet 5070 Arbeiter und Angestellte. Das Arbeitsamt stellt eine Überstundengenehmigung aus, befristet bis zum 1. September für 900 Arbeiter bis 54 Std./Woche.
1100 Arbeiter bis 60 Std./Woche. Hintergrund: Hochsaison bei der Ernte. Mangel an Bearbeitungsmaschinen. Raummangel in einzelnen Abteilungen, Facharbeitermangel.

Oktober:

Weitere Überstundengenehmigungen an das Strebelwerk (1000 Arbeiter), Fulmina (100 Arb.), Neidig (250 Arb.) u.a.m.

November:

3200 Überstundengenehmigungen, davon 2000 an die Maschinenindustrie. Rohstoffprobleme mit Kurzarbeit als Konsequenz bei:
Stotz-Kontakt: Messing, Kupfer, Nickel, Lanz: Metall, Gummireifen, Hölzer
Daimler-Benz: Gummireifen
Vögele AG: Roheisen (nur 70% des Bedarfs vorhanden)
Süddt. Kabelwerke: Blei (Kontingent um 20% gekürzt)
Ferner Betriebe der Gummiindustrie, Papierindustrie, Textilindustrie, Tabakindustrie.

Dezember:

Überstundenarbeit bei 3250 Personen (tgl. 2,5 Std.).
„Göring-Anordnung" v. 7. November: Betriebe wurden veranlaßt, ihr Kontingent an älteren Angestellten einer vorgegebenen Quote anzugleichen.
Strebelwerk: Saisonbedingte Beschäftigungsschwankungen (Heizkörper-Bauwirtschaft!) fielen im Vergleich zu den Vorjahren weniger stark aus. Die Entlassung von 38 Beschäftigten ist vorgesehen, weitere Entlassungen sowie Kurzarbeit folgen. Während der Vorjahre mußte die gesamte Belegschaft freigesetzt werden – insofern Besserung.
Lanz: Saisonschwankung der Auftragslage durch Inventur, Betriebsüberholung, Vor- und Nacharbeit beim Karosserie- und Rahmenbau, Stillegung über die Feiertage relativ gut (etwa im Vergleich zum Strebelwerk) ausgeglichen. Einstellung weiterer 500 Personen geplant.
Daimler-Benz: Kurzarbeit in der Hälfte des Betriebes.
Schiffs- und Maschinenbau AG: Auftragsbestand bis 1939 gesichert.
Rohstoffe: (Zitat) „Die gleichmäßig gut beschäftigten Elektro-Großfirmen klagen über Mangel an Kupfer, das durch die Montagen in den Kasernenbauten sowie in der übrigen Rüstungsindustrie dem Markt stark entzogen ist" (vertraulicher Bericht des AA Mannheim an das Landesarbeitsamt).

1937

Januar:

Strebelwerk: Kurzarbeit bei 1000 Beschäftigten, 38 Entlassungen.
Vereinigte Jutespinnerei: Kurzarbeit bei 150 Beschäftigten.
Maschinenbau: Überstunden bei 3250 Fachkräften in 25 Betrieben.
Lanz: Rohstoffprobleme stehen der geplanten Betriebserweiterung um 500 Personen entgegen.
Kurzarbeit wg. Rohstoffmangel bei: Strebelwerk, Vögele, Jutespinnerei, Gebr. Nilson Schuhfabrik.
Überstunden bei 2480 Beschäftigten in sonstigen Betrieben.
Beschäftigung: (Zitat) „es könnten laufend stärkere Einstellungen vorgenommen werden, wenn nicht der Mangel an Rohstoffen besonders bei den nicht „R"-Betrieben zur Zurückhaltung zwingen würde".

Mannheimer Getreidemühle Werner & Nicola im Mai 1935 – Verpflichtung der „Vertrauensräte" auf die Ziele der Machthaber.

Lanz: Höherstufung als „R"-Betrieb wg. Bedeutung für die Landwirtschaft, künftig bessere Rohstoffversorgung.
März:
Daimler-Benz: Einführung des Dreischicht-Betriebes.
Mai:
Maschinenbau: Produktionskapazität teilweise zu 100% ausgenutzt. Exportanteil über 40% bei BBC, Stotz-Kontakt, Mohr & Federhaff, Lanz.
September:
Strebelwerk: 300 Entlassungen wg. Rohstoffmangel.
Lanz: Abermals 119 Personen eingestellt, jetzt mehr als 6000 Beschäftigte.
Oktober:
Lanz: Aufnahmefähigster Betrieb im Bezirk, abermals 80 Einstellungen.
BBC: Überstunden bis max. 65 Std./Woche.
November:
Lanz: Produktionsziffern der Zugmaschinen soll erhöht werden.
BBC: Produktion von Turbinen, Großmotoren, Transformatoren.

Diese punktuelle Skizzierung der Industrieentwicklung am Ort läßt deutlich erkennen, daß den vereinzelten Anzeichen prosperierender Konjunktur 1933/34 während der beiden Anschlußjahre ein markanter Schub folgte, der begleitet von staatlichen Regulierungen schließlich zur Vollbeschäftigung und Kapazitätsauslastung gerade vieler Maschinenbaubetriebe im Jahr 1937 führte. Schon 1935 profitierten einzelne Betriebe von Staatsaufträgen, die Rohstoffversorgung zeigte infolge von Devisenbewirtschaftung größere Engpässe auf und erstmals unterlag der Arbeitsmarkt gewissen Lenkungsmaßnahmen der Arbeitsverwaltung. Im Kontext des Vierjahresplanes erfolgte die Klassifizierung der Betriebe nach der jeweiligen Rüstungsnähe und hiermit in Verbindung veranlaßte der Staat Rohstoffzuteilung bzw. Anpassung der Arbeitskräftekontingente.

Autarkiebestrebungen setzten bei der industriellen Einbeziehung landwirtschaftlicher Rohstoffe an, griffen aber auch bei der Ausrüstung der Agrarwirtschaft durch Investitionsgüter, wie im Fall des Landmaschinenausrüsters Lanz sichtbar wurde (A 21). Allerdings gaben die Wirtschaftsbehörden bei der Umstellung der Industrie auf autarkieausgerichtete Rohstoffe die Bezugsgrößen je nach Rüstungsnähe vor, was umgekehrt natürlich auch gezielte Betriebseinschränkungen mit sich brachte. Heinrich Lanz genoß offensichtlich besondere Protektion, da der Landmaschinenproduzent ausgehend von langer Tradition und gründlicher Erfahrung in besonders effektiver Weise „zur Sicherung der Nahrungsfreiheit des deutschen Volkes" beitrug. Von daher versteht sich auch die 1937 vollzogene Eingruppierung als „R"-Betrieb. Überhaupt kamen zu jener Zeit bereits erste Kriegsvorbereitungen zum Vorschein, wie die nach der Einführung der Wehrmacht (1935) mit der Anlage von Heeresbauten beauftragte Bauwirtschaft bezeugte. Oder welch sonstiger Zweck stand hinter den massenweise durch den Staat verfügten Überstunden insbesondere bei den rüstungsnahen Betrieben, während an anderer Stelle Rohstoffknappheit herrschte. Anteilig am Staatshaushalt wuchsen die Wehrmachtsausgaben nach 1933 explosionsartig in die Höhe:[11]

1933: 4%   1934: 18%   1936: 39%   1938: 50%

A 21. Die Mannheimer Industrie im Anpassungsprozeß an den Vierjahresplan 1936

Fabrik	heute	früher
Süddeutsche Kabelwerke	Aluminium als Leitungsdraht Deutsche Isolierstoffe	Kupfer Ausländ. Isolierstoffe
Bopp und Reuther	Deutsche Werkstoffe Deutsche Preßstoffe	Ausländische Metalle, Hartgummi
Strebelwerk	Zubehörteile für Heizanlage aus Beton	Zubehörteile aus Eisen
Verein deutsch. Ölfabriken	Inländischer Raps Inländische Leinsaat	Mandschurische Sojabohne, indische Erdnuß
Zellstoff Waldhof	Deutsches Holz Verarbeitung von Fichtenholz und Buchenholz zu Zellstoff	Ausländisches Holz Nur Verarbeitung von Fichtenholz zu Zellstoff
Mühlenindustrie	Größere Einfuhr von ost- und mitteldeutschem Getreide. Größere Ausnützung durch verbessertes Mahlverfahren	Große Einfuhr von argentinischem und kanadischem Getreide
Margarineherstellung	Ausnützung der Walfänge	Größere Einfuhr der Kokosnuß
Tabakindustrie	Deutsche Tabake	Ausländische Tabake
Viele Fabriken	Verwendung der Kohlenöle	Verwendg. d. ausl. Öle
Groß-Perthun	Lack aus deutschem Kunstharz	Lack aus ausl. Rohstoffen
Sunlicht	Verwertung von Abfallfetten	Mehr Einfuhr ausländ. Rohstoffe
Stahlwerk	Anlagen zur Benzingewinnung, für Bunaherstellung, für Zellwolleherstellung, für die Erzgewinnung Weitgehende Verwertung von Schrott und heimischem Roheisen	Größere Einfuhr von ausländischem Eisen
Lanz	Landwirtschaftliche Maschinen ermöglichen es dem Bauer, die erhöhten Anforderungen zu erfüllen, und arbeiten so mit an dem großen Ziele des Vierjahresplanes: Sicherung der Nahrungsfreiheit des deutschen Volkes	

A 22. Arbeitslose im Deutschen Reich 1928-1937

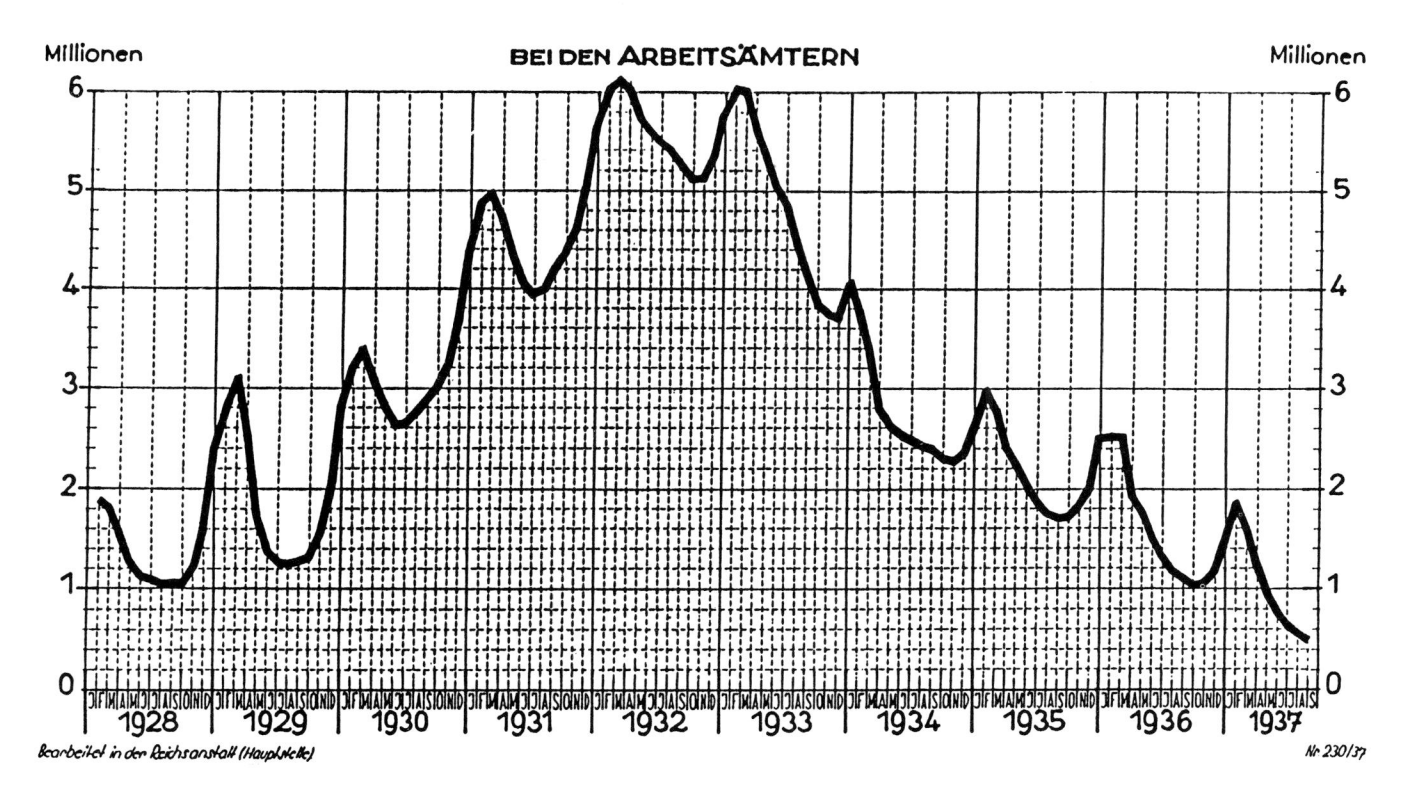

BEI DEN ARBEITSÄMTERN

Neben Lanz zeigten die Benz-Werke die höchsten Zuwachsraten an der Beschäftigung der größten Industriebetriebe am Ort (T 38). Die Traditionsfirma produzierte nunmehr einen 3-Tonnen-LKW in größerer Auflage, der Umsatz katapultierte von relativ bescheidenen 7,7 Mio. RM bei durchschnittlich 729 Beschäftigten für 1933 auf 31,3 Mio. Umsatz bei 3205 Mitarbeitern des Jahres 1938[12]. Noch 1932 stand die Schließung der Fabrikationsstätte zur Disposition. Der private Konsum freilich blieb weit hinter den Ergebnissen der von Aufrüstung und Kriegsvorbereitung getragenen Prosperität der Jahre 1935ff. zurück, de facto finanzierte die Bevölkerung über Haushaltsumschichtung und Staatsverschuldung den wesentlich rüstungsorientiert vollzogenen „Wiederaufbau der Volkswirtschaft" mit. Insofern Mannheim aus der militärstrategischen Sicht der NS-Wirtschaftsplaner über quasi obligatorische Rüstungsvergaben und Autarkieanpassungen hinausgehend keine besondere Aufwertung über Industriestandortgründungen oder wirklich substantieller Infrastrukturverbesserungen anbot, was natürlich nicht unerheblich aus der geographischen Lage der Stadt resultierte, profitierte die Industrie am Ort auch nicht in einer über das Übliche hinausgehenden Weise. Zwischen 1933 und 1939 nahm die Ortsbevölkerung um 5000 Einwohner zu, was real betrachtet sogar einem Wanderungsverlust entsprach.

2. Arbeitsmarkt, Arbeitsmarktlenkung und wirtschaftlicher Gestellungsbefehl

2.1. Der Abbau der Arbeitslosigkeit in Baden und dem Reich

Mit der Ernennung Hitlers am 30. Januar 1933 zum Reichskanzler verwies die Statistik im Mannheimer Arbeitsamtsbezirk auf den absoluten Höchststand von 44 779 Erwerbslose, wovon 34 495 Personen alleine auf das Stadtgebiet entfielen. Baden zählte rd. 184 000 Erwerbslose, Württemberg 134 000 und reichsweit kam die Zahl bei mehr als 6 Millionen zu stehen. Daß hinter den amtlich registrierten Erwerbslosen nochmals und zusätzlich eine beachtliche Größe „unsichtbarer Arbeitslosigkeit" existierte, war allenthalben bekannt. Während nun die Volkswirtschaft in der skizzierten Weise zwischen 1933 und dem Kriegsbeginn beständig Zuwachs produzierte, ging die Arbeitslosigkeit parallel hierzu spürbar zurück. Allerdings resultierte der Abbau der Arbeitslosigkeit nicht ausschließlich aus den Produktionssteigerungen heraus, sondern ergab sich zusätzlich aus staatlich initiierten Eingriffen in den Arbeitsmarkt. Reichsweit signalisierte der Arbeitsmarkt 1936/37 Vollbeschäftigung bzw. den allmählichen Übergang zum Arbeitskräftemangel (A 22). Schließlich registrierte man 1938 durchschnittlich nur noch 429 000 Erwerbslose, was

T 38.
Beschäftigtenentwicklung in einigen Hauptbetrieben der Mannheimer Maschinenbauindustrie 1925–1939

	1925	1933	1936	1937	1939*
Vögele AG	606	383	707	747	1000
MWM	1287	196	745	810	k.A.
Bopp & Reuther	1085	763	1158	1351	2500
Strebelwerk	1263	913	2045	2150	2500
Mohr & Federhaff	393	109	277	362	600
Schiffswerft Mannheim	348	160	478	583	k.A.
BBC	2015	1106	2161	2608	k.A.
Daimler-Benz AG	3838	383	1920	1990	4000
Heinrich Lanz	5100	1379	4160	4688	9000
Neidig	k.A.	380	321	104	k.A.
Gesamt	15935	5772	13972	15353	

* Schätzwerte (grob)

A 23. Arbeitslosigkeit in den badischen Arbeitsamtsbezirken des Jahres 1936

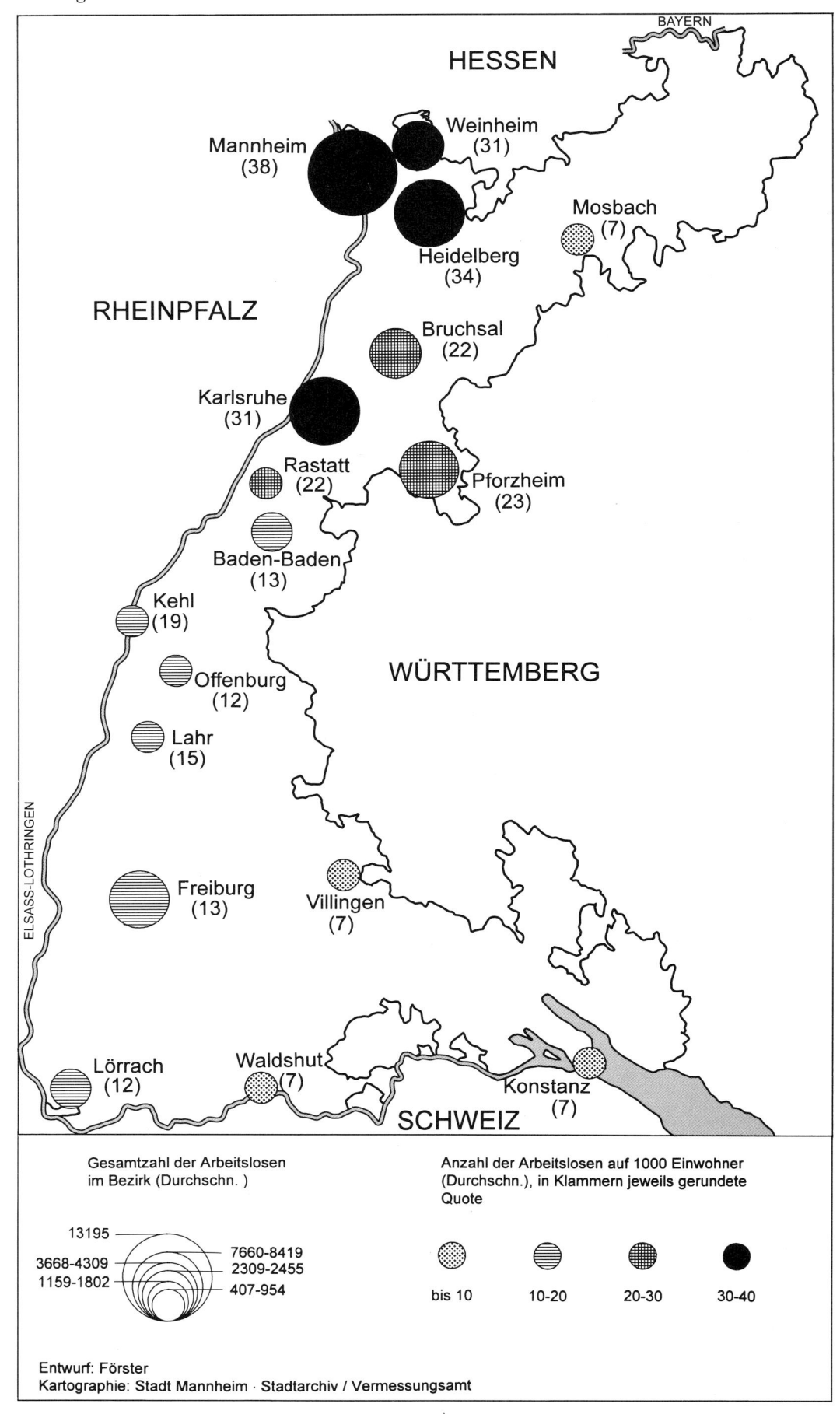

Mannheim (38)
Weinheim (31)
Heidelberg (34)
Mosbach (7)
Bruchsal (22)
Karlsruhe (31)
Rastatt (22)
Pforzheim (23)
Baden-Baden (13)
Kehl (19)
Offenburg (12)
Lahr (15)
Freiburg (13)
Villingen (7)
Lörrach (12)
Waldshut (7)
Konstanz (7)

HESSEN
BAYERN
RHEINPFALZ
WÜRTTEMBERG
ELSASS-LOTHRINGEN
SCHWEIZ

Gesamtzahl der Arbeitslosen im Bezirk (Durchschn.)

13195
7660-8419
3668-4309
2309-2455
1159-1802
407-954

Anzahl der Arbeitslosen auf 1000 Einwohner (Durchschn.), in Klammern jeweils gerundete Quote

bis 10 | 10-20 | 20-30 | 30-40

Entwurf: Förster
Kartographie: Stadt Mannheim · Stadtarchiv / Vermessungsamt

einer Quote von unter zwei Prozent entsprach. Baden, als Industriestandort wie geschildert nicht zu den bevorzugten Trägern der Rüstungswirtschaft und des Vierjahresplanes gehörend, zeigte beim Rückgang der Arbeitslosigkeit ein dem Reichsdurchschnitt vergleichbares Muster.

Andererseits verbarg sich hinter der unmittelbaren Kriegsvorbereitung eine Entwicklung, die in Baden zur weiteren Verfestigung der Standortbenachteiligung führte. In dieser Angelegenheit erhob der badische Reichstatthalter Wagner bei Reichswirtschaftsminister Funk mehrfach Klage – Zitat aus einem Schreiben Wagners vom 21. April 1939:[1]

„Die Schaffung von Schutzbereichen und bestimmten Zonen, die Bestimmungen über R- und Kl-Betriebe, die Westbauten bringen für die wirtschaftliche Entwicklung so viele Hemmungen mit sich, daß ich als Gauleiter und Reichsstatthalter nicht ohne Sorge diese Entwicklung verfolge".

Der staatlich instruierte Wirtschaftsdirigismus in Verbindung mit der Kriegsvorbereitung hinterließ bei genauerer Betrachtung also auch langfristig eine Beeinträchtigung des industriellen Entwicklungspotentials: Nach Aufkommen der sog. Grenzlandnot in Konsequenz des Versailler Vertrages wirkte sich die geopolitische Lage Badens jetzt nach 1933 ein weiteres Mal zum Nachteil des Landes aus. Der Bevölkerung allerdings machte man über den dennoch markanten Rückgang der Arbeitslosigkeit mittels Kampagnen, Aufmärschen und sonstiger Propaganda allgemein Aufschwung und Wohlstand vor.

Unter regionalem Gesichtspunkt brachte die für 1936/37 im Landesdurchschnitt konstatierte Vollbeschäftigung auf der Ebene der einzelnen Arbeitsamtsbezirke jedoch teilweise recht beträchtlich voneinander abweichende Situationen zum Ausdruck (A 23). Nach der Arbeitslosenzählung des Jahres 1936 zerfiel Baden in eine nördliche, stärker durch Industrie geprägte Region mit landesweit den höchsten Arbeitslosenquoten, während im agrarisch dominierten Südteil mit Schwerpunkt Oberbaden zum Bodensee hin zu diesem Zeitpunkt Arbeitslosigkeit fast gänzlich verschwunden schien. Von der Ursache her kam in Südbaden vor allem die sog. Leutenot zum Vorschein, da dieser Sachverhalt von den Nationalsozialisten zur straff gelenkten Umschichtung Arbeitsloser direkt vor Ort genutzt wurde. Natürlich verfügten die ländlichen Arbeitsamtsbezirke auch schon 1932 über ein wesentlich günstigeres Ausgangsniveau, wozu nochmals Abwanderung nach den industriellen Kernräumen als Folge dortiger Wirtschaftsbelebung bzw. guter Verdienste kam. Mannheims an der Arbeitslosigkeit festgemachte Position hatte sich bis 1936 trotz der genannten Erschwernisse innerbadisch wie reichsweit merklich gebessert. Im innerbadischen Vergleich nahm die Stadt zwar nach wie vor die höchste Arbeitslosenquote für sich in Anspruch, der Abstand gegenüber anderen Industriestandorten fiel zuletzt bei weitem nicht mehr so drastisch aus. Und reichsweit rangierte Mannheim bei der Arbeitslosigkeit an elfter (1932) bzw. sechzehnter Stelle 1936 – im Jahr 1926 noch führte die Stadt die Statistik immerhin in ganz Deutschland an[2]. So gesehen schien Mitte der Dreißiger Jahre auch hier die große Krise weitgehend überstanden zu sein.

2.2. Konzepte und Instrumentarien der Arbeitsplatzlenkung

Was sich am genannten Beispiel der oberbadischen Region indirekt andeutete, war Ausdruck einer erst autoritär und zuletzt über Zwang operierenden Arbeitsmarktpolitik im nationalsozialistischen Staat. Daß der angestrebte Aufbau der Wirtschaft den Arbeitsmarkt und hiermit in Verbindung die Arbeitsverwaltung fest im Visier haben mußte, zeigte alleine schon die Anzahl, der Umfang und vor allem die Tragweite entsprechender Gesetze, Erlasse und Verordnungen. Hiermit in Verbindung kamen über das Dienstblatt jährlich ca. 1400 Erlasse etc. zum Vorschein, deren Interpretation und Auslegung dem Bediensteten trotz mannigfaltiger Detailregelungen einen gewissen Entscheidungsspielraum dennoch nicht ganz nahm. Einige dieser Gesetze und Verordnungen stachen wegen ihrer Reichweite zur Regulierung bzw. Lenkung des Arbeitsmarktes in besonderer Weise hervor. Die Grundlagen dieser Art von Politik schufen die Machthaber in zweierlei Weise: Neben der personellen Säuberung der Behörde diente die Übertragung der Selbstverwaltungsbefugnisse untergeordneter Organe an den Präsidenten der Reichsanstalt einer Strategie, die auf größtmögliche Zentralisierung setzte[3]. Und im Zusammenhang mit dieser Zentralisierung kann schließlich danach unterschieden werden, inwieweit Maßnahmen direkt oder indirekt den Beschäftigungssektor berührten.

2.2.1. Indirekte Maßnahmen

– *Wirtschaftsförderung allgemein* (Staatsaufträge, staatliche Betriebsgründungen, Autarkiebestrebungen, Steuervorteile, Finanzierungshilfen).
Als Beispiel ist die Förderung des Kraftfahrzeugsektors zu nennen, da ab April 1933 bei Zulassung von Neufahrzeugen die KFZ-Steuer nicht mehr erhoben wurde: Produktionssteigerungen als Zielsetzung, Sekundärwirkungen bei Zulieferern. Ähnliches Konzept bei der Rundfunkindustrie (Volksempfänger/ Propagandaabsichten). Absenkung der wöchentlichen Arbeitszeit vorübergehend von 48 auf 40 Stunden.

– *Bevölkerungspolitik/Frauen.*
Entsprechend der NS-Ideologie sah man die Rolle der Frau im häuslichen und familiären Bereich[4]. Die Vergabe von Ehestandsdarlehen an Jungvermählte knüpfte an den Verzicht der Frau auf Berufsausübung, die Geburt eines jeden Kindes reduzierte die Darlehensschuld um ein Viertel des Gesamtbetrages. Lt. „Völkischem Beobachter" ergingen 1935 insgesamt 365 000 Ehestandsdarlehen. Ende der Kampagne 1937 wg. Arbeitskräftemangel.

– *Entlassung, Emigration, Inhaftierung.*
Sog. Säuberungen überspannten den gesamten Öffentlichen Dienst. Emigration nach Europa und Übersee setzte bereits 1933 (Reichstagsbrand/Judenboykott) an, hierunter besonders Sozialdemokraten (1934 ca. 3000–3500 Personen), Juden und Kommunisten. Die Zahl der alleine 1933 in KZ verschleppte Personen wird auf 150 000 geschätzt[5]. In der Arbeitsmarktstatistik für 1933/34 fehlten 300 000 Personen, mitbedingt durch Emigration und Inhaftierung.

– *Statistische Manipulationen.*
Wegfall unregelmäßig Beschäftigter aus der Statistik[6]. Ebenso jugendliche Landhelfer und Pflichtjahrleistende, Freiwilliger Arbeitsdienst, Erwerbsbeschränkte, Schwervermittelbare. Die Haus- und Landwirtschaft wurde gänzlich aus der Beitragspflicht genommen. Weiteres Korrektiv ab 1935 über die Rekrutierung zur Wehrmacht.

2.2.2. Direkte Maßnahmen

– *Arbeitsbeschaffung.*
Hinsichtlich der Mobilisierung des alterprobten Instruments der Arbeitsbeschaffung fanden die Nationalsozialisten nach

deren Machtübernahme eine durchaus günstige Ausgangslage für ihre Zwecke vor. Zum einen griffen die neuen Machthaber direkt auf zuvor im Parlament verabschiedete und alleine der Ausführung noch harrende Beschäftigungsprogramme der Regierungen Papen und Schleicher zurück, selbst die Finanzierung war über die bereits eingeleitete Ausgabe von Steuergutscheinen und Arbeitsbeschaffungswechsel gegeben. Zweitens konnte vor dem Hintergrund der extremen Massenarbeitslosigkeit und der Ausschaltung jeglicher Opposition die Arbeitsbeschaffung Teil eines systematischen Propagandafeldzuges werden, der in der Zielsetzung auf Akzeptanz und Legitimierung der Gewaltherrschaft abhob. Ausgesprochen breitenwirksam zeigte sich dies am Beispiel des Autobahnbaus.

Schon 1932 hatte die NSDAP durch die Präsentation eines „wirtschaftlichen Sofortprogramms" für ein gewisses Aufsehen gesorgt. Allerdings entlehnte man dieses Konzept einer Schrift des jüdischen Publizisten Robert von Friedländer-Prechtl, der Deutschland als geschlossenen Handelsstaat unter vollständiger Autarkie der Agrarwirtschaft und der Rohstoffversorgung einforderte[7]. Durchaus vergleichbar hinsichtlich der Übernahme fremden Gedankengutes lagen die Dinge zur Mitte des Jahres 1933, als mit der Verabschiedung des 1. Reinhardt-Programms (Gesetz zur Verminderung der Arbeitslosigkeit vom 1. Juni 1933, Mittel 1 Mrd. RM.) abermals ein NS-Plagiat der Öffentlichkeit eigene Kreativität vorschimmerte – tatsächlich übernahm man die ausgearbeiteten Planungen des Gereke-Programms der Regierung Schleicher. Die Verwendung der Mittel zielte auf in der Praxis bereits bekannte Einsatzbereiche:[8]

Maßnahmen	Ansatz 1933	Revision 1934	Ist - 1936
Öffentliche Bauten	200	158,00	169,1
Instandsetzung von Wohnungen	100	87,50	72,0
Vorstädtische Kleinsiedlungen	100	92,25	113,8
Landwirtschaftliche Siedlungen	50	45,00	43,5
Flußkorrektion/Melioration	100	114,00	198,1
Versorgungsbetriebe	100	198,00	115,5
Tiefbauarbeiten ⅔ Materialkosten ⅓ Bedarfsdeckungsscheine	150	140,00	139,9
Bedarfdeckungsscheine an Hilfsbedürftige	125	65,00	0
Sonstiges	75	110,25	142,5
Summe	1000 Mio.	1000,00	994,3

Abweichend vom Vorgänger-Modell maßen die NS-Strategen allerdings der Umsetzung möglichst intensivster Arbeitskräftemobilisierung im Hinblick auf die Absenkung der Arbeitslosigkeit unter „allen Umständen" oberste Priorität bei. Instruktionen hierzu berücksichtigten:

– den Vorzug an Muskelkraft gegenüber Maschinen
– Neuanschaffung von Maschinen nur bei Verschrottung des Abgangs
– wenigstens 80% der Rekrutierten über Arbeitslose
– keine Verlängerung der gängigen Arbeitszeit

Ansonsten knüpfte die Arbeitsbeschaffung an die üblichen Klauseln der Trägerschaft, des volkswirtschaftlichen Zusatzwertes, der tariflich gleichgestellten Beschäftigungskonditionen (teilweise jedoch mit recht massiven Einschränkungen, z. B. RAD) und der Mittlerrolle der Arbeitsämter an. Fraglich bleibt demgegenüber, in welchem Umfang diese Arbeiten tatsächlich der Kategorie „zusätzlich", d. h. über ohnehin zur Ausführung anstehende Aufgaben der Gebiets- und sonstigen Körperschaften des öffentlichen Rechtes hinausgehend in Ausführung gingen. Schließlich zeigten die öffentlichen Haushalte unter Beeinträchtigung der Weltwirtschaftskrise zuletzt ausgesprochen rückläufige Aktivitäten, sodaß ein aufgestauter Vorrat unerledigter Arbeiten dringend zur Ausführung anstand.

Weitere Arbeitsbeschaffungsprogramme folgten dem 1. Reinhardt-Programm, deren „volkswirtschaftlicher Zusatzwert" ebenfalls näher zu beleuchten sich lohnt:[9]

2. Reinhardt-Programm (Zweites Gesetz zur Verminderung der Arbeitslosigkeit vom 21. September 1933). Mittel in Höhe von 500 Mio. RM. für Instandsetzungs- und Ergänzungsarbeiten an Gebäuden, die Teilung von Wohnungen und den Umbau sonstiger Wohnungen.

– Reichsbahn, Mittel ca. 1100 Mio. RM. bis 1936
– Reichspost, Mittel ca. 77 Mio. RM. bis 1936
– Reichsanstalt für Arbeitsvermittlung, „Aufwendungen zur Bekämpfung der Arbeitslosigkeit", Mittel 1933: 238 Mio. RM.; 1934: 297 Mio. RM., Gesamtaufwand bis 1936 ca. 800 Mio. RM.
– Unternehmen Reichsautobahn mit gesetzlicher Regelung vom 27. Juni 1933, Mittel 700 Mio. RM. bis 1936

Ausschließlich Zusatzbeschäftigung brachte Hitlers Prestigeobjekt – die Reichsautobahn. Als Teil des in der Konsequenz nie realisierten Volksmotorisierungskonzeptes – man denke an die KDF-Sparkarten zum Volkswagen, dessen Einsatz de facto in der Wehrmacht und nicht im Privatleben erfolgte – zielten die Machthaber laut Propaganda auf die Hebung der Kaufkraft des Arbeiters, die Beschleunigung der inländischen Motorisierung und vor allem auf den Abbau der Arbeitslosigkeit[10]. Die Realität demgegenüber brachte andere Ergebnisse zum Vorschein. Dem Schwerpunkt nach rekrutierte man die Arbeiterschaft mitunter auch zwangsweise durch Nötigung über den Freiwilligen Arbeitsdienst bzw. RAD, da hier die Lohnkosten etwa nur die Hälfte privater Beschäftigungskonditionen entsprachen. Nach außen gab man „ideelle Beweggründe" vor. Die Bezahlung unter Abzug aller Nebenkosten (Lagerunterbringung etc.) lag häufig unterhalb des Arbeitslosengeldes, der gerade beim Autobahnbau extrem praktizierte Verzicht auf Maschinen bewirkte hohe Beschäftigungsintensität bei gleichzeitig vollkommen überstrapaziöser Arbeitsbelastung[11]. „Auf den Baustellen der Reichsautobahn ist die Antreiberei während der Arbeit unbeschreiblich, so daß Unfälle fast täglich vorkommen. Die Unterkunft ist unzulänglich, das Essen ist sehr schlecht". Gesundheitsschädigungen langfristiger Natur (sog. Schipperkrankheit/Wirbelschädigung), mangelhafte Unterkunft, niedrige Löhne, Druck, Zwang, Todesfälle – aber vereinzelt auch Protest und Aufruhr charakterisierten in der Realität den ausgiebig zur Schau gestellten Autobahnbau. Die unmittelbare Beschäftigungsintensität pendelte in antizyklischer Ausrichtung je nach Jahreszeit und Witterung, jeweilig im Sommer 1935 und 1936 konnten Beschäftigungshöchststände um 120 000 Personen herum erreicht werden. Gemessen an der Gesamtarbeitslosigkeit jener Jahre markierte der Autobahnbau vergleichsweise geringen Anteil am Rückgang der Arbeitslosigkeit, die Beseitigung der Massenarbeitslosigkeit setzte auch unter Berücksichtigung aller

Notstandsarbeiten außerhalb der Arbeitsbeschaffung an. Im Jahr maximaler Mobilisierung der Arbeitsbeschaffung lag der Beschäftigungsanteil der Notstandsarbeiten an den Arbeitslosen bei rd. 13 Prozent, danach unter 10 Prozent (T 39). Als Zielsetzung hatten die Nationalsozialisten ursprünglich eine Million Arbeitsplätze bei Notstandsarbeiten propagiert.

Hitler hatte den Autobahnbau publikumswirksam mit einem Spatenstich am 23. September 1933 auf der Strecke Frankfurt - Darmstadt eröffnet, die Pläne hierzu waren nach Auskunft der Strategen den „seherischen Fähigkeiten des Führers entsprungen" – wieder einmal nutzten die Nationalsozialisten fremdes Gedankengut unter Vorspiegelung eigener Originalität: Tatsächlich lagen die ausgearbeiteten Pläne der HAFRABA (=Verein zur Vorbereitung der Autostraße Hansestädte - Frankfurt/M. - Basel) wegen Finanzierungsproblemen seit 1930/31 auf Eis, man zog das Ganze später einfach aus der Schublade. Dennoch muß gesagt werden, daß die nationalsozialistische Arbeitsbeschaffung durchaus Resonanz bei der Bevölkerung erzeugte, selbst das Ausland bewertete die Aktionen mit Respekt.

– *Arbeitsmarktlenkung*

Neben der Arbeitsbeschaffung praktizierten die Nationalsozialisten zum Zweck der Steuerung des Arbeitsmarktes ein zweites Instrumentarium über die Arbeitsmarktlenkung, die unmittelbar nach der Machtergreifung lediglich mit vereinzelten Beschränkungen bei der Arbeitsaufnahme einsetzte, und schließlich am Vorabend des Zweiten Weltkrieges mit Verboten, Ausgrenzung und Zwang endete. Demokratische Rechtsnormen als Grundlage des Arbeitsmarktgeschehens wurden schrittweise außer Kraft gesetzt.

– Umschichtung von Arbeitsplätzen 1933/34

Nachdem durch das „Gesetz zur Wiederherstellung des Berufsbeamtentums" (April 1933) und der „Sonderaktion zur Unterbringung alter Parteikämpfer" (Oktober 1933) unter Ausschaltung nationalsozialistischer Gegner systemkonforme Kräfte freigewordene Stellen besetzten, tangierten ökonomisch motiviert Restriktionen erstmals 1934 Freizügigkeit und ungebundene Arbeitsplatzwahl[12]. Eine Reihe neuer Regelungen knüpften jetzt an die Zustimmung der Arbeitsämter, die einmal den Zuzug von Arbeitern und Angestellten nach Industriebezirken mit überproportionaler Arbeitslosigkeit (Berlin, Hamburg, Bremen, mitteldeutsche Industriegebiete, Saarland nach Rückgliederung) betrafen, daneben Bezug auf verschiedene Berufsgruppen nahmen: Landwirtschaftliche Arbeitskräfte bedurften der Genehmigung außerlandwirtschaftlicher Tätigkeit – Möglichkeit der Rückführung landwirtschaftlicher Arbeitskräfte aus nichtlandwirtschaftlicher Tätigkeit in das frühere Berufsfeld – Einstellung gelernter Metallarbeiter in branchenfremde Tätigkeit – Ausstellung von Wandergewerbescheinen und Stadthausierscheinen. Sofern Zugriff, nahm das Arbeitsamt auf die genannten Belange Einfluß.

Arbeitslose Jugendliche wurden der „Landhilfe" zugeführt, einen knappen Barlohn und bescheidene Sozialabgaben bestritt die Reichsanstalt, Unterbringung und Verpflegung ging zu Lasten der Bauern. Analog führte man Mädchen der Hauswirtschaft zu. Die Auswahl der Arbeitskräfte und die Rekrutierung der Teilnehmer erledigten ebenfalls die Arbeitsämter. Betroffenenkreis jährlich ca. 100 000 bis 130 000 Personen. In Kooperation mit den Arbeitsämtern hatten Betriebe zu überprüfen, ob unter Berücksichtigung der jeweils spezifischen Bedürfnisse die Betriebsangehörigen einer ausgewogenen Altersstruktur entsprachen. Evtl. Austausch arbeitsloser älterer Angestellter und Arbeiter über 40 Jahre unter besonderer Berücksichtigung von Familienvätern gegen Jüngere, die der Landwirtschaft, dem Arbeitsdienst und der Hauswirtschaft zugingen. Arbeitsplatztausch 1934/35 in 130 000 Fällen. Solche Maßnahmen erfreuter sich bei den betroffenen Älteren und ihrem Umfeld natürlich einer gewissen Popularität.

– Reichsarbeitsdienst (RAD) 1935

Nachdem die NSDAP noch 1932 in ausgesprochenem Gegensatz zu den Kirchen, den Gewerkschaften und der SPD vehement für den Pflichtcharakter im Rahmen des Freiwilligen Arbeitsdienstes (FAD) eintrat, sah man nach der Machtergreifung allerdings zuerst einmal die Notwendigkeit zur Gleichschaltung der politisch-ideologisch facettenreich vorhandenen FAD-Organisationen[13]. Alle abseits der NS-Ideologie stehenden Organisationen gingen jetzt der strikten Auflösung zu, obwohl auf der anderen Seite Sinn und Zweck jetziger Tätigkeit betreffend eher Konzeptionslosigkeit im Raum stand. Über die Umbenennung des FAD in Arbeitsdienst (AD) kam man in dieser Phase kaum hinaus. Zwar ging die

---

T 39.
Beschäftigung bei Notstandsarbeiten in Deutschland 1928–1938

	Notstandsarbeiter Quelle 1	Notstandsarbeiter Quelle 2		Notstandsarbeiter Reichsautobahn		Arbeitslose insgesamt
1928	62694	54000	**3%			1 716 351
1929	51897	30000	2%			2 090 764
1930	32752	33181	1%			3 554 329
1931	40740	37000	1%			4 873 363
1932	48570	58645	1%			5 530 607
1933	161423	278811	7%	Dez. 1933:	= 4000 B.	4 093 873
1934	390986	334403	13%	1934:	Max. 84600	2 507 365
1935	217434	183501	9%		Min. 38600	2 049 752
1936	122515	92303	7%	1935:	Max. 118000	1 361 212
1937	66011	78854*	*9%		Min. 39700	854 354*
1938	30430			1936:	Max. 130000	
					Min. 80000	

* April–September
** Prozentualer Anteil der Notstandsarbeiter an den Arbeitslosen

Kassenzuständigkeit 1934 von den Arbeitsämtern auf die 30 im Reich vorhandenen Arbeitsgauleitungen (darunter 8–10 Arbeitsdienstgruppen pro Gau, darunter Arbeitsdienstabteilungen mit 216 Mann) über, die straffe Verankerung des Pflichtgedankens ließ in Konsequenz innerparteilicher Querelen aber weiter auf sich warten. In Gestalt des Arbeitsdienstgesetzes vom 26. Juni 1933 sollte der Arbeitsdienst die nötige Identität erhalten. Paragraph 1 formulierte:

„Der RAD ist Ehrendienst am deutschen Volk. Alle jungen Deutschen beiderlei Geschlechts sind verpflichtet, ihrem Volk im RAD zu dienen. Der RAD soll die deutsche Jugend im Geiste des Nationalsozialismus zur Volksgemeinschaft und zur wahren Arbeitsauffassung, vor allem zur gebührenden Achtung der Handarbeit erziehen".

Die in RAD unbenannte Nachfolgeorganisation des AD erfüllte angesichts im großen und ganzen eher bescheidener Größenordnungen der Rekrutierung Jugendlicher bei einer Tätigkeitsbegrenzung auf 6 Monate bei Jungen und Mädchen zwischen 18 und 25 Jahren die gesteckten Erwartungen nicht. Bei Mädchen blieb wegen organisatorischer und finanzieller Unzulänglichkeiten die Freiwilligkeit des Zugangs zum RAD länger erhalten, lediglich studienwillige Abiturientinnen bedurften der Absolvierung des Pflichtjahres. Bei Jungen reichte der Kreis, abgesehen von Funktionärsnachwuchs der Partei und Studienwilliger, kaum über die bis 1935 vereinnahmten Gruppen hinaus. Gegenüber der Landhilfe als alternatives Tätigkeitsfeld hoben sich die RAD-Aktivitäten neben kollektiver Organisation besonders durch ideologische Schulungen ab, obwohl auch hier der erhoffte Erfolg nicht zustande kam. Ebenso rangierten die Arbeitsleistungen unterhalb der geforderten Norm, Schwerpunkte des Einsatzes griffen bei Landeskulturarbeiten, Straßenbau und militärischen Hilfsdiensten (z. B. Westwall). Propagandaabsichten konnten über den RAD am ehesten noch befriedigt werden.

– Das Arbeitsbuch 1935

Mit einem Gesetz vom 26. Februar 1935 ordneten die Machthaber die obligatorische Ausstellung von Arbeitsbüchern für sämtliche Angestellte und Arbeiter mit einem Jahresverdienst bis 1000 Reichsmark sowie für Lehrlinge und Volontäre an. Dem Rang nach einem amtlichen Ausweis gleichgestellt, avancierten die Arbeitsbücher zum Hauptinstrument nationalsozialistischer Bewirtschaftung des Arbeitsmarktes[14]. Das Arbeitsbuch diente langfristig gesehen als formale Basis der Arbeitseinsatzlenkung, nachdem über die Anlage einer Arbeitsbuchkartei erstmals überhaupt verläßliche Informationen zur beruflichen Vorbildung, der Fachqualifikation und tatsächlichen Berufsausübung der gesamten Erwerbsbevölkerung vorlagen (reichsweite Statistik für 1938). Da den Arbeitsämtern erstmals auch berufsfremde Beschäftigungen solcher Personen bekannt wurden, die zuvor keinerlei Kontakt zum Amt unterhielten, waren bis Herbst 1936 mit der Ausgabe von 22 Mio. Arbeitsbüchern erste Voraussetzungen für die Durchleuchtung der gesamten Erwerbsbevölkerung gegeben. Folgende Lenkungsmöglichkeiten kamen somit potentiell in Reichweite:

– Arbeitsplatzzuweisung nach Bedarf (z.B. Rüstungsindustrie)
– Ausdünnung überfüllter Berufe
– Eindämmung der Landflucht
– Erschwerung von Doppelverdienst und Schwarzarbeit

Nach Beendigung der Arbeitsbucherfassung sorgte die an die Arbeitgeber ergangene Verpflichtung, sämtliche Neueinstellungen respektive Entlassungen den Arbeitsämtern zu melden, für eine permanente Aktualisierung der Daten. Beschäftigung ohne Arbeitsbuch stand unter strengem Verbot. Im Zusammenhang mit der Dienstpflichtverordnung von 1938 griff die Arbeitsverwaltung systematisch auf die Arbeitsbücher zurück.

– Das Monopolgesetz 1935

Im Zuge der Zentralisierung staatlicher Arbeitsmarktpolitik vollzog der Staat mit dem „Gesetz über Arbeitsvermittlung, Berufsberatung und Lehrstellenvermittlung" von November 1935 den Übergang zum Monopol, um jegliche Vorgaben unter Ausschaltung aller Fremdeinflüsse umzusetzen. Der Gesetzestext besagte:[15]

„Arbeitsvermittlung, Berufsberatung und Lehrstellenvermittlung darf nur von der Reichsanstalt für Arbeitsvermittlung und Arbeitslosenversicherung betrieben werden. Der Präsident der Reichsanstalt kann mit Zustimmung des Reichsarbeitsministers und der sonst beteiligten Reichsminister Einrichtungen außerhalb der Reichsanstalt mit der nicht gewerbsmäßigen Arbeitsvermittlung, Berufsberatung und Lehrstellenvermittlung beauftragen. Der Auftrag wird nur auf Antrag und nur insoweit erteilt, als es für die Regelung des Arbeitseinsatzes zweckmäßig ist. Der Reichsarbeitsminister kann gewerbsmäßige Arbeitsvermittlung für einzelne Berufe zulassen. Soweit Arbeitsvermittlung, Berufsberatung oder Lehrstellenvermittlung zugelassen ist, unterliegt sie der Aufsicht des Präsidenten der Reichsanstalt und ist nach seinen Weisungen auszuüben".

Konkurrierende Stellenvermittlungen der Deutschen Arbeitsfront gingen in Auflösung, sonstige Agenturen folgten bei wenigen Ausnahmen einzelner Berufe nach.

– Die Berufsnachwuchslenkung 1935

Maßnahmen zur Sicherung des Berufsnachwuchses vollzog der NS-Staat unter Berücksichtigung der weitgesteckten Wirtschaftsziele bereits ab 1934. Betriebe des Eisen-, Metall- und Baugewerbes mit besonderen Nachwuchslücken verpflichtete der Staat auf die Umsetzung vorgegebener Lehrlingskontingente. Andere Betriebe zahlten ggf. eine Ablöse zur Förderung des Lehrlingswesens. Auslese und Vermittlung des Berufsnachwuchses oblag den Arbeitsämtern, ferner die Erstellung entsprechender betrieblicher Auflagen. Zur Berufsberatung gab das Monopolgesetz systemkonforme Grundsätze an die Hand:[16]

„Die Raterteilung hat die körperliche, geistige, charakterliche und rassische Veranlagung des Ratsuchenden, seine Neigungen und seine wirtschaftlichen und seine persönlichen Verhältnisse zu berücksichtigen. Die Berufswahl ist von der Übersicht über den gesamten Arbeitseinsatz aus so zu lenken, daß der notwendige und geeignete Nachwuchs in den Berufen gesichert, übermäßiger Zudrang jedoch abgewehrt wird. Die Wahl des Berufes, bei der das eigene Ich dem Wohl des Volksganzen unterzuordnen ist, muß der Ratsuchende aus eigener Verantwortung treffen".

Dieser Gesetzespassus gab zu verstehen, daß Beurteilungskategorien wie „rassische Veranlagung" und „Wohl des Volksganzen" dem Berufswunsch des Schulabgängers ganz anders als bisher Grenzen setzen mußte – Lenkung anstatt Beratung!

A 24. Das Arbeitsbuch 1935

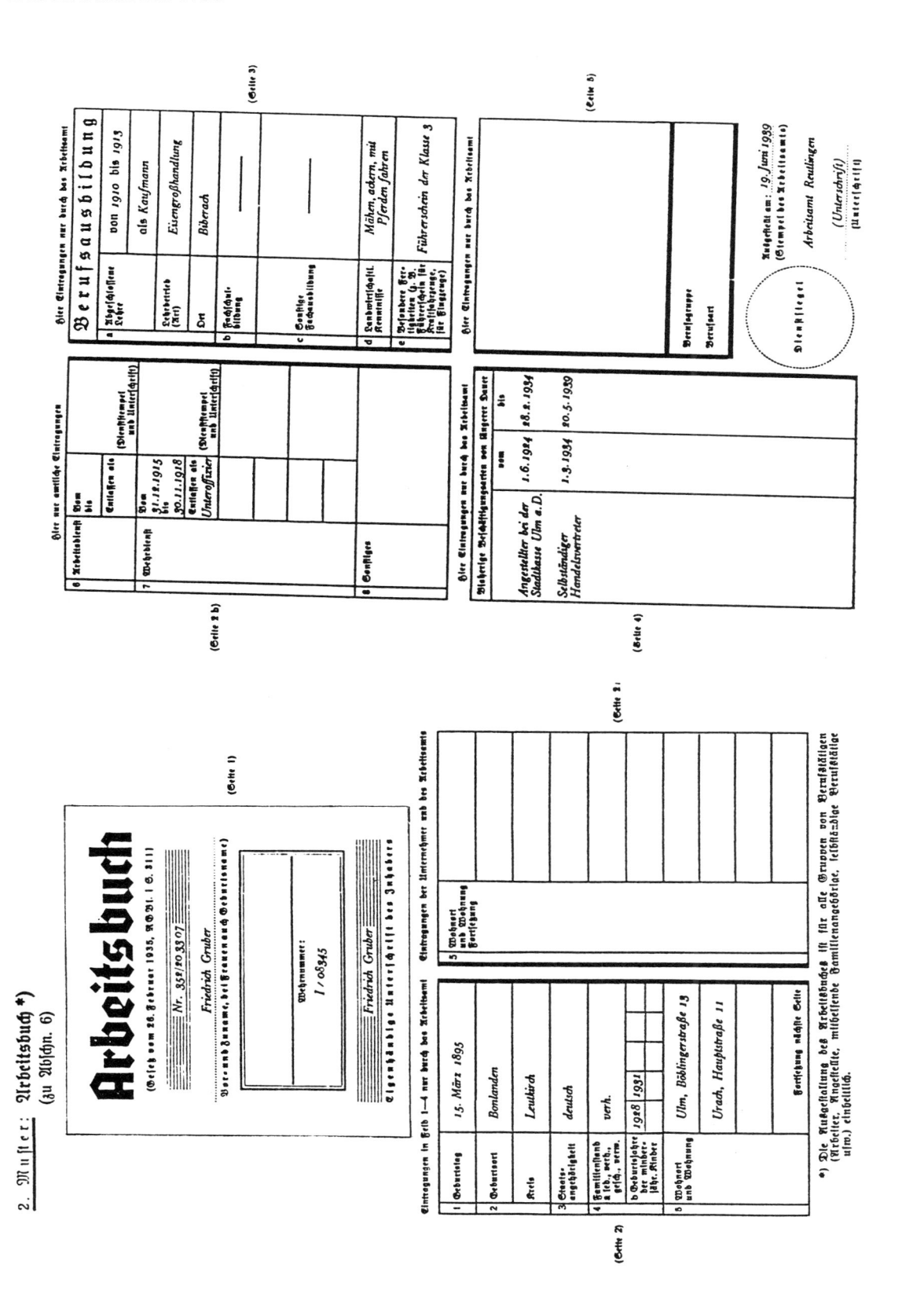

2. Muster: Arbeitsbuch*)
(zu Abschn. 6)

Arbeitsbuch
(Gesetz vom 26. Februar 1935, RGBl. I S. 311)

Nr. 351/103307

Vor- und Zuname, bei Frauen auch Geburtsname)
Friedrich Gruber

Wehrnummer: 1/08345

Eigenhändige Unterschrift des Inhabers
Friedrich Gruber

(Seite 1)

Eintragungen in Feld 1—4 nur durch das Arbeitsamt / Eintragungen der Unternehmer und des Arbeitsamts

1 Geburtstag	15. März 1895	
2 Geburtsort	Bonlanden	
3 Kreis	Leutkirch	
Staatsangehörigkeit	deutsch	
4 Familienstand a led., verh., gesch., verw.	verh.	
b Geburtsjahr der minderjähr. Kinder	1928 1931	
5 Wohnort und Wohnung	Ulm, Böblingerstraße 13	
	Urach, Hauptstraße 11	

Fortsetzung nächste Seite

*) Die Ausgestaltung des Arbeitsbuches ist für alle Gruppen von Berufstätigen (Arbeiter, Angestellte, mithelfende Familienangehörige, selbständige Berufstätige usw.) einheitlich.

(Seite 2)

Hier nur amtliche Eintragungen

6 Arbeitsbuch	Vom bis	(Dienststempel und Unterschrift)
7 Wehrpaß	Vom 31.12.1915 bis 30.11.1918 Entlassen als Unteroffizier	(Dienststempel und Unterschrift)
8 Sonstiges		

(Seite 2 b)

Hier Eintragungen nur durch das Arbeitsamt

Berufsausbildung von 1910 bis 1913

a Abgeschlossene Lehre	als Kaufmann
Lehrbetrieb (Art)	Eisengroßhandlung
Ort	Biberach
b Fachschulbildung	—
c Sonstige Fachausbildung	—
d Landwirtschaftl. Kenntnisse	Mähen, ackern, mit Pferden fahren
e Besondere Berechtigungen (z.B. Führerschein für Kraftfahrzeuge, für Flugzeuge)	Führerschein der Klasse 3

(Seite 3)

Hier Eintragungen nur durch das bisherer Dauer

Bisherige Beschäftigungsarten von längerer Dauer

	vom	bis
Angestellter bei der Stadtkasse Ulm a.D.	1.6.1924	28.2.1934
Selbständiger Handelsvertreter	1.3.1934	20.5.1939

(Seite 4)

Hier Eintragungen nur durch das Arbeitsamt

Berufsgruppe	
Berufsart	

(Seite 5)

Ausgestellt am: 19. Juni 1939
(Stempel des Arbeitsamts)
Arbeitsamt Reutlingen

Dienstsiegel

(Unterschrift)

– Der Vierjahresplan 1936ff.

Die Wirtschaftspolitik der Nationalsozialisten trat 1936 in ein neues Stadium. Zur Koordinierung des Vierjahresplanes entstand eine Zentralstelle, die zusätzlich Planungsämter für einzelne Sachgebiete unterhielt:

– Rohstoffverteilung
– industrielle Fette
– deutsche Roh— und Werkstoffe
– Landwirtschaft
– Preisbildung und Devisen
– Arbeitseinsatz
– Forschungseinrichtungen

Unter den geänderten Rahmenbedingungen ergaben sich erweiterte Aufgaben für die Reichsanstalt, um den erhöhten Arbeitskräftebedarf insbesondere in der Metallindustrie und der Bauwirtschaft zu decken. Entscheidungen über die Lenkung der Arbeitskräfte verfügte Hermann Göring als Beauftragter des Vierjahresplanes. Die Administration verblieb der Reichsanstalt. Die Anordnungen zur Sicherstellung des Arbeitskräftebedarfs umfaßte einen Katalog an Maßnahmen:[17]

- Einstellungskontrollen der Arbeitsämter bei Metallarbeitern in Betrieben mit mehr als 10 Beschäftigten. Zustimmung der Arbeitsämter ab 1937 obligatorisch.
- Meldung berufsfremd eingesetzter Facharbeiter durch die Betriebe, ggf. Umschichtung nach bedürftigen Betrieben der Metallbranche und Bauwirtschaft.
- Sichtung von Arbeitslosen und Kategorisierung nach a) im Beruf voll einsatzfähig, b) ansonsten voll einsatzfähig, c) nicht voll einsatzfähig.
- Landwirtschaft: Berufsberatung von Schulabgängern mit der Möglichkeit des Einsatzes in bäuerlichen Betrieben unter vorheriger Eingewöhnung in Lagern der HJ und des BDM.
- Verbot von Kennwortanzeigen bei der Anwerbung oder Vermittlung von Metall- und Baufacharbeitern.
- Beschäftigung von Maurern und Zimmerleuten in öffentlichen und privaten Betrieben nur unter Zustimmung der Arbeitsämter.

Einstellungskontrollen, Abwerbungsverbote und betriebliche Beschäftigungsauflagen charakterisierten die Verhältnisse im Beschäftigungssektor bis 1938, die Freizügigkeit der einzelnen Person blieb unter diesen Umständen im Regelfall weitgehend noch in Funktion.

– Die Dienstverpflichtung 1938

Mit „Aufgaben von besonderer staatspolitischer Bedeutung" betitelten und begründeten die Machthaber ein Gesetz, das im Juni 1938 den künftigen Arbeitskräftebedarf sichern sollte – konkret ging es um abschließende Kriegsvorbereitungen. Über die Dauer von sechs Monaten konnte jeder Deutsche einer Tätigkeit gleich welchen Ortes zugewiesen werden: „Der Arbeiter wurde damit zum Wirtschaftssoldaten, der wirtschaftliche Gestellungsbefehl trat gleichberechtigt neben den militärischen"[18]. Allerletzte Spielräume der Freizügigkeit kamen im Februar 1939 abhanden, nachdem die zeitliche Befristung der Dienstverpflichtung vollkommen entfiel und zudem auch alle in Deutschland lebenden Ausländer zwangsbeschäftigt werden konnten. Noch vor Ausbruch des Zweiten Weltkrieges herrschte der totale Arbeitseinsatz – es herrschte Arbeitszwang!

Die komplette Vereinnahmung der Reichsanstalt, der Landesarbeitsämter samt untergeordneter Behörden vollzog der Staat bis März 1939 durch die Unterstellung dieser Einrichtungen unter das Reichsarbeitsministerium. Als Körperschaft blieb die Reichsanstalt zwar bestehen, die Kompetenzen umfaßten allerdings nur noch die Einziehung des Beitragsaufkommens (trotz Vollbeschäftigung nach wie vor 6,5% am Einkommen!) und die Verausgabung gemäß vorgesetzten Haushaltsplanes. Die Reichsanstalt erhielt nunmehr den Titel „Reichsstock für den Arbeitseinsatz", die Leiter der Arbeitsämter firmierten als „Beauftragte des Treuhänders der Arbeit".

3. Das Mannheimer Arbeitsamt in der Funktion der NS-Erfüllungsgehilfen

Die Entwicklung des Arbeitsmarktes unter dem Aspekt des staatlichen Zugriffes ließ nach 1933 eine stufenweise Verschärfung eingeengter persönlicher Freiheiten erkennen. Während 1933/34 die Reglementierung in erster Linie noch über unterschiedliche Formen des Arbeitseinsatzes wie Notstandsarbeiten, Arbeitsdienst und Landhilfe bei Verwendung mitunter sanften Druckes und nur im Einzelfall bis zur Nötigung reichend ansetzte, wurden schon 1935 erste gesetzliche Grundlagen eines verschärften Interventionismus geschaffen. Solange dem Arbeitsmarkt jedoch eine ausreichende Reserve Arbeitsloser im Hintergrund zur Verfügung stand, hielt sich der staatliche Zwang in Grenzen. Anders 1938, nachdem die Dienstpflicht Freizügigkeit höheren Zielsetzungen unterwarf. Zum Westwall abgeordnet gehörten 1938 bereits 400 000 Personen dem Kommando der Dienstverpflichteten an, zwei Jahre später registrierte man hier 1,4 Millionen in Rüstungsbetrieben, Chemie, Bauwirtschaft und im Verkehrssektor Beschäftigter. Jeder Erwachsene hatte früher oder später die Rekrutierung der eigenen Existenz ins Kalkül zu ziehen.

Die Verankerung der Arbeitsämter zeigte nach 1933 eine veränderte Flankierung. Mehr denn je definierte der Staat die Normen der Handlung, demgegenüber blieb der einzelbehördliche Spielraum vergleichsweise gering. Unverrückbare Tatsachen wie die Sozialstruktur der Bevölkerung im Bezirk, die wirtschaftlichen Gegebenheiten über Betriebsstandorte oder Agrarproduktion und nicht zuletzt die geopolitische Lage gaben einer jeden Behörde am ehesten noch ein eigenes Gepräge. Und trotz des straffen Zentralismus konnte dem Amt ein gewisser Entscheidungsspielraum zumindest vor 1939 dennoch nicht ganz genommen werden, Grenzen gab es freilich auch hier, die der „nationalsozialistische Geist" setzte. Überschreitungen egal auf welcher Ebene, führten zwangsläufig zur Entlassung oder anderem mehr. Trotz der Uniformierung der Arbeitsämter bewahrte eine jede Behörde in Konsequenz der spezifischen Verankerung auch nach 1933 eine unverwechselbare Identität, und gleichsam schlüpften sie in jeweils eigener Art und Weise in die Rolle des Erfüllungsgehilfen.

T 40.

Rückgang der Arbeitslosigkeit im Mannheimer Arbeitsamtsbezirk 1933-1939

1933/34	1934/35	1935/36	1936/37	1937/38	1938/39
9380	11700	4400	7100	5750	ca. 700

(jeweils Januarzählungen)

3.1. Zu den Hintergründen rückläufiger Arbeitslosigkeit im Bezirk

Im Gegensatz zur Arbeitslosigkeit verschwand eine andere Erscheinung im Nationalsozialismus mit einem Schlag: Die Transparenz in der Arbeitslosenstatistik – und dies aus gutem Grund! In der offiziellen Arbeitsmarktberichterstattung, die den noch verbliebenen Tageszeitungen des Mannheimer Arbeitsamtsbezirks zuging, gab es selten Angaben über Hintergründe und Details rückläufiger Arbeitslosigkeit. Wo es dennoch einzelne Aktivitäten in der gleichgeschalteten Presse zu feiern galt, dienten diese Informationen keinem anderen Zweck als der Propaganda. Interne Berichte an das südwestdeutsche Landesarbeitsamt gaben im Gegensatz hierzu mancherlei Hintergrund frei. Beide Quellen sind dem Mannheimer Arbeitsamt weitgehend vollständig für die Jahre 1933 bis 1937 und in Fragmenten für 1940/41 erhalten geblieben[1]. Obwohl als Anlage differenzierte Statistiken fehlen bzw. wohl nachträglich beseitigt wurden, erlauben vor allem die an das Landesarbeitsamt verschickten Dokumente mitunter recht aufschlußreichen Einblick in Interna des Mannheimer Arbeitsamtes.

Daten zum Verlauf der Arbeitslosigkeit mit Monatswerten und Berufsangaben für den Mannheimer Arbeitsamtsbezirk sind für die Jahre 1933 bis 1938 erhalten geblieben (A 25, 26; T 40, 41). Die Statistik läßt einen Abbau der Arbeitslosigkeit erkennen, der 1933 und 1934 mit Vehemenz griff und selbst saisonale Schwankungen in erstaunlicher Höhe auffing.

Mitte 1934 konnte auf die Halbierung des absoluten Höchststandes der Arbeitslosigkeit von Januar 1933 verwiesen werden. Im nachfolgenden Jahr verlor die Absenkung der Arbeitslosigkeit allerdings spürbar an Dynamik, da Mobilisierungskampagnen wie Arbeitsbeschaffung und Arbeitsdienst entweder ausliefen oder das Aufnahmekontingent vorübergehend erschöpft war. Saisonale Beschäftigungsschwankungen zeigten denn auch wieder verstärkte Ausschläge an. Neuerliche Impulse brachte der Vierjahresplan, getragen von Remilitarisierung, Aufrüstung und der Mobilisierung überhaupt nur bedingt einsatzfähiger Arbeitskräfte:[2]

„Zum Grasrupfen zwischen den Bahngleisen und Tabakfädeln, also typisch leichten Arbeiten, wurden gegen 120 männliche und 40 weibliche Kräfte angefordert, eine selten günstige Gelegenheit, an die Nichtvolleinsatzfähigen mit einem zumutbaren Arbeitsangebot heranzutreten und gegebenenfalls eine Ausdünnung vorzunehmen".

Ende des Jahres 1938 stand bei etwa noch 1000 verbliebenen Erwerbslosen fast jeder irgendwie „Einsatzfähige" in irgendeinem Beschäftigungsverhältnis – ob er wollte oder nicht.

Der beträchtliche Rückgang der Arbeitslosigkeit 1933/34 resultierte neben einer verbesserten Aufnahmefähigkeit der Privatwirtschaft recht beträchtlich auch aus der Reaktivierung zuvor Erwerbsloser in Beschäftigungsverhältnisse hinein, die hier am Ort neben den gängigen Vermittlungen in die Arbeitsbeschaffung, zur Landhilfe und zum Arbeitsdienst auf eine Zusatzmaßnahme in Gestalt des sog. Volksdienstes setzte[3]. Auf Initiative des Oberbürgermeisters im Herbst 1933 eingerichtet, beabsichtigten Stadtverwaltung und Arbeitsamt über den Volksdienst zunächst um die 5000 in den Fürsorgeempfang abgerutschte Erwerbslose in Pflichtarbeit zu bringen. Fortan machte die in früheren Zeiten wegen ihrer Sozialpolitik oft gelobte Stadt die Höhe der Wohlfahrtsunterstützung von individuell angemessener Arbeitsleistung abhängig, die Überstellung in Beschäftigung erledigte das Arbeitsamt. Fernab jeder tariflicher Entlohnung (Höchstsatz = Fürsorgesatz) erhielt der Volksdienstler bei 7-stündiger Gesamtarbeitszeit zusätzlich Verpflegung und Arbeitskleidung, der Arbeitseinsatz erfolgte bei Meliorationen, dem Bau von Siedlungshäusern und Volkswohnungen. Einheitliche Kleidung der 25- bis 50-jährigen Männer und Zusammenfassung in Einheiten unterstrichen den Charakter organisierter Pflichtarbeit. Ende März 1934 umfaßte die Gruppe 3400 Personen. Der Anfang 1934 gegründete Volksdienst für Frauen unterhielt bei vergleichbaren Konditionen acht Arbeitsstuben zur Erledigung von Handarbeiten. Beide Organisationen existierten bis Ende 1936.

Die Bevölkerung der 18- bis 25-jährigen hatten die Aktivisten des Arbeitsdienstes im Visier. Dabei stand zunächst das Ver-

T 41. Arbeitslose und Arbeitsuchende im Arbeitsamtsbezirk Mannheim 1928–1940

a) Arbeitslose

	1928	1929	1930	1931	1932	1933	1934	1935	1936	1937	1938	1940
Januar	12740	20720	25600	37100	44100	44800	33600	23200	20300	13700	7800	
Februar	12880	22260	26180	35500	44200	44170	31500	21800	19800	12600	7500	825
März	11760	20240	25200	34780	43120	43800	28000	18970	16800	11620	4900	852
April	11410	18900	23940	36400	43550	43300	26550	18770	16600	10500	4700	772
Mai	11830	15820	25400	34600	42930	43200	25200	17780	13250	9480	4380	629
Juni	12040	15120	25400	34300	42450	41860	24080	17450	11200	8120	4000	515
Juli	12320	15060	25400	34600	42000	38920	22820	16100	10600	7140	2800	431
August	11830	15680	26040	35320	41500	38000	22680	15260	10150	5800	1500	
September	12600	16660	28700	36920	40800	37800	22120	16100	9800	5600	1300	
Oktober	14140	18480	29150	38500	40920	36200	21500	16900	10800	6300	1400	
November	16520	20720	29180	39900	42280	35280	22350	17600	12000	6520	1250	
Dezember	17990	24360	29820	42600	43820	35420	21900	18900	13020	7950		
Mittel	13172	18692	26670	36710	42639	40229	25275	18236	13698	8778	3776	

b) Arbeitsuchende

	1928	1929	1930	1931	1932	1933	1934	1935	1936	1937	1938	1940
Mittel	13300	18800	27500	37600	43500	42000	29400	22800	17400	12000		
Differenz Arbeitslose/ Arbeitsuchende	128	108	830	890	861	1771	4125	4564	3702	3222		

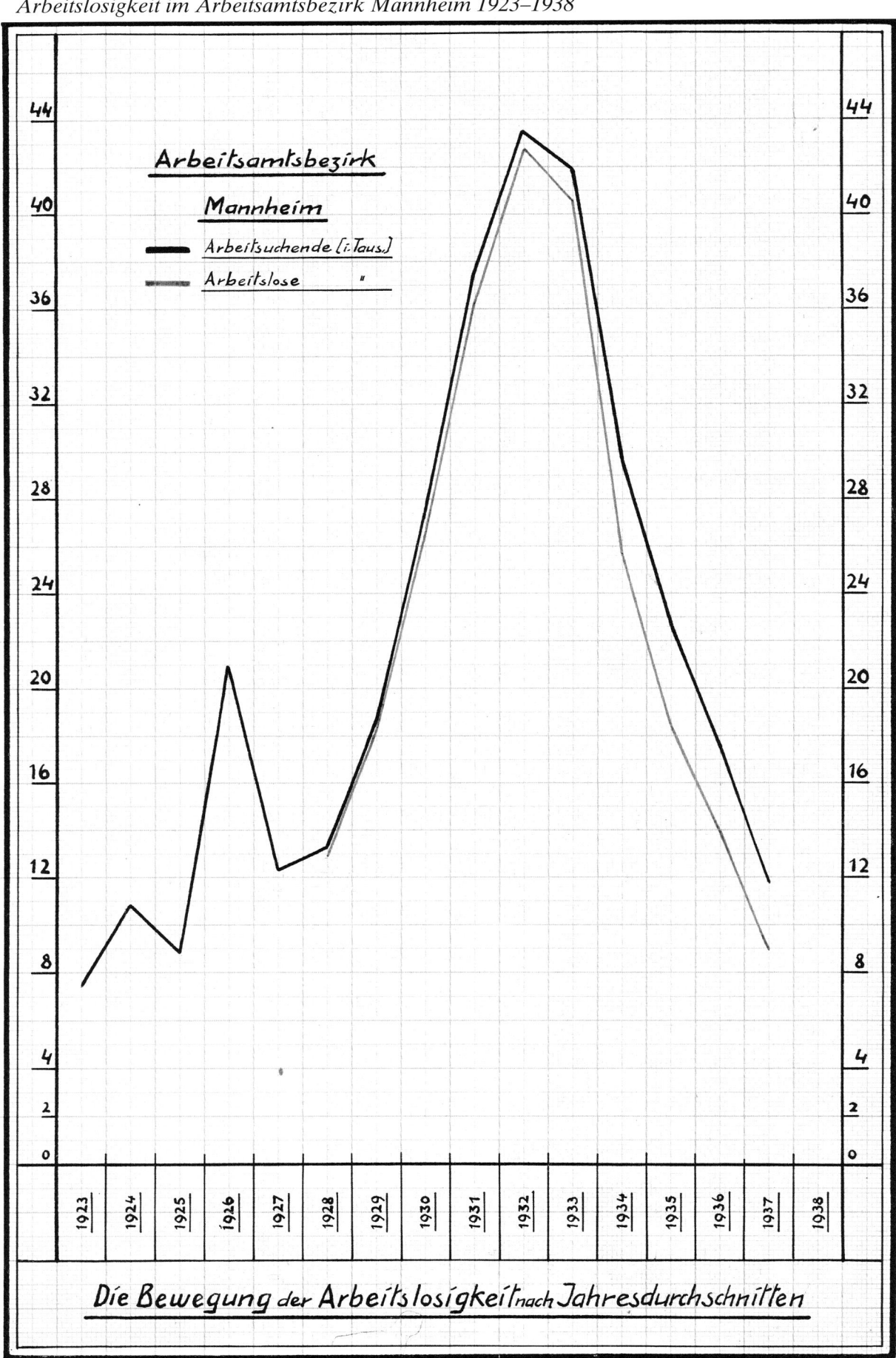

A 25. Arbeitslosigkeit im Arbeitsamtsbezirk Mannheim 1923–1938

A 25. Arbeitslosigkeit im Arbeitsamtsbezirk Mannheim 1923–1938

A 26. Arbeitsmarktstatistik im Arbeitsamtsbezirk Mannheim 1933–1937

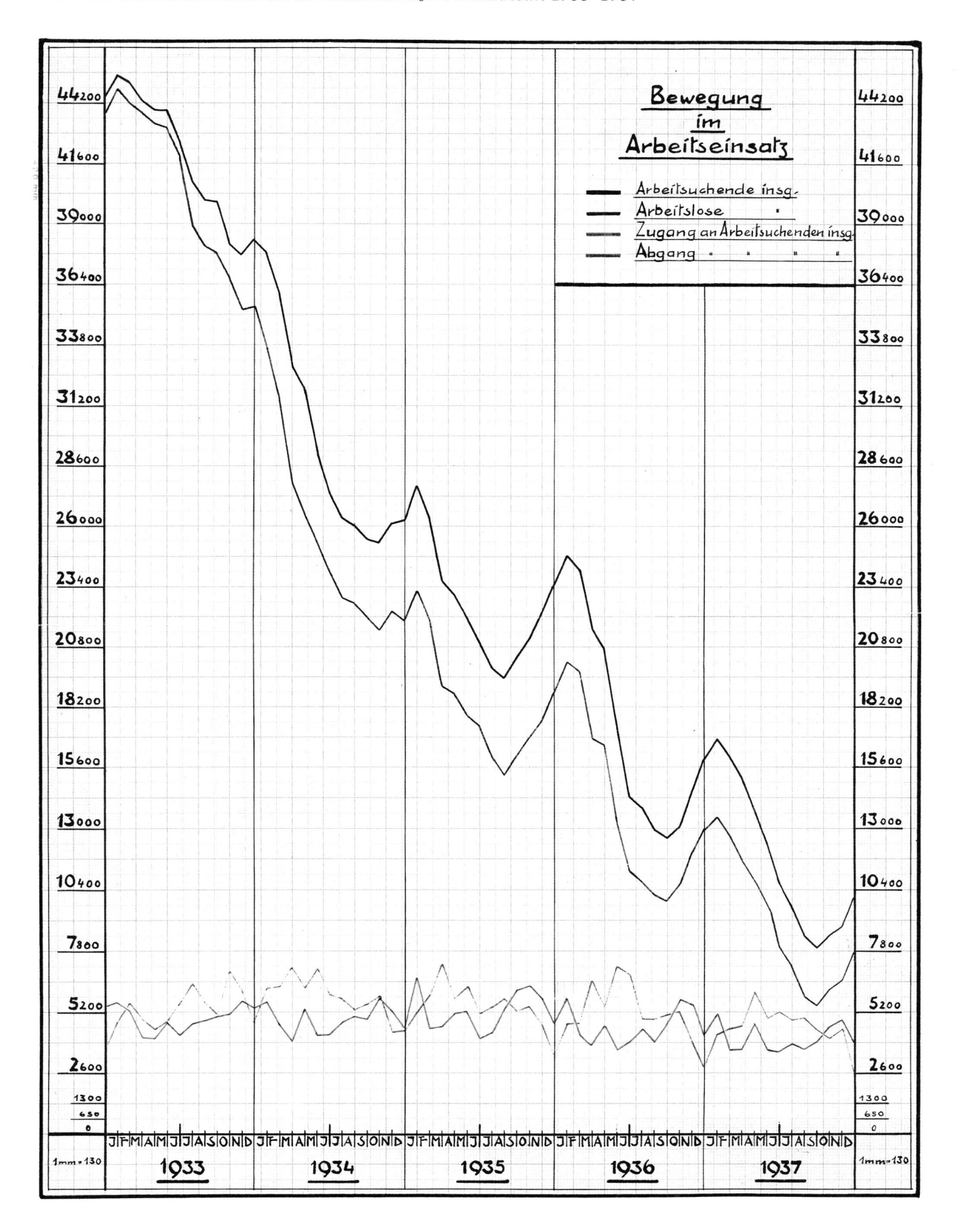

Mannheimer Volksdienst um 1936/37 – der Schein trügt, denn die Arbeitsaufnahme erfolgte mehr oder minder unter Zwang.

bot aller außerhalb der NS-Ideologie stehenden Lagereinrichtungen an, Angestellte entsprechender Organisationen erhielten umgehend fristlose Kündigungen. Auch vermeintlich unpolitische Gruppierungen wie die badischen Turn- und Sportvereine, Naturfreunde, Arbeiterwohlfahrt bis hin zu sozialen Diensten fielen der Gleichschaltung anheim[4]. Im Juni 1933 bestanden im Mannheimer Arbeitsamtsbezirk bereits 18 Lager des Arbeitsdienstes, deren Tätigkeiten hauptsächlich bei Meliorationen und sonstigen Infrastrukturverbesserungen ansetzten:

Lagerort	Tätigkeit	Personen
Herrenteich	Planierung von Wiesen	30
Sellweiden	Herrichtung von Gartengelände	40
Viernheim	Verbesserung von Holzfuhrwegen	35
Friesenheimer Insel	Schaffung von Kleingärten	56
Lampertheim I	Urbarmachung von Neuland	10
Lampertheim II	Erstellung von 20 Siedlungshäusern	20
Innenstadt	Kleingärten an den Ausstellungshallen	15
Schwetzingen	Straßenbau, Kleingärten	53
Sandtorfer Bruch	Meliorationsarbeiten – Unterbringung in der Hermann Göring Kaserne, Lanz-Heim, Barackenlager im Bruch	550
Mannheim	130 Nebenerwerbssiedlungen	150
Neulußheim	Feldwege, Wiesenplanierungen	20
Reilingen	Entwässerungsarbeiten	30
Reißinsel	Auslichten von Waldbeständen, Entwässerung versumpfter Teile	75
Radfahrweg II	Anlage eines Radfahrweges	30
Ingenieurdienst	Wissenschaftl. Hilfsdienst	9
Fürsorgeverein	Urbarmachung von Gärten, Anlerngärten für geistig zurückgebliebene Kinder	10
Neckarschwarzach	Waldkulturarbeiten	128
	zus.	1301 Pers.

Auf freiwilliger Basis und später obligatorisch für Studienwillige kamen dem Arbeitsdienst Abiturientenjahrgänge zu. Zur Einführung des freiwilligen Werkhalbjahres berichtete am 14. Februar 1933 der Ludwigshafener Generalanzeiger:

„Die Arbeitsdienstwilligen sind in Arbeitslagern zusammengefaßt. Die Verpflegung wird im Lager zubereitet. Eine planmäßige und vielseitige Körperschulung wird morgens und nachmittags betrieben. Für etwa 1½ Monate wird der Teilnehmer in die vom Reichskuratorium für Jugendtüchtigung veranstalteten Geländesportlehrgänge eingereiht. Die Teilnahme verlangt körperliche Leistungsfähigkeit, Einsatzbereitschaft und starken Willen zur Kameradschaft".

Der körperlichen Ertüchtigung folgte eine Überstellung zum Arbeitsdienst für weitere vier Monate. Mitte 1933 existierten im Mannheimer Arbeitsamtsbezirk sechs Einrichtungen genannter Art bei 140 Teilnehmern. Letzten Endes handelte es sich beim Arbeitsdienst auch um billige Arbeitskraft, deren Einsatz jedoch mit Rücksicht auf die Öffentlichkeit insbesondere nach Überwindung der größten Arbeitslosigkeit auch Grenzen kannte. In dieser Sache wies Arbeitsamtsdirektor

Nickles in dem Arbeitsmarktbericht von März 1935 den Präsidenten des Landesarbeitsamtes auf folgende Notwendigkeit hin:

„Nach einer mir vor kurzem gemachten Mitteilung soll die Absicht bestehen, den Hochwasserdamm nördlich Sandhofen an der rechten Rheinseite zu verlegen und dazu auf Wunsch des Oberbürgermeisters von Mannheim im Jahre 1936 den Arbeitsdienst heranzuziehen. Es soll sich um 150000 Tagewerke handeln, die, vor den Toren der Großstadt gelegen, wohl zweckmäßigerweise nicht durch den A.D., sondern als Notstandsarbeit auszuführen wären, vorausgesetzt, daß die Finanzierung möglich ist".

Im Zuge der Errichtung eines Frauenarbeitsdienstes (DFr.AD) entstand 1933 in Mannheim - Neckarau ein Lager, das im Mai 1934 16 bis 30 Mädchen und 12 Monate später 44 Mädchen beschäftigte. Nähen, Flicken und Waschen bei Landwirten stand als Aufgabenstellung im Vordergrund, danach sollte eine Überweisung in städtische Haushalte erfolgen.

Den chronischen Leutemangel in der Landwirtschaft versuchten die Nationalsozialisten durch Maßnahmen des zwischenbezirklichen Ausgleiches zu beheben. Bereits im Mai 1933 notierte das Mannheimer Arbeitsamt die Übermittlung von 1000 Jugendlichen, weitere 500 Jungen und Mädchen standen auf Abruf bereit. Einsatzorte reichten von den Bezirken Mosbach, Bad Mergentheim, Schwäbisch Hall bis Aalen, Biberach und Konstanz. Entgegen früherer Regelungen sollten die Verträge über den Herbst hinaus verlängert werden. Daß die nach außen hin mit dem Attribut „lebhafte Nachfrage" versehene Verschickung in die Landwirtschaft keineswegs nur auf dauerhafte Resonanz stieß, gab ein Vermerk im Arbeitsmarktbericht März 35 zu erkennen. Hierin betonte das Amt allgemein die Notwendigkeit stärkerer Reglementierung im Kontext des zwischenbezirklichen Ausgleichs:

„Daß dabei die Auswahl des Einzelnen, die Durcharbeitung der Kartei, vor allem aber die unberechtigte Rückkehr auswärts untergebrachter Arbeitsloser seitens der Arbeitsvermittlung besondere Maßnahmen erfordere, trifft ebenso auf die Landhilfe zu, wie auf die im zwischenbezirklichen Ausgleich Vermittelten. Es erweist sich immer notwendiger, mit allen Mitteln, auch der staatlichen Macht, gegen diese Saboteure des Aufbaus schonungs- und rücksichtslos vorzugehen".

Partiell zumindest traten Zwangsmaßnahmen in das Handlungsrepertoire der Mannheimer Behörde. Der Öffentlichkeit gegenüber erläuterte man ein und denselben Sachverhalt in einer freilich etwas abgeänderten Version. Zitat aus dem Hakenkreuzbanner vom 21. Dezember 1935:

„Auch gelang es dem Arbeitsamt, eine große Anzahl junger Menschen als Landhelfer nach Auswärts zu vermitteln. In diesem Jahr 1862 männliche und 468 weibliche Landhelfer. Seit 1933 bis heute insgesamt nahezu 6000 männliche und 1100 weibliche. Wenn auch der größte Teil nach Ablauf des Landjahres wieder nach Mannheim zurückkehre, so blieb doch auch ein beträchtlicher Teil draußen. Im großen und ganzen kann gesagt werden, daß die Bauern mit den Mannheimer Landhelfern und -helferinnen außerordentlich zufrieden waren".

Kommentar überflüssig.

Lebhafte Nachfrage löste die „Sonderaktion zur Unterbringung verdienter Kämpfer der nationalen Bewegung" aus. Arbeitgebern stellte man die Vermittlung „politisch zuverlässiger" Kräfte in Aussicht. Bevorzugung sollten alle vor dem 30. Januar 1933 der NSDAP beigetretenen Personen genießen. Über diesen Kreis hinausgehend wollte man in Mannheim zusätzlich Kinderreiche, Neuhausbesitzer sowie Unwetter- und Brandgeschädigte berücksichtigen. Die Aktion avancierte zum Erfolg: „Von den 2000 sich bei dieser Sonderaktion meldenden alten Kämpfern konnten alle bis auf 40 in der gewerblichen und 120 in der kaufmännischen Abteilung untergebracht werden"[5]. Allerdings dürfte diese Sonderaktion keine zusätzlichen Arbeitsplätze mobilisiert haben, sodaß der Abbau der Arbeitslosigkeit hierdurch keine gesonderte Beschleunigung erfuhr. Einen genaueren Aufschluß über die Hintergründe der rückläufigen Arbeitslosigkeit im Bezirk verschaffte ein Artikel in der Neuen Mannheimer Zeitung vom 30. September 1933. Lt. dortiger Angaben umfaßte der Arbeitsdienst in jenem Monat 1200 Personen, bei Notstandsarbeiten wirkten 400 Personen, der Landhilfe gingen 2100 Personen zu. Über die Sonderaktion konnten zusätzlich 970 Stellenvermittlungen realisiert werden. Bei einem Gesamtrückgang der Arbeitslosigkeit von 7000 Personen seit Ende Jan.33 war der Anteil Jener recht markant, die über NSDAP-gesteuerte Sonderaktionen in Beschäftigung gingen: Insgesamt 3700 von 7000 Personen. Zusätzlich verstärkte die Propaganda die bevölkerungsseitige Resonanz der objektiv durchaus vorhandenen Anfangserfolge – quantitativ gemessen.

Das Handlungsrepertoire zum Abbau der Arbeitslosigkeit umfaßte schließlich bis Ende 1934 ein facettenreiches Instrumentarium:
– Arbeitsbeschaffung
– Arbeitsdienst
– Landhilfe
– Sonderaktion zur Unterbringung „alter Kämpfer"
– Volksdienst
– Freimachung von Arbeitsplätzen für ältere Erwerbslose
– Maßnahmen gegen „Doppelverdienertum, Schwarzarbeit und das Unwesen der Einstellung von Arbeitern auf Grund persönlicher Beziehungen". Einrichtung einer Meldestelle für Schwarzarbeit unter Mitwirkung des Arbeitsamtes, Polizeipräsidium, Fürsorgeamt, Finanzamt
– Fortbildungsmaßnahmen für arbeitslose Metallarbeiter, Schreiner, kaufmännische Angestellte, technische Angestellte

---

T 42.
Stellenvermittlungen im Mannheimer Arbeitsamt 1932–1938

	1932	1933	1934	1935	1936	1937	1938
Gesamt	16000	20700 (23087)	35000 (33187)	40000	49026	50178	53089
auf Dauer (abweichende Angabe)	6700	11200 (13379)	20948	22000			

Parteigänger und Direktor des Mannheimer Arbeitsamtes Nickles bei einer Ansprache 1934 im Hof der Behörde vor „in Arbeit gebrachten" früheren Erwerbslosen.

- Umschulungskurse für Ältere
- Zwischenbezirklicher Ausgleich
- Zuzugssperre landwirtschaftlicher Arbeitskräfte

Ende des Jahres 1934 rief der Arbeitsamtsleiter Nickles seine Mitarbeiter zu einem Neujahrsempfang in den großen Sitzungssaal der Behörde, um rückblickend die Jahresergebnisse zu würdigen (Bericht der Neuen Mannheimer Zeitung vom 31. 12. 1933). Gegenüber 1933 habe die Bilanz um 10 102 auf 33 187 Stellenvermittlungen zugenommen, hierunter alleine 19 931 Dauerarbeitsplätze (1933 = 13 379 Dauerarbeitsplätze). „Das Gefasel von der Rohstoffverknappung könnte nicht besser widerlegt werden, als durch diese Neueinstellungen". Über die Landhilfe vermittelte das Amt 1933/34 insgesamt 4442 Stellen, hiervon 1303 Plätze nach Baden, 1968 nach Württemberg, 334 nach Bayern und 887 innerhalb des eigenen Bezirks. Der Kreis der Notstandsarbeiter umfaßte im März 1934 insgesamt 3470 Leute bei zum Winterhalbjahr hin abflachender Tendenz. „Dem Gelöbnis unwandelbarer Treue und allezeit am Wiederaufbau des deutschen Vaterlandes mitarbeiten zu wollen, bekräftigten die Anwesenden mit einem dreifachen Sieg Heil!". Anders als 1933 hielt sich die Mannheimer Behörde 1934 hinsichtlich der Preisgabe konkreter Zahlen zu den diversen Formen und natürlich mehr noch Umständen der Schaffung und Belegung neuer Arbeitsplätze sichtlich bedeckt. Der Mannheimer Volksdienst etwa schien als Propagandamittel wohl weniger gut geeignet zu sein.

Die Verankerung zusätzlicher Aufgaben anstelle weiterhin straffen Abbaus der Arbeitslosigkeit charakterisierten die Geschehnisse des Jahres 1935. Zwar gab das Arbeitsamt über die Presse eine auch weiterhin zunehmende Zahl an Stellenvermittlungen bekannt, der jetzt verlangsamte Abbau der Arbeitslosigkeit stand dieser Erklärung jedoch entgegen.

Wie an anderer Stelle bereits angesprochen, gehörten statistische Widersprüche, Ungenauigkeit und Unvollständigkeiten zum Erscheinungsbild der Presse im NS-Staat. Es würde jedoch den Tatsachen nicht entsprechen, wollte man jedem nach 1933 verbliebenen Presseorgan jeglichen kritischen Informationsgehalt absprechen. Es galt dort zwischen den Zeilen zu lesen. Zitat aus der Neuen Mannheimer Zeitung vom 2. November 1935: „Durch die Übernahme der Vermittlungseinrichtungen der DAF durch die Arbeitsämter hat die Deutsche Arbeitsfront keineswegs eine Schlacht verloren". Auf der Grundlage des Monopolgesetzes ging die letzte neben dem Arbeitsamt in der Stadt noch vorhandene und in der Öffentlichkeit bekannte Stellenvermittlungsagentur samt Personal an das Arbeitsamt über. Mindestens seit 1910 übte der Deutschnationale Handlungsgehilfenverband die Funktion der Stellenvermittlung in Mannheim aus, ehe 1933 die Organisation der Deutschen Arbeitsfront angegliedert worden war und 1935 am Ende die Auflösung folgte (Unterbringung: Innenstadt C1. 10/11 – Deutsches Haus). Getragen von einer gewissen Popularität durch die Kraft durch Freude-Aktionen (KdF) etwa des Volkswagenprojektes und besonders beliebt der Freizeitgestaltung, hatte die DAF der Partei gegenüber ein gewisses Eigenleben realisiert, das man ihr wieder zu nehmen trachtete. Eine Möglichkeit u. a. bot das Monopolgesetz. Jetzt wird auch der Passus in dem Zeitungsartikel verständlich: „keineswegs eine Schlacht verloren".

Die Einführung der Wehrpflicht tangierte die Behörde gleich in dreifacher Weise. Erstens erhielt das Amt die Zu-

„Der Propagandafeldzug für Arbeitsbeschaffung und gegen die Arbeitslosigkeit hat im Februar mit unvergleichlicher Wucht und Durchschlagskraft eingesetzt. Durch Wort und Schrift, durch Werbung in der Presse und in Versammlungen, auf der Straße und im Betrieb werden alle Volksgenossen aufgeklärt, angespornt und in den Dienst dieser großen Aufgabe gezwungen. Freitag für Freitag treten die neu in den Arbeitsprozeß eingereihten Arbeitskameraden an, um Abschied zu nehmen vom Arbeitsamt. Stolz und voll Dankbarkeit marschieren sie, um für ihre noch arbeitslosen Kameraden ebenfalls Arbeit zu fordern und alle aufzurütteln, sich mit ganzer Kraft für die endgültige Beseitigung der Arbeitslosigkeit einzusetzen".

Zitat aus dem an das LAA gerichteten Arbeitsmarktbericht für Februar 1934.

satzfunktion einer zivilen Fürsorgestelle für in Ehre aus der Armee ausgeschiedene Soldaten. Das Arbeitsamt sollte die berufliche Reintegration des Kreises in fördernder Weise begleiten. Zweitens leistete die Wehrpflicht eine nennenswerten Beitrag zum Abbau der Arbeitslosigkeit: Bis Dezember 1935 entnahm die Wehrpflicht 1257 junge Männer dem Mannheimer Arbeitsamtsbezirk, 722 der freigewordenen Stellen vermochte man sofort wieder zu besetzen. Und nicht zuletzt sahen die Betriebe jetzt mehr denn je die Notwendigkeit, den hierdurch zusätzlich verschärften Mangel an Fachkräften durch betriebsnahe Umschulungen zu korrigieren. Weitere Impulse resultierten aus der Remilitarisierung Badens über die Errichtung und den Ausbau von Kasernen, Bunkern und sonstiger militärischer Infrastruktur.

Trotz der rückläufigen Erwerbslosigkeit im Mannheimer Raum blieb ein anderes Defizit weiter erhalten: Die berufsspezifische Struktur der Arbeitslosigkeit. Schwierigkeiten machte besonders die Stellenvermittlung ungelernter Kräfte. Zwar ging absolut betrachtet die Anzahl Ungelernter ebenfalls deutlich zurück, anteilig jedoch kam ein umgekehrter Trend zum Vorschein. Zuletzt kennzeichnete beinahe jeden zweiten Arbeitslosen die Kategorie „ohne Beruf". Eine andere Problemgruppe bildeten Angestellte zumeist älterer Jahrgänge mit vergleichbarem, wenn auch etwas abgeschwächtem Trend. Das Attribut „Facharbeitermangel" war ein ständig wiederkehrender Aspekt in den Arbeitsmarktberichten – erstmals beklagten die Berichterstatter Fachkräftemangel im September 1934. Maschinenbau, Metallverarbeitung und Bauwirtschaft profitierten überdurchschnittlich am Konjunkturaufschwung, analog prosperierte hier die Beschäftigung. Im gleichen Trend lag die Holzverarbeitung. Die Fortbildungs- und Umschulungsaktivitäten des Mannheimer Arbeitsamtes folgten weiterhin zielgruppenorientierten Überlegungen, der Kontakt zur Wirtschaft fiel nicht zuletzt in Konsequenz des Vermittlungsmonopols und Annoncierverboten wesentlich enger aus. In Kooperation mit örtlichen Betrieben zielte beispielsweise die Einrichtung einer „Vorlehre für Schlosser ohne Lehrstelle" auf baldige Übernahme in ein Lehrverhältnis. Andere Jugendliche, sofern nicht passend am Ort zu vermitteln, gingen in den zwischenbezirklichen Ausgleich unter Vernachlässigung persönlicher Wünsche. Zitat aus dem Arbeitsmarktbericht Mai 1936:

„Diesem Umstand (d.h. Zurückweisung von Stellenangeboten seitens der Arbeitslosen, Anm. des Verf.) wird hier nach Kräften entgegengewirkt durch die rücksichtslose Vermittlung gerade der Jugendlichen nach auswärts im Zuge einer vernünftigen Lockerung der hier festsitzenden strukturellen Arbeitslosigkeit".

So gesehen basierte die strukturelle Komponente der verbliebenen Erwerbslosigkeit auf zwei Ebenen: Mindere Qualifikation neben der des Alters. Da, wo beide Charakteristika in einer Person zusammenliefen, nahm der Druck auf den Einzelnen verschärfte Formen an. Frauenarbeit betreffend folgte das Amt zunächst der 1933 ausgegebenen Maxime möglichst weitgehender Ausgrenzung. Zitat aus dem Arbeitsmarktbericht von März 1935:

"Wenn auch der Mangel an weiblichen jugendlichen Kräften unbestreitbar ist, und auch unter den älteren weiblichen Arbeitsuchenden vielfach nur noch halbe Kräfte zu finden sind, ist es notwendig, das Austauschverfahren streng weiter durchzuführen, und in geeigneten Fällen die Betriebe dazu zu zwingen, letzten Endes auch wieder in stärkerem Maße Männer anstelle von Frauen zu beschäftigen".

Parallel zum verstärkten Arbeitskräftebedarf innerhalb bestimmter Gewerbebranchen bzw. dortiger Fachabteilungen kamen den Stellenvermittlern später die ideologischen Bedenken zugunsten von Pragmatismus abhanden. Hintergründe hierzu wurden der Öffentlichkeit nicht bekannt.

3.2. Arbeitsbeschaffung: Reichsautobahn und Kleinsiedlungsprojekte im Mittelpunkt

Die Neubelebung der Arbeitsbeschaffung durch die Regierungen Papen und Schleicher blieb in einer krisengeschüttelten Stadt wie Mannheim natürlich nicht ungehört. In Anlehnung an das Gereke-Programm präsentierte Oberbürgermeister Heimerich am 12. Januar 1933 der Öffentlichkeit eine Vorlage, die 19 innerhalb der Stadtgemarkung auszuführende Projekte umfaßte[6]. Die für „dringend" deklarierten Maßnahmen machten ein Finanzierungsvolumen von 3 230 000 RM. aus, dies bei einem vorgesehenen Arbeitsaufwand von 142 400 Tagewerken. Wenige Tage später befürwortete das Landesarbeitsamt den Maßnahmenkatalog. Den rechtlichen Rahmen der Arbeitsbeschaffung definierten die Antragsteller wie üblich nach den Richtlinien der wertschaffenden Erwerbslosenunterstützung, was natürlich auch Tarifgehälter berücksichtigte. Allerdings zögerte sich die Aufnahme genannter Arbeiten um einige Monate hinaus, da die neuen Machthaber zunächst in Gestalt des ersten Reinhardt-Programms bzw. nachfolgender Varianten auf Änderungen in der Konzeption und ebenso Ergänzungen hinwirkten. Im Zuge der ersten nationalsozialistischen Bürgerausschußsitzung am Ort vom 18. Juli des Jahres verkündete OB-Nachfolger Remminger die Mannheimer Variante des ersten Reinhardt-Programms, wonach es auf der einen Seite allgemein Ausgabenkürzung zu realisieren galt, daneben die Aufstockung der Projekte beabsichtigt war. Diese zunächst widersprüchlich anmutenden Zielsetzungen – Mittelkürzung und Projekterweiterungen – räumten die Planer über Kürzung bzw. Umstrukturierung der Löhne in Begleitung zusätzlicher Mobilisierung des Arbeitsdienstes und des Volksdienstes aus. Hierzu ein Zitat aus einem Förderungsantrag der Stadt Mannheim betreff Melioration im Dossenwald zum Zweck des Siedlungsbaus von August 1933[7].

„Die Arbeitsdienstwilligen erhalten Taschengeld aus den Förderungsbeiträgen aus Mitteln des Freiwilligen Arbeitsdienstes".

Ausnahmslos dem Arbeitsdienst sollte die Tätigkeit übertragen werden: Erdarbeiten in Handschacht, Transport mit Feldbahngerät soweit möglich und vertretbar mit Hand, im übrigen mit Diesellokomotiven. Dauer 2 Jahre bei 120 000 Tagewerken, d. h. durchschnittlich 216 Beschäftigte. Gesamtkosten des Projektes 308 000 RM., hiervon 240 000 RM. für Entlohnung und lediglich 68 000 RM. für Geräte. Bei anderen Arbeiten erhielten der Arbeitslosenunterstützung entnommene Notstandsarbeiter anstelle des Tariflohnes zusätzlich zum weiter erstatteten Arbeitslosengeld monatlich Bedarfdeckungsscheine im Wert von 25 RM., daneben eine warme Mahlzeit am Tag[8]. Tarifliche Entlohnung gab es vermutlich nur noch vereinzelt. Am schlechtesten in puncto Bezahlung stellten sich die Angehörigen des Volksdienstes, und da diese Gruppe in Verbindung mit dem Arbeitsdienst praktisch alle Meliorationsarbeiten einschl. sonstiger einfacher Erdarbeiten erledigte, kamen die Lohnkosten vergleichsweise gering zu stehen. Unter diesen Umständen fiel von der Kostenseite her der hier praktizierte Abbau der Arbeitslosigkeit eher gering ins Gewicht.

Der Grundidee nach neuartige Projekte boten die Nationalsozialisten in keinerlei Weise auf. Selbst der detailliert geplante Gedanke zur Reichsautobahn entnahm man einer fremden Schublade, und der Siedlungsbau war in der Tat schon seit längerem bekannt. So gesehen setzte die Arbeitsbeschaffung hier vor Ort in der Gesamtheit an der Aufwertung altbekannter Infrastrukturausstattung an[9]. Nachfolgende Auflistung bestätigt diese Feststellung:

1933
- *Eindeichung der Friesenheimer Insel*
- *Fortsetzung zuvor wg. Geldknappheit unterbrochene Straßenbauarbeiten an ca. 30 Stellen*
- *Hochwasserdamm bei Rohrhof und Brühl*
- *Kanalarbeiten in Neuostheim, Seckenheim, Friedrichsfeld, Wallstadt, Lindenhof*
- *Erschließung von Baugelände in Friedrichsfeld*
- *Bau einer Flugzeughalle samt Erdarbeiten in Neuostheim*
- *Baumaßnahmen am Nationaltheater*
- *Erdarbeiten zwischen Lindenhof und Neckarau*
- *Herstellung von Straßen und Kanälen auf dem Lindenhof und Almengebiet*
- *Melioration im unteren Dossenwald zwischen Friedrichsfeld und Rheinau*
- *Errichtung eines elektrischen Hauptspeisepunktes in der Innenstadt*
- *Ausbau der Volksschule Wallstadt*
- *Instandsetzungsarbeiten an öffentlichen Gebäuden*
- *Straßenherstellung in neuangelegten und bereits bewohnten Kleinsiedelgebieten*
- *Meliorationsarbeiten Sandtorf bei zusätzlicher Errichtung von 52 Siedlerstellen*
- *Beginn erster Vorarbeiten zur Reichsautobahn (Dezember)*
- *Neuanlagen von Straßen und Kanälen im Baugebiet Kirchfeld*
- *Verkehrsverbesserungen Zufahrt Hauptbahnhof, Sternwarte, Seckenheimer Hauptstraße, Stefanienpromenade, Schwarzwaldstraße, Suezkanal*
- *Gleiserneuerung Waldhofstraße/Schimperstraße*
- *Verbesserung der Wasserversorgung Wasserwerk Rheinau nach Friedrichsfeld*
- *Asphaltüberzüge auf altem Kopfsteinpflaster, Erneuerung alter Asphaltdecken, Raumachen von Stampfasphalt*
- *Straßenbahnverbindung nach der Spiegelfabrik*

1934
- *Umbau des Nationaltheaters und des Musensaals/ Rosengarten*
- *Beginn des Plankendurchbruchs*

- *Errichtung eines Studienbaus in den Lauerschen Gärten für das Karlsruher Staatstechnikum*
- *Baumaßnahmen wegen Umzug des Leihamtes in das Gebäude der ehemaligen Mannheimer Gummifabrik*
- *Altlußheim: Bachkorrektion*
- *Brühl: Bachkorrektion*
- *Hockenheim: Umbau des Schulhauses und des Rathauses. Entwässerung der Kraichbachniederung*
- *Rheindammbauten bei Speyerer Brücke*
- *Errichtung der Schönau – Siedlung*
- *Meliorations- und Kanalisationsarbeiten in Lindenhof*
- *Instandsetzung an öffentlichen Gebäuden in der Stadt*
- *Fortsetzung Friesenheimer Insel (600 Beschäftigte)*
- *Reichsautobahn: Übergang zum Mehrschichtsystem*
- *Kleinere Vorhaben in Forstämtern des Bezirks*

1935
- *Fortsetzung der Kraichbachregulierung Hockenheim bis Rheinmündung*
- *Schwetzingen: Erschließung von Siedlungsgelände*
- *Edingen: Meliorations— und Kanalisationsarbeiten*
- *Mannheim: Rheinwaldverbesserung/ Schnakenbekämpfung*
- *Reichsautobahn: Abschluß der Arbeiten im Oktober/November*
- *Oftersheim: Verbesserungen am Laimbach*
- *Mannheim: Verlegung des Kreisweges Nr. 40; Arbeiten an der Zubringerstraße Reichsautobahn - Käfertal -Viernheim*
- *Bodenverbesserung in der Apfelkammer (Verbringung von Mutterböden aus Autobahnarbeiten auf nordöstl. Gemarkungsgrenze gegen Viernheim wg. dortiger nährstoffarmer Sandböden. Auflage 35–40 cm)*
- *Gartenstadt: Neueichwaldsiedlung*

1936
- *Plankendurchbruch (Erweiterung)*
- *Auffüllung von Geländemulden auf der Friesenheimer Insel*
- *Erdarbeiten im Sporrwört, Hochuferstraße, Kreisweg Nr. 5, Feudenheim*
- *Melioration in der Nachtweid*
- *Aufschüttung von Dämmen in der Kronprinzenstraße*
- *Vorverlegung des Hochwasserdamms Sandhofen - Scharhof*
- *Umgestaltung der Kreuzung Augustaanlage/Seckenheimer Straße*
- *Casterfeld-Siedlung und Suebenheim-Siedlung bei Rheinau*

1937
- *Reichsautobahn: Umgestaltung des Geländes an der Mannheimer Zufahrt*
- *Erdarbeiten auf der Friesenheimer Insel*
- *Feldbereinigung und Melioration bei Ilvesheim*
- *Schaffung von Kleingartengelände durch Auffüllung der Stauck'schen Kiesgrube auf der Friesenheimer Insel*
- *Abdeckung einer Müllhalde und Wegherstellung zu den Kleingärten bei der Sandhofer Fähre nach der Friesenheimer Insel*
- *Fußwege, Radwege, Waldwege*

In Baden verkündete Gauleiter Wagner am 2. September 1933 die Eröffnung der ersten „Arbeitschlacht", gekoppelt mit der Inangriffnahme der Notstandsarbeiten. Ausgehend von 200 Notstandsarbeitern im September wuchs im Mannheimer Bezirk das Beschäftigungspotential auf über 1400 Personen zum Jahreswechsel an, getragen insbesondere von Meliorationsarbeiten und der Baueröffnung der Reichsautobahn (T 43). Da zu Beginn des Jahres 1934 ein weiterer Beschäftigungsschub folgte, gelang hierdurch mitbedingt die Überbrückung des normalerweise saisonal greifenden Beschäftigungseinbruches. Durchschnittlich mehr als 3000 Personen übten während des Jahres 1934 Notstandsarbeiten aus, hiervon weit über die Hälfte alleine bei der Reichsautobahn. Mit der Herstellung der Vollbeschäftigung gingen die Notstandsarbeiten allmählich ihrem Ende zu.

Unter allen Aktivitäten ragte in jeglicher Hinsicht das Prestigeobjekt „Reichsautobahn" heraus. Im Dezember 1933 begannen Vorarbeiten noch auf der Heidelberger Gemarkung, im August des folgenden Jahres notierte man mit 2400 Beschäftigten innerhalb des Mannheimer Bezirkes den absoluten Beschäftigungshöchststand. Unablässig wurde das Projekt bis hin zur Übergabe der Gesamtstrecke im Oktober 1935 (Mannheim - Heidelberg - Darmstadt) in der Presse über entsprechende Berichterstattungen gewürdigt – die Realität sah auch hier am Ort ganz anders aus[10].

„*Beim Autostraßenbau bei Mannheim ist die Schinderei unvorstellbar, es herrscht ein schreckliches Antriebsystem, die Furcht schafft ein nie gekanntes Arbeitstempo*".

Repressalien führten mitunter zu Ausschreitungen, in Seckenheim und Viernheim gingen 1935 an Baustellen gelegene Baracken in Flammen auf. Obwohl der Autobahnbau ab 1936 militärstrategischen Gesichtspunkten unterworfen wurde, kam es zu keinem Zeitpunkt zu einer nennenswerten Frequentierung der Straße – wie auch, denn anstelle der versprochenen und von der Bevölkerung vorfinanzierten VW-Personenwagen produzierten die Nationalsozialisten Kübelwagen in den Wolfsburger Produktionsstätten. Wenigstens dienten die Autobahnen auf einigen Teilstrecken Fußgängern als willkommener Wanderweg, und auch feindlichen Fliegern halfen die Straßen wegen der hellen Betonauflage nach 1940 als nächtliche Orientierungshilfen weiter.

Melioration und Siedlungserrichtung rangierten ihrer Bedeutung nach an zweiter Stelle. Oftmals standen beide Tätigkeiten in unmittelbarer Verbindung zueinander, da die Meliorationen über die Erschließung von Äcker und Gärten hinausreichend zusätzlich durch Waldrodungen und Flureinebnungen Baugelände hergaben (Umlegung). Hinsichtlich der Entstehung neuer Siedlungen nach 1933 knüpfte man in Mannheim gleichermaßen an mittlerweile ruhende Projekte an wie ebenso Neuplanungen Gestalt annahmen. Auf diese Weise wurde das Stadtgefüge nicht unerheblich zwischen 1933 und 1937 ausdifferenziert (A 27).

Neue Stadtteile und Vororte wie Blumenau, Schönau, Casterfeld und Suebenheim resultieren ihrer Entstehung nach aus jener Zeit, an anderer Stelle wie in Neckarau, dem Almenhof und der Gartenstadt ergänzten neue Hausbauten vorhandene Siedlungskerne. Unter volkswirtschaftlichem ebenso wie politischem Aspekt vollzog die nationalsozialistische Siedlungskampagne eine gewisse Akzentverschiebung:[11]

„*Es werden als Siedler nicht mehr Erwerbslose, sondern Volksgenossen angesetzt, die in Arbeit und Brot stehen und deshalb ganz andere Voraussetzungen für die Bewirtschaftung der Stellen und die notwendigen Vorbedingungen für den Besitzwillen mitbringen. Bei der Siedlerauswahl wird auf die Grundsätze der Erhaltung der Rasse und Erbgesundheit ausschlaggebenden Wert gelegt.*"

Unter dem Terminus „Bewirtschaftung der Stellen" verstand man sämtliche vom kleinen Nutzgarten bis zur Gärtnerei ge-

A 27.   Mannheim. Veränderungen im Gemarkungsgebiet 1933–1937

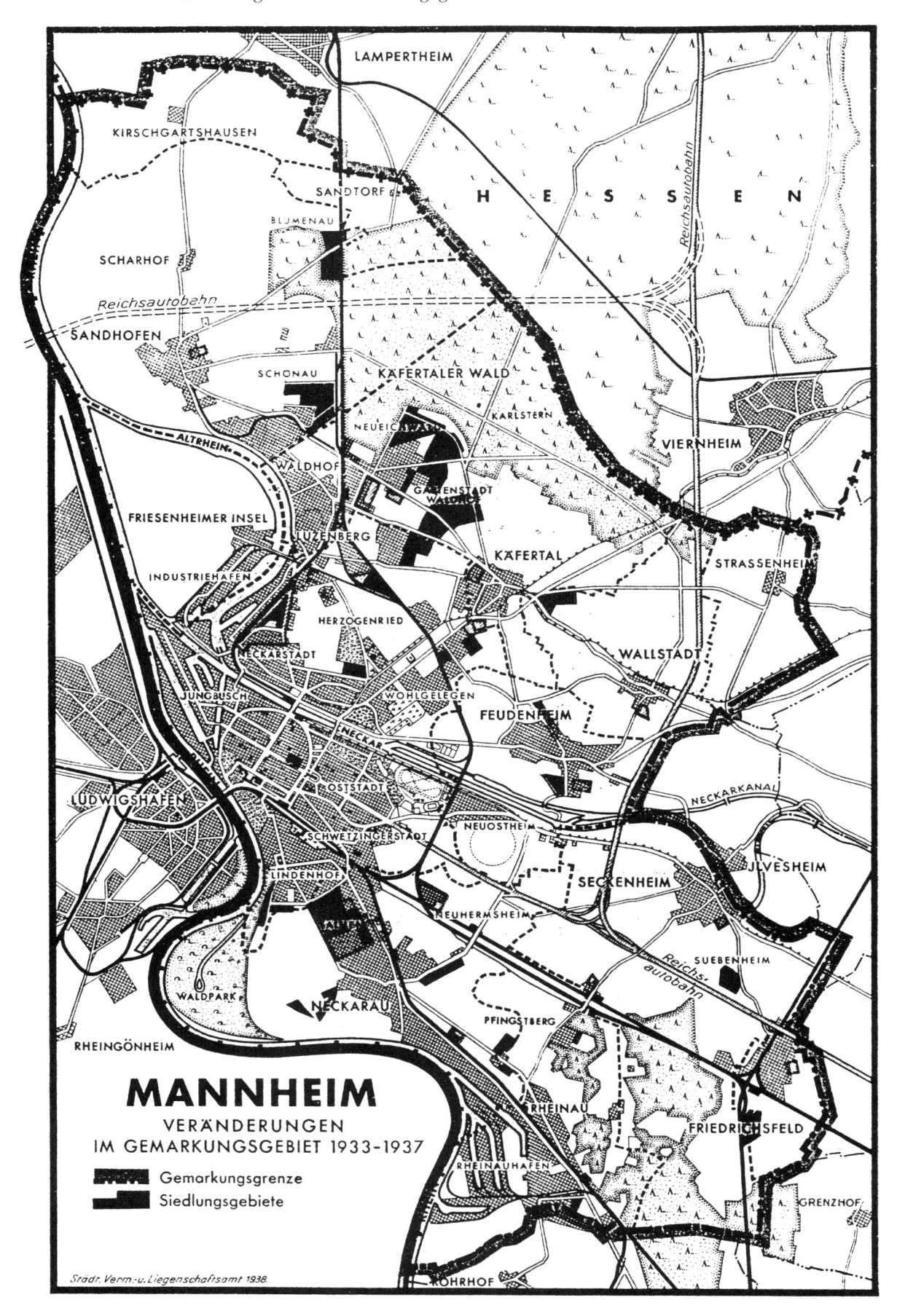

hende Flächen, die jedem Haushalt nach 1933 soweit möglich in unterschiedlicher Form anhingen. Dies lag durchaus im Sinne erster Autarkiebestrebungen. Und was die politische Orientierung des künftigen Siedlers anging, sollte ein eigens bestellter Siedlungsbeauftragter letzte Zweifel ausräumen: „Der Beauftragte wirkt auch bei der Prüfung der Frage mit, ob das Oberhaupt den neuen Staat voll und ganz bejaht und ob die Familie lebenstüchtig, sparsam und strebsam ist"[12]. Etwas anders lagen die Dinge in der Realität. Nach wie vor befanden sich unter den Siedlern auch arbeitslose Fachkräfte, sodaß dem Arbeitsamt als Auftrag die vermittelnde Funktion erhalten blieb. Die Herkunft der Mannheimer Siedler reichte weit über die Bezirksgrenzen hinaus und ging in Einzelfällen bis nach Norddeutschland. Hinsichtlich deren politischer Orientierung schließlich genügte durchaus bereits ein gewisses Maß an Neutralität. Parteigängertum oder anderer NS-Aktivitäten bedurfte es zur Erlangung einer Siedlerstelle nicht.

Die Wiederaufnahme von Meliorationsarbeiten und der Waldrodung speziell im späteren Stadtteil Blumenau setzten Anfang 1933 ein. Auf der Gemarkung Sandtorf fanden die Planer gärtnerisch nutzbares Sumpfgelände im Bereich einer ehemaligen Rheinschlinge vor. Der Weiler Sandtorf, am Hochufer der Bruchkante zum Flußbett gelegen, sah dem Gründungsdatum nach immerhin auf das 8. Jhd. zurück und mehrfach schon seit dem 18. Jhd. hatten Ansätze zur gewerblichen Torfgewinnung ein gewisses Maß an Geschäftigkeit hierher gebracht. Kein Vergleich jedoch zu den Geschäftigkeiten der 550 Angehörigen des Arbeitsdienstes, die zur Entwässerung und Meliorarion des sog. Bruchgeländes anrückten. Das Projekt sah die Aufbereitung von rd. 90 Hektar Gartengelände vor, verteilt unter 52 auf einer nahen Waldrodung angesiedelten Berufsgärtnern[13]. Bereits 1934 bezogen 24 Gärtner ihre Siedlerstellen. Die obligatorische Mitgliedschaft der Berufsgärtner in einer Absatzgenossenschaft unterband den freien

T 43.
Notstandsarbeiter im Mannheimer Arbeitsamtsbezirk in den Jahren 1933-37

Zeitpunkt	AA-Bezirk Mannheim	Notstandsarbeiter im/aus Bezirk Mannheim Außerhalb tätig	Gesamtzahl	Baden	Reich
01.09.33	197	46	246		
02.10.33	153	98	251	5789	161423
12.33			*1422	(1933)	
03.01.34	805		805		
31.01.34			1435		
28.02.34			2017		
28.03.34			3641	11641	390986
30.04.34			3252	(1934)	
31.05.34			825		
30.06.34			ca. 825		
31.07.34	nur 2008		3008		
30.08.34	Reichs- 2400		3910		
16.11.34	autobahn		3500		
03.35		423			
04.35	1600	565	>2165		
05.35	1700	689	>2389		
06.35	nur 1952	768	>2730		
07.35	Reichs- 1856	ca. 500	>2356	7165	217434
08.35	autobahn 1456	ca. 1000	>3456	(1935)	
09.25	1414	ca. 900	>2314		
10.35	514	847			
12.35		791			
01.36	367	690	1057		
07.36	200				
08.36	48			3455	122515
10.36	0			(1936)	
12.36	359	50	409		
01.37	670				
02.37	781	180	961		
03.37	893				
04.37	550				
06.37	264				
07.37	382				66011
08.37	290				(1937)
10.37	208				
11.37	226				
12.37	370				

* einschließlich Volksdienst

Reichsheimstätten in der gerodeten Siedlung „Schönau" – Populäres Produkt der NS-Arbeitsbeschaffung (ca. 1937).

Verkauf des produzierten Gemüses. Bis zum Ende der Meliorationsarbeiten im Juni 1936 leistete der Arbeitsdienst 159 269 Tagewerke, ergänzt von 7 221 Facharbeitertagewerken sowie 16 876 Tagewerke durch Fürsorge – Hilfsarbeiter (Volksdienst). Gesamtkosten der Melioration: 376 062 RM – Ertragswert der Erzeugnisse für 1937: 126 900 RM. Als Wohngebäude bezogen die Gärtner Reichsheimstätten, die über Kreditvergabe finanziert zusätzlich Selbst- und Nachbarschaftshilfe erforderten. In modifizierter Weise (Siedlungsgefüge – Wohnzweck – Gartenfunktion) entstanden an anderen Plätzen der Mannheimer Gemarkung weitere Kleinsiedlungsanlagen, maximale Bauaktivitäten griffen zur Mitte der 30er Jahre.

In der Summe zeigte die in Mannheim seit 1933 vorhandene Notstandsarbeit der gruppenspezifischen Beschäftigungsrekrutierung wie der jeweiligen Arbeitsbedingungen nach ein vergleichsweise diffuses Bild. Die Öffentlichkeit blieb weitgehend im Unklaren darüber, in welchem Umfang Arbeitsdienst, Volksdienst und sonstige Erwerbslose an der Notstandsarbeit mitwirkten bzw. nach welchen Kriterien hierbei Entlohnung und wo nötig Verpflegung und Unterkunft gewährt wurden. Der Begriff der 1933 installierten Arbeitsbeschaffung ist denn auch insofern zu relativieren, als zu den Notstandsarbeiten im klassischen Sinne zusätzlich noch der Volksdienst, der Arbeitsdienst und selbst die Landhilfe hinzugerechnet werden kann oder muß. Nimmt man Beschäftigungszahlen früherer Jahre zum Vergleich, so fällt die Gegenüberstellung nicht unbedingt erwartungsgemäß aus – anteilig fielen die nach 1919 aufgebotenen Notstandsarbeiten in der Tat stärker ins Gewicht als die 1933ff. verfügten Maßnahmen (T 44).

Wenn die unter NS-Regie verfügte Arbeitsbeschaffung selbst in der Gegenwart noch zu Irritationen führt, so ist dies nicht zuletzt Resultat zeitgenössisch propagandistischer Verstärkung eines Bündels an Arbeitsbeschaffung unterschiedlicher Machart: Zu den Notstandsarbeiten klassischer Art traten weitere Kampagnen wie Arbeitsdienst, Landhilfe und hier am Ort der Volksdienst hinzu. Daß hierbei verdeckter Zwang mannigfaltiger Form und mitunter frühkapitalistisch anmutende Arbeitsbedingungen frei jeglichen Regulativs eine zusätz-

T 44.
Notstandsarbeiten im Arbeitsamtsbezirk Mannheim 1919–1935

Jahr	Notstandsarbeiter	Arbeitssuchende	Notstandarbeiter in % der Arbeitssuchenden
1919	2170	8842	24,5
1920	1408	2928	48,1
1921	671	2635	25,5
1924	722	11954	6,0
1925	307	9297	3,3
1926	761	21112	3,6
1934	2322	29400	7,9
1935	2568	22800	11,3

(Werte 1919–1921 für Stadtgebiet Mannheim)

Gemüsegärtner 1938 in Mannheim-Blumenau – Produktionsziele gaben die strengen Autarkiebestrebungen der NS-Machthaber vor (hier Gurken).

3.3. Von der Berufsberatung zur „Berufslenkung"

In Anbetracht der großen Worte vermochte der NS- Staat im Bereich der Arbeitsverwaltung die Abteilung Berufsberatung und Lehrstellenvermittlung noch am wenigsten für seine Zwecke einzuspannen. Auf der einen Seite hatten sich Instrumente wie Beratungsgespräche, Eignungsprüfungen, Lehrstellenvermittlung samt Fortbildung und Umschulung gründlich bewährt und bedurften von daher keiner konzeptionellen Überarbeitung der Basis. Daneben setzten Konjunkturentwicklung und die demographischen Daten zusätzlich feste Richtgrößen, die sich den Möglichkeiten behördlicher Steuerung ohnehin entzogen. Sämtliche Eingriffe auf dem Wege der Verordnungen gipfelten hier 1938 in der Meldepflicht aller Schulabgänger und der obligatorischen Anzeige offener Lehrstellen bei den Arbeitsämtern bzw. letzteres zusätzlich bei der IHK. So kam wenigstens ein Beratungs- und Vermittlungsmonopol auf den Weg. Von direktem Berufszwang konnte in der Realität nicht die Rede sein, weshalb fortwährende Presseappelle an die übergeordneten Staatsbürgerpflichten auch und gerade bei der Lehrstellensuche erinnerten. Zitat aus der Neuen Mannheimer Zeitung vom 28. Dezember 1933 zum „Neujahrswunsch unserer männlichen Schulentlassenen":

„Unsere Jugend, die durch die Nachkriegszeit teilweise ein Menschentyp geworden ist, dessen erschreckend niederreißende Tendenz sich auf Schule, Religion und Beruf in haltlosen Formen ausgedehnt hatte, muß wieder von einem anderen Geiste wie ehemals beseelt werden. Gott sei Dank hat unsere heutige Jugend durch ihr Erfassen durch den Staat sich in dieser Weise gewaltig gebessert. Leider muß festgestellt werden, daß in den letzten Jahren auch viele Eltern allzu stark in ihre Kinder geschaut haben und oft mit schuld waren, wenn ein Lehrverhältnis in die Brüche ging. Hierin muß ebenfalls Wandel geschaffen werden. Lehrjahre sind einmal keine Herrenjahre (...). Die Berufswahl, aber auch die Berufsausbildung müssen deshalb im nationalsozialistischen Staate andere Formen annehmen, Formen die geeignet sind, die Ziele, die die Regierung und die Deutsche Arbeitsfront gesteckt haben, zu erreichen".

Beinahe fünf Jahre später war man der gestellten Aufgabe, den „richtigen Mann an den richtigen Platz zu bringen", offenbar immer noch nicht vollkommen Herr geworden. Aus der Tätigkeit der Mannheimer Berufsberatung berichtete der Hakenkreuzbanner vom 2. März 1938:

„Allerdings machen die heute noch unbegründeten Berufswünsche, die aus völlig belanglosen Gesichtspunkten heraus aufkommen – wie Modeberufe und völlig falsche Vorstellungen über einen Beruf – eine genaue Überprüfung notwendig, um nach wirtschaftlichen und staatspolitischen Gesichtspunkten eine Berufsberatung durchzuführen".

Dabei schien es um die Ausgangslage im Mannheimer Arbeitsamtsbezirk nicht einmal schlecht bestellt. Für Ostern 1934 notierte die Berufsberatung im Amtsbezirk insgesamt 6500 zur Schulentlassung anstehende Jugendliche. Die Entlaßzahlen erreichten den doppelten Wert des Vorjahresergebnisses, überhaupt der erste wieder bevölkerungsstarke Nachkriegsjahrgang trat an die Schwelle zum Beruf.

Dieser Schülerberg brachte die Chance der Besetzung einer wirklich jeden zur Disposition stehenden Lehrstelle mit sich, aber auch die Gefahr allgemein des Lehrstellenmangels. In der Stadt erreichte die Berufsberatung mit 98% fast die Gesamtheit der Volksschulabsolventen, die Berufswünsche lagen durchaus im Trend der Wirtschaftsentwicklung vor Ort.

Im Maschinenbau und Metallgewerbe hatte der Konjunktureinbruch von 1926 hinsichtlich der Berufsorientierung einen tiefen Einschnitt hinterlassen, was einen Abfall der Ausbildungsquote von 45 auf 30 Prozent bewirkte. Mit gewissen Schwankungen blieb dieses Maß an Berufsorientierung auch während der ansetzenden 30er Jahre bestehen, etwa jeder Dritte hoffte hier auf einen Ausbildungsplatz. Die schlechte Geschäftslage beim Friseurgewerbe blieb ebenfalls bei den befragten Schulabgängern nicht ungehört, in der Beliebtheit verzeichnete der frühere Modeberuf einen schon drastisch zu nennenden Einbruch. Eine ähnliche Situation charakterisierte das Nahrungsmittelgewerbe, vorhandener Überbesatz bei Bäckern und Metzgern mündete in nachlassendes Interesse.

Wachsender Beliebtheit erfreuten sich demgegenüber Kaufmannsberufe, obwohl die Arbeitslosigkeit vor noch nicht allzu langer Zeit Angestellte in besonderem Maße traf. Mehr als zuvor drängten Realschüler in diese Sparte, selbst eine ganze Reihe an Abiturienten fragten um qualifizierte Lehrstellen an. Letzteres hatte guten Grund, da die Begrenzung des Hochschulzugangs in Art eines Numerus Clausus die Notwendigkeit aufwarf, die von den Universitäten zurückgewiesenen Abiturienten in praktischen Berufen unterzubringen. Die Situation barg durchaus Zündstoff – die Neue Mannheimer Zeitung vom 10. Januar 1934 überschrieb einen Artikel mit „Maßnahmen gegen die Mannheimer Abiturienten – Not!". Im Hintergrund hatte der Reichsinnenminister verfügt, daß den 35 000 Absolventen des Jahrgangs 1935 lediglich 15 000 Studienplätze zustanden. Das Mannheimer Arbeitsamt errichtete einen speziellen Stützpunkt für die abgewiesenen Kandidaten mit Sonderberatern beiderlei Geschlechts. Ein aus Mitgliedern der Wirtschaft, Verwaltung, Verbänden und Schulen bestehender Ausschuß beriet Aktionen zur Registrierung und Vermittlung geeigneter Ausbildungsplätze. Selbst Handwerksberufe kamen nunmehr im anvisierten Berufsspektrum der Abiturienten vor.

Eine Etappe zum Vermittlungsmonopol bestand in der systematischen Erfassung der Volksschüler ab 1935 (Neue Mannheimer Zeitung vom 1. Januar 1935). In Begleitung eines Vortrages zum Thema richtiger Berufswahl durch die hiesigen Fachberater verschaffte sich die Behörde ein „ziemlich getreues Bild der Schüler und ihrer Eignung":

1. *Ausfüllen einer Schülerkarte*
   Familienverhältnisse
   gewünschter Beruf
   Lieblingsbeschäftigung in der Freizeit
2. *Ärztlicher Befund*
3. *Urteil des Lehrers*
   Ausgeprägte Fähigkeiten des Schülers
   Arbeitsweise und Arbeitstempo
   Charaktereigenschaften
   Leistungsspektrum
4. *Anfertigung eines Bewerbungsschreibens durch den Schüler*
5. *Beigabe des letzten Zeugnisses*
6. *ggf. Fragebogen der Hitlerjugend*
   Geschicklichkeit
   Begabungsrichtung
   Arbeitsweise
   Ordnung, Sauberkeit, Anstand
   Verhalten in der Gemeinschaft
   Willenseigenschaften

Allerdings verblieb hiervon unberührt den Volksschülern weiterhin die Möglichkeit, eigenständig Ausblick nach einer passenden Lehrstelle im Sinne der Umschau zu halten. In Bezug auf den Berufswunsch zeigten Knaben jetzt verstärkt Orientierung an Großbetrieben an, Metallberufe und kaufmännische Tätigkeiten dominierten nach wie vor. Die Berufswünsche der Mädchen ließen zum Leidwesen der Berufsberatung in zweierlei Hinsicht zu wünschen übrig. Einmal sollten Mädchen gemäß ideologischer Vorgaben einen wirklich brauchbaren Beruf erst gar nicht erlernen, denn man hatte ja schließlich „heute ganz andere Verhältnisse (..) als früher und (Tatsache war), daß hauswirtschaftliches Können bei einem Mädchen im Vordergrund stehen muß". Oft rieten Eltern ihren Mädchen von der Hauswirtschaft ab, da Prestige und Einkommen wenig akzeptabel schienen und Abhängigkeit ein Übriges tat. Daß auf der anderen Seite jedes zweite Mädchen ihr Glück als Verkäuferin sah, gab als Perspektive, wenn überhaupt, auch nicht viel mehr als Niedriglöhne her. „Dafür, daß die geeigneten Menschen an den richtigen Platz kommen, sorgt der Berufsberater als Berufsvermittler, soweit dies in seinen Kräften steht". Dieses Eingeständnis begrenzter Handlungsreichweite verwies indirekt auf vorhanden Lehrstellenmangel, was das hiesige Arbeitsamt mit der Einrichtung von sog. Vorlehren für Schulabgänger ohne Lehrvertrag auszutarieren versuchte.

Zu Beginn des Jahres 1936 stieß die Integration des Berufsnachwuchses auf eine weitere Initiative – im Hintergrund des Vierjahresplanes galt es unter verstärkten Anstrengungen zusätzliche Arbeitsplätze einzurichten. Für Mannheim inszenierte das Arbeitsamt eine Sonderschau: „Junge Arbeitskameraden zeigen ihr Können. Was die Ausstellung ‚Sorgt für den Berufsnachwuchs' in der Kunsthalle lehrt" (Neue Mannheimer Zeitung vom 7.–9. Februar 1936). Die Ausstellung zielte auf eine bessere Einstellungsbereitschaft in Industrie und Handwerk, um die 8000 Schulabgänger des Bezirks mit Lehrstellen zu versorgen, die unversorgten Schulabgänger des Vorjahres ebenfalls unterzubringen und nicht zuletzt ging es um den weiteren Abbau der mit rd. 20 000 Personen weiterhin merklichen Arbeitslosigkeit (Septemberstand dann aber nur noch 9800 Erwerbslose). Das Forum präsentierte im Schwerpunkt Ergebnisse praktischer Arbeiten vom Arbeitsamt veranlaßter Schulungskurse:

– *Vorlehre für Schlosser ohne Lehrstelle (Anwärter) in den behördeneigenen Lehrwerkstätten*
– *Metallkursus für Fortgeschrittene (ungelernte Jugendliche) in Lehrwerkstätten bei Daimler-Benz untergebracht – 9 Spezialkurse*
– *Sonderkursus (8 Wochen) für Elektroschweißer für besonders qualifizierte Facharbeiter*
– *Abschlußprüfung nach Reichsnorm*
– *Fortbildungskurs (Vorlehre) für Buchbinder, Buchdrucker und Setzer*
– *Fortbildungskurs (Vorlehre) für Schreiner*

- *Bastelecke der Hitlerjugend*
- *Ergebnisse des Werkunterrichtes aus Mannheimer Volksschulen – Gartengeräte, Nistkästen, Segelflugmodelle*

Die Presse würdigte die Ausstellung als „neue Arbeitsschlacht", mit prachtvollem Schwung habe die Lehrstellenwerbung des Mannheimer Arbeitsamtes den Weg in die Öffentlichkeit gefunden. Insgesamt 8500 Jungen und Mädchen betreute 1937 das Arbeitsamt, rd. 1100 Jugendlichen konnte jedoch zu diesem Zeitpunkt keine Lehrstelle vermittelt werden. Statistiker berechneten beim Berufsnachwuchs für die nächsten 10 Jahre einen wahrscheinlichen Fehlbestand von 1,5 Millionen – nach 1939 bedurften diese Zahlen mehrfacher Korrektur.

Es ist eine „inhumane und vorurteilsvolle Denkungsart", wenn man „einen Menschen nicht nach seinen eigentümlichen Eigenschaften, sondern nach seiner Abstammung und Religion beurteilt und ihn, gegen allen wahren Begriff von Menschenwürde, nicht wie ein Individuum, sondern wie zu einer Rasse gehörig und gewisse Eigenschaften gleichsam notwendig mit ihr teilend, ansieht".
Zitat nach: Wilhelm von Humboldt (1767–1835), Preußischer Unterrichtsminister und Gründer des neuhumanistischen Gymnasiums, in einem Gutachten zum preußischen Emanzipationsedikt vom 18. Juli 1809.

3.4. Diskriminierung und Ausgrenzung der Mannheimer Juden

Der Weltwirtschaftskrise und ihren tieferen Ursachen standen fachgerechte und weniger fachgerechte Analysen gegenüber. Die pauschalierte Formel „Der Jud ist schuld" als diesbezügliches Deutungsmuster verfügte in Europa über eine lange Tradition und bildete keineswegs eine nur deutsche Erscheinung. Vielmehr reichte der Antisemitismus bis weit in das Mittelalter zurück, Ausgrenzung und Pogrome setzten an sozialem Neid wie religiösen Vorurteilen an. Der Judenemanzipation des 19. Jahrhunderts standen antisemitische Tendenzen gegenüber, dies gleichermaßen unter Reaktivierung mittelalterlicher Klischees wie unter Zuweisung von Schuld die Verursachung ökonomischer Krisen betreffend. So lösten die Agrarkrisen 1847ff. und 1880ff. Übergriffe gegen Juden aus, der Antisemitismus als politische Bewegung entstand. Die Niederlage im Ersten Weltkrieg brachten reaktionäre Kreise die Realität vollkommen verkehrend mit angeblicher Drückebergerei der deutschen Juden in Verbindung, und schließlich verursachte in der Propaganda der faschistischen Bewegung das internationale Finanzjudentum Ende der Zwanziger Jahre Massenarbeitslosigkeit und Elend im Land. Die Nationalsozialisten liefen in dieser Sache gleichgesinnten Demagogen bald den Rang ab, kaum einer schürte besser antisemitisch Ressentiments auf Stammtischniveau – je einfacher und de facto primitiver die Behauptungen ausfielen, desto überzeugter saßen manche Zeitgenossen den plumpen Schuldzuweisungen auf.

Zum Zeitpunkt der Machtergreifung schlug der latente Antisemitismus in offene Aggression um – der Alltag bekam eine anderes Gepräge. „Die Juden litten unter ständigem seelischen Druck, und schon unmittelbar nach dem 30. Januar 1933 mußten sie sich vom öffentlichen Leben, von Lokalen, Konzerten und allen öffentlichen Veranstaltungen zurückziehen"[14]. Die Übergriffe gingen vereinzelt selbst gegen das Leben der Juden: „In dem hohelohischen Städtchen Creglingen prügelte eine Heilbronner SA-Abteilung im März 1933 zwei alteingesessene Juden ohne jede Veranlassung buchstäblich zu Tode"[15]. Der von Goebbels für den 1. April 1933 organisierte Judenboykott machte auch vor den Toren Mannheims nicht Halt. Dennoch, die Ausschreitungen ebbten vorübergehend wieder ab. Schließlich benötigte der neue Staat die Masse der 500 000 in Deutschland lebenden Juden zum wirtschaftlichen Wiederaufbau, und zudem galt es das Ansehen im kritisch nach Deutschland dreinschauenden Ausland herzustellen. Erste formale Einschränkungen innerhalb der Berufsausübung betrafen die Ausgrenzung jüdischer Staatsbeamter (1933) sowie der Ausschluß aus der Landhilfe (1934). Im Mannheimer Wirtschaftsleben tangierten lediglich vereinzelte Maßnahmen jüdische Interessen, so z.B. die Benachteiligung bei der jährlichen Maimesse oder religiös-agitatorische Propaganda im Vorfeld des Weihnachtsgeschäftes. Die Herausgabe eines „Führers durch die deutschen Geschäfte" unterband allerdings das Badische Finanz- und Wirtschaftsministerium, auf der Grundlage bestehender Verordnungen herrschte weiter Markt- und Gewerbefreiheit[16]. Eine stärkere Diskriminierung blieb vorerst aus, desöfteren entschärften Wirtschaftsbehörden von der NSDAP und ihrer Ableger inszenierte antisemitische Machenschaften.

Jetzt, 1935, nach Festigung der Machtbasis, setzte der Staat zu einer massiveren Kampagne gegen die Juden über – die in Nürnberg auf dem Reichsparteitag erlassenen Gesetze gaben hierfür die Plattform ab. Das „Reichsbürgergesetz" entzog den Juden alle politischen Rechte, es machte sie zu Bürgern zweiter Klasse. Ein weiteres Gesetz, das „zum Schutz des deutschen Blutes und der deutschen Ehre", führte den Terminus der „Rassenschande" ein, wonach Beziehungen und Eheschließungen zwischen Deutschen oder Staatsangehöriger „artverwandten Blutes" und Juden die Zuchthausstrafe drohte. Zudem erreichte jüdische Haushalte das Verbot der Weiterbeschäftigung deutscher Hausgehilfinnen unter 45 Jahren. Hetze und Verleumdung gehörten nunmehr zur gängigen Praxis in der einschlägigen Presse und im Rundfunk.

Das Mannheimer Arbeitsamt knüpfte jetzt an die offen antisemitische Tonart an. Am 4. Juli 1935 verfügte auf internem Wege Direktor Nickles folgende Anordnung:[17]

„Eine Vermittlung von Juden durch das Arbeitsamt – auch bei namentlicher Anforderung – wird die Öffentlichkeit nie Verständnis entgegenbringen, da dies zu berechtigten Unruhen arbeitsloser Kameraden führt. Das Arbeitsamt als öffentliche Behörde ist verpflichtet, in erster Linie die Volksgenossen arischer Abstammung zu vermitteln, zumal die Arbeitslosigkeit von Juden verursacht wurde".

Noch hielt die Rechtslage einer solch massiven Ausgrenzung, wie sie Nickles vor Augen hatte, nicht stand. Anders jedoch die Herausnahme des Personals aus jüdischen Haushalten. Mannheim als Handelsstadt verfügte seit Generationen über einen hohen Besatz jüdischer Bürgersfamilien, sodaß bereits zwei Wochen nach Verkündigung des Beschäftigungsverbotes reichlich 200 Kräfte ihre Arbeitsstelle verlassen hatten[18]. Nach weiteren vier Wochen zählte der Kreis freigesetzter Frauen 600 Personen. Das Arbeitsamt und die NS-Frauenschaft mühten sich nach eigenen Angaben redlich um die Wiederanstellung jener Frauen.

Eine indirekte Handhabe zur Ausgrenzung der jüdischen Bevölkerung aus dem Arbeitsleben gab das Monopolgesetz vor, das, wie an anderer Stelle bereits erwähnt, fortan außerhalb

A 28. *Stellenvermittlung einer jüdischen Agentur in Mannheim (1935)*

Seite 16 — Israelitisches Gemeindeblatt — 13. Jahrgang

Kleine J.G.B.-Anzeigen

Offerten sind zu richten an die Geschäftsstelle des Israelitischen Gemeindeblattes, Ludwigshafen a. Rh., Schulstr. 14.

Marta Flattau
Chajim Gross
Verlobte

Mannheim — Worms
Untere Clignetstr. 12
Februar 1935

Statt Karten.

Erwin Weilheimer

dankt auch im Namen seiner lb. Mutter herzlichst für die ihm anläßlich seiner Barmizwah erwiesene Aufmerksamkeit.

Ludwigshafen a. Rh., Riedstraße 60.

Unterricht u. Nachhilfe
in Englisch, Französisch und den Fächern der Höheren u. Handelsschulen
Englische u. französ. Handelskorrespondenz
Zeitgemäße Honorare.
Dr. Dr. Alfred Reis, Mannheim
Schwetzingerstr. 18 — Telephon 443 10

Ihr Kind

schicken Sie am besten jeden Morgen in die Kinderspielstunde der Akademie für Körperbildung. Neu: Gymnastik, Rhythmik, Tanz und Bastelarbeit inbegriffen.

Florentine Hilsenrad, Ludwigshafen
Ludwigstr. 14/16. Telefon 61517.

Obersekundaner erteilt **Unterricht** in Englisch, Französisch, Latein, Mathematik.
Anfragen unter Telef. 40777

Lina Bell
Mannheim
C 1, 5, Breitestr.
Fernspr. Nr. 514 86

Spezialgeschäft für Schokoladen und Konfitüren, Kaffee, Tee, Bisquit

---

כשר

Streng koscher
dän. Rindfleisch
holl. Hühner und Wurstwaren
stets frisch Lieferung frei Haus.
Gebr. Linker,
Inh.: Lenczicki
Ludwigshafen a. Rh.,
Schillerstr. 52.
Telefon 62204

PLISEE
Hohlsaum, Kanten,
Spitzen einkurbeln
Stickerei
A. Sonnenfeld
E 1, 19 (Planken)
neben Fischer-Riegel

Zerbrochene Scheiben Autoscheiben
repariert
Glaserei Lechner
Mannheim
S 6, 30, Tel. 253 36

Jeden Morgen frisch:
prima Koscherwürstchen
„ Wiener Würstchen
„ Weißwürstchen
„ Bratwürste

Metzgerei — Schäferei — Wurstfabrik
J 1, 16/17, Marktstr. Tel. 317 11

Kaufe: Gold- u. Silbergegenstände, Brillanten, Perlen, Perserteppiche, Brücken, Gobelins, Oelgemälde, Porzellan, Bronzen, Marmor, Plastiken, Stilmöbel, Miniaturen usw. — Stets Gelegenheitskäufe.

Mayer · Alte u. neue Kunst
Friedrichsplatz 14 — Fernsprecher 423 88

כשר

Sie wollen nie vergessen, daß Sie stets frisch gebrannten **Kaffee** hervorragende Qualitäten
Tee u. Kakao preisw. erhalten i. jüd Spezialgeschäft
Hansa-Haus D 1, 7-8

Stets frisch geschlachtet
Geflügel und Bratgänse
zerlegtes Gänsefleisch, Gänsefett, roh und ausgelassen.

Obst, Gemüse
Lieferung frei Haus
A. Deiny Wwe.
H 3, 19
Fernspr 337 29.

Lernt Autofahren

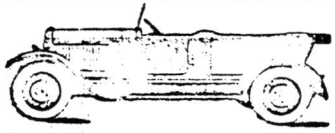

Fahrschule Blumenbach
Mannheim / Telefon 436 83
Mitglied des R. J. F.

**Tanz-schuhe
Gesellschaftsschuhe
Samtschuhe**
sehr billig große Auswahl
Schuhhaus Mayer
Mannheim
Schwetzingerstr 39

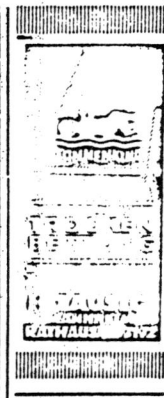

Privatreisende erh. hier lauf. von erst. Quelle
Krawatten beste Bembergseide, neueste Muster, bill. Schlagerei, z. Nehmen, hohe Verdienstmöglichkeit.
Angeb. u. Nr 887 an die Geschäftsst. d. B.

Heirat

Aus Mischehe stammend, ehemal. landw. Verwalter. 26 Jhr., gute Erscheinung, evang. wünscht mit Dame mit Aussteuer und etwas Vermögen, Einheirat, in Verbindung zu treten. Off. unter Nr. 369 an d. Geschäftsstelle d. B.

Geschäftsl. Dame 35 J., gute Figur 12000 RM. Verm sucht charakterfesten tüchtigen

Lebenskameraden
Offerten unt. Nr. 861 an die Geschäftsstelle d. B.

Stiller Teilhaber
für aufbaufähiges En gros- und Kom.-Geschäft mit ca. RM. 2000 gesucht. Risiko ausgeschlossen, da nur Kassegeschäft. Offerten unter Nr. 868 an die Geschäftsstelle dieses Blattes.

Junge tüchtige Dame
mit gediegenen Kenntnissen in der
Korsettbranche
zur Organisation des Exportes nach Palästina für Französ Schweiz pe 1. April gesucht. Nur selbstgeschr. Angebote m. Lebenslauf u. Zeugnissen u. E. M. 1657 an Anzeigen - Frenz, Mannheim, O 4, 5

Für einen Jungen, Sohn achtbarer Eltern, mit guter Schulbildung und gut. Kenn nissen in Kurzschrift u. Maschinenschreiben, wird auf 1. 4. eine

Lehrstelle
gesucht. Off. unt. Nr. 881 a die Geschäftsst. d. Bl.

Alleinmädchen
im Haushalt u. im Kochen durchaus perfekt, sucht Stellung p. 1. 3. i. klein. Hause. Angebote u. Nr 883 an die Geschäftsstelle des Bl.

---

4 Zimmer-Wohnung
mit Bad in guter Lage Mannheims, nicht höher als 3. St., Pr. bis 85 M. z. 1. 4. od. später gesucht. Angeb. unt. Nr. 864 an die Geschäftsstelle ds. Blattes.

2 Zimmer-Wohnung
evtl. 3 Zimmer, i. zentr. Lage Mannheims, mögl. mit Heizung, v. einz. Herrn f. 1. April gesucht. Ang. unter Nr. 875 an d. Geschäftsstelle dies. Blattes.

Die Stellungsuchenden erwarten Rücksendung (event. anonym, aber mit Angabe der Anzeigen - Chiffre) aller mit dem Bewerbungsschreiben eingereichten Unterlagen, insbesondere der Zeugnisse und Lichtbilder.
Der Verlag.

Gut möbliertes Zimmer
mit Telefonben. zum 1. März zu vermieten.
Telefon 30131.
D 4, 13, 3. St.

Unentgeltliche Stellen-Vermittlung
für israelit. Frauen und Mädchen
C 4, 12
Sprechstunden:
Montag, Dienstag, Mittwoch u. Donnerstag von 11 bis 12 Uhr.
Telefon 281 30
Besonders gesucht sind Alleinmädchen und Hausfrauen, die junge Mädchen im Haushalt (als Lehrmädchen) ausbilden.

Berücksichtigt unsere Inserenten!

Rothschild
Täglich Eingang von Neuheiten
in Kleider- und Seidenstoffen

Verantwortlich für den redaktionellen Teil: Dr. Max Grünewald, Mannheim (D 7. 17). — Für die Anzeigen verantwortlich: Fritz Neubauer, Ludwigshafen a. Rh. — Druck und Verlag: Israelitisches Gemeindeblatt, Mannheim. — D.-A. IV. Vj. 2100 Exemplare.

der Reichsanstalt verankerte Stellenvermittlung und Berufsberatung nur in besonderen Ausnahmen vorsah. Jüdische Stellenvermittlungen, es gab sie verstärkt seit der Jahrhundertwende als Reaktion auf antisemitische Agitation, versuchten in Richtung Ausnahmeregelung zu wirken[19]. Man betonte in der Antragstellung die Besonderheit der eigenen Berufsstruktur (Dienstleistung, Handel, akademische Berufe), die Notwendigkeit nötiger Freistellung am Sabbat und die spezifische Beratung im Hinblick auf angestrebte Auswanderung. Im Herbst 1936 lehnte die Reichsanstalt das Begehren unwiderruflich ab, bis Jahresende hatten die Vermittlungsaktivitäten auszulaufen. In Mannheim zeigte am 3. Februar 1937 das Israelitische Gemeindeblatt das Ende diesbezüglicher Aktivitäten an. Den Formalien nach gingen entsprechende Kompetenzen an das Arbeitsamt über. Allerdings riet das Blatt im Bewußtsein zu erwartender Restriktionen den Gang zur Behörde überhaupt nur dann zu unternehmen, „soweit nicht eine freie Stellensuche, d.h. eine Besetzung freier Arbeitsplätze durch unmittelbar persönliche Beziehungen oder durch Zeitungsanzeigen erfolgt". Von jüdischen Unternehmern erwartete man den jetzigen Umständen entsprechend eine gezielte und verstärkte Rekrutierung der eigenen Leute.

Den vorläufigen Höhepunkt antijüdischer Ausgrenzung setzte die Reichskristallnacht in den Novembertagen 1938. Unmittelbar zuvor verkündigte die Reichsregierung die geplante Abschiebung aus Polen vor Jahren zugezogener Juden, was man in Polen mit einer Grenzschließung zu beantworten beabsichtigte. Ein junger in Paris lebender Jude, Sohn nach Polen ausgewiesener Eltern, erschoß daraufhin den deutschen Botschafter Ernst von Rath. Goebbels nahm die Tat zum willkommenen Vorwand, zu sog. spontanen Vergeltungsaktionen gegen Juden aufzurufen. Über ganz Deutschland wütete daraufhin ein Pogrom. Wohnungen, Geschäfte und Synagogen wurden demoliert und in Brand gesteckt, 26 000 Juden verhaftet und in Konzentrationslager verschleppt. Niedrige Parteigänger, SA und sonstiger Pöbel setzten in Mannheim in Zivil gekleidet zu Plünderungen und zu Zerstörungen an. Die Synagoge in der Innenstadt (Quadrat F3) fiel in Teilen der Sprengung anheim, nicht anders die Verhältnisse im Vorort Feudenheim. In einem Mitte Dezember 1938 geschriebenen Brief schildert Dr. Chaim Lauer, Rabbiner der Mannheimer Klaussynagoge, die Geschehnisse des 10. Novembers unweit des Marktplatzes:[20]

„Um 6 Uhr morgens des 10. Novembers, als ich gerade im Begriffe war, mich anzukleiden, ertönten drei Kanonenschüsse zum Zeichen des Aufbruchs... Unser Simon wie auch unser jüdisches Mädchen kamen erschreckt herein. Wir beruhigten sie. Im gleichen Moment hörten wir ein heftiges Schlagen und Einbrechen der Haustür und der Synagoge, ein Sprengen und Krachen im Gotteshaus, wo alles kurz und klein zerschlagen wurde, selbst die Marmorplatten vor dem ‚Aron Kodesch' (Aufbewahrungsort der Thorarollen) wurden gesprengt. Die Thorarollen herausgeschleift und verbrannt. Menschen – diese Bezeichnung ist falsch – gingen vorbei und lachten. Ich telefonierte an meinen Konsul, er versprach mir Hilfe, die kam nicht. Telefonierte mehrmals an die Polizei, die ebenfalls Hilfe versprach, aber vergebens. Endlich antwortete mir die Polizei, sie könne mich nicht schützen, sie habe nicht Leute genug, und ich müsse das Schicksal der anderen teilen. Unten im Hof waren die Einbrecher in Uniform. Wir konnten nicht aus dem Haus. Die Synagoge, das Schulzimmer etc. waren verwüstet. Auf der Straße sahen wir vor dem Laden des Herrn Oppenheimer Bücher und Thorarollen verbrennen. Die Leute in unserem Haus versammelten sich bei uns. Die Mutter von Marx hatte Herzbeschwerden. Meine Frau ließ ein Auto kommen, expedierte sie und mit ihr alle anderen Leute ins Krankenhaus. So kamen alle anderen aus dem Hause. Wir blieben mit einigen Jeschiwa-Bachorim (Schüler der Lehranstalt) noch gefangen. Wir waren auf alles gefaßt und sagten ‚Schm'ah' (Gottesanruf – Höre Israel... – er wird von frommen Juden angesichts des Todes gesprochen), unser Kind mit uns. Gegen 10 Uhr begann das Plündern und Zerstören im ganzen Hause. Ich saß am Telefon. Billigheimer, Richter, Löffler, Otto riefen an, ich antwortete, daß wir noch am Leben sind. Am Telefon erfuhr ich, daß Darmstädter verhaftet sei, ich soll mich um ihn kümmern, dabei war ich selbst hilflos. Endlich versprach mir mein Konsul, sein Sekretär, ausgestattet mit einem Schutzbrief, mir zu Hilfe zu schicken. Dieser kam noch nicht. Inzwischen wurde die Wohnung von Frau Salomo und Zarnitzer demoliert. Mit einem Geschrei und Johlen kam die Horde zu uns, brach die Tür ein und schrie: ‚Wo ist der Rabbiner. Den Rabbiner wollen wir, den Rabbiner müssen wir haben!' Ich nahm die Pässe in Händen – ich hatte sonst nichts bei mir wie eine kleine Tefilla (Gebetsbuch) und Tefilin (Gebetsriemen) und die bei mir aufbewahrten Z'doke-Gelder (Spendengelder) – führte meinen Simon und meine Frau, ging voraus und sprach: ‚Ihr könnt alles im Haus haben, laßt uns hinaus, wir sind Schweizer Bürger.' Ich zeigte die Pässe vor und der Anführer rief zu mir: ‚Leider!', hielt mich aber weiter noch feste am Arm. Es entstand ein Tumult, ich riß mich los und tauchte in die Menge unter und entkam mit Frau, Kind, Mädchen und drei Jeschiwa Bachorim; einer wurde inzwischen verhaftet. Auf der Straße wurde ich von Pöbel insultiert. Ein älterer Herr rief mir zu: Du Mörder, Blutsauger und Wucherer...".

Die Ereignisse der Reichskristallnacht aus SA-Sicht skizziert ein in Mannheim-Neckarau wohnhafter subalterner Angehöriger der Parteigruppierung in einem 14 Jahre später verfaßten Protokoll:[21]

„An dem fraglichen Tage, wo die Judenaktion stattfand, es war am 10. November 1938, wurde ich morgens gegen 6 Uhr von dem SA-Sturmführer W. geweckt. Er sagte zu mir: ‚Alla raus, wir müssen am Schulplatz antreten'. Warum ich antreten mußte, wußte ich damals noch nicht. Als ich am Schulplatz ankam, waren ungefähr 20 Mann anwesend. Die SA-Leute waren teilweise aus Feudenheim, Seckenheim und Ilvesheim... Wir wurden teilweise mit Werkzeugen, die wir in der Synagoge fanden, darunter auch ein Pickel, ausgerüstet. Dann bekamen wir von W. den Befehl, alles, was in der Synagoge war, kurz und klein zu schlagen. Ich möchte noch bemerken, daß wir nicht alles allein zu zerstören brauchten, da die Bevölkerung kam, teils mit Beilen und Äxten bewaffnet, um Teile der Inneneinrichtung für Brennzwecke nach Hause zu fahren. Ich beteiligte mich am Zusammenschlagen der Bänke und Einrichtungsgegenstände und ging nachdem mit F. auf den Speicherboden und sah zu, wie meine anderen Kameraden Bücher und Talare, die in der Synagoge waren, vor die Synagoge warfen und verbrannten. Wer diese Sachen angezündet hat, kann ich nicht sagen, da ich in diesem Augenblick mich im Speicher befand und erst heraus sah, als die Sachen bereits brannten. Ich tat einige Schläge gegen den Giebel des Daches, wozu ich einen Pickel verwendet habe, überlegte mir dies aber noch einmal, weil ich dachte, ich könnte mir aus der Synagoge eine Wohnung für meine Familie machen".

Die Reichskristallnacht bahnte den Weg zum offenen antijüdischen Terror, erst jetzt zeigte der Staat in unverblümter Weise sein wahres Gesicht. Mannigfaltige Einschränkungen

A 29. Ausschaltung der Juden aus dem deutschen Wirtschaftsleben 1938 (Mannheim/Reilingen)

B e z i r k s a m t   Mannheim, den 8. Dezember 1938.
- Abteilung IV/18 -

                                  Ausschaltung der Juden aus dem
                                  deutschen Wirtschaftsleben.

B.

I. An Firma   Hedwig B r o d a, Reilingen.
                    _____

Auf Grund der Verordnungen vom 12. und 23. November 1938 wird im Einvernehmen mit dem Herrn Kreiswirtschaftsberater der NSDAP in Mannheim, der Industrie- und Handelskammer Mannheim und der Wirtschaftsgruppe Einzelhandel, Mannheim folgendes verfügt:

1.) Ihre Einzelhandelsverkaufsstelle ist zur Arisierung <u>nicht</u> vorgesehen.

2.) Sie erhalten daher gemäß § 1 Abs.1 der VO. vom 23.Nov. 1938 die Auflage, Ihr Geschäft bis <u>spätestens 31. Dezember 1938</u> abzuwickeln bzw. aufzulösen.

3.) In Vollzug der Auflage Ziffer 2 erhalten Sie die weitere Auflage, gemäß § 2 Abs.1 Ziff.2 a.a.O. Ihre gesamten Warenbestände binnen einer Woche ab Zustellung dieser Verfügung der Wirtschaftsgruppe Einzelhandel, Mannheim, M.5. 5 anzubieten, welche die Abschätzung und Unterbringung veranlassen wird. Jeglicher eigenwillige Verkauf,gleichgültig, ob im Großen oder im Kleinen, ist verboten und strafbar.

4.) Von der Bestellung eines besonderen Abwicklers wird Abstand genommen, vielmehr wird zunächst angeordnet, daß Sie Ihr Geschäft im genannten Rahmen und nach Maßgabe der gesetzlichen Bestimmungen selbst abwickeln. Sollten Sie die Abwicklung nicht so durchführen, wie es das Interesse der Gläubiger, der Gefolgschaftsmitglieder usw. erfordert, oder sollte der Termin - 31. Dezember 1938 - nicht eingehalten werden, so bleiben strenge Maßnahmen vorbehalten.

5.) Der Vollzug der Abwicklung bzw. Auflösung des Gewerbebetriebes ist mir bis <u>spätestens 31. Dezember 1938</u> schriftlich anzuzeigen.

6.) Gegen diese Verfügung ist ein Rechtsmittel nicht gegeben.

II. Nachricht hiervon.   Handelskammer
                             Einzelhandel
III.Wv.m.Scheon.
                                I. V.

und Verbote degenerierten den Alltag bisher verschont gebliebener Juden zur Tortur, das Leben glitt jedweder Illusion beraubt in kollektive Entwürdigung ab.

In der Wirtschaft und der Arbeitswelt erfolgte nunmehr die systematische Verdrängung der Juden aus altangestammten oder wenigstens halbwegs akzeptablen Positionen, administriert über Betriebsauflösungen, Berufsverbote und Zwangsarbeit in Regie einer Reihe staatlicher Behörden, hierunter selbstredend das Arbeitsamt. Die sog. Arisierung jüdischer Betriebe, d.h. Zwangsverkauf, kam einer Beschneidung von Eigentum gleich. Entschädigungen machten nicht annähernd den wahren Geschäftswert aus. Einzelhandelsgeschäfte, Handwerksbetriebe bis hin zu gewerblich-industriellen Einrichtungen wie die Mannheimer Celluloidfabrik oder die Bettfedernfabrik Kahn gingen zwangsweise in Liquidation. Zudem legte der Staat wegen den Geschehnissen der Reichskristallnacht eine Sühneleistung von einer Milliarde Reichsmark der jüdischen Bevölkerung auf, was bei der durch einen „Treuhänder" geleiteten Betriebsenteignung die Verrechnung sog. Reparationsleistungen ermöglichte. Unrecht, Willkür und letztendlich Sarkasmus gaben die Leitlinien staatlichen Handelns vor. Ende 1939 bereits gab es in Baden praktisch keine nichtarischen Betriebe mehr, ein Jahr zuvor beherbergte alleine Mannheim noch 530 Unternehmungen jüdischer Mitbürger. Trägern freier Berufe wie Rechtsanwälten und Ärzten erteilten die Machthaber ungeachtet oft besten Rufes nur noch eingeschränkte Befugnisse, ehe später Berufsverbote folgten.

Die Arisierung der Betriebe nahm den Juden die letzten qualifizierten Beschäftigungsmöglichkeiten. Als Handlungsalternative traten hierdurch zwei Wege ins Blickfeld: Die Auswanderung oder die Stellensuche über das als Instanz alleinig verbliebene Arbeitsamt. Hohes Lebensalter, mangelnde Finanzkraft und Aufnahmesperren in den Zuzugsländern standen einer uneingeschränkten Auswanderung zwar wesentlich hinderlicher als früher entgegen, dennoch erfaßte nach den Nürnberger Gesetzen jetzt ein zweites Mal eine breite Auswanderungswelle das Land. Knapp die Hälfte der über 6000 in Mannheim 1933 lebenden Juden hatten bereits bis Ende 1938 ihre Heimat verlassen, hiervon zogen fast 1500 Emigranten nach den USA. Insgesamt lebten bis dato noch 350000 der ursprünglich 500000 Juden in Deutschland.

In Begleitung aktuellen Arbeitskräftemangels verfolgten die Arbeitsämter nunmehr Maßnahmen einer ausgesprochenen Zwangsbeschäftigung der Juden, deren Reichweite jedoch bedingt durch Vorgaben wie „Beschäftigung in Kolonnen unter räumlicher Separierung" offenkundig auf engere Grenzen stieß. Hierzu eine Anmerkung aus einem Bericht des Mannheimer Arbeitsamtes vom 20. Oktober 1938, verfaßt von Direktor Nickles:[23]

„Einsatzmöglichkeiten für Juden in größeren oder kleineren Gruppen im Bezirk sind nicht vorhanden. M.E. müssen dazu erst besondere Lager geschaffen werden(...). Nachdem für arbeitslose Juden kaum mehr Einsatzmöglichkeiten bestehen, dieselben daher auch nicht vermittlungsfähig sind, halte ich den Zeitpunkt für gekommen, sie von dem Bezug der Arbeitslosenunterstützung allgemein auszuschließen und auf die öffentliche Fürsorge zu verweisen. Ich glaube, daß die meisten von ihnen dann von selbst dem Arbeitsamt fernbleiben".

Und wenn, wie im nachfolgend benannten Fall, den Auflagen entsprechende Beschäftigung hergestellt werden konnte, gab es immer wieder Konflikte mit anderen, in der Sache ebenfalls zuständigen Stellen. Hierzu ein weiteres Zitat aus einem an das Landesarbeitsamt verschickten Bericht des Mannheimer Arbeitsamtes von Juni 1939:

„Im Berichtsabschnitt wurden insgesamt 35 jüdische Arbeitskräfte (...) an der Reichsautobahnstrecke bei Mannheim - Sandhofen im Abschnitt des Bauunternehmens Herd in Frankfurt a. M. in einer geschlossenen Gruppe eingesetzt (...). Da nach den Bestimmungen jüdische Arbeitskräfte an den ‚Straßen des Führers' nicht beschäftigt werden dürfen, erfolgt deren Überführung an den von der Stadt Mannheim veranlaßten Bau einer Umleitungsstraße".

Zur gleichen Zeit beschwerte sich die Deutsche Arbeitsfront beim Mannheimer Arbeitsamt darüber, daß ein örtlicher Bäckermeister einen Juden als Geselle beschäftige. Man könne den eigenen Volksgenossen nicht zumuten, Brot bei einem Bäcker zu kaufen, der einen Juden beschäftige. Die Deutsche Arbeitsfront, wohl noch nicht im Besitz der jüngsten Beschäftigungsrichtlinien zum Bau der „Straßen des Führers", schlug den Einsatz des Bäckergesellen bei der Reichsautobahn vor.

Binnen weniger Monate hatten sich die Lebensbedingungen für die jüdischen Mitbürger in drastischer Weise zugespitzt. Der Historiker Boelcke gibt hierzu die folgende Einschätzung ab: „Mit Kriegsausbruch 1939, als die Auswanderungschancen schmolzen, wurden den Juden immer mehr die Existenzmöglichkeiten abgeschnürt. Als Verfemte, Entrechtete und Verelendete mußten sie in ihren Heimatgemeinden leben, als hätte es die bürgerlichen Tugenden der Toleranz, der Brüderlichkeit und der Liberalität niemals gegeben"[25]. Es lebten zu diesem Zeitpunkt immerhin noch 185000 Juden in Deutschland, hiervon alleine ein Drittel im Alter von 60 Jahren und mehr.

3.5. Arbeitsverwaltung während des Zweiten Weltkrieges

Indirekte Hinweise auf einen bevorstehenden Eroberungsfeldzug lieferte Nazi-Deutschland dem aufmerksamen Beobachter Jahre noch vor Ausbruch des Zweiten Weltkrieges. Parallel zur Konsolidierung der Macht griffen diesbezügliche Aktionen bereits seit 1935, um nachfolgend schrittweise an Deutlichkeit zu gewinnen:

– Remilitarisierung durch Wiedereinführung der Wehrmacht (1935)
– Aufrüstung per Vierjahresplan samt Autarkiebestrebungen (1936ff.)
– Arbeitsmarktlenkung bis hin zur Dienstpflicht (1935ff.)
– Besetzung des entmilitarisierten Rheinlandes (1936)
– Annexion Österreichs und des Sudetenlandes (1938)
– Errichtung des Protektorates Böhmen und Mähren (1939)
– Hitler-Stalin-Pakt (1939)

Selbst der unmittelbare Alltag der breiten Bevölkerung blieb von gewissen Aktivitäten kriegsvorbereitender Art nicht unberührt. Der Stadthistoriker Friedrich Walter berichtet in seiner 1950 erschienenen Chronik davon, daß bald im Anschluß an die Remilitarisierung Badens in Mannheim eine große Verdunkelungs- und Luftschutzübung befohlen wurde. Die Errichtung neuer Kasernen in diversen Stadtteilen erfolgte, am 22. Oktober 1937 lud man in die Rhein-Neckar-Halle zur Weltkriegsausstellung „Die Lebende Front". Im Bereich des Arbeitsmarktes bereiteten die Einführung des Arbeitsbuches, Berufsnachwuchslenkung und die Dienstpflichtverordnung den kriegswirtschaftlichen Einsatz der Bevölkerung vor. Im

Mannheimer Gärtnerehepaar in der Sylvesternacht 1939: Der Krieg hat begonnen, die Stimmung ist gedrückt. Täglich wird der Stellungsbefehl erwartet.

Mannheimer Arbeitsamt entstand in Gestalt der „Verschlußsachen-Abteilung" ein gesondertes Instrument kriegsrelevanter Zielrichtung:[26]

Es „wurde in den Jahren 1937/38 eine Abteilung gebildet mit der Aufgabe, die Überführung der Friedenswirtschaft in die Kriegswirtschaft vorzubereiten und die Rüstungsindustrie sowie kriegswichtige Betriebe mit qualifizierten Fachkräften zu versorgen. All diese Maßnahmen erfolgten in enger Zusammenarbeit mit den Dienststellen der Wehrmacht. Sämtliche Tätigkeiten in dieser Abteilung unterlagen der Geheimhaltung. Das befaßte Personal wurde daher zur besonderen Amtsverschwiegenheit verpflichtet. Die Abteilung war in besonderen Räumen untergebracht, zu denen das übrige Personal keinen Zugang hatte".

Mehr pragmatischen Gesichtspunkten effektiverer Wirtschaftlichkeit und Organisation folgte die Zusammenlegung und Neuabgrenzung verschiedener Arbeitsamtsbezirke in Baden, hierunter am 1. August 1938 der Anschluß der bis dahin selbstständigen Weinheimer Behörde an Mannheim[27]. Als Anlaß diente wahrscheinlich mehr die vergleichsweise hohe Zahl an Einrichtungen im Lande, als daß es insbesondere kriegswirtschaftliche Motive zu berücksichtigen galt. Oder konnte man solche Unterscheidungen zu jener Zeit überhaupt noch vornehmen? Dessen ungeachtet wies die Arbeitsbuchzählung von 1938 nunmehr einen Beschäftigtenzuwachs von 12 Prozent aus, was jetzt einer Gesamtzahl von 147.675 im neuen Bezirk wohnhafter Erwerbstätiger entsprach[28]. Analog den naturräumlichen Gegebenheiten des Vorderen Odenwaldes im Bereich der Weinheimer Nebenstelle trat die Land- und Forstwirtschaft bei der Beschäftigung etwas in den Vordergrund, im Gewerbe fanden ebenfalls unter Berücksichtigung des Naturraumes Holz- und Schnitzstoffe neben der Branche der Steine und Erden stärkeren Niederschlag. Gemessen am Personalstand trat der 1829 gegründete Lederfabrikant Carl Freudenberg in den Vordergrund, daneben das 1884 eröffnete 3-Glockenwerk als erste badische Teigwarenfabrik. In der Metallverarbeitung und dem Maschinenbau notierte Weinheim unterdurchschnittliche Beschäftigungsquoten, so daß statistisch gesehen der einseitige Branchencharakter im Bezirk zumindest etwas begradigt wurde. Für die Dauer von jeweils fünf Jahren ergänzten die hessischen Gemeinden Viernheim und Lampertheim jeweils als Hilfsstelle eingerichtet den Bezirk.

Unter den geänderten Bedingungen des Zweiten Weltkrieges kam den Arbeitsämtern als Aufsichts-, Kontroll- und Entscheidungsorgan eine bis dahin nicht vorhandene Zentralität zu, dies freilich im Rahmen straff gelenkter Steuerung. Insofern der Kriegsverlauf bis zur Wende bei Stalingrad im Herbst 1942 durchaus den Vorstellungen des Aggressors entsprach, bedurfte die Gestaltung des Arbeitsmarktes unter Berücksichtigung der Mobilisierung von 1,5 Mio. Erwerbspersonen lediglich gewisser Intensivierung der bereits vorhandenen Mechanismen sowie darüberhinausgehend ersten noch nicht sehr umfänglichen Ergänzungen durch ausländische Arbeitskräfte[29]. Eine Verordnung von September 1939 legte in einer verschärften Version die Beschränkung des Arbeitsplatzwechsels neu fest, wonach jetzt jeder Stellenwechsel und jede Neuein-

NATIONALSOZIALISMUS

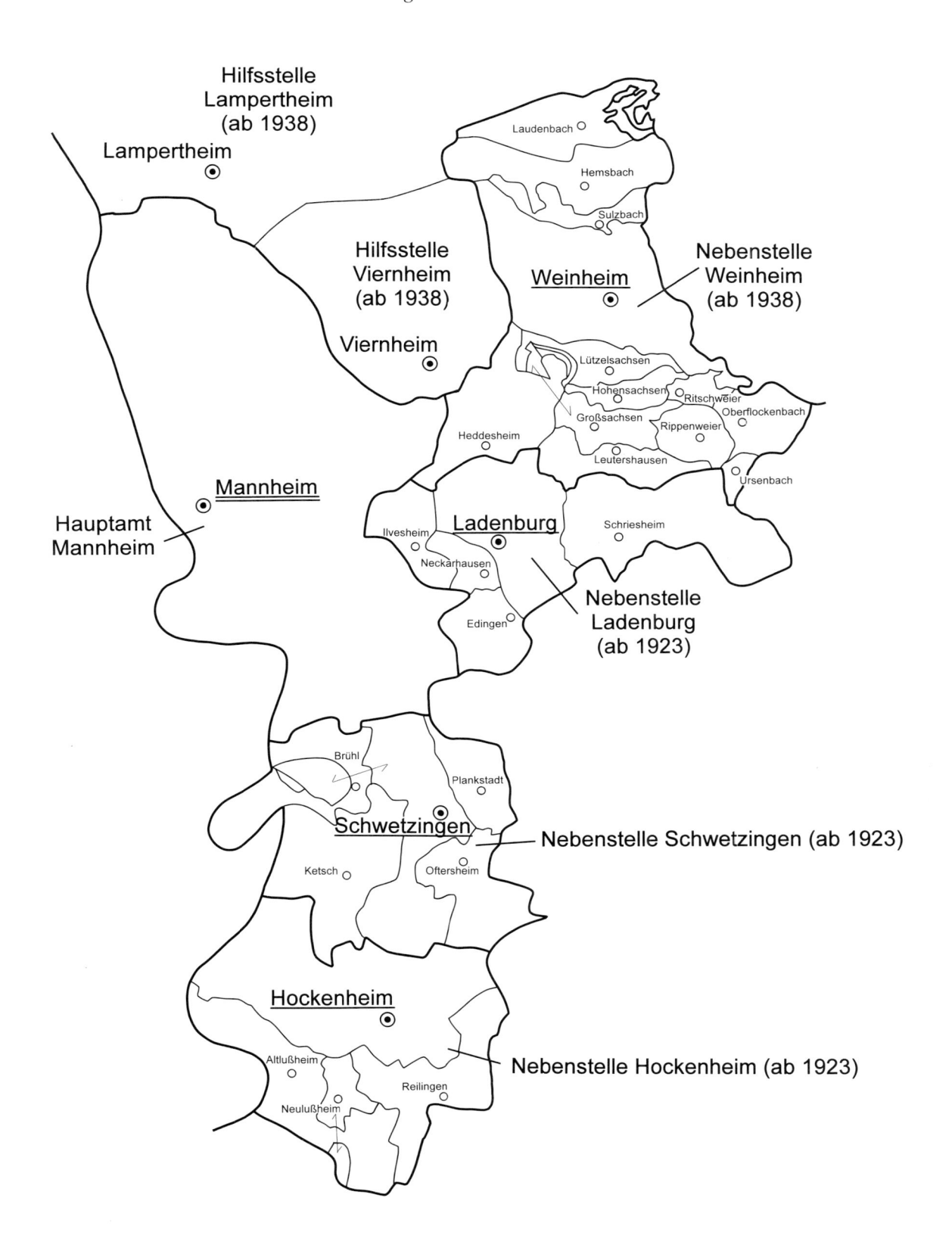

A 30. Das Arbeitsamt Mannheim nach Zuständigkeit 1923–1945

Entwurf: Förster
Kartographie: Stadt Mannheim · Stadtarchiv / Vermessungsamt

A 30. Das Arbeitsamt Mannheim nach Zuständigkeit 1923–1945

stellung der obligatorischen Zustimmung der Arbeitsämter mit Ausnahme der Landwirtschaft und des Bergbaus bedurften. In der Konsequenz konnte dies jedoch einer Dienstverpflichtung auf unbestimmte Zeit gleichkommen. Prinzipiell gaben kriegswirtschaftliche Notwendigkeiten die nötigen Entscheidungskriterien vor, individuelle Gesichtspunkte nahmen eine nachgeordnete Rangfolge ein.

Die einzelne Arbeitskraft, und dies verstärkt noch bei Mangelberufen, sah sich im Spannungsfeld einer dreifach gelagerten Konkurrenz: Front – Betrieb – Arbeitsamt. Einerseits gab das Arbeitsamt zur Sicherung des eigenen Bedarfs ungern Kräfte an das Militär ab, hatte hierfür aber auch die Zuständigkeit, andererseits begannen Betriebe präventiv insbesondere Facharbeiter als „unabkömmlich" zu deklarieren. Der Staat reagierte auf diese Tendenzen mit der Schaffung sog. Auskämmaktionen und ganzen Betriebsstillegungen (z.B. Textil, Bekleidung). Mittels Auskämmaktionen sollten entbehrliche Fachkräfte entweder der Front oder andernorts unbesetzten Stellen zugeführt werden. Lediglich der Steinkohlebergbau, Mineralölwirtschaft, Luftwaffenbetriebe und die Rüstungsindustrie verfügten über Sonderunabkömmlichkeitsregelungen.

Der ursprünglichen Planung des Unternehmens „Barbarossa" zufolge mußte Rußland binnen fünf Monate in die Knie gezwungen werden, in der Realität nahm der Krieg hierdurch die entscheidende Wende. Bald wich die Siegeszuversicht breitgestreuter Skepsis, Goebbels verkündete am 18. Februar 1942 während einer Massenkundgebung im Berliner Sportpalast den „totalen Krieg". Speer übernahm das Rüstungsministerium, Sauckel lenkte fortan den Arbeitseinsatz. Der Staat setzte zur letzten Arbeitskräftemobilisierung an, als im Januar 1943 per Führererlaß die Meldepflicht aller Männer zwischen 16 und 65 und die der Frauen zwischen 17 und 45 Jahren erging. Im Ergebnis blieb die Aktion weitgehend unbefriedigend, da überhaupt nur die Hälfte der 3,15 Mio. hierdurch erfaßten Personen arbeitsfähig war und hiervon nochmals nur die Hälfte auch ganztags zur Verfügung stand. Unternehmer schätzten den Personenkreis wegen beschränkter Belastbarkeit und geringerer Produktivität ohnehin nur bedingt. Erfassung und Zuweisung jener Kräfte erledigten die Arbeitsämter.

Unter diesen Umständen zuletzt stark ansteigenden Arbeitskräftemangels kam der Beschäftigung im Ausland rekrutierter Arbeitskräfte eine beständig wachsende Bedeutung zu. Unter diesen sog. Fremdarbeitern rangierten drei Personenkreise:

– Im befreundeten Ausland auf freiwilliger Basis angeworbene zivile Arbeitskräfte unter vertraglicher Regelung (vornehmlich Westeuropa)

– Im besetzten Ausland zumeist unter Zwang rekrutierte Arbeitskräfte (Osteuropa)

– Im besetzten Ausland zur Zwangsarbeit nach Deutschland herangeführte Kriegsgefangene

Entsprechend der Ausdünnung des heimischen Arbeitsmarktes nahm der Anteil und die Zahl der in Deutschland wie auch immer beschäftigter Ausländer nach 1939 beträchtlich zu (T 45).

Die Relation freiwillig nach Deutschland gekommener Arbeitskräfte betreffend gab der Generalbevollmächtigte des Arbeitseinsatzes Sauckel in einer Planungssitzung im März 1944 eine Schätzung ab: „Von den 5 Millionen ausländischer Arbeiter, die nach Deutschland gekommen sind, sind keine 200.000 freiwillig gekommen"[30]. Und wie dieser Zwang zumal in den osteuropäischen Gefilden mitunter aussah, läßt die folgende Situationsschilderung erkennen:[31]

„Wie die Rekrutierungsaktionen in der Praxis aussahen, geht z.B. aus einem Bericht einer deutschen Briefzensurstelle von November 1942 hervor; danach wurden Männer und Frauen einschließlich Jugendlicher vom 15. Lebensjahr ab auf der Straße, von den Märkten und aus Dorffestlichkeiten herausgegriffen und fortgeschafft. Die Einwohner halten sich deshalb ängstlich verborgen und vermeiden jeden Aufenthalt in der Öffentlichkeit! Zu der Anwendung der Prügelstrafe ist nach den vorliegenden Briefen seit etwa Anfang Oktober das Niederbrennen der Gehöfte bzw. ganzer Dörfer als Vergeltung für die Nichtbefolgung der an die Gemeinden ergangenen Aufforderungen zur Bereitstellung von Arbeitskräften getreten. Die Durchführung dieser letzten Maßnahme wird aus einer ganzen Reihe von Ortschaften gemeldet".

Die Arbeitsämter begleiteten in puncto Fremdarbeiterbeschäftigung eine Mittlerrolle zwischen der für die Rekrutierung zuständigen Arbeitseinsatzverwaltung und dem Arbeitskräftebedarf meldenden Betrieb. Unter Umständen nahmen Mitarbeiter der Arbeitsämter auch bei der Fremdarbeiterrekrutierung direkt vor Ort teil, für Mannheim ist dieser Sachverhalt dokumentiert[32]. Fremdarbeiter kamen bevorzugt in der Landwirtschaft und der Rüstungsindustrie zum Einsatz.

T45.
Beschäftigte Ausländer in der deutschen Kriegswirtschaft 1939–1944

	1939	1940	1941	1942	1943	1944
Deutsche	39.114000	34.891000	33.212000	31.537000	30.067000	28.604000
Zivile Ausländer	301000	803000	1.753000	2.645000	4.837000	5.295000
Kriegsgefangene	0	348000	1.316000	1.489000	1.623000	1.831000
Ausländer ges.	301000	1.151000	3.069000	4.134000	6.460000	7.126000
Ausländerquote	0,8%	3,2%	8,5%	11,6%	17,7%	19,9%

hierunter nach Nationen im August 1944

Belgier	253.649	Sowjets	2.758.312
Franzosen	1.254.749	Polen	1.688.080
Italiener	585.337	Protektorat	280.273
Niederl.	270.304		

Abseits der Zuständigkeit der Arbeitsämter ging der NS-Staat im Anschluß an die Januar 1942 abgehaltene Wannsee-Konferenz („Endlösung der Judenfrage") zur Zwangsbeschäftigung arbeitsfähiger KZ-Häftlinge in Verantwortung der SS über[33]. Anfänglich griff der Arbeitseinsatz fast ausschließlich in SS-eigenen Betrieben unweit der Lager. Seit Beginn des Jahres 1942 reichte schließlich die Rekrutierung der Kriegsgefangenen zur Deckung des Arbeitskräftemangels bei weitem nicht mehr aus, weshalb jetzt auch an privat verankerte Betriebe KZ-Häftlinge in wachsender Zahl überstellt wurden. Gegen Kriegsende existierten von 22 auf deutschem Boden vorhandenen Konzentrationslagern ausgehend ca. 1000 Außenlager, in denen 600 000 zur Zwangsarbeit veranlaßte Häftlinge unter schlimmsten Bedingungen untergebracht waren. Das KZ-Außenkommando Mannheim-Sandhofen des Hauptlagers Natzweiler-Struthof (Elsaß-Lothringen), untergebracht in einem Schulgebäude in der Friedrichsstraße 28, diente der Behausung von 1060 zu Daimler-Benz abgestellten polnischen Häftlingen, bewacht von 50 Angehörigen der SS. Die Verhältnisse in der Unterkunft kamen der Menschenverachtung gleich. Eine Sandhofer Zeitzeugin schildert das Erscheinungsbild der Gefangenen in der Öffentlichkeit:[34]

„Jeden Tag, morgens und abends, konnte man die Leute sehen und hören. Die hatten alle Holzschuhe an. Der Klang ging einem unter die Haut, wenn sie fortgingen. Abends war es noch schlimmer. Denn der eine oder andere wurde immer geschleppt, weil er nicht mehr laufen konnte".

Im Fliegerhorst Sandhofen unweit der genannten Schule unterhielt die SS ein zweites Sonderlager als Außenstelle des SS-Sonderlagers Hinzert. Zwischen 80 und 120 Russen, Polen und Luxemburger verrichteten hier Arbeit unter Zwang.

Unter den Bedingungen des Zweiten Weltkrieges fiel an die Arbeitsämter ein Bündel an Ermächtigungen, die in der Summe weit über die Sonderbefugnisse während des Ersten Weltkrieges hinausgingen: Erstellung der Unabkömmlichkeitserklärung; absolute Dienstpflicht; Erteilung von Baugenehmigungen an Private und Betriebe, Zustimmung zu Betriebseröffnungen. Eine Unzahl sonstiger Verordnungen, Richtlinien etc. ging den Ämtern zu, weshalb aus heutiger Sicht der Kompetenzrahmen nur annäherungsweise in groben Zügen abgesteckt werden kann. Hinweise aus dem Alltag des Mannheimer Arbeitsamtes der Jahre 1940 und 1941 liefern die an den Präsidenten des Landesarbeitsamtes erteilten Berichte, die entgegen der bis 1939 bestehenden Praxis nunmehr den Zusatz „Streng vertraulich! Nur für den inneren Dienst!" vorwiesen[35]. Zusätzlich unterrichtete die Behörde jetzt auch die Kreisleitung der NSDAP und die der DAF sowie die Gestapo über die Lage im Bezirk. Diverse Anmerkungen aus den Berichten sind durchaus geeignet, den Behördenalltag ebenso, wie manche gesellschaftlichen und wirtschaftliche Bedingungen im Bezirk zumindest punktuell zu reflektieren. Einige Auszüge hieraus:

1940

Januar

Weitere Einberufungen und zusätzliche Rüstungsaufträge vermitteln erhöhte Spannungen beim Metallarbeitereinsatz. Das Arbeitsamt erteilt Auflagen an die Betriebe zur Umschulung und betont die Notwendigkeit eines verstärkten Fraueneinsatzes.

Februar

„Der Fraueneinsatz gewinnt immer mehr an Bedeutung. Insbesondere der Bedarf der Metallindustrie, wo weibliche Kräfte außer bei Maschinenarbeiten bereits in der Kernmacherei benötigt werden, erfordert jetzt die Erfassung aller verfügbaren Kräfte".

März

Betriebe mit vordringlichen Fertigungsaufgaben melden einen Arbeitskräftebedarf von 2000 Männern und 700 Frauen. In der Hauswirtschaft fehlen 900 Personen. „Es wird immer schwieriger, auch nur den allernötigsten Arbeitskräftebedarf zu decken". Kurzarbeiterunterstützung geht an fünf Betriebe wg. Auftragsmangel, Rohstoffknappheit und fehlender Kohle.

April

„Der Abzug von Arbeitskräften aus Betrieben, die nicht oder nur teilweise mit Wehrmachtsaufträgen oder Exportaufträgen beschäftigt sind, stößt auf allergrößten Widerstand. Es setzt von Seiten der Betriebsführer ein regelrechter Kampf um jede Arbeitskraft ein, dem nicht zuletzt mangelndes Verständnis für die Zeitforderungen zugrunde liegt. Selbst große Firmen versuchen immer wieder unter Einschaltung jeder nur erdenklichen Stelle, eine Herausnahme von Arbeitskräften aus ihren Betrieben unmöglich zu machen. Der gesamte Arbeitseinsatz spielt sich in einer wirklich unfreundlichen Atmosphäre ab, die Nerven, Zeit und Papier vollkommen unproduktiv verschleudert". Arbeitskräftezuweisung nach Dringlichkeitsstufe O bis III. Arbeitskräftemobilisierung durch betriebliche Werbung unter den Familienangehörigen der Gefolgschaftsmitglieder, innerbetriebliche Umschulung und Dienstverpflichtung

Mai

Ursprünglich beabsichtigte Betriebsstillegungen durch das Bezirkswirtschaftsamt XII wurden allesamt zurückgestellt. Ausländereinsatz: 200 Zivilpolen bei der Reichsautobahn tätig. Erstmals Betriebsschließungen im Bezirk (Kleingewerbe). Kräftebedarfsreferenten der Industrie- und Handelskammer nehmen Betriebsüberprüfungen mit dem Ziel der Arbeitskräfteumschichtung vor. Maschinenbau: Entspannung beim Arbeitskräftebedarf. Nichtwichtige Inlandsfertigung wurde zurückgestellt. Die Unterbringung von Arbeitslosen, d. h. ausschließlich beschränkt und schwer einsetzbarer Personen, wurde „mit Nachdruck" betrieben.

Juni

Erstmals wurden Kriegsgefangene im Bezirk eingesetzt (355 Westkriegsgefangene bei der Reichsautobahn).

August

Unter den 1322 im Bezirk eingesetzten Kriegsgefangenen arbeiten 533 in der Landwirtschaft. Die Leistungen der Kriegsgefangenen sind „gut". Weitere 1000 Kriegsgefangene werden eingewiesen.

September

Seit Juli sind ca. 1500 zivile Ausländer im Einsatz, davon jeweils ein Drittel als Metallfacharbeiter sowie Metallhilfsarbeiter. Bedarfsanforderung für 1000 Kriegsgefangene wurde gestellt. Meldung von Arbeitsurlaubern der Wehrmacht, Beratung von Wehrdienstversehrten. Erstattung von Lohnausfällen bei Fliegeralarm: Antragstellung durch 39 Betriebe. Kleingewerbe: Weitere Geschäftsschließungen durch Bäcker, Metzger und Schuhmacher.

Krieg über den Städten – die Flugabwehr mit Strahlern auf der Suche nach feindlichen Bombern.

November

Anlauf des Luftschutzbauprogramms in Mannheim, hierbei ein Arbeitskräftebedarf von 1140 Fach- und Hilfsarbeitern.

Dezember

Fliegerangriff auf Mannheim. Schäden insbesondere bei Wohnstätten – Reparaturarbeiten aufgenommen. Firma Heberer (Kühlschränke) mit 60 Beschäftigten und Firma Lustra Glanzplattenfabrik mit 20 Beschäftigten Totalzerstörung der Betriebsstätten. Schiffs- und Maschinenbau AG Zerstörung der Dreherei. Firma Widemann & Sohn, Teilzerstörung der Transformatorenstation, Betriebsausfall für zwei Tage. Luftschutzbauprogramm: Arbeitsbeginn an 25 bombensicheren Unterständen. Einsturz der Rheinbrücke bei Mannheim-Sandhofen wg. Materialfehlers (Reichsautobahn). Behinderung der Rheinschiffahrt.

1941

Januar

Vermehrter Abzug von Arbeitskräften zur Wehrmacht wg. Neueinziehung, Rückruf von Urlaubern, Aufkündigung von UK-Stellungen.

Februar

Praktizierung eines Reichs- und Landesausgleichs bei Arbeitskräften zur Erledigung unaufschiebbarer Arbeiten. Durchführung von Auskämmaktionen (erstmals 1940). Bauwirtschaft fast ausschließlich mit der Durchführung des Luftschutzbauprogramms beschäftigt – Verzögerungen. Zahl der im Bezirk beschäftigten Kriegsgefangenen 4544 Personen, davon 1128 in der Landwirtschaft.

März

Gründung des Flugzeugwerkes Mannheim am 26. 03. 1941 unter Zustimmung des entsprechenden Reichsministeriums. Arbeitskräftebedarf auf 1000 Personen veranschlagt, für April Tätigkeit von bereits 100 Personen angesetzt. Für den Facharbeitereinsatz besonders die Verwendung ausländischer Kräfte geplant. Für das Bauvorhaben Buna-Werk der IG-Farben (Ludwigshafen) Dienstverpflichtung von 120 Personen unter Abzug aus dem Bunkerbauprogramm. Abgabe weiterer 200 Kriegsgefangener aus Reichsautobahnarbeiten.

April

Fertigstellung von 10 Bunkern im Bezirk, 8 Anlagen betonfertig. Reichsweite Planung der Fertigstellung von 2200 Bunkern noch nicht erreicht, derzeitiger Stand 1000 Bunker. Ausbau der zivilen Luftschutzkeller noch sehr im Rückstand.

Mai

Probleme des Arbeitseinsatzes wg. Luftgroßangriff in der Nacht 9./10. Mai auf Mannheim: 45 Totalschäden, 2500 sonstige Schäden. Totalzerstörung des Gummistoffherstellers Rode & Schwalenberg, Umzug in eine andere Betriebsstätte. Teilzerstörung bei anderen Industriewerken. Zur Erledigung der Instandsetzungs- und Aufräumungsarbeiten zeitlich befristet Einsatz von 1940 Südostkriegsgefangenen. Die besonders hohe Verursachung von Glasschäden erfordert den Großeinsatz der bezirksweiten Glaserinnung unter Einbeziehung von Handwerksbetrieben aus ganz Nordbaden, der Pfalz, Hessen und einer Kriegsgefangenen-Glaserkompagnie mit 140 Mann. Großauftrag an Spiegelmanufaktur Mannheim-Waldhof, Erledigung unter Beeinträchtigung dortiger Zerstörungen. Aufnah-

me der Ziegeleien in die Kategorie „Betrieb mit kriegsentscheidender Fertigung", Abzugsschutz für dortiges Personal.

Juni

Umschichtung von Arbeitskräften: Facharbeiter gegen Frauen oder Anlernkräfte. Landwirtschaft: Einsatz von Kriegsgefangenen und Ausländern. Überstellung von 50 Arbeitskräften per Dienstverpflichtung an die Konservenindustrie, Entnahme aus der Tabakverarbeitung. Mangel an Dreschmaschinenpersonal. Versendung von 100 Schülern zum Erbsenpflücken. Beständige Durchführung von Auskämmaktionen und Personalüberstellung an Betrieb je nach Priorität. Kinderlandverschickung. Fleischrationierung. Einsatz von Studenten beiden Geschlechts in der Rüstungsindustrie.

Juli

Bunkeranlagen: Noch vier Bauten in Arbeit, weitere Anlagen geplant. Flugzeugwerke Mannheim: Produktion mit 140 Arbeitskräften angelaufen, weitere 150 Kräfte „für sofort" beantragt. Ab Oktober nochmaliger Bedarf von 450 Kräften.

August

Landmaschinenproduktion bei Lanz und Badenia (Weinheim) erfordert zusätzliche Arbeitskräfte: Zuweisung von Frauen aus der zigarren- und papierverarbeitenden Industrie. Holzgewerbe: Verlegung der Lager wg. Brandgefahr.

September

Metallsektor: Weitere Dienstverpflichtung und Fraueneinsatz. Schiffahrt: Stillegung von 120 Fahrzeugen wg. Personalmangels. Ausländereinsatz: Im Allgemeinen gute Beurteilung. Verlassen der Arbeitsstelle durch jugoslawische Landarbeiter, da die Ersparnisse nicht in die Heimat überwiesen werden konnten. Klagen über mangelnde Arbeitsleistung der Italiener. Arbeitsplatzwechsel: Steigende Antragszahl. Übernahme von 117 Anträgen aus August, zuden 227 Neuanträge (hiervon 150 Metallbranche).

Oktober

Fliegerangriff: Flucht serbischer und kroatischer Staatsangehöriger (Zivilarbeiter). Luftschutzbunker: Einsatz eines polnischen Kriegsgefangenen-Baubataillons mit 550 Mann. KFZ-Handwerk: Umstellung der Fahrzeuge auf Holzgasbetrieb. Metall/Maschinenbau: Dringliche Ersatzteilaufträge, verstärkt Marineaufträge. Kleingewerbe: „verschlechtert sich von Tag zu Tag weiter durch die Einberufung zur Wehrmacht". Bei den Bäckern und Metzgern müssen weitere Betriebsstillegungen vorgenommen werden. Frauenbeschäftigung: Umsetzung von 465 Frauen in die Rüstungsindustrie, hiervon 65 Frauen der Tabakverarbeitung entnommen. Reaktivierung solcher nach Kriegsbeginn aus dem Arbeitsleben ausgeschiedener Frauen-Aktion in der Hauptsache abgeschlossen. Umsetzung von Hausgehilfinnen in das Gewerbe.

November

Natursteinindustrie: Weitere Betriebsstillegungen geplant, Beschäftigung auf die Hälfte des Vorkriegsstandes abgesunken. Flugzeugwerke Mannheim: Mangel an 186 Facharbeitern. Teilweise verursacht durch hohe Abgabe an Kräften für auswärtige Luftwaffenbetriebe über Reichsausgleich. Arbeitsplatzwechsel: Laufende Zunahme der Antragstellungen. Gründe sind geringe Entlohnung, keine Aufstiegsmöglichkeiten und gesundheitliche Probleme. In der Regel Ablehnungsbescheid: „außerordentliche Härten sind nicht zu vermeiden".

Die Berichterstattung des Mannheimer Arbeitsamtes während der ersten Kriegsjahre ließ einen deutlich veränderten Grundtenor erkennen, insofern durch drastisch gestiegenen Arbeitskräftemangel neue und bis dahin unbekannte Mobilisierungsstrategien das behördliche Handlungsrepertoire ergänzten und später auch dominierten. Unter Zurückstellung vormals ideologischer Ressentiments der Partei rückte Frauenarbeit in den Bereich des Gängigen, Studenten und vorübergehend selbst Schüler (Erbsenpflücken) zog die Behörde zu entsprechenden Arbeiten heran. Auskämmaktionen und Umschichtungen machten Arbeitskräfte zum reinen Objekt im Produktionsprozeß, wie der Passus eines Monatsberichtes mit der Anmerkung „außerordentliche Härten sind nicht zu vermeiden" erkennen ließ. Entlang des Zweiten Weltkrieges stand schließlich jeder im Bezirk in irgend einer Weise zur Arbeit verpflichtbaren Person in Beschäftigung (T 46), die Aktionen reichten praktisch bis zur Grenze der Invalidität.

Auf der anderen Seite kam den Gefolgschaftsführern der unternehmerische Spielraum, soweit er im Herbst 1939 überhaupt noch vorhanden war, gänzlich abhanden. Per Dekret wurde der Betrieb nach Einstufung der Rüstungsrelevanz klassifiziert, was gleichzeitig die Beschäftigungshöhe, Produktionsspektrum, Produktionsvolumen und Rohstoffzuweisungen festlegte. Der staatliche Interventionismus, nach 1939 rigoros praktiziert, sah in letzter Konsequenz selbst die Schließung ganzer Betriebe vor – im Bezirk etwa Schiffahrt, Tabakverarbeitung und Natursteinindustrie. Betriebsstandorte unterzog man nötigenfalls der Verlagerung. Im Frühjahr 1942 schließlich erfaßte die Industrieproduktion eine totale Umgestaltung auf die Kriegswirtschaft (Übergang von der Breiten- zur Tiefenrüstung), wo noch vorhandenen kamen selbst letzte Refugien unternehmerischen Spielraums komplett abhanden.

Unter den skizzierten Umständen schienen die Umsetzungsmöglichkeiten zwischenbetrieblicher Art sowie des Landes- und Reichsausgleichs weitgehend erschöpft zu sein, die Zwangsbeschäftigung von Kriegsgefangenen und sonstige Einbeziehung ziviler Ausländer in den Arbeitsprozeß rückte umsomehr in den Vordergrund. Bereits Mitte 1940 registrierte man erstmals im Mannheimer Bezirk eine Reihe von Kriegsgefangenen, die Beschäftigung ziviler Ausländer reichte weiter zurück[36]. Die Zuständigkeit des Arbeitsamtes umfaßte die Registrierung aller Fremdarbeiter über eine Kartei und deren Selektion bzw. gezielte Verteilung an unterbesetzte Betriebe. Die Überwachung der Kriegsgefangenen lag in Verantwortung der Wehrmacht. Um auf spontanen betrieblichen Arbeitskräftebedarf wohl besonders flexibel reagieren zu können, richtete das Mannheimer Amt ab Juni 1942 gleich zwei eigene Kriegsgefangenenlager ein, die in Schwetzingen und Bietigheim bestanden[37]. Der Arbeitseinsatz der insgesamt 320

T 46.

Der Arbeitsmarkt im Mannheimer Bezirk des Jahres 1940

	offene Stellen	Arbeitssuchende	Arbeitslose
Februar	3377	825	444
März	6226	852	228
April	6232	772	203
Mai	4719	629	134
Juni	3765	513	83
Juli	3823	431	40

Oktober 1940: Deportation pfälzischer Juden nach einem Lager – Ungewißheit über die weitere Zukunft.

Gefangenen richtete sich am Bedarf umliegender Betriebe aus. Die Gesamtzahl der alleine in der Stadt Mannheim registrierten ausländischen Arbeitskräfte lag im November 1942 bei bereits 13 457 Personen, bis Kriegsende zählte der Kreis dann 20 252 Ausländer: Dies entsprach einer Quote eines jeden Sechsten in dieser Phase noch am Ort Lebenden. Bezüglich des Arbeitseinsatzes kam früher oder später wohl jeder oder fast jeder Mannheimer Betrieb mit den ausländischen Arbeitskräften in Berührung, wie die Statistik des zuständigen Ernährungs- und Wirtschaftsamtes dokumentiert:[38]

Anzahl der Betriebe	Anzahl der Ausländer	Anteilig (%)
4	4967	41,9
16	100–450	30,3
46	20–99	16,6
548	1–19	11,2
614		11844 Personen

Soweit möglich ging der Arbeitseinsatz in abgesonderten Gruppen vonstatten. Die Diskriminierung am Arbeitsplatz wie in der Öffentlichkeit wies je nach Herkunft ein gewisses Spektrum auf, das von unentgeltlicher Dauerarbeit der Kriegsgefangenen über die Brandmarkung und untertarifliche Entlohnung bei zivilen Polen und Russen (Zwang zum Tragen der Zeichen „P" und „Ost" analog des Davidsterns für Juden) bis hin zur tariflichen Entlohnung bei allen Westarbeitern reichte. Letzte Gruppe konnte sich ohne Einschränkung frei bewegen oder gar heiraten, während auf der anderen Seite die Wehrmacht insgesamt 144 umzäumte Lager für Kriegsgefangene und Ostarbeiter auf der Stadtgemarkung bewachte – die beiden KZ-Außenstellen nicht mitgezählt.

Hinsichtlich der Judenpolitik schuf der Zweite Weltkrieg den Nationalsozialisten einen willkommenen Deckmantel, den antisemitischen Terror bis hin zur kollektiven Vernichtung zu steigern. Mehr denn je und in zunehmender Schärfe litten Juden unter Entrechtung und dann schließlich Entmündigung im Arbeitsleben, nach der Reichskristallnacht setzte ein zweites Mal eine Deportationswelle in größerem Umfang an. Unter den 6500 im September 1940 nach Gurs in Südfrankreich abtransportierten badischen und pfälzischen Juden entstammten 1972 Personen Mannheim, hierunter ein 98jähriger Kaufmann. Einige Monate später zwang der Staat zum Tragen des Judensterns, Diffamierung und Brandmarkung kannten keine Grenzen mehr. Das Berliner Arbeitsamt bestellte Juden in die Behörde ein, von woaus man sie direkt nach einem Konzentrationslager brachte. In Mannheim bewerkstelligte dies die Gestapo. Obwohl prekärer Arbeitskräftemangel überall im Reich herrschte, stieß man die in der Wirtschaft noch tätigen Juden ohne Umstand aus ihren Beschäftigungsverhältnissen heraus. Die Behörden koordinierten verstärkt die Zusammenarbeit. Zitat aus einem Schreiben der DAF der Kreisverwaltung Mannheim an das hiesige Arbeitsamt vom 28. Dezember 1943:[39]

„Wir haben kürzlich Kenntnis davon bekommen, daß in dem obengenannten Betrieb ein Volljude beschäftigt sei. Daraufhin haben wir die Betriebsführung um nähere Stellungnahme gebeten. In diesen Tagen ist nun der Betriebsführer Herr Knauer persönlich bei uns vorstellig geworden und gab an, daß es sich um den Volljuden Eugen Klingler, geb. 10. Oktober 1905, handle, der mit der Lichtpause bei ihm beschäftigt sei. Knauer hat angeblich von seinem Betriebsobmann nachträglich erfahren, daß es sich bei Klingler um einen Volljuden handelt. Daraufhin habe er sich an das Arbeitsamt Mannheim gewandt mit der Bitte, zu diesem Beschäftigungsverhältnis Stellung zu neh-

men. Angeblich ist dieses Schreiben im Monat November 1943 an ihre Dienststelle abgegangen, doch habe Knauer bis heute noch keinen Bescheid bekommen. Bei Klingler handelt es sich – den Ausführungen des Betriebsobmannes zufolge – um einen totalgeschädigten Juden, dessen Papiere durch Brandschaden vernichtet seien. Dieser Jude wurde vom Betriebsführer Knauer seinerzeit ohne irgendwelche Papiere als Arbeiter in den Betrieb aufgenommen. Bemerken möchten wir noch, daß dieser Volljude inzwischen entlassen wurde. Wir sind nicht restlos überzeugt davon, daß Knauer von der Abstammung des Klingler nichts gewußt hat, und auch die Art seines Vorbringens auf unserer Dienststelle läßt verschiedene Zweifel offen. Wir wären ihnen deshalb sehr dankbar, wenn Sie uns baldmöglichst mitteilen wollten, ob und wann von der Fa. Knauer an ihre Dienststelle im Monat November 1943 ein Schreiben des erwähnten Inhalts abgegangen ist. Gegebenenfalls würde uns auch Ihre diesbezügliche Stellungnahme zu dem ganzen Sachverhalt interessieren. Abschließend möchten wir noch bemerken, daß im Betrieb Knauer, wie wir inzwischen vernommen haben, noch ein Halbjude beschäftigt sein soll".*

Letzte in Privatbetrieben beschäftigte Juden, sog. wehrunwürdige Mischlinge und in Mischehen lebende Arier wurden in Mannheim auf Veranlassung der DAF 1943 entlassen. Soweit der Weg nicht in Konzentrationslager führte erfolgte ihr Einsatz beim Straßenbau (Organisation Todt), Schanzarbeiten am Westwall und bei Müllabladearbeiten auf der Friesenheimer Insel. Das Arbeitsamt nahm die Erfassung und Überweisung der jüdischen Mitbürger vor, wie überhaupt Amtshilfe entgegen früherer Jahre keine größeren Probleme mehr aufwarf. Nach Dieter Maier stellt „die Ermordung der europäischen Juden (..) das größte Verwaltungsverbrechen der Geschichte dar". Die Rolle der Arbeitsverwaltung im Kontext der nationalsozialistischen Judenverfolgung schätzt Maier zusammenfassend folgendermaßen ein:[40]

Es „bleibt festzuhalten, daß auch für die Arbeitsverwaltung die Judenverfolgung nicht erst mit den Deportationen während des Krieges begann, sondern bereits ab 1933 einen steigenden Stellenwert erhielt. Selbst initiierte Maßnahmen von seiten einzelner Mitarbeiter der Arbeitsämter ergänzten sich mit Anweisungen der Zentrale, die oft mit den für die Judenpolitik zuständigen Behörden abgesprochen waren. Dementsprechend wurden auch im Laufe der Zeit bestimmte organisatorische Vorkehrungen getroffen, z.B. die Benennung der für Juden zuständigen Mitarbeiter und Stellen sowie die Festlegung eines speziellen Aktenzeichens für die Bearbeitung der jüdischen Angelegenheiten, mit dessen Hilfe der umfangreiche Schriftverkehr nach innen und außen und somit auch die praktische Umsetzung der Anordnungen transparent gemacht und sichergestellt werden konnte. Erstaunlich ist zweifellos auch die enge Kooperation der Stellen der Arbeitsverwaltung mit anderen staatlichen Behörden und Wirtschaftsorganisationen wie Regierungspräsidenten, Städte- und Gemeindeverwaltungen, Landratsämtern, Kammern, Ministerien, Parteiorganisationen, Gestapo- und anderen Polizeistellen, Betrieben. Sie tauschten Informationen aus, exekutierten die von oben vorgegebenen Anweisungen oder handelten von sich aus konform mit der offiziellen Rasseideologie. Aufgrund der Tatsache, daß in den Arbeitsämtern Nationalsozialisten und Judenhasser in vergleichsweise großer Zahl eingestellt worden waren, fiel es den interessierten Stellen leicht auch hier ihre judenfeindlichen Ziele und Anordnungen durchzusetzen. Die sicherlich größere Zahl der eher gleichgültigen Mitarbeiter hat wohl mehr aus Angst, sich selbst zu gefährden, bei den diskriminierenden und verbrecherischen Handlungen mitgemacht. Festzuhalten ist aber ebenso, daß es – nach Zeugnissen von Verfolgten – auch in den Arbeitsämtern Mitarbeiter gab, die sich freundlich und zuvorkommend verhielten oder gar Hilfe boten, z.B. beim Schutz vor einer Deportation".

Detailliert und im Überblick die Funktion und die Arbeitsweise des Mannheimer Arbeitsamtes der Judenverfolgung gegenüber zu ermitteln, erlaubt die Quellenlage über das Gesagte hinausgehend nicht. Am ehesten wohl dürfte die Behörde die Amtsgeschäfte in der von Dieter Maier skizzierten Weise wahrgenommen haben.

In der Endphase des Dritten Reiches ging die Arbeitsverwaltung in Auflösung. Die Mannheimer Behörde zählte noch 220 Mitarbeiter, als im Dezember 1944 die vorübergehende Einstellung des Dienstbetriebes angeordnet wurde[41]. Die Verwaltung verlegte man nach Tauberbischofsheim und Aalen in vom Feind weniger attackierte ländliche Gefilde hinein. Teilen der Belegschaft drohte der Einzug zur Wehrmacht, andere liefen ins Ungewisse. Flugangriffe jetzt selbst bei Tag penetrierten Mannheim, die Behörden ordneten die Massenevakuierung an. Die Lage zu Beginn des Jahres 1945 trieb der Anarchie entgegen. Hierzu der Mannheimer Kriegsbericht:[42]

„Wer erinnert sich nicht der in den letzten Tagen in ganzen Kolonnen auf den Landstraßen, die durch die zunehmende Jabogefahr einer Hölle glichen, ohne eigentliches Ziel der Daherziehenden. In ihren Gesichtern hatten die Luftschutznächte und Tagesangriffe deutliche Spuren hinterlassen. Aus ihren blassen und durch die unregelmäßige Versorgung schmal gewordenen Gesichtern stachen große Augen hervor. Der Blick dieser Augen war nicht immer gebrochen und ihr Schein war in vielen Fällen nicht immer hoffnungslos. So tief waren sie der Propaganda eines Goebbels, Fritsche und ihrer tausendfachen Gehilfen verfallen, dass sie immer noch an eine Wende, an ein Wunder glaubten".

Die totale Niederlage zeichnete sich ab. Bereits im November 1944 konnte man in Mannheim den Kanonendonner der Westfront hören. Hitler verkündete halb im Wahn am 1. Januar 1945 in seiner Neujahrsansprache: „Die Welt muß wissen, daß dieser Staat niemals kapitulieren wird". Der Führer befahl die Zerstörung des eigenen Landes (Nero-Befehl) – das deutsche Volk, es hatte sich als unwürdig erwiesen, verdiene nicht mehr.

Mannheim am 31. März 1945: Die Stadt liegt in Trümmern, sie ist von den Amerikanern besetzt. Fünf Wochen später erklärt Deutschland die bedingungslose Kapitulation. Der Führer hat sich das Leben genommen.

4. Zeitzeugenberichte früherer Mitarbeiter des Mannheimer Arbeitsamtes

Erinnerungen von Zeitzeugen können des Informationswertes nach besonders für jene Bereiche nicht hoch genug eingeschätzt werden, wo schriftliche Quellen nur ungenügend vorhanden sind. Dies trifft auch bei der Thematisierung des Innenlebens von Behörden, Institutionen etc. zu – so das Mannheimer Arbeitsamt betreffend. Im folgenden sind mehrere Interviews mit früheren Beschäftigten der Mannheimer Einrichtung wiedergegeben, die von den Herren Dr. Hanser (Interviewpartner Herr L., S., D., J.) und Verw.-Direktor Maier (Interviewpartner Herr Dr. Tischer) erhoben wurden und in der Tat einen höchst informativen Einblick in das Behördenleben samt Umfeld, insbesondere während des Nationalsozialismus, erlauben. Von Säuberungen, Karriereprofilen, Opportunismus und dem Umgang untereinander ist ebenso die Rede, wie von Massenarbeitslosigkeit, allgemein dem Wirtschaftsleben, Judenverfolgung, Kriegsalltag und der Person des engagierten Parteigängers Direktor Nickles. Aber auch Themen wie Arbeitsdienst, Monopolgesetz, Arbeitsbuch oder Verbeamtung bleiben nicht außen vor. Die Erinnerungen reichen bis zu den politischen Auseinandersetzungen im Umfeld des Arbeitslosenrates nach 1918 zurück, und enden schließlich in der Nachkriegszeit. Im besten Sinne liegen hier wertvolle Geschichtsquellen vor.

4.1. Interviewgestaltung Peter Hanser

4.1.1 Herr S. und L. – Erinnerungen an Weimar, Nationalsozialismus und Nachkriegszeit 1918–1950

Nachdem ich die beiden Herren bereits anläßlich des Seniorennachmittages des Mannheimer Arbeitsamtes im März 91 kennengelernt und ihnen die Ziele und Inhalte meines Gesprächs erläutert hatte, bedurfte es gleichwohl einiger Anstrengungen, sie zu einem Gespräch zu bewegen. Beide meinten, inhaltlich wenig beitragen zu können – eine unbegründete Annahme, wie sich während des Interviews herausstellte. Die psychologischen Barrieren waren nach wenigen Minuten abgebaut und auch der Tonbandmitschnitt störte Sie in keiner Weise. Herr L. ist Jahrgang 1904, Herr S. Jahrgang 1905. Das Interview begann mit Ausführungen zum Arbeitsbuch:

L. Wir haben viel Arbeit mit dem Arbeitsbuch gehabt.

S. Ich war Leiter der Arbeitsbuchabteilung ab 1935. Wir waren dort etwa 25–30 Angestellte. Alle mußten ja ein Arbeitsbuch haben. Das galt bis Kriegsende. Wir mußten auch die UK-Stellungen bearbeiten.

L. Die Firmen haben sich auch daran gehalten, sie haben sich ja auch strafbar gemacht, wenn sie es nicht gemacht haben, wenn sie einen eingestellt haben ohne Arbeitsbuch. Wenn einer die Stelle gewechselt hat, mußte die Firma uns melden, daß er am Soundsovielten ausgeschieden ist und der neue Arbeitgeber hat gemeldet, daß er bei ihm eingetreten ist. Die Arbeitsbuchnummer war maßgebend, die mußte immer angegeben werden. Aufgrund von dem war das Arbeitsamt in der Lage, jederzeit von jedem Berufstätigen genau zu wissen, wo er tätig ist, und dann war aber auch der Grund, es war eine Vorbereitung auf den Krieg, das kann man ruhig sagen. Die allgemeine Wehrpflicht war ja schon eingeführt, aber die Älteren, die wo, wie ich, einen Wehrpaß hatten, sind immer UK-gestellt worden. Da hat man dann von der Firma eine Bescheinigung gekriegt.

H. Ist damals das Personal im Arbeitsamt stark reduziert worden, es sind ja sicherlich nicht alle Mitarbeiter UK-gestellt worden?

S. Gewisse Jahrgänge konnten UK-gestellt werden, zunächst die Jahrgänge 1911 und älter, hingegen nicht die Jahrgänge 13, 14, 15.

L. Die sind ohne weiteres freigestellt worden und der Militärverwaltung zur Verfügung gestellt worden. Die mußten jederzeit mit ihrer Einberufung rechnen. Wenn die einen einberufen wollten, haben die vorher mit dem Arbeitsamt gesprochen. Da haben sich die Wehrersatzdienststellen mit dem Arbeitsamt in Verbindung gesetzt und haben uns mitgeteilt, die und die wollen wir einberufen. Die haben sie auch alle erfaßt gehabt, namentlich und altersmäßig. Bei den jüngeren Jahrgängen war nichts zu machen. Bei älteren Jahrgängen geschah es nur mit Zustimmung des Arbeitsamtsleiters, weil es ja auch ein wichtiges Amt war. Dann ist ein Major gekommen oder ein Oberstleutnant und hat sich mit dem Leiter vom Arbeitsamt Mannheim zusammengesetzt. Dann haben sie verhandelt und gesagt, die und die Stelle können wir nicht entbehren. Einige bei uns waren Offiziere, teilweise schon im Ersten Weltkrieg. Die hat der Hitler dann gleich geholt und auf Lehrgänge geschickt. Die wurden dann ab 39 gleich eingesetzt. Die haben natürlich als erste den Stellungsbefehl gekriegt. Sie mußten damit rechnen, bereits zwei bis drei Tage vor Kriegsausbruch den Stellungsbefehl zu kriegen. Ich war damals Personalsachbearbeiter. Da hat das Telefon schon angerufen, zwei Tage bevor Mobilmachung war. In vier oder fünf Tagen sind 30 oder 40 von uns abgezogen worden. Einer von denen, der R. Seppl, der war Leutnant und hat dann schnell Karriere gemacht. Der ist Hauptmann geworden. Der war dann im KZ Buchenwald. Plötzlich kommt er in der schwarzen Uniform mit drei Sternen, also SS-Sturmführer. Der hat uns immer besucht im Urlaub. Ich habe ihn gefragt, Seppl, was ist denn mit Dir los. Er sagte: Ich bin jetzt in Buchenwald. Die Kerle haben nichts verraten, garnichts, kein Wort, den besten Freunden nicht. Sie waren deswegen auch vereidigt worden. Wenn man sie gefragt hat, sind sie immer ausgewichen. Der eine hat gesagt: Darüber sprechen wir, wenn der Krieg vorüber ist. Also ich habe garnichts gewußt, nicht inwieweit die beteiligt waren an den Verschickungen nach Polen oder Vergasungen.

S. Davon haben wir bis zum Ende des Krieges überhaupt nichts gewußt, uns war nichts bekannt.

L. Und jeder Angestellte ist von seinem Amtsleiter dazu verpflichtet worden, daß nur das, was in seinem Bereich vorgeht, daß er sich dafür zu interessieren hat und alles andere geht ihn nichts an. Ich hätte nie sagen können, der und der sei Staatsfeind oder so. Anzeigen hätte ich ihn natürlich schon können: Wir haben im Haus einen wohnen gehabt, der war Kommunist. Bei den Rheinischen Mühlenwerken war der Portier. Der war also arg kommunistisch angehaucht. Der hat die Feindsender damals gehört, Moskau und England. Da hat es damals die Todesstrafe gegeben für den, der den Feindsender hört. Der hat immer gehört und manchmal das Fenster dabei aufgelassen. Unter ihm hat ein Werksmeister gewohnt vom Lanz. Der war Stahlhelmangehöriger, also rechts mehr, und der ist mal zu mir runter gekommen und hat gesagt: Herr Last, der da oben hört jede Nacht Feindsender. Sie als alter Parteigenosse sind verpflichtet, ihn anzuzeigen. Ich habe gesagt, das mach ich nicht. Ich hab nie einen angezeigt. Später, als wir vor die Spruchkammer mußten, hat mir der Kommunist den Persilschein ausgestellt.

H. Mußten der Leiter des Arbeitsamtes und die Abteilungsleiter auch hohe Posten in der Partei innehaben?

L. Nicht unbedingt, aber Leute, die nicht in die Partei eingetreten sind, wurden damals ausgetauscht. Einer im Amt war sogar Ortsgruppenleiter. Man war eben bestrebt um die Abteilungsleiter, entweder sind sie in die Partei eingetreten, oder sie sind ausgeschieden. Die hat man fortempfohlen. Einer, ein Sozialdemokrat, ist dann 1933 in die

Partei eingetreten, obwohl das damals schwierig war. Da war die Partei gesperrt, da sind so viele gekommen, daß sie vor dem Gebäude der Kreisleitung Schlange gestanden sind. In Viererschlangen sind sie da gestanden, die wollten alle Parteimitglieder werden. Da mußte dann jeder zwei Zeugen bringen, die bestätigt haben, daß er national eingestellt ist, charakterlich usw. in Ordnung. Dieser Sozialdemokrat, der S., der hat es verstanden, wie man es macht. Der hat sich quasi über Nacht umgedreht. Dann mußte auch beim Arbeitsamt ein Vertrauensmann des Nationalsozialistischen Beamtenbundes benannt werden, und da war (1933) kein anderer da als dieser S.

S. Und der mußte dann die anderen politisch beurteilen. Über einen neuen Inspektor, der aus Stuttgart kam, schrieb er wörtlich: Ich stehe nicht an zu erklären, daß H. ein aufrechter Nationalsozialist ist. Es wurden alle Beamten verpflichtet, der Partei oder einer ihrer Gliederungen beizutreten (SA, SS, Volkswohlfahrt, Deutsche Arbeitsfront).

S. Ab 1933 hieß es, mindestens einer parteinahen Organisation anzugehören. Ein Beamter ist verpflichtet, dem Staat zu dienen.

L. Es hieß ja, der Beamte wird nicht bezahlt für seine Leistung, sondern für seine Treue zum Staat.

H. Wie viele der Beschäftigten des Arbeitsamtes waren damals Beamte?

L. Wie wir reingekommen sind, da waren die, die übernommen worden sind, schon 1927 Beamte. Damals, 1927, gab es 37 Arbeitsämter in Baden-Württemberg, größte, große, mittlere und kleine. Größtes Arbeitsamt war Stuttgart, zweitgrößtes Mannheim. Wir haben dann innerhalb Baden-Württemberg wirken müssen. Ich bin dann mal abgeordnet worden nach Stuttgart. Mit mir haben sie alles mögliche vorgehabt (beruflicher Aufstieg), aber durch die Kriegsvorbereitungen hat sich alles zerschlagen. Bei mir hat es geheißen, sie werden Stellvertretender Leiter entweder des Arbeitsamtes Bad Mergentheim oder Sinsheim. Das hat jedenfalls der Nickles gesagt. Das war 1937. Später sollte ich nach Neubabelsberg bei Berlin auf die Verwaltungsschule. Da mußte man ein Jahr dorthin, dann ist man in den höheren Dienst übernommen worden. Aufgrund meiner Parteizugehörigkeit hätte das damals geklappt. Aber dann kamen die Kriegsvorbereitungen und unser Kind ist auf die Welt gekommen, dann habe ich natürlich auch nicht aus Mannheim fort wollen.

H. Herr L., von Ihnen weiß ich, aus welchen Gründen Sie zum Arbeitsamt gekommen sind. Das haben sie mir auf dem Seniorentreffen erzählt. Sie waren vorher bei einem jüdischen Zigarrenfabrikanten als Buchhalter beschäftigt.

L. Das Arbeitsamt ist damals im März 33 von der SA besetzt worden und dann sind die ersten Angestellten und auch einige Beamte entlassen worden, aufgrund des Gesetzes zur Wiederherstellung des Berufsbeamtentums. Da hieß es einfach: Ab sofort sind sie entlassen, fertig.

H. Ohne Pensionsansprüche?

L. Das wird noch geregelt, hieß es im Gesetz. Die durften das Arbeitsamt nicht mehr betreten und waren draußen. Das waren damals nicht viel bei uns. Das waren nur sieben oder acht Beamte, die aufgrund von dem Gesetz entlassen wurden. Aber Angestellte haben sie mehr rausgeschmissen. Diese Angestellten waren meistens Sozialdemokraten oder kommunistisch angehaucht. Die sind dann gleich ersetzt worden im März 33. Das waren dann meistens SA-Leute oder Parteimitglieder. Der S., der hat die kaufmännischen Angestellten und die Büroangestellten vermittelt und das war zur Unterbringung von „alten Kämpfern"; so hat das damals geheißen. Das waren Parteimitglieder, die schon 1930 oder 1928 in der Partei waren, die mußten bevorzugt untergebracht werden. Und zwar solche, die in jüdischen Unternehmen waren oder Arbeitslose, aber nicht nur beim Arbeitsamt, sondern auch in der Industrie. Mit dieser hat das Arbeitsamt verhandelt. Ich bin erst am 1. Juli 33 zum Arbeitsamt gekommen. Die Partei hat mir damals gesagt, ich dürfte nicht mehr in einer jüdischen Firma arbeiten: Sie melden sich morgen auf dem Arbeitsamt zwecks anderweitiger Vermittlung. Der Vermittler beim Arbeitsamt sagte mir: Wir suchen auch jemand für unsere Hauptkasse. Ich war vorher Lohnbuchhalter und Kassenbuchführer. Ich wollte ja nicht zum Arbeitsamt, denn es war in Verruf als ‚Schwanzbehörde', d.h. die Letzten. Ich habe mir dann aber gedacht, warum nicht. Dann mußte ich zu Hr. B., bei dem habe ich mich vorgestellt und ihm meine Unterlagen gezeigt. Er nahm mich gleich zum Chef, zu Dr. Z., der war damals kommissarischer Leiter. Er sah meine Zeugnisse an und sagte: Wir suchen jemand für die Hauptkasse und zur Unterstützung von Hr. K.. Der war damals schon 60 und ich vermute, daß sie ihn entlassen wollten und mich auf seine Stelle setzen wollten, weil er (Hr. Z.) gesagt hat: Wir setzen ihn ein zwischen Hauptkasse und Hr. K.. Ich hab mir darunter zwar nichts vorstellen können, aber wir waren uns soweit einig, und dann ist auf das Geld die Hauptfrage zu sprechen gekommen. Er sagte: Wir können Sie leider nur in Vergütungsgruppe 8 einstellen. Das war damals für Ledige 185 Mark. Ich habe vorher bei Sunlicht 320 Mark gehabt, bevor ich zu dem Jud gekommen bin. Bei Sunlicht ist die Verwaltung damals nach Berlin verlegt worden. Da sollte ich mit nach Berlin. Das habe ich nicht gemacht. Erstens habe ich meine Frau grad kennengelernt und mein Vater war krank. Beim Arbeitsamt war ich Angestellter, wie alle die damals eingestellt worden sind. Alle waren wir Zeitangestellte, es ist keiner direkt ins Beamtenverhältnis übernommen worden.

S. Das war ähnlich wie bei mir. Ich war kaufmännischer Angestellter, Buchhalter in einer kleineren Firma. Die Firma ist 1929/30 umgegangen. Ich hab mich dann arbeitslos gemeldet und zu der Zeit lief ein Kurs für Arbeitsvermittlung an. Für den hab ich mich dann gemeldet. Der Kurs lief von Juli bis Ende des Jahres. Aufgrund der Teilnahme bin ich dann 1930 beim Arbeitsamt eingestellt worden. Vielleicht fünf bis sechs sind eingestellt worden. Wir sind allesamt in die Versicherung (d.h. die Leistungsabteilung) gekommen. Da war ich dann bis Kriegsende, zunächst als Zeitangestellter. 1938 bin ich Beamter geworden. Ich bin anfangs durch das Arbeitsamt durchgeschleust worden. Als das Arbeitsbuch eingeführt wurde, kam ich in die Arbeitsbuchabteilung. Bei der Versicherung war ich Sachbearbeiter. Da sind eben diese Formulare ausgefüllt worden, also die Einkünfte und alles, was da angegeben werden mußte. Das hat man dann bearbeiten müssen und da bin ich dann später in die Verwaltung gekommen. Das war meine letzte Stelle beim Arbeitsamt. Ich war auch kurz in der Berufsberatung.

Anmerkung zum Arbeitslosengeld 1930: L. erhielt als Lediger 22,05, S., verh. ohne Kinder 19,80 in der Woche. (L. hatte vorher bei Sunlicht recht gut verdient. Er war in der Lohnklasse 11 (die höchste war 12). Manche Ledige erhielten nur 11,– in der Woche. Arbeitslosengeld gab es 6 Monate lang. Danach wurde auf Krisenunterstützung umgestellt. Diese war weitaus geringer, außerdem wurde der Verdienst von Familienmitgliedern angerechnet. Die Krisenunterstützung wurde nach 13 Wochen eingestellt. Danach mußte das Sozialamt in Anspruch genommen werden.

L. Meine Krisenunterstützung fing an mit 13,20 pro Woche und hörte auf mit 11,55. Danach bin ich zum Strauß gegangen, dem Zigarrenfabrikanten. Der hat mir gesagt: Ich kann Ihnen nur 150 Mark zahlen. Wenn sie nein gesagt hätten, wären sie auf der Straße gestanden. Angesichts der hohen Arbeitslosigkeit konnte man keine Lohnforderungen stellen.

Zur Laufbahn beim Arbeitsamt:

L. Wer in den gehobenen Dienst wollte, mußte erst seine Qualifikation nachweisen. Bei mir war sie gegeben, weil ich Zeugnisse hatte als bilanzischer Buchhalter und als Kassenleiter. Das haben sie anerkannt und erst dann ist man zugelassen worden zur Prüfung. Dann mußte man an den Prüfungsvorbereitungen teilnehmen. Da waren Lehrgänge, da gab es Unterricht im Amt, auch von Referenten des Landesarbeitsamtes Stuttgart.

H. Gab es damals auch schon die Position eines Ausbildungsleiters?

S. Nein, die ganzen Vorgesetzten von den Abteilungen haben sich vorbereiten müssen, um Vorträge zu halten. Die hat man dann besucht. Ich bin 1937 in den Vorbereitungskurs für angehende Beamte gekommen. Ich habe dann 1938 Prüfung gemacht. Wir sind dann nach Stuttgart einberufen worden, nochmal zu einem Lehrgang. Das war bei mir im Volkserholungsheim zu Stuttgart.

L. Der zweite Lehrgang war bei mir im Schwarzwald. Der erste Lehrgang war in Bad Herrenalb gewesen. Dort hat es Hähnchen gegeben und vis à vis von mir saß beim Essen der Präsident vom Landesarbeitsamt. Ich hatte in meinem Leben noch nie Hähnchen gegessen. Dort herrschte strenges Tischreglement. Man mußte stehen, bis sich der Herr Präsident hingesetzt hatte. Dann hat er sich mit mir unterhalten und alle möglichen Sachen gefragt über das Arbeitsamt Mannheim. Gottseidank war ich informiert, über die Arbeitslosenzahlen und so Sachen. Dann kam das Hähnchen und ich wußte nicht wie essen.

S. Danach sind einem die Noten zugeschickt worden. Ich hatte damals die Note ‚gut'.

L. Während dieser Ausbildung sind auch Vorträge von Universitätsprofessoren gehalten worden, von Professor Alfred Weber, Heidelberg über Arbeitsrecht und Professor Wahl über Bürgerliches Recht. Da hat man alle Kurse mitmachen müssen.

S. Dann hat man die Urkunde gekriegt.

L. Erst war natürlich die Prüfung. Zunächst die schriftliche Prüfung, die hat zwei Tage lang gedauert, morgens von neun Uhr bis um eins, und mittags ab zwei Uhr. Da sind Fragen gestellt worden, die mußte man beantworten, teilweise zur Auswahl, teilweise zur Pflicht. Da waren Fragen dabei über die staatsrechtliche Stellung des Stellvertreters des Führers. Da schreiben Sie mal was drüber! Seine Hauptaufgabe war die Herstellung der Einheit zwischen Partei und Staat. Jede Beamtenernennung für den höheren Dienst mußte über Rudolf Hess in Berlin gehen. Der hat die Zustimmung wiederum abhängig gemacht von Berichten vom Gauleiter, vom Kreisleiter in Mannheim usw. Das war ziemlich kompliziert damals. Die schriftliche Prüfung war hier im Amt, die mündliche in Stuttgart. Die hat ungefähr eineinhalb Stunden gedauert, auf jedem Gebiet: Versicherung, Vermittlung. In der Versicherung gab es ja damals die Unterteilung in für Kinder – eheliche Kinder, uneheliche Kinder, Adoptivkinder, für Frauen, denen die Männer davongelaufen sind.

S. Staatsrechtlich ist z.B. gefragt worden die Gründung des Dt. Reiches, wann der Hitler geboren ist.

L. Dann vor allen Dingen Fragen zum Haushalts-, Kassen- und Rechnungswesen. Der Prüfer hat z.B. gefragt: Wie sieht die Rechnungsbelegordnung aus? Wir haben uns überlegt, was er damit meinte. Dabei wollte er nur wissen, daß sie einen grünen Einband hat. Der Prüfer hat auch über Nationalsozialismus gefragt, z.B. die ältesten Mitarbeiter vom Führer. Ich habe die fast alle gekannt, weil ich Hitlers ‚Mein Kampf' gelesen hatte. Da sind die alle dringestanden.

S. Zu meiner Einstellung. Ich bin am 1. Januar 1930 eingestellt worden. Schon am 15. Januar bin ich versetzt worden nach Nagold, und zwar wegen der Tabakarbeiterunterstützung. Die Tabakarbeiter haben Krisenunterstützung bekommen, wenn sie von den Firmen ausgesperrt worden waren.

L. Wir haben in Mannheim ein paar große Zigarrenfabriken gehabt, auch in Lampertheim, in Hockenheim und Schwetzingen. Das waren dann ein paar Tausend, die unterstützt worden sind. Dafür sind in Mannheim zehn Leute eingestellt worden, da war ich dabei. Da hat es geheißen, Sie kriegen 10 Mark am Tag mit täglicher Kündigungsfrist. Das waren in der Woche, bei sechs Arbeitstagen, 60 Mark. Dann bin ich erst im Hauptamt beschäftigt worden für ein paar Wochen. Da haben wir die Anträge und Formulare der TU, der Tabakarbeiterunterstützung, ausfüllen müssen und dann haben wir das teilweise auch ausgezahlt. Ich bin deswegen ein paar Mal nach Schwetzingen und Hockenheim mitgefahren. In Lampertheim und Viernheim haben wir auch ausgezahlt. Das ist dann ein paar Monate gegangen und dann war es wieder fertig, von heut auf morgen.

S. Damals kam ich dann nach Nagold, weil es dort keine Angestellten gab, die sich mit der Tabakarbeiterunterstützung ausgekannt haben. Ich war ein Jahr in Nagold. Wie das rum war, bin ich wieder nach Mannheim zurück. wo ich eineinhalb Jahre in der Versicherungsabteilung tätig war, bis ich eines Tages in die Arbeitsbuchabteilung gekommen bin und nachher noch in die Verwaltung. In der Verwaltung war ich dann bei der Kasse. Das war dann bis zum Ende des Krieges. Während des Krieges haben wir natürlich viel mitgemacht. Die paar Männer, die noch da waren, hatten viel zu leisten, obwohl für jeden, der zum Militär mußte, eine Aushilfe (meist Frauen) eingestellt wurde.

L. Die große Kunst bestand eben darin, diese unerfahrenen Aushilfen baldmöglichst einzuarbeiten.

H. Noch eine Frage zu den Anfängen. Sie waren ja beide arbeitslos, bevor Sie in die Dienste des Arbeitsamt eingetreten sind. Wie empfanden Sie denn die Atmosphäre im Arbeitsamt, als Sie sich arbeitslos meldeten?

L. Man hat von vornherein gewußt, daß man keine Stelle kriegen wird, jedenfalls 99 % der Arbeitslosen. Wir haben anfangs jeden Tag stempeln müssen zu unterschiedlichen

Zeiten, damit keiner nebenbei eine Halbtagsbeschäftigung annehmen konnte. Da sind wir dann in der Schlange gestanden. Da waren die Zimmer mit den Schaltern, da ist man dann hin und hat seine Karte vorgelegt. Der hat sie nicht mal angeguckt, der hat seinen Stempel gemacht, dann ist schon der Nächste gekommen. An der Situation war aber auch der Personalmangel schuld. Die Arbeitsämter waren stark unterbesetzt. Es war jedenfalls so, daß es fast ausgeschlossen war, übers Arbeitsamt eine Stelle zu bekommen. Der am Schalter hat nie gesagt, ich habe eine Stelle für Sie, das hat es gar nicht gegeben. Bei mir war es so, ich war in der Kaufmännischen Vermittlungsgewerkschaft (DHV = Deutschnationaler Handelsgehilfenverband). Die haben eigene Vermittlung betrieben. Erst später ist das Monopol an die Reichsanstalt übergegangen. Ich hab ja in einer Schuhfabrik gelernt, drei Jahre Lehrzeit bis 1922, dann war ich Buchhalter dort, in der Debitorenbuchhaltung, dann zwei Jahre als erster Buchhalter. Dann ist die Firma den Berg hinab. Als ich gemerkt hab, daß bald nichts mehr geht, bin ich zum Chef und sagte ihm, ich will mich um eine andere Stelle umsehen. Ich bin dann ja zu Sunlicht und habe dort auch schön verdient und zwei Jahre später verlegt Sunlicht ihre Verwaltung nach Berlin. Da war es wieder aus. Da habe ich mich dann, 1930, arbeitslos gemeldet. Bis 33 war dann eine schlechte Zeit für mich. Dann war ich in der Strauß-Fabrik, und dort durfte ich ja nicht mehr, weil das eine jüdische Firma war. So bin ich zum Arbeitsamt gekommen. Dann war ich eine Zeitlang im Angestelltenverhältnis. Dann hat es geheißen, man könnte sich für die Beamtenlaufbahn entscheiden, wenn man noch keine 40 Jahre alt ist. Ich war damals, 1936, 32 Jahre alt. Einige haben es abgelehnt und gesagt: Ich mache keine Prüfung. Ich wollte die Prüfung machen. Dann ist man auf Lehrgänge gekommen...

S. Man hat dann Jahre auf die Prüfung hingearbeitet. Man ist dann da hingekommen und ist ein Vierteljahr eingearbeitet worden, dann dort. Man hat schon Einsicht gehabt in alles, was beim Arbeitsamt zu tun ist.

L. Wir haben auf den Lehrgängen viel gelernt. Die haben Manuskripte gemacht für alle Gebiete, man ist auch in alle Abteilungen gekommen zur praktischen Ausbildung. Bei mir hat letzteres allerdings nicht geklappt, weil ich in der Verwaltung war und da hat es gehapert. Man sagte mir, Hr. L. wir können Sie nicht entbehren drei oder vier Wochen lang.

L. Da sind dann die Tarifänderungen, die Tarifordnungen gekommen, sie sind umgestellt worden. Da mußte der ganze Formularkram wieder umgestellt werden, und das alles recht kurzfristig. Ich hab dann die Aktenführung noch gehabt, und die Krankenliste und die Urlaubsliste, und den Lehrlingen habe ich die Pläne aufstellen und überwachen müssen, und dann habe ich die Beihilfe gehabt. Ich habe mit der Beihilfe und der Unterstützung und den anderen Sachen viel zu tun gehabt; und dann der Krieg noch dazu, Luftschutz und Einberufungen.

S. Da war ein Luftschutzleiter im Arbeitsamt, J. hat er geheißen, der war Feldwebel im Krieg. Der hat eingeteilt: Sie haben morgen abend zehn Uhr bis übermorgen sieben Uhr Luftschutzdienst. Da hat es keinen Widerspruch gegeben.

L. Dann ging der normale Dienst weiter. Wir durften zwar heim gehen, um uns zu rasieren und einen Kaffee zu trinken, aber danach mußten wir wieder da sein. Je länger der Krieg gedauert hat, desto schlimmer ist es dann geworden. Dann sind wir zuletzt noch verlegt worden, zum Teil nach Neckarhausen, ich war mal in Heidelberg. Die Verwaltung ist am Ende vom Krieg verlegt worden (Jan. – März 1945).

S. Die ganzen Akten, soweit es eben notwendig war, mußten rübergeschafft werden.

L. Bei den Fliegerangriffen – da gab es strenge Vorschriften – mußten Akten immer in den Keller gebracht werden. Da hat es passieren können, daß morgens um neun schon Fliegeralarm war, dann hieß es, die Frauen dürfen in den Schloßbunker gehen. Der ist unter dem Schloß vor dem Krieg gebaut worden. Wir Männer haben bis zuletzt bleiben müssen. Mannheim war ja die einzige Stadt, die für soundsoviel tausend Einwohner Bunkerplätze hatte. Es gab unterirdische und auch Hochbunker. Wir waren gegen Kriegsende an die 200 Beschäftigte beim Arbeitsamt.

H. Nun noch einmal zurück zu Ihnen Hr. S. Haben Sie auch eine so negative Einstellung zum Arbeitsamt gehabt, als Sie damals arbeitslos geworden waren?

L. Das Arbeitsamt hatte einen ganz negativen Ruf. Es war die Stempelfabrik. Heute ist es viel besser. Das Arbeitsamt hat an Renommee gewonnen, und sie tun ja auch viel heut, mit ihren Aktionen und so, Berufsfortbildung und was alles heut gemacht wird. Früher hat es nur Kurse gegeben für Maschinenschreiben und Steno, sonst gar nichts. Die Firmen haben auch keine Leute eingestellt damals, sie haben genügend Personal gehabt. Ich habe damals, als ich arbeitslos war, 150 Offerten geschrieben. Ich habe mir extra eine Schreibmaschine gekauft damals. Die allerschlimmsten Jahre waren von 1930 bis 33.

S. Eher bis 34.

L. Es gab 7 Millionen Arbeitslose. Dann ab 1933 ist der Berg langsam runtergegangen.

H. War es damals überhaupt möglich, sich um Arbeit zu drücken, wenn man nicht arbeiten wollte?

S. Nein. Da gab es ja das Arbeitsbuch und die Firmen waren ja verpflichtet, das Arbeitsbuch einzusehen. Da konnten sie ja sehen, erstens was der gekonnt hat, zweitens kriegt er ja wieder einen Eintrag ins Arbeitsbuch. Sonst wird er ja gestraft, der Unternehmer, wenn er es nicht macht. In der Praxis sah das so aus: Da sind jeden Tag soundsoviele eingestellt worden in die Firmen. Das ist dann notiert worden und am Ende von der Woche sind die wieder alle miteinander zum Arbeitsamt gekommen, die vermittelt worden sind.

L. Das war aber mehr Propaganda für die Partei.

S. Ja, das war schon Propaganda. Dann ist der Vorsitzende runtergegangen in den Hof und hat die antreten lassen und dann sind sie marschiert, die in Arbeit gekommen sind, durch Mannheims Straßen.

H. Jede Woche?

S. Nein, nicht jede Woche. Wie oft, weiß ich nicht mehr genau.

L. Der Nickles (der Direktor des Arbeitsamtes) mußte bei solchen Umzügen immer dabei sein. Er schritt vorne in der Mitte. Zu den 1.-Mai-Umzügen haben die Betriebe, die sog. Musterbetriebe, einen goldenen Kranz gekriegt. Mit den Kundgebungen war das überhaupt so – man wollte ja Sonntag morgens die Leute vom Kirchgang fernhalten. Hier in Mannheim hat es auch machmal Schlägereien gegeben. Die Kommunisten wollten diese Kundgebungen sprengen. Die Partei hat dann extra SA-Posten aufgestellt. Saalschutz war das.

S. In Mannheim hat man aber eigentlich weniger von den Auseinandersetzungen zwischen den Nationalsozialisten und den Kommunisten mitgekriegt.

L. Schlimmer war es nach 1918 mit Straßenschlachten, als es den Arbeiter- und Soldatenrat gab. Damals waren die Kommunisten stark, speziell der Mob in der Neckarstadt drüben. Dort sind die rumgezogen mit ihrer Schalmeikapelle und haben gesungen, die ‚Internationale' und ähnliches.

L. Einmal haben die Kommunisten zwar einen Polizeiwachtmeister erschossen, aber ansonsten war es in Mannheim eher ruhiger. Auch im Lindenhof, wo die Polizeiwache nur mit zwei Mann besetzt war, hat es manchmal Radau gegeben. Es hat jedenfalls nie solche Straßenschlachten wie in Berlin oder wie in Sachsen oder wie in München gegeben.

H. Stimmt es, daß die amerikanischen Militärbehörden sehr streng waren nach dem Zweiten Weltkrieg und daß deren Maßnahmen auch Auswirkungen auf die Tätigkeiten des Arbeitsamtes hatte?

L. Die haben ja damals ihre eigenen Arbeitsvermittlungsstellen gehabt. Es gab also zwei Arbeitsvermittlungen nebeneinander. Mit der Vermittlungsstelle der Amerikaner für Zivilangestellte hatte das Arbeitsamt garnichts zu tun.

S. Die haben dann bei uns angerufen, wenn sie Leute gebraucht haben, meistens haben die Amis aber selber geworben.

L. Im Gegenteil, es war ja denen verboten, Verkehr mit den Deutschen aufrechtzuerhalten.

S. Also ich weiß es nicht, ich war ja nach dem Krieg nicht mehr beim Arbeitsamt. Die Amerikaner haben doch eine Verordnung rausgegeben, daß die Leute, die in der Partei waren oder in irgendeiner Organisation, nicht mehr weiterbeschäftigt werden durften.

L. Auch ich habe 45 die Mitteilung gekriegt, aufgrund ihrer Zugehörigkeit zur NSDAP dürfen sie auf Anordnung der Militärregierung nicht weiterbeschäftigt werden. Aufgrund dieses Schreibens waren wir dann arbeitslos. Da sind dann die vielen Flüchtlinge gekommen, von der Tschechei und vom Sudetenland, die haben Vorrang gehabt, die mußten in erster Linie untergebracht werden. Wir waren damals nach Wilhelmsfeld umgezogen, Mannheim war ja zu 90% zerstört damals. Von dort bin ich dann zum Arbeitsamt Heidelberg gegangen. Die meisten Angestellten und Beamten des Arbeitsamtes dort habe ich ja aufgrund unserer früheren Zusammenarbeit gekannt. Da war ein anderer Arbeitsvermittler, die alten waren ja auch alle weg, die waren halt auch Parteimitglieder. Dann sagte er zu mir: Hr. L. ich würde Ihnen ja gerne behilflich sein, aber Sie können von mir nicht verlangen, daß ich Sie bevorzuge. Aber wenn Sie selbst was finden, mache ich Ihnen keine Schwierigkeiten. Sie bekommen ohne weiteres die Zuweisungskarte. Damals ist in der Zeitung eine Anzeige gestanden: Die Firma Hampel, Heidelberg, Verlag und Zeitschriftenhaus, sucht zum sofortigen Eintritt kaufmännische Angestellte. Dann hat es geheißen: Eigene Schreibmaschine muß gestellt werden. Da bin ich gleich am nächsten Tag hingegangen, es war in der Brunnengasse, gleich neben dem Bismarckplatz. Ich bin gleich zum Chef reingekommen. Meine Zeugnisse wollte er nicht sehen, ihn interessierte nur, was ich leiste. Ich konnte am nächsten Tag anfangen, bei einem Gehalt von 200 Mark. Aber er sagte dazu: Wir sind ja keine Behörde, wir können im Jahr zwei- oder dreimal aufbessern. Ich mußte zunächst Rechnungen schreiben. Ich war damals Rechnungsschreiber Nr. 10. Ich habe mich angestrengt. Die anderen haben 20, 30 Rechnungen geschrieben, ich habe 60 geschrieben am Tag. Damals ging dieser Buch- und Zeitschriftenversand sehr gut. Mein Chef hat 300 Angestellte gehabt, darunter zwei Universitätsprofessoren, ein General, mehrere Heidelberger Beamte, die fast alle vorher in der Partei gewesen waren. Meinen Chef hat die Parteizugehörigkeit nicht gestört. Dann habe ich bald, aufgrund guter Leistungen, meine erste Gehaltserhöhung auf 220 Mark gekriegt, drei Monate später auf 250 Mark, dann über 270 auf 300 Mark. Dann habe ich für die Schreibmaschine noch 25 Mark Leihgebühr im Monat gekriegt. Die insgesamt 325 Mark waren dann nicht schlecht gleich nach dem Krieg.

H. Hr. S., wie ging es denn bei Ihnen weiter nach dem Krieg?

S. Da hat es geheißen gleich nach dem Krieg: Jeder Beamte hat sich sofort bei seiner Dienststelle zu melden. Ich war damals im Hohenlohischen, und dort habe ich das gelesen. Das war im Juni/Juli 45. Ich bin auf dem schnellsten Wege zurück nach Mannheim und gleich zum Arbeitsamt. Man sagte mir: Ach nehmen Sie Platz, gut, daß Sie wieder da sind. Ich hab drauf gewartet, daß der H. kommt, doch stattdessen ist einer von der Kriminalpolizei gekommen und hat mich verhaftet. Ich kam sofort ins Landesgefängnis. Da hat es nämlich nochmals einen gegeben namens Karl S. Mit dem war ich verwechselt worden, der war ein Ortsgruppenleiter gewesen. Dann bin ich ein paar Tage hier gewesen im Landesgefängnis, danach sind wir nach Ludwigsburg gekommen. Dort waren wir halt eingesperrt und haben unser Essen gekriegt. Wir haben auch rumlaufen können. Wir waren an verschiedenen Stellen untergebracht, das waren Tausende. Man hat halt gewartet, bis man wieder entlassen wird, und das hat bei mir zweieinhalb Jahre gedauert. Ich habe hinterher keinen Pfennig Wiedergutmachung gekriegt. Nach den zweieinhalb Jahren bin ich wieder zum Arbeitsamt in Mannheim. Dort hat es geheißen: Wir haben nichts für Sie, keine einzige Stelle, wir können niemand einstellen. Und dann habe ich natürlich aufgepaßt, ob jemand eingestellt worden ist. Dann habe ich gemerkt, daß der S. Seppl eingestellt worden ist, der W. ist eingestellt worden. Als ich das erfahren habe, habe ich natürlich an den Kuhn geschrieben, den damaligen Stellvertretenden Arbeitsamtsdirektor. Er hat immer beteuert, er hat keine Stelle frei. Und dann habe ich doch erfahren, daß der W. eingestellt worden war, und der war doch kein großes Licht. Dann hat mir der Kuhn geschrieben, sie hätten eine Stelle als Musiker gebraucht, und eben deshalb, weil W. Musiker war, hätten sie ihn eingestellt. Ich habe aber nicht lang gebraucht. Ich hab mich beworben bei einer Firma Motorenwerke. Ich bin sofort eingestellt worden – von einem Kommunisten. Der war dort im Betriebsrat. 25 Jahre bin ich dann bei den Motorenwerken gewesen. Während der Zeit, 1950, hat mir das Arbeitsamt geschrieben, ich könnte sofort wieder eingestellt werden. Ich bin nicht hingegangen. Ich habe dann geschrieben, daß ich in der Abteilung Einkauf eine führende Stellung habe und das und das verdiene. Er möchte mir mitteilen, was ich im Arbeitsamt verdienen würde. Dann hat er mir geschrieben, daß ich in Gruppe 8 eingestellt werden könnte. Ich hätte also 500 Mark beim Arbeitsamt gekriegt, bei dem Motorenwerken verdiente ich bereits 800 Mark.

L. Bei mir war das so: Ich bin 1948 wieder zu Sunlicht gekommen. Damals war mein früherer Personalchef Direktor geworden. Ich sprach mit ihm, und einige Tage später bin ich wieder eingestellt worden.

H. Meine sehr verehrten Herren, ich danke Ihnen für das Gespräch.

4.1.2. Herr D., vom Zahllistenschreiber zum Verwaltungsamtmann 1926–1972

Herr D., Jahrgang 1907, hatte bereits am Telefon Bedenken geäußert, ob er überhaupt etwas Wertvolles zur Geschichte des Arbeitsamtes beitragen könne. Auch zu Beginn unseres Gesprächs brachte er nochmals seine diesbezüglichen Zweifel vor. Schon nach kurzer Zeit aber wurde er ziemlich unbeschwert und erwies sich als wertvoller Informant. Die wichtigsten Informationen gab Herr D., der 1926 beim Städtischen Arbeitsamt Mannheim angefangen hatte, für den Zeitraum etwa bis 1950. Herr D. ist nach seiner Lehre als Speditionskaufmann 1926 in das Arbeitsamt eingetreten. Auf sein Motiv angesprochen, zum Arbeitsamt zu gehen, antwortete er:

D. Die haben damals Kräfte gebraucht beim Arbeitsamt und es war in der damaligen Zeit sehr schwer, eine Stelle zu finden. Ich wäre auch gerne zur Stadt. Beim Arbeitsamt war ich zunächst in der kaufmännischen Vermittlung tätig, aber nicht als Vermittler. Ich fing ganz klein als Zahllistenschreiber an. Das Arbeitsamt Mannheim ist erst 1928 in die Reichsanstalt eingegliedert worden. Wir saßen vorher schon, als Mitarbeiter des Städtischen Arbeitsamtes, in M3a, der früheren Dragonerkaserne.

Zur Situation in der NS-Zeit:

D. Leute, die schon früh in die Partei eingetreten waren, hatten es leichter und brachten es weiter. Hr. L. beispielsweise, der schon 1925 oder 1926 Parteigenosse wurde und eine Mitgliedsnummer unter 100000 hatte. Er konnte u.a. die einfache Fahrprüfung machen. Obwohl er einige Jahre nach mir ins Arbeitsamt kam, wurde er viel früher Oberinspektor als ich. Der mußte auch nicht zum Militär. 1937 bin ich auch in die Partei. Das war damals notwendig. Der Betriebszellenobmann hat jeden aufgefordert, einzutreten.

H. Was geschah mit denjenigen, die sich dieser Aufforderung widersetzten?

D. Viele von ihnen wurden entlassen. Ich erinnere mich aber auch an einen Fall, wo es zu einem Kompromiß kam: Ein strenggläubiger Katholik wollte unbedingt nicht eintreten. Der Betriebszellenobmann schlug ihm vor, das Amt eines Kassierers bei der NSV anzunehmen. Das tat dieser dann. Angefangen hat alles im Januar 33, als SA-Leute das Arbeitsamt besetzten. Plötzlich saß Dr. Eberbach im Direktorensessel, als ich das Zimmer des Direktors betrat (Eberbach war einer der höheren Funktionäre in der Mannheimer NSDAP. Er wurde aber nicht Direktor des Arbeitsamtes. Sein Auftritt im Direktionszimmer war vielmehr ein Symbol der Machtübernahme). Es standen damals Betriebsratswahlen vor der Tür. Alle, die sich hatten aufstellen lassen, wurden sofort entlassen. Es mußten ja auch Stellen für verdiente Parteigenossen her. Dadurch kam es zu vielen Problemen beim Arbeitsamt.

Beruflicher Werdegang

D. Ab 1928, ab der Übernahme durch die Reichsanstalt, hat sich für mich nichts geändert. Ich blieb Angestellter. Erst 1937 wurde ich Beamter. Alle, die Beamte wurden, erhielten den Titel „Stellvertretender Vorsitzender eines Arbeitsamtes", denn nach dem Beamtenrecht mußte man für eine Beamtung mindestens diese Stellung innehaben. Ich war damals Angestellter in der Verwaltung. Am 10. April 1937 wurde ich Verwaltungsinspektor, nachdem ich die 2. Fachprüfung für den gehobenen Dienst bestanden hatte. Oberinspektor wurde ich erst 1942. Damals war ich schon Soldat, die Urkunde wurde mir nachgeschickt. Ich war vorher abgeordnet nach Stuttgart und wurde dort 1942 eingezogen. Von Mai bis September 45 war ich in Ostfriesland in britischer Kriegsgefangenschaft. Als Entlassungsadresse – diese mußte vor der Entlassung abgegeben werden – gab ich Lützelsachsen an, wo meine Schwiegereltern wohnten. Wir waren nämlich in der Schwarzwaldstraße (in Mannheim) ausgebombt. Meine Frau war mit unserem Kind nach Lützelsachsen gegangen, wo sie notdürftig bei meinen Schwiegereltern kampierten. Nach meiner Rückkehr mußte ich mich natürlich beim Arbeitsamt melden. Ich ging aber nicht nach Weinheim, sondern nach Mannheim. Dort ging ich auch zu Herrn B. und bat um meine Wiedereinstellung. Ich wurde aber erst zum 1. Mai 1947 wiedereingestellt durch Herrn Kuhn., den damaligen Direktor. Kuhn war ein guter Katholik und hat nach dem Krieg hauptsächlich Katholiken eingestellt. Der zuständige Pfarrer hat Kuhn beraten und ihm viele vermittelt. Das war damals aber auch normal, daß jeder die Beziehungen nutzte, die er hatte. Als ich das erste Mal bei Kuhn vorsprach gab dieser mir den Rat: Nun helfen Sie erst mal, den Schutt zu beseitigen. Ich war so blöd und hab das auch noch getan. 1947 wurde ich dann für gewöhnliche Arbeit, d.h einfache Arbeit vom Arbeitsministerium Württemberg-Baden wiedereingestellt. Die Entnazifizierung hatte ich überstanden. Ich war als Mitläufer eingestuft worden, mußte aber dennoch zahlen. Zum 1. Mai 47 wurde ich auch wieder Inspektor.

Erinnerungen an die 30er Jahre

D. In den 30er Jahren gab es viele Unregelmäßigkeiten im Amt. Ein Angestellter der Registratur hatte alle Postausgänge zu frankieren, damals gab es ja noch keine Freistempler, und ins Portobuch einzutragen. Ein Angestellter der Verwaltung mußte das jeden Tag nachprüfen. Der Registraturangestellte hat jedoch regelmäßig nur einen Teil der Briefe zur Post gebracht und den anderen Teil am nächsten Tag ein zweites Mal ins Portobuch eingetragen. Dieser Betrug ist erst rausgekommen, als dieser Angestellte in Urlaub ging und in dieser Zeit die Portokosten um die Hälfte zurückgingen. Bereits Ende der 20er Jahre hatte es ein Techtelmechtel zwischen einem Oberinspektor und einer Angestellten gegeben. Als das rauskam, wurden beide strafversetzt. Herr Nickles, ab 1933 Direktor des Arbeitsamtes Mannheim, war gar nicht so übel. Es gab nach 1933 einige unangenehme Parteigenossen im Arbeitsamt, z.B. den SS-Mann S. Ich erinnere mich, als er eines Tages freudestrahlend ins Amt kam und berichtete: Heute haben wir alle Juden aus dem Herrweck (dem Freibad) gejagt. Niemals gab es so viele Gehaltspfändungen wie nach 1933, als viele Parteigenossen eingetreten waren. Ich hab das ja alles mitgekriegt, ich war ja in dieser Abteilung. Die meisten dieser Parteigenossen waren arbeitslos gewesen, hatten viele Schulden und tranken sehr viel. Der B., der Betriebsobmann, war fast ständig betrunken. Damals war für eine Beförderung eine Nationale Zuverlässigkeitsbescheinigung notwendig. Im III. Reich wurden auch einige von uns ins Generalgouvernement (Polen) abgeordnet, andere in die Tschechoslowakei oder an die vier Arbeitsämter im

Elsaß (Colmar, Mülhausen, Straßburg, Hagenau). Im Prüfdienst war ich auch in diesen vier elsässischen Arbeitsämtern. Ein Herr F., der von uns nach Straßburg abgeordnet worden war, war mit allen Möbeln umgezogen. Später verlor er durch die Flucht alles.

Erinnerungen aus der Nachkriegszeit

D. Als ich einmal eine Portokassenprüfung in der Nebenstelle Hockenheim vornahm, fehlte eine 50 Pfennigmarke. Hr. M. war ganz unglücklich, weil er ein äußerst korrekter Mann war und sich nicht vorstellen konnte, wie es zu diesem Verlust gekommen war. Kaum war ich zurück in Mannheim, klingte bei mir das Telefon und der ganz aufgelöste Hr. M. teilte mir mit, daß sich die Briefmarke gefunden hätte: Sie klebte an der Unterseite der Portomappe. Ich habe auch in Mannheim zusammen mit dem Direktor die Kassenprüfung gemacht. Wir gingen dann ins Kassenzimmer und forderten Herrn B. auf, alles auf den Tisch zu legen. Dieser durfte von der Prüfung vorher nichts wissen. Es kam bei ihm aber kein einziges Mal zu einer Beanstandung. Ich kann mich aber an einen Betrugsfall (zwischen 1947 und 1950) erinnern, in den ein Herr S. verwickelt war. Dieser arbeitete in der Berufsförderung und hatte für die Förderkurse in Schreibmaschine und Steno die Farbbänder anzufordern. Der äußerst hohe Farbbänderverschleiß machte uns stutzig und die Überprüfung ergab, daß die empfangenen Farbbänder garnicht in die verwendeten Schreibmaschinen paßten. Wahrscheinlich hatte er die Bänder an einen Freund verkauft, der einen Schreibdienst oder so etwas ähnliches betrieb. S. wurde aber nicht entlassen, sondern nur strafversetzt. Ich hatte in den 60ern zwei Angebote, eines vom Arbeitsamt Frankfurt, eines vom Landesarbeitsamt Stuttgart. Ich habe beide abgelehnt. Nach Stuttgart, zu den Schwaben, wollte ich in keinem Fall und auch Frankfurt hat mir nicht gefallen. Als 1972 die Vorprüfungsstelle in Mannheim aufgelöst wurde und nach Heilbronn kam, sollte ich im Mai 1972 dorthin als Prüfer (gemeinsame Prüfungsstelle des Landesarbeitsamtes). Ich wollte aber nicht so kurz vor meiner Pensionierung noch weg und schaffte es beim Arbeitsamt Mannheim bleiben zu dürfen. Im Oktober 1972 trat ich in den Ruhestand und bin seither Verwaltungsamtmann im Ruhestand.

H. Herr D., ich danke Ihnen für das Gespräch.

4.1.3. Herr J., Lehrling, Buchhalter und Verwaltungsleiter 1937–1982

Herr J. hatte sich ohne vorherige Terminabsprache bei mir eingefunden, weil er in Mannheim zu tun hatte. Das Interview fand in lockerer Atmosphäre statt, weil Herr J. keine Scheu zeigte, über seine Zeit beim Arbeitsamt zu berichten. Darüberhinaus kamen seine Antworten kurz und präzise, ohne Ausschweifungen. Das Interview:

Herr J. trat 1937 als Lehrling in das Arbeitsamt Weinheim ein. Nach dessen Auflösung (August 38) setzte er seine Lehre in Mannheim fort und schloß sie dort 1940 ab. Im Oktober 1940 mußte er zum Reichsarbeitsdienst und im Februar 1941 wurde er zur Wehrmacht eingezogen. Im Juli 1945 wurde er wieder beim Arbeitsamt Mannheim eingestellt, wo er bis 1956 (bis zur Kassenauflösung) in der Kasse als Buchhalter tätig war. Danach wechselte er in die Versicherungsabteilung (heute: Leistungsabteilung). 1959 kam er in die Verwaltung, wo er den verschiedensten Tätigkeiten nachging. 1977 wurde er zum Verwaltungsleiter ernannt. 1982 schied er aus. Herr J. trat seine Lehrstelle beim Arbeitsamt wegen der schlechten Berufsaussichten an, nicht aber, weil es ihn in diese Ausbildung gezogen hätte:

J. Die Verhältnisse waren damals nicht gut, insgesamt nicht und in meinem Heimatort Hemsbach schon gar nicht. In unserer Schulklasse (mit ca 50–60 Schülern) war ich der einzige, der eine Lehrstelle bekam. Allerdings muß man dabei berücksichtigen, daß die Mädchen damals in der Regel eh keinen Beruf erlernten. Ich wollte eigentlich Kaufmann werden, hatte mich auch bei allen in Frage kommenden Firmen beworben, erhielt aber überall die Antwort, man könne niemanden einstellen. Bei Freudenberg hätte man sowieso nur mit guten Beziehungen eine Chance gehabt. Zum Arbeitsamt wollte ich nicht, denn das „Stempelamt" hatte einen schlechten Ruf. Alle vierzehn Tage mußte ich nach dem Schulabschluß ins Arbeitsamt zum Berufsberater. Eines Tages bot er mir, da ich gute Zeugnisse hatte, eine Lehrstelle für den einfachen Dienst an. Dieses Angebot mußte ich annehmen, denn sonst hätte ich nichts gekriegt. Ich mußte eine Eignungsprüfung ablegen, eine Prüfung speziell für die Arbeitsamtsbelange. Die war aber ganz einfach.

H. An seine Lehre kann sich Herr J. noch gut erinnern. Obwohl er ordentlich schuften mußte, empfand er seine Ausbildung jedoch nicht als zu hart, denn die Leistungsmotivation war bei ihm stark ausgeprägt:

J. Früher hat man noch schaffen müssen, abends und sonntags hat man gelernt.

H. Trotzdem während seiner Lehre der Zweite Weltkrieg begann, konnte die Ausbildung weitgehend geregelt fortgeführt werden. Zum Beginn seiner Ausbildung, in Weinheim, war Herr J. hauptsächlich mit der Auszahlung der Unterstützung beschäftigt. Die Zahl der Unterstützten sank beträchtlich, als mit dem Bau der Autobahn zwischen Darmstadt und Frankfurt begonnen wurde und viele Arbeitsplätze geschaffen wurden. Weitere Arbeitslose aus Weinheim wurden beim Bau der württembergischen Autobahnen eingesetzt. Als Lehrling war Herr J. kaum mit der Politik konfrontiert worden, mit Ausnahme der Zwangsmitgliedschaft im Jungvolk. Gleich nach seiner Rückkehr aus dem Krieg, 1945, meldete sich Herr J. wieder beim Arbeitsamt. Er hatte Glück, denn:

J. Sie suchten gerade einen, der Gehälter verrechnen konnte. Die Lage des Arbeitsamtes Mannheim war nach dem Krieg ziemlich verworren. Die ganzen Unterlagen waren in Heidelberg. Sie waren dorthin ausgelagert worden. Auch der Kassenleiter, Herr B., war dort. Mit ihm war ich zusammen von 1945–49 in der Kasse. Nur langsam kam der Betrieb wieder in Gang. Erst Ende 45 hatten wir wieder einigermaßen Ordnung, als wir wieder einen Kopf bekamen, den Landesarbeitsamts-Bezirk Nordbaden.

Über die Arbeitsbedingungen beim Arbeitsamt nach dem Kriege:

J. Wir schafften im Winter ohne Fenster. Wir holten alte Kohleöfen aus den Trümmern und führten die Ofenrohre durch die Fenster ins Freie. Die Fenster hatten wir mit Pappe und Blech vernagelt. Der westliche Teil des Gebäudes (M 3a) war ganz ausgebombt. Da Lebensmittelkarten für Nichtarbeitende erst nach der Arbeitsamts-Registrierung ausgegeben wurden (auch für Frauen und Kinder), war das Haus immer voll.

H. Spezielles Mitleid hatte Herr J. immer mit der Abteilung AV, die immer im Schußfeld stand. Zur speziellen Wirtschaftsstruktur und -entwicklung Mannheims machte Herr J. folgende Angaben:

J. Nach 1945 war Mannheim kein Industrieplatz mehr. Für Frauen war die Situation (wegen der dominierenden, kaum Frauenarbeitsplätze zur Verfügung stellenden Schwerindustrie) noch schlechter. Das ist auch heute noch so. Die Entwicklung der Wirtschaft hat sich immer in Personal und Personalbedarf niedergeschlagen. Bei hoher Arbeitslosigkeit mußten wir immer um zusätzliches Personal für das Arbeitsamt kämpfen. Früher wurden deshalb immer wieder Zeitkräfte als Aushilfen beschäftigt.

H. Herr J., herzlichen Dank für das Gespräch.

4.2. Interviewgestaltung Dieter Maier

Ich bin auf Herrn Dr. Tischer aufmerksam geworden durch einen Artikel der Rhein-Neckar-Zeitung, in dem sie ihm am 20. April 1990 zu seinem 95. Geburtstag gratulierte und seinen Berufsweg sowie seine gesellschaftlichen Verdienste ausführlich würdigte. Herr Dr. Tischer erklärte sich auf Anfrage sofort bereit, in einem Interview über seine beruflichen Stationen in der Arbeitsverwaltung zu berichten. Spontan hat er mir auch zur Abrundung seiner Ausführungen persönliche Unterlagen wie Briefe, Fotos und Urkunden zur Verfügung gestellt. Es war für mich ein besonderes Erlebnis, mit einem Menschen zu sprechen, der in diesem Alter geistig noch so rege wirkte und in seiner Erinnerung (nachweislich) präzise war. Herr Dr. Tischer hat sich in seinem aktiven Ruhestand besonders verdient gemacht um die Gestaltung der Anlagen am weltberühmten Philosophenweg in Heidelberg. Das Gespräch fand in der Wohnung von Herrn Dr. Tischer am 22. 6. 1990 statt.

4.2.1. Herr Dr. Tischer – Auf Reisen in Sachen Arbeitsverwaltung 1928–1945

M. Herr Dr. Tischer, bevor wir zum Thema Arbeitsverwaltung kommen, möchte ich Sie noch zu Ihrem persönlichen Werdegang fragen: Ich habe gelesen, Sie sind in Freiburg geboren und haben dann in Offenburg das Abitur gemacht. Das war im Jahr 1914.

T. Das war ein Tag vor Kriegsausbruch, da habe ich noch die Abiturientenrede gehalten.

M. Sehr schön – und dann mußten Sie, nehme ich an, in den Krieg.

T. Ich mußte nicht, ich bin freiwillig gegangen, wie es damals üblich war.

M. Wo waren Sie im Krieg?

T. In der ersten Zeit in den Vogesen, am Hartmannsweiler Kopf. Ich habe das erste Gefecht mitgemacht dort oben, und in der zweiten Hälfte, von 1917 an, an der Ostfront bei den Regimentern, die die Österreicher ein bißchen stützen sollten. Und dort bin ich krank geworden, habe eine Tuberkulose bekommen und bin dann in die Heimat gekommen. Ich kam nach Hornberg in das Lazarett. Bin aber dann ausgeheilt worden und dann Ende 1919 ausgeschieden. Ich habe dann in Heidelberg zuerst angefangen, Medizin zu studieren, habe dann später umgesattelt auf Volkswirtschaft und habe dann 1921 meinen Doktor gemacht.

M. Recht schnell haben Sie das gemacht. Über welches Thema haben Sie promoviert?

T. Ich wollte ursprünglich Statistiker werden und habe dann ein statistisches Thema über die Freiburger unehelichen Geburten, es ist ein ganz interessantes Thema gewesen, ein soziologischer Beitrag, abgehandelt.

M. Mit sozialpolitischen Aspekten. Haben Sie als Student auch den heute noch immer renommierten Max Weber gehört? Haben Sie noch Erinnerungen an Ihre Professoren?

T. Nicht besonders, es war nur kurz. Gothein hat mir mein Examen mit abgenommen und der Alfred Weber. Das sind die Leute, die hier gewesen sind. Und in Freiburg habe ich auch zwei Semester studiert.

M. Und nach dem Studium gingen Sie in die Privatwirtschaft und dann zum Deutschen Städtetag.

T. In Berlin, da habe ich das statistische Referat gehabt. Und als dann 1923 der Zusammenbruch der öffentlichen Verwaltungen kam, bin ich also auch unter denjenigen gewesen, die damals gekündigt worden sind. Ich mußte also dort ausscheiden und bin dann nach Freiburg gegangen und habe dort beim Badischen Bauernverband, das war die Organisation der Bauern in Baden, ein paar Jahre als Syndikus gearbeitet. Ursprünglich wollte ich Dozent für Statistik werden. Das hat dann finanziell nicht geklappt und dann hatte ich 1928 die Möglichkeit, was mich an und für sich von vornherein sehr interessiert hat, weil ich von früher Jugend an immer sehr an sozialpolitischen Fragen interessiert war, in die damalige Reichsanstalt einzutreten. Als Arbeitsamtsdirektor in Waldshut, zunächst kommissarisch, und dann später bin ich bestellt worden. Ich habe die ganzen Urkunden noch hier.

M. Sind Sie sofort Direktor geworden, ohne irgendwo mal Abteilungsleiter gewesen zu sein?

T. Nein, ich bin direkt von Freiburg aus Direktor geworden. Waldshut war damals das kleinste Amt, wir hatten nur ca. 10 Leute. Ich sollte ursprünglich nach Lörrach gehen. Dann hat Berlin einen, den sie dort wahrscheinlich irgendwie loswerden wollten – der Name ist mir nicht mehr gewärtig – nach Lörrach gesetzt. Und dann blieb für mich nur noch Waldshut übrig und daher hat mich Stuttgart nach Waldshut gesetzt. Das war mein erster Beitrag für die Arbeitsverwaltung.

M. Sie hatten 10 Mitarbeiter, dann hatten Sie sicherlich auch noch Fachaufgaben, neben der Führung und Leitung, zu erledigen. Haben Sie auch noch als Berufsberater oder in einer anderen Funktion mitgewirkt?

T. Nein, ich hatte nur die Leitung innegehabt. Wir hatten die Abteilung Berufsberatung, die in der Hauptsache von Lörrach gesteuert war, und dann natürlich die Abteilung für Vermittlung und die Abteilung für die Arbeitslosenhilfe bzw. -unterstützung, wie es damals geheißen hat. Das erste Amt war untergebracht in einer alten Mühle, der Mühlbach der hat gestunken, der ist noch unten durchgeflossen. Und ich habe mit Müh und Not die Räume einigermaßen in Ordnung gebracht, damit alles funktionierte. Ich habe dann aber nach ungefähr einem Jahr erreicht, daß wir in ein grösseres Gebäude, die ehemalige Krankenkasse, umziehen konnten. Und dann hat das Arbeitsamt auch ein bißchen repräsentativ ausgesehen. Das hat natürlich auch ein bißchen das Ansehen gehoben.

M. Was war denn vorher in dem Mühlengebäude?

T. Da war die Vorgängerin des Arbeitsamtes, das waren ja kommunale Einrichtungen die Arbeitsvermittlung, das war da drin.

M. Dazu möchte ich Sie fragen, gab es da Schwierigkeiten? Die Städte hatten sich ja gegen das Gesetz von 1927 gewehrt, mit dem sie die Arbeitsnachweise verloren. Haben Sie das in Ihrer Arbeit dann gespürt?

T. Nein, ich hatte durchaus gute Beziehungen, auch zu dem damaligen Bürgermeister und zu den Behörden. Das hat alles gut funktioniert.

M. Wie war denn die Arbeitsmarktsituation in Waldshut, solange Sie dort waren?

T. Das war eine ganz besondere Struktur. Zum Arbeitsamtsbezirk hat also ein großer Teil des Hotzenwaldes gehört, und das ging rauf bis St. Blasien. Und die Struktur der Wirtschaft, die war dann sehr stark durch die benachbarte Schweiz beeinflußt. Wir hatten also die Lonzawerke, ein sehr großes chemisches Werk in Waldshut selbst, und dann halt verstreut über den Hotzenwald eine große Anzahl von kleineren Betrieben, Seidenbandwebereien, und dann vor allen Dingen die Zigarren- und Zigarillosindustrie, Villiger usw. Und wir hatten also dort eine ziemliche Arbeitslosigkeit. Wir hatten aber auch damals Beziehungen zur Schweiz, ich hatte mit dem Arbeitsamt in Zürich Fühlung aufgenommen, und da konnten wir ab und zu auch von unserem Arbeitsamtsbezirk rüber vermitteln in die Schweiz.

M. Grenzgänger also, die es sicherlich auch schon vorher gab. Wie war die Zusammenarbeit mit den Betrieben? Wurde das Arbeitsamt akzeptiert?

T. Da hat man eben angefangen, das selbst in die Hand zu nehmen, und ich habe sehr, sehr gute Erfahrungen gemacht. Doch, man hat also gemerkt, daß da irgendetwas dahinter steht, und dann hat man Vertrauen gewonnen.

M. Wie qualifiziert war denn das Personal, die Vermittler insbesondere? Hatten die schon eine Spezialausbildung?

T. Nein, sie kamen z.T. aus dem vorherigen Arbeitsnachweis. Es waren Akademiker. Dr. Singer oder so ähnlich, der hatte die Arbeitslosenunterstützungsabteilung, und dann haben wir einen Kassierer gehabt und einen Arbeitsvermittler und dann natürlich das weibliche Personal. Das war damals noch getrennt.

M. Hatten Sie Nebenstellen, sicherlich in Säckingen?

T. Nein, wir hatten keine Nebenstellen. Das Arbeitsamt speziell in Waldshut ist ja später mit dem Lörracher zusammengelegt worden. Wir hatten aber keine Nebenstelle.

M. Bis 1930 waren Sie in Waldshut und sind dann nach Bruchsal gekommen. Das war, nehme ich an, eine Verbesserung für Sie.

T. Ja, ja, die habe ich mir verdient, und zwar deshalb, weil in der Zeit, als ich in Waldshut gewesen bin, ist die erste Phase des Schluchsee-Werks gebaut worden. Und ich hatte den Auftrag bekommen, den Arbeitseinsatz beim Schluchsee-Werk oben zu organisieren. Da wurde zunächst einmal der See abgelassen und die Mauer aufgetürmt sowie Straßen gebaut. Und da haben die Firmen, die beteiligt waren, Baracken aufgestellt für die Arbeiter, die dann oben gearbeitet haben – hauptsächlich Arbeitslose aus den Bezirken Mannheim, Heidelberg und Karlsruhe. Ich habe sogar noch eine Fotografie, wo ich eine Begehung mitgemacht habe, die können Sie nachher anschauen. Es ist dann der Arbeitsamtsbezirk Bruchsal freigeworden. Und nachdem ich mich da oben offenbar verdient gemacht hatte, hat man mich nach Bruchsal versetzt. Dort war zuerst Dr. Rieber, der kam dann nach Baden-Baden. Ja, das war natürlich eine interessante Sache diese Arbeitseinsatz-Geschichte. Ich habe natürlich viel dort oben zu tun gehabt.

M. Deswegen fragte ich vorhin, denn wenn Sie nur im Amt gewesen wären, hätten Sie wenig zu tun gehabt.

T. Nein, ich habe sogar viel rumfahren müssen. Ich habe sogar noch ein Bild von meinem Auto.

M. Wer ist der Chauffeur?

T. Das bin ich. Es gab keinen Chauffeur, da habe ich selbst chauffieren müssen. Und ich brauchte den Wagen sehr viel, weil ja die Hauptverwaltung des Schluchsee-Werkes in Freiburg war. Da mußte ich häufig nach Freiburg fahren.

M. Und da hatten Sie sicherlich auch eine enge Zusammenarbeit mit den anderen Arbeitsämtern, wenn Sie sagen, daß Arbeitskräfte aus Mannheim, Heidelberg usw. gekommen sind. Sie mußten dann sicherlich auch persönliche Gespräche mit den Direktoren und dem Landesarbeitsamt führen.

T. Natürlich, da war ja ein eigener Referent, den Namen habe ich leider vergessen, der diesen Arbeitseinsatz dort geleitet hat.

M. So, das war der Dienstwagen, sehr schnittig! Wurde mit dem dann auch die Post und alles, was so an fiel, befördert?

T. Ja,

M. Ich habe hier aus dem Jahr 1930 die 10 Leitsätze für den Dienst im Arbeitsamt, insbesondere für den Umgang mit den Arbeitslosen, vom damaligen Präsidenten Dr. Syrup unterzeichnet. Haben Sie noch Erinnerungen an dieses Dokument?

T. Nein, es ist zu lange her, 60 Jahre!

M. In unseren Lehrveranstaltungen weisen wir immer darauf hin, wie bürgerfreundlich die Arbeitsverwaltung damals schon sein wollte. Sie wollen aber noch etwas zu den Photoaufnahmen sagen.

T. Sehen Sie, das ist eine Begehung oben am Schluchsee. Da bin ich noch mit drauf. Und da haben wir dann auch die Dinge besprochen. Das sind Techniker von den Baufirmen. Auf diesem Bild sind fast die meisten der damaligen Arbeitsamtsdirektoren. Das bin ich und das ist der Kälin, der Präsident des Landesarbeitsamts (Stuttgart). Aber es sind nicht alle drauf und es sind auch ein paar Dezernenten vom Landesarbeitsamt dabei, z.B. der da, ich glaube Dietrich hat er geheißen. Das war der von der Berufsberatung, und der da war von der Verwaltung. Aber ich kann mich nicht mehr an die meisten dieser Namen erinnern, das ist viel zu lange her. Herr Kälin ist dann auch, als die Nazis gekommen sind, abgesetzt worden und kam dann als Arbeitsamtsdirektor, da hat er noch einmal Fuß gefaßt, nach Göttingen, aber nur als Arbeitsamtsdirektor, nicht mehr als Präsident. Stellvertreter war der Herr Burkhardt damals, und der ist dann später in der Nazizeit Präsident geworden und hat sich mir gegenüber nicht sehr nobel verhalten. Er hat mich merkwürdiger Weise nachher, als es darum ging, ob ich bleiben soll oder nicht, nicht mehr richtig gekannt.

M. 1933 oder nach dem Krieg?

T. Nein, 1933.

M. Der Name Burkhardt ist mir geläufig, da habe ich Erlasse gefunden. Diese Aufnahme ist sicherlich vor einem Hotel, nicht vor einem Amtsgebäude gemacht worden.

T. Nein, das ist eine Tagung gewesen. Ich kenne auch das eine oder andere Gesicht, z.B. an den erinnere ich mich noch gut, es ist der von Weinheim gewesen. Weinheim war damals noch ein eigenes Arbeitsamt. Sonst weiß ich die Namen nicht mehr, und viele sind da auch nicht drauf.

M. In welchem Jahr war das ungefähr?

T. Das dürfte ungefähr 1929 gewesen sein, bei einer Tagung, bei der ich von Waldshut aus war. Ich habe leider durch den Fliegerangriff viele Dokumente verloren. Sonst hätte ich noch mehr Unterlagen aus dieser Zeit. Aber das ist die Tragik unserer Generation gewesen.

M. In Bruchsal war 1930 die Arbeitslosigkeit sicherlich auch hoch.

T. Ja, es war damals die hohe Zeit der Arbeitslosigkeit, und namentlich Mannheim und Heidelberg waren ganz besonders stark betroffen. Zu Bruchsal hatte noch Bretten gehört als Nebenstelle. Das war ein ganz interessanter Arbeitsamtsbezirk, und da bin ich also von 1930 bis 1933 gewesen. Wir haben damals auch so allerhand gemacht, um die Arbeitslosigkeit etwas zu dämpfen. Vor allen Dingen habe ich damals den freiwilligen Arbeitsdienst aus eigener Initiative, weil ich das für eine nützliche Einrichtung für die jungen Leute gehalten habe, gefördert. Es waren also damals verschiedene Gruppen, die den freiwilligen Arbeitsdienst auf die Beine gestellt haben. Da waren katholische, da waren dann caritative Einrichtungen und auch die Nazis. Und die Nazis haben also auch einen freiwilligen Arbeitsdienst wie die anderen auch, mit den gleichen Bedingungen, gemacht. Aber ich habe ihnen bißchen zu sehr auf die Finger geguckt bei der Verwendung des Geldes, und das ist mir nicht gut bekommen.

M. Da sind Sie ihnen schon negativ aufgefallen.

T. Ja, wir haben dann auch sonst so allerhand gemacht. Ich habe sogar noch Dokumente. Ich habe z.B. solche Spielsachen für Kinder herrichten lassen. Das waren so kleine Nebenmöglichkeiten, um arbeitslose junge Leute zu beschäftigen.

M. Ich habe darüber auch gelesen.

T. Ich habe Dokumente der Dankbarkeit aus der damaligen Zeit.

M. Übrigens, gerade vom Arbeitsamt Bruchsal gibt es noch relativ viele Akten im Generallandesarchiv Karlsruhe.

T. Noch etwas Interessantes vom Arbeitsamt Bruchsal. Es war damals ein Mitarbeiter, der krumme Sachen gemacht hatte und den ich raussetzen mußte. Er war Kommunist. Und der ist dann nach dem Krieg Arbeitsamtsdirektor geworden. Er hat mich dann angeklagt, ich hätte ihn zu unrecht entlassen. Es war aber ganz in Ordnung, in einem ganz normalen sauberen Verfahren. Ja, ja, das sind so kleine Erinnerungen.

M. Haben Sie damals auch in Fachzeitschriften Aufsätze geschrieben?

T. Nein.

M. 1933, Herr Dr. Tischer, sind Sie entlassen worden?

T. Ja, es war so gewesen. Da ich kein Nazi war, ich war Gegner, ich kann das ruhig sagen, wenn ich auch politisch nicht gebunden war. Sie waren mir nicht sehr grün, weil ich ihnen vielfach gerade beim Arbeitsdienst auf die Finger geschaut habe. Und als sie dann ans Ruder gekommen waren, da kamen sie dann mal zu mir ins Amt und sagten zu mir: Ja also jetzt ist eine andere Zeit angebrochen, ich müßte jetzt die Nazi-Fahne raushängen und müßte mich den Anordnungen der örtlichen Nazi-Führung fügen. Ich habe gesagt, ich kann das leider nicht machen, weil ich Beamter bin und unsere Fahne die deutsche Fahne und eventuell die badische Fahne ist, also das kann ich nicht machen. „Sie werden dann von uns hören." Und dann bekam ich kurze Zeit darauf die Mitteilung, daß ich zunächst mal abgesetzt sei und man mir kündigen würde. Ich war ja noch im Angestelltenverhältnis, die Überführung ins Beamtenverhältnis war gerade gelaufen, sie wurde natürlich sofort gekappt. Und der Direktor des Landesarbeitsamtes damals, das war der Nickles, das war ein Schulkamerad von mir, zwar nicht in der gleichen Klasse, wir haben uns sehr gut gekannt, und der hat also keineswegs etwa versucht, mich ein bißchen zu schützen – im Gegenteil, er hat noch mit dazu beigetragen, daß ich da rausgeschmissen wurde. Ich habe dann noch erreicht, daß zugestimmt wurde, wenn ich Baden verlassen würde, dann würde man die Kündigung zunächst zurücknehmen. Was blieb mir anderes übrig, nicht wahr, entweder emigrieren oder innerlich emigrieren, nicht wahr. Ich habe ja Familie und alles gehabt. Das habe ich dann vorgezogen und dann wurde ich damals runter versetzt ins Rheinland nach Siegburg, ein wunderschöner Bezirk. Da könnte ich auch erzählen.

M. Auch Siegburg ist heute nur noch eine Nebenstelle. Wenn Sie in Siegburg waren, kennen Sie ja die Sieg; ich war vorgestern an der Siegquelle. Aber Sie haben jetzt selbst einen wichtigen Namen genannt: Nickles, der war ja dann später in Mannheim Arbeitsamtsdirektor, der Hermann Nickles.

T. Ja, ursprünglich war er in Offenburg im Arbeitsamt als Oberinspektor. Und da er eben Nazi war, ist er dann gleich sehr hoch gekommen und wurde dann zunächst in Mannheim Arbeitsamtsdirektor und später Präsident des Landesarbeitsamtes mit Sitz in Straßburg.

M. Im Gau-Arbeitsamt. Ich habe im Stadtarchiv Mannheim und im Hauptstaatsarchiv Stuttgart Akten, die von Nickles unterschrieben sind, gefunden. Ich habe sogar seine NSDAP-Personalakte in Karlsruhe eingesehen. Ich weiß, daß er schon Ende der 20er Jahre ehrenamtlich, u. a. als Schriftleiter, für die Partei tätig war. Er hatte sich bitterlich darüber beklagt, daß bei der Besetzung von Führungspositionen immer nur „Schwarze" oder „Rote" ihm vorgezogen würden.

T. Nun, er war ja nur im gehobenen Dienst. Was wollte er denn machen.

M. Er hatte nämlich ein Jura-Studium abgebrochen und hat dann wohl in der Kommunalverwaltung eine Ausbildung gemacht.

T. Dann war er im gehobenen Dienst, da hat er keinerlei Aussicht gehabt, mal Direktor zu werden.

M. Insoweit war das ja typisch, daß Nickles Sie dann nicht unterstützt hat, denn er war offensichtlich ein engagierter, wenn nicht sogar ein fanatischer Nazi.

T. Absolut, absolut.

M. Sie sind dann nach Siegburg gekommen, 1933 war das. Wie lange waren Sie in Siegburg im Amt?

T. Ja, das in Siegburg war auch interessant. Als ich nach Siegburg kam und ins Arbeitsamt kam, war da ein politischer Kommissar, ein ehemaliger Kommunist, der dann auch zu den Nazis übergeschwenkt war, und den hatten sie zunächst als Kommissar auf das Amt gesetzt. Und ich habe mich also vorgestellt: Ich habe hier die Unterlagen darüber, daß ich als Arbeitsamtdirektor im Arbeitsamt Siegburg bestellt worden bin. Da hat er zu mir gesagt: Das sei ihm egal, er führe das Amt hier. „Was Sie machen, ist mir gleichgültig. Wenn Sie wollen, können Sie sich ins Vorzimmer setzen. Und wenn Sie Erfahrung haben, können Sie mir als mal Ratschläge geben." Also ein ziemlich übler Kerl. Nun ja, da habe ich mich zunächst ins Vorzimmer gesetzt und habe die praktischen Verwaltungsarbeiten gemacht und auch mal versucht, schon etwas praktische Tätigkeiten, vor allem im Arbeitseinsatz, da waren ja damals noch die hohen Arbeitslosenzahlen, deswegen ist der Hitler auch mit ans Ruder gekommen, zu unternehmen. Und nach 6 Wochen hat der „gute" Mann ein bißchen krumme Sachen gemacht, er wurde rausgeschmissen und ich war allein. Ich war der erste Arbeitsamtdirektor, der keinen Kommissar mehr gehabt hat im Rheinland.

M. Ah, das war dort üblich, ein Politkommissar?

T. Ja ja, zunächst.

M. Zu diesem Thema, kennen Sie sonst noch Personen, die durch die Nazis entlassen worden sind? Es sind ja etwa 15% des Personals entlassen worden.

T. Ich glaube der Klein in Freiburg ist auch darunter gewesen. Der war ja wohl katholisch. Und dann der Offenburger, das war ein Gewerkschaftler, den Namen habe ich vergessen, der ist auch entlassen worden. Ich weiß leider den Namen nicht mehr. Aber ich erinnere mich sehr gut an ihn.

M. Ich beschäftige mich auch mit der Frage, inwieweit in der Arbeitsverwaltung sich die Judenverfolgung auswirkte. Haben Sie da vielleicht jemanden in Erinnerung, der Jude war und beim Arbeitsamt tätig war und deswegen entlassen wurde?

T. Nein, weiß ich gar nichts. Unter den Direktoren war sicher kein Jude.

M. In München war der Vertreter ein Jude, das weiß ich aus Unterlagen. Den hat die SA im Dienstgebäude überfallen wollen, aber er war nicht im Haus. Wie lange waren Sie in Siegburg?

T. In Siegburg habe ich mich dann mit dem Kreisleiter von der Partei gutgestellt, das war der Sohn eines Fabrikanten aus Bonn, ein sehr vernünftiger Mann. Habe mich also vorgestellt und gesagt, ich bin der und der und würde mich freuen, wenn wir einigermaßen zusammenarbeiten könnten. Ich würde mich für den Arbeitseinsatz zur Verminderung der Arbeitslosigkeit besonders bemühen. Und da hat er mich dann in Ruhe gelassen. Ich habe dann alles mögliche unternommen, um auch dort die Zahl der Arbeitslosen zu reduzieren. Wir haben dann so Weinberge mit irgendwelcher Hilfe wieder instand gesetzt und auch sonst Arbeitseinsätze sehr intensiv betrieben, und das hat dem Mann gefallen. Er hat mich also dann in Ruhe gelassen, ich war also dann völlig ungestört. Ich habe sogar noch eine Fotografie, wo ich damals auch mit irgend jemanden zu einem Werk gegangen bin wegen Arbeitsvermittlung.

M. Haben Sie im Arbeitsamt die Einführung des Arbeitsbuches kennengelernt? Das wurde ja 1935/36 eingeführt.

T. Ja natürlich. Ich bin also, weil ich mich in Siegburg offenbar einigermaßen bewährt hatte, dann 1935 als Referent für Arbeitseinsatz – Arbeitsvermittlung ins Landesarbeitsamt nach Köln berufen worden. Und dort bin ich dann geblieben, habe dann u.a. auch die Rückgliederung der Saar mitgemacht mit der Einrichtung der Arbeitsämter. Ich bin dort geblieben bis 1939, in Köln.

M. Dann haben Sie auch das mitgemacht, was heute im Zusammenhang mit der DDR läuft. Sie haben sicher gelesen, daß dort die Arbeitsverwaltung stark engagiert ist.

T. Ja, so ungefähr.

M. Noch einmal zum Arbeitsbuch, haben Sie da noch Erinnerungen, daß da etwas besonders lief? Viel Personal wurde da beschäftigt, und über jeden Arbeitnehmer ein Arbeitsbuch erstellt bzw. eine Karte.

T. Da habe ich keine besonderen Erinnerungen. Hat mich auch nicht besonders interessiert.

M. Im Zusammenhang mit der Arbeitsvermittlung kam ja dann Ende 1935 das sog. Monopolgesetz für die Arbeitsvermittlung und Berufsberatung. Hat sich das bei Ihnen in der praktischen Arbeit niedergeschlagen?

T. Keinerlei Erinnerung, daß ich da irgendetwas damit zu tun hatte.

M. Das gehörte auch nicht zu Ihrem Aufgabengebiet im Landesarbeitsamt. Im Zusammenhang mit dem Vierjahresplan gab es dann viele Verordnungen und Anordnungen von Göring und Dr. Syrup, z.B. über die Beschäftigung von Fachkräften wie Maurer, Metallarbeiter und in der Landwirtschaft Beschäftigte. Können Sie sich daran noch erinnern?

T. Nein, ist mir nicht mehr präsent.

M. Sie haben aber sicherlich in Köln den Dr. Walter Stets von der Berufsberatung kennengelernt.

T. Und ob!

M. Der ist ja sozusagen auch nach dem Krieg, bis Ende der 50er Jahre der Berufsberaterpapst gewesen.

T. Ja, der war in Köln. Ich bin mit ihm in Verbindung gewesen. Der ist aber schon lange tot.

M. Ja, er ist Anfang der 60er Jahre gestorben. Er kam ja von Köln nach Berlin, zur Hauptstelle als zuständiger Referent.

T. Ach was, das habe ich nicht gewußt.

M. Ende der 30er Jahre.

T. Das muß nach der Zeit gewesen sein, als ich nach Wien gekommen war.

M. Wann kamen Sie nach Wien?

T. 1939.

M. Sie kamen also nicht gleich 1938 mit dem sog. Anschluß, sondern erst später.

T . Ja später.

M. Als die Arbeitsverwaltung schon mehr oder weniger installiert war?

T. Nein, das war eben nicht so. Es war ja die Zweigstelle des Reichsarbeitsministeriums, die ist da aufgemacht worden und die hat also die Arbeitsämter nach deutschem Muster umgekrempelt, nicht, und da habe ich mich natürlich dann auch beteiligt an dieser Organisation.

M. Ich habe eine weitere Frage zum Thema Judenverfolgung. Ende 1938 hat man erstmalig die arbeitslosen Juden statistisch gesondert erfaßt. Haben Sie daran Erinnerungen?

T. Nein, wüßte ich wirklich nicht.

M. Es gab dazu auch einige Erlasse.

T. Wenn ich damit etwas zu tun gehabt hätte, wüßte ich das sicher noch, nein.

M. Dann kam im Jahr 1939 ein sog. gesonderter Arbeitseinsatz der Juden über die Arbeitsämter: Die Juden durften nur noch abgesondert in Gruppen in den Betrieben beschäftigt werden.

T. Damit habe ich weder etwas zu tun gehabt, noch etwas in Erinnerung.

M. Ab 1938 gab es in Babelsberg eine Schule der Reichsanstalt. Waren Sie dort einmal gewesen?

T. Nein. Wir haben gelegentlich Tagungen gehabt als Arbeitsamtsdirektoren bzw. als Referenten. Aber in der Schule in Babelsberg war ich nie.

M. Haben Sie noch Erinnerungen an die Führungskräfte der Reichsanstalt? Sind Sie z.B. einmal dem damaligen Präsidenten Dr. Syrup begegnet?

T. Ja, den Syrup habe ich einmal gesehen bei einer Tagung. Ich glaube, in Berlin ist es gewesen. Ich habe auch so eine ganz dunkle Erinnerung an den Stellvertreter, ich weiß nur den Namen nicht mehr.

M. Rachner?

T. Ja.

M. Der war der Vertreter. Dann gab es einen Max Timm.

T. Ja, der war ursprünglich unten in Schleswig-Holstein, glaube ich. Der war mir nicht gut gesonnen im Anfang. Und als er dann gesehen hat, daß ich mich doch gut durchgehauen habe, dann war es umgeschlagen. Der hatte den Arbeitseinsatz unter sich in der Reichsanstalt.

M. Ja. Dann gab es jemanden mit dem Namen Beisiegel.

T. Ja, das war der Präsident in Köln.

M. Ja, der ist dann aber nach Berlin gekommen.

T. Der Beisiegel? Das muß später gewesen sein.

M. Ja, in den 40er Jahren.

T. Und der Wahrburg, das war der Stellvertreter in Köln. Ein tragisches Schicksal. Der wurde dann Präsident in Ostpreußen noch, und als die Russen gekommen sind, hat er sich umgebracht. Aber daß der Beisiegel nach Berlin gekommen ist, das wußte ich nicht.

M. Hier im Verwaltungs-Jahrbuch von 1942/43 steht: Leitung der Hauptabteilung V: Dr. Beisiegel, Ministerialdirektor. Das war in Berlin. Und darunter steht der Max Timm.

T. Ja, ja. Das habe ich nicht gewußt. Das war also nach der Zeit, nachdem ich von Köln weggegangen bin.

M. Ich habe noch einen Namen von einem Arbeitsamtsdirektor. Vielleicht haben Sie den einmal kennengelernt: Daniels.

T. Nein. Ich habe aber gelegentlich Erinnerung gehabt an Arbeitsamtsdirektoren aus dem Rheinland. Unter anderem Dr. Vollmer, der wurde dann später Präsident, und der war dann in Köln gewesen. An ihn habe ich eine schwache Erinnerung.

M. Der hat auch Aufsätze in der Fachzeitschrift geschrieben, daher ist mir dieser Name auch geläufig. 1938/39 wurde dann die Arbeitsverwaltung in das Reichsarbeitsministerium eingegliedert. Hat sich das auf die praktische Arbeit ausgewirkt?

T. Nein, wir waren verhältnismäßig selbständig. Das Arbeitsministerium hat da nicht allzuviel reingewirkt.

M. Und wenn, dann ist das in Berlin gewesen und das hat man auf der Landesarbeitsamt-Ebene nicht mehr so erfahren.

T. Nein.

M. Es gab 1938 noch eine andere Entwicklung. Sie sagten vorhin selbst, daß Sie als Direktor zunächst Angestellter waren und erst später verbeamtet worden sind.

T. Ja.

M. In den ersten Jahren hieß es nämlich im AVAVG, daß Angestellte in der Arbeitsverwaltung tätig sind. 1938 hat man das geändert, es sollen in erster Linie Beamte beschäftigt werden. Man hat also einen Verbeamtungsprozeß eingeleitet.

T. Ja, die Verbeamtung ist (bei mir) schon 1929/30 eingeleitet worden. Also bei mir war jedenfalls kurz vor 1933 die Verbeamtung bereits eingeleitet, sie wurde nur wieder bei mir (zunächst) zurückgenommen.

M. Beim Personal waren zunächst aber überwiegend Angestellte.

T. Ja, keine Beamte.

M. Aber in den 30er Jahren hat man dann angefangen zu verbeamten. Gab es da spezielle Gründe?

T. Eigentlich nicht. Aber das waren nur ganz wenige, die da infrage gekommen waren.

M. 1939 kamen sie also nach Wien. Da sind Sie auch einige Jahre geblieben.

T. Bis 1943, als ich dann gemerkt habe, wie die Situation ist, Stalingrad usw. Da habe ich gesagt, jetzt nichts als raus. Und da gab es den Zufall, daß in Mannheim der Leiter eingezogen wurde, ich weiß den Namen nicht mehr, und ich wurde also dessen Stellvertreter. Übrigens doch mit Genehmigung von Nickles, vielleicht hatte er es bereut. Er liegt ja nun auch schon in Offenburg auf dem Friedhof; ich habe das Grab erst vor kurzem gesehen. Ich kam also nach Mannheim als stellvertretender Direktor.

M. Das war ein Dr. Kohl.

T. Ja Dr. Kohl. Der war dann eingezogen zum Militär.

M. Der war in der Tschechoslowakei, in der Arbeitsverwaltung.

T. Ja, und ich war pro forma nur Stellvertreter, habe aber praktisch das Amt geleitet, soweit das damals überhaupt noch möglich war.

M. Hatten Sie in Wien Ihre Familie dabei? Es war ja eine lange Zeit.

T. Ja.

M. Und in Wien waren Sie auch wieder zuständig für den Arbeitseinsatz, wie in Köln?

T. Ja. Und wie gesagt, auch die Mithilfe bei der Organisation der Arbeitsämter. Wir hatten dann auch bestimmte Aufgaben und da versuchte ich dann, so gut es möglich war, auch den sozialen Aspekt und den menschlichen Aspekt durchzusetzen; und das ist mir eigentlich auch gelungen. Ich erinnere mich z.B. an das Kriegsgefangenenlager in Kaisersteinbruch, da hatte ich doch die Möglichkeit, dort menschlichere Verhältnisse durch den Arzt, der im Landesarbeitsamt war, herbeizuführen. Ich hatte also nie – sagen wir mal – etwas, was ich auf dem Gewissen hätte, arbeitseinsatzmäßig zu machen. Ich war also u.a. auch in Bulgarien unten zur Anwerbung von Arbeitskräften, die dann als ganz normale Arbeitskräfte in Wien und in Österreich in der Landwirtschaft und in Gärtnereien beschäftigt wurden. Leute, die immer auch schon früher gekommen waren. So hatte ich also Aufgaben, die auch rein menschlich schön waren. Interessant war es auch. Als ich in Mannheim gewesen war, da wollten sie mich für den Arbeitseinsatz in Polen noch gewinnen. Und da bin ich krank geworden, es ging also nicht, natürlich weil ich das nicht wollte. Ich wußte, was da los war. Ich wäre verückt gewesen. Und zu allerletzt, ganz wenige Monate vor Kriegsschluß, da wollten sie mich noch nach Nordfrankreich zum Arbeitseinsatz einsetzen. Da habe ich mich einfach geweigert.

M. Sollten Sie da auch Arbeitskräfte heranholen?

T. Ja. Es war auch so damals, das war der letzte Winter, es war Januar, da sollten doch die ganzen Arbeitskräfte, die ausländischen, die im Saarland, in der Pfalz und überall, die sollten nach rückwärts gebracht werden. Und da habe ich mich also stur geweigert in Mannheim der Partei gegenüber, das könne ich menschlich nicht verantworten, bei Eis und Schnee die Frauen und Kinder holen. Es hat geklappt. Man konnte also, wenn man hingestanden war, auch manches machen. Es gab auch paar andere Kleinigkeiten, ich habe das alles dokumentiert. Ich habe damals in Ladenburg gewohnt, nicht in Mannheim. Ich habe dort eine möblierte Wohnung gehabt. Eines Tages wurde ich gefragt, da sind 2 Halbjüdinnen, Töchter eines sehr hohen, ehemaligen Beamten in Karlsruhe, die sollten von einem Betrieb reklamiert werden. Die Partei hat mich davor gewarnt und wollte das nicht haben. Ich habe aber gesagt: Die bleiben aus den und den Gründen bei dem und dem Betrieb, und ich habe es durchgesetzt. 1935 bin ich übrigens noch Parteigenosse geworden, nachträglich zurückdatiert. Das hatte man mir damals empfohlen, machen Sie das, dann haben Sie Ihre Ruhe. Ich habe aber nie irgendwelche Charge oder so etwas ähnliches gehabt.

M. Beamte mußten ja in die Partei eintreten. Es gab dazu Erlasse.

T. Und als der Papa nach dem Krieg wieder in eine der höchsten Funktionen wieder eingesetzt wurde, er war im Regierungspräsidium in Karlsruhe, da hat er auf einmal das Gedächtnis verloren gehabt, als es um die (meine) Entnazifizierung ging.

M. Danach wollte ich Sie auch noch fragen. Ende 1944 und Anfang 1945 wurden die sog. jüdischen Mischlinge und Versippten von der Gestapo zum Arbeitseinsatz verschickt. Ihr Fall war sicherlich so ein Anlaß.

T. Ja, ja.

M. Diese Menschen sollten möglicherweise am Ende noch ermordet werden. Es gibt Unterlagen von Mannheim, wonach einige Leute noch untergetaucht sind oder die sonst geschützt wurden. Übrigens selbst der Herr Nickles hat 1939/1940 als Amtsleiter noch Schwierigkeiten mit der Partei bekommen, weil das Arbeitsamt es geduldet hatte, daß ein jüdischer Arbeiter in einem Kleinbetrieb beschäftigt wurde.

T. Ach was!

M. Ja, ich habe die Briefe aus dem Archiv. Er wurde von der DAF angegriffen und mußte sich rechtfertigen.

T. Aber sonst war in Mannheim praktisch nichts anderes zu tun, von Arbeitseinsatz war kaum mehr die Rede. Jeden Morgen mußten wir nach den Bombenangriffen die Fenster zumachen.

M. Wir machen jetzt einen zeitlichen Sprung. Aber wenn wir schon über das Ende sprechen, ich habe gelesen, daß in den letzten Wochen und Monaten das Arbeitsamt Mannheim sogar noch ausgelagert wurde. Haben Sie das noch in Erinnerung?

T. Nein, nein. Ich bin bis zum letzten Tag in Mannheim gewesen. Ich habe in Ladenburg gewohnt. Es war schwierig jeden Tag hin und herzukommen durch die Trümmer durch.

M. Noch einmal zu Wien. Sie sagten, es gab ein Kriegsgefangenlager. Waren da Russen drin?

T. Ja, Russen.

M. Wurden die auch als Arbeiter beschäftigt und waren sie da nur untergebracht?

T. Ja, in Kaisersteinbruch, in dem Lager.

M. Und die Arbeitsverwaltung hat die vermittelt?

T. Ja, ja.

M. Und die Bulgaren – Bulgarien war ja mit dem Deutschen Reich liiert – wurden anständig behandelt?

T . Ja, sie sind völlig freie Arbeiter gewesen. Die Anwerbung habe ich dort unten geleitet in Bulgarien. Das waren also hauptsächlich Gärtner, die in den landwirtschaftlichen Betrieben gearbeitet haben.

M. Hatten Sie auch polnische Zwangsarbeiter in Wien bzw. in Österreich?

T. Es sind mir keine Erinnerungen daran, daß da etwas Besonderes war. Es kann schon sein, es ist sogar sehr wahrscheinlich. Aber ich bin ja im Landesarbeitsamt gewesen, das heißt also zuerst in der Zweigstelle des Arbeitsministeriums, und dann später kam ich dann, als die aufgelöst wurde und die Landesarbeitsämter gegründet worden sind, zum Landesarbeitsamt-Niederdonau mit Sitz in Wien.

M. Dann waren Sie also nicht für Wien, sondern für Niederdonau zuständig?

T. Ja, Wien war ein eigenes Landesarbeitsamt.

M. Haben Sie erfahren, wie die Wiener Juden deportiert wurden? Anfang 1940 wurden mehrere Tausend Juden aus Wien deportiert. Die entfielen ja als Arbeitskräfte. Haben Sie da noch Erinnerungen?

T. Also ich erinnere mich noch dunkel daran, daß da mal so ne Aktion lief und die Juden raus kamen.

M. Kannten Sie die Vermögensverkehrstelle in Wien, die jüdisches Hab und Gut eingezogen hatte?

T. Davon weiß ich nichts.

M. Wir sprachen vom Kriegsgefangenenlager, gab es auch Kontakte mit Konzentrationslagern?

T. Nein, nein.

M. Und in Mannheim, gab es da einen Einsatz von KZ-Häftlingen in der Rüstungsindustrie?

T. Nein, also das kann ich absolut verneinen.

M. Ich habe im Archiv das Programm einer großen Dienstbesprechung am 10. September 1942 in Weimar gefunden. Das betraf wohl nur die Amtsleiter.

T. Da war ich ja Referent in Wien.

M. Es hätte ja sein können, daß sie als Referent eingeladen waren.

T. Nein, da war ich sicherlich nicht dabei. Ich kann mich an nichts erinnern. Ah, da ist ja der Beisiegel drauf, sogar der Sauckel, ha,ha.

M. Haben Sie den mal persönlich kennengelernt? Der war ja ab 1942 der Chef der Arbeitseinsatzverwaltung.

T. Nein. Der Letsch – ach diese Namen; der Speer, der Ley! Ich habe ja diese ganze Komödie damals miterlebt, den Röhmputsch. Da war ich ja in Siegburg, gerade gegenüber in Godesberg hat die ganze Geschichte stattgefunden. Der Hitler war ja in dem Hotel da, direkt am Rhein.

M. Wie war das sonst noch in Wien? Was für Erinnerungen haben Sie noch aus der Kriegszeit?

T. Die Verhältnisse gingen noch einigermaßen damals. Ich habe da auch noch Aufträge gehabt in die Tschechoslowakei. Da haben wir dann auch Arbeiter angeworben, vor allem in der Slowakei, in der deutschen Ecke dort oben. Da bin ich ab und zu mal rübergefahren.

M. Sie haben für den Wiener Raum angeworben?

T. Ja, ja.

M. In der Tschechoslowakei sind viele Mannheimer gewesen. Die haben nach dem Krieg eine Broschüre über ihre dortige Situation geschrieben. Auch dieser Herr Kohl war dort und der Herr Geschwill, mit dem ich vor einigen Wochen gesprochen habe, war dort einige Jahre tätig.

T. Ja, das sind jetzt noch so Nebenschauplätze, die Tschechoslowakei und vor allem die Slowakei, wo die Deutschen waren.

M. Waren Sie auch einmal in Polen, im Generalgouvernement, in Krakau? Gab es da keine Kontakte?

T. Nie.

M. Und Italien? Es wurden doch viele Italiener im Deutschen Reich beschäftigt.

T. Ja, es war mal eine Aktion, da sollten Südtiroler vermittelt werden. Und der Gärtner, er war damals unser Präsident, der war damals, als es noch die Zweigstelle gab, mal rübergefahren. Und da war dann auch eine Vermittlungsaktion, die er dann irgendwie eingeleitet hatte, in Meran und in Südtirol. Aber da war ich nicht mit dabei, ich weiß nur davon.

M. Wie war denn das Verhältnis zwischen den Altreich-Deutschen, sage ich mal, und den Österreichern in der Verwaltung? Gab es da Rivalitäten?

T. Das kam auf den einzelnen an. Ich bin ausgezeichnet damit zurechtgekommen. Ich habe lange Jahre noch nach dem Krieg Korrespondenz gehabt. Gerade der Brandstetter, dem ich dann wieder auf die Beine geholfen habe, nachdem er ganz unten durch war; und auch mit vielen, deren Namen ich da jetzt wieder gelesen habe. Ich bin Süddeutscher und meine süddeutsche Art hat eben den Leuten ganz anders zugesagt als mancher Preuße: „Jetzt wollen wir mal Ordnung schaffen dahinten in diesem Sauladen da, in Österreich." Das hat es gegeben.

M. Und dann sind Sie 1945, wie es halt den meisten ging, weil sie in der Partei waren, entlassen worden.

T. Ja, alles was Rat war, ob „Fahrrad oder Regierungsrat", alles wurde sofort abgesetzt. Und da kam dann der ehemalige stellvertretende Amtsleiter von Mannheim vor dem Krieg (vor 1933), das war ein christlicher Gewerkschafter, den Namen habe ich vergessen, der wurde dann Arbeitsamtsdirektor in Mannheim.

M. Und Sie sind dann zum Versorgungsamt gekommen?

T. Ja, aber nicht so schnell. Ich mußte mich ein paar Jahre durchschlagen, privatim. Meine Versuche, wieder reinzukommen in die Arbeitsverwaltung selbst, glückten nicht. Manch einem anderen ist es geglückt, mir eben nicht. Und dann ist es mir geglückt, in Stuttgart wieder Fuß zu fassen, im Wirtschaftsministerium. Da war ich dann Referent, zunächst mal für Statistik und dann später für die sozialrechtlichen Fragen. Und durch diese Verbindung habe ich dann mit dem Arbeitsministerium gute Beziehungen bekommen, und dann wurde mir 1953 das Versorgungsamt Heidelberg angetragen, was ich natürlich dann sehr gerne gemacht habe. Man hat mir dann später angeboten, wieder in das Arbeitsministerium zu gehen, da hätte ich sogar eine Ministerialratsstelle bekommen können. Aber ich habe mich in Heidelberg so wohl gefühlt, und wenn ich dann alles in allem überlegte finanziell, Stuttgart wäre viel teurer gewesen. Ich habe also nichts mehr gemacht und bin dann hier geblieben bis zu meiner Pensionierung. Ich habe leider auch schlechte Erfahrungen gemacht. Gerade der Referent vom Landesarbeitsamt, der das Schluchsee-Werk damals arbeitseinsatzmäßig mit betreute, ist nach dem Krieg Präsident des Landesarbeitsamtes geworden. Und er hatte sich da merkwürdiger Weise gar nicht mehr an mich erinnern können, trotzdem ich geradezu freundschaftlich mit ihm gestanden habe. Er hat also gar nichts getan, mich etwa wie einige andere wieder in irgendein Arbeitsamt hereinzubekommen.

M. War er bis 1945 im Landesarbeitsamt geblieben?

T. Ja.

M. Also Burkhardt war Präsident, Zängel sein Vertreter; das war 1942/43.

T. Zängel –, das ist mir kein Begriff.

M. Vögtle?

T. Nein, die kenne ich alle nicht. Der Völker! Der ist übrigens hier drauf auf dem Bild, ha, ha. Das ist der mit dem Bart. Der Meusel! Der ist dann später Präsident geworden. Schwarz, ah! Das war mein Stellvertreter in Bruchsal, der auch ein bißchen mitgeholfen hat, daß ich rauskam. Ja, ja liebe Freunde. Ah der Holz, ach jeh! Der Schmid-Brücken ist hier in Heidelberg später Bürgermeister geworden. Ach, das sind Namen! Der Bühler! Der hat mir damals geholfen, in die Reichsanstalt zu kommen. Ah der Wolz!

M. Können Sie über den etwas sagen? Ich habe nämlich im Archiv in Straßburg Akten gefunden, wonach er wohl umstritten war. Den hatten sie gar nicht gerne als Amtsleiter in Straßburg.

T. Zunächst einmal, und dann haben sie ihn doch wieder in das Landesarbeitsamt reingenommen. Der Wolz hat also auch ein bißchen mitgeholfen, daß ich nach Mannheim kam. Ja, sind das Erinnerungen!

M. Aber Kontakt hatten Sie nach 1945 kaum noch mit den Arbeitsamtsmitarbeitern?

T. Nein, praktisch nicht mehr.

M. Nur die ganz wenigen, mit denen Sie eine persönliche Beziehung hatten. Aber sonst war das kein Thema mehr.

T. Ich bin ja dann völlig im Versorgungsamt gewesen, eine Aufgabe, die mich dann auch gereizt hat.

M. Das war von den Aufgaben und der Vielzahl der zu Betreuenden fast wie beim Arbeitsamt.

T. Ich habe mich vor allen Dingen auch sozial sehr betätigt, auch in den Kriegsopferverbänden, und ich bekam damals sogar das Bundesverdienstkreuz 1. Klasse dafür.

M. Beim VdK sind Sie Ehrenpräsident?

T. Ja, ich habe die goldene Ehrenmarke bekommen. Ich habe erst dieser Tage einen Brief bekommen von einem Vertreter des VdK, hinten im Odenwald. Der hat mir plötzlich, nach 30 Jahren, geschrieben, er hätte gehört, daß ich noch hier sei, und er würde sich sehr gern erinnern an diese Zeit. Er hat vor allem meine menschlichen Qualitäten in den Vordergrund gestellt.

M. Ich habe meine Fragen gestellt, Herr Dr. Tischer. Vielleicht können Sie noch das eine oder andere zusätzlich sagen.

T. Ich glaube, das Allerwichtigtste habe ich erzählen können. Das ist so etwa meine Laufbahn gewesen.

H. Herr Dr. Tischer, herzlichen Dank für das interessante Gespräch.

VI.
Orientierungssuche in den Wirren der ersten Nachkriegsjahre 1945–1952

1. Kontext: Besatzung, Wiederaufbau und demokratische Erneuerung

Mit dem Ende des Zweiten Weltkrieges gehörte das Deutsche Reich in der Gestalt eines Großstaates endgültig nun der Vergangenheit an. Die kriegsbedingte Vernichtung wirtschaftlicher Substanz hatte eine bis dahin in der Geschichte nicht bekannte Dimension erreicht, die Zahl der Menschenopfer schätzte man auf mehr als 50 Millionen. Deutschlands Zukunft lag in den Händen der Besatzungsmächte, die am 5. Juli 1945 über die Bildung eines Kontrollrates der vier alliierten Oberbefehlshaber formal die Regierungsgewalt übernahmen. Territorial zerfiel das Land in vier vorerst durch den Kontrollrat administrativ noch zusammengehaltene Besatzungszonen, gesondert hiervon erhielt die alte Reichshauptstadt Berlin einen Viermächtestatus und zusätzlich standen die Gebiete östlich der Oder-Neiße-Linie unmittelbar unter sowjetischer und polnischer Verwaltung. Die Gebietsabtrennung Ostdeutschlands resultierte aus einer Eigenmächtigkeit Stalins, der die Westmächte vorbehaltlich einer späteren Neuregelung im Zuge der Potsdamer Konferenz (17. Juli bis 2. August 1945) zustimmten – die Vertreibung der Ostdeutschen, zu diesem Zeitpunkt bereits in vollem Gange, hatte dadurch im Nachhinein einen legalen Status erhalten. Tatsächlich lebten in diesen Gebieten 12 Millionen Deutsche, wovon bis 1950 etwa 8 Millionen in die Westzonen übersiedelten. Weitere Vereinbarungen der Potsdamer Konferenz regelten die vollständige Zerstörung des deutschen Rüstungspotentials, die Bestrafung der Kriegsverbrecher und die Säuberung des politischen Lebens von Nationalsozialismus und Militarismus. Ebenso herrschte Einigkeit über die Notwendigkeit substantieller demokratischer Erneuerung, eine klare Definition des Demokratiebegriffes selbst sparten die Siegermächte mit gewissen Konsequenzen behaftet allerdings aus. Die Regelung von Reparationsansprüchen sollte, jedenfalls bis zu einer späteren Gesamtlösung, zunächst einer jeden Besatzungsmacht vorbehalten bleiben. De facto jedoch nahmen die Alliierten Demontagen und Produktionsabschöpfungen auch dauerhaft nach eigenem Ermessen vor, in der Praxis mit sehr unterschiedlichem Ergebnis. Obwohl die wirtschaftliche und politische Einheit Deutschlands nach dem Willen der Konferenzteilnehmer ausdrücklich gewahrt werden sollte, keimte bereits in diesen frühen Vereinbarungen die spätere Teilung des Landes.

Begleitete allgemein die Bildung der Besatzungszonen das Problem der Abtrennung ursprünglicher Verflechtungen in Wirtschaft und Gesellschaft, so kam im Südwesten Deutschlands verschärfend noch die Auflösung historisch gewachsener Grenzen einschl. der dazugehörigen Verwaltungskörperschaften hinzu. Südwestdeutschland zerfiel in die französisch beherrschten Länder (Süd) Baden und Württemberg-Hohenzollern, während die Amerikaner nördlich hiervon das Land Württemberg-Baden schufen (A 31). Zwar nahmen die Besatzer mit dieser Territorialumwandlung die Außengrenzen des sieben Jahre später entstehenden Bundeslandes Baden-Württemberg vorweg, vorerst aber unterband der hiesige Verlauf der amerikanisch-französischen Zonengrenze wegen Paßzwang und Verbot des Güteraustausches einen rascheren wirtschaftlichen Auftrieb. Wieder einmal gereichte Mannheim, exponiert an der Grenze zur französisch besetzten Pfalz gelegen, die geographische Lage zur ökonomischen Hypothek. Erst im Sommer 1948 durch den Anschluß Frankreichs an die Bi-Zone entfielen entsprechende Reglementierungen.

Im Vergleich zu den beiden Nachbarländern kam die Wirtschaft in Württemberg-Baden jedoch recht rasch wieder in Gang[1]. Während im Mai 1945 die Industrie (nach vorübergehendem Stillstand im April) immerhin 10% des Vergleichswertes von 1936 erreichte, ging die Leistung bis Dezember des Jahres auf 20% und schließlich bis November 1946 auf 50% der Vorkriegsfabrikation hoch. Zudem verzichteten die Amerikaner ganz im Gegensatz zu den Franzosen und mehr noch den Sowjets auf weitergehende Reparationsentnahmen, was zusätzlich überproportionales Wachstum begünstigte. Die Bildung der amerikanisch-britischen Bi-Zone, der Marshall-Plan und nicht zuletzt die Währungsreform (Kopfgeld 60 DM; Umstellung der Spargelder etc. auf 100 RM = 6,50 DM) von Juni 1948 markierten weitere Stationen der Überwindung des ärgsten Mangels. Hiermit in Verbindung brachte die Beschäftigtenentwicklung in Württemberg-Baden kontinuierliche Zuwächse in den fünf Jahren nach 1947 hervor (T 47). Insbesondere die Währungsreform hatte schlagartig zu einer Beendigung der in der ersten Nachkriegszeit wegen der Reichsmarkschwäche gängigen Warenhortung und des Schwarzmarkthandels geführt, die Güterproduktion hob ruckartig an. Um 1952 schließlich lag die Wirtschaftsleistung im gesamten Südwesten deutlich wieder über den Vorkriegsergebnissen.

Während die natürliche Bevölkerungsbewegung wie auch die Migrationsströme im Normalfall den konjunkturellen Entwicklungen im regionalen und überregionalen Beziehungsgeflecht folgten, spielte nach Kriegsende dieser ansonsten übliche Regelmechanismus im Grunde keine wirkliche Rolle

---

T 47.

Die Beschäftigtenentwicklung in Württemberg-Baden 1947–1952

	Beschäft. insgesamt	Industrie/ Handwerk	Bauwirtschaft	Handel/ Verkehr	Landwirtschaft	Ausfuhr (Mio.)
1947	1097	474	99	173	104	
1948	1116	517	94	185	85	
1949	1153	585	95	196	65	
1950	1236	640	111	213	57	663
1951	1327	710	114	228	54	1265
1952	1394	723	128	228	54	1601

(Beschäftigtenangaben in 1000)

A 31. Staatliche Gliederung Südwestdeutschlands 1945 bis 1952

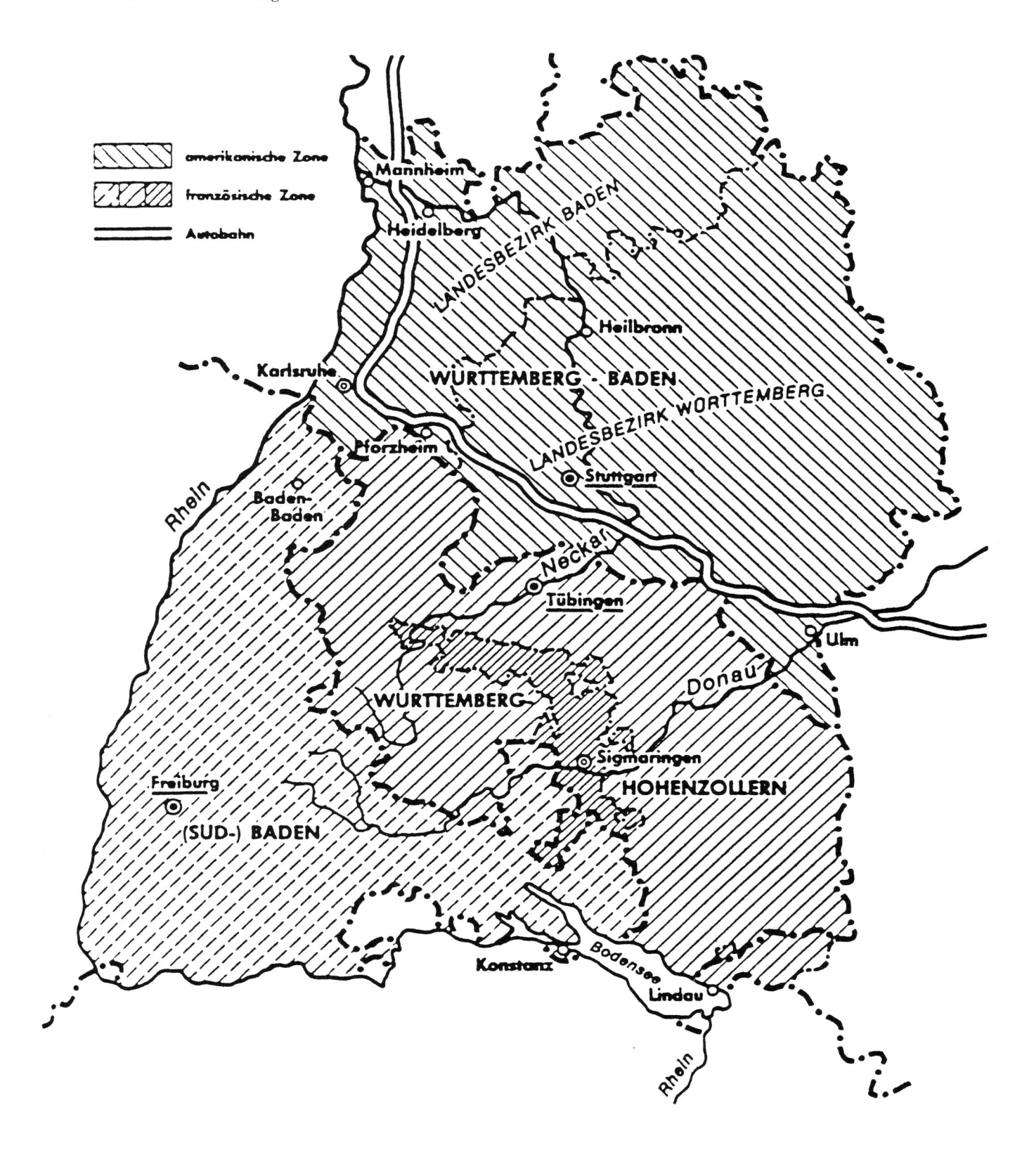

A 32.

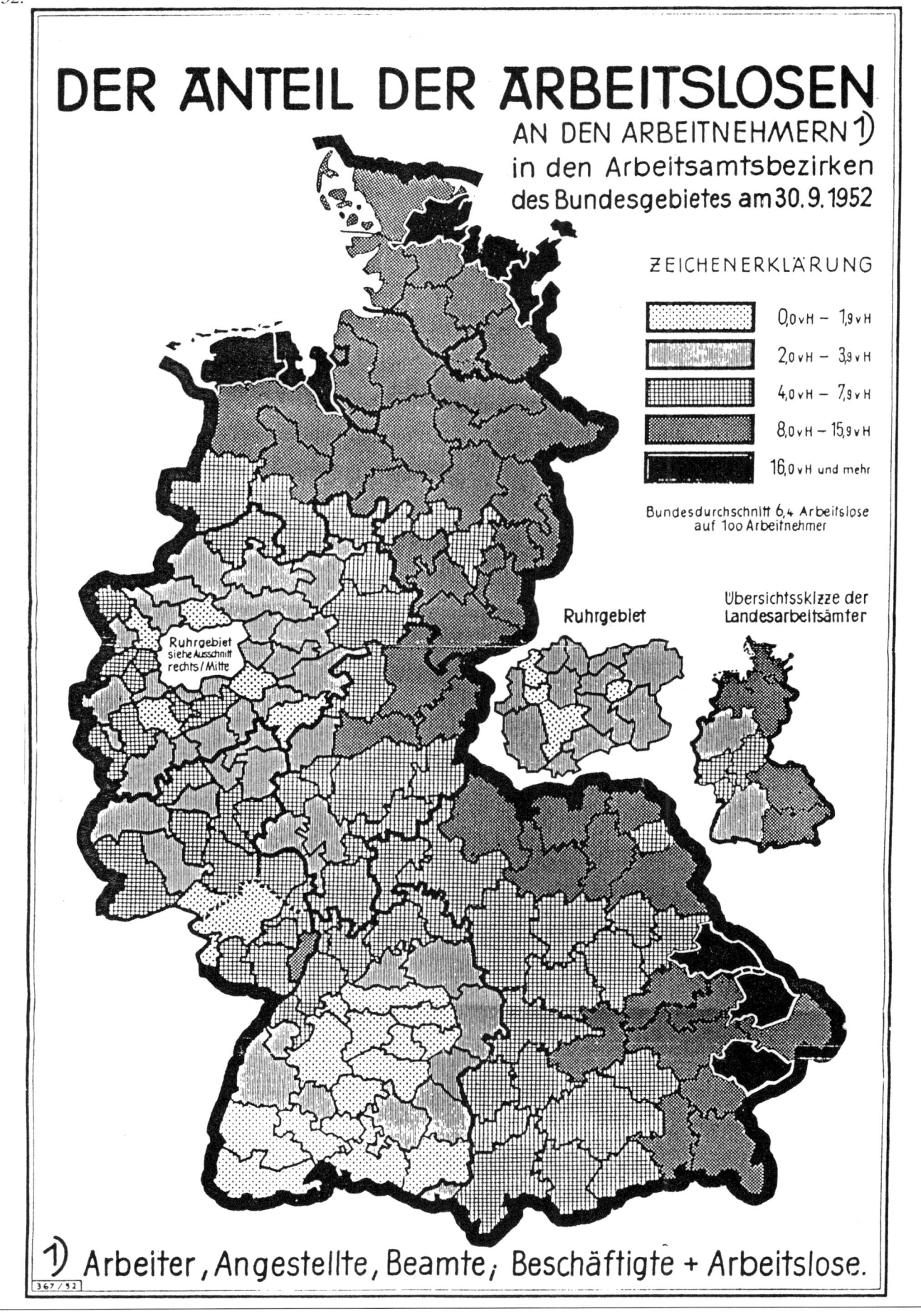

DER ANTEIL DER ARBEITSLOSEN
AN DEN ARBEITNEHMERN¹⁾ in den Arbeitsamtsbezirken des Bundesgebietes am 30.9.1952

ZEICHENERKLÄRUNG

- 0,0 vH – 1,9 vH
- 2,0 vH – 3,9 vH
- 4,0 vH – 7,9 vH
- 8,0 vH – 15,9 vH
- 16,0 vH und mehr

Bundesdurchschnitt 6,4 Arbeitslose auf 100 Arbeitnehmer

Ruhrgebiet

Übersichtsskizze der Landesarbeitsämter

¹⁾ Arbeiter, Angestellte, Beamte; Beschäftigte + Arbeitslose.

mehr. Maßgebend nunmehr für die Migration waren folgende Faktoren:[2]

- Heimkehr von Kriegs- und Zivilgefangenen
- Politisch erzwungene Aufnahme von Flüchtlingen und Vertriebenen
- Rückkehr in späteren Kriegsjahren Evakuierter
- Wiederzusammenführung verlagerter Betriebe
- Behinderung der Freizügigkeit/Zuzugssperre wegen Wohnungsnot
- Arbeitsplatzsuche: Legale und illegale Wanderungen.

Gerade die Massenflucht aus dem Osten führte in weiten Teilen Deutschlands (Schleswig-Holstein, Niedersachsen, Bayern) zu einer massiven Veränderung des demographischen und sozialen Aufbaus der Bevölkerung. Im amerikanischen Sektor Südwestdeutschlands verzeichneten vor allem die nordostbadischen Bezirke besonders hohe Flüchtlingsraten, umgekehrt schränkten die Franzosen den Zuzug in ihren Bereich massiv ein. Insgesamt begleitete 1950 nach weitgehendem Abschluß der Massenflucht annähernd jeder fünfte Deutsche den Status des Heimatvertriebenen oder Flüchtlings, vergleichbare Proportionen wies Württemberg-Baden vor. Auf lange Sicht erwies sich die Integration der Neubürger als unproblematisch – arbeitsmarktspezifisch wie sozial.

Natürlich tangierten diese massiven und teilweise umbruchartigen Bevölkerungsverschiebungen nachhaltig die Verhältnisse auf dem Arbeitsmarkt. Überall dort, wo die Behörden den Neubürgern in den ländlich geprägten, industriefernen und dünnbesiedelten Landstrichen Quartier anwiesen, schlug die Arbeitslosenquote sichtbar und auf mittlere Dauer nach oben aus. Umgekehrt verfügten die zerstörten Städte, wenn überhaupt, nur in geringem Umfang über Unterbringungskapazität, so daß die Arbeitslosenquoten, jedenfalls von dieser Quelle her, nicht zusätzlich gespeist wurden. Brennpunkte größter Arbeitslosigkeit in Württemberg-Baden charakterisierten die Bezirke Mosbach, Buchen, Tauberbischofsheim und Heidelberg. In der Summe jedoch nahm Württemberg-Baden und mehr noch (Süd) Baden und Württemberg-Hohenzollern eine Sonderstellung in den drei westlichen Zonen ein, insofern die Arbeitslosenquoten mitunter beträchtlich unterhalb des Bundesdurchschnitts verharrten (A 32). Den Maximalstand an Arbeitslosigkeit in jener Nachkriegsphase erreichte man schließlich 1950/51 mit einer Quote von 11 Prozent, Württemberg-Baden verzeichnete gleichzeitig einen Anteil von relativ bescheidenen 5 Prozent.

Die von den Alliierten verfolgte Reaktivierung des öffentlichen Lebens setzte im Bereich der Politik auf den Kommunalebenen an bzw. sah die Einbeziehung hier 1933 aus Gremien ausgeschiedener demokratischer Persönlichkeiten vor. Föderalismus und Demokratieprinzip traten sukzessiv an die Stelle ehemals gleichgeschalteter Instrumentarien des autoritären Führerstaates. Im Bereich der Wirtschaftsorganisation dagegen blieben aus pragmatischen Erwägungen heraus vereinzelt Elemente der nationalsozialistischen Zwangswirtschaft vorerst intakt, soweit dies als nötig zur Bewerkstelligung einer halbwegs funktionierenden Versorgung erachtet wurde[3]. Hierzu zählten im wesentlichen folgende Instrumentarien:

- Rationierung von Nahrungsmitteln und sonstiger Verbrauchsgüter über Bezugsscheine
- Rohstoffbewirtschaftung
- Preis- und Lohnstopverordnungen
- Außenhandels- und Devisenkontrollen

Angesichts straff reglementierter Wirtschaftskontakte wie geringster Vorräte bedingten Versorgung und Produktion unmittelbar einander, so daß der Arbeitsverwaltung als Zentralkoordinator des Arbeitsmarktes, wo bei Kriegsende noch nicht vollzogen, umgehend die Wiederaufnahme der Tätigkeit zukommen mußte. Zunächst isoliert in den Städten, nahmen die Behörden mehr oder minder improvisiert ihre Aufgaben unter den geänderten Umständen wahr. Frühere Nebenstellen avancierten jetzt zu eigenständigen Ämtern. Im Zuge der Länderbildung 1945/46 bzw. damit verbunden der Einrichtung von Arbeits- und Sozialministerien gingen die Arbeitsämter aus kommunaler Verankerung in die Trägerschaft der Länder über – bis 1952 währte dieser Zustand. Legitimiert über die Besatzungsmacht respektive später die Landesregierungen reichte die Zuständigkeit der Arbeitsverwaltung bald weit über die klassischen Betätigungsfelder der fakultativen Beratung und Vermittlung hinaus – auch die Beibehaltung der wenig populären Lenkungs- und Zwangsmechanismen der NS-Zeit machten die eklatanten Versorgungsnöte, Arbeitskräftemangel und Bevölkerungsverschiebungen nötig. Erst mit Inkrafttreten des Grundgesetzes 1949 folgten die Regeln der Arbeitsverwaltung umfassend wieder den Prinzipien der Freizügigkeit und Liberalität.

2. Wirtschaft, Konjunktur und Arbeitsmarkt im Mannheimer Raum

Mannheim selbst glich am Ende des Zweiten Weltkrieges einem Trümmerhaufen. Die gesamte Innenstadt einschl. des benachbarten Lindenhofes boten das Bild einer Kraterlandschaft, drei Viertel der Bausubstanz wies Zerstörungen größten Umfanges vor. Jeder zweite Quadratmeter Wohnraum war vernichtet, so daß der Zustrom zuvor Geflüchteter und Evakuierter samt der Vertriebenen, Flüchtlinge und sonstiger „Migranten" vorerst Quartier in Erdlöchern, Kellern, Bunkern und Klassenzimmern nehmen mußte. Rückschlüsse über den Zuzug in die Stadt vermittelte die Ausgabe von Lebensmittelkarten in der Zuständigkeit des örtlichen Arbeitsamtes. Nach dem Stand von April 1945 lebten gerade noch 106310 Personen vor Ort, im Mai des darauffolgenden Jahres gab die Behörde immerhin schon wieder 200015 Versorgungsberechtigungen aus[4]. Nachdem jetzt auch die städtischen Außenbezirke völlig überlastet schienen, erließ die Verwaltung vorübergehend eine Zuzugssperre (A 33). In den Städten muß das Chaos geherrscht haben, wie am 26. September 1946 die Verfassungsgebende Landesversammlung Württemberg-Badens in einer an die Militärregierung und Öffentlichkeit gerichteten Resolution zu verstehen gab:[5]

„Die aus der Verpflanzung der enteigneten Menschenmassen entstandenen Verhältnisse treiben einer Katastrophe zu. Wohnungsbeschaffung, Ernährung und Arbeitsbeschaffung sind in dem verkleinerten deutschen Raum unmöglich. Die sittlichen Gefahren, die Gefahr von Seuchen, insbesondere durch die Verbreitung der Tuberkulose, wachsen täglich. Auch der beste Wille der mit dem Problem befaßten Stellen kann keine Lösung bringen".

Die Situation um die Versorgung und Wirtschaftslage am Standort Mannheim zur gleichen Zeit schilderte der von der amerikanischen Militärregierung eingesetzte Oberbürgermeister Braun:[6]

A 33.
Zerstörungsbedingte Verlagerung der Bevölkerung im Stadtbezirk Mannheim der Vergleichsjahre 1939/46

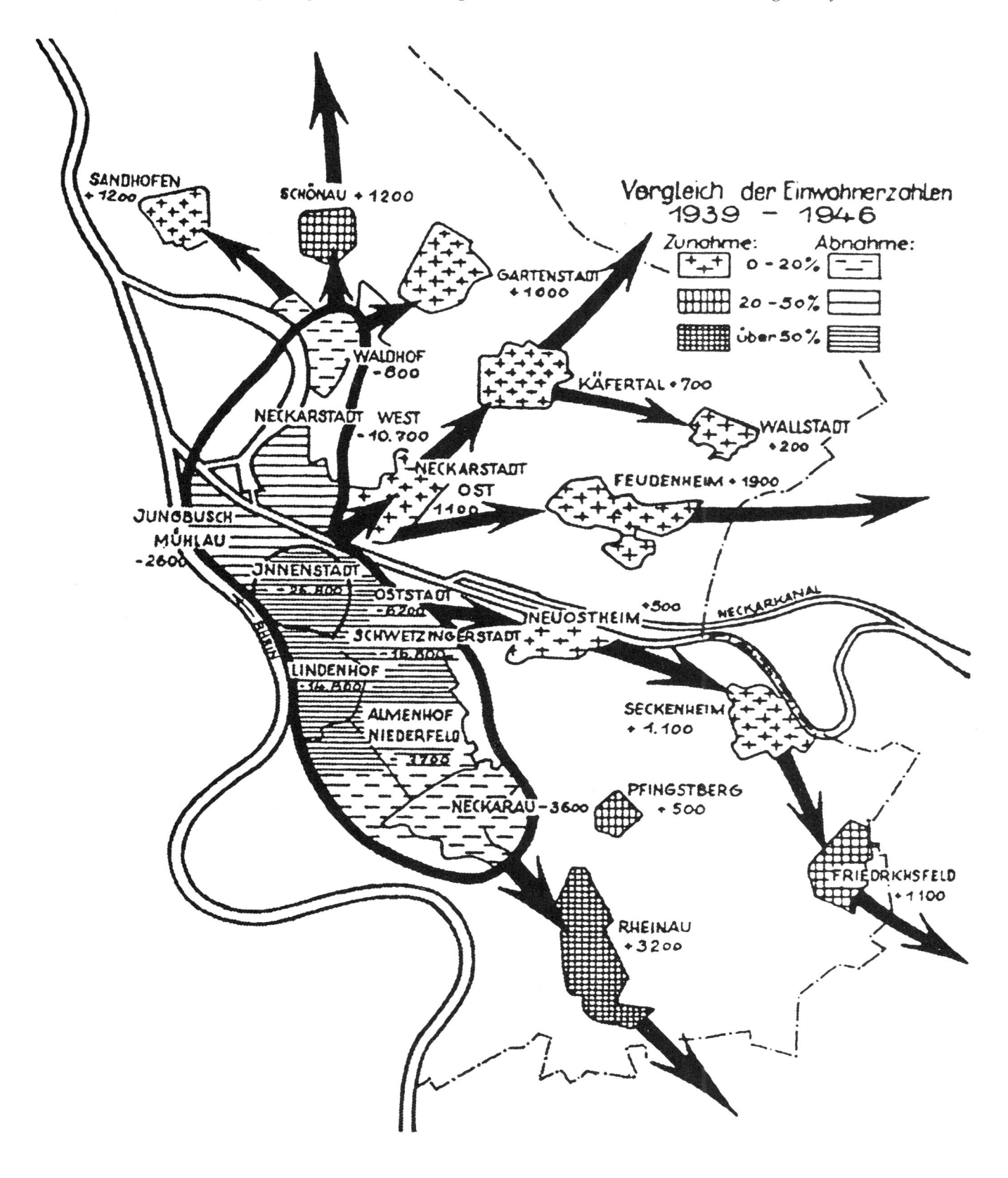

Originalbildunterschrift: „...Die großen Flüchtlingstrecks aus dem Osten sind kaum aufgelöst, die meisten der Vertriebenen haben in Westdeutschland noch nicht einmal eine vorläufige Heimat gefunden, als bereits ein neuer Flüchtlingsstrom einsetzt. ‚I.G.' werden diese Neuankömmlinge genannt, ‚Illegale Grenzgänger'. Sie kommen bei Nacht und Nebel, unter Lebensgefahr, aus den Ländern hinter dem Eisernen Vorhang. Es sind nicht nur jüngere Menschen, die ihr ganzes Leben noch vor sich haben. Auch alte Leute ziehen die Freiheit im Westen dem Terror im Osten vor. ‚I.G.' – alte Bäuerinnen stehen in den Arbeitsämtern vor der Tür mit diesen Initialen des Elends; was müssen sie mitgemacht haben, bervor gerade sie Haus und Hof im Stich ließen!".

"Seit sechs Wochen gebe es keine Kartoffeln mehr. Der Ersatz durch andere Lebensmittel oder Brot sei gänzlich unzulänglich. Die Mannheimer Industrie komme wegen der allgemeinen physischen Erschöpfung der Arbeiterschaft zum raschen und völligen Erliegen. Der ‚Mannheimer Morgen' stellte zutreffend fest, daß selbst der Arbeiter, der über ein starkes Verantwortungsgefühl und besten Arbeitswillen verfüge, am Ende seiner Kräfte sei."

Zwar kam man in der Realität trotz der prekären Verhältnisse an der Produktionseinstellung vorbei, Unzulänglichkeiten auf dem Arbeitsmarkt in Gestalt fehlender Fachkräfte und mehr noch die starke Begrenztheit physischer Belastbarkeit der tätigen Arbeiterschaft hemmten nachhaltig bessere Produktionssteigerungen. Als schließlich der bitterkalte Winter 1946/47 in Begleitung weltweiter Nahrungsmittelknappheit einen absoluten Tiefstand der Versorgung signalisierte, trieben zwei Jahre nach Beendigung des Krieges die Einwohner zumal der großen Städte immer mehr der Auswegslosigkeit zu. „Besonders Industriestädte wie Mannheim, deren agrarisches Hinterland durch die Zonengrenze abgeschnitten war, hatten an Hunger zu leiden"[7]. Hunger als existenzbedrohendes Nachkriegsphänomen kam erst mit der Wirtschaftsstabilisierung 1948ff. sukzessiv abhanden.

Nicht so sehr der eigentliche Zerstörungsgrad der Mannheimer Industrie, als Versorgungsengpässe mit Arbeitskräften, Rohstoffen, Energie, der Abbruch der Wirtschaftsbeziehungen rechtsrheinischer Ausrichtung und allgemein Kaufkraftschwächen hinderten vorerst den konjunkturellen Auftrieb. „Insgesamt war die Produktionskapazität in den Mannheimer Betrieben bei weitem nicht so abgesunken, wie es der allgemeine Zerstörungsgrad der Werkshallen und Verwaltungsgebäude hätte erwarten lassen"[8]. So stellte die Industrie- und Handelskammer in einer im Mai 1946 vorgelegten Denkschrift als Bestandsaufnahme fest:[9] „Im Großen und Ganzen (hat) die Industrie trotz aller Schäden soviel Fertigungsmittel zur Verfügung, daß sie in der Lage (ist), den zur Zeit an sie gestellten Anforderungen unter gewissen Voraussetzungen zu entsprechen". Obwohl die Fabrikationsstätten etwa des Landmaschinenproduzenten Heinrich Lanz bei Kriegsende komplett in Schutt und Asche lagen, ergaben die Aufräumungsarbeiten einen Wiederverwendungsgrad der Hälfte aller gewöhnlichen Maschinen, selbst bei den höchst empfindlichen Werkzeugmaschinen war jedes fünfte Aggregat nachweislich noch intakt. Bei BBC klassifizierte man 40 Prozent der Gebäude als zerstört, der Maschinenpark dagegen konnte fast vollständig wieder in den Produktionsprozeß integriert werden. Nicht viel anders lagen die Verhältnisse bei Daimler-Benz, wo man bald schon im Auftrag der Amerikaner an die Herstellung eines mittleren Lastkraftwagens ging: Jahresproduktion 1945 = 747 Fahrzeuge. Den Kapazitätsverlust der Mannheimer Industrie insgesamt schätzte man auf etwa 15 bis 20 Prozent, denjenigen der Westzonen verankerten Gutachter bei cirka 10 Prozent[10]. An der Beschäftigtenentwicklung gemessen, hatten die Hauptbetriebe der Mannheimer Industrie noch vor der Durchführung der Währungsreform den Anschluß an frühere Verhältnisse fast schon wieder hergestellt (T 48).

Neben der deutlich geringer als befürchtet ausgefallenen Vernichtung des Mannheimer Industriepotentials begünstigte ein weiterer Umstand das Wiedererstarken der Wirtschaft: Die ökonomischen Leitlinien der amerikanischen Besatzungspolitik nach Abkehr von der Morgenthau-Doktrin ab 1946/47. In Berücksichtigung der prekären Versorgungslage bis 1947 vollzog die Militärregierung einen Sinneswandel, der auf die Integration und Förderung der westdeutschen Wirtschaft innerhalb Westeuropas setzte. Ganz wesentlich wurde hiervon auch die Reparationspolitik berührt, die im Falle Mannheims schließlich fast ohne Auswirkungen blieb. Nach den Vorstellungen des Berliner Kontrollrates von Juli 1946 sollten immerhin noch sechs Betriebe des Maschinenbaus in der Stadt demontiert werden, was eine Gefährdung bzw. die Streichung von bis zu 3000 Arbeitsplätzen bedeutet hätte[11]. Der geänderte Industrieplan von Oktober 1947 benannte in der britischen Zone 496 und der amerikanischen Zone noch 186 zu demontierende Betriebe, wovon vier Betriebe der Mannheimer Wirtschaft angehörten:

- Fulmina-Industrieofenbau
- Dillinger-Stahlhütte
- Hommelwerke (50% demontiert)
- Großkraftwerk Neckarau (unterirdisches E-Werk demontiert, Versendung nach Frankreich)

In der Summe also blieben die hiesigen Betriebe von Demontagen weitgehend unbehelligt, in der frühen Phase vorgenommene Produktionsabschöpfungen liefen alsbald aus. Insofern zusätzlich die relativ rasch wieder instandgesetzte Verkehrsinfrastruktur entlang der historisch gewachsenen Achsen Mannheim - Karlsruhe bzw. Heilbronn - Stuttgart (Straße, Schiene, Wasser) zur Reaktivierung früherer Wirtschaftsbeziehungen beitrug, resultierte neben der temporär linksrheinischen Abschnürung Mannheims zumindest doch auch ein Vorteil aus den neu gezogenen Ländergrenzen. So gesehen existierten nebeneinander gleich mehrere Gunstfaktoren am Ort, die dem Konjunkturauftrieb der Währungsreform zusätzlich Bahn bra-

---

T 48.
Beschäftigtenentwicklung einiger Mannheimer Industriebetriebe 1932–1957

	1932	1938	1946	1947	1949	1957
Daimler-Benz	406	3073	1985	3184	3400	9031
Bopp & Reuther	992	1698	990	1215	1300	3013
Zellstoffwerk	2146	2998	k.A.	1746	2600	3863
BBC	k.A.	k.A.	601	3329	4000	9940
Heinrich Lanz	1379	4688	k.A.	2841	3400	5359
Böhringer & Söhne	561	835	509	765	900	1461
Joseph Vögele	383	747	501	700	700	1148
Motorenwerke	196	810	k.A.	1100	1300	3383
C. Freudenberg, Weinheim	2875	3661	k.A.	4220	k.A.	7987
Strebelwerk	913	2150	327	k.A.	k.A.	2722

T 49.
Produktionsumsatz und Beschäftigung der Mannheimer Industrie 1936–1953

	1936	1947	1948	1949	1950	1951	1952	1953
Produktionsumsatz (Mio. Mark)	584	376	648	970	1190	1570	1935	1968
Industriebeschäft.	48681	38437	48494	55420	60502	59930	62542	63925

(Bis 1950 Betriebe mit mehr als 5 Beschäftigten, danach Betriebe mit mehr als 10 Beschäftigten)

chen. Und weiter begünstigte der Umstand, daß von einer verstärkten Nachfrage an Investitionsgütern insbesondere der örtliche Maschinenbausektor als eine der tragenden Hauptsäulen profitieren mußte: „Die Auswirkungen der Fliegerschäden in bezug auf die Fertigung sind zu einem wesentlichen Teil behoben. In den Vordergrund rückt jetzt der Ersatzbedarf für veraltete und abgenutzte Maschinen"[12]. Sprunghaft katapultierte der Produktionsumsatz der Mannheimer Industrie im Sog der Währungsreform nach oben (T 49).

Einen zusätzlichen Konjunkturschub speziell in der amerikanischen Zone löste die Wiedereinführung der Gewerbefreiheit aus, da gerade auch Flüchtlinge im Bereich des Handels und des Handwerks auf lange Sicht stabile Existenzgründungen zu vollziehen in der Lage waren. Zur Tatsache wurde, „daß die frühen fünfziger Jahre in der gesamten amerikanischen Zone zu Recht als die Gründerjahre des kleinen Mannes (…) apostrophiert werden konnten"[13]. Binnen vierer Monate zu Anfang des Jahres 1949 notierte die Statistik 4350 Gewerbeneugründungen in Württemberg-Baden.

Verstärkt in Begleitung des konjunkturellen Aufschwungs im Südwesten traten alsbald wieder Disparitäten der ökonomischen Leistungskraft einzelner Regionen in den Vordergrund (A 34). Im nordöstlichen Baden richtete der Staat erstmals Förderbezirke ein, während die alten Industriestandorte Stuttgart, Heilbronn, Freiburg, Karlsruhe und Mannheim am Volkseinkommen der Bevölkerung gemessen die Hierachie im Lande dominierten. Mannheim-Stadt hielt jetzt um 1952 mit die höchsten Einkommen im Südwesten, relativ niedrig fiel umgekehrt die Arbeitslosenquote aus. Gegenüber den Zwanzigern und frühen Dreißiger Jahren hatten sich die Verhältnisse praktisch verkehrt. Nachdem auch linksrheinisch die Wirtschaftsabschnürung entfiel, akzentuierte anders als noch nach 1918, tendenziell Standortgunst Mannheims Ausgangslage zu Beginn der neuen Epoche. Leicht unterhalb des landesweiten Durchschnitts rangierten die Einkommen in den benachbarten Amtsbezirken Schwetzingen und Weinheim.

Unter den skizzierten Umständen ökonomischer Regeneration verfügte Mannheim nun über durchaus hinreichende Voraussetzungen zur Bevölkerungsaufnahme bzw. Ausweitung des Arbeitsmarktes. Allerdings hielt die Schaffung neuen Wohnraumes nicht in dem erhofften Umfang mit der örtlichen Bevölkerungszunahme Schritt (T 50).

Der Wohnraumzugewinn jedenfalls hielt sich bis 1949 in engen Grenzen, da mehr Spontanität denn Planung städtische Baumaßnahmen zu jener Zeit prägten. Dennoch schien zumindest Phantasie vorhanden zu sein, wie Gedankenspiele etwa hinsichtlich der künftigen Funktion des Mannheimer Schloßes unterstrichen[14]. Nach den Vorstellungen eines wohl mit Verkehrsfragen vornehmlich beschäftigten Zeitgenossen lag die Beseitigung des beträchtlich zerstörten Schloß-Mittelbaus praktisch auf der Hand, um eine direkte Straßenverbindung nach Ludwigshafen mit ungehindertem Zugang zur Rheinbrücke zu bewerkstelligen. Den mehr kulturellen Aspekt wiederum betonte der Schöpfer einer Alternativstrategie, der 1200 Gleichgesinnten die Schloßanlage als Stätte kulturellen Tuns bei adäquater Freizeitgestaltung (Golfplätze, Tennisanlagen) überlassen sehen wollte. Es sollte ein „sozialistisches Beispiel für fast alle Schloß- und Prunkbauten in ganz Deutschland geschaffen" werden. Den Notwendigkeiten näher kam ein Generalbebauungsplan des Jahres 1949, der u.a. die Auflockerung der Quadratestruktur durch Grünanlagen und zusätzliche Querverbindungen vorsah. Zu diesem Zeitpunkt hausten immer noch mehr als 10 000 Mannheimer in Bunkern, Erdlöchern und Klassenzimmern.

Der Arbeitsmarkt im Bezirk des Mannheimer Arbeitsamtes geriet nach 1945 unter Einfluß mannigfaltiger, und in dieser Konstellation bisher unbekannter Einflußgrößen. So herrschte zwar beständig ein Mangel an Arbeitskräften aller Art, obwohl die Arbeitslosigkeit erst 1945/46 und dann im Zuge der Währungsreform nochmals bis cirka 1951 sichtbar abhob (T 51).

Zum Zeitpunkt der Währungsreform, bedingt durch jetzt verschärfte Konkurrenz, begannen Betriebe mit der Auswechslung weniger produktiven Personals durch leistungsfähigere Neuzugänge. Frauen drängten notgedrungen trotz oftmals vorhandener Mehrfachbelastungen verstärkt in berufliche Tätigkeiten. Faktum war, daß „viele Frauen nach Verlust des Ernährers der Familie gezwungen waren, verdienstbringende Arbeit aufzunehmen, zumal selbst der Bezug von Rente die Lebensexistenz der Familie kaum gesichert" hatte[15]. Um mehr als 40 Prozent nahm die Frauenbeschäftigung zwischen 1948 und 1951 im Bezirk zu. Die amerikanische Besatzungs-

T 50.
Bevölkerungszunahme und Wohnraum in Mannheim 1938–1952

	1938	1946	1947	1948	1949	1950	1951	1952
Bevölkerung	279700	202831	219197	227100	235220	245027	256935	264117
Wohnungen	86682	50967	53575	55512	57378	60048	62833	67028
Wohnräume	224886	111603	118134	122643	126921	133124	147055	156096

A 34.

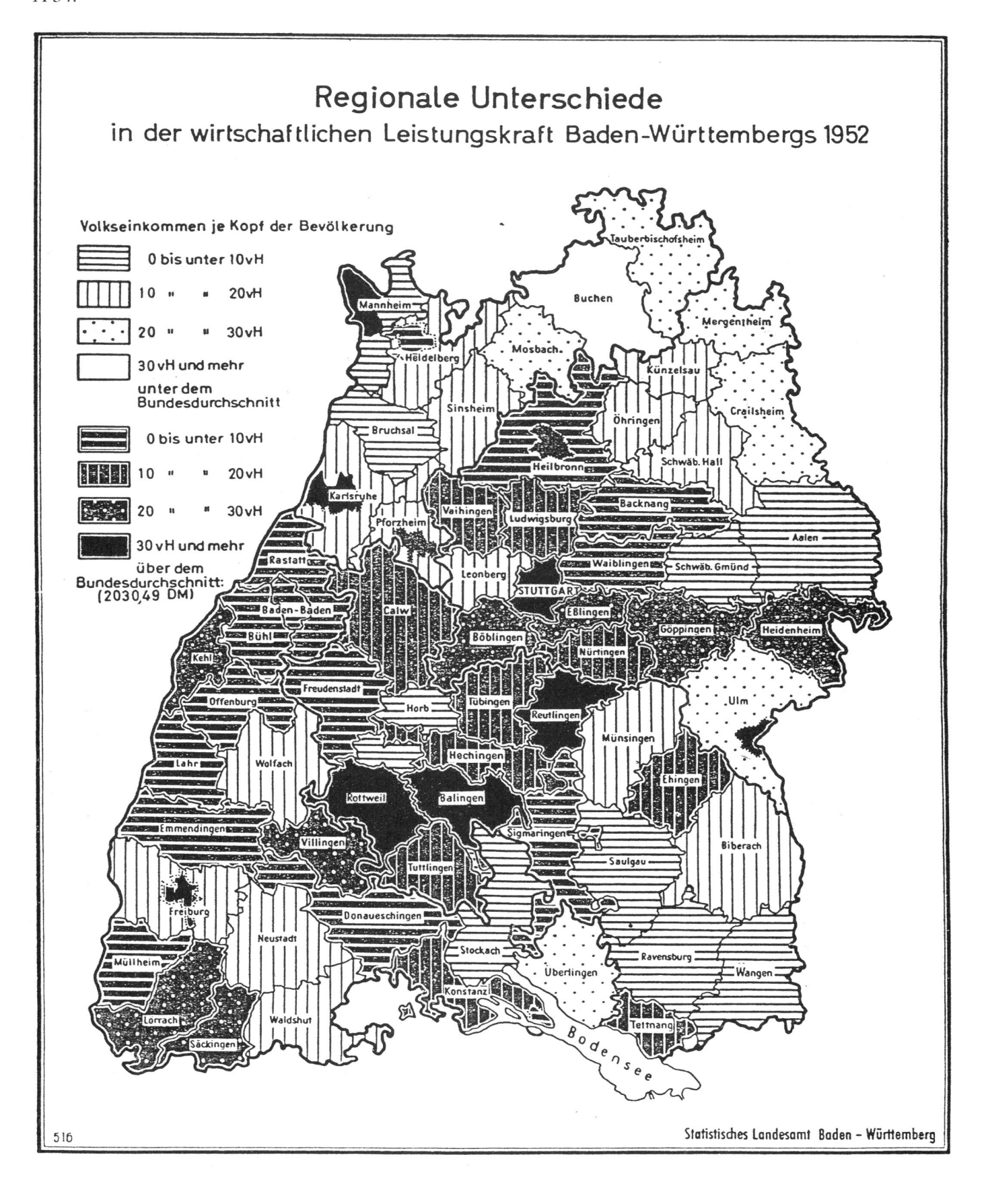

Regionale Unterschiede
in der wirtschaftlichen Leistungskraft Baden-Württembergs 1952

macht bedurfte umfänglich deutschen Personals, hierbei ausschließlich leistungsfähige Kräfte. Die den Amerikanern überlassenen Arbeitskräfte zählten 1946 zeitweilig mehr als 27 000 Personen, um 1950 lag die Quote immerhin noch bei 7 000 Beschäftigten. So gesehen bestimmte Fluktuation eigentlich in neuer Dimension neben einem Arbeitskräfteangebot höchst unhomogener Struktur das Arbeitsmarktgeschehen in der ersten Nachkriegszeit.

3. Das Mannheimer Arbeitsamt – ein Provisorium mit zentraler Funktion

Als am 29. März 1945 die Amerikaner Mannheim nach 7tägigem Artilleriebeschuß einnahmen, stießen die Eroberer auf einen verwaisten Verwaltungsapparat: Die Kommune existierte in Art eines hoheitsrechtlichen Vakuums. Lediglich eine aus sieben Herren bestehende Übergangsverwaltung, praktisch ohne jede Machtbefugnis, war auf Anweisung Rennigers in der Stadt geblieben – hierunter der spätere OB Braun im Range eines Oberbaurates. Zwei Tage später zum Oberbürgermeister befohlen, begann Braun mit dem Aufbau der Stadtverwaltung. Neben einer unbewaffneten Hilfspolizeitruppe sah der Reorganisationsplan die Errichtung 20 städtischer Ämter vor, dies notgedrungen unter Einschluß der wichtigsten zuvor in Landes- oder Reichsträgerschaft befindlichen Einrichtungen. Daß hierunter unter Berücksichtigung der fast gänzlich brachliegenden Wirtschaft, Bevölkerungschaos und Versorgungsnöte dem Arbeitsamt eine zentrale Funktion zukommen mußte, schien außer Zweifel. OB Braun berief unter Zustimmung der Militärregierung den unbelasteten Becherer zum kommissarischen Leiter des Arbeitsamtes, der im April 1945 die Reaktivierung der Mannheimer Arbeitsverwaltung anging. Freilich fand Becherer ein komplettes Provisorium vor: baulich, personell, organisatorisch. Pragmatismus avancierte zum Gebot der ersten Stunde, wie Äußerungen Becherers während einiger Abteilungssitzungen beim Oberbürgermeister belegen:[16]

Vorschlag zur Wiedereinführung der Dienstverpflichtung, zumindest temporär (27. April):
„Der Arbeitseinsatz ist bedeutend besser geworden. Es ist auch schon eine größere Anzahl von Arbeitskräften vermittelt worden" (15. Mai).

„Wir sind in der Lage, 80% der Arbeitssuchenden unterzubringen" (29. Mai).

„Ich schlage vor, für die Leute, die nicht arbeiten, die Lebensmittelkarten zu sperren" (5. Juni).

Deutlich ließen die Anmerkungen Becherers erkennen, daß die jeweilige Situation ebenso wie der in Eigenverantwortung inszenierte Rückgriff auf die unmittelbar zurückliegende Verwaltungspraxis den Behördenalltag in jener Konstitutionsphase dominierten. Lediglich der Militärmacht gegenüber schien Rechnenschaft geboten.

August Kuhn löste Becherer nach Veranlassung des Oberbürgermeisters am 12. Juni 1945 als Direktor des Arbeitsamtes ab. Kuhn galt nicht nur als erfahrener und ausgewiesener Verwaltungsexperte, schließlich stand er der Behörde zwischen 1927 und der Machtergreifung schon einmal vor, sondern hatte darüberhinaus auch eine aktive Rolle im örtlichen Widerstand gegen den Nationalsozialismus gespielt[17]. Nach 1945 gingen seine Aktivitäten gleich in mehrere Richtungen, wie etwa über eine zentrale Rolle beim Aufbau der lokalen CDU, der Etablierung der Gewerkschaften vor Ort, als Fraktionsvorsitzender im Gemeinderat und nicht zuletzt Mitglied des Landtages von Württemberg-Baden. Trotz zunächst provisorischer Unterbringung und Ausstattung verhalf Kuhn dem Arbeitsamt sukzessiv wieder zur Erlangung des früheren Ansehens. Bis 1952 stand Kuhn dem Arbeitsamt vor, er gehörte zu den bedeutendsten politischen Persönlichkeiten der ersten Mannheimer Nachkriegszeit.

Aus Sicht der Bevölkerung, insbesonders in der ersten Nachkriegsphase, schien die unrühmliche Rolle des Arbeitsamtes während der zurückliegenden zwölf Jahre bei weitem nicht vergessen zu sein. So charakterisierte Mißtrauen die Äußerungen des Antifaschistischen Ausschusses Mannheim, der in einer an das Arbeitsamt am 27. Mai 1945 gerichteten Note an die Behörde herantrat:[18]

„An die Direktion des Arbeitsamtes Mannheim – Resolution

Die Arbeiterausschüsse des Industriegebietes der Friesenheimerinsel nahmen in einer Besprechung Stellung zu den bisherigen Wiedereinstellungen und Entlassungen der Arbeiter und Angestellten in den Betrieben dieses Gebietes.

T 51.
Arbeitslosigkeit im Mannheimer Arbeitsamtsbezirk 1945–1953

	1945	1946	1947	1948	1949	1950	1951	1952	1953
Arbeitsamtsbezirk Ma.									
absolut	5407	7224	4065	3181	5184	7017	7051		
AL-Quote						4,9	5,1		
hierunter:									
Stadt Mannheim									
absolut				1476	3868	4297	4853	6016	6170
AL-Quote				1,7	4,1	4,3	4,6	5,5	4,6
Weinheim						6,2	5,2		
Schwetzingen						7,2	7,8		
Ladenburg						4,7	3,6		
Hockenheim						6,6	7,2		
Württemberg-Baden				2,2	6,2	6,4	5,3	6,0	5,4
Bundesgebiet						10,4	11,0	9,4	8,4

Alle Angaben Dezemberwerte mit Ausnahme des Bundesgebietes (Jahresmittel).

1. Sie vertreten einstimmig die Auffassung, sich gegen weitere Entlassungen mit allen Mitteln zu wehren.

2. Bei Neueinstellungen nur solche Leute in Frage kommen, die nicht Mitglied der NSDAP waren.

3. Die Entlassung dieser Leute soweit dies noch nicht geschehen ist.

4. Das Arbeitsamt wird ersucht, sich dafür einzusetzen, daß diese Leute schnellstens mit Aufräumungsarbeiten innerhalb unseres Stadtgebietes beschäftigt werden.

5. Für die Durchführung dieser Forderungen werden wir alles in Bewegung setzen. Wollen Sie dieses zur Kenntnis nehmen.

Die Arbeiterausschüsse."

Selbstbewußt trat die Mannheimer Arbeiterschaft, soweit jedenfalls politisch aktiv, jetzt wieder auf. Zumindest tendenziell erinnerte die zitierte Schrift auch an die kritische Rolle des 1919 gegründeten Arbeitslosenrates als Ausdruck damaliger Politisierung und Polarisierung des Alltags. Allerdings wiesen die Jahre nach 1945 unter der Autorität der westlichen Besatzer in eine Weimar nicht vergleichbare Richtung: Gelenkt, Schritt für Schritt mit gedrosseltem Tempo und ökonomisch flankiert kam die Demokratisierung „von unten" voran.

3.1. Krisenbewältigung als vordringliche Aufgabe

Den ersten Vorstoß zu einer Vereinheitlichung der Arbeitsverwaltung taten die Länder mit der Übertragung der Arbeitsämter aus der kommunalen Trägerschaft heraus in diejenige der Landesregierung. Probleme dagegen bereitete die Wiederaufnahme des Selbstverwaltungsgedankens, obwohl gerade von Seiten der Militärverwaltung Verständnis und Aufmunterung zur Etablierung breit verankerter Parität aufkam (Kontrollratsdirektive Nr. 29 vom 17. Mai 1946: Einrichtung von Beratungsausschüssen als erster Ansatz zur Selbstverwaltung). Anläßlich einer Tagung der Arbeitsminister innerhalb der Bi-Zone Mitte 1947 forderte der Städtetag die Rückführung der Arbeitsverwaltung in die rein kommunale Verankerung, umgekehrt traten Gewerkschaften und Arbeitgeber für die Ausschaltung der öffentlichen Körperschaften ein[19]. Darüberhinaus kamen Stimmen auf, die entlang einer Länderkonföderation die Arbeitsverwaltung verankert wissen wollten. Unter Betonung von Post und Bahn als gut funktionierende Beispiele zentral gesteuerter Planungskonzepte wies die Mehrheit jedoch entschieden jede Form von Partikularismus zurück, schließlich liefen die Konsultationen mittelfristig auf die Wiedereinführung der 1927 mit dem AVAVG gefundenen Formel hinaus. Zwar blieben die Aktivitäten der Arbeitsämter von jenen Konsultationen noch unberührt, die Basis und spätere Plattform der Arbeitsverwaltung aber wurde hier mehr als nur in Konturen festgemacht.

Angesichts der spezifischen Erfordernisse der Krisenbewältigung griffen die Arbeitsämter entsprechend den Gegebenheiten und Nöten der zugehörigen Arbeitsmärkte auf die zuletzt vorhandene Verwaltungspraxis zurück. Für das Mannheimer Arbeitsamt der Zeitspanne von August 1945 bis März 1946 ist hierbei folgender Aktionsradius transparent:[20]

- Bevölkerungsregistrierung – Meldezwang – Meldekartenvergabe
- Stellenvermittlung
- Dienstverpflichtung
- Berufsberatung – Lehrstellenvermittlung
- Beratungsstelle für Opfer des Nationalsozialismus
- Zustimmung zur Lösung von Arbeitsverhältnissen
- Umschichtung von Arbeitskräften
- Schwerbeschädigtenvermittlung
- Schulungsmaßnahmen
- Vergabe von Notstandsarbeiten
- Arbeitsmarktstatistik allgemein
- Sondererhebung Gewerbebetriebe
- Sondererhebung Lehrlinge
- Statistik über Arbeitseinsatz und Arbeitsdisziplin

So facettenreich und komplex einerseits die Aktivitäten des Mannheimer Arbeitsamtes erschienen, so erschwerend auf der anderen Seiten wirkten Raumnot, Personalstand und Materialversorgung[21]. „Der geregelte Dienstbetrieb ist infolge Fehlens von Schreibmaschinen kaum noch aufrecht zu erhalten und wichtige Termine können deswegen oft nicht eingehalten werden". Sehr enge Maßstäbe legte die Militärregierung anfangs bei der Beurteilung des Personals an: „Es mußte fast das gesamte männliche Personal durch neue unbelastete Kräfte ersetzt werden". Wöchentliche Dienstbesprechungen und Schulungsvorträge der einzelnen Fachgebiete förderten die Einarbeitung der neu rekrutierten Mitarbeiter. Später im August 1946 ersetzte in Verbindung mit der Entnazifizierung über geordnete Spruchkammerverfahren eine liberalere Handhabung den anfangs harten Kurs, insofern der Kreis aus dem öffentlichen Leben zu verbannender Personen wesentlich enger gezogen wurde als noch zu Beginn. Jetzt hieß es nur noch: „Frühere Amtsangehörige, welche als Hauptbeschuldigte oder Belastete erklärt werden, dürfen nicht wieder eingestellt werden". In Mannheim benannte der öffentliche Ankläger 254 mutmaßliche Hauptschuldige, wovon überhaupt nur 30 Angeklagte vor der Kammer erschienen, und hiervon wurden schließlich 18 Personen am Ende zu Hauptschuldigen erklärt. Neben einer extensiven Handhabung der Entnazifizierung existierte zusätzlich eine öffentliche Stimmung, die sich paradoxerweise nicht gegen die Angeklagten, sondern eben gegen die Ankläger richtete. Es geschah, da sich das „mit der Abwicklung der Entnazifizierung betraute deutsche Personal öffentlicher Bedrohung und nach Abschluß der Spruchkammerverfahren beruflicher Diskriminierung ausgesetzt sah".[22] Alexander Mitscherlich nannte dies die „Unfähigkeit der Deutschen zu trauern".

Betrachtet man näherungsweise die um 1945/46 geübte Praxis des Mannheimer Arbeitsamtes, so trat auch hier der direkte Rückgriff auf das altbekannte Regelwerk in den Vordergrund. Allerdings resultierte die Tätigkeit jetzt aus demokratischer Übereinkunft, wie schließlich die Landesregierung Württemberg-Badens mit der Bekanntgabe allgemein verbindlicher Richtlinien im Lande unterstrich[23].

Registrierung von Erwerbspersonen (Männer: 14 bis 65 Jahre; Frauen: 15 bis 50 Jahre) und deren Beschäftigungsverhältnisse. Meldepflicht bei den Arbeitsämtern. Ausstellung von Meldebescheinigungen bzw. Ausgabe von Lebensmittelkarten.

Registrierung von Beschäftigungslosen und Stellensuchenden o.g. Altersklassen unter Angabe jeweiliger Qualifikationen. Ausgabe von Registrierkarten und periodische Kontrollvorsprachen, Erhalt von Lebensmittelkarten. Bei Stellenantritt Einzug der Registrierkarten und Ausstellung einer Meldebescheinigung.

Registrierung von Arbeitsunfähigen und von der Arbeit befreiten Personen o.g. Altersklassen. Vorlage von Arbeitsunfähigkeitsbelegen, Verbleib der Unterlagen. Ggf. Anordnung einer ärztl. Nachuntersuchung. Meldung von Studenten zur Arbeitsbefreiung. Ausstellung von Arbeitsbefreiungen und Ausgabe von Lebensmittelkarten.

Arbeitseinsatz Unbeschäftigter. Arbeitseinsatz je nach vorliegenden Gesuchen von Arbeitgebern bzw. „ist das Arbeitsamt ermächtigt, Personen zwangsläufig zu Arbeiten heranzuziehen". Einstellung und Arbeitsplatzwechsel nur unter Zustimmung des Arbeitsamtes. Betriebliche Meldung aller Entlassenen noch am selben Tag. Massenentlassungen sind im voraus anzuzeigen.

Strafen. Arbeitgeber drohen bei Mißachtung der Richtlinien Geldstrafen bis 10 000 Reichsmark oder Gefängnis bis zu einem Jahr; alle anderen Personen drohen Geldstrafen bis 1000 Reichsmark oder drei Monate Gefängnis.

Die Reetablierung der Kurzarbeiterunterstützung (12. 1946), landesweit einheitlich geregelt Notstandsarbeiten und Leistungen der Arbeitslosenversicherung (beides 10. 1947) runden den Aktionsrahmen der Arbeitsverwaltung zur Krisenbewältigung als vordringliche Aufgabe ab.

3.2. Stichworte zu den Aktivitäten des Arbeitsamtes und Tendenzen des Arbeitsmarktgeschehens

Unter Verschränkung eines autoritären Handlungsrepertoirs mit liberal akzentuierten Elementen nahm das Mannheimer Arbeitsamt also seine Aufgabe zunächst ab 1945 wahr. Einflußgrößen wie Konjunktur und Bevölkerungsgeschehen gaben neben den Verordnungen der Militärverwaltung und Landesregierung weitere Orientierungsebenen vor. Obwohl die Quellen zu den Mannheimer Geschehnissen jenes Zeitabschnittes nur fragmentarischen Charakter besitzen und somit eine durchgängige und in sich geschlossene Thematisierung versperrt ist, geben die vorhandenen Dokumente (Arbeitsmarktberichte 1945/46; 1949) wenigstens doch punktuell Einblick in Praxis und Alltag bzw. befördern manch interessantes Detail[24]. Nachfolgend Inhalte und Passagen hieraus:

1945

August

Beginn der Bevölkerungsregistrierung: Stadt Mannheim 11. 8.–30. 9.; Landkreis ab 1. 9.

Zahl der gemeldeten Wohnungen und Personen in Mannheim

	belegte Wohnungen	mit Personen
1 Zimmer, Küche, Badbenutzung	19 469	41 572
2 Zimmer, Küche, Badbenutzung	18 787	57 523
3 Zimmer, Küche, Badbenutzung	9 423	35 909
4 Zimmer, Küche, Badbenutzung	4 051	14 467
Sonstige Unterkünfte	1 096	2 340
Summe	52 826	153 328
In Bunkern untergebracht		1 517
Summe		153 328
vorübergehend abwesend		21 954
zusätzl. abwesend wg. Evakuierung		ca. 100 000
hiervon in Arbeit		42 515
Vorkriegsstand		285 000

Erschwernisse: Keine geregelte Bahnverbindung und Postverkehr. Ersatzteile für Fahrräder fehlen.

Problem Arbeitsunlust: Verfügung des Arbeitsamtes, wonach sich alle beschäftigungslosen Männer bis 65 Jahre bei der Behörde melden müssen.

Einsatz ehemaliger NSDAP-Mitglieder in geschlossenen Gruppen – die Aktion wurde eingestellt.

Aufräumungsarbeiten mit organisatorischen Problemen: „Allerdings scheint auch bei der Firma Grün&Bilfinger die erforderliche Übersicht zu fehlen, da zugewiesene Baufacharbeiter zurückgewiesen wurden, mit dem Vermerk, dass ein Bedarf nicht bestehe, während sich zur gleichen Zeit die Firma darüber beschwerte, dass das Arbeitsamt ihre Kräfteanforderung nicht erfülle".

September

Unter den Arbeitssuchenden sind ca. 35% nur beschränkt arbeitsfähig, weitere Vermittlungsprobleme infolge mangelnder Arbeitsbereitschaft wg. zu knapper Lebensmittelrationen, geringer Neigung der Angestelltenberufe zur Ausübung einer fremdberuflichen Tätigkeit und schließlich Fehlen von Verkehrsverbindungen. – „vom Mittel der Dienstverpflichtung muß deshalb täglich mehr und mehr Gebrauch gemacht werden".

Außerordentlicher Holzeinschlag – Kräfterekrutierung.

Bahnverbindung Mannheim - Karlsruhe nach Reparatur dreier um Hockenheim gelagerter Brücken wieder aufgenommen.

Personalanforderung der amerikanischen Militärregierung: „Allerdings haben die für ein Offizier-Kasino zugewiesenen acht Mädchen die Arbeit nicht angetreten, nachdem sie nicht wie angegeben zum Bedienen sondern nur zur Unterhaltung für den Abend gewünscht wurden".

Kooperation des Arbeitsamtes mit dem Gewerbeamt, um perspektivlose Selbständigmachungen einzuschränken.

„langsames Anlaufen der Mannheimer Industrie".

Baugewerbe: Wiederaufbau der zerstörten Brücken; Herrichtung der Kanalisation.

Angestelltensektor: 2500 Arbeitssuchende bei 100 offenen Stellen. „Dem Einsatz von Büroangestellten und dergl. in berufsfremde Beschäftigung steht vielfach entgegen, dass diese keine Arbeitskleidung und Schuhe besitzen. Oft handelt es sich um Flüchtlinge aus den Ostgebieten, die nur das Allernotwendigste retten konnten. Das Problem der Arbeitskleiderversorgung müßte schon aus diesen Gründen bald gelöst werden".

Militärregierung erteilt der Firma Isolation AG die Genehmigung zur Wiederaufnahme des Betriebes.

Das Fürsorgeamt überweist dem Arbeitsamt Personen zum Arbeitseinsatz, hierunter Männer im Alter von über 65 Jahren und Frauen mit mehreren Kindern.

Industrie: „Die Firma Sunlicht Gesellschaft in Mannheim-Rheinau stellt vorerst Salpeter her und wäre in der Lage, sofort 350 Arbeitskräfte, vorwiegend Frauen, aufzunehmen, wenn die Militärregierung einen Teil der Fabrikationsräume freigeben würde".

Kriegsheimkehrer: „Der Einsatz der aus russischer Kriegsgefangenschaft heimkehrender Soldaten ist schwierig, zeitraubend und vielfach unmöglich, da sie sich durchaus in einem bedauernswerten Zustand befinden" (T 52).

Bauvorhaben „Verlegung der Hafenbahn" geht dem Ende entgegen.

Oktober

Arbeitsmarktlage im Zeichen einer ungeheuren Arbeitskräfteknappheit. „In den ersten Monaten nach Kriegsschluß (Juni, Juli, August) wurde im allgemeinen nur zaghaft mit dem Wiederaufbau begonnen".

„Die Abdeckung der Aufträge der amerikanischen Militärregierung, die vordringlich vorzunehmen ist, benachteiligt die Aufträge der privaten Wirtschaft". Die Militärregierung hatte 439 volleinsatzfähige Arbeitskräfte angefordert, im gesamten Bezirk waren jedoch nur insgesamt 400 solcher Personen vorhanden.

Schwarzarbeit: „Durch den bestehenden Schwarzhandel wird dem Arbeitsamt die Vermittlungsarbeit erschwert, da sich dieser Personenkreis der Arbeit zu entziehen versucht und im Wege des Schwarzhandels mehr Geld zu verdienen scheint. In der Stadt Mannheim werden laufend Razzien gegen Nichtbeschäftigte durchgeführt".

Kapital-Arbeit: „Es besteht nur 1 Arbeitnehmerverband (der Allgemeine Deutsche Gewerkschaftsbund). Ein Arbeitgeberverband besteht nicht".

November

Zuweisung nicht Volleinsatzfähiger zur Stadtaufräumung (Städt. Tiefbauamt).

Die Arbeitgeber sperren sich dagegen, eingeschränkt einsatzfähige Kräfte einzustellen. Zuweisungen genannter Art werden rundweg abgelehnt, obwohl geeignete Positionen in den Betrieben vorhanden wären. Selbst das Städt. Tiefbauamt, das ursprünglich alle beschränkt Einsatzfähigen übernehmen sollte, lehnt den Personenkreis ab.

Die Stellung dringend benötigter Arbeitskräfte bewerkstelligt das Arbeitsamt dadurch, daß Kräfte aus anderen Betrieben temporär abgezogen werden.

Polizeirazzia: 65 Männer und 5 Jugendliche ohne Arbeit wurden aufgegriffen und an das Arbeitsamt überstellt.

Dezember

Verstärkte Unlust der Arbeitsaufnahme wg. Weihnachtsmonat. Vereinzelt Betriebsschließungen wg. Rohstoffmangels. Freigewordene Arbeitskräfte werden Schuttaufräumungsarbeiten zugewiesen. Erheblicher Arbeitskräftemangel bei handwerklichen Berufen, der Tarifüberschreitungen und Abwerbeversuche der Betriebe untereinander zur Folge hat.

„Die mangelhaften Verkehrsverbindungen der Reichsbahn tragen erheblich zur Arbeitsunlust und Arbeitsverweigerung bei. Die Züge des Berufsverkehrs sind derart stark besetzt, daß die Arbeiter oft auf den Trittbrettern der Wagen stehen müssen, um überhaupt mitfahren zu können. Ferner ist der Omnibusverkehr teilweise noch nicht wieder aufgenommen worden. Im

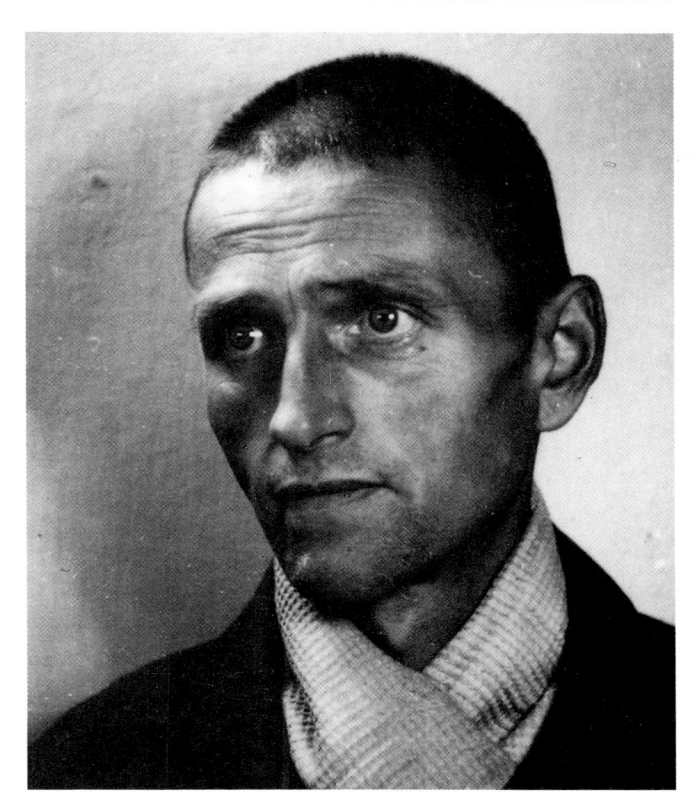

Mannheimer – nach der Rückkehr aus russischer Kriegsgefangenschaft im Jahr 1947. Die Kriegserlebnisse haben sich tief in den Menschen vergraben.

T 52.
Rückkehr entlassener Kriegsgefangener nach dem Arbeitsamtsbezirk Mannheim 1946 bis 1949

	1946		1947		1948		1949	
	Anmeld.	Vermittl.	Anmeld.	Vermittl.	Anmeld.	Vermittl.	Anmeld.	Vermittl.
Januar			383	319	641	266	231	206
Februar			486	288	537	256	94	166
März	1964	1252	369	176	455	244	59	134
April	1263	822	505	206	624	349	199	105
Mai	1203	714	431	228	498	296	149	102
Juni	949	432	405	391	573	395	124	67
Juli	830	427	517	424	338	0	91	85
August	830	327	344	230	275	229	78	88
September	633	366	403	301	339	182	173	63
Oktober	461	246	366	263	296	165	124	108
November	461	281	345	270	301	295	168	25
Dezember	411	251	261	167	332	221	218	87
Monatsmittel	750	427	401	272	434	241	142	103
Vermittlungsquote		57%		68%		56%		72%

Vermittlungen nur in Dauerarbeitsplätze

Landkreis sind dem Arbeitseinsatz durch das Fehlen von Fahrrädern und Bereifung Grenzen gesetzt".

Auf Stromsperren reagieren Firmen mit Nachtarbeit. Die Maßnahme erschwert den Fraueneinsatz.

"Besondere Schwierigkeiten bereiten die ehemals politisch Verfolgten. Die meisten von ihnen wollen sich selbständig machen oder nur in eine Beamtenstellung aufrücken, ohne jedoch die geringste Vorbildung hierfür zu besitzen. Wird diesem Personenkreis Handarbeit angeboten, so verweisen sie auf die Nazis, die heute den Sündenbock für alles abgeben sollen. Es ist aber dann bei diesen Nazis zu verstehen, wenn sie als Prügelknabe für jede geschehene Schandtat die Mitarbeit am Wiederaufbau indirekt verweigern. Die Ausländer widersetzen sich grundsätzlich gegen jede Art Arbeitsaufnahme".

Die Ernährungslage ist vollkommen unzureichend, Arbeitswille und Arbeitsleistung leiden beträchtlich hierunter. Für Januar ist die Anhebung der Lebensmittelzuteilung auf 1500 Kalorien pro Tag geplant.

Rohstoffmangel: Lanz hat wegen Kohlemangel vorübergehend 600 Beschäftigte entlassen. Strebelwerk mit 280 Gesamtbeschäftigten läßt den Betrieb für drei Wochen ruhen. Allgemein Verschärfung des Rohstoffmangels.

Landwirtschaft: Großer Mangel an gelernten Fachkräften beiderlei Geschlechts. Landwirte hegen wg. des früheren Ausländereinsatzes hohe Erwartungen an Leistungkraft bei geringem Entgelt. Durch den Zuzug von Ostflüchtlingen wird der Bedarf an Landarbeitern voraussichtlich gedeckt.

Steine und Erden: Die Firma Böhringer produziert monatlich 100.000 Ziegel, Produktionssteigerung für das Frühjahr wird erwartet. Fa. Kocker, Seckenheim, hat den Betrieb mit einer Monatsproduktion von 140 000 Ziegeln wieder aufgenommen.

Metallgewerbe: Mangel an Facharbeitern. Anforderungen sind zur Hälfte namentlich. Produktionsarbeiten und Aufräumungsarbeiten in den Betrieben gehen Hand in Hand.

Bau- und Holzgewerbe: Sehr großer Fachkräftemangel, nicht einmal der Bedarf der Militärregierung kann befriedigt werden.

Arbeitslosenversicherung: Auf Veranlassung des LAA wurden im Berichtsmonat keine Zahlungen geleistet. Antragsteller wurden an das Wohlfahrtsamt verwiesen.

Tätigkeit und Programme der Arbeitsämter: Abstempelung der Meldekarten mit der Verteilung der Lebensmittelkarten gekoppelt, wodurch der Arbeitseinsatz der Unterbeschäftigten ermöglicht wird. Die Meldepflicht sollte für arbeitsfähige Personen gelockert werden.

Hierachie der Erledigung von Anträgen auf Arbeitskräfte:

1. Dringlichkeitsstufe:	*Anforderungen der amerikanischen Einheiten*
2. Dringlichkeitsstufe:	*Firmen, die Aufträge auf Anordnung der Militärregierung durchführen, insbesondere Brückenbauten*
3. Dringlichkeitsstufe:	*Reichsbahn und Deutsche Wasserstraßenverwaltung*
4. Dringlichkeitsstufe:	*Dringlichste Anforderung der Wirtschaft für produktive Zwecke*
5. Dringlichkeitsstufe:	*Schuttaufräumungsarbeiten der Stadt Mannheim.*

Der Vermittlung von Schwerbeschädigten wird aus sozialen Gründen ein besonderes Interesse entgegengebracht. Vom Arbeitsamt verfügte Arbeitsplatzwechsel, z. B. Kaufmänn. Angestellte gegen Schwerbeschädigte, sind im Programm. Arbeitgeber sperren sich gegen solche Maßnahmen.

Errichtung einer Vermittlungs- und Beratungsstelle für die Opfer des Nationalsozialismus – die Personen werden bevorzugt in Arbeit gebracht.

"Die Verpflichtung zur Arbeitsleistung wird auf das allernotwendigste beschränkt, da sie zur Verärgerung der Bevölkerung führt und immer wieder von den Betroffenen darauf hingewiesen wird, daß sie eine Methode und Erfindung des Nazi-Regimes darstellt".

Frühere NSDAP-Mitglieder werden mit zweierlei Ausnahmen als Hilfsarbeiter eingestellt: Beschränkt körperliche Einsatzfähigkeit bzw. adäquate Unterbringung von Facharbeitern allerdings ohne jede Aufsichtsfunktion.

Berufsberatung: Wachsende Tätigkeit, im Dezember 1000 Beratungen, zum Großteil Abiturienten und ehemalige Offiziere. Die Nachfrage nach Studiengelegenheiten ist groß. Unterbringung bis Studienbeginn in geeigneten Praktikantenstellen oder in Lehr- und Anlernstellen.

In Mannheim sind 20 000 Schüler vorhanden, der Schulbetrieb hat hiervon 13 000 aufgenommen. Dem Lehrermangel wird mit der Ausbildung von Junglehrern begegnet. Voraussetzung: Abitur, nachfolgend dreimonatiger Kurs erstmals für Abiturjahrgarg 1942. Für die Jahrgänge 1943 bis 1945 finden einjährige Ausbildungskurse statt.

Lehrstellenmangel. Ausbildung im Metallsektor ist am meisten gefragt, ebenso kaufmännische Berufe. Psychologische Eignungsprüfung wurde auf vordringliche Fälle beschränkt.

Reaktionen in der Öffentlichkeit: "Infolge des allgemeinen Arbeitskräftemangels und der damit in Verbindung stehenden Meldekartenpflicht für die Abholung der Lebensmittelkarten ist das Arbeitsamt mehr denn je in den Mittelpunkt der öffentlichen Diskussion gerückt. Über die eingeführte Meldekartenpflicht wird von Seiten des Publikums an dem Arbeitsamt sehr scharfe Kritik geübt. Die erforderliche Abstempelung der Meldekarten für die einzelnen Lebensmittelkarten-Perioden wird als Zwangsmaßnahme, die man mit dem Ende der Nazi-Zeit als beendet gehofft hatte, empfunden. Besonders die Abstempelung der Meldekarten für die Selbständigen und die Hausfrauen sowie für die Unbeschäftigten mit mindestens 50% Erwerbsbeschränktheit wird als Schikane bezeichnet, da dieser Personenkreis sowieso nicht zur Arbeit herangezogen werden kann".

1946

Januar

Sondererhebung bei Mannheimer Firmen zur Ermittlung des Arbeitseinsatzes:

- wöchentl. Arbeitszeit: Angestellte 45 Std.; Arbeiter 46 Std.

- Arbeitsleistung an 84% der geplanten Arbeitstage

- Entfall wg. Krankheit (8%), Urlaub (5%), Bummel (3%)

- Arbeitsleistung von 76% im Vergleich zur Friedenszeit

Deckung des männl. Arbeitskräftebedarfs mit Problemen wg. begrenzter Zahl voll einsatzfähiger Personen.

Funktionen des Arbeitsamtes: Überprüfung der Wichtigkeit unternehmerischer Produktionsvorhaben, Überprüfung der wöchentl. Arbeitszeit. Ggf. Umschichtung von Arbeitskräften auf Veranlassung des Arbeitsamtes. Von Bopp & Reuther z. B. wurden 100 Mann abgezogen.

Erstmals konnten Schwerbeschädigte auch amerikanischen Stellen zugewiesen werden. "Diese Tatsache verdient besonders betont zu werden, weil viele der deutschen Auftraggeber sich gegen die Zuweisung von Schwerbehinderten und beschränkt Einsatzfähigen sträuben".

Rückläufige Zahl an heimkehrenden Kriegsgefangenen. Aus der Sowjetunion kommende Rückkehrer sind wg. Unterernährung und körperlicher Gebrechen nicht einsatzfähig.

Wiedereröffnung der Schulen und Universitäten: Schüler und Studenten gehen dem Arbeitsmarkt verloren.

Die Anzahl arbeitsfähiger Personen unter den Ostflüchtlingen ist sehr gering.

Lanz mußte vorübergehend 450 Arbeitskräfte abgeben, jetziger Personalstand bei 1800 Personen. Ebenso MWM mit 100 Personen. „Die Betriebsräte der einzelnen Unternehmen machen bei diesen Firmeneinsätzen große Schwierigkeiten".

„ungeheurer Arbeitskräftemangel".

Betriebsräte lehnen über den Verordnungsrahmen deutlich hinausgehend die Beschäftigung früherer Nazis ab — dies wirkt sich gegenüber der allgemeinen Wirtschaftslage als störend aus.

Arbeitskräftebedarf für die Militärregierung ist binnen Stunden ggf. unter andersweitigem Abzug sofort zu erledigen.

Arbeitsunlust und Arbeitswilligkeit: „Die Arbeitsvermittlungen haben gegen den mangelnden Arbeitswillen der Unbeschäftigten einen harten Kampf zu führen (..) der Hauptgrund der Arbeitsunlust dürfte in der allgemeinen politischen und wirtschaftlichen Unruhe zu suchen sein. Da die Parolen über eine bevorstehende Geldentwertung oder gar Inflation immer wieder auftauchen, hat natürlich das Volk kein Interesse zu arbeiten und zu sparen, sondern steht auf dem Standpunkt, das aufgesparte Geld zu verbrauchen, bevor es verloren geht. Auf diese Ursache ist letzten Endes auch der Schwarzhandel zurückzuführen. Die Ausländer widersetzen sich grundsätzlich jeder Arbeitsaufnahme".

Ernährungslage: Die Durchführung von Gewichtsüberprüfungen bei Passanten ergab allgemeine Untergewichtigkeit.

Wirtschaft: Mannheims Spiegelfabrik liefert monatlich 120 000 m² Glas. Daimler-Benz: Neuaufnahme der Produktion eines 4,5-Tonnen-LKW. Lanz: Belegschaft von 2000 Personen. Produktion von Kartoffelrodern, Dreschmaschinen und Strohpressen. Sunlicht AG: Zum Großteil noch von der Militärregierung als Verpflegungslager beschlagnahmt - Belegschaft 540 Mann. Produktion von Waschmittel und Feinseife aufgenommen. Rheinische Gummi- und Zelluloidfabrik: 1015 Beschäftigte. Baugewerbe mit außerordentlich hohem Kräftebedarf. Nahrungs- und Genußmittelgewerbe: Entnazifizierung bewirkte die Schließung von 48 Alleinbetrieben. Freudenberg Weinheim: 3500 Beschäftigte. Beschäftigungstendenz mit sehr starken Schwankungen.

Notstandsarbeiten: Beseitigung der Trümmer am Neckar. Schuttaufräumungsarbeiten im Stadtgebiet. Beschäftigung von mehreren hundert Personen teilweise von Firmen angestellt. Großeinsatz zur Beseitigung des Schuttes in den innerstädtischen Straßenzügen – das Stadtbild hat eine wesentliche Änderung erfahren. Kosten trägt die Stadtverwaltung.

Arbeitsrecht: Das Arbeitsamt hat eine Abteilung „Arbeitsrecht und Tarifordnung" eingerichtet, da NS-Gesetze außer Kraft sind. Starke Frequentierung.

Ostflüchtlinge: Errichtung eines Durchgangslagers in Hockenheim für 800 Pers.

Anmahnung an Betriebe zur Auslastung der Beschäftigten – 48 Std. Woche.

Verwaltungstechnische Fragen: „Da das Arbeitsamt über sehr viele, hier zu berichtende Fragen selbst keine Kenntnisse und Übersicht besitzt, ist es auf Angaben anderer Dienststellen angewiesen. Ferner ist es besonders bedauerlich, dass durch die Kriegseinflüsse fast alle Unterlagen der letzten Jahre verlorengegangen sind und damit die Ausstellung von Vergleichen fast unmöglich ist".

Februar

Allgemeine Wirtschaftslage: Leichte Belebung, weiter Rohstoffmangel. Frauen üben leichte Bauhilfsarbeiten aus, da Mangel an volleinsatzfähigen Männern.

„Besonders groß ist die Arbeitsunlust bei den Jugendlichen beiderlei Geschlechts".

Wirtschaft: Herstellung von Dachpappe und Schuhsohlenleder. Im Metallsektor erlaubt der Facharbeitermangel nur die Erledigung der dringendsten Aufgaben.

„Die Verpflichtung zur Arbeitsleistung wurde im Berichtsmonat auf das notwendige Maß beschränkt".

März

„Wohl in keinem Bereich des Landesarbeitsamtes Württemberg-Nordbaden ist der Arbeitskräftemangel so katastrophal wie gerade in Mannheim". Ursachen hierfür:

- *keine Stadt weist so umfangreiche Zerstörungen auf wie gerade Mannheim.*
- *Sprengung der Rhein- und Neckarbrücken durch die Wehrmacht.*
- *Großanlagen des Rheinhafens sind durch Kriegseinwirkungen unbrauchbar geworden.*
- *Mannheim beherbergt wg. der guten Verkehrslage bes. zahlreich Depots, Versorgungsstützpunkte und Dienststellen der Militärregierung – 7000 volleinsatzfähige Hilfskräfte und Facharbeiter sind dadurch dem Arbeitsmarkt entzogen.*
- *Gegenwärtig entfallen die zahlreichen Pendler des Umlandes, die ursprünglich zur Arbeit nach Mannheim kamen. Pfalz: Nicht jeder erhält einen Paß zum Überschreiten der Rheinbrücke. Ansonsten stehen die Verkehrsverhältnisse dem Pendlerverkehr entgegen. Hessen: Kräfte werden im eigenen Bezirk benötigt.*

April

Geopolitische Lage: „Die Zufuhr neuer Rohstoffe ist vielfach durch die bestehende Zoneneinteilung unmöglich gemacht. Es steht zu befürchten, daß Betriebe verschiedener Industriezweige vollständig zum Erliegen kommen".

Verkehrsübergabe der Ebert-Brücke am 1. Mai. Seit Monaten wurde im 3-Schicht-Betrieb gearbeitet.

„Auf Anordnung der Militärregierung wird Pg. mit Wirkung vom 15. Mai d. Js. soweit sie nicht Berufsfahrer sind, der Führerschein entzogen. Durch diese Maßnahme wird der Bedarf an Kraftfahrern im kommenden Monat erheblich vergrößert werden, der jedoch gedeckt werden kann".

Mai

Herstellung der Zugverbindung Mannheim - Weinheim - Frankfurt (Reparatur der Eisenbahnbrücke bei Ladenburg).

Beschäftigung von Strafgefangenen: „Um Arbeitskräfte für den Aufbau zu gewinnen, werden aufgrund einer Vereinbarung mit der örtlichen Militär-Regierung die Personen, die von einfachen amerikanischen Militärgerichten zu Freiheitsstrafen bis zu einem Jahr verurteilt wurden, nicht dem Gefängnis zur Ver-

büßung ihrer Strafe übergeben, sondern zur Arbeit verpflichtet. Der Einsatz obliegt dem Arbeitsamt".

Ostflüchtlinge werden vornehmlich im Landkreis und dort in der Landwirtschaft untergebracht.

Dienstverpflichtung: Bei Frauen erstmals wieder Dienstverpflichtung ausgesprochen – 55 Personen zum Kirschgartshäuser Hof.

Vögele AG: Derzeitig 600 Beschäftigte. Produktion von Baumaschinen, Betonmischern, Steinbrechern und Spezialmaschinen für Straßenbau und Eisenbahn. Die Höhe der Produktion wird von dem zugewiesenen Stahlkontingent bestimmt.

Juni

Verschärfung der gesamten Arbeitseinsatzlage: Vermittlungen rückläufig und Zunahme der offenen Stellen. Hintergrund ist die Verschlechterung der Ernährungslage die bei vielen trotz Arbeitswillen zur Aufgabe der Tätigkeit zwingt.

Weibl. Strafgefangene: Von 14 an die Landwirtschaft überstellten Frauen traten 5 Frauen die Arbeit an, der Rest wurde zur Strafverbüßung zurückgemeldet.

Metall: Gießereien können bei der augenblicklichen Lebensmittelversorgung kaum mit Arbeitskräften versorgt werden.

Fachkräfte versuchen bei den Amerikanern unterzukommen, da dort Zusatzverpflegungen verabreicht werden.

Militärregierung: Über das Polizeipräsidium Anforderung von 2000 politisch unbelasteten Wachleuten zur Sicherung amerikanischer Depots – Polen sollen abgelöst werden. Ohne Vermittlung des Arbeitsamtes stellten die Amerikaner im Laufe der Monate bisher 8600 Personen ein – nach Absprache mit der Militärregierung wird diese Praxis beendet.

August

Anwerbung von Arbeitskräften in den benachbarten Odenwaldgemeinden, 100 Personen pendeln mit dem Omnibus.

Kanalbrücke Ilvesheim - Ladenburg wieder hergestellt und in Betrieb.

Wegfall der Zonengrenze zwischen dem britischen und amerikanischen Bereich am 1. September, eine Verbesserung der Rohstoffversorgung wird erwartet.

Pfalz: Verweigerung der Ausstellung von Passierscheinen, Filialbetriebe sind vollkommen abgeschnitten.

Zuteilung von Arbeitsschuhen an Landkreis mit 200 Paar, an Stadtkreis 350 Paar.

September

Konjunktur: „Die Zahlenangaben der offenen Stellen zeigen (..) im Vergleich zum Vorjahr ein starkes Ansteigen der Anforderungen und bedeuten zweifellos einen erfreulichen Aufschwung und Aufbau der Wirtschaft".

Arbeitsleistung: „Die Firmen führen Klage darüber, daß ein großer Teil der Belegschaft jede Woche 1–2 Tage unentschuldigt der Arbeit fernbleibt, um sich Kartoffeln und Brennholz zu besorgen. Den Firmen kann hierbei der Vorwurf nicht erspart bleiben, daß sie dies zulassen und nicht von sich aus versuchen, dagegen einzuschreiten".

Verbringung von 832 in Kellerräumen etc. lebenden Obdachlosen nach dem Durchgangslager Hockenheim zur Verteilung auf den Landkreis – Befehl der Militärregierung.

Anwerbung: „Verschiedene Firmen haben im Odenwaldgebiet selbst Arbeitskräfte geworben, denen teilweise Versprechungen hinsichtlich der Lohnhöhe, Fahrgelderstattung und Verabreichung von Mittagessen gemacht wurden, die nach Aufnahme der Arbeit nicht eingehalten wurden, oder nicht den Erwartungen entsprachen, sodaß laufend Arbeitsvertragsbrüche die Folge sind".

Oktober

Konjunktur: Stärkere Ingangbringung der Wirtschaft.

Rohstofflage je nach Branche sehr unterschiedlich, analog Kohle und Hilfsstoffe.

Wg. Wegfall pfälzischer Gemüselieferungen wird die eigene Landwirtschaft entsprechend forciert.

Bopp & Reuther nahm die Produktion von Kohleöfen neu ins Programm.

Zellstoff mit derzeit 1550 Beschäftigten produziert monatlich 1000 to. Zellstoff, 100 to. Hefe, 900 to. Papier und 300 to. Gerbestoffextrakt.

November

Stromkürzung für die Industrie angekündigt, evtl. Einschränkung auf 3-Tage-Woche.

Geopolitische Lage: „Es muß immer wieder betont werden, daß gerade unser Wirtschaftsgebiet unter der Abgrenzung von der franz. Zone leidet, das besonders mit der Pfalz und Ludwigshafen verflochten war. Dieses wurde auch von dem Stadtrat der Stadt Ludwigshafen betont, der im vergangenen Monat in einer Resolution an die franz. Militärregierung auf die enge Verflechtung der beiden Städte Mannheim und Ludwigshafen hinwies und um Erleichterung des Grenzverkehrs bat".

„Arbeitsvertragsbrüchige wechseln evtl. die Arbeitsplätze, weil sie in der neuen Arbeitsstelle in den Genuß einer zusätzlichen Mahlzeit kommen".

Priorität auszuführender Arbeiten bei der Bauwirtschaft: Militärregierung Privatwohnungen – Industriebauten.

Dezember/Jahresbilanz

Hauptdefizite sind:
- Notwendigkeit des Wiederaufbaus
- Ernährungslage
- Fehlen von Arbeitskleidung
- Wohnraummangel
- Kriegsheimkehrer, körperl. Zustand
- Arbeitskräftebedarf für Amerikaner
- Rohstoffmangel
- Franz. Zonenabgrenzung
- Stromkürzungen für die Industrie.

Schuttaufräumungsaktion der Stadt: Bisher wurden 350.000 cbm Schutt entfernt, hierbei 600 Mann im Einsatz mit 8 Baggern, 25 Lokomotiven, 380 Kipploren und 24 km Gleis. Restschutt von ca. 300 000 bis 350 000 cbm soll bis Ende 1947 abgetragen sein.

„Arbeitsbuchstatistik" für den Arbeitsamtsbezirk – Stand Dezember 1946

	Männer		Frauen	
	unter 18	über 18	unter 18	über 18
nicht arbeitsfähig	0,5	3	1,5	0,7
von der Arbeit befreit	16,3	2,5	19	60,5
arbeitslos	0,5	4,5	2,5	1
Beschäftigte Arbeiter und Angestellte	80,3	77,5	72	28,5
Selbstständige	–	11,3	–	2,7
Mithelfende (Prozent)	2,5	1,5	5	6,5
Gesamtzahl der Registrierten	8 052	108 464	8 616	102 310

Landwirtschaft: Arbeitskräftebedarf bei Ungelernten über Flüchtlingseinsatz gedeckt, vereinzelt Fachkräftemangel.
Steine und Erden: Wg. Wiederaufbau permanenter Arbeitskräftemangel, bes. Ziegeleiarbeiter.
Metall: Zunehmender Mangel an Arbeitskräften. Nur „Bruchteil" der Vorkriegsbelegschaft erreicht.
Chemie: Spannungen bei der Arbeitskräfteversorgung trotz Priorität (z. B. Kunstdüngerversorgung, Schuhsohlen).
Holzgewerbe: Facharbeitermangel und Rohstoffknappheit, bes. Holz.
Nahrungs- und Genußmittel: Arbeitskräftebedarf weitgehend befriedigt.
Baugewerbe: Außerordentlicher Mangel an Fach- und Hilfskräften. Erhöhung des Bauarbeitertarifs und Sonderkontingente an Arbeitsschuhen förderten die Arbeitsaufnahme. Bedarf der Besatzungsmacht mußte kurzfristig über Firmeneinsätze gedeckt werden.
Haus- und Gastwirtschaft: Gastwirtschaft entfaltet nur geringe Aktivitäten im Vergleich zur Vorkriegszeit. Hauswirtschaft meldet hohen Bedarf an Hausgehilfinnen, Bewerberzahl sehr gering. Fabrikarbeit wird wg. Freizeit und besserem Verdienst vorgezogen.
Verkehrsgewerbe: Bereitstellung der notwendigerweise volleinsatzfähigen Kräfte ist mit größten Problemen verbunden. Hauptanfragen durch Besatzungsmacht, Reichsbahn, Schiffahrtsgesellschaft und Holzexportvereinigung Oberrhein.
Kaufmänn. und technische Angestellte: Gute Beschäftigungslage jüngerer Kräfte wg. betrieblichen Wiederaufbaus. Ältere Kräfte ergreifen Hilfsarbeiten oder werden umgeschult.
Frühere NSDAP-Mitglieder: „Die Erfahrungen der letzten Monate bewiesen, daß ehemals politisch Belastete, obwohl sie durch die Spruchkammern entnazifiziert sind, von der Besatzungsmacht und von vielen Betriebsvertretungen der Betriebe abgelehnt werden und dadurch ihre Unterbringung in Arbeit nicht möglich ist".
Besatzungsmacht: Angeforderte Kontingente nach wie vor sehr umfangreich, gleichbedeutend mit einer Hypothek für den übrigen Arbeitsmarkt. Trotz Besserstellung dortig Beschäftigter hohe Fluktuation, vermehrt Austausch von Polen durch Deutsche.

Personal der Besatzungsmacht November 1946

- Deutsche	13 769
- Verschleppte	579
- Ausländer	878
- Dt. Wachpers.	1 342
- Poln. Wachpers.	7 234
- Summe	23 902

Arbeitserschwernisse durch fehlende Dienstvorschriften und Arbeitsmaterialien.
Statistische Erhebung von Dezember 1946: Erfassung aller im Gebiet polizeilich gemeldeten Personen zwischen 14 und 65 Jahren bei Männern, und 15 bis 50 Jahren bei Frauen. Gesetzl. Grundlage Befehl Nr. 3 des Alliierten Kontrollrates. Die Erhebung wurde nach den Richtlinien der alten Arbeitsbuchkartei durchgeführt, das Arbeitsbuch selbst entfiel. Wg. unterschiedlicher Operationalisierung mit der 1938er Erhebung nicht vergleichbar.

Rückkehr von Kriegsgefangenen im Jahr 1947:

- amerikanische	Gefangenschaft	839 Pers.
- englische	Gefangenschaft	1 471 Pers.
- französische	Gefangenschaft	1 536 Pers.
- russische	Gefangenschaft	869 Pers.
- Summe		4 715 Pers.

1948
Ungedeckter Arbeitskräftebedarf der wichtigsten Berufsgruppen:

- Landarbeiter	2,7
- Metallfacharbeiter	9,7
- Holzarbeiter	2,4
- Baufacharbeiter	10,1
- Verkehrsarbeiter	4,8
- Hausgehilfinnen	4,8
- Hilfsarbeiter	50,8
- Sonstige	14,7
(Angaben in Prozent)	
- Summe Personen	14 684

Gründe für einen Arbeitsplatzwechsel:

	Arbeitnehmer	Arbeitgeber
- Rückkehr zum alten Beruf	6,8	
- Lehrstellenantritt	3,4	
- höhere Entlohnung	34,8	
- allgemein Krankheiten	23,6	6,2
- Kriegsbeschädigungen	3,9	
- Rückrufe zu Behörden	2,5	
- weiter Anmarsch zur Arbeit	6,1	
- Wegzug von Mannheim	3,2	
- sonstige Gründe	15,2	12,3
- Arbeitsmangel		14,3
- Nichteignung		9,7
- unentschuldigtes Fernbleiben		41,3
- Diebstahl		16,2
	(Angaben in Prozent)	

Antragssumme bei Arbeitnehmern 2 156, hiervon 133 Gesuche abgelehnt. Arbeitgeberanträge 578, sämtliche angenommen.

1949
Januar

Allgemeine Wirtschaftslage: Anstieg der Arbeitslosigkeit binnen vier Wochen von 2014 auf 2948 Personen. Hintergründe: Entlassungen der Eisenbahndirektion Stuttgart von 3800 Beschäftigten, AA-Bezirk mit 412 Entlassungen betroffen. Entlassungen bei der Besatzungsmacht von 200 Beschäftigten, weitere 150 Entlassungen angekündigt. Großsortierbetrieb für Fertigtextilien in Mannheim-Sandhofen 220 Entlassungen vorgenommen, weitere 150 Entlassungen geplant.

Landwirtschaft: „Die Abwanderung der Arbeitskräfte aus der Landwirtschaft hält unvermindert an, und da durchweg nur noch geschulte Landarbeiter verlangt werden, wird die Gestellung solcher Kräfte immer schwieriger. Selbst solche landwirtschaftliche Arbeitskräfte, die eine ordnungsgemäße zweijährige Lehre und die Winterschule absolviert haben, ziehen es vor, als Hilfsarbeiter in die Industrie überzuwechseln. Der Landarbeiter sieht in seinem Beruf kein Fortkommen mehr und versucht, sobald er im heiratsfähigen Alter ist, unter allen Umständen Arbeit außerhalb der Landwirtschaft zu bekommen, um sich die nötigen Ersparnisse für den später zu gründenden Hausstand zu erwerben".

„Auch die Edinger Brot- und Keksfabrik berichtet über Schwierigkeiten in der Mehl- und Brikettbeschaffung, wie sie seit Kriegsende nicht mehr aufgetreten sind. Z. Zt. ist es kaum noch möglich, auch nur einen Bäcker in Arbeit zu bringen".

Hauswirtschaft: „Illegale Grenzgänger, die bereits im Lager Karlsruhe waren und die Einweisung für den Mannheimer Bezirk erhielten, wurden sofort vermittelt. Im Übrigen besteht

Notwohnung 1949 in Mannheim-Neuostheim, untergebracht in einer früheren Flak-Stellung

nach frauenlosen Haushalten eine übergroße Nachfrage, da die Hausgehilfinnen die Auffassungen vertreten, an diesen Plätzen leichter arbeiten zu können".

Februar

Umstrukturierung der Wirtschaft wg. Währungsreform und dadurch Neudefinition der Konkurrenzlage: „Es ist unverkennbar, daß es sich bei diesen Vorgängen (gemeint sind umfangreichere Entlassungen, Anm. des Verf.) um einen Reinigungsprozeß der Wirtschaft handelt, sowohl betrieblich als auch personell; denn es zeigt sich neuerdings, daß die Betriebe bei Neueinstellungen eine sehr sorgfältige Auswahl unter den Bewerbern treffen".

Metall: Trotz Stagnation ist die Lage relativ gut. Lanz rekrutiert 215, das Strebelwerk 134 neue Arbeitskräfte.

Bauwirtschaft: Sozial ausgerichtetes Wohnungsbauprogramm der Landesregierung verspricht erhebliche Auftragseingänge – Vorbereitungen laufen.

Angestelltenberufe: Zur Zeit werden nur noch junge männliche Kräfte mit Universalkenntnissen gesucht.

März

Konjunktur: Zurückhaltung bei der Industrie, verstärkt werden Entlassungsanträge gestellt. „Die Gründe für diese Massenentlassungen liegen in den bekannten Absatzschwierigkeiten infolge Geldmangels der Käufer oder im Auftreten günstiger liefernder Konkurrenz".

Arbeitslosenquote im März bei 2,6%, im Dezember des Vorjahres noch bei 1,4%.

Landwirtschaft: Verhandlungen mit dem Landesgefängnis Mannheim werden geführt, um Strafgefangene für Saisonarbeiten dem Straßenheimer Hof zuzuführen. Auf den Gutshöfen Kirschgartshausen und Insultheim droht wegen Lohnfragen der Streik.

April:

Konjunktur: Kaufkraftschwund, Auftragsmangel, Absatzschwierigkeiten. Selbst bisher ausgesprochen krisenfeste Betriebe beginnen vorsichtig zu disponieren. Rd. 30% der Arbeitslosen sind Angestellte. Fertigtextil-Sortieranstalt plant 1200 Entlassungen.

Rhein-Chemie (Kautschukverarbeitung): Entlassung von 120 Arbeitskräften wg. 90 prozentigem Wegfall bereits erteilter Aufträge. Analog Gummiregenerierwerk Becker & Co., Ladenburg – der Verbraucher bevorzugt anstatt bisheriger Gummisohlen für „teure Dollars eingeführte Ledersohlen. In seinen Wünschen wird der Kunde auch noch von seinem Schuhmacher bestärkt, weil erfahrungsgemäß Ledersohlen öfter als Gummisohlen erneuert werden müssen". Deutsche Zündholzfabrik Produktionsrückgang um 75%. Die Chemie am Ort ist in der Krise.

Mai

Individuelle Arbeitsleistung: „Die seit der Währungsreform beobachtete Leistungssteigerung des Einzelnen ergibt eine zwangsläufige Freisetzung von Arbeitskräften, zumal die Leistungssteigerung den durch Freisetzung erwarteten Produktionsausfall wertmäßig nach wie vor übersteigt".

Produktionsstatistik der Industrie- und Handelskammer:

	Beschäftigte	geleistete Lohnstd.	ausgefall. Lohnstd.	Bruttoproduktionswert (Quartal)
März 1948	40223	5142436	1165784	103831782
März 1949	51481	7803750	901541	213374280

Juni

Ostzone: „Hoffnung der Firmen auf Wiederbelebung der Geschäftsbeziehungen mit den Partnern in der sowjetischen Zone (...) teilweise geäußerte optimistische Auffassung".

Auslandskonkurrenz: „Selbst erhebliche Reduzierungen der Preise, die in normalen Zeiten als Kampfpreise zu bezeichnen wären, haben nicht ausgereicht, um mit der Importware konkurrieren zu können". Notstandsarbeiten erstmals in Anlehnung an 139, AVAVG beantragt. Antragsteller Gemeinnützige Gesellschaft für Trümmerbeseitigung und -verwertung mbh Mannheim. Projekt: Verstärkte Trümmerbeseitigung in Mannheim, Kanalisationsarbeiten in Schriesheim und Brühl – 116 Arbeitslose für 7530 Tagewerke.

Juli

Konjunktur: Besserung der Arbeitsmarktlage infolge Anlaufen verschiedener Wohnungsbauprojekte. AL-Quote 3,2%.

Notstandsarbeiten: Im Rahmen der wertschaffenden Arbeitslosenhilfe liegen sechs Anträge mit einer Beschäftigung von 400 Arbeitern bei 50 000 Tagewerken vor.

August

Konjunktur: Senkung des Diskontsatzes durch die Bank Deutscher Länder begünstigt die Entwicklung des Kapitalmarktes.

Berufsberatung: Allgemein schwierige Lage, Umberatungen stoßen oftmals auf Unverständnis der Eltern.

Schwerbeschädigte: „Es bleibt auch für diesen Monat festzustellen, daß es nur wenige Firmen gibt, die von sich aus bereit sind, Schwerbeschädigte einzustellen".

A 35.

Im Arbeitsamtsbezirk Mannheim wohnhafte Arbeitnehmer
(Beschäftigte und Arbeitslose) seit Juni 1948

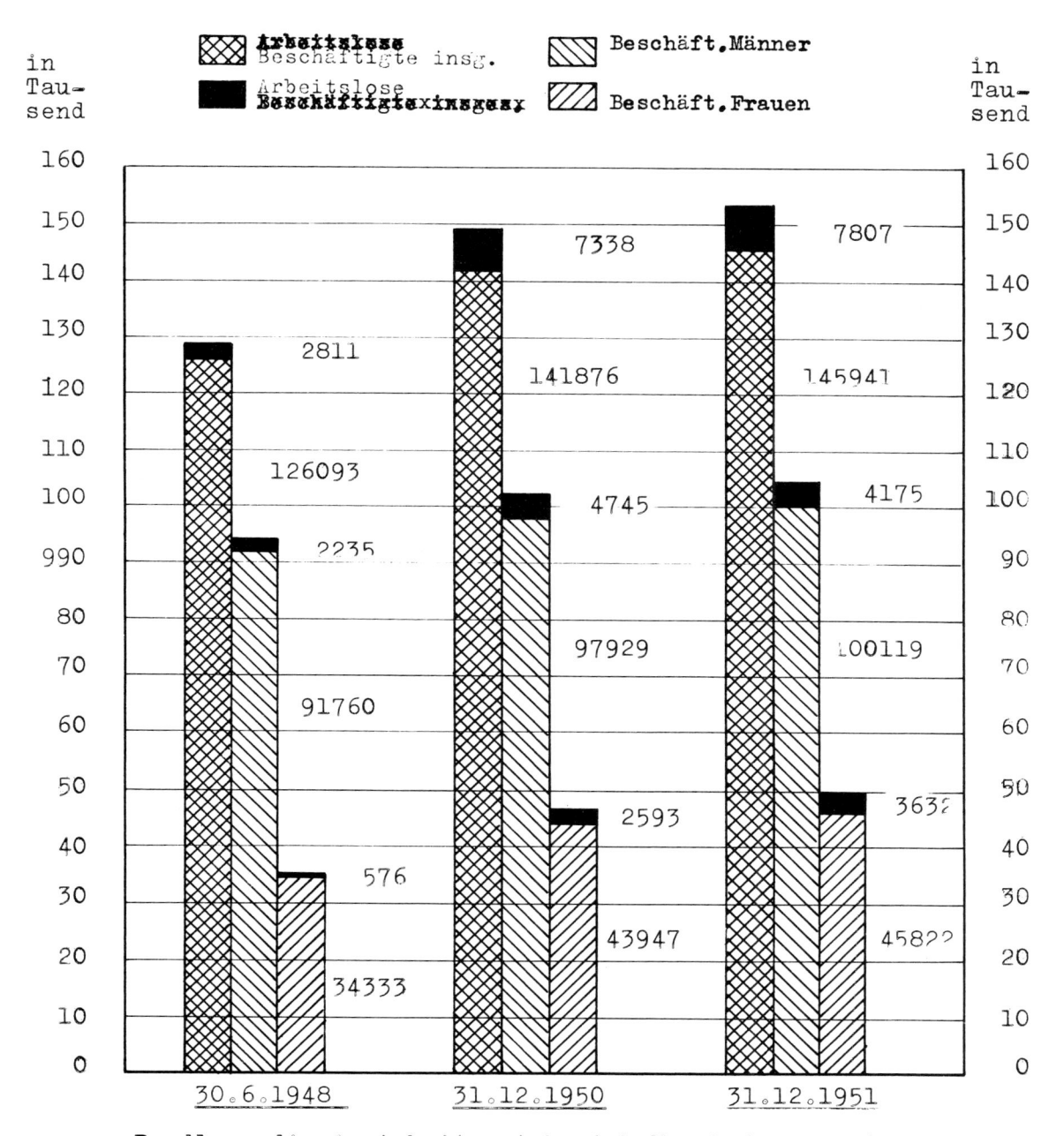

Legend:
- Beschäftigte insg.
- Arbeitslose
- Beschäft. Männer
- Beschäft. Frauen

Datum	Beschäftigte insg.	Arbeitslose	Beschäft. Männer	Beschäft. Frauen
30.6.1948	126093	2811	91760	34333
		2235		576
31.12.1950	141876	7338	97929	43947
		4745		2593
31.12.1951	145941	7807	100119	45822
		4175		3632

(in Tausend, y-Achse 0–160)

Hinzu Pendler, die im Arbeitsamtsbezirk Mannheim arbeiten, jedoch ausserhalb des Bezirks wohnhaft sind:

  24 000   ---   30 000

A 36.

Der Anteil der Männer und Frauen an der Gesamtzahl der Arbeitslosen nach Berufsgruppen im Arbeitsamtsbezirk Mannheim

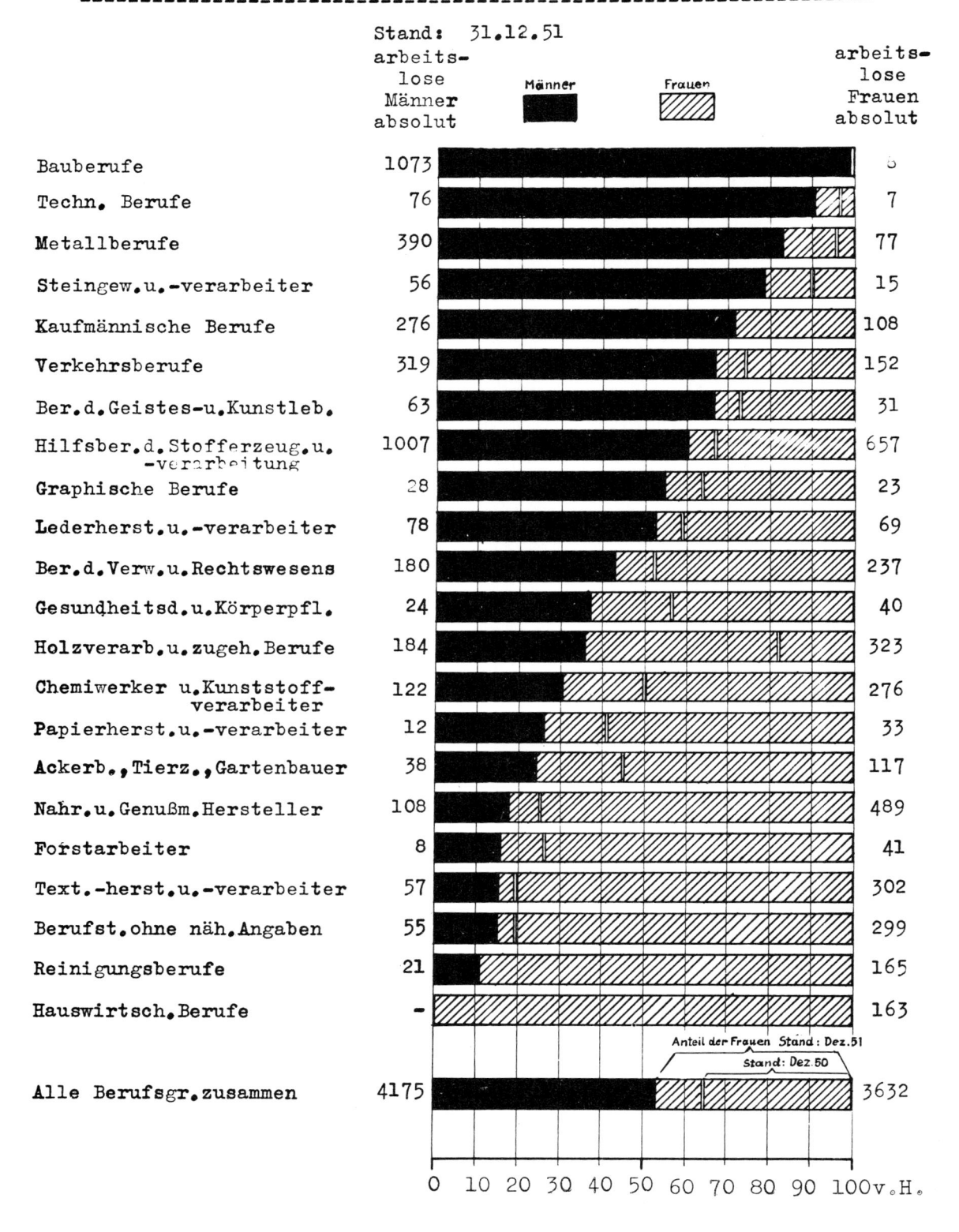

Stand: 31.12.51

Berufsgruppe	arbeitslose Männer absolut	arbeitslose Frauen absolut
Bauberufe	1073	0
Techn. Berufe	76	7
Metallberufe	390	77
Steingew.u.-verarbeiter	56	15
Kaufmännische Berufe	276	108
Verkehrsberufe	319	152
Ber.d.Geistes-u.Kunstleb.	63	31
Hilfsber.d.Stofferzeug.u.-verarbeitung	1007	657
Graphische Berufe	28	23
Lederherst.u.-verarbeiter	78	69
Ber.d.Verw.u.Rechtswesens	180	237
Gesundheitsd.u.Körperpfl.	24	40
Holzverarb.u.zugeh.Berufe	184	323
Chemiewerker u.Kunststoffverarbeiter	122	276
Papierherst.u.-verarbeiter	12	33
Ackerb.,Tierz.,Gartenbauer	38	117
Nahr.u.Genußm.Hersteller	108	489
Forstarbeiter	8	41
Text.-herst.u.-verarbeiter	57	302
Berufst.ohne näh.Angaben	55	299
Reinigungsberufe	21	165
Hauswirtsch.Berufe	–	163
Alle Berufsgr.zusammen	4175	3632

0 10 20 30 40 50 60 70 80 90 100 v.H.

September

Höchster Beschäftigungsstand seit der Währungsreform (130 638 Personen) wurde erreicht. Arbeitsmarktlage bei Frauen problematisch wegen verstärkten Zustromes:

Arbeitslose	Männer	Frauen	gesamt
6.49	3423	1786	5209
7.49	3448	2150	5598
8.49	3210	2753	5963
9.49	3223	3043	6266

Oktober

Intervention des Arbeitsamtes bei bevorstehenden Entlassungen. Beispiel Firma Holzmann, die nach Erledigung eines Bauauftrages die Entlassung von 111 Mitarbeitern plante: „Durch geschickte Führung der Verhandlungen und durch Intervention beim Bauherrn konnte erreicht werden, daß die Entlassungen nicht in beabsichtigtem Umfang wirksam werden".

November

Konjunktur: „Die letzten 2 Monate eines jeden Jahres stehen im Zeichen eines geringen Auftragseinganges und eines Ansteigens der Arbeitslosenzahlen".

Branchenstruktur: „Metallindustrie, die Mannheim das Gepräge gibt".

Auslandsmarkt: Fa. Marquardt-Stahlbau, Ladenburg, gelang der Einstieg in das Exportgeschäft: Zwei Bagger für südamerikanisches Land sind geordert, mit der Türkei und anderen Staaten finden Verhandlungen statt. Hommelwerke haben Geschäftsverbindungen mit Jugoslawien und Ungarn aufgenommen. Erste Aufträge konnten eingeholt werden.

Dezember

„Das verflossene Jahr führte im allgemeinen zu einer Konsolidierung der wirtschaftlichen Verhältnisse".

Reintegration von Heimkehrern: „Die bisher bereits als vornehmste Pflicht des Arbeitsamts angesehene Aufgabe in der Betreuung der Heimkehrer und deren Vermittlung in Arbeit erfuhr im Monat Dezember eine bedeutende Intensivierung. Bereits zu Anfang des Monats konnte aufgrund des guten Verhältnisses zur Presse diese zur Unterstützung einer großzügigen Aktion zugunsten der Heimkehrer gewonnen werden. Unter dem Motto, „Ein Arbeitsplatz – das schönste Geschenk für den Heimkehrer", veröffentlichten sämtliche Mannheimer Tageszeitungen einen an die Unternehmen gerichteten Aufruf, der die Fachkenntnisse, das Alter und die Berufswünsche enthielt. Erfreulicherweise zeigte der an das soziale Gewissen gerichtete Appell gute Erfolge, gelang es doch, von den 98 aufgeführten Heimkehrern zwischenzeitlich 57 in feste Arbeitsverhältnisse zu vermitteln".

Notstandsarbeiten: Sechs Maßnahmen wurden 1949 abgeschlossen, Jahresdurchschnittsbeschäftigung von 236 Personen. Aktionsfelder: Straßenbau, Kanalisation, Flußregulierung, Wiederaufforstung, Trümmerbeseitigung.

Die zitierten Dokumente lassen durchaus erkennen, daß bezüglich der Aktivitäten des Mannheimer Arbeitsamtes direkt nach Kriegsende Rückgriffe auf das NS-Repertoire erfolgten, was gleichermaßen Meldezwang, Dienstverpflichtung und an „Auskämmaktionen" erinnernde Belegschaftsumschichtungen umfaßte. Die kritische Haltung der Öffentlichkeit bewirkte hier über Zeit ein gewisses Maß an Zurückhaltung, um das ohnehin lädierte Ansehen der Behörde nicht noch zusätzlich zu belasten. Diesen autoritären Attitüden stand andererseits eine flankierende Mitarbeit beim Entnazifizierungsprozeß gegenüber, soweit dies die jeweils spezifische Unterbringung früherer Parteigenossen und ehemals politisch Verfolgter im Arbeitsleben betraf. Der akute Arbeitskräftemangel jener Zeit machte selbst die Heranziehung hierzu geeigneter Strafgefangener nötig. Die Hauptprobleme des Wirtschaftsaufbaus umrissen die Verfasser der Arbeitsmarktberichte mit Stichworten wie Nahrungsdefizit, Kleidungsmangel, Wohnraumlücken, Kriegsheimkehrer, Arbeitskräftebedarf der Amerikaner, akuter Arbeitskräftemangel, Rohstoffknappheit, Stromsperren und geopolitischer Abschnürung.

Markant setzte die Währungsreform eine auch in Mannheim sichtbare ökonomische Zäsur, die nach Beendigung der arbeitsmarktspezifischen Zwangseingriffe in eine liberalere Geschäftspraxis des Arbeitsamtes überleitete. Im Jahresbericht für 1951 gab der Vorsitzende Kuhn das jetzige Ansehen der Behörde betreffend, folgende Einschätzung ab:

„Die Arbeitsverwaltung hatte im abgelaufenen Geschäftsjahr Gelegenheit zu beweisen, daß die Arbeitsämter nicht mehr als sogenannte Arbeitseinsatzbehörden auftreten, sondern dazu berufen sind, der Wirtschaft vor allem die zur Erfüllung ihrer Aufgaben erforderlichen Arbeitskräfte, insbesondere Facharbeiter zur Verfügung zu stellen. Es konnte daher ein wachsendes Vertrauen zum Arbeitsamt festgestellt werden, was vor allem in der vielseitigen Inanspruchnahme seiner Dienststellen zum Ausdruck kommt".

Fortschritte im Hinblick auf die Reetablierung einer funktionierenden und sozial ausgewogenen Selbstverwaltung in Anlehnung an die bis 1933 bestehenden Verhältnisse nannte Kuhn im Bericht an anderer Stelle:

„Das Arbeitsamt ist unter meiner Leitung stets bestrebt, die ihm zukommende ausgleichende Funktion zwischen den Sozialpartnern ohne bürokratische Hemmungen wahrzunehmen. Es konnte dadurch einen wesentlichen Beitrag zum sozial- und wirtschaftspolitischen Neuaufbau unseres jungen Staates leisten".

Probleme dagegen warf die Arbeitslosigkeit auf, die im Gefolge der Währungsreform kontinuierlich bis 1952 anstieg und zunehmend Spuren gerade bei weiblichen Arbeitnehmern hinterließ (A 35, 36). Vielschichtige und branchenspezifisch gesondert vorhandene Einflußgrößen regulierten den Wirtschaftsprozeß, der verstärkt Arbeitslosigkeit in Konsequenz härterer zwischenbetrieblicher Konkurrenz und erhöhter individueller Leistungsbereitschaft produzierte. Mit der beruflichen Integration Schwerbeschädigter und weiterhin auch Flüchtlingen fiel den Arbeitsämtern auf Jahre hin ein zusätzliches Betätigungsfeld zu, erste Anfänge in der Ausländervermittlung verwiesen im Ansatz auf ein noch folgendes Kapitel deutscher Wirtschaftsgeschichte.

VII.
Stationen der weiteren Nachkriegsentwicklung bis zur Gegenwart 1952–1993

1. Kontext: Wirtschaftswunder, Strukturwandel und Krise auf hohem Niveau

Durch die Unterzeichnung des Deutschlandvertrages 1952 erhielt die junge Bundesrepublik wieder die Rechte eines souveränen Staates, zumindest formal trat der Besatzungsstatus außer Kraft. Die zweite Demokratie auf deutschem Boden steuerte den Kurs auf Westintegration, dies politisch wie ökonomisch. Ludwig Erhard, seit 1949 als Bundeswirtschaftsminister im Amt, entwickelte auf der Basis von Marshallplanhilfe und Währungsreform das freilich keineswegs unumstrittene Konzept der „sozialen Marktwirtschaft". Deutschland gelang in der Folge ein respektabler ökonomischer Aufschwung, für den synonym die Formel „Wirtschaftswunder" in Übung kam. „Arbeit bedeutete zunächst – und dieser Aspekt war nach den 'verlorenen Jahren' des Soldaten-, Gefangenen- und Hungerlebens garnicht hoch genug zu veranschlagen – friedliches Tätigseindürfen; und sie ermöglichte Verdienst, der in den Konsum notwendiger und lang entbehrter Waren umgesetzt werden konnte"[1]. Auf längere Sicht avancierten Status und Konsum zu hochstilisierten Leitbildern, die an anderer Stelle bereits angesprochene Vergangenheitsbewältigung blieb schließlich bis zur Studentenrevolte außen vor.

Mit Beginn der 50er Jahre setzte eine Art von Prosperität ein, die selbst Optimisten kaum für möglich gehalten hatten. Folgende Faktoren boten die Basis hierzu:[2]

– Einstellung letzter Reparationsleistungen 1950 bei ohnehin eher bescheidenen Umschichtungen innerhalb der Westzonen

– Etablierung jüngster Fertigungstechnik beim industriellen Neuaufbau mit entsprechenden Produktivitätssteigerungen

– Wandel des weltpolitischen Klimas zugunsten Westdeutschlands, Handelsliberalisierung weltweit

– steigende Auslandsnachfrage und Übergang zu einer aktiven Handelsbilanz bei fester Geldwertstabilität

– Inkrafttreten der Montanunion

– Aufhebung alliierter Produktions- bzw. Exportbeschränkungen

– keine Militärfinanzierung zumindest bis 1955, kein Kolonialerbe

– Exportboom durch den Korea-Krieg

– Festigung des sozialen Friedens: Tarifvertragsgesetz, Mitbestimmung, Betriebsverfassungsgesetz

– Vorhandensein eines hohen und qualifizierten Arbeitskräftepotentials, Ergänzung durch Migration

Jährliche Wachstumsraten von teilweise mehr als 10 Prozent unterfütterten das Wirtschaftswunder bis 1960, nachfolgend charakterisierte zusätzlich Vollbeschäftigung die Konjunkturentwicklung bei etwas geringeren Bruttosozialproduktsteigerungsraten bis zur Rezession von 1966/67[3]. Von der Bevölkerungsseite her setzte der Mauerbau 1961 eine Zäsur, anstelle des jetzt unterbrochenen Zustroms ostdeutscher Übersiedler folgten Anwerbekampagnen von Gastarbeitern zur Aufstockung der anhaltend expandierenden Erwerbsbevölkerung. Im Vergleich zu 1955 registrierte die amtliche Statistik eine Vervierfachung der ausländischen Wohnbevölkerung bis 1968, wobei der Zuzug insbesondere aus südeuropäischen Ländern und der Türkei überwog (T 53). Noch ging die Politik von einem nur vorübergehenden Verbleib der ausländischen Gäste aus.

T 53.
Ausländische Wohnbevölkerung in der Bundesrepublik Deutschland 1950–1990

		Wohn-bev.	Erwerbs-quote(%)	Herkunft Grie.	Ital.	Jugosl.	Span.	Türk.	Sonstige
1951		485		3	23	23	2	1	435
1955		467		3	25	21	2	2	414
1961		686	74	41	207	13	48	7	371
1968		1924	53						
1969		2381	57	271	515	332	207	322	735
1973		3966	59	399	622	673	286	894	1092
1979		4144	46	297	594	621	182	1268	1182
1981		4630	41	299	625	637	177	1546	1345
1987		4630	34	280	544	598	147	1486	1576
1989	West	5037	33						
	Ost	191							
1990	West	5408	33						
	Ost	167							

(Zahlen in 1000, gerundet)

Das „Wirtschaftswunder", manifestiert in der Person des früheren Bundeswirtschaftsministers Prof. Dr. Ludwig Erhard – hier 1963 als Kanzler im Gespräch mit dem Mannheimer Oberbürgermeister Dr. Reschke.

A 37.

Die Arbeitslosigkeit Ende Januar 1967 nach Arbeitsamtsbezirken

in der Bundesrepublik Deutschland

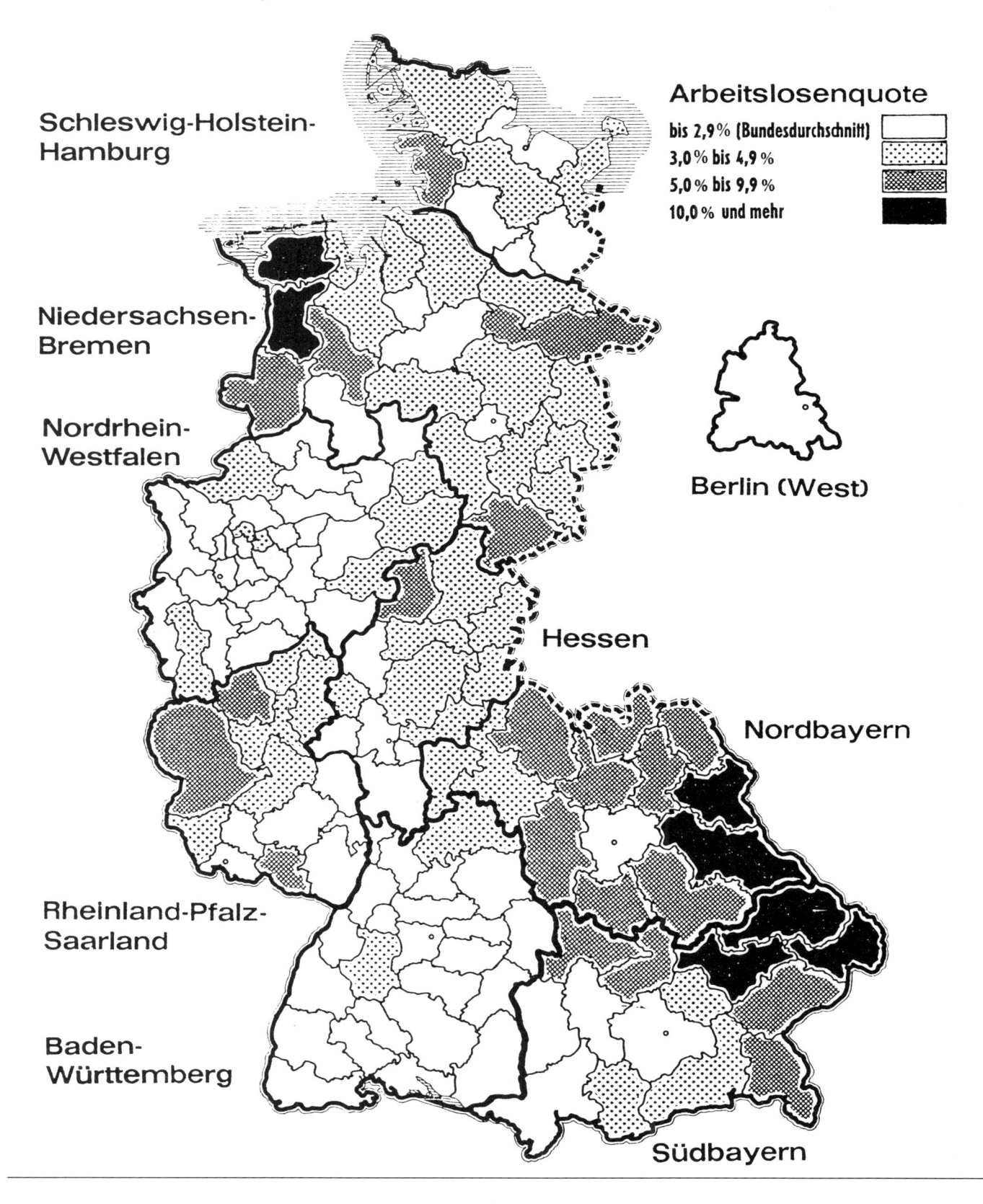

Arbeitslosenquote
- bis 2,9 % (Bundesdurchschnitt)
- 3,0 % bis 4,9 %
- 5,0 % bis 9,9 %
- 10,0 % und mehr

Schleswig-Holstein-Hamburg
Niedersachsen-Bremen
Nordrhein-Westfalen
Hessen
Berlin (West)
Nordbayern
Rheinland-Pfalz-Saarland
Baden-Württemberg
Südbayern

Nach beinahe 20 Jahren stetigen Aufschwungs und seit 1960 zusätzlich Vollbeschäftigung wirkte die Rezession von 1966/67 auf die Bevölkerung wie ein Schock. Erinnerungen an die Weltwirtschaftskrise gegen Ende der Zwanziger und zu Beginn der Dreißiger Jahre wurden wach. Die Entwicklung der Arbeitslosigkeit kulminierte im Februar 1967 bei 674.000 gemeldeten Beschäftigungslosen, was binnen Halbjahresfrist einer Versechsfachung der Quote entsprach! Strukturdefizite zeigte insbesondere der zur DDR hin gelegene Zonenrand agrarischer Verankerung auf, während Südwestdeutschland geringere Erosion aufwies.

Politisch ebnete die Rezession den Weg zur Großen Koalition, die in Anbetracht der ökonomischen Talfahrt ein Konzept zur Wirtschaftssanierung in den Mittelpunkt der Aktivitäten stellte (Verpflichtung auf das sog. magische Viereck: Vollbeschäftigung, Geldwertstabilität, außenwirtschaftliches Gleichgewicht, wirtschaftliches Wachstum). Konjunkturbelebung erhofften die Verantwortlichen ebenfalls von einer antizyklischen Nachfragesteuerung in Anlehnung an den in den Dreißiger Jahren in gleicher Sache in den Vereinigten Staaten erfolgreichen Ökonomen Keynes. Und in der Tat zeitigte die Nachfrageankurbelung Wirkung, die Fachwelt sprach von einem neuen Boom (Bruttosozialproduktzuwachs 1969 = 8,5%). Abermals, wie schon zu Beginn der Sechziger Jahre, sank die Arbeitslosenquote wieder unter ein Prozent. Kurzarbeit spielte 1969 praktisch keine Rolle mehr (T 54, 55). Hatte vorübergehend der Anteil ausländischer Wohnbevölkerung zeitparallel zur Rezession stagniert, so erfolgte im Sog der neuerlichen Konjunkturaufhellung hier wieder eine Zunahme. Anteilig stieg die Quote der Erwerbstätigen unter den Ausländern sogar an, Familiennachzug spielte vorerst noch keine sehr aktive Rolle.

Nach Überwindung dieses ersten als schmerzhaft empfundenen Konjunktureinbruches entlang der Nachkriegsentwicklung trat die Wirtschaft in ein Stadium ausgesprochener Prosperität. Indikativ zeigten Vollbeschäftigung, eine ausgeglichene Zahlungsbilanz, Einkommenszuwächse und ein schließlich endlich wieder befriedigendes soziales Klima zu Beginn der Siebziger Jahre die ökonomische Restabilisierung an, ehe die Ölkrise von 1973 lange Schatten die Volkswirtschaft betreffend vorauswarf. Die Politik reagierte mit Sonntagsfahrverboten, der Erwägung von Geschwindigkeitsbegrenzungen, erhöhter Vorratshaltung und der Diskussion über Einsparungsstrategien. „Grenzen des Wachstums" (Club of Rome) wurden thematisiert. Die Wirtschaftskrise, ihrer Struktur und ihrer Tragweite nach drastisch über die Verwerfungen der Rezession 1966/67 hinausgehend, nahm Rückkoppelung gleich in mehrfacher Art:[4]

- *Rückgang der Inlandsnachfrage und der Beschäftigung bei gleichzeitigem Anstieg der Inflation – das Paradoxon der sog. Stagflation entstand*

- *Zusammenbruch des internationalen Währungssystems in Konsequenz der Dollarschwäche (inflationistische Finanzierung des Vietnam-Krieges)*

- *Abbau des Balastes zuvor staatlich subventionierter Überkapazitäten im Bereich alter Industrien bei Kohle, Stahl, Schiffbau (Küstenregion, Ruhrgebiet, Saarland) unter Inkaufnahme struktureller Arbeitslosigkeit*

- *Verschärfter Konkurrenzdruck aus Japan (Elektronik, Optik, Kraftfahrzeuge) bei gleichzeitiger Abschottung des dortigen Marktes*

T 55.
Arbeitsmarktdaten Bundesrepublik und Baden-Württemberg 1950–1993 (Teil II)

		Kurzarbeiter		Notstandsarbeiter	
		Bund	BaWü	Bund	BaWü
1950			3000	70000	
1951		94000	11000	70000	7524
1952		125000	13000	81000	6765
1953		83000	17000	71000	6634
1954		56000	9000	68000	5696
1955		25000	3000	61000	4376
1956		25000	3000	35000	1103
1957		19000	3000	29000	637
1958		55000	5000	23000	387
1959		26000	2000	20000	539
1960		3000	18	13000	147
1961		3000	35	9000	
1962		4000	180	6000	
1963		11000	438	4000	
1964		2000	52	4000	0
1965		1000	21		
1966		16000	2000		
1967		14300	9000		
1968		10000	1000	3000	
1969		1000	0	2000	
1970		10000	2000	2000	
1971		86000	16000	2000	
1972		76000	11000	2000	
1973		44000	5000	2000	
1974		292000	52000	3000	
1975		773000	185000	16000	
1976		277000	51000	29000	
1977		231000	30000	38000	
1978		191000	22000	51000	
1979		88000	11000	51000	
1980		137000	20000	41000	
1981		347000	65000	38000	1882
1982		606000	115000	29000	1260
1983		675000	113000	45000	2517
1984		384000	54000	71000	4093
1985		235000	45000	87000	4468
1986		197000	29000	102000	4946
1987		278000	34000	115000	5155
1988		208000	32000	115000	5045
1989		108000	11000	97000	3866
1990		56000	8000	83000	3419
1991	West	145000	21000	83000	3955
	Ost	1044000		183000	
12.1992	West	650000	120000	68000	3189
	Ost	233000		355000	
1.1993	West	215000		63000	
	Ost	857000		325000	

(Zahlenangaben gerundet)

T 54. Arbeitsmarktdaten Bundesrepublik und Baden-Württemberg 1950–1993 (Teil I)

		Arbeitslose (in 1000)				Offene Stellen (in 1000)		
		Bund		BaWü		Bund	BaWü	
		absol.	Quote	absol.	Quote	absol.	absol.	pro AL
1950		1714	10.4	65	4,3	119	11	0,2
1951		1869	11,0	55		116	11	0,2
1952		1652	9,5	77		114	14	0,2
1953		1491	8,4	83		123	19	0,2
1954		1411	7,6	85		137	24	0,3
1955		1074	5,6	58		200	38	0,6
1956		876	4,4	47		219	42	0,9
1957		754	3,7	45		217	41	0,9
1958		764	3,7	48		216	43	0,9
1959		540	2,6	27	0,9	284	66	2,5
1960		271	1,3	9	0,3	465	99	11,1
1961		181	0,8	6	0,2	552	105	18,4
1962		155	0,7	4	0,1	574	103	23,8
1963		186	0,8	7	0,2	555	106	16,2
1964		169	0,8	5	0,2	609	120	25,2
1965		147	0,7	5	0,2	649	121	25,1
1966		161	0,7	7	0,2	539	95	14,6
1967		460	2,1	24	0,7	302	57	2,3
1968		323	1,5	13	0,4	488	98	7,3
1969		179	0,9	7	0,2	747	142	19,6
1970		149	0,7	8	0,2	795	134	16,6
1971		185	0,8	13	0,4	648	84	8,4
1972		246	1,1	16	0,5	546	100	6,4
1973		273	1,2	18	0,5	572	103	5,6
1974		582	2,6	52	1,4	315	52	1,0
1975		1074	4,7	128	3,5	236	37	0,3
1976		1060	4,6	119	3,4	235	43	0,4
1977		1030	4,5	101	2,9	231	45	0,4
1978		993	4,3	92	2,6	246	48	0,5
1979		876	3,8	75	2,1	304	59	0,8
1980		889	3,8	81	2,3	308	59	0,7
1981		1272	5,5	121	3,3	208	41	0,3
1982		1833	7,5	182	4,9	105	21	0,1
1983		2258	9,1	230	5,9	76	15	0,1
1984		2266	9,1	217	5,6	88	19	0,1
1985		2304	9,3	210	5,4	110	23	0,1
1986		2228	9,0	199	5,1	154	32	0,2
1987		2229	8,9	199	5,1	171	36	0,2
1988		2242	8,7	2O2	5,0	189	41	0,2
1989		2038	7,9	182	4,5	251	59	0,3
1990		1883	7,2	172	4,1	314	76	0,4
1. 1991	West	1874	7,2	171	4,0	283	63	
	Ost	757	8,6					
6. 1991	West	1593	5,3	146	3,4	364	88	0,6
	Ost	842	9,5			25		
12. 1991	West	1731	6,5	169	3,9	287	63	0,4
	Ost	1038	11,8			35		
6. 1992	West	1715	6,3	181	4,1	356	74	0,4
	0st	1123	14,2			32		
12. 1992	West	2025	7,4	235	5,4	237	42	0,2
	Ost	1101	13,9			33		
1. 1993	West	2258	8,3	263	6,0	242	41	0,2
	Ost	1194	15,1			36		

T 54. Arbeitsmarktdaten Bundesrepublik und Baden-Württemberg 1950–1993 (Teil I)

- *Produktionsverlagerung nach Billiglohnländern Asiens und Nordafrika (z. B. Textilien) mit der Konsequenz des Abbaus heimischer Kapazitäten bzw. Rationalisierung*
- *Die Tatsache, daß ungelernte Arbeiter überproportional von Arbeitslosigkeit betroffen waren, verwies gleichermaßen auf Mängel im Ausbildungssystem, wie ebenso der arbeitsmarktspezifische Umbruch als langfristig wirksame Folge der Dritten Industriellen Revolution zum Tragen kam*

Beschäftigungsprogramme, allerdings mit erhöhter Inflation erkauft, führten nachfolgend zu einem beachtlichen Abbau der Arbeitslosigkeit unter einer Million der Jahre 1978/79. Dann zu Anfang der Achtziger Jahre bewirkten Minuswachstum (Stand 1982 entsprach dem Niveau von 1979) und wiederum eine problematische Zuspitzung der Unterbeschäftigung das endgültige Auseinandergehen der Sozial-Liberalen Koalition (1982). Die Liberale Partei setzte jetzt in Abwandlung früherer Einschätzung auf wirtschaftliches „Laisser-Faire" (Angebotsorientierung), dies anstelle zuvor praktizierter Nachfragesteuerung bzw. aktiver Beschäftigungspolitik. Das Christlich-Liberale Regierungsbündnis entstand.

Zu Beginn den Neunziger Jahre schließlich mußte in der Bundesrepublik in Berücksichtigung der Verkettung gleich einer Mehrzahl ungünstig wirkender Faktoren von einer weiteren Verfestigung der Krise ausgegangen werden. Zu nennen in diesem Zusammenhang sind folgende Umstände:

- *Fortdauer des strukturellen Wandels der Volkswirtschaft, Konstanz und partiell Verschärfung des weltweiten Konkurrenzdruckes (Rationalisierung/Automatisierung und verstärkter Kooperationszwang bzw. Fusion)*
- *Erhöhter Zuzug nach der Bundesrepublik (Bevölkerungszunahme seit 1988 ca. vier Millionen in den alten Bundesländern) bei gleichzeitig geringerem Zuwachs der Erwerbstätigkeit (1989 = 27,5 Mio. Erwerbstätige in den alten Bundesländern, 1992 = 29,5 Mio.)*
- *Kosten der deutschen Einheit über zusätzliche Staatsverschuldung bzw. Mittelumschichtung mit der Gefahr verminderter staatlicher Handlungsfähigkeit*
- *Rückläufiger Export infolge des politischen und ökonomischen Umbaus der osteuropäischen Länder*
- *Endgültige Liberalisierung des EG-Handels unter Vorschaltung präventiver Kostenstraffung im einzelbetrieblichen Bereich bzw. der Verschärfung des europaweiten Verdrängungswettbewerbes*

Unter den genannten Umständen drohen ganze Branchen dem rücksichtslosen Wettbewerb zu unterliegen. Hoffte man noch vor reichlich 15 Jahren in Kreisen etwa der Textilindustrie durch verstärkte Rationalisierung und partielle Produktionsverlagerungen wenigstens noch die Position vor Ort halten zu können, so wird mittlerweile selbst dieser bescheidene Wunsch in Frage gestellt. Hierzu der Mannheimer Morgen vom 20. April 1993:

„*DIE TEXTILINDUSTRIE HÄNGT AM SEIDENEN FADEN. UMSATZRÜCKGANG UND RADIKALER ARBEITSPLATZABBAU. Auch die derzeit knapp 179.000 Beschäftigten in der westdeutschen Textilindustrie werden sich in Zukunft mit weniger begnügen müssen (...) jetzt wollen die Arbeitgeber freiwillige Leistungen und soziale Vergünstigungen kappen. Dies sei wegen der dramatisch zugespitzten Lage in der westdeutschen Textilindustrie unausweichlich. 1993 rechnet die Branche erneut allein in Westdeutschland mit dem Abbau von mindestens 19.000 Arbeitsplätzen (...) auch 1993 werde sich an der düsteren Lage der Branche wenig ändern, die Situation hat sich in den ersten Wochen des Jahres noch verschärft (...) Zugleich hat die Zahl der Kurzarbeiter mit 23.500 bei einer Quote von 16,3 Prozent im März einen historischen Höchststand erreicht. Die Arbeitslosenquote im Textilsektor liegt mittlerweile bei 15 Prozent*".

Von der Beschäftigungsseite her zeigt die Textilbranche gegenüber 1975 immerhin eine Halbierung, weitere Betriebsschließungen stehen an. Selbst der Maschinenbau als eine der tragenden Säulen der Exportwirtschaft ist zwischenzeitlich gewaltig unter Druck. Auch hierzu der Mannheimer Morgen in der Ausgabe vom 18. März 1993:

„*IM MASCHINENBAU SIEHT ES FINSTER AUS: BRANCHE STREICHT 1993 WEITERE 120 000 JOBS. (...) die Lage der Branche ist düster (...) Der deutsche Maschinenbau steckt in der tiefsten Rezession seit 40 Jahren (...) weltweit krisenhafte Investitionsschwäche (...) Die Umsatzrendite sank um 1,2 Prozent auf den niedrigsten Stand seit Bestehen der Bundesrepublik. Die Auslastung der Kapazität rutschte von 85 auf nur noch knapp 79 Prozent ab (...) Nur mit einem drastischen Mitarbeiterabbau wüßten sich die meisten Firmen zu helfen: Bundesweit verloren 1992 fast 172 000 Maschinenbauer ihren Job, die Zahl der Beschäftigten sank von 1,4 auf 1,22 Millionen. Im Februar erreichte die Zahl der Kurzarbeiter im Westen mit 180 000 einen neuen Rekordstand*".

Baden-Württemberg nun, wie der Vergleich der Arbeitsmarktdaten bereits zeigte, nahm im Nachkriegsdeutschland praktisch bis zur Gegenwart eine gewisse Sonderstellung ein. Ähnlich des bundesweit vorhandenen wirtschaftssektoralen Wandels hin zur Dienstleistungsgesellschaft bei einem gleichzeitigen Beschäftigungsrückgang der Industrie, gestalteten sich die Verhältnisse im Südwesten (T 56), hinzu traten jedoch einige die Wirtschaft in besonderem Maße begünstigende Aspekte:[5]

- *Wegfall der nachteiligen geographischen Standortlage (Grenzregion) durch den EG-Eintritt bzw. EG-Liberalisierung*
- *Überdurchschnittlicher Besatz der mittelständischen Wirtschaft, d.h. potentiell geringere Krisenanfälligkeit wg. besonderer produktionsspezifischer Elastizität*
- *Überdurchschnittlicher Besatz einer stark exportorientierten Wachstumsindustrie, Produktvielfalt*
- *stark ausgebildetes Handwerk*
- *Quantitativ schwer faßbar, aber immer wieder benannt: Eine spezifische Wirtschaftsmentalität. Ein Zitat hierzu: „Allgemein wird den Badenern und Württembergern Fleiß, Beharrlichkeit, Gründlichkeit und handwerkliches Geschick zugesprochen, Charakteristika, auf die nicht zuletzt der hohe Stand der Wirtschaft des Landes zurückgeführt wird*"[6].

Aber auch hiermit scheint es im „Musterländle", zumindest einstweilig, vorüber zu sein. Der Mannheimer Morgen vom 5. März 1993 führt in dieser Angelegenheit folgende Tatsache aus:

„*EISIGE STIMMUNG IM SÜDWESTEN. BADEN-WÜRTTEMBERG VON DER REZESSION BESONDERS HART BETROFFEN. Die wirtschaftliche Situation hat sich zu Beginn des Jahres 1993 weiter verdüstert. Baden-Württemberg ist dabei* besonders stark betroffen. *Die Produktion des verarbeitenden Gewerbes ging im Januar bundesweit um 13 Prozent gegenüber dem Vorjahresmonat zurück (...) Mit einem Minus von 22,5 Prozent fiel der Rückgang im Südwesten besonders drastisch aus. Überdurchschnittlich stark von der Rezession sind die Fahrzeugbauer tangiert: Bundesweit sank bei ihnen der Produktionsausstoß um ein Drittel, im Südwesten sogar um 50,5 Prozent. Die Maschinenbauer müssen in Baden-Württemberg einen Rückgang von 20,5 Prozent verkraften, im Bundesgebiet dagegen nur 6,5 Prozent. (...) Die Wirtschaftsminister waren sich vor diesem Hintergrund zum Abschluß ihrer zweitägigen Beratungen einig, daß insgesamt die ‚schwierigste wirtschaftspolitische Herausforderung seit dem Wiederaufbau' bewältigt werden muß".*

In der Tat müssen diese Krisensymptome Anlaß zur Sorge bereiten, allenfalls langfristig ist eine grundlegende Besserung im Bereich der Beschäftigung in Sicht. Allerdings bannen Engmaschigkeit und Leistungsfähigkeit des sozialen Netzes weitgehend die Gefahr einer politischen Legitimitätskrise, eine reale Alternative zum System ist ohnehin nicht existent. Parallelen zur Lage Ende der Zwanziger und Anfang der Dreißiger Jahre entbehren der Vergleichbarkeit.

2. Wirtschaft, Konjunktur und Arbeitsmarkt in Mannheim und Umgebung

Mannheims Wirtschaft und die der Umgebung blickte zu Beginn der Fünfziger Jahre ungleich optimistischer in die weitere Zukunft, als dies im Vergleich hierzu Mitte der Zwanziger Jahre geschehen war. Zwar hatte sich der Staat abermals seiner Schulden beim Volke entledigt (Rentenreform 1923, Währungsreform 1948), die Ausgangssituation jetzt allerdings brachte für Deutschland und speziell den Raum Mannheim keineswegs die nach 1918 ererbten Hypotheken mit sich. Der gröbste Mangel schien überwunden, das Bevölkerungsgeschehen bewegte sich geordneten Bahnen zu. Anders als noch am Ende des Ersten Weltkrieges resultierten aus der geographischen Lage keinerlei Nachteile mehr, und auch kriegsbedingte Zerstörungen an Industrieanlagen schienen weitgehend behoben. Das enorme Wirtschaftswachstum jener Jahre sollte bundesweit, wie verstärkt noch in Baden-Württemberg, insbesondere von der Investitionsgüterindustrie ausgehen – Mannheim und Umgebung hielten beim Maschinenbau, der Fahrzeugherstellung und Elektrotechnik ausgesprochen gute Karten in der Hand. Innerhalb einer Dekade bis 1960 legte der baden-württembergische Maschinenbau am Produktionswert gemessen um das 2,5fache zu, den Fahrzeugbau charakterisierte eine Vervierfachung und an der Spitze rangierte die Elektrobranche mit einer Steigerung um das 4,5fache[7]. Mannheims Industrie wuchs anhand der Beschäftigung um insgesamt 50 Prozent auf 90100 Personen zwischen 1950 und 1960, der Anteil o. g. Konjunkturbranchen lag 1950 bereits bei 48 und 1960 schließlich bei 56 Prozent. Noch 1951 klagte die Mannheimer Industrie über unzureichende Rohstoffversorgung bzw. die Notwendigkeit überteuerten Einkaufs auf dem „grauen Markt" zur Erledigung wenigstens der eiligsten Aufträge. Aber schon im Folgejahr verloren die Behinderungen an Schärfe, die Konjunktur setzte zu regelrechten Wachstumssprüngen an. Unter den Mannheimer Großbetrieben profitierten etliche sichtbar über dem Durchschnitt. BBC nutzte der Ausbau mit Wasserkraftwerken im Land sowie die Elektrifizierung der Eisenbahn, die Belegschaft unter Hinzurechnung aller betrieblicher Standorte hob von 15600 für 1951 auf immerhin 36900 Mitarbeiter für 1961 an. Wegen des kriegsbedingten Verlustes von 22 der ursprünglich 30 Standorte blieb der Produktionsausstoß des Zellstoff-Werkes zwar deutlich hinter den autarkiegetragenen Quoten früherer Jahre zurück, dennoch kletterte die Belegschaft binnen acht Jahren um reichlich 3200 auf 10090 Personen. Nach der Überwindung des Mangels kam die „Freßwelle". Brauereien boomten, die Nahrungsmittelindustrie entwickelte in Aussicht bester Geschäfte reichlich Überkapazität. Konkurse folgten auf dem Fuß. Aber: „Mannheim bewahrte seinen Ruf als eine der größten Mühlenstädte der Bundesrepublik und überhaupt als bedeutendstes Zentrum der südwestdeutschen Ernährungsindustrie"[8]. Ein hoher Grad an Mechanisierung verschaffte hier starke Kapitalintensität. Während auf der einen Seite die Öffnung der Märkte den hiesigen stärker im Export engagierten Industrien zusätzliche Betätigungsfelder eröffneten, kannte diese Entwicklung aber auch Verlierer. Hierher gehörte der Niedergang der Tabakfabrikation und ebenfalls der Verdrängungswettbewerb im Textilbereich.

Eine exakte Vorstellung der Mannheimer Gewerbeentwicklung in den anderthalb Jahrzehnten bis 1964 eröffnen die vom

T 56.
Beschäftigte nach Wirtschaftssektoren in Baden-Württemberg 1939–1987

	1939	1950	1970	1987	Veränderung 1970/87 (%)
Produzierendes Gewerbe	1319	1413	2317	2071	− 10,6
hierunter:					
Metallbau, -verarbeitg.	118	103	192	175	− 9,4
Maschinenbau	145	114	306	288	− 5,6
Straßenfahrzeuge	96	77	190	237	24,7
Chemie	26	31	69	70	0,7
Elektrotechnik	61	73	265	253	− 4,5
Feinmechanik, Optik	48	22	53	52	− 1,9
Textilgewerbe	149	164	157	68	− 56,9
Bekleidung	109	87	70	52	− 25,2
Holzverarbeitung	98	98	90	71	− 21,2
Nahrung, Genuß	168	154	138	118	− 14,3
Handel, Verkehr	404	403	680	806	18,6
Sonst. Dienstleistung (in 1000)	327	487	895	1619	80,8

Mannheimer Gärtner Anfang der 1950er Jahre: Hoffnung und Zuversicht hat sich langsam wieder eingestellt.

Statistischen Amt der Stadt herausgegebenen Daten (T 57). Daß Mannheim in der Tat regen Anteil am Wirtschaftswunder der Fünfziger Jahre hatte, unterstreicht eindrucksvoll die gewerblich-industrielle Beschäftigungszunahme von 50 Prozent zwischen 1950 und 1960. Analog stiegen die Umsätze, die Bauwirtschaft hielt mit der Entwicklung Schritt. Eindeutig an der ersten Stelle nach Bedeutung und Zuwachs rangierten der Maschinenbau, die Fahrzeugherstellung und die Schiffsproduktion. An der Gesamtbeschäftigung gemessen wuchsen anteilig diese Sparten über 28 Prozent (1950) auf 34 Prozent (1960) und zuletzt 36 Prozent (1965). Hierunter zogen die Großbetriebe Benz, John Deere (1959 Übernahme der Heinrich Lanz AG durch das frühere amerikanische Konkurrenzunternehmen), MWM, Bopp & Reuther und die Vögele AG in vorderer Linie Position, fast jeder vierte von fünf Beschäftigten der zugehörigen Branche fand in diesen alteingesessenen Betrieben den Arbeitsplatz (T 58). Stark unterrepräsentiert waren demgegenüber mittelständische Betriebe. Rechnet man zu dieser Branche noch die sonstigen im Metallbereich verankerten Aktivitäten hinzu, so kommt der Beschäftigungsanteil bei respektablen 44 Prozent zu stehen – zur Mitte der Sechziger Jahre also dominierte eine zwar ausgesprochen facettenreiche, aber dem Schwerpunkt nach eindeutig auf Metall ausgerichtete Industrie die Stadt.

Nach dem Maschinen- und Fahrzeugbau nahm die Elektrobranche an der Beschäftigungsintensität und nach der Zuwachsrate gemessen, den zweiten Rang in der städtischen Hierachie ein. Jeder sechste Arbeitsplatz entfiel in diesen Bereich, wobei alleine der BBC-Konzern die Hälfte der zugehörigen Arbeitsplätze stellte. Nennenswert noch Chemie und Papier, ebenfalls stark exportorientiert mit dem Schwerpunkt großbetrieblicher Strukturen. Auf der Verliererseite nahm die Branche Gummi/Leder Platz, die 1962 geradezu einen Beschäftigungseinbruch (Spielzeugindustrie) hinzunehmen hatte. Weinheim mit dem alles dominierenden Freudenberg-Unternehmen (1963: 12000 Beschäftigte) dagegen mar-

T 58.
Beschäftigtenentwicklung Mannheimer Industriebetriebe 1957—1985

	1957	1975	1980	1985
Daimler-Benz	9031	12901	14169	14043
BBC	9940	10296	10200	10100
John Deere	5359	3849	5700	4600
Boehringer	1461	4620	4640	5530
MWM	3383	3126	2900	2280
Bopp & Reuther	3013	k.A.	2500	1900
PWA Waldhof	3863	2545	2400	2259
Friedrichsfeld GmbH	996	1126	1350	800
Lever Sunlicht	1485	1398	1225	900
SEL	k.A.	1068	1075	850
Fulmina-Perrot	786	624	800	750
Vögele	1148	870	730	450
Margarine Union	703	679	700	530
Goldschmidt	820	663	558	500
Felina	1989	k.A.	460	310
Vereinigte Glaswerke	318	k.A.	450	225
Rhein Chemie	363	420	430	345
Drais-Werke	398	481	400	420
Hutchinson	855	402	400	420
VDO	559	388	300	215

T 57. Gewerbeentwicklung in Mannheim 1950–1965

	1950	1952	1953	1954	1955	1956	1957	1958	1959	1960	1961	1962	1963	1964	1965	Veränderung 1950/65 (%)
Gewerbe insg.																
Beschäftigte	60185	62542	63925	70503	80918	83999	86353	84915	86526	90100	91274	91172	86327	87961	88304	46,6
Betriebszahl		293	284	282	281	297	285	279	274	278	273	275	269	258	254	-13,3
Umsatz (Mio.)	1188	1735	1969	2194	2663	2954	3065	3278	3541	3855	4089	4292	4289	4804	5185	436,4
hiervon beschäftigt:																
Maschinenbau Fahrzeuge/Schiffe	17031	11749 7502	11152 6964	12418 8226	14913 10928	25818	28655	29829	30064	30817	31484	31138	30452	31886	31932	87,4
Eisen/Stahl	3008	3688	3418	3805	4287	4456	4408	3985	4570	4704	4718	4683	4602	4604	4234	40,7
Stahlbau	963	872	1039	1234	1421	1592	1506	1378	1426	1374	1339	1237	1135	1335	1342	45,7
Metallverform.	921	961	1317	1422	1223	1307	1294	1272	1321	1284	1300	1212	1135	1335	1342	45,7
Elektro/Optik	12011	13003	14750	16569	18508	20498	19445	18738	19047	20483	21067	21309	20297	20365	21176	76,2
Chemie	6505	6594	6876	7198	8027	8508	8571	8458	8488	8939	9707	9797	9721	9621	9767	50,1
Papier/Druck	3582	3872	3913	4530	4925	5105	5118	5494	5551	6238	6287	6207	6237	6190	6153	71,7
Steine/Erden	1024	1070	1135	1209	1288	1386	1386	1347	1377	1508	1589	1603	1635	1599	1671	63,2
Gummi/Leder	2593	2282	2327	2690	3189	3181	3704	3774	4126	4251	3568	3860	1134	1071	926	-64,3
Textil	1965	2111	2073	1988	2115	1932	1674	1134	1008	991	987	924	1032	969	944	-52,0
Bekleidung	1749	1750	1942	2227	2566	2606	2933	2668	2509	2411	2221	2052	1801	1713	1691	-3,3
Nahrung	3799	3392	3548	3667	4202	4368	4424	4509	4624	4650	4696	4702	4549	4366	4351	14,5
Bauwirtschaft																
Beschäftigte	6178	6178	7321	9175	9796	8020	8047	9043	9365	8939	9831	10158	11380	11446	11012	78,2
Umsatz (Mio.)	76	80	103	121	127	111	115	114	164	181	208	238	258	330	315	414,5

(Abgaben für Betriebe mit mehr als 10 Beschäftigten, Bauwirtschaft mit mehr als 20 Beschäftigten)

kierte den in Baden-Württemberg wichtigsten Standort der Lederindustrie. Auch die Textilbranche büßte in Mannheim erheblich an Umfang ein, alleine die Felina GmbH als ehemals zweitgrößter Miederwarenproduzent Deutschlands rutschte von 2000 (1957) auf noch 800 Beschäftigte für 1965 ab. Insgesamt kennzeichnete Mannheims Industrie zur Mitte der Sechziger Jahre die alles überragende Dominanz der primär großgewerblich ausgerichteten Investitionsgüterindustrie, während der Konsumgüterbereich mit Ausnahme Nahrung den Rückzug antrat. Lediglich vereinzelt eingestreute Baulücken im Stadtbild erinnerten zur Mitte der Sechziger Jahre an die früheren Notjahre während und direkt nach Ende des Zweiten Weltkrieges.

Entsprechend der prosperierenden Wirtschaft zog es wie schon zur Jahrhundertwende massenweise Menschen nach Mannheim. Begleitet wurde die abermalige Bevölkerungszunahme von einem Nachholbedarf an innerstädtischen Geburten[9]. Schon 1953 war der Bevölkerungsvorkriegshöchststand von 280 000 erreicht, 1961 schließlich lebten 313 000 Menschen in der Stadt. Unter dem Aspekt der Zuwanderung lösten zwei Prozesse chronologisch einander ab: Den Vertriebenen, Flüchtlingen und sonstigen Wohnplatz und Arbeit Suchenden folgten sukzessiv ausländische Arbeitnehmer in der Weise, wie binnenländischer Zuzug versiegte und die Wirtschaft weiter nach Werktätigen Ausschau hielt. Hierbei begünstigte der ökonomische Aufschwung am Ort auch erheblich die Integration der frühen Neubürger: „Die günstige Wirtschaftslage, die seit Jahren anhält, hat zur raschen und reibungslosen Eingliederung sowohl der Vertriebenen als auch der Zugewanderten geführt"[10]. Guten Einblick in die Verhältnisse der hiesigen Wirtschaft, in Wachstum und die Arbeitsmarktsituation verschaffen abermals die monatlich erstellten Berichte des Mannheimer Arbeitsamtes[11]. Zitate und Erläuterungen aus dieser Quelle der Stichjahre 1951/52, 1955 und 1960 sind im folgenden wiedergegeben. Sie charakterisieren markant und einprägsam den ökonomischen Aufstieg und auch beschäftigungsrelevante Umdenkungsprozesse im Gefolge der Fünfziger Jahre. Hier nun einige Zitate hieraus:

1951

Januar

„Im Vergleich zum Januar des Vorjahres ist eine bedeutende Besserung des Arbeitsmarktes festzustellen (...) Die allgemein gute Beschäftigungslage der Wirtschaft wird hierdurch trotz der auftretenden Schwierigkeiten in der Rohmaterial- und Kohlenbeschaffung unter Beweis gestellt".

„Die Zellstoff-Fabrik Mannheim-Waldhof, die den weitaus höchsten Kohlenbedarf des Bezirks hat, mußte wegen Schwierigkeiten in der Kohlenbeschaffung ihre Produktion auf ⅓ herabsetzen".

„Der stärker auftretende Papiermangel veranlaßte einige größere Druckereien Entlassungen durchzuführen".

Die Mühle der Großeinkaufsgenossenschaft, die im Krieg ausgebombt wurde, ist wieder aufgebaut und auf das modernste eingerichtet worden. In nächster Zeit wird die Tätigkeit aufgenommen werden".

Zigarrenindustrie: „Auffallend ist, daß für billige Zigarren schlechte Absatzmöglichkeiten vorhanden sind".

Ruhrbergbau: „Die Anzahl der Bewerber für den Ruhrbergbau erhöht sich laufend".

Februar

Tendenz am Arbeitsmarkt: „Der abgelaufene Monat brachte eine Entspannung des Arbeitsmarktes, wie sie in Anbetracht der Jahreszeit und im Vergleich zum Vorjahr nicht erwartet werden kann (...) Es muß hierbei allerdings berücksichtigt werden, daß das verstärkte Anlaufen von Notstandsarbeiten im Berichtsmonat die Zahl der beschäftigten Notstandsarbeiter um 235 auf 507 erhöhte".

„Im Fahrzeugbau macht sich der größte Aufschwung bemerkbar".

Stellenbesetzung im Februar:

– Eisen- und Metallwirtschaft	*1073 Pers.*
– Baugewerbe	*961 Pers.*
– Handel, Banken, Versicherungen	*541 Pers.*
– Besatzungsmacht	*433 Pers.*
– Nahrung, Genußmittel	*325 Pers.*

„Der Arbeitsmarkt der Chemie hat einen weiteren Aufschwung erfahren".

„Die Vereinigten Jutespinnereien und Webereien haben sehr gute Beschäftigungsmöglichkeiten. Die Firma hat geplant, neue Webstühle aufzustellen, doch hindern sie außerordentlich lange Lieferzeiten daran".

„Die Zellstoff-Fabrik Mannheim-Waldhof konnte nach dem Eintreffen amerikanischer Kohle seit Ende Februar wieder zur vollen Arbeitszeit übergehen. Da die amerikanische Kohle in ihrer Körnung nicht für den Betrieb geeignet ist, mußte ein Umtausch im Ruhrgebiet gegen deutsche Kohle vorgenommen werden. Die Firma erhält diese amerikanische Kohle im Kompensationsweg und muß dafür Zellulose nach Amerika liefern. Die Produktion der Firma mußte daher bedeutend herabgesetzt werden".

März

„Ein Stellenangebot der Landesausgleichsstelle beim Landesarbeitsamt Württemberg-Hohenzollern, mit dem eine Reihe von Bauarbeitern für eine Firma nach Australien gesucht werden, hatte, nachdem es in der Mannheimer Tagespresse veröffentlicht wurde, einen außerordentlich starken Widerhall gefunden und beweist, dass ein großer Teil der Bevölkerung mit allen Mitteln danach strebt, aus Deutschland auszuwandern. Innerhalb von drei Stunden wurden durch das Arbeitsamt Mannheim rund 400 Bewerbungsbogen an Interessenten, darunter zu ca. ⅓ Flüchtlinge, verteilt".

„Im Maschinenbau mußte die Landmaschinenfabrik Badenia in Weinheim wegen Mangel an Roheisen und Blechen die Arbeitszeit auf 32 Stunden verkürzen und Kurzarbeiterunterstützung beantragen, obwohl um diese Jahreszeit sonst die Firma ihren besten Beschäftigungsstand hat".

„In der elektrotechnischen Industrie macht sich eine Geschäftsbelebung bemerkbar".

Baugewerbe: „Neben dem akuten Geldmangel verhindert neuerdings ein verschärfter Materialmangel die Belebung der Bautätigkeit".

„Die außergewöhnlich schlechte Auftragslage der Textil-, Bekleidungs- und Schuhindustrie hält an".

Mai

"Der Rohstoffmangel der Metallindustrie verhindert noch zusätzliche Einstellungen, die infolge der hohen Auftragsbestände jedoch möglich wären".

"Verstärkt meldet sich nach wie vor eine größere Zahl Arbeitsuchender aus Nord- und Ostdeutschland. Im Allgemeinen hat dieser Personenkreis eine Anwartschaft auf Arbeitslosenunterstützung erfüllt. Die Meldung beim Arbeitsamt Mannheim erfolgt in der Erwartung, hier eher Fabrikarbeit zu finden".

Kautschuk-Industrie: "Die im Vormonat bereits offenkundig gewordene Verschärfung der Kautschuk-Versorgung hat sich weiter ausgewirkt. Die Firma Hutchinson mußte 73 Aushilfskräfte entlassen und für ihre Schuhabteilung mit 400 Beschäftigten die Arbeitszeit auf 16 Stunden herabsetzen".

Tabakindustrie: "Das ab 1. 6. sich auswirkende Verbot der Herstellung von schwergewichtigen Zigarren zwang einige Firmen, die sich nunmehr in ihrer Produktion umstellen müssen, die Arbeitszeit auf 32 bis 24 Stunden zu verkürzen".

Juni

"Die in den Monaten April und Mai beobachtete rückläufige Bewegung des Arbeitsmarktes hat im Berichtsmonat ihr Ende gefunden und wieder einer Aufwärtsentwicklung Platz gemacht". (...) Die Entlastung des Arbeitsmarktes brachte vor allem die Metallindustrie und die Besatzungsmacht".

"Innerhalb der drei Jahre nach der Währungsreform hat sich die wirtschaftliche Aufwärtsentwicklung im Arbeitsamtsbezirk in einer 17%igen Erhöhung der Zahl der Arbeitnehmer, die im Stadt- und Landkreis Mannheim wohnen – die Einpendler in den Arbeitsamtsbezirk Mannheim in Höhe von 29000 sind hierbei nicht berücksichtigt – ausgewirkt. Die Zahl der beschäftigten Arbeiter, Angestellten und Beamten allein hat sich um rund 18000, das sind 14,2% gesteigert. Diese bedeutende Aufnahmefähigkeit der Wirtschaft im Bereich des Arbeitsamts Mannheim hat nicht einen Rückgang der Arbeitslosigkeit, wie er normalerweise zu erwarten wäre, gebracht, sondern es verband sich damit ein starker Zustrom bisher nicht Erwerbstätiger, vor allem Frauen, sodaß sich mit der Erhöhung der Beschäftigtenzahlen auch die Arbeitslosen vermehrten".

Die Anzahl der in der Textilindustrie Beschäftigten hat sich seit der Währungsreform verdoppelt.

Juli

Arbeitslose nach Berufsgruppen	7. 1950	7. 1951
Land- und Forstwirtschaft	96	78
Bauberufe	340	465
Metallberufe und Elektriker	734	538
Chemiewerker	253	313
Holzberufe	155	304
Textilberufe	316	427
Lederhersteller und -verarbeiter	140	171
Nahrungs- und Genußmittel	415	480
Hilfsarbeiter	1261	1585
Technische Berufe	127	92
Kaufmännische Berufe	601	492
Verkehrsberufe	488	454
Haushalt, Gesundheit	332	344
Verwaltung und Recht	523	442

"Die Rohmaterialschwierigkeiten, die sich überwiegend in der Metallindustrie durch Mangel an Roheisen, Walzdraht, Blechen und Kohlen (...) verstärkt bemerkbar machten, haben (..) dazu geführt, daß weitere Betriebe die Arbeitszeit verkürzen und Kurzarbeiterunterstützung beantragen mußten. Um die zugesagten Lieferfristen einhalten zu können und die ausländische Kundschaft nicht abwandern zu lassen, sahen sich die Betriebe gezwungen, trotz erhöhter Preise auf dem grauen Markt einzukaufen. Da sich die Produktionskosten dadurch zwangsläufig erhöhten, standen die Firmen vor der Wahl, entweder mit Verlust zu arbeiten oder trotzdem die Kunden, vor allem im Ausland, an die Konkurrenz in USA, England und neuerdings auch an Österreich zu verlieren".

August

Maschinenbau: "Von der unzureichenden Rohstoffversorgung werden die Gießereien am stärksten betroffen. Wegen Mangel an Roheisen mußte die Gießerei der Firma Heinrich Lanz AG mit rund 400 Arbeitern zeitweise ganz stillgelegt werden und die Firma Strebelwerk für rund 1100 Arbeitnehmer während des ganzen Monats die Arbeitszeit auf 16 Stunden wöchentlich verkürzen".

Kürzung der Kontingente an Industriekohle, einzelnen Betrieben wurde überraschenderweise überhaupt keine Kohle zugewiesen.

"durch die Koreaereignisse hervorgerufene stärkere Nachfrage nach Konsumgütern".

"Die Lage in der chemischen Industrie ist ziemlich krisenfest".

"Die Firma Carl Freudenberg Lederwerke in Weinheim, welche rund 5500 Arbeiter beschäftigt, arbeitet noch mit etwa 1300 Arbeitskräften 40 Stunden in der Woche".

September

"Die Zahl der beschäftigten Heimatvertriebenen hat sich seit der Währungsreform von 6544 um 2027 auf 8571 erhöht. Dies entspricht einer Steigerung von 31,2% und beträgt damit das Doppelte der Zunahme der sonstigen Beschäftigten allgemein".

"Die Metallindustrie hat trotz der auftretenden Rohstoffschwierigkeiten weiterhin ihren Beschäftigungsstand nicht nur behaupten, sondern noch verstärken können".

November

"Auf Grund der Weisung des Hauptamts für Soforthilfe vom 17. 7. 1951 über die Gewährung von Gemeinschaftshilfe zur Schaffung von Dauerarbeitsplätzen sind bisher 30 Anträge für Kredite in der Gesamthöhe von rund 3000000,– DM für etwa 550 zusätzliche Dauerarbeitsplätze eingereicht worden".

"Die kleinen Schuhfabriken im Bezirk sind sehr schlecht beschäftigt".

Dezember

Maschinenbau: "Der Maschinenbau war weiterhin gut beschäftigt. Die Firma Heinrich Lanz AG. hat in den letzten Wochen zwar keine Einstellungen vorgenommen, doch hat die Firma einen neuen Motorgeräteträger entwickelt, für den bereits eine große Zahl von Bestellungen vorliegt und dessen serienmäßige Herstellung ab Januar aufgenommen wird. Die Motorenwerke AG haben mitgeteilt, daß mit den Zuweisungen der im Rahmen des Soforthilfeprogramms angeforderten Arbeitskräfte ab Januar begonnen werden kann. Die Firma Joseph Vögele AG, die die Produktion von Werkzeugmaschinen neu aufgenommen und daher die Betriebsanlage erweitert hat, ist zur Zeit aufnahmefähig (...) Auch die Firma Bopp & Reuther ist gut beschäftigt".

1952

Juni
Eisen- und Metallwirtschaft: „Der günstige Arbeitsmarkt hielt in der Metallwirtschaft im allgemeinen weiter an. Noch immer auftretende Schwierigkeiten in der Versorgung mit Rohmaterial und teilweise sich verstärkender Auftragsmangel, insbesondere Schwierigkeiten im Export, hemmen aber zusätzliche Einstellungen".
Auch alle anderen Branchen klagen, wenn auch in jeweils spezifischer Weise, über Probleme der Rohstoffversorgung bzw. Konkurrenz, über Auftragsmangel oder Exportprobleme. Gegenüber 1951 verlieren jedoch diese die Wirtschaft hemmenden Sachverhalte immer mehr an Bedeutung. Die Anzahl der in den Arbeitsmarktberichten genannten, über diese Probleme klagenden Betriebe ist rückläufig.

1955

Januar
Metall: „seit Monaten anhaltende Aufnahmefähigkeit fast der gesamten Metallindustrie" – in Teilbereichen Facharbeitermangel – „Hochkonjunktur in der Metallindustrie".
Heinrich Lanz AG: Umstellung auf ein neues Fertigungsprogramm mit guten Verkaufsaussichten.
Fahrzeugbau: „außerordentlich günstige Auftragslage".
Chemie: „hat die Auftragslage offenbar einen weiteren Aufschwung erhalten".
Textilindustrie: „Die drei namhaftesten Firmen der Textilindustrie im Bezirk verzeichneten eine geringe Auftragsbelebung".
Lederindustrie: anhaltend guter Geschäftsgang bei Freudenberg in Weinheim.
„Von den Betrieben der Zigarrenindustrie wird die Situation unterschiedlich beurteilt".
Baugewerbe: „Der Frosteinbruch in den ersten Januartagen hatte bei mehreren Bauunternehmungen, die zur Einschränkung oder teilweisen Stillegung der Außenarbeiten gezwungen waren, zahlreiche Entlassungen zur Folge. Sie nahmen jedoch nicht annähernd das Ausmaß an, wie es unter gleichen Verhältnissen im vergangenen Jahr der Fall war. Zahlreiche Firmen, die sich zu dieser Maßnahme veranlaßt sahen, baten jedoch, die Entlassenen nicht anderweitig zu vermitteln und stellten in Aussicht, diese Arbeitskräfte umgehend wieder zurückzurufen, sobald die Witterungsverhältnisse die Weiterarbeit gestatten (...) Die weitere Entwicklung des Arbeitsmarktes im Baugewerbe wird ausschließlich von den Witterungsverhältnissen abhängig sein, denn mit Aufträgen ist die Bauwirtschaft auf Monate hin versorgt".

März
Bauwirtschaft: „Mangel an qualifizierten Bauarbeitern".
Metall: „Gleichzeitig hielt die seit langem verzeichnete günstige wirtschaftliche Entwicklung in der die Struktur des Bezirks bestimmenden Metallwirtschaft an".
Steine und Erden: „Die Steinbruchunternehmungen an der Bergstraße, die übrigen Kunst- und Formsteine herstellenden Betriebe sowie auch die Ziegeleien sind mit Aufträgen auf lange Sicht eingedeckt; sie hatten durchweg Bedarf an kräftigen Hilfsarbeitern, dem noch nicht restlos entsprochen werden konnte".
Eisen- und Metallindustrie: „Allgemein wird die Auftragslage, teilweise auch für den Export, als so günstig wie nie zuvor bezeichnet. Anstelle der Sorge, Arbeitslose wieder in den Arbeitsprozeß einzugliedern, ist jene um die ausreichende Versorgung der Betriebe mit den erforderlichen Arbeitskräften getreten".

Chemie: „Die namhaften Betriebe der chemischen Industrie berichten weiterhin über einen befriedigenden Geschäftsgang".
„In der Zigarrenindustrie hat sich die Absatzlage offenbar verschärft".

April
Trend: „....setzte sich die seit langem anhaltende Aufwärtsentwicklung in den meisten Wirtschaftszweigen, vor allem in der Metallwirtschaft (...) weiter fort.
Kräftemangel, verstärkt noch im Handwerk.
Steine und Erden: „Da es nicht gelungen ist, die von den Steinbruchbetrieben an der Bergstraße angeforderten Kräfte zu stellen und dadurch die Lieferungsverpflichtungen nicht eingehalten werden können, wird der Ruf nach ausländischen Arbeitskräften immer lauter".
Textil: „Die Strumpffabrik Elbeo ist gut beschäftigt. Vor allem hat sich das Auslandsgeschäft recht gut entwickelt. Im Bekleidungsgewerbe ist in diesem Frühjahr eine besonders günstige Entwicklung festzustellen".

Mai
„erreichte Vollbeschäftigung bei den Männern".
Steine und Erden: Chronischer Arbeitskräftemangel durch niedriges Lohnniveau und ungünstige Arbeitsbedingungen – ein Porphyrwerk beabsichtigt, dem Arbeitskräftemangel durch intensivere Mechanisierung entgegenzutreten.
Eisen und Metall: „Die seit langem von der gesamten Eisen- und Metallwirtschaft im Bezirk verzeichnete günstige Wirtschaftsentwicklung setzte sich auch im Berichtsmonat fort. Es wird dadurch immer schwieriger, trotz guter Löhne selbst die Großbetriebe mit den erforderlichen Fachkräften und einer ausreichenden Zahl von guten Hilfsarbeitern zu versorgen (...) In Ermangelung qualifizierter Bewerber sind die Arbeitgeber mehr denn je bereit, auch langfristig unterstützte und oft berufsentwöhnte Arbeitslose wieder in den Arbeitsprozeß einzugliedern".
„Zufriedenstellende Auftragslage in der elektrotechnischen Industrie".
Holzverarbeitung: „Auch im Holzgewerbe, und hier besonders bei den Bauschreinereien, hat sich der Facharbeitermangel, teils durch das Abwandern in die besser bezahlte Industriearbeit, noch mehr verschärft".
Baugewerbe: Weiterhin eklatanter Arbeitskräftemangel.

Juni
Tiefststand der Arbeitslosigkeit seit der Währungsreform. Arbeitslosenquote bei den Männern 1,4%, bei Frauen 4,9%.
Gießereien: enormer Kräfteverschleiß bei Arbeitskräften, lebhafter Arbeitsplatzwechsel, überdurchschnittliche Löhne.
Allgemein günstige Konjunktur in der Kraftfahrzeugindustrie.
Chemie: „....starker Wechsel der Arbeitnehmer, bedingt durch die geringen Löhne bei schwerer Arbeit".
Textilindustrie: Vereinigte Jutespinnereien und Webereien AG hat arbeitskräftesparende Maschinen angeschafft, weshalb 70 Frauen entlassen werden.

Juli
Arbeitsmarkt: „Die überaus günstige Arbeitsmarktentwicklung, verursacht durch den weiter sehr stark angestiegenen Bedarf der Wirtschaft an Arbeitskräften, setzte sich auch im Berichtsmonat fort. Dem nochmaligen erheblichen Rückgang der Restarbeitslosigkeit, hervorgerufen durch das Bemühen, jede auch nur einigermaßen brauchbare Arbeitskraft wieder in den Arbeitsprozeß einzugliedern, steht weiterhin der zunehmende

Mangel an qualifizierten Facharbeitern in den verschiedenen Berufen gegenüber".
Arbeitslosenzahlen:

Hauptamt	Männer	944	Frauen	1887	Gesamt	2831
Weinheim		166		151		317
Schwetzg.		132		136		268
Ladenburg		33		91		124
Hockenheim		35		94		129
Gesamt	(1,3%)	1310	(3,9%)	2359		3669

August
Arbeitsmarkt: *"Bei anhaltend guter Beschäftigungs- und Auftragslage hat sich der Bedarf an Arbeitskräften weiterhin erhöht und so zu einer günstigen Entwicklung der Arbeitsmarktlage beigetragen".*
Landwirtschaft: *"Die im Bezirk durch den Bauernverband untergebrachten italienischen Landarbeiter arbeiten durchweg zur Zufriedenheit ihrer Arbeitgeber, so daß damit zu rechnen ist, daß im kommenden Frühjahr das Interesse an italienischen Arbeitern erheblich steigen wird".*
Metall: *"Mangel besteht an Drehern, Bauschlossern, Spenglern und Installateuren wie Elektromonteuren. Der Bedarf an diesen Fachkräften ist besonders in Handwerksbetrieben sehr groß, da die Abwanderung aus den Handwerks- in die Großbetriebe unvermindert anhält (...) Hereinnahme einer größeren Anzahl Fach- und Hilfsarbeiter (...) besonders aus den Flüchtlingslagern".*
"gute Auftragslage in der chemischen Industrie vornehmlich in Gummibetrieben".
"In der konservenverarbeitenden Industrie war die Beschäftigungslage äußerst günstig".
"Auch die Süßwarenindustrie zeigte sich aufnahmefähig".
"Die Mühlenbetriebe waren im allgemeinen recht gut beschäftigt".
"In der Zigarrenindustrie war die Beschäftigungslage uneinheitlich".
Baugewerbe: *"Die Situation im Baugewerbe hat sich gegenüber dem Vormonat weiterhin verschärft (...) Um den Mangel an Baufach- und -hilfsarbeitern vorzubeugen, wurde den Firmen nahe gelegt, für die Saison des kommenden Jahres rechtzeitig Unterkünfte zu schaffen, damit ihnen Kräfte aus Bayern zugeführt werden können".*
"...gute Beschäftigungslage im Verkehrs- und Speditionsgewerbe.
Chronischer Arbeitskräftemangel im Baugewerbe, Metallsektor und der Hauswirtschaft.
Frauenarbeitslosigkeit: *"Bis vor einiger Zeit war die Arbeitsmarktlage für Frauen im Bezirk Mannheim aus strukturellen Gründen äußerst ungünstig (...) Durch die Ansiedlung verschiedener Betriebe mit Frauenarbeit und der Bereitschaft anderer Betriebe, in erhöhtem Maße auch Frauen einzustellen, hat sich diese Situation etwas gewendet".*

September
"Die schon Monate hindurch von fast allen Zweigen der Wirtschaft gezeigte Aufnahmefähigkeit für Fach- und leistungsfähige Hilfsarbeiter hielt zwar noch an. Sie fand allerdings eine gewisse Abschwächung bei einigen Großbetrieben, wodurch endlich auch die Klagen seitens der kleineren Unternehmer und des Handwerks über die Abwanderung solcher Kräfte merklich nachließ".
Maschinenbau: Ausweitung des Exports bei Heinrich Lanz, Motoren-Werke Mannheim und Joseph Vögele AG.

Elektrotechnische Industrie: *"Konstante Beschäftigungslage. Die Firma Boverie & Cie. AG, Mannheim, hat größere Exportaufträge in Turbinen übernommen".*
Verkehrswesen. *"Beste Beschäftigungslage".*

Oktober
Aufschwung hält weiter an. Während die Großbetriebe mit Arbeitskräften jetzt ausreichend versorgt scheinen, melden Klein- und Mittelbetriebe zusätzlichen Bedarf an. Das Baugewerbe klagt nach wie vor über Mangel an Fach- und Hilfskräften.

November
Arbeitsmarktlage: *"Entgegen aller Erwartungen trat auch im Berichtsmonat keine saisonale Wende auf dem Arbeitsmarkt ein, vielmehr konnte die Restarbeitslosigkeit noch weiter abgebaut werden. Hierzu trugen vor allem das lange während milde Herbstwetter, das die uneingeschränkte Fortführung der Außenarbeiten zuließ und die immer noch anhaltende Konjunktur in den meisten übrigen Wirtschaftszweigen bei".*
Die Arbeitslosigkeit hat die unterste Grenze der Nachkriegszeit erreicht. Eine Auflockerung der strukturellen Frauenarbeitslosigkeit konnte zudem registriert werden.

Dezember
Arbeitsmarktlage: *"Die sonst im Monat Dezember in der Regel eintretende erhebliche Zunahme der Zahl der Arbeitslosen ist dieses Jahr ausgeblieben. Einmal ließ das Wetter eine fast uneingeschränkte Fortführung der Außenarbeiten zu; andererseits haben die Betriebe, entgegen ihrer sonstigen Gepflogenheit, vor den Feiertagen keine Entlassungen durchgeführt, sondern im Gegenteil weitere Einstellungen vorgenommen. Begreiflicherweise waren Arbeitnehmer vor den Feiertagen an einem Stellenwechsel kaum interessiert".*
Maschinenbau: *"Die Firma Heinrich Lanz AG in Mannheim ist wegen Ausweitung des Exports auch künftig noch aufnahmefähig".*
Fahrzeugbau: *"Die Firma Daimler Benz AG in Mannheim-Waldhof konnte ihr Exportgeschäft weiter ausbauen".*
Chemische Industrie: *"Durchweg gute Beschäftigungslage und laufenden Ersatzbedarf für ausgeschiedene Arbeitnehmer".*
Lederindustrie: *"Die Firma Carl Freudenberg KG, Lederwaren, Weinheim, ist voll beschäftigt und hat durch laufende Einstellungen über das ganze Jahr mit ihren Werken in Schönau, Neckarsteinach und Schopfheim eine Beschäftigtenzahl von 9421 erreicht. Gegenüber dem Vorjahr konnte der Umsatz von 228 Millionen auf 260 Mill. gesteigert werden, wobei sich der Anteil an Löhnen und Gehältern von 40 Mill. auf 44 Mill. erhöhte".*

1960

Januar
Arbeitsmarktlage: *"Der Arbeitsmarkt im Januar war gekennzeichnet durch das Ausbleiben der winterlichen Arbeitslosigkeit, die im wesentlichen durch die Schlechtwetterregelung für das Baugewerbe abgefangen wurde. Die große, nicht zu befriedigende Nachfrage nach Arbeitskräften hält nach dem geringfügigen Rückgang im November und Dezember v. J. wieder in unverminderter Höhe an. Die Zahl der am Monatsende gemeldeten offen Stellen hat sich gegenüber Januar 1959 mehr als verdoppelt, während die Zahl der Arbeitslosen nur noch ein Drittel des seinerzeitigen Standes beträgt. Einem Arbeitslosen stehen nunmehr vier offene Stellen gegenüber, während z. B. Ende Januar 1958 das Verhältnis gerade umgekehrt war. Damals entfiel auf vier Arbeitslose gerade eine offene Stelle".*

Ausländer: „Wie dringend der Kräftebedarf tatsächlich ist, zeigt die wachsende Bereitschaft der Arbeitgeber, italienische Arbeitskräfte anwerben zu lassen, trotz der Schwierigkeiten, die wegen der wohnungsmäßigen Unterbringung und der sprachlichen Verständigung bestehen. Insgesamt 743 Stellen für Italiener sind nunmehr gemeldet, davon allein 642 aus dem Baugewerbe".
Steine und Erden: Bedarf an Arbeitskräften weiter angestiegen.
Eisen- und Metallgewinnung: „Die Gießereibetriebe haben ein guten Auftragsbestand und sind an weiteren Arbeitskräften stark interessiert".
Maschinenbau: „Die Betriebe dieses Wirtschaftszweiges haben im allgemeinen einen guten Bestand an Aufträgen sowohl aus dem In- als auch aus dem Ausland aufzuweisen und sind in größerem Umfange an Arbeitskräften interessiert".
Fahrzeugbau: „Die Automobilindustrie ist voll beschäftigt".
Elektrotechnik: Sämtliche Betriebe erweitern die Belegschaft.
Chemie: „Der Auftragsbestand der chemischen und gummiverarbeitenden Industrie ist weiterhin sehr hoch".

Februar
Arbeitsmarkt:...auf einen Arbeitslosen entfallen nun sechs offene Stellen...
Eisen- und Metallgewinnung: „Eine Firma hat (..) 25 weitere Italiener angefordert".
Binnenschiffahrt: Auch im Februar volle Auslastung der Fahrzeuge.

März
Arbeitsmarkt: „Einem Arbeitslosen stehen nunmehr sieben offene Stellen zur Verfügung". (...) der Ruf nach Arbeitskräften wird immer dringlicher...Arbeitslosigkeit auf dem tiefsten Stand der Nachkriegszeit.
Baugewerbe: Kräftebedarf nochmals gestiegen... „Die Stellensuchenden streben überwiegend eine Tätigkeit bei größeren Baufirmen an, da diese günstigere Arbeitsbedingungen bieten können. Die Arbeitssuchenden verlangen zum großen Teil neben der Auslösung auch noch Wegegeld. Auf diese Forderung konnten jedoch nur die größeren Firmen eingehen".

April
Arbeitsmarkt: „....vielfach lohnbedingte Abwanderung von Arbeitskräften aus kleineren Betrieben zu großen Unternehmen".
Landwirtschaft: „Die Frühjahrsarbeiten sind in vollem Gange. Der Kräftemangel hat sich vor allem bei den Hofgütern und mittelbäuerlichen Betrieben wesentlich verschärft, zumal von 41 angeforderten italienischen Saisonkräften bisher erst sechs angeworben werden konnten und weibliche Arbeitskräfte aus dem Bayerischen Wald dieses Jahr ausgeblieben sind. Daher wird auch der Ruf nach weiblichen ausländischen Arbeitskräften immer dringender, umsomehr als auch aus dem Kreis der Zuwanderer kaum noch jemand für eine Tätigkeit in der Landwirtschaft zu gewinnen ist".

Mai
Arbeitsmarkt: „Der akute Kräftemangel kennzeichnete im Berichtsmonat wiederum die Arbeitsmarktlage und stand in verschiedenen Betrieben einer Produktions- wie auch Kapazitätserweiterung entgegen, welche aufgrund des hohen Auftragsbestandes und der anhaltenden Auftragseingänge möglich gewesen wäre. Die Betriebe, die ausländische Arbeitskräfte angefordert hatten, drängten deshalb nachdrücklich auf eine beschleunigte Vermittlung dieser von ihnen benötigten Arbeitskräfte. Andere Firmen, die bisher der Beschäftigung ausländischer Arbeitskräfte ablehnend gegenüberstanden, zeigten sich nunmehr geneigt, zur Behebung des Kräftemangels derartige Arbeitnehmer aufzunehmen und die hierfür notwendigen Voraussetzungen zu schaffen".
Großmühlenindustrie: „Trotz des hohen Stundenlohnes war es bis jetzt nicht möglich, ihren Bedarf (d.h. der einer Firma) an Kleinpackerinnen zu decken, da die Frauen kaum noch an Schichtarbeit interessiert sind".

Juni
Arbeitsmarkt: „Bei einer Isoliermittelfabrik herrscht großer Mangel an Fach- und Hilfsarbeitern. Um wenigstens den dringendsten Bedarf decken zu können, hat diese Firma mehrere Arbeitsämter in industriearmen Bezirken um Vermittlung von Arbeitskräften gebeten. Obwohl sie Unterkünfte bereitgestellt hat, blieb ein Erfolg aus".
...„Hochkonjunktur"...

August
Arbeitsmarkt: ...564 gemeldeten Arbeitslosen stehen 8507 offene Stellen gegenüber, der Höhepunkt im Arbeitskräftemangel des laufenden Jahres ist erreicht. Immer mehr Betriebe vieler Branchen gehen zur übertariflichen Bezahlung über, trotzdem bleiben die benötigten Arbeitskräfte oftmals aus.
Schiffbau: „Der ägyptische Minister für Verkehr und Fernmeldewesen zeigte anläßlich der Besichtigung einer Mannheimer Firma des Schiffs- und Maschinenbaues vor allem für die auf der Werft gebauten Schubleichter besonderes Interesse. Wegen eines Konstruktionsauftrages für diesen modernen Schiffstyp führt die Firma seit einiger Zeit Verhandlungen mit der ägyptischen Schiffsreederei Misr Navigation, die 56 Einheiten für den Erztransport auf dem Nil bauen will. Aus dem Besuch des Ministers schließt die Firma auf günstige Aussichten für den Abschluß der Verhandlungen. In diesem Fall sollen ägyptische Arbeiter auf der Mannheimer Werft für den Schubleichterbau angelernt werden; die Leitung des späteren Schiffbaues in Ägypten soll dagegen in den Händen von Fachleuten der Firma liegen".

September
Ausländer: „Unverkennbar brachte (..) die weitere Hereinnahme von ausländischen Arbeitskräften eine spürbare Entlastung; denn in manchen Betrieben konnte zumindest der dringendste Bedarf gedeckt werden. Der dennoch in den meisten Wirtschaftszweigen weiterhin bestehende Kräftebedarf und andererseits die überwiegend guten Erfahrungen, die mit der Beschäftigung ausländischer Arbeitnehmer gemacht werden, steigerte in zahlreichen Fällen das Interesse an der Anwerbung von Ausländern".
Zigarrenindustrie: „In den zigarrenverarbeitenden Betrieben hielt die Nachfrage nach Zigarren-, Wickel- und Stumpenmacherinnen unverändert an. Fast alle Betriebe klagen über starke Abwanderungsbestrebungen unter der Belegschaft. Da die Firmen andererseits kaum noch mit Nachwuchskräften rechnen können, ist zu befürchten, daß der Beruf der Zigarrenmacherin mit der Zeit ausstirbt".

Oktober
Konjunktur: „Die gesamte Wirtschaft hat weiterhin hohe Auftragsbestände mit einem erheblichen Anteil an Exportaufträgen. Bei guter Beschäftigungslage ist daher der Bedarf an Arbeitskräften unverändert hoch. Wenn auch bisher, vor allem durch die Vermittlung an ausländischen Arbeitskräften, betriebliche Schwierigkeiten nicht aufgetreten sind, so führt doch die gesamte Situation dazu, daß Betriebe ihre Lieferfristen verlängern müssen. Andererseits wird aber auch ein ordentlicher

Betriebsablauf mitunter dadurch gestört, daß auf längere Lieferfristen der Zulieferer Rücksicht genommen werden muß. Das im Bericht des Vormonats bereits zum Ausdruck gebrachte erhöhte Interesse an ausländischen Arbeitskräften hat sich verstärkt, seit bekannt wurde, daß die Bundesanstalt Mittel zum Bau von Unterkünften für ausländische Arbeitskräfte bereitstellen will".
Baugewerbe/Ausländer: „Von den im Bezirk beschäftigten italienischen Bauarbeitern werden etwa 20 bis 25% auch während der Wintermonate weiterbeschäftigt, weil es sich hierbei um Fach- und Schlüsselkräfte sowie um gut eingearbeitetes sprachkundiges Personal handelt. Etwa zwei Drittel der bisher beschäftigten italienischen Bauarbeiter werden von den seitherigen Beschäftigungsbetrieben für das nächste Jahr wieder zurückgerufen; dies spricht dafür, daß die Betriebe mit den Italienern im allgemeinen zufrieden waren".

Dezember
Konjunktur: „Saisonerscheinungen, die den Arbeitsmarkt in den früheren Jahren um diese Zeit ungünstig beeinflußten, blieben aus (...) Wegen des Fehlens einheimischer Arbeitskräfte wächst das Interesse an Ausländern immer mehr, so daß im Jahre 1961 mit vermehrten Anforderungen solcher Arbeitskräfte zu rechnen ist".
Maschinenbau: „Der allgemeine Maschinenbau weist durchweg einen guten, über 2 bis 16 Monate reichenden Auftragsbestand auf und arbeitet teilweise bis zu 52 Stunden in der Woche, weil die zur Erledigung vordringlicher Aufträge benötigten Arbeitskräfte fehlen".
Schiffbau: „Einer Schiffswerft gelang es in der letzten Woche, eine Reihe von Aufträgen hereinzunehmen, die eine Beschäftigung bis zur Jahresmitte 1961 sichern. Da in der Rheinschifffahrt ein Überangebot an Frachtraum herrscht, gibt es für die Binnenschiffahrtswerften zur Zeit kaum neue Aufträge auf deutsche Rechnung. Die Mannheimer Werft fand den Ausgleich durch ausländische Aufträge, insbesondere durch einen Großauftrag für die Sowjetunion".

Deutlich lassen die angeführten Arbeitsmarktberichte erkennen, daß im Raum Mannheim schon 1955 das Konjunkturbarometer kräftig nach oben wies: Facharbeitermangel in bestimmten Sparten bei gleichzeitig ausgesprochen befriedigender Auftragslage ließ den Ruf nach ausländischen Arbeitskräften wach werden. In der Landwirtschaft jedenfalls wirkten bereits erste Italiener. Die Arbeitslosigkeit hatte den Nachkriegstiefstand erreicht, in einigen Männerberufen herrschte sogar Vollbeschäftigung. Aus dem Handwerk begannen Fachkräfte zur besserzahlenden Industrie abzuwandern. Akuter Arbeitskräftemangel charakterisierte dann das Jahr 1960 – im August standen einem Arbeitslosen 15 offene Stellen gegenüber! Die Arbeitgeber attestierten den mittlerweile umfänglich in der Industrie tätigen Ausländern gute Eingewöhnung, Italiener agierten von der Anzahl her an vorderer Stelle. Dort, wo die Auslastung der Kapazitäten nicht gelingen wollte, zeichnete alleine Arbeitskräftemangel verantwortlich. Jetzt zu Beginn der Sechziger Jahre schien der vorläufige Höhepunkt in der wirtschaftlichen Entwicklung in der Weise erreicht, daß Arbeitslosigkeit praktisch keine Rolle mehr spielte (T 59). Obwohl die Anzahl der Mannheimer Industriebeschäftigten binnen eines Jahres um beinahe 5 000 Beschäftigte auf rd. 86 000 für 1963 abflachte, ging weder in der Stadt noch im Bezirk des Mannheimer Arbeitsamtes die Arbeitslosenquote in die Höhe. Die Aufnahmefähigkeit der hiesigen Wirtschaft hielt sich auf hohem Niveau, über lange Jahre herrschte zusätzlich noch ausgesprochener Mangel an Arbeitskräften. Die Region

T 59.

Die Entwicklung des Arbeitsmarktes im Arbeitsamtsbezirk Mannheim 1950–1993

	Gesamter Bezirk			Stadt Mannheim		
	arbeitslos	Quote (%)	offene Stellen	arbeitslos	Quote (%)	offene Stellen
1950	6926		720	4297		532
1951	6884		771	4853		566
1952	7340		738	6016		354
1953	8533		743	6170		416
1954	8458		1213	4465		773
1955	4839		2268	2467		1555
1956	4205		2387	3338		
1957	4196		2041	3050		
1958	3570	1,7	2707	2214		
1959	1856	0,8	4414	788		
1960	756		7097	395		4957
1961	479		7015	233		4733
1962	345		6967	239		4828
1963	399		7168	285		5864
1964	478		8173	328		5610
1965	462		8101			
1966	745		5942	491		4822
1967	2448	1,6	3264	1739		2509
1968	1210		6027	958		4554
1969	536		10575	424		7824
1970	532		9814	386		7169
1971	1084		6607	749		4771
1972	1490		6a11	1046		4525
1973	1719		6172	1294		4838
1974	4923		3330	3575		2779
1975	9172		2294	6572		1855
1976	9286		2602	6830		2019
1977	8684	3,9	2591	6427	4,2	1942
1978	8702		2599	6478		1826
1979	7419		3352	5670		2366
1980	7484		3582	5625	3,7	2497
1981	9252		1992	6615	4,4	1636
1982	12464	5,6	1200	9019	5,9	793
1983	15963	7,2	924	11769	7,8	575
1984	16199	7,4	980	12196	8,1	718
1985	16356	7,5	1176	12234	8,2	845
1986	16605	7,6	1458	12508	8,5	1039
1987	17057	7,8	1688	12959	8,8	1201
1988	17845	8,2	1863	13674	9,2	1296
1989	17296		2276	13393	9,0	1618
1990	16464		2842	12744	8,6	2170
1991	14821		3118	11247	7,4	2495
1992	14753	6,3	2730	11064	7,2	2115
1993						
Jan.	18400	7,9	1969	13563	8,9	1565
März	18895	8,1	1713	13880	9,0	1280
April	19329	8,2	1748	14127	9,2	1261

mit Mannheim als Gewerbezentrum gehörte Mitte der Sechziger Jahre zu den exportintensivsten Standorten innerhalb Deutschlands (Exportquote 1964 = 16,9%; Baden-Württemberg 16,1%), hierunter führend Maschinenbau/Fahrzeugherstellung (39%) und feinmechanische Industrie (36%)[12]. Erst 1967 versetzte eine aus heutiger Sicht weniger dramatische Rezession der bis dahin kontinuierlichen Prosperität einen Einschnitt, der anhand der Arbeitsmarktberichterstattung zu folgenden Anmerkungen Anlaß gab[13].

1967

Januar

Konjunktur: „*Der Arbeitsmarkt wurde auch im Berichtsmonat von den Auswirkungen der wirtschaftlichen Restriktion beeinflußt*" ...*Freisetzung von entbehrlichen Arbeitskräften ... die Zahl der kurzarbeitenden Betriebe erhöhte sich auf 15, die Zahl der Kurzarbeiter liegt bei 2200.*

Steine und Erden: „*Die saisonal und zum Teil konjunkturell bedingten Absatzschwierigkeiten hielten in diesem Wirtschaftszweig an*".

Eisen- und Stahlgießereien: „*In den Gießereien ist die Auftragsentwicklung nach wie vor unbefriedigend*". *Beibehaltung bzw. Ausdehnung der Kurzarbeit.*

Maschinen- und Fahrzeugbau: „*Die Auftrags- und Beschäftigungslage wird von den meisten Betrieben des Maschinenbaus einigermaßen zufriedenstellend beurteilt. Dennoch fehlt es manchen Unternehmen an Anschlußaufträgen. Die volle Beschäftigung der Betriebe konnte weitgehend gehalten werden*" ... *Zurückhaltung bei Neueinstellungen, ggf. nur einheimische Facharbeiter.*

„*Bei einem Betrieb des Fahrzeugbaus hat sich die Auftragssituation nicht gebessert. Der Betrieb sah sich deshalb veranlaßt, einige Dutzend Gastarbeiterverträge nicht mehr zu verlängern (...) In Auswirkung der Absatzflaute nahezu in der gesamten Automobilindustrie sahen sich auch deren Zulieferbetriebe im Bezirk zu weiteren betrieblichen Einschränkungen gezwungen*".

Elektroindustrie: „*Die Geschäftsentwicklung bei den meisten Betrieben dieses Wirtschaftszweiges gab offensichtlich keinen Anlaß zu nennenswerten Betriebseinschränkungen*".

Chemische Industrie/Gummihersteller: „*Die Lage in diesem Wirtschaftszweig ist abgesehen von den Betrieben der Gummiindustrie – trotz der zu erwartenden Lohntariferhöhung und der auf 41¼ Stunden reduzierten Arbeitszeit durchweg als günstig zu verzeichnen. Zwar wurden Einstellungen in nennenswertem Umfang nicht vorgenommen, aber es kam in den Betrieben der chemischen Industrie auch nicht zu personellen Einschränkungen (...) Dagegen hat die (..) allgemein rückläufige Entwicklung in der Autoindustrie die Situation bei den Gummiwarenfabriken weiter beeinträchtigt*".

Mühlen: „*Die Mühlen sind gut beschäftigt (...) Einige Müller werden noch gesucht.*

Baugewerbe: „*Die Situation sowohl im Hoch- als auch im Tiefbau ist – wie die meisten der befragten Unternehmer berichten – weiterhin durch das Fehlen von Anschlußaufträgen gekennzeichnet*"...*bisher keine nennenswerten Entlassungen, Vermittlungsaufträge gab es durch einige große Unternehmen, nicht die Nationalität, sondern die Fachqualifikation ist bei der Einstellung maßgeblich.*

März

Konjunktur: „*Die bisher getroffenen Maßnahmen zur Belebung der Konjunktur haben sich auf dem Arbeitsmarkt noch nicht oder zumindest noch nicht spürbar ausgewirkt. Auch der erwartete saisonale Aufschwung etwa in der Bauwirtschaft, von dem Impulse auf andere Wirtschaftsbereiche auszugehen pflegen, hat sich offensichtlich noch nicht eingestellt*" ...*keine weiteren Entlassungen, aber Kurzarbeit in 12 Betrieben bei 9600 (!) Betroffenen.*

Steine/Erden: „*Die meisten Betriebe warten auf die den Absatz belebenden Einflüsse, nachdem die Lagervorräte in den vergangenen Monaten stark angewachsen sind*".

Eisen- und Stahlgießereien: „*In den Gießereien hat sich die Auftragslage zum Teil weiter verschlechtert*".

Maschinen- und Fahrzeugbau: „*In den meisten Betrieben der Maschinenbauindustrie stellt sich die Auftragslage allgemein etwas günstiger dar als in der Gießereiindustrie. Doch fehlt es auch hier nicht an Äußerungen, daß der Auftragseingang zu wünschen übrig lasse und die Wettbewerbsbedingungen sich verschärft hätten*" ...*kaum Entlassungen, wenig Kurzarbeit.*

Elektroindustrie: „*Von der konjunkturellen Abschwächung wurden im Berichtsmonat auch einige Betriebe der Elektroindustrie betroffen*".

Chemische Industrie/Gummihersteller: „*Die meisten Betriebe dieses Wirtschaftszweiges – jedoch nicht die der Gummiindustrie – waren auch im Berichtsmonat voll beschäftigt; doch läßt hier und dort die Auftragsentwicklung Wünsche offen*".

„*Die Mühlen sind voll ausgelastet*".

April

Konjunktur: „*Auf dem Arbeitsmarkt waren im Berichtsmonat Anzeichen einer konjunkturellen Belebung kaum zu erkennen. Die Arbeitslosigkeit hat sich sogar noch ausgedehnt (...) Dagegen zeigt die Entwicklung der Kurzarbeit eine rückläufige Tendenz*".

Maschinen- und Fahrzeugbau: „*Die Auftragsentwicklung wird von den Betrieben unterschiedlich beurteilt; mehrere verfügen über ein gutes Auftragspolster, mitunter werden sogar Überstunden geleistet. Einige Firmen konnten bestehende Absatzschwierigkeiten noch nicht überwinden, zwei sahen sich gezwungen, weiterhin verkürzt zu arbeiten*".

Chemie: „*Die Betriebe der chemischen Industrie sind fast durchweg gut beschäftigt*".

Textil/Bekleidung: „*Die Auftrags- und Beschäftigungslage wird im allgemeinen zufriedenstellend beurteilt*".

Juli

Konjunktur: „*Die Belebung des Arbeitsmarktes hat auch im Berichtsmonat angehalten. Weitere Betriebe konnten von der Erhöhung des Auftragseinganges berichten, wodurch zusätzlicher Kräftebedarf entstand*".

August

Konjunktur: „*Der Arbeitsmarkt hat sich im Berichtsmonat der Entwicklung, die zumindest in einigen Bereichen der Wirtschaft wieder einen etwas günstigeren Verlauf nimmt, weiter angepaßt. Die Nachfrage nach Arbeitskräften war sehr lebhaft. Im August wurden 3598 Stellen zur Besetzung gemeldet und damit die Kräfteanforderungen seit vielen Monaten übertroffen. Zu dieser Belebung hat mitunter auch der Ausfall von Arbeitskräften infolge Urlaubs beigetragen. Es mangelt trotz einem noch recht zahlreichen Bewerberangebot an qualifizierten Fachkräften und auch an leistungsfähigen Hilfsarbeitern. Verschiedene Betriebe bemühen sich deshalb bereits wieder um eine vermehrte Hereinnahme von Ausländern*".

November
Konjunktur: „Auf die Wirtschaftslage wirkten sich im Berichtsmonat verschiedene Faktoren aus und zwar einmal die von den Investitionshaushalten der Bundesregierung ausgehenden Impulse, zum andern die durch die Pfundabwertung und durch die bevorstehende Einführung der Mehrwertsteuer hervorgerufene Unsicherheit. Trotzdem kann gesagt werden, daß sich die Auftragsentwicklung im allgemeinen etwas gefestigt haben dürfte".

Dezember
Konjunktur: „Die wirtschaftliche Entwicklung, die im allgemeinen etwas günstiger beurteilt wird als noch vor einigen Monaten, scheint sich weiter gefestigt zu haben".

1968

Mai
Konjunktur: „Die seit einigen Monaten zu beobachtende Tendenz eines wirtschaftlichen Aufschwungs hat sich weiter fortgesetzt. Die Entwicklung von Produktion und Absatz wird von den meisten Betrieben günstig beurteilt. Auf dem Arbeitsmarkt tritt die Unausgeglichenheit zwischen dem Stellenangebot und der Nachfrage nach Arbeitsplätzen immer deutlicher zutage. Der Bedarf an Facharbeitern aller Art und an leistungsfähigen Hilfsarbeitern konnte auch nicht annähernd gedeckt werden. Die Bemühungen, aus anderen Gebieten. z. B. aus Rheinland-Pfalz/Saarland, Arbeitskräfte zu gewinnen, hatten bisher noch nicht den gewünschten Erfolg. Anwerbungsaufträge für ausländische Arbeitnehmer werden aus mancherlei Gründen nur zurückhaltend erteilt; insbesondere besteht wenig Neigung, die mit einer Erstanwerbung verbundenen Verpflichtungen im jetzigen Zeitpunkt einzugehen. Es sehen sich daher immer mehr Firmen veranlaßt, den Arbeitskräftemangel durch Überstunden auszugleichen".

Juni
Konjunktur: „Der Konjunkturaufschwung hielt auch im Juni an. Er erstreckte sich nicht nur auf die Investitionsgüterindustrie, sondern auch auf alle Bereiche der Güterproduktion. Die meisten Unternehmen beurteilen die Aussichten über die künftige Entwicklung günstig; die Auftragsbestände gewährleisten eine Vollbeschäftigung für mehrere Monate, und die Auftragseingänge aus dem In- und Ausland lassen eine weiterhin gute Aufwärtsentwicklung erwarten".

1969

Mai
Konjunktur: „Der Arbeitsmarkt ist angespannter denn je. Zeichen von Überhitzung werden deutlich. Das Kräftepotential stagniert. Auf der anderen Seite hat die Nachfrage nach Arbeitskräften mit 11 508 Stellenangeboten im Mai eine neue Rekordhöhe erreicht. Ein Großteil der Betriebe versucht die Kräfteknappheit durch Überzeitarbeit etwas auszugleichen, trotzdem haben sich die Lieferfristen eher noch verlängert als verkürzt. Von einem Unternehmen ist bekannt, daß die wöchentliche Arbeitszeit sogar auf 60 Stunden heraufgesetzt wurde. Wie hart der Kampf um die Arbeitskräfte geführt wird, zeigt das Beispiel eines Unternehmens, das die vermögenswirksame Anlage nach dem 312-DM-Gesetz für sämtliche Betriebsangehörige in voller Höhe selbst aufbringt. Das Interesse an ausländischen Arbeitnehmern war noch selten so groß wie jetzt. Im Berichtsmonat sind 380 Ausländer aus den Anwerbeländern eingereist; außerdem werden von der Wirtschaft des hiesigen Bezirks noch weitere 1800 erwartet. Mit großer Sorge muß auf die kommenden Urlaubsmonate geblickt werden, die schon bei normalem Konjunkturverlauf einen vermehrten Kräftebedarf auslösen".

Branchen: „Die günstige Entwicklung des Auftragseinganges im Bereich der Erzeugung und Verarbeitung von Eisen und Stahl hielt allgemein an. Der bisher schon deutlich zutage getretene Mangel, besonders an Facharbeitern, hat sich durch weitere Anforderungen noch mehr verschärft. Das einheimische Kräftereservoir ist nahezu erschöpft, es fehlt auch an entsprechenden Zugängen aus dem Ausland. Die Vermittlungsmöglichkeiten werden deshalb in zunehmenden Maße eingeschränkt. Überstunden, Sonderschichten, auch außertarifliche Zuwendungen, sind im wesentlichen die Maßnahme, mit denen sich die Betriebe zu helfen suchen. Im verarbeitenden Gewerbe herrscht ebenfalls der Arbeitskräftemangel vor, der lediglich bei der chemischen Industrie, die den Fertigungsablauf stark rationalisiert hat, zahlenmäßig nicht so sehr ins Gewicht fällt. Im Baugewerbe hielt die Nachfrage nach Bauleistungen unvermindert an. Die meisten Betriebe sind bereits bis zum Jahresende ausgelastet. Mehr als 1900 Arbeitsplätze sind zur Besetzung gemeldet. Eine lebhafte Nachfrage nach Arbeitskräften wurde auch im Handel und im Verkehrsgewerbe verzeichnet. Vor allem junge Verkäuferinnnen und Kraftfahrer sind gesucht".

Gemessen an der Arbeitslosigkeit brachte die 1967er Rezession einen Anstieg auf 1,6 Prozent im Mannheimer Arbeitsamtsbezirk, was trotz des eigentlich eher geringen Wertes dennoch gewisse Irritationen auslöste – Wirtschaftswunder und ungezügeltes Wachstum auf hohem Niveau hatten das Phänomen der Krise wohl weitgehend vergessen gemacht. Optimismus, Belebung bei den Auftragseingängen, markanter Arbeitskräftemangel und eine Verfestigung des wirtschaftlichen Aufschwungs kennzeichneten dann wieder das Jahr 1968. Und 1969 schließlich schien die Rezession fast schon wieder Legende zu sein: „Überhitzung der Konjunktur; Überstunden und Sonderschichten bis 60 Std./Woche; Kampf um Arbeitskräfte und allergrößtes Interesse an ausländischen Arbeitskräften, Erschöpfung des einheimischen Kräftereservoirs". Entsprechend dieses raschen und nachhaltigen Aufschwungs signalisierten auch die Arbeitsmarktdaten unzweifelhaft Entwarnung (T 60).

T 60.

Arbeitslosigkeit im Mannheimer Arbeitsamtsbezirk 1966–1969

1966	Januar	562
	März	543
	Juni	547
	September	617
	Dezember	1 546
1967	Januar	2524
	März	2669
	Juni	2667
	September	2183
	Dezember	2300
1968	Januar	2506
	März	1707
	Juni	1226
	September	678
	Dezember	666
1969	März	644
	Juni	444
	Dezember	499

Mannheim im Aufwind: Fernsehturm und Aero-Bus bei der Bundesgartenschau 1975.

Im Juli 1969 notierte das Mannheimer Arbeitsamt bei 444 Arbeitslosen insgesamt 12053 offene Stellen im Bezirk – 27 angebotene Stellen standen jetzt einem Arbeitslosen gegenüber: Nachkriegsrekord! An Ausländern, ohne deren Mitwirken ein störungsfreies Funktionieren der Wirtschaft schon nicht mehr denkbar gewesen wäre, lebten 1970 bereits 31765 Personen in der Stadt, was einer Verdreifachung während der zurückliegenden Dekade entsprach.

Die Ölkrise von 1973/74 in Begleitung der gesamtwirtschaftlichen Umstrukturierung bewirkte regional betrachtet unterschiedliche Veränderungen. Zwar hatte Mannheim mit dem gewerblich-industriellen Schwerpunkt Maschinenbau, Fahrzeugherstellung und Elektro nicht unbedingt die schwere Hypothek der alten Montanstandorte an Saar und Ruhr zu bewältigen, dennoch geriet aber auch hier die Wirtschaft in die Rezession und langfristig betrachtet in den wirtschaftssektoralen Umbau. Zeugnis hierfür legen die Geschäftsberichte der örtlichen Industrie- und Handelskammer ab[14]. Allerdings wirkte sich der Umbruch bzw. Nachfragerückgang nach Branchen betrachtet recht unterschiedlich aus, je nach Exportorientierung, Auftragsbestand und allgemein Konkurrenzfähigkeit der Unternehmen. Hieraus nun einige Angaben der Jahre 1973 bis 1977:

Investitionsgüter Maschinenbau und Elektro: Gute Beschäftigungslage bis 1974, danach rückläufiger Export mit Personalabbau und Kurzarbeit. Seit 1976 schrittweise Konsolidierung im Kontext der Anpassung an den international verschärften Wettbewerb.

Fahrzeuge einschl. Zulieferer: Auftrieb 1975/76.

Chemie, Papier und Kunststoff: Einbruch 1975.

Konsumgüter: Rückläufige Kapazitätsauslastung für 1974, danach Stabilisierung und mitunter Umsatzsteigerungen.

Holzverarbeitung einschl. Möbel: Schrumpfung und Anpassungsprozeß.

Nahrung und Genuß: Geringe Einbußen wegen schwacher Exportorientierung und gleichfalls konstanter Nachfrage.

Bauwirtschaft: Investitionsrückgang der privaten Wirtschaft, ebenso nachlassende Auftragsvergabe durch Staat, Kommunen etc. Verknappung der Liquidität, Konkurse. Nutzung der technischen Kapazität noch bei 50 Prozent.

Eine ganze Reihe Mannheimer Unternehmen geriet in dieser Phase des Umdenkens und der Neuorientierung in Stillegung oder Konkurs, dies vornehmlich in den Sparten Stahlverarbeitung und Maschinenbau (T 61). Unter den Konkursfirmen ragte das im Jahr 1900 gegründete Strebelwerk nicht zuletzt deswegen in besonderer Weise heraus, weil in diesem Fall durch Massenentlassung immerhin 2500 Beschäftigte auf einen Schlag ihren Arbeitsplatz verloren. Einst hatte dieser Mannheimer Traditionsbetrieb für die größte deutsche Spezialfabrik der gußeisernen Heizkessel und Heizkörper gestanden. Allerdings kam nach Auskünften der IHK-Berichte die Wirtschaft seit 1978 langsam wieder in Gang, dies jedoch bis zu Beginn der Achtziger Jahre mit diversen Stockungen. Zitate hieraus:

1977
„Zu Beginn des Jahres 1977 herrschte eine gedrückte Stimmung, die Industrie investierte sehr vorsichtig".

1978
„Das Jahr 1978 begann mit einem weiterhin zufriedenstellenden Inlandsgeschäft bei der Industrie, die Auslandtätigkeit hat etwas nachgelassen. Die Stimmung ist allerdings nicht besser geworden. Nur ein Drittel der Industriefirmen ist voll ausgelastet. Größere Firmen drängen vielfach in den Tätigkeitsbereich, der sonst den Klein- und Mittelunternehmen vorbehalten war".

1979
„Anfang des Jahres 1979 setzte sich, trotz des Ölpreisanstiegs, die Besserung, die etwa Mitte des Jahres 1978 eingesetzt hatte, fort, es werden immer mehr Bereiche von dieser positiven Entwicklung erfaßt. Obwohl unverändert erhebliche Unsicherheiten bestehen, wird mehr investiert. Die Arbeitslosenquote geht zurück. Mitte des Jahres sind aber 80% der Kapazitäten der Industrie ausgelastet. Man beabsichtigt mehr als bisher zu investieren. Im Herbst macht die Wirtschaft des Kammerbezirks weitere Fortschritte in Richtung Landesdurchschnitt, allerdings hinkt die Stadt Mannheim hinterher".

1980
„Auch in das Jahr 1980 ging die Wirtschaft mit einem langsamen Anstieg, doch wird der Konsum mehr und mehr, zum Teil infolge der steigenden Energiepreise, gebremst (...) Der reale Umsatz der Industrie des Kammerbezirks liegt 1980 unter dem des Vorjahres (...) Dennoch bleibt die Investitionsneigung der Wirtschaft verhältnismäßig hoch. Es handelt sich dabei zum großen Teil um Maßnahmen zur Energieeinsparung. Alle Wirtschaftsbereiche erwarten jedoch für das nächste Jahr eine negative Entwicklung, nach den heute vorliegenden Kriterien scheint dieser Pessimismus berechtigt zu sein".

1981
„Das Jahr 1981 begann mit rückläufigen Umsätzen und einer gedrückten Stimmung bei der Industrie, auch die Exporte gingen zum Teil zurück. Nur die Investitionsgüterindustrie war mit der Gesamtentwicklung noch zufrieden".

1982
Rückläufige Konjunktur, Exporteinbußen wg. Devisenmangel und Protektionismus früherer Abnehmerstaaten. Wettbewerbsverschärfung, Liquiditätsprobleme und Personalabbau.

1983
„Der Regierungswechsel brachte für die Wirtschaft zunächst einmal eine Besserung des Klimas. Das Stimmungsbarometer ist gestiegen, die Talfahrt der konjunkturellen Entwicklung fand ihr Ende". Industrie zu 90% ausgelastet, Steigerung des Industrieumsatzes um 3,2%. Verstärkt Rationalisierung und Produktinnovationen. Exportbelebung (USA, EG, OPEC).

Deutliche Spuren hinterließ die Rezession 1973/74ff. auf dem Arbeitsmarkt. Die Anzahl der in der Mannheimer Industrie Beschäftigten sank von 1973 auf 1974 um mehr als 2.600 Personen ab, dies in erster Linie als Folge der massenhaften Freisetzung durch das abgegangene Strebelwerk (T 62). Beschäftigungserosion in vergleichbarer Höhe markierte das Folgejahr. Danach zwischen 1976 und 1979 pendelte die Industriebeschäftigung ohne größeren Ausschlag, ehe nach einer kurzzeitigen Belebung für 1980 dann ein massiver Arbeitsplatzabbau folgte. Mehr als 15 Prozent des 1972 vorhandenen Bestandes an Industriearbeitsplätzen ging bis 1983 in der Stadt verloren, gleichzeitig gelang aber auch eine Steigerung der Exportquote auf den doppelten Wert. Dem Verlust fast jeden sechsten Industriearbeitsplatzes stand Rationalisierungszwang zumal ver-

Mannheimer Großkraftwerk 1980: Ölkrise passé, folgte ein Jahrzehnt fast beständigen wirtschaftlichen Zuwachses – Massenarbeitslosigkeit ist die Kehrseite der Medaille.

T 61.

Stillegung und Konkurse Mannheimer Industrieunternehmen 1973–1985

Firma	Branche	Jahr	Art der Veränderung	Anzahl der verlorenen Arbeitsplätze
Eichtersheimer	Stahlbau	1973	Konkurs	35
Cron	Maschinenbau	1973	Konkurs	90
Walker	Fahrzeugbau	1973	Verlagerung	150
Strebelwerk	Stahlbau	1974	Konkurs	2500
Stahlwerk	Gießerei	1974	Stillegung	250
Waldherr	Maschinenbau	1974	Stillegung	130
Breidenbach	Stahlbau	1975	Konkurs	20
Berk	Textil/Bekleidung	1975	Stillegung	40
Hommelwerke	Maschinenbau	1975	Stillegung	250
Wetzel	Maschinenbau	1976	Konkurs	200
Ridinger	Maschinenbau	1977	Konkurs	130
Rheta	Maschinenbau	1977	Konkurs	250
Görler	Elektrotechnik	1978	Stillegung	240
Werner & Nicola	Nahrungsmittel	1978	Stillegung	42
Winterwerb & Streng	Maschinenbau	1978	Konkurs	230
Neidig	Maschinenbau	1979	Konkurs	120
Halberg	Maschinenbau	1979	Verlagerung	233
Frank	Elektrotechnik	1980	Stillegung	160
Exotherm-Weckauf	Stahlbau	1981	Konkurs	30
Spangenberg	Maschinenbau	1981	Konkurs	80
Mohr & Federhaff	Maschinenbau	1981	Stillegung	420
MF Losenhausen	Elektrotechnik	1981	Verlagerung	120
Elbeo	Textil/Bekleidung	1982	Verlagerung	340
Seilwolff Folien	Kunststoffverarb.	1982	Stillegung	30
Weiland	Gießerei	1983	Konkurs	60
Habereckl	Nahrungsmittel	1983	Verlagerung (Produktion)	–
Rheinhold & Mahla	Kunststoffverarb.	1983	Verlagerung	100
Seitz-Enzinger-Noll	Maschinenbau	1983	Stillegung (Produktion)	32
Knauer	Stahlbau	1984	Konkurs	240
Deutsche Zündholzfabrik	Holzverarbeitung	1984	Stillegung	130
Müllers Mühle Schneekoppe	Nahrungsmittel	1985	Stillegung	112
Seilwolff Hebe- u. Fördertechnik	Maschinenbau	1985	Konkurs	35
Summe				6839

stärkter Exportausrichtung gegenüber, Mannheim schien voll vom Strukturwandel erfaßt. Lag noch zu Beginn der Siebziger Jahre die Arbeitslosenquote nahe der Vollbeschäftigung bei einem Prozent, so katapultierte der Wert bis 1975 auf bereits vier Prozent. Bis 1981 mit einigen Schwankungen versehen, blieb die Arbeitslosigkeit auf diesem Niveau erhalten. Während 1982 rückläufige Konjunktur und ein erneuter Anstieg der Arbeitslosigkeit einander bedingten, setzte 1983 mit einer langfristig wirksamen Konjunkturbelebung bei keineswegs rückläufiger Arbeitslosigkeit eine markante Zäsur: Verfestigung struktureller Arbeitslosigkeit auf Dauer. Betreffend der Wirtschaftsentwicklung von 1985 bis 1988 gab die Industrie- und Handelskammer in dieser speziellen Angelegenheit folgende Einschätzung ab:[15]

„Der Berichtszeitraum war weiter gekennzeichnet von einem permanenten Aufschwung der Wirtschaft. Das bedeutete nicht, daß Strukturprobleme dauerhaft gelöst worden wären. Strukturprobleme werden in einer sich immer schneller entwickelnden Wirtschaft ein Dauerproblem bleiben".

Nach Geschäftsjahren betrachtet verzeichnete die IHK-Berichterstattung nachstehende Zwischenergebnisse:

1984
Fortdauer der Wirtschaftsbelebung. Gute Nachfrage bei langlebigen Wirtschaftsgütern, beim Maschinenbau jedoch mit Stockungen. Belebung des Exportgeschäftes, nur Mannheim verzeichnet Stagnation. Steigerung der Industrieproduktion um 8,4 Prozent im Bezirk.

1985
Auslastung der Industrie teilweise sehr gut, nochmalige Umsatzsteigerung um 8 Prozent. Export teilweise über den Erwartungen.

1986
Rückgang beim Exportgeschäft um 5 Prozent. Rückgang des Industrieumsatzes um 2 Prozent. Trotzdem stabiles Investitionsverhalten, teilweise sogar Ausweitung der Kapazität. „Die Industrie im Umfeld der beiden Großstädte Mannheim und Heidelberg, nicht in den Städten selbst, erhöhte ihren Personalstand gegenüber dem Vorjahr geringfügig. Vereinzelte Klagen über Mangel an geeigneten Fachkräften kamen besonders von der Bauwirtschaft".

1987
Zumeist gute Beschäftigungslage. Ergebnisse befriedigend zumeist bei Investitionsgütern einschl. Maschinenbau. Leichte Steigerung beim Export. Rege Investitionstätigkeit: „Im Mittelpunkt stand die Rationalisierung sowie die Herstellung neuer Produkte; auch Kapazitätserweiterungen und Umweltschutzmaßnahmen waren Gründe für Investitionen". Beschäftigung:

„Die insgesamt verringerten Beschäftigtenzahlen in der Industrie wurden vor allem von Mannheimer Firmen verursacht, wo teilweise stark rationalisiert werden mußte".

1988

„Das gesamte Jahr 1988 war von einer positiven Stimmung in der Industrie geprägt. Der Umsatz ist kräftig gewachsen, wozu der Auslandsumsatz überproportional beigetragen hat, so daß die schon hohe Exportquote weiter gestiegen ist. Die zweistelligen Zuwachsraten lagen weit über den vergleichbaren Landeszahlen". Exportquote der Stadt Heidelberg bei 56 Prozent. Gute bis sehr gute Kapazitätsauslastung. Steigerung der Investitionsausgaben. Konstante Beschäftigungslage, Probleme bei der Suche nach guten Nachwuchskräften.

Die Prosperitätsphase zunächst bis zum Wirtschaftsjahr 1988 basierte also durchgängig auf den beiden, an anderer Stelle bereits angesprochenen Entwicklungen. Nicht nur die Verfestigung, sondern zusätzlich noch die weitere Verschärfung der Arbeitslosigkeit standen für eine sehr kritische Situation auf dem Arbeitsmarkt. Mannheims gesamte Nachkriegsarbeitslosigkeit gipfelte in dem 1988 schließlich erreichten Höchststand! Die Zahl der in der Stadt vorhandenen Industriearbeitsplätze lag jetzt bei gerade noch 78 Prozent des einmal 1973 vorhandenen Wertes. Und auf der anderen Seite verzeichnete paradoxerweise die Wirtschaft innerhalb der Stadtgrenzen wie die der Umgebung fast durchweg gute bis sehr gute Ergebnisse, was nicht zuletzt über das verbesserte Stellenangebot auch zum Ausdruck kam: 1983 zwanzig Arbeitslose auf eine offene Stelle; 1988 noch zehn Arbeitslose auf eine offene Stelle. Die im Dienstleistungssektor seit 1983 vorhandene Beschäftigungszunahme kompensierte nicht nur den Wegfall insbesondere durch Rationalisierung abhanden gekommener Arbeitsplätze in der Industrie, sondern sorgte mehr noch für eine kontinuierliche Zunahme aller in Mannheim versicherungspflichtig Beschäftigten (A 38). Dann setzte schließlich nach 1988 eine Entwicklung ein, die weiterhin von einer günstigen Konjunkturlage getragen endlich auch eine Besserung der Arbeitsmarktlage durch eine erweiterte Bereitstellung neuer Arbeitsplätze ermöglichte. Erstmals seit 1979 nahm auch die Zahl der Mannheimer Industriebeschäftigten wieder zu. Eine Skizze der Wirtschaftsentwicklung anschließender Jahre liefert die IHK-Berichterstattung[16]. Nachfolgend die wichtigsten Anmerkungen hieraus:

1989

„Das Jahr 1989 war durch eine anhaltende Phase des wirtschaftlichen Aufschwungs gekennzeichnet. Er hält damit seit 7 Jahren an."

T 62.
Daten zur Mannheimer Industrieentwicklung 1972-1988

	1972	1973	1974	1975	1976	1977	1978	1979	1980	1981	1982	1983	1984	1985	1986	1987	1988
Anzahl der Betriebe	225	224	219	213	205	221	223	226	224	226	221	205	199	198	196	199	195
Beschäftigte	80972	80782	78145	75569	73297	74058	73082	73252	74851	74278	72258	68830	66924	65849	65870	64611	63677
Umsatz (Mio)	7294	8226	9625	9927	10750	11936	11837	12006	12547	13488	13777	14060	15258	16473	14995	14592	15701
Exportquote %	19,6	20,8	24,0	26,5	27,3	30,1	30,5	32,3	32,4	36,0	35,2	38,1	35,2	32,9	31,2	31,8	33,0

Angaben für Betriebe mit 20 und mehr Beschäftigten

A 38.

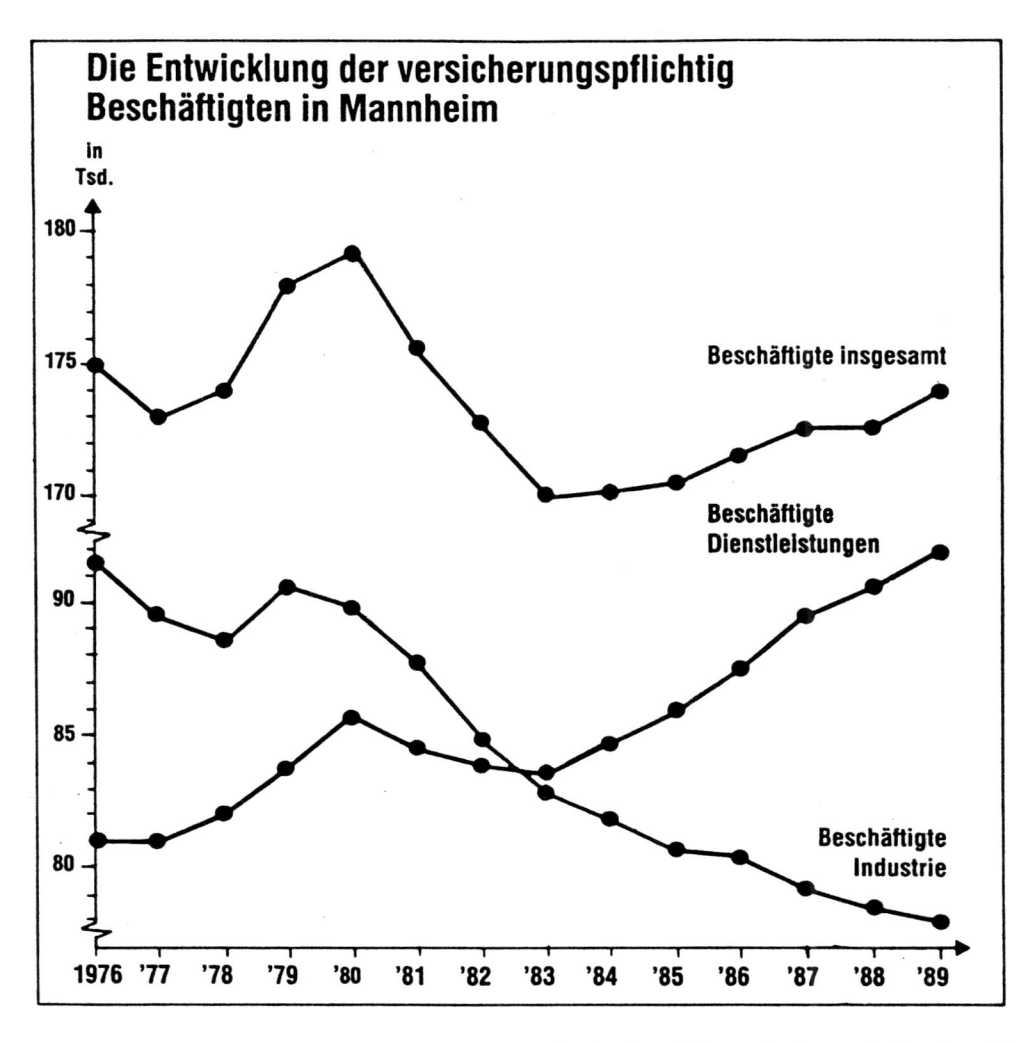

Die Entwicklung der versicherungspflichtig Beschäftigten in Mannheim

[Diagramm: Beschäftigte insgesamt, Beschäftigte Dienstleistungen, Beschäftigte Industrie, in Tsd., 1976–'89]

1990
„Die Wirtschaft des Kammerbezirks Rhein-Neckar blickt auf ein für fast alle Branchen sehr gutes Jahr zurück". Gute Auslastung der Kapazitäten. Ausweitung des Industrieumsatzes um 6,4 Prozent (Baden-Württemberg = 9,4 Prozent). Beibehaltung der hohen Exportquote. Beschäftigungswachstum beim produzierenden Gewerbe um 2,2 Prozent. „Der Arbeitsmarkt für qualifiziertes Personal ist praktisch leergefegt". Rückgang der Arbeitslosigkeit auf 7 bis 7,7 Prozent im Bezirk, Mannheim bei 8,3 bis 9,1 Prozent. „Alle Wirtschaftsbereiche haben bei den im Jahr 1990 durchgeführten vier Quartalsumfragen über gute Ergebnisse berichtet. Selten war die Stimmung so einhellig gut. Vor allem die Bauwirtschaft konnte ihre Tätigkeit steigern. Sie entwickelte sich zum Spitzenreiter bei der Bewertung der Geschäftslage".

1991
„Die Wirtschaft des Kammerbezirks Rhein-Neckar blickt auf ein insgesamt noch gutes Jahr zurück, in dem Beruhigungstendenzen sichtbar geworden sind (...) Die Phase des wirtschaftlichen Aufschwungs erstreckt sich (...) bereits über 9 Jahre". Rückläufiges Wachstum beim Bruttosozialprodukt. Rückgang des bezirksweiten Exports um 1,4 auf 32,7 Prozent. Gute Kapazitätsauslastung. Beschäftigtenzunahme bei gleichzeitigem Mangel an qualifizierten Arbeitskräften. Arbeitslosigkeit liegt über dem Landesdurchschnitt, Mannheim rangiert an oberer Stelle. Verstärkte Inlandsnachfrage. Boom bei der Konsumgüterindustrie, allem voran die Ernährungsindustrie. Rückläufige Auslandsnachfrage traf zuerst die Investitionsgüterindustrie, mit Verzögerung auch andere Branchen erreicht.

1992
Die Phase des wirtschaftlichen Aufschwungs, die insgesamt 9 Jahre dauerte, ging zu Ende: „Verlangsamung der konjunkturellen Entwicklung ist auch in der Wirtschaft des Kammerbezirks spürbar". Auslastung der Kapazitäten. Geringeres Wachstum, Verschlechterung der Handelsbilanz. Exportquote um 0,5 Prozent gefallen. Beschäftigungsrückgang. Weiterhin Mangel an qualifizierten Arbeitskräften. Arbeitslosigkeit unbefriedigend.

Insgesamt über eine Dauer von neun Jahren hatte sich der günstige Konjunkturverlauf erstreckt, bevor Ende 1992 und verstärkt noch Anfang 1993 eine Rezession mit durchaus prekären Einbrüchen griff. Im IHK-Bezirk fiel der Umsatz binnen Jahresfrist um 5,5 Prozent bis März 1993, die Arbeitslosigkeit erreichte nach Anteilen den zuvor schon einmal 1988 gemessenen Nachkriegshöchststand, absolut lagen die Werte sogar noch darüber. Im März 1993 notierte das Mannheimer Arbeitsamt annähernd 20 000 Erwerbslose im Bezirk, für Mannheim wurden 14 000 Personen registriert. Nach Angaben zur ersten IHK-Quartalsumfrage 1993 planen zwei Drittel aller Industrieunternehmen Personalabbau, im Bereich der Investitionsgüter sind dies 75 Prozent aller Unternehmen. Grundlegende Besserung der Wirtschaftslage ist jedenfalls für 1993 im Bezirk nicht in Aussicht gestellt.

Die Frage nach den spezifischen Ursachen dieser Entwicklung seit der Rezession 1973/74 drängt sich auf. Zu unterscheiden ist hier nach den globalen Rahmendaten wie Strukturwandel, Internationalisierung der Konkurrenz, EG-Öffnung etc. einerseits, und andererseits den konkreten Bedingungen und Entwicklungen vor Ort, d.h. den lokalen und regionalen Standortqualitäten. Im Falle Mannheims wird deutlich, daß die Stadt den Übergang von der Industrie- zur Dienstleistungslandschaft (nach der Beschäftigung 1983) vollzog. Ein Vergleich nun aller baden-württembergischen Arbeitsamtsbezirke für die vier Nachkriegsjahrzehnte bis zur jüngsten Zeit läßt erkennen, daß der Mannheimer Raum seit der Rezession 1973/74 mit die brisantesten Arbeitslosenquoten liefert, und für die Stichjahre 1988 und 1993 sogar Höchstwerte hält (T 63). Die Stadt Mannheim isoliert betrachtet sticht noch deutlicher heraus. Hinter diesem Umstand steht auch und gerade die Problematik sog. alter und verdichteter Industriestandorte, deren Substanz einer Erneuerung und Umstrukturierung bedarf[17]. Vergleichsweise alt ist in der Tat ein Gros der in Mannheim vorhandenen Industriebetriebe, deren Erfindungen und Produkte einst den Aufstieg zu festverankerten Großunternehmen ermöglichten. In der Gegenwart herrscht bei jenen Produkten allerdings schärfste Konkurrenz, allenfalls gelingt eine Marktbehauptung durch Produktverbesserung und Modernisierung der Fertigungstechnik. Belegschaftsabbau ist fast gängig die Regel, ausgesprochene Wachstumschancen sind in diesen Sparten eher gering. Zudem hält eine ganze Reihe Mannheimer Firmen den Verwaltungssitz außerhalb, so fehlen etwa selbständige Forschungs-, Entwicklungs- und Verwaltungseinheiten am Ort mit der Konsequenz verminderter Qualifikationsmuster in der Beschäftigung. Einige Großbetriebe dominieren die Industrie, während der von der Produktseite her innovationsfähigere Mittelstand unterrepräsentiert ist. Weiter werfen heute altindustrialisierte Standorte eine Reihe nicht zu unterschätzender Probleme und Defizite auf, geht es um die Ansiedlung neuer und die Erweiterung eingesessener Unternehmen vor Ort:

– rel. hohes Lohnniveau
– niedrige Freiflächenanteile
– Umweltprobleme
– hohe Grundstückspreise
– ungünstige Arbeitsmarktsituation
– wachsende Flächennutzungskonflikte
  (Nähe zu Wohngebieten)

Mannheim ist allerdings mit dieser Problematik keineswegs alleine gelassen, denn altindustrialisierte Standorte gibt es bekanntermaßen eine ganze Reihe im Bund. Für die Wirtschaftsentwicklung der Achtziger Jahre kommt eine Studie über Mannheim zu folgender Bilanz:[18]

„Für Mannheim ist eine labile Situation charakteristisch, die man folgendermaßen umschreiben kann: Der Wirtschaftsraum Mannheim hält in der Standortkonkurrenz der Agglomerationen (noch) einigermaßen mit. Gegenüber den hochdynamischen, prosperierenden Verdichtungsräumen (Frankfurt, München, Stuttgart) sind zwar Substanzeinbußen und Abwertungstendenzen festzustellen, im Vergleich zu anderen Agglomerationen und Agglomerationskernen scheinen die Entwicklungsschwächen und Entwicklungsprobleme Mannheims aber nicht ungewöhnlich gravierend, im Vergleich zu den altindustrialisierten Kernstädten sogar nur rudimentär zu sein".

Ein jüngst präsentierter Städtevergleich mit Köln, Stuttgart, Nürnberg, Karlsruhe und einer Reihe von Metropolen an Rhein und Ruhr liefert die Einschätzung, „daß der Strukturwandel in Mannheim bisher relativ ausgewogen verlief und daher bei weitem nicht die negativen Auswirkungen wie in anderen Wirtschaftszentren ausgelöst hat"[19]. Und das Rhein-Neckar-Dreieck schließlich nimmt bei einem Strukturvergleich der 15 in den alten Bundesländern vorhandenen Ballungsräumen eine mittlere Position ein. Zweifelsfrei, eine krisenhafte Situation ist am Ort wie im Umfeld durchaus vorhanden, eine Krise aber mit Perspektiven und eine Krise auf hohem Niveau!

3. Das Mannheimer Arbeitsamt – Etappen zu einer modernen Sozialbehörde

Zu Beginn der Fünfziger Jahre hatte der Zeitgenosse kaum auch nur konturenhaft Vorstellungen von dem ökonomischen Wandel, der zunächst binnen eines einzigen Jahrzehnts wirklich existentielle Nöte auf Seiten der Bevölkerung vergessen machen sollte. Immerhin betrug bundesweit 1952 die Arbeitslosenquote nicht viel weniger als zehn Prozent, und der mit der Teilung Deutschlands besiegelte Kalte Krieg ließ weiteren Bevölkerungszustrom Deutschstämmiger erwarten. Daß am

---

T 63.
Arbeitslosigkeit in baden-württembergischen Arbeitsamtsbezirken 1952–1993

	1952 (12)	1960 (3)	1967 (3)	1968 (10)	1975 (9)	1983 (9)	1988 (10)	1993 (3)
Aalen	6,3	0,2	1,4	0,2	4,1	6,8	5,2	7,0
Baden-Baden	5,9	aufgelöst						
Balingen	5,5	0,1	1,0	0,1	2,8	6,2	4,0	6,9
Biberach	7,8	0,2	aufgelöst					
Eßlingen	2,5	0,1	aufgelöst					
Freiburg	3,6	0,3	0,6	0,3	4,0	6,9	6,7	6,7
Göppingen	2,8	0,1	0,6	0,1	3,0	4,4	3,6	5,3
Heidelberg	10,3	0,5	1,2	0,3	4,6	7,1	6,6	6,1
Heilbronn	5,8	0,1	1,0	0,2	4,1	6,6	5,8	6,8
Karlsruhe	6,3	0,4	1,1	o,3	4,0	7,1	6,1	5,7
Konstanz	4,5	0,3	0,7	0,3	4,8	6,0	5,6	6,9
Lörrach	2,9	0,3	0,7	0,2	4,1	5,6	4,4	7,5
Ludwigsburg	3,0	0,1	0,6	0,1	3,3	5,2	4,2	5,1
MANNHEIM	6,0	0,5	1,2	0,4	4,1	7,1	8,1	8,o
Mosbach	15,4	0,3	aufgelöst					
Nagold	5,2	0,2	1,6	0,2	2,6	4,6	3,5	5,5
Offenburg	4,8	o,3	1,4	0,2	4,1	6,8	5,1	5,7
Pforzheim	3,3	o,3	0,8	0,2	3,5	6,5	4,9	6,3
Rastatt	7,4	0,5	1,4	0,4	3,6	6,3	5,3	5,4
Ravensburg	5,3	0,2	1,2	0,2	3,3	6,1	4,4	5,2
Reutlingen	2,8	0,1	0,6	0,1	2,6	6,2	5,4	6,1
Rottweil	5,9	0,1	0,8	0,2	4,3	6,1	4,4	7,3
Schwäb. Gmünd	2,4	o,1	o,5	0,1	aufgelöst			
Schwäb. Hall	9,5	0,4	2,3	0,2	3,6	5,8	4,4	5,1
Sigmaringen	7,3	o,2	aufgelöst					
Stuttgart	1,7	0,2	0,4	0,1	2,6	5,2	4,7	5,9
Tauberbisch.	13,3	0,5	2,4	0,3	4,5	6,8	4,7	7,0
Tuttlingen	2,5	0, 1	aufgelöst					
Ulm	6,1	o,2	0,7	0,2	2,6	7,6	5,8	5,9
Villingen	2,4	0,1	0,5	0,1	4,1	7,2	5,1	7,8
Waiblingen	andernorts				3,5	4,6	4,0	5,2

Alle Angaben in Prozent. (=Erhebungsmonat).

Ende die Integration der Flüchtlinge und Vertriebenen sich als Beitrag, und nicht als Hypothek zur Prosperität herausstellen würde, entsprach nicht unbedingt den Erwartungen. Jedenfalls schien der Arbeitsmarkt weiterhin ein bewegtes Terrain mit hohem Handlungbedarf zu bleiben, auch wenn Rückgriffe auf Teile des früheren NS-Repertoires längst Legende waren und somit tendenziell die Normalisierung des Alltags signalisierten. Von der Aufgabenstellung und Trägerschaft her trat die Arbeitsverwaltung sieben Jahre nach Ende des Zweiten Weltkrieges in ein neues Stadium, insofern der Staat nunmehr anstelle der Länder in diesem Bereich wieder Zuständigkeit und Verantwortung übernahm.

3.1. Reetablierung der staatlichen Trägerschaft (1952) und Arbeitsförderungsgesetz (1969)

Das „Gesetz über die Errichtung einer Bundesanstalt für Arbeitsvermittlung und Arbeitslosenversicherung" von 1952 gab den künftigen Handlungsrahmen für die Arbeitsverwaltung nach dem Leitbild der früheren Reichsanstalt vor. Selbstverwaltungskonzeption und Handlungsrepertoire knüpften dem Kern nach an das 1927 über das AVAV- Gesetz geschaffene Regelwerk an. Anschließend am 1. Juli 1952 entstand in Anlehnung an das frühere LAA-Südwestdeutschland das Landesarbeitsamt Baden-Württemberg, dies identisch mit den Grenzen des einige Monate zuvor neugebildeten Bundeslandes. Allerdings machten es die ökonomischen und gesellschaftlichen Tendenzen nach 1952 erforderlich, den Aufgabenkatalog entsprechend den veränderten Rahmendaten mehrfach fortzuschreiben[20].

– Erhöhung der Arbeitslosenunterstützung (1952)
– Ausweitung der Höchstbezugsdauer aus der Arbeitslosenversicherung von 26 auf 52 Wochen (1953)
– Gewährung von Leistungen auch außerhalb des gesetzlichen Geltungsbereiches Wohnender, d.h. Grenzgänger (1954)
– Einführung der Sozialgerichte, die die bisherigen Spruchinstanzen der Arbeitsverwaltung ablösten – Schaffung eines neuen Rechtsweges für Leistungsempfänger (1954)
– Anwerbung ausländischer Arbeitnehmer zunächst für die Landwirtschaft (1954 Konsultationen mit Italien wg. 100 000 bis 200 000 Saisonkräften). Abkommen mit Italien (1956), Spanien und Griechenland (1960), Türkei (1961). EG-Freizügigkeit seit 1970. Rekrutierung der ausländischen Arbeitnehmer über Anwerbebüros direkt vor Ort, z.B. Rom, Verona, Neapel, Madrid, Athen, Thessaloniki, Istanbul
– Einführung des psychologischen Dienstes (1955)
– Gesetz zur Änderung und Ergänzung des AVAVG: Bundesweite Vereinheitlichung des Leistungskataloges (1956)
– Einführung der beruflichen Rehabilitation (1957)
– Absenkung des Beitrages zur Arbeitslosenversicherung von drei auf zwei Prozent
– Einführung des Schlechtwettergeldes (1958)
– Einrichtung von Kindergeldkassen bei den Arbeitsämtern (1961)

Obwohl durch die rückläufige Arbeitslosigkeit der Aufwand bei den Arbeitsämtern abschmolz, bedurfte es andererseits zur beruflichen Integration einiger besonderer Bevölkerungsgruppen zusätzlicher Anstrengungen[21]. Gerade die Heimatvertriebenen harrten anfänglich in Entfremdung und sozialer Distanzierung. Mangelnde Berufsausbildung, rückständige Arbeitstechniken und fehlende industrielle Disziplin mußten überwunden werden, um diesem Personenkreis eine Existenzgrundlage und auch neue Identität zu ermöglichen. Die Erledigung dieser speziellen Aufgabe registrierten die Arbeitsämter im wesentlichen Mitte der Fünfziger Jahre, der expandierende Arbeitskräftebedarf hatte diese Bevölkerungsgruppe förmlich aufgesogen. Eine weitere Herausforderung bestand mit der sog. westdeutschen Jugendnot, gleichbedeutend mit massenweise unzureichender Berufsausbildung gerade unter den jungen „Ostzonen-Flüchtlingen" (anteilig um 50 Prozent!). In einem ersten Schritt förderten die Arbeitsämter per Darlehen Bau und Unterhaltung von Jugendwohnheimen, im Mannheimer Raum z.B. das ehemalige Lanz-Kindererholungsheim im Vorort Blumenau. Qualifikationsmaßnahmen knüpften hieran an. Im Vergleich zu all den Vorjahren unterlag die Frauenarbeit einer fortschrittlicheren Einschätzung. Während in der unmittelbaren Nachkriegsphase insbesondere Kriegerwitwen in direkter Konkurrenz zur Männerschaft traten, wies mit umgekehrten Vorzeichen die Vollbeschäftigung auf die künftige Schlüsselstellung der Frau. Rationalisierte Teilarbeit und Schreibtätigkeiten rückten späterhin in den Vordergrund. Die Arbeitsämter drängten in den Betrieben auf die verstärkte Schaffung frauengemäßer Arbeitsplätze. Zudem begünstigten Hinweise auf örtliche Frauenpotentiale die Errichtung betrieblicher Zweigstellen. Bei der Integration behinderter Arbeitskräfte richteten die Arbeitsämter Aufmerksamkeit auf die Schaffung adäquater Arbeitsplätze, eigene Räumlichkeiten dienten zusätzlich der Unterrichtung und Schulung. Im Bereich der Bauwirtschaft brachte man den in Schweden schon lange praktizierten Winterbau voran, der mittels bautechnischer Zusatzflankierung auf ein Maximum der Arbeitszeitausschöpfung während der kalten Jahreszeit abhob. Staatlichen Pilotprojekten folgte auf breiter Basis das privatwirtschaftliche Arrangement. Konsequenz: Starker Rückgang der Winterarbeitslosigkeit am Bau. Ein weiterer Aufgabenbereich existierte mit der Ausländerbeschäftigung, die Ämter rekrutierten, koordinierten und vermittelten in eigener Regie. In der Summe erweiterte zwar das neue Klientel das Aufgabenspektrum der Arbeitsverwaltung in den Fünfziger und frühen Sechziger Jahren ganz erheblich, dem Grundgedanken nach aber reagierte man lediglich auf den demographischen und ökonomischen Wandel, eine Vorausschau und Mitgestaltung am Arbeitsmarkt sah der Gesetzgeber in dieser Epoche noch nicht vor.

Einen substantiellen Umdenkungsprozeß hinsichtlich des Grundverständnisses markierte das 1969 mit breiter parlamentarischer Mehrheit verabschiedete Arbeitsförderungsgesetz. Das Innovative dieser Reform bestand darin, „den Arbeitnehmer für den Fall der Arbeitslosigkeit nicht nur finanziell abzusichern, sondern nach Möglichkeit der Arbeitslosigkeit und unterwertigen Beschäftigung vorzubeugen. Der Primat gilt der Vorsorge statt der Fürsorge, der Prophylaxe statt der Therapie, der Prävention statt der Reaktion"[22]. Entsprechende Vorarbeiten des Gesetzes reichten bis 1964 zurück und knüpften sachlich an den ökonomischen Modernisierungsprozeß zurückliegender Jahre in Verbindung mit staatlicher Vorausschau und Planung über eine Wachstums- und Strukturpolitik an. Aber auch Krisenerscheinungen in einzelnen Branchen wie Steinkohle und Textil, hatten ein Überdenken alter Formen mithin ausgelöst.

Das Arbeitsförderungsgesetz formulierte gegenüber der 1952 fixierten Formel eine Strategie, die erstmals eine aktive ar-

beitsmarktspezifische Mitgestaltung ausdrücklich in den Vordergrund stellte:[23]
- Vermeidung und Verringerung der Arbeitslosigkeit
- Beseitigung des Arbeitskräftemangels
- Beseitigung unterwertiger Beschäftigung
- Verbesserung regionaler und sektoraler Beschäftigungsstrukturen
- Minderung des Schadens durch den wirtschaftssektoralen Strukturwandel von der Industrie- zur Dienstleistungsgesellschaft
- Berufliche Integration benachteiligter Gruppen (Frauen, Schwerbehinderte, Ältere)

Nicht die Gesamtauswahl der arbeitsmarktrelevanten Ansatzmechanismen änderte sich infolge des Arbeitsförderungsgesetzes, sondern eine veränderte Schwerpunktsetzung sollte zur gewünschten Entwicklung hinführen. Gerade von einer Intensivierung der Bereiche Berufsbildungsförderung und Arbeitsbeschaffung erhoffte der Gesetzgeber eine präventive Wirkung. Langfristig und aus aktueller Sicht aber konnten die hochgesteckten Ziele nicht erreicht werden, da die Krise weder in ihrer Schärfe noch in ihrer Dauer zu jener Zeit überhaupt kalkuliert werden konnte. De facto kommt der Beobachter an der Tatsache nicht vorbei, „daß nämlich die beschäftigungspolitische Leistungsfähigkeit des AFG umso geringer ist, je größer die Arbeitslosigkeit ist und je länger sie andauert"[24]. Immerhin gelang es den Arbeitsämtern, den Arbeitsmarkt über Umschulung, Fortbildung und Arbeitsbeschaffung zwischen 1975 und 1987 um durchschnittlich 260 000 Personen pro Jahr zu entlasten – dies entspricht einer statistischen Minderung der Arbeitslosigkeit um 17 Prozent. Vergleichsweise gering in Konsequenz finanzpolitischer Beschneidungen ist der jeweilige Handlungsspielraum zur Zeit.

3.2. Instrumente der Arbeitsmarktpflege: Einsatz und Wirkung

Im Gegensatz zur Zwischenkriegszeit rückte das Mannheimer Arbeitsamt jetzt eher aus dem Blickwinkel der Öffentlichkeit. Weder brachte der spätere Alltag eine den Zwanziger und frühen Dreißiger Jahren vergleichbare Politisierung, noch rüttelte der Staat am Ansehen der Institution. Freilich, zum Zeitpunkt der Wiederherstellung staatlicher Trägerschaft lastete immer noch der Makel der „Stempelbude" auf dem Amt. Arbeitslose erhielten eine Kontrollkarte, wöchentliche Vorsprachen waren obligat. Bei der Unterbringung hielt man an dem 1932 bezogenen Gebäude in M3a fest, das einige Jahre nach Kriegsende nach der Beseitigung der baulichen Schäden auf einen wieder passablen Zustand verwies. Auch an der Bezirkszuständigkeit des Mannheimer Amtes sollten keine substantiellen Umstellungen vorgenommen werden[25]. Die Nebenstellen Hockenheim und Ladenburg gingen 1973 nach Auflösung organisatorisch an Schwetzingen und Weinheim, was in gewisser Weise wohl mit der administrativen Neugliederung im Zuge der baden-württembergischen Kreisreform zusammenhing. Die Bezirksgrenzen blieben hiervon unberührt. Lediglich großzügigere Räumlichkeiten, deren man allerdings auch dringend bedurfte, ermöglichten 1974 der Berufsberatung den Bezug eines neuen Gebäudes ebenfalls auf M3a. Später kam die Anmietung zusätzlicher Büroflächen in unmittelbarer Nachbarschaft hinzu, ein kompletter Umzug aller Abteilungen in einen Komplex in Bahnhofsnähe steht gegenwärtig zur Entscheidung an.

3.2.1. Ausdifferenzierung der Tätigkeitsbereiche

Über eine ausgesprochene Besonderheit verfügt das Mannheimer Arbeitsamt durch die Fachvermittlungsstelle für Binnenschiffer, die 1948 eingerichtet, bis 1952 im Quadrat B7,15 als Büro der Vermittlung für Schiffer- und Hafenpersonal bestand. Dem Umzug nach M3a folgte 1959 die Eröffnung separater Räumlichkeiten inmitten des Hafengebietes. Hierher verlegte man gleichzeitig auch die Arbeitsvermittlung für Hafen- und Gelegenheitsarbeiter, den heutigen Hafen-Servis. Von der Identifikationsseite her erinnert allerdings das mitunter schwierige Klientel des Hafen-Servis nicht im entferntesten mehr an jene wackere Sackträger-Gilde, die einst tapfer gegen gewerbsmäßige Profiteure zu Felde gezogen war. Eine weitere an der Schiffahrt ausgerichtete Rarität stellte die von 1963 bis 1976 an der Feudenheimer Schleuse vorhandene Vermittlungstelle für die Neckarschiffer dar, die wegen unzureichender Frequentierung in Auflösung ging bzw. in der Fachvermittlung für Binnenschiffer Anbindung fand. Immerhin ist die Mannheimer Fachvermittlung für Binnenschiffer eine von fünf auf Bundesebene vorhandenen Spezialeinrichtungen dieser Art.

Einen ausgesprochen innovativen Schritt unternahm Mannheim mit der Etablierung des sog. Job-Servis im Viktoria-Haus P7,1 auf den Planken, der gleichermaßen die Reintegration aus dem Beruf vorübergehend ausgeschiedener Frauen im Bürobereich begünstigen sollte wie ebenso dem Abbau des prekären Arbeitskräftemangels jener Zeit diente[26]. Innerhalb Baden-Württembergs vollzog Mannheim 1969 als erstes Arbeitsamt diesen Schritt, auf Bundesebene existierten bis dahin acht vergleichbare Einrichtungen. Parallel zu dieser Art Zeitarbeitsvermittlung in kurzfristige Arbeitsverhältnisse dienten spezielle Kursangebote der Auffrischung früher erworbener Kenntnisse. Die erste Jahresbilanz notierte 1312 Vermittlungen, dem Kursangebot folgten 300 Frauen. Zu Anfang der Achtziger Jahre gliederte das Amt den Job-Servis nach M3a wieder zurück.

Das Arbeitsförderungsgesetz samt anschließender Novellen führte zu einer vergleichsweise starken Ausdifferenzierung der altangestammten Tätigkeitsbereiche, verstärkt noch durch das dynamische Bevölkerungsgeschehen in letzter Zeit. Gegenwärtig liegt dem Mannheimer Arbeitsamt ein in der Tat vielfältiger Aufgabenkatalog vor[27]. Hieraus nachfolgend die wichtigsten Merkmale:

* Arbeitsvermittlung und Arbeitsberatung

- Unterrichtung der Öffentlichkeit über Angebot und Nachfrage am Arbeitsmarkt sowie Arbeitsmarkttendenzen

- Arbeitsberatung für Arbeitnehmer und Arbeitgeber

- Beratung rückkehrinteressierter ausländischer Arbeitnehmer

- Gewährung von Leistungen zur beruflichen Bildung, der Arbeitsaufnahme, Förderung der beruflichen Eingliederung Behinderter, Maßnahmen zur Verbesserung der Wirtschafts- und Arbeitsmarktstruktur

- Entscheidung über die Zulassung ausländischer Arbeitnehmer auf dem deutschen Arbeitsmarkt (Arbeitserlaubnis)

- Koordinierung im Kampf aller zuständigen Behörden gegen illegale Beschäftigung (seit 1982)

A 39.

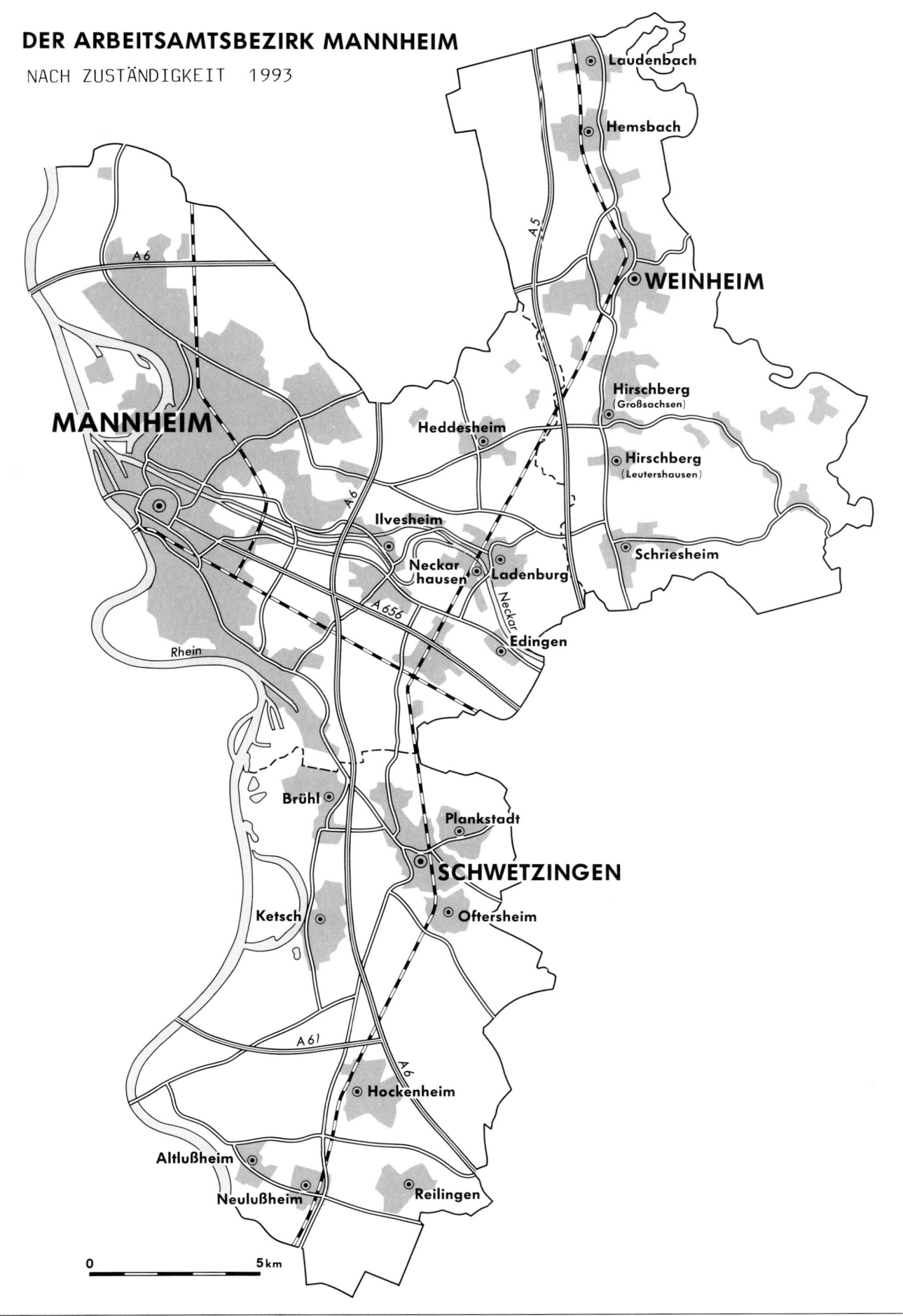

DER ARBEITSAMTSBEZIRK MANNHEIM

NACH ZUSTÄNDIGKEIT 1993

Mannheimer Arbeitsamt in den 1970er Jahren: Neue Experimentalformen der Arbeitsplatzgestaltung (hier mit Kinderbetreuung).

- Arbeitsmarktbeobachtung, Unterhaltung von Kontakten zu Arbeitgebern, Arbeitnehmern und Wirtschaftsorganisationen
- Beratung von Straffälligen
- Rehabilitation/Schwerbehindertenstelle: Betreuung und Vermittlung der Schwerbehinderten, Arbeits- und Berufsförderung Behinderter, Wahrnehmung der Aufgaben nach dem Schwerbehindertengesetz
- Arbeitsvermittlung für Jugendliche ohne Berufsausbildung
- Job – Zeitarbeitsvermittlung bis zu drei Monaten Dauer
- Regionale Fachvermittlung für Binnenschiffer/Überbezirkliche Fachvermittlung
- Maßnahmen zur beruflichen Fortbildung und Umschulung, Förderung der Arbeitsaufnahme, Maßnahmen zur Arbeitsbeschaffung, Verfahren bei anzeigepflichtigen Entlassungen

* Berufsberatung
- Monopol der Berufsberatung einschl. Vermittlung in berufliche Ausbildung
- Beratung in Fragen der Berufswahl und des beruflichen Fortkommens
- Beratung von Arbeitgebern in Berufsnachwuchsfragen
- Kooperation mit Schulen, Schulbehörden, Hochschulen, Studienberatungsstellen, Gesundheitsämtern, Trägern der Berufsausbildung, Berufsförderung bei Sozialhilfestellen, Einrichtungen der Arbeitgeber und Arbeitnehmer, wissenschaftliche Forschungsstellen, Elternvertretungen, Jugend- und Sozialverbänden
- Unterhaltung eines Berufsinformationszentrums (BIZ) mit Dokumentationsstelle (Selbstinformation, Informationsvermittlung)

* Förderung der beruflichen Bildung, sonstige Fördermaßnahmen der Berufsberatung und Arbeitsvermittlung
- Individuelle Förderung der beruflichen Ausbildung (Berufsausbildungsbeihilfe)
- Förderung der Berufsausbildung von ausländischen Auszubildenden und lernbeeinträchtigten oder sozial benachteiligten deutschen Auszubildenden
- Individuelle Förderung der beruflichen Fortbildung und Umschulung
- Förderung der Teilnahme an Deutsch-Sprachlehrgängen (Spätaussiedler, Asylberechtigte, Kontingentflüchtlinge)
- Institutionelle Förderung der beruflichen Bildung (Verbände der Sozialpartner, Wohlfahrt und sonstige Zweckgemeinschaften)
- Förderung der Arbeitsaufnahme
- Berufliche Eingliederung Schwerbehinderter und Überwachung der betrieblichen Beschäftigungspflicht
- Berufsfördernde Leistungen zur Rehabilitation

* Leistungen der Arbeitslosenversicherung zur Erhaltung und Schaffung von Arbeitsplätzen
- Kurzarbeitergeld maximal bis 6 Monate, in Sonderfällen bis zu 24 Monaten
- Förderung der ganzjährigen Beschäftigung in der Bauwirtschaft
- Maßnahmen zur Arbeitsbeschaffung

- Leistungen bei Zahlungsunfähigkeit des Arbeitgebers
- Arbeitslosengeld, Arbeitslosenhilfe
- Altersübergangsgeld
- Arbeitslosenbeihilfe und Arbeitslosenhilfe an arbeitslose ehemalige Soldaten auf Zeit
- Konkursausfallgeld

* Durchführung des Arbeitnehmerüberlassungsgesetzes bei Zeitarbeitsfirmen
* Ernennung einer Beauftragten für Frauenbelange (Bund, Land, Behörde)
* Unterhaltung eines ärztlichen Dienstes
* Psychologischer Dienst
* Technischer Beratungsdienst/Ingenieurdienst für Werkstätten, Reha-Zentren u.a.m.

Vor dem skizzierten Hintergrund gesetzlich verankerter Aufgabenvielfalt geht das Mannheimer Arbeitsamt gegenwärtig einer Tätigkeit nach, die weit mehr als nur die klassischen Sparten der reinen Arbeitsverwaltung umfaßt. Zusätzliche Kontrollfunktionen etwa im Bereich illegaler Beschäftigung, Integration über Sprachkursveranstaltungen sowie der Vorruhestand unterstreichen den Status einer multifunktionalen Behörde, deren Existenz im Gefüge der Sozialadministration eine feste und unverzichtbare Größe darstellt.

3.2.2. Erwerbslosigkeit und arbeitsmarktpolitische Maßnahmen

Die Höhe der Arbeitslosigkeit reflektiert in der Gegenwart keineswegs die konjunkturelle Entwicklung in jener Schärfe wider, wie dies in früheren Jahrzehnten zu beobachten war. Ökonomisch sind die Einflußgrößen vielschichtiger denn je, die Demographie jüngsten Datums weist vor allem über Migration einige neue Zusatzgrößen aus. Für Mannheim ist darüberhinaus noch eine fühlbare Stadt-Umlandwanderung zu konstatieren, die beim Wegzug besserqualifizierter Sozialgruppen mit geringerem Arbeitsplatzrisiko durch Negativauslese die Arbeitslosenquote in der Stadt erhöht. Exakte Untersuchungen hierüber sind bisher nicht vorhanden. Nach dem Jahresbericht 1989/90 der Industrie- und Handelskammer Rhein-Neckar ist der Arbeitsmarkt für qualifiziertes Personal praktisch leergefegt, gleichzeitig registriert die Statistik Erwerbslosigkeit in neuer Dimension.

Diese Randbemerkungen lassen erkennen, daß dem Handlungsrepertoire des Mannheimer Arbeitsamtes Grenzen gesetzt sind. Die an anderer Stelle zitierte Regel, wonach das Anwachsen der Massenarbeitslosigkeit gleichzeitig das Korrekturpotential des Arbeitsförderungsgesetzes reduziert, gilt prinzipiell für alle Ämter. Aktuelle Kürzungen im Haushalt der Bundesanstalt für Arbeit untermauern diese Feststellung. Bei der Struktur der Erwerbslosigkeit im Mannheimer Arbeitsamtsbezirk treten Problemgruppen in den Vordergrund, wie sie in ähnlicher Ausprägung durchaus auch in anderen vergleichbaren Städten vertreten sind. Die Mannheimer Strukturanalyse für 1991 benennt anhand der Septemberdaten 1989–1991 wesentliche strukturelle Hintergründe der örtlichen Erwerbslosigkeit (T 65). Lebensalter, Ausländerstatus, mangelnde Qualifikation, fehlende Berufserfahrung, Langzeitarbeitslosigkeit, gesundheitliche Einschränkungen und ein höheres Beschäftigungsrisiko bei Frauen charakterisieren das

T 65. Arbeitslosigkeit nach strukturellen Merkmalen im Mannheimer Arbeitsamtsbezirk 1989–1991

MERKMALE	BESTAND AN ARBEITSLOSEN Ende September 1991	1990	1989	ANTEILE IN % Ende September 1991	1990	1989	Veränderung September 1991/1990 absolut	%
	1	2	3	4	5	6	7	8
ARBEITSLOSE - insgesamt -	14.212	15.870	16.782	100,0	100,0	100,0	-1.658	-10,4
Maenner	7.453	8.022	8.712	52,4	50,5	51,9	-569	-7,1
Frauen	6.759	7.848	8.070	47,6	49,5	48,1	-1.089	-13,9
Deutsche	11.310	12.970	13.620	79,6	81,7	81,2	-1.660	-12,8
Auslaender	2.902	2.900	3.162	20,4	18,3	18,8	2	0,1
ANGESTELLTENBERUFE	5.990	6.476	6.846	42,1	40,8	40,8	-486	-7,5
UEBRIGE BERUFE (Arbeiter)	8.222	9.394	9.936	57,9	59,2	59,2	-1.172	-12,5
ARBEITSZEIT								
Vollzeitarbeit	12.795	14.530	15.450	90,0	91,6	92,1	-1.735	-11,9
Teilzeitarbeit	1.417	1.340	1.332	10,0	8,4	7,9	77	5,7
- Heimarbeit	9	2	4	0,1			7	350,0
BERUFSAUSBILDUNG								
ohne abgeschlossene Berufsausbildung	7.214	8.572	9.074	50,8	54,0	54,1	-1.358	-15,8
mit abgeschlossener Berufsausbildung	6.998	7.298	7.708	49,2	46,0	45,9	-300	-4,1
- betriebliche Ausbildung	5.009	5.138	5.372	35,2	32,4	32,0	-129	-2,5
- Berufsfach-/Fachschule	765	960	1.094	5,4	6,0	6,5	-195	-20,3
- Fachhochschule	403	420	412	2,8	2,6	2,5	-17	-4,0
- Universitaet/Hochschule	821	780	830	5,8	4,9	4,9	41	5,3
STELLUNG IM BERUF								
Facharbeiter	1.861	2.350	2.224	13,1	14,8	13,3	-489	-20,8
- darunter ohne Berufsausbildung	117	126	132	0,8	0,8	0,8	-9	-7,1
Angestellte mit gehobener Taetigkeit	3.887	3.672	3.698	27,4	23,1	22,0	215	5,9
- darunter ohne Berufsausbildung	242	390	332	1,7	2,5	2,0	-148	-37,9
Nichtfacharbeiter	6.544	6.570	7.960	46,0	41,4	47,4	-26	-0,4
- darunter mit Berufsausbildung	970	682	1.028	6,8	4,3	6,1	288	42,2
Angestellte mit einfacher Taetigkeit	1.920	3.278	2.900	13,5	20,7	17,3	-1.358	-41,4
- darunter mit Berufsausbildung	639	1.110	1.222	4,5	7,0	7,3	-471	-42,4
ERWERBSTAETIGKEIT VOR ARBEITSLOSMELDUNG								
abhaengiges Arbeitsverhaeltnis	8.708	8.470	10.466	61,3	53,4	62,4	238	2,8
- Nichtfacharbeiter	4.395	3.612	5.154	30,9	22,8	30,7	783	21,7
- Facharbeiter	1.006	1.116	1.252	7,1	7,0	7,5	-110	-9,9
- Angestellte mit einfacher Taetigkeit	1.145	2.132	1.978	8,1	13,4	11,8	-987	-46,3
- Angestellte mit gehobener Taetigkeit	2.162	1.610	2.082	15,2	10,1	12,4	552	34,3
betriebl./sonstiges Ausbildungsverhaeltnis	82	276	320	0,6	1,7	1,9	-194	-70,3
sonstige Erwerbstaetigkeit 1)	90	280	286	0,6	1,8	1,7	-190	-67,9
Erwerbst. unterbrochen/ohne bish. Erwerbst.	5.332	6.844	5.710	37,5	43,1	34,0	-1.512	-22,1
ALTER								
unter 20 Jahre	340	504	636	2,4	3,2	3,8	-164	-32,5
20 bis unter 25 Jahre	1.620	1.780	2.026	11,4	11,2	12,1	-160	-9,0
25 bis unter 30 Jahre	1.978	2.128	2.372	13,9	13,4	14,1	-150	-7,0
30 bis unter 35 Jahre	1.858	2.048	2.158	13,1	12,9	12,9	-190	-9,3
35 bis unter 40 Jahre	1.428	1.560	1.782	10,0	9,8	10,6	-132	-8,5
40 bis unter 45 Jahre	1.184	1.248	1.402	8,3	7,9	8,4	-64	-5,1
45 bis unter 45 Jahre	1.105	1.400	1.600	7,8	8,8	9,5	-295	-21,1
50 bis unter 55 Jahre	1.653	1.960	1.882	11,6	12,4	11,2	-307	-15,7
55 bis unter 60 Jahre	2.431	2.570	2.376	17,1	16,2	14,2	-139	-5,4
60 bis unter 65 Jahre	615	672	548	4,3	4,2	3,3	-57	-8,5
IN ARBEITSLOSIGKEIT SEIT								
unter 1 Monat	2.018	2.032	2.314	14,2	12,8	13,8	-14	-0,7
1 bis unter 3 Monate	3.359	3.274	3.636	23,6	20,6	21,7	85	2,6
3 bis unter 6 Monate	2.485	2.594	2.546	17,5	16,3	15,2	-109	-4,2
1/2 bis unter 1 Jahr	2.350	2.832	2.882	16,5	17,8	17,2	-482	-17,0
1 bis unter 2 Jahren	1.859	2.438	2.644	13,1	15,4	15,8	-579	-23,7
2 Jahren und laenger	2.141	2.700	2.760	15,1	17,0	16,4	-559	-20,7
GESUNDHEITLICHE EINSCHRAENKUNGEN	3.948	4.306	3.454	27,8	27,1	20,6	-358	-8,3
- Schwerbehinderte	1.094	1.150	1.156	7,7	7,2	6,9	-56	-4,9
FAMILIENSTAND								
verheiratet	7.570	8.614	8.542	53,3	54,3	50,9	-1.044	-12,1
nicht verheiratet	6.642	7.256	8.240	46,7	45,7	49,1	-614	-8,5
AUSSIEDLER	1.300	1.750	1.186	9,1	11,0	7,1	-450	-25,7
UEBERSIEDLER / ZUGEZOGENE	131	388	420	0,9	2,4	2,5	-257	-66,2
ASYLBERECHTIGTE/-BEWERBER	306	146	222	2,2	0,9	1,3	160	109,6

1) z.B. Selbständige, Mithelfende Familienangehörige, Soldaten

Bild. Fallen mehrere der genannten Merkmale in einer Person zusammen, so gehen die Chancen auf einen Arbeitsplatz noch weiter zurück. Daß der Arbeitsplatzabbau in erster Linie in den Produktionsabteilungen des Gewerbes greift, bedarf an dieser Stelle keiner gesonderten Erläuterung mehr.

Für die Wirtschaft des Mannheimer Raumes stellen Ausländer seit den Sechziger Jahren eine feste Größe dar. Hinsichtlich der Bedeutung dieser Bevölkerungsgruppe gibt im Pressebericht Nr. 4/1993 der Direktor des Mannheimer Arbeitsamtes, Dr. Rudo Friedrich, folgende Einschätzung ab: „Einige Bereiche der Mannheimer Wirtschaft würden ohne ausländische Beschäftigte wahrscheinlich brach liegen. Im Bezirk des Mannheimer Arbeitsamtes hat rund jeder zehnte Arbeitnehmer keinen deutschen Paß. Vor allem auf dem Ausbildungsstellenmarkt helfen Ausländer die Nachwuchssorgen der Betriebe zu lindern". In Hotels und Gaststätten ist jeder dritte Beschäftigte ein Ausländer, gleiches gilt für die Reinigungsbranche. Ebenfalls überproportional besetzt sind Baugewerbe und Kunststoffindustrie. Alleine in der Stadt Mannheim leben gegenwärtig mehr als 56 000 Ausländer, seit 1980 eine Steigerung von mehr als 20 Prozent. Über 100 Nationalitäten sind heute hier vertreten, nach der Herkunft positionieren folgende Länder im Vordergrund (T 64):

T 64.
Ausländische Wohnbevölkerung in Mannheim – Stand Januar 1992

aus ehemaligen Anwerbeländern		aus Nicht-Anwerbeländern	
Türkei	18 981	Polen	2 207
Italien	8 395	USA	1 257
Jugoslawien	8 292	Frankreich	872
Griechenland	3 217	Österreich	817
Spanien	1 640	Rumänien	811
Portugal	396	Großbritannien	571
Tunesien	225	Iran	407
Marokko	116	Pakistan	329
		Niederlande	302
	42 262	China	256
		Ungarn	254
		Vietnam	252
		Libanon	248
		Bulgarien	225
		Indien	216
		CSFR	214
		Thailand	212
		Sonstige	4 544
			14 368

Mannheim hielt zu Jahresbeginn 1992 einen Ausländeranteil von 17 Prozent, vergleichbar der Quote anderer großer Wirtschaftsstandorte. Die künftige Ausländerentwicklung betreffend kommt der Soziologe Hartmut Esser zu folgender Einschätzung: „Die zunehmende wirtschaftliche, politische und militärische Verflechtung hat Wanderungen und Vermischungen der Bevölkerung zur Folge, die nicht einfach aufzuhalten oder rückgängig zu machen sind. Insofern ist ein Ende der Entwicklung weder abzusehen noch überhaupt möglich"[28]. Mannheim ist auf dem Wege zu einer multikulturellen Gemeinde. Auch langfristig bedarf es der Mitwirkung der Ausländer, eine verstärkte gesellschaftliche Integration liegt auf der Hand. Während bei den Schulpflichtigen und Auszubildenden die zweite und ansatzweise bereits die dritte Ausländergeneration die demographischen Lücken im deutschen Bevölkerungsteil ergänzen, ist im Bereich der Arbeitslosigkeit überproportionale Betroffenheit der Fall. Tendenz steigend: Fast jeder vierte Arbeitslose im Mai 1993 ist Ausländer. Mangelnde Qualifikation und höheres Lebensalter erschweren hier die Reintegration in Erwerbstätigkeit.

Eine Parallelentwicklung zur Konjunktur zeigt die Anzahl dem Arbeitsamt gemeldeter offener Stellen (T 66). Aus der Sicht der Erwerbsbevölkerung erbrachten die fetten Sechziger Jahre weitgehend Sorglosigkeit. Einem einzigen Mannheimer Arbeitslosen standen 1960 immerhin 10 offene Stellen gegenüber, bis 1969 stieg dieser Wert auf schließlich 20 offene Stellen. Einen „Temperatursturz" leiteten die Achtziger Jahre ein. Um eine offene Stelle bemühten sich 1980 zwei Arbeitslose, 1990 waren dies sechs und im Mai 1993 dann zwölf Arbeitslose. Analog zeigte die Stellenvermittlung in den Achtziger und Neunziger Jahren die ungünstigsten Werte der Nachkriegszeit. Allerdings bleibt hier zu berücksichtigen, daß trotz des gesetzlich verankerten Alleinvermittlungsrechts der Arbeitsämter dem Interessenten eine Reihe konkurrierender Vermittlungswege zur Verfügung stehen. Genannt seien Personalberater für spezielle Fachkräfte, der Stellenmarkt in der Presse und darüberhinaus informelle Agenturen, die bei Industriemessen Anbindung finden. Nicht ganz frei des Stallgeruchs der zahlreich vor dem Ersten Weltkrieg in Mannheim vorhandenen Gewerbsmäßigen existieren sog. Zeitarbeits-Firmen, die festangestellte Kräfte bei Bedarf verleihen. Dem Selbstverständnis nach sind diese Einrichtungen Ausdruck nötiger betrieblicher Flexibilisierung, während dort Beschäftigte die Tätigkeit vielfach nur als Provisorium verstehen. An Zeitarbeits-Firmen notierte das Mannheimer Arbeitsamt 1985 schon 55 Akteure, bis 1991 stieg deren Anzahl um das Dreifache auf 154. Nicht von ungefähr üben gerade die Landesarbeitsämter im Rahmen des Arbeitnehmerüberlassungsgesetzes die Kontrollfunktionen diesen Einrichtungen gegenüber aus, vermehrt Mißstände registriert man in letzter Zeit.

Unter dem beschäftigungsrelevanten Korrekturpotential des Mannheimer Arbeitsamtes rangieren Arbeitsbeschaffung, Kurzarbeit, Winterbau, Umschulung und Fortbildung in vorderer Front. Im Zusammenhang mit der Arbeitsbeschaffung zeigte die Rezession 1973 Wirkung, in deren Folge dieses Mittel wieder zur Anwendung kam. Verstärkte Beschäftigungsintensität und einen aufgestockten Mitteleinsatz brachten die Jahre 1991 und 1992, innerhalb Baden-Württembergs flossen dem Bezirk überdurchschnittlich hohe Gelder zu. Zu erwähnen ist ebenfalls, daß Projektträger und der Verwaltungsausschuß als Entscheidungsgremium verstärkt ökologisch ausgerichtete Programme favorisieren. Beispiele sind das Projekt Biotopia (Stadtteil Blumenau), ein zentraler Lehrgarten (Stadtteil Sandhofen), und die Aktion „Rad im Quadrat". Wie in der Vergangenheit agieren als Projektinitiatoren Gemeinden, soziale Einrichtungen und Vereine, die Tätigkeiten entstammen der Rubrik „zusätzlich" und wirken weniger im Rampenlicht der Öffentlichkeit.

Kurzarbeit dient dem Zweck, bei eklatantem betrieblichem Auftragsmangel dem Arbeitnehmer den Arbeitsplatz und dem Arbeitgeber die eingeübte Fachkraft zu erhalten. Während der Arbeitszeitverkürzung (maximal jetzt 18 Monate) erhält der Arbeitnehmer Kurzarbeitergeld in üblicher Höhe des Arbeitslosengeldes, betriebliche Sonderzahlungen stocken

T 66. Arbeitsmarktstatistik im Mannheimer Arbeitsamtsbezirk 1950–1993

	Arbeitslosigkeit				offene	Stellen-	Kurz-	A B M
	Gesamt	Quote	Ausländer	Quote	Stellen	vermittl.	arbeit	
1950	6926	4,7			720	4833	366	
1951	6884	4,6			771	4537	1249	300
1952	7340	4,7			738	4367	893	371
1953	8533	5,3			743	4630	1328	452
1954	8458	4,9			1213	5959	423	587
1955	4839	2,8			2268	7281	77	320
1956	4205	2,3			2378	6160	123	51
1957	4196	2,2			2041	6604	67	58
1958	3570	1,7			2707	6039	122	22
1959	1856	0,8			4414	6982	163	21
1960	756	0,4	10	1,3	7097	7307	5	0
1961	479	0,2	6	1,3	7015	7038	0	0
1962	345	0,2	4	1,2	6967	6373	0	0
1963	399	0,2	6	1,5	7168	6222	14	0
1964	478	0,2	7	1,5	8173	6845	0	0
1965	462	0,1	9	2,0	8101	6036	0	0
1966	745	0,4	66	8,9	5942	4613	25	0
1967	2448	1,6	279	11,4	3264	4589	1270	0
1968	1210	0,6	87	7,2	6027	5073	40	0
1969	536	0,2	29	5,4	10575	4883	0	0
1970	532	0,2	44	8,3	9814	4536	2	0
1971	1084	0,5	207	19,1	6607	4247	397	0
1972	1490	0,7	274	18,4	6011	4192	237	0
1973	1719	0,8	353	20.6	6172	4172	265	0
1974	4923	2,2	1232	25,0	3330	3662	2082	2
1975	9172	4,1	2363	25,8	2294	3162	4336	80
1976	9286	4,2	1723	18,6	2606	3742	1879	232
1977	8684	3,9	1395	16,0	2591	3607	1445	434
1978	8702	4,0	1423	16,4	2599	3478	1296	616
1979	7419	3,4	1583	21,3	3352	3469	1201	557
1980	7484	3,4	1913	25,6	3582	3336	1970	389
1981	9252	4,2	2029	21,9	1992	2780	3649	330
1982	12464	5,6	2787	22,4	1200	2017	4173	231
1983	15963	7,2	3439	21,5	924	1766	4425	280
1984	16199	7,4	3336	20,6	980	1670	2781	412
1985	16356	7,5	3342	20,4	1176	1880	2613	523
1986	16605	7,6	3360	20,2	1458	1734	1718	609
1987	17057	7,8	3535	20,6	1688	1799	1182	707
1988	17845	8,2	3687	20,6	1863	1816	805	698
1989	17296	7,7	3342	19,3	2276	1759	396	687
1990	16464	7,3	2870	17,4	2842	2112	199	623
1991	14821	7,5	2845	19,2	3118	2134	364	778
1992	14753	6,2	3361	22,8	2730	2078	634	843
1993	19014	8,1	4551	23,9	1748	1661	8790	529

Zahlen für offene Stellen und Stellenvermittlung nach Monatsdurchschnitten, restliche Angaben nach Jahresdurchschnitten. Zahlen für 1993 bis einschl. Mai.

den Lohnersatz in Einzelfällen bis zu 90 Prozent auf. Die Kosten der Sozialversicherung entfallen in voller Höhe des Normallohnes auf den Arbeitgeber. Seit den Siebziger Jahren wird in Mannheim Kurzarbeit wieder praktiziert, verstärkte Ausschläge bei konjunkturll erhöhter Erosion zeigen den hohen Stellenwert des Instruments an. Unter Berücksichtigung der weiteren arbeitsmarktpolitischen Instrumente kommt der Pressebericht Nr. 17/1993 des Mannheimer Arbeitsamtes zu einem beachtlichen Ergebnis: „Die Arbeitslosigkeit im Bezirk des Mannheimer Arbeitsamtes wäre im Jahr 1992 um rund 18 Prozent höher ausgefallen, wenn es keine Fortbildungs-, Umschulungs- und Arbeitsbeschaffungsmaßnahmen (ABM) gegeben und das Arbeitsamt kein Kurzarbeitergeld gezahlt hätte". Für 1993 wird dieses Ergebnis allerdings nicht zu halten sein.

3.3.3. Berufsberatung und Ausbildungsstellenvermittlung

Im Bereich der Berufsberatung und Lehrstellenvermittlung griff die Arbeitsverwaltung 1952 auf die klassischen 1927 gesetzlich verankerten Instrumente des individuellen und gruppenweiten Beratungsgespräches, berufskundlicher Vorträge und Ausstellungen im Vorfeld des eigentlichen Ausbildungsantrittes zurück. Fachpsychologie und insbesondere Kooperation mit Wirtschaftskammern und Gewerkschaften unterstrichen zusätzlich zur Drittelparität die interessenneutrale Verankerung dieser Ausgabe. Weitere Koordinaten setzten die Demographie und vor allem der spezifische Wirtschaftsgang vor Ort. Und da Mannheims Industrie bekanntermaßen in den beiden Nachkriegsjahrzehnten beständig Zuwachs produzieren sollte, nahm der Berufsnachwuchs auch mit Vorliebe entsprechende Lehrstellen in diesem Wirtschaftssektor an. So berichtete der Mannheimer Morgen vom 16. Februar 1953 über eine starke Lehrstellennachfrage im Maschinenbau, Gießereibetrieben, Elektro, Chemie sowie Einzel- und Großhandel, während das Handwerk bei Bäckern, Metzgern und der gesamten Bauwirtschaft Nachwuchsmangel konstatierte. Alleine dem Tankwart schien eine Karriere als Modeberuf prophezeit.

Im Rahmen der berufskundlichen Vortragsreihe verdient ein Referat Erwähnung, das in einer gewissen Direktheit einige der Öffentlichkeit wohl weniger vertraute Aspekte in Sachen Hochschulstudium ansprach (Rhein-Neckar-Zeitung vom 6. November 1968). Verwaltungsoberrat Dr. Josef Kaltofen vom Landesarbeitsamt ging in einem Redebeitrag u.a. der Frage nach, ob ein Studium lohne? Hieraus einige Anmerkungen, Zitat:

– *Im Laufe seines Lebens verdiene ein Akademiker 636 000 Mark, ein ungelernter Arbeiter 300 000 Mark.*

– *Zweierlei Dinge solle der Studierwillige beachten, nämlich daß „eine mittlere Intelligenz mindestens Voraussetzung für ein Hochschulstudium" ist, und: „Das gelernte Studium ist nur eine Eisfläche, auf der die große Kür der Neigungen getanzt werden kann".*

– *Mögliche Gründe eines Studienabbruches: „Mangel an Begabung. Psychopathische Wesenszüge, wie z. B. krankhafter Aggressionstrieb, Hypochondrie. Für Neurosen besonders anfällig sind die Studenten der Philiosophie. Zehn Prozent der Studierenden sind seelisch krank und müssen sich ärztlich behandeln lassen".*

Zitatende.

Nachwuchsmangel monierte die Wirtschaft auch zu Beginn der Sechziger Jahre. Hierzu die Rhein-Neckar-Zeitung vom 11. März 1970: „Der Lehrlingsmangel wird, zumal die Geburtsjahrgänge schwach werden, immer akuter, weil mit zunehmendem Besuch der Real- und höheren Schulen – etwa dreißig Prozent – die Zahl der Volksschulabgänger sich stetig verringert." Fernsehtechniker und Kraftfahrzeugschlosser erfreuten sich zu jener Zeit besonderer Beliebtheit, umgekehrt liefen Schlossereibetriebe samt dem Groß- und Einzelhandel dem Nachwuchs hinterher. Am Ende der Dekade vermerkte die Presse keine grundlegende Besserung der Situation: „Die Klagen sind bekannt: Es gibt zu wenig Ausbildungsplätze für Jugendliche. Andererseits: Firmen klagen, daß sie ihre Ausbildungsplätze nicht besetzen können". (Mannheimer Morgen vom 10. Juli 1979). Und nach weiteren zehn Jahren kam der Jahresbericht 1989 der Mannheimer Berufsberatung zu folgender Einschätzung: „Betriebe, Praxen und Verwaltungen werden künftig erheblich mehr Anstrengungen machen müssen, um den geeigneten Nachwuchs zu bekommen. Bedingungen wie Bezahlung, Verteilung der Arbeitszeit u.a. werden an Bedeutung gewinnen. Der Zwang zu qualifizierter Ausbildung und Imagepflege wird immer deutlicher". Zwischen 1983 und 1990 rutschte die Anzahl der Abgänger aus Hauptschulen um 30 Prozent ab, Berufsfachschulen verzeichnen einen Rückgang um 17 Prozent. Ungebrochen hält der Trend zu höherer Schulbildung an, in der Gegenwart übersteigt die Anzahl der Abiturienten bei weitem diejenige der Hauptschüler. Die Handwerkskammer belegt die Situation der 4000 Mannheimer Kleinunternehmen mit kritischem Unterton: „Jeder Mannheimer Handwerker könnte sofort mindestens eine Arbeitskraft einstellen" (Mannheimer Morgen vom 18./19. Januar 1992). Der Berufsnachwuchs tendiert zur Industrie, dem Handwerk fehlen zur Zeit 1500 Auszubildende. Zusätz-

T 67.
Berufswünsche der Schulabgänger im Arbeitsamtsbezirk Mannheim Januar 1992

Männlich	Zahl	Weiblich	Zahl
1. KFZ-Mechaniker	113	Kauffrau für Bürokommunikation	214
2. Industriekaufmann	97	Arzthelferin	126
3. Kaufmann Groß- und Einzelhandel	89	Industriekauffrau	114
4. Maler und Lackierer	84	Einzelhandelskauffrau	104
5. Kaufmann für Bürokommunikation	64	Bankkauffrau	71
6. Einzelhandelskaufmann	57	Kauffrau im Groß- und Einzelhandel	71
7. Elektroinstallateur	57	Friseurin	61
8. Metallbauer	55	Reiseverkehrskauffrau	53
9. Industriemechaniker	50	Hotelfachfrau	35
10. Teilezurichter	47	Schauwerbegestalterin	34

lich verschärfen geburtenschwache Jahrgänge die Lage, es herrscht ein „Verteilungskampf um Lehrlinge". Allergrößte Sorgen registrieren Friseure und die Nahrungsberufe Bäcker, Konditoren und Metzger. Bei den aktuellen Berufswünschen zeigt der Trend mehr denn je in Richtung Dienstleistung entsprechend dem gesamtwirtschaftlichen Wandel (T 67).

Und den Ausbildungsstellenmarkt betreffend zeigt der Pressebericht 24/93 des Mannheimer Arbeitsamtes folgenden Sachverhalt an: „Zum Ausbildungsbeginn im Sommer 1993 wurden von den Betrieben 5770 Ausbildungsstellen gemeldet. Damit übersteigt auch in diesem Jahr das Angebot die Nachfrage (2600) um mehr als das Doppelte". Der Trend, wonach das Angebot an Lehrstellen einem immer geringeren Bewerberkreis gegenübersteht, hält an. Ohne den ausländischen Berufsnachwuchs, der 1992 mit einem Anteil von 31 Prozent zu Buche schlug, sähe man in manchen Wirtschaftsbereichen einer noch erheblich schwierigeren Zukunft entgegen.

Abschließend sei im Kontext der Mannheimer Berufsberatung auf zwei besondere Tatsachen noch verwiesen. Zum einen besteht seit einer Reihe von Jahren das sog. Berufsinformationszentrum Mannheim-Ludwigshafen mit Standort in der Nachbarstadt. Hier wird den umbruchartigen Veränderungen im Wirtschaftsleben in der Weise Rechnung getragen, daß moderne Informationsträger einen differenzierten Einblick in das gesamte Spektrum der Berufswelt ermöglichen. Ohne Voranmeldung, kostenfrei und per Selbstbedienung ist dem interessierten Berufssuchenden, aber auch Multiplikatoren, der Service zugänglich. Permanente Aktualisierung ist gewährleistet. Ein weiterer Aspekt ist der, daß dem Mannheimer Arbeitsamt auch die Aufgabe der beruflichen Integration benachteiligter und behinderter Jugendlicher zufällt – wie gesagt, eine multifunktionale Sozialbehörde modernen Zuschnitts!

VIII.
Bilanz

Ähnlich wie vor einhundert Jahren befinden sich auch heute Mannheim und Umgebung in einer Phase gravierender wirtschaftlicher Veränderungen. Vollzog man zur Jahrhundertwende eben den Übergang vom Handelsplatz zur Industriestadt, so steht gegenwärtig der Umbau eines gewachsenen Industriestandortes zum Dienstleistungszentrum an. Entsprechend dem wirtschaftssektoralen Wandel ist der Arbeitsmarkt markanten strukturellen Veränderungen unterworfen – damals wie jetzt! Gegen Ende des 19. Jahrhunderts entstand die Centralanstalt für unentgeltlichen Arbeitsnachweis nicht von ungefähr zu einem Zeitpunkt, als die Wirtschaft sich mehr denn je zu regen begann. Auf paritätischer Übereinkunft sollte hier die Stellenvermittlung erfolgen. Interessenausgleich und Übereinkunft zwischen Kapital und Arbeit hatte man im Visier. Allerdings existierten neben der Centralanstalt gleich eine Reihe sonstiger Stellenagenturen am Ort, deren Tätigkeit um Jahre und teils Jahrzehnte noch zurückreichte. Mit der Aufhebung des Sozialistengesetzes 1890 sahen gewerkschaftliche Organisationen endlich die Zeit für gekommen, dem Klientel organisatorisch bei der Stellensuche zur Seite zu stehen. Auch einzelne Berufsinnungen des Handwerks taten sich seit längerem in der Stellenvermittlung hervor, deren Büro wie das mancher Gewerkschaften nicht selten in Hinterzimmern einschlägiger Gaststätten zu finden war. Und der Eifer sog. Gewerbsmäßiger etwa bei der Hafenarbeit und der Übermittlung weiblicher Dienstboten, die dem Profitgedanken nachhingen, reichte schließlich am längsten zurück. Das rasante industrielle Wachstum zog kontinuierlich bis 1914 Umlandbevölkerung an, so daß sich den Stellenvermittlern allerhand Gelegenheit bot, den Ankömmlingen bei der Suche nach Arbeit eben mehr oder minder selbstlos den Dienst zu offerieren. Beinahe einhundert dieser Stellenvermittlungsagenturen notierte die Statistik nach der Jahrhundertwende in der Stadt.

Schon die ersten Jahre der Tätigkeit brachten der Centralanstalt beachtlichen Erfolg, rasch avancierte die Einrichtung zum Hauptakteur. Als eingetragener Verein jedoch legte man naturgemäß der Öffentlichkeit gegenüber keinerlei Rechenschaft ab, Kritik zumal in der Presse setzte ein. Immerhin waren in Baden bereits bis zur Jahrhundertwende ein Dutzend vergleichbarer Einrichtungen in ausschließlich kommunale Trägerschaft gerückt, lediglich und ausgerechnet die beiden größten Industriestandorte Mannheim und Karlsruhe hinkten hinterher. Wenn auch nicht in offiziellen Verlautbarungen ausgesprochen, so wirkten wohl doch Rücksichtnahme auf die jeweiligen Industriekreise in kommunalen Gedankenspielen im Hintergrund. Wie auch immer, die hiesige Kommune vollzog 1906 den Schritt zur alleinigen Trägerschaft. Während in breitem Echo die Gewerkschaften die städtische Reaktion begrüßten, holte kaum später die Großindustrie zur Gegenreaktion aus. In Kooperation über den Rhein hinweg entstand gleich 1907 der „Arbeitsnachweis der Industrie Mannheim - Ludwigshafen e.V.", der bei der Stellenvermittlung mindestens die Position eines gleichgewichtigen Konkurrenten errang. Handwerksinnungen und Gewerkschaften wiederum gliederten in wachsender Zahl ihre Agenturen dem Städtischen Arbeitsamt an. Alleine die Gruppe der gewerbsmäßigen Profiteure zeigte sichtbar Erosion, zumal der Staat ab 1910 hier mit Auflagen und Kontrollen so manchen unseriösen Akteur zur Aufgabe zwang.

Nach dem Ausbruch des Ersten Weltkrieges erstarrte zunächst das Wirtschaftsleben, allerorts setzte eine beunruhigende Arbeitslosigkeit ein. Dann sorgten umgekehrt wenige Monate später massenweise Heereseinberufungen und die Ankurbelung der Rüstungsindustrie für eklatanten Arbeitskräftemangel. Erstmals bemächtigte sich jetzt der Staat der Städtischen Arbeitsämter, an die zur Erledigung von Rückstellungsanträgen und zur Zwangsrekrutierung von Arbeitskräften entsprechende Anweisungen ergingen. Nun erlaubte der Staat auch den Ländern, bei Bedarf die Errichtung weiterer Städtischer Arbeitsämter zu initiieren. Somit hatte man von staatlicher Seite erstmals die Städtischen Arbeitsämter offiziell zur Kenntnis genommen, und damit zu deren Akzeptanz und Aufwertung gerade auch der Konkurrenz gegenüber wesentlich beigetragen. Der hiesige Industriellennachweis hatte sich bald nach Kriegsausbruch dem Mannheimer Arbeitsamt angeschlossen. „Patriotismus und Kriegsbegeisterung voraus" galt es schließlich die Kräfte zu bündeln.

Anschließend in der unmittelbaren Nachkriegssituation herrschte in Mannheim und anderswo auf den Straßen und in den Betrieben praktisch das Chaos. Der KPD-Vertreter Stolzenberg rief im Februar 1919 vor Ort die Räterepublik aus, der Staat antwortete mit Standrecht und Belagerung. Soldaten strömten in Massen in die Heimat zurück, der Wirtschaft ging plötzlich die Arbeit aus. Über Arbeitslosenunterstützung und Arbeitsbeschaffung betrieb der neue Staat gezielt Sozialfürsorge, und hielt zur Erledigung dieser Aufgabe weiterhin an den Städtischen Arbeitsämtern fest. Den Status einer halbstaatlichen Behörde erlangte das Mannheimer Arbeitsamt 1922 (Arbeitsnachweis-Gesetz), als Regierung und Parlament die reichsweite Vereinheitlichung in Richtung Arbeitsverwaltung forcierten. Neben einem dreistufigen Behördenaufbau (Reich - Land - Gemeinde) legte man zusätzlich Art und Umfang des Aufgabenbereiches fest, die erforderlichen Aufwendungen übernahm der Staat zur Hälfte. Die Gewerbsmäßigen traf das Verbot weiterer Lizenzvergaben, ihr komplettes Ende war für 1931 datiert. Da Mannheim zu jener Zeit bereits über einen ausgesprochen fortschrittlichen Apparat verfügte, erforderten die gesetzlichen Neuerungen vergleichsweise wenig Handlungsbedarf. Lediglich die Zuständigkeit umfaßte nun neben dem altangestammten Stadtgebiet zusätzlich die Amtsbezirke Ladenburg und Schwetzingen.

Einen Schlußstrich unter den Verstaatlichungsprozeß zog die Politik durch das Gesetz über Arbeitslosenvermittlung und Arbeitslosenversicherung (AVAVG) von 1927, das von der Finanzierungsseite her jetzt ausschließlich Kapital und Arbeit in die Verantwortung nahm. Mit der Anwendung und Ausgestaltung der arbeitsmarktpolitischen Instrumente beauftragte der Staat einem drittelparitätisch besetzten Verwaltungsausschuß, der gleichermaßen Arbeitgeber, Arbeitnehmer und öffentliche Körperschaften miteinbezog. Auch letzteres stellte für Mannheim kein Novum mehr da. Diese Regelungen des AVAVG von 1927 legten den Grundstein der heutigen Arbeitsverwaltung.

Der Nationalsozialismus bediente sich nachhaltig der Arbeitsverwaltung, um den in Richtung Krieg weisenden Wirtschaftsaufbau durch eine geeignete Lenkung des Arbeitsmarktes zu flankieren. Schrittweise verlor der Einzelne seinen ursprünglichen Rechtsstatus. Die Lenkungsmaßnahmen setzten vorsichtig bei der Zurückdrängung der Frauenarbeit (Ehestandsdarlehen), der Landhilfe, oder des gewiß populären Austausches von älteren Arbeitslosen gegen jüngere Arbeitnehmer gleich nach der Machtergreifung an. Dann zeigten die Eingriffe über das Arbeitsbuch und die Berufslenkung (beides 1935) in Richtung Dienstpflicht (1938), die der Freizügigkeit ein jähes Ende setzte. Selbst bei der Judenverfolgung, und während des Zweiten Weltkrieges beim Ausländereinsatz in der Wirtschaft, kam der Arbeitsverwaltung eine aktive Rolle zu. Die Arbeitsämter degenerierten zum NS-Erfüllungsgehilfen, irgendwelche Ausnahmen gab es hierbei nicht.

Nach 1945 kam den Arbeitsämtern als Meldebehörde und Ausgabestelle für Lebensmittelkarten zunächst hohe Priorität im städtischen Verwaltungsgefüge zu. Mittels Dienstverpflichtung und Belegschaftsumschichtungen, also Rückgriffen auf das frühere NS-Handlungsrepertoire, begegnete das Mannheimer Amt der prekären Lage am Arbeitsmarkt. Weiter erwuchs eine Aufgabe aus der beruflichen Integration von Flüchtlingen und Heimatvertriebenen, die es verstärkt noch nach der Währungsreform nach Mannheim zog. Reine Krisenbewältigung als vordringliche Aufgabe stand nunmehr im Mittelpunkt, das Mannheimer Arbeitsamt agierte als Provisorium mit zentraler Funktion.

Drei Jahre nach der Gründung der Bundesrepublik stellten Regierung und Parlament die Weichen für eine Wiederherstellung staatlicher Trägerschaft der Arbeitsverwaltung, nachdem noch 1945 die Zuständigkeit an die Länder ergangen war. Nach dem Vorbild der früheren Reichsanstalt entstand auf der Basis der Drittelparität wieder die dreistufige Institution, Kompetenzen ergaben sich nach dem Regelwerk des AVAVG. Der Mannheimer Arbeitsamtsbezirk blieb in den zuvor 1938 neu geschaffenen Grenzen bestehen, die zusätzlich den Amtsbezirk Weinheim an die Behörde gebracht hatten. Mit den Fünfziger und Sechziger Jahren im Sog des sog. Wirtschaftswunders fielen an die Arbeitsämter weitere Zuständigkeiten, die auf die Schließung der mit der Zeit immer weiter auseinanderklaffenden Arbeitskräftelücke hinzielten. Die Anwerbung von Ausländern, berufliche Integration der Flüchtlinge und später auch der verstärkte Eintritt von Frauen in das Berufsleben brachten ein erweitertes Aktionsfeld mit sich. Trotz dieser mannigfaltigen Anstrengungen wurde der Arbeitskräftemangel zusehends akut. Während 1960 im Bereich des Mannheimer Arbeitsamtes auf einen Arbeitslosen immerhin 15 offene Stellen kamen, signalisierte das Jahr 1969 mit einer Quote von 1 zu 27 Nachkriegsrekord.

Daß der prosperierende Gang der Wirtschaft kein absolutes Dauerphänomen sein kann, wußten Politik und Arbeitsverwaltung nur zu gut. Die Vorarbeiten zum Arbeitsförderungsgesetz von 1969 reichten schließlich mit vier Jahren in die Phase ausgesprochener Hochkonjunktur zurück, die Weichenstellung ging in Richtung präventiver Arbeitsmarktpflege. Anstatt auf Verwerfungen am Arbeitsmarkt lediglich zu reagieren, sollten Beratung und adäquate Weiterqualifikation künftig Arbeitslosigkeit und unterwertiger Beschäftigung vorbeugen. Massenarbeitslosigkeit als Dauerphänomen entstand in der Bundesrepublik in den Siebziger Jahren, sie reicht kontinuierlich bis zur Gegenwart und bei nüchterner Betrachtung wird sie auch noch länger als Begleiterscheinung des Arbeitsmarktes vorhanden sein. Gerade die Stadt Mannheim als sog. altindustrialisierter Standort laboriert nachhaltig an den Folgen des allgemeinen Strukturwandels. Im April 1993 entsprechen im Mannheimer Arbeitsamtsbezirk einer offenen Stelle jetzt zwölf Arbeitslose – nicht umgekehrt!

In der Gegenwart steckt die Wirtschaft in einer tiefen Krise. Die Arbeitslosigkeit signalisiert Nachkriegsrekord – bundesweit und auch in Mannheim. Daß der soziale Friede in der Republik der Substanz nach bisher unangetastet blieb, ist nicht zuletzt ein Verdienst der Sozialsicherung. Man denke nur an die späten Weimarer Verhältnisse. Welche Bedeutung in diesem Zusammenhang dem Mannheimer Arbeitsamt für die Region zukommt, läßt sich indirekt an der Höhe der Leistungen nach dem Arbeitsförderungs- und Bundeskindergeldgesetz ermessen – fast ein halbe Milliarde Mark pro Haushaltsjahr werden bewilligt und ausgezahlt. Etwa ein Viertel der AFG-Mittel kommen der vorausschauenden Arbeitsmarktpolitik zu: Förderung der Ausbildung, Fortbildung und Umschulung, berufliche Rehabilitation, Eingliederung von Aus- und Übersiedlern. Nicht zu vergessen die Arbeitsbeschaffung, die Gehaltskosten einiger hundert Arbeitsplätze mitfinanziert. Das Arbeitsamt selbst tritt als Arbeitgeber auf, berücksichtigt man die gut 500 in der Institution Beschäftigten. Lohnersatzleistungen belaufen sich in etwa auf die Hälfte der AFG-Mittel. So gesehen ist Kaufkraftstabilisierung trotz hoher Arbeitslosigkeit neben der Wahrung des sozialen Friedens ein zweiter zu würdigender Aspekt. Wenn mitunter auch das Monopol der Ämter auf Arbeitsvermittlung in Frage gestellt wird, an eine Wiederherstellung der Zustände wie zu Zeiten der alten Centralanstalt wird hierbei wohl weniger gedacht.

IX. Anhang

Verzeichnis der Tabellen (mit Quellenvermerk)

1 Güterumschlag in den Mannheimer Häfen zwischen 1855 und 1913
Hook (1954) a.a.O., S. 122

2 Arbeitsnachweis-Anstalten in Deutschland 1865–1910
Michalke (1912) a.a.O., S. 247

3 Berufsorganisationen der Mannheimer Arbeiter und Handwerker 1890
Wörrishofer (1891) a.a.O., S. 349ff.

4 Daten zur Industrieentwicklung in Mannheim 1882–1910
Hook (1954) a.a.O., S, 22; Wunder (1914) a.a.O., S. 12/42; Wybrecht (1956) a.a.O., S. 130

5 Gründungsmitglieder der Mannheimer Centralanstalt für Arbeitsnachweis (1893)
Generallandesarchiv Karlsruhe (GLA) Faszikel 237/26686

6 Personalaufwand der größten deutschen Arbeitsnachweis-Anstalten (1899)
GLA 237/26686

7 Stellenvermittlung der Mannheimer Centralanstalt im Geschäftsjahr 1893/94
GLA 237/26686

8 Stellenvermittlungen der Mannheimer Centralanstalt für unentgeltlichen Arbeitsnachweis 1893–1913
Der Arbeitsmarkt im Mannheimer Wirtschaftsgebiet (1928) a.a.O., S. 7

9 Nachweis über die Einnahmen und Ausgaben der Centralanstalt für Arbeitsnachweis pro 1907
GLA 237/26686

10 Anzahl der Arbeitgebernachweise in Deutschland 1890–1910
Kessler (1911) a.a.O., S. 6

11 Arbeitsnachweise der Arbeitgeber in Deutschland des Jahres 1909
Kessler (1911) a.a.O., S. 60ff.

12 Gewerbsmäßige Stellenvermittler in Baden 1902–1924
Statistisches Jahrbuch für das Großherzogtum Baden Jg. 1904/05, S. 251; Jg. 1909/11. S. 163ff.; Jg. 1914, S. 68; Jg. 1925, S. 110; Statistische Mitteilungen über das Großherzogtum Baden Jg. 1915, S. 38f.; Jg. 1917, S. 27f.; Jg. 1922, S. 154f.

13 Die Vermittlungstätigkeit des Arbeitsnachweises der Industrie Mannheim-Ludwigshafen in den Jahren 1909–1913
GLA 237/26686

14 Gewerbsmäßige Stellenvermittler in Mannheim 1902–1921
Quellen wie T. 12

15 Im Gebiet der Stadt Mannheim tätige nichtöffentliche Arbeitsnachweise des Jahres 1910
GLA 237/26639

16 Notstandsarbeiter in Mannheim 1891–1912
Seeber (1988) a.a.O., S. 47ff.

17 Vermittlungsziffern des Städtischen Arbeitsamtes und des Industriellen-Nachweises im Vergleich der Jahre 1908–1913
Quellen wie T.8, T. 13

18 Stellenvermittlung beim Mannheimer Arbeitsamt 1913–1918
Der Arbeitsmarkt im Mannheimer Wirtschaftsgebiet (1928), a.a.O., S. 12

19 Arbeitslosigkeit im Mannheim im Kriegsjahr 1915
Statistische Vierteljahresberichte der Stadt Mannheim Jg. 1915 (Jahresband), S. 8

20 Die Entwicklung der Arbeitslosigkeit im Bezirk des Mannheimer Arbeitsamtes 1919–1927
Der Arbeitsmarkt im Mannheimer Wirtschaftsgebiet (1928), a.a.O., S. 18/70

21 Güterumschlag in Mannheim 1909–1924
Jahresbericht der Handelskammer für den Kreis Mannheim 1923/24, S. 27

22 Erwerbslosigkeit in deutschen Großstädten am 1. März 1926
Blaich (1977) a.a.O., S. 15

23 Mannheimer Arbeitsvermittlungen des Jahres 1920
Denkschrift des Städtischen Arbeitsamtes Mannheim über die Arbeitsvermittlung in Mannheim (1920) a.a.O., S. 9–16

24 Notstandsarbeiten im Arbeitsamtsbezirk Mannheim Jan. 1919 - Juni 1922
Fontaine (1924) a.a.O., S. 125ff.

25 Der Einfluß von Notstandsarbeiten auf die Entwicklung des Mannheimer Arbeitsmarktes 1919–1922
Fontaine (1924) a.a.O., S. 141ff.

26 Beiträge zur Arbeitslosenversicherung 1923–1926
Der Arbeitsmarkt im Mannheimer Wirtschaftsgebiet (1928), a.a.O., S. 29

27 Haushalt des öffentlichen Arbeitsnachweises Mannheim 1924/25
Der Arbeitsmarkt im Mannheimer Wirtschaftsgebiet (1928) a.a.O., S. 26

28 Vermittlungsziffern des Städtischen Arbeitsamtes 1893 - 1926/27
Der Arbeitsmarkt im Mannheimer Wirtschaftsgebiet (1928) a.a.O., S. 7

29 Vermittlungsstatistik des Mannheimer Maschinenbaus beim Städtischen Arbeitsamt 1924/25–1926/27
Der Arbeitsmarkt im Mannheimer Wirtschaftsgebiet (1928) a.a.O., S. 39

30 Entwicklung der Berufsberatung und Lehrstellenvermittlung im Arbeitsamtsbezirk Mannheim 1921/22–1926/27
Der Arbeitsmarkt im Mannheimer Wirtschaftsgebiet (1928) a.a.O., S. 58/64

31 Notstandsarbeit im Arbeitsamtsbezirk Mannheim 1924–1927
Der Arbeitsmarkt im Mannheimer Wirtschaftsgebiet (1928) a.a.O., S. 74

32 Notstandsarbeiten im Arbeitsamtsbezirk Mannheim 1926/27
Der Arbeitsmarkt im Mannheimer Wirtschaftsgebiet (1928) a.a.O., S. 73

33 Beschäftigte in Mannheimer Betrieben und Arbeitsstätten 1925 und 1933
Hook (1954) a.a.O., S. 107

34 Arbeitsuchende im Mannheimer Arbeitsamtsbezirk 1923–1933
Schirmer (1934) a.a.O., S. 63ff.; Archiv Arbeitsamt Mannheim. Fasz. Arbeitsmarktberichte Jan. 1930–Sept. 1933

35 Formen der Erwerbslosenunterstützung im Deutschen Reich und im Arbeitsamtsbezirk Mannheim 1929–1933
Schirmer (1934) a.a.O., S. 36/78f.

36 Notstandsarbeiter im Deutschen Reich 1918/19–1932
Petzina (1978) a.a.O., S. 122

37 Arbeitsvermittlung im Arbeitsamtsbezirk Mannheim 1927–1933
Statistische Monatsberichte der Stadt Mannheim Jg. 1927–1933

38 Beschäftigtenentwicklung in einigen Hauptbetrieben der Mannheimer Maschinenbauindustrie 1925–1937
Archiv Arbeitsamt Mannheim. Fasz. Arbeitsmarkt- und Presseberichte Jg. 1937; Die Industrie in Baden (1926) a.a.O., S. 66ff.; Hupp (1939) a.a.O., S. 79

39 Beschäftigung bei Notstandsarbeiten in Deutschland 1928–1938
Petzina (1978) a.a.O., S. 122 (Quelle 1); Zehn Jahre Reichsanstalt (1937) a.a.O., S. 47 (Quelle 2); Stelzer (1976) a.a.O., S. 95

40 Rückgang der Arbeitslosigkeit im Mannheimer Arbeitsamtsbezirk 1933-1939
Archiv Arbeitsamt Mannheim. Fasz. Arbeitsmarktberichte 1933-1939 (monatlich)

41 Arbeitslose und Arbeitsuchende im Arbeitsamtsbezirk Mannheim 1928–1940
Archiv Arbeitsamt Mannheim. Fasz. Laufende Statistiken

42 Stellenvermittlungen im Mannheimer Arbeitsamt 1932–1938
Neue Mannheimer Zeitung vom 21. 12. 1934; Dito 20. 1. 1939

43 Notstandsarbeiten im Mannheimer Arbeitsamtsbezirk in den Jahren 1933–1937
Archiv Arbeitsamt Mannheim. Fasz. Arbeitsmarkt- und Presseberichte 1933–1937; Statistisches Jahrbuch für das Land Baden Jg. 1938, S. 213; Petzina (1978) a.a.O., S. 122

44 Notstandsarbeiten im Arbeitsamtsbezirk Mannheim 1919–1935
Quellen wie T. 24, T. 31, T 43

45 Beschäftigte Ausländer in der deutschen Kriegswirtschaft 1939–1944
Herbert (1986) a.a.O., S. 143

46 Der Arbeitsmarkt im Mannheimer Arbeitsamtsbezirk des Jahres 1940
    Archiv Arbeitsamt Mannheim. Fasz. Berichte über die Entwicklung des
    Arbeitseinsatzes im Arbeitsamtsbezirk Mannheim, Februar–Juli 1940

47 Die Beschäftigtenentwicklung in Württemberg-Baden 1947–1952
    Griesmeier (1953) a.a.O., S. 177/183

48 Beschäftigtenentwicklung einiger Mannheimer Industriebetriebe
    1932–1957
    Archiv Arbeitsamt Mannheim. Fasz. Textberichte Arbeitsamt Mannheim
    1945–1949 (monatlich); Dito. Die Wirtschaftsstruktur des Arbeitsamtsbezirks Mannheim. Stand 1959; Irek (1983) a.a.O., S. 86; Stadtarchiv Mannheim. Fasz. Zug. 1958, Nr. 1521

49 Produktionsumsatz und Beschäftigung der Mannheimer Industrie
    1936–1953
    Hook (1954) a.a.O., S. 130f./136

50 Bevölkerungszunahme und Wohnraum in Mannheim 1938–1952
    Stadt Mannheim (Hg.). Mannheim. Verwaltungsbericht für die Rechnungsjahre 1949 und 1950, S. 9

51 Arbeitslosigkeit im Mannheimer Arbeitsamtsbezirk 1945–1953
    Archiv Arbeitsamt Mannheim. Fasz. Arbeitsmarktberichte 1945/46,
    1949/50 (monatlich); Griesmeier (1953) a.a.O., S. 223; Schott (1954) a.a.O.,
    S. 94/109

52 Rückkehr entlassener Kriegsgefangener nach dem Arbeitsamtsbezirk
    Mannheim 1946–1949
    Archiv Arbeitsamt Mannheim. Fasz. Statistik entlassene Kriegsgefangene

53 Ausländische Wohnbevölkerung in der Bundesrepublik Deutschland
    1950–1990
    Datenreport (1992) a.a.O., S. 55; Esser (1989) a.a.O., S. 333; Amtliche
    Nachrichten der Bundesanstalt für Arbeit (ANBA). Arbeitsstatistik 1991.
    S. 18/261

54 Arbeitsmarktdaten Bundesrepublik und Baden-Württemberg 1950–1993
    (Teil 1)
    ANBA Jg. 1953-1993

55 Arbeitsmarktdaten Bundesrepublik und Baden-Württemberg 1950–1993
    (Teil II)
    ANBA Jg. 1953-1993

56 Beschäftigte nach Wirtschaftssektoren in Baden-Württemberg 1939–1987
    Boelcke (1989) a.a.O., S. 441

57 Gewerbeentwicklung in Mannheim 1950–1965
    Statistisches Amt der Stadt Mannheim (Hg.). Statistischer Jahresbericht Jg.
    1955, 1960, 1965

58 Beschäftigtenentwicklung Mannheimer Industriebetriebe 1957–1985
    Skarke (1987) a.a.O., S. 57f.; Archiv Arbeitsamt Mannheim. Fasz. Jahresarbeitsmarktbericht Arbeitsamtsbezirk Mannheim für 1959, 1977

59 Die Entwicklung des Arbeitsmarktes im Arbeitsamtsbezirk Mannheim
    1950–1993
    Archiv Arbeitsamt Mannheim. Fasz. Arbeitsmarktberichte des Arbeitsamtes Mannheim Jg. 1950–1993 (monatlich); Jahresberichte des Arbeitsamtes
    Mannheim Jg. 1972–1990

60 Arbeitslosigkeit im Mannheimer Arbeitsamtsbezirk 1966–1969
    Archiv Arbeitsamt Mannheim. Fasz. Arbeitsmarktberichte des Arbeitsamtes Mannheim Jg. 1966–1969 (monatlich)

61 Stillegung und Konkurse Mannheimer Industrieunternehmen 1973–1985
    Skarke (1987) a.a.O., S. 52f.

62 Daten zur Mannheimer Industrieentwicklung 1972–1988
    Industrie- und Handelskammer Rhein-Neckar (1977) a.a.O., S. 173; Dito
    (1980) a.a.O., S. 185; Dito (1984) a.a.O., S. 217; Dito (1988) a.a.O., S. 221

63 Arbeitslosigkeit in baden-württembergischen Arbeitsamtsbezirken
    1952–1993
    ANBA Jg. 1952— 1993

64 Ausländische Wohnbevölkerung in Mannheim – Stand Januar 1992
    Schmidt/Knobloch (1992) a.a.O., S. 4f.

65 Arbeitslosigkeit nach strukturellen Merkmalen im Mannheimer Arbeitsamtsbezirk 1989–1991
    Strukturanalyse 1991 des Mannheimer Arbeitsamtes, S. 8

66 Arbeitsmarktstatistik im Mannheimer Arbeitsamtsbezirk 1950–1993
    Archiv Arbeitsamt Mannheim. Fasz. Jahresberichte des Arbeitsamtes
    Mannheim Jg. 1972–1990; Arbeitsmarktberichte des Arbeitsamtes Mannheim (monatlich) Jg. 1951–1969, 1991–1993

67 Berufswünsche der Schulabgänger im Arbeitsamtsbezirk Mannheim Januar
    1992
    Pressebericht 6/92 des Mannheimer Arbeitsamtes

Verzeichnis der Abbildungen (mit Quellenvermerk)

1 Gründung und Tätigkeit öffentlicher Arbeitsnachweisanstalten in Baden
   1891–1923
   Entwurf nach Angaben in: Statistisches Jahrbuch für das Großherzogtum
   Baden Jg. 1899, S. 172ff.; Dito Jg. 1904/05, S. 244f.; Dito Jg. 1910/11, S.
   154f.; Statistische Mitteilungen über das Großherzogtum Baden Jg. 1914, S.
   2; Statistisches Jahrbuch für das Land Baden Jg. 1930, S. 173

2 Satzung der Centralanstalt für unentgeltlichen Arbeitsnachweis jeglicher
   Art
   GLA 237/26686

3 Die Mannheimer Centralanstalt für Arbeitsnachweis im überregionalen Informationsverbund (Stand 1899)
   Entwurf nach Angaben in: Bericht der Centralanstalt für unentgeltlichen
   Arbeitsnachweis in Mannheim S1. 17 für das Geschäftsjahr 1899 (GLA
   237/26686)

4 Der Behördenaufbau der Centralanstalt für unentgeltlichen Arbeitsnachweis in Mannheim 1893–1913
   Entwurf nach Angaben in: Jahresbericht der Großherzoglich Badischen
   Hauptstadt Mannheim Jg. 1895–1913

5 Ortsstatut für die Kommission zur Verwaltung des städtischen Arbeitsamtes (1911)
   GLA 237/26686

6 Geschäftsordnung (einschl. Hausordnung) des Städtischen Arbeitsamtes in
   Mannheim für 1913
   Verwaltungsbericht der Großherzoglich Badischen Hauptstadt Mannheim
   Jg. 1913, S. 183f.

7 Der Behördenaufbau des Städtischen Arbeitsamtes in Mannheim
   1913–1919
   Entwurf nach Angaben in: Verwaltungsbericht der Großherzoglich Badischen Hauptstadt Mannheim Jg. 1913, S. 182–191

8 Die Entwicklung des Mannheimer Arbeitsmarktes 1924–1927
   Der Arbeitsmarkt im Mannheimer Wirtschaftsgebiet (1928) a.a.O., S. 30

9 Der Behördenaufbau des Städtischen Arbeitsamtes in Mannheim
   1919–1923
   Entwurf nach Angaben in: Verwaltungsbericht der Badischen Hauptstadt
   Mannheim Jg. 1919/20, S. 187–197; Der Arbeitsmarkt im Mannheimer
   Wirtschaftsgebiet (1928) a.a.O., S. 23ff.

10 Der Behördenaufbau des Städtischen Arbeitsamtes in Mannheim
   1923–1927
   Entwurf nach Angaben in: Der Arbeitsmarkt im Mannheimer Wirtschaftsgebiet (1928) a.a.O., S. 2ff.

11 Der Arbeitsamtsbezirk Mannheim nach der Neugliederung Februar 1923
   Entwurf nach Angaben in: Schirmer (1934) a.a.O., S. 26

12 Gliederung der Reichsanstalt für Arbeitsvermittlung und Arbeitslosenversicherung
   Zehn Jahre Reichsanstalt (1937) a.a.O., S. 11

13 Die Bezirke der Arbeitsämter in Südwestdeutschland 1927
   Landesarbeitsamt Südwestdeutschland (1929) a.a.O., S. 2

14 Der Behördenaufbau des Mannheimer Arbeitsamtes 1927–1945
   Entwurf nach Angaben in: GLA 237/27906 (Allg. Organisationsplan für
   Arbeitsämter); Klee (1979) a.a.O., S. 2ff.

15 Arbeitsuchende im Stadtgebiet Mannheim 1925–1932
   Stadt Mannheim. Schaubilder zur Finanznot und Fürsorgebelastung (1932)
   a.a.O., Tafel 6

16 Arbeitslosigkeit in den badischen Arbeitsamtsbezirken des Jahres 1932
   Entwurf nach Angaben in: Statistisches Jahrbuch für das Land Baden Jg.
   1938, S. 213

17 Oberrheinische Eisenbahngesellschaft AG. Bestehende und geplante Vorortlinien der Oberrheinischen Eisenbahngesellschaft (Mannheim-Weinheim-Heidelberg).GLA 237/27962

18 Übersicht der für die Beschäftigung von Wohlfahrtserwerbslosen vorgesehenen Arbeiten für den Winter 1930/31 im Arbeitsamtsbezirk Mannheim
   GLA 237/27902

19 Grundschema der Nebenerwerbssiedlungen Stand 1931
   Zizler (1930/31) a.a.O., S. 107

20 Unterbringung von alten NSDAP-Kämpfern in Beamtenstellen (Mai 1935)
   GLA 233/24005

21 Die Mannheimer Industrie im Anpassungsprozeß an den Vierjahresplan 1936
    Hupp (1939) a.a.O., S. 542

22 Arbeitslose im Deutschen Reich bei den Arbeitsämtern 1928—1937
    Zehn Jahre Reichsanstalt (1937) a.a.O., S. 19

23 Arbeitslosigkeit in den badischen Arbeitsamtsbezirken des Jahres 1936
    Entwurf nach Angaben in: Statistisches Jahrbuch für das Land Baden Jg. 1938, S. 213

24 Das Arbeitsbuch 1935
    Archiv Arbeitsamt Mannheim. Fasz. Arbeitsbuch (1935)

25 Arbeitslosigkeit im Arbeitsamtsbezirk Mannheim 1923–1938
    Archiv Arbeitsamt Mannheim. Fasz. Laufende Statistiken

26 Arbeitsmarktstatistik im Arbeitsamtsbezirk Mannheim 1933–1937
    Archiv Arbeitsamt Mannheim. Fasz. Laufende Statistiken

27 Mannheim. Veränderungen im Gemarkungsgebiet 1933–1937
    Verwaltungsbericht für die Stadt Mannheim 1933–1937 (o.J.), a.a.O., S. 152/2

28 Stellenvermittlung einer jüdischen Agentur in Mannheim (1935)
    Stadtarchiv Mannheim. Israelitisches Gemeindeblatt 13. Jg. 1935, S. 16

29 Ausschaltung der Juden aus dem deutschen Wirtschaftsleben 1938 (Mannheim/Reilingen)
    GLA 362/9570

30 Der Arbeitsamtsbezirk Mannheim nach Zuständigkeit 1923–1945
    Entwurf nach Angaben in: Klee (1979) a.a.O.; Schneider (1989) a.a.O.; Dito (1991) a.a.O.

31 Staatliche Gliederung Südwestdeutschlands 1945–1952
    Krautkrämer (1991) a.a.O., S. 33

32 Der Anteil der Arbeitslosen an den Arbeitnehmern in den Arbeitsamtsbezirken des Bundesgebietes am 30. 9. 1952
    Der Bundesminister für Arbeit (1952) a.a.O., S. 26

33 Zerstörungsbedingte Verlagerung der Bevölkerung im Stadtbezirk Mannheim der Vergleichsjahre 1939/46
    Krause (1952) a.a.O., S. 15

34 Regionale Unterschiede in der wirtschaftlichen Leistungskraft Baden-Württembergs 1952
    Statistisches Jahrbuch des Landes Baden-Württemberg 1952, S. 81

35 Im Arbeitsamtsbezirk Mannheim wohnhafte Arbeitnehmer seit Juni 1948
    Archiv Arbeitsamt Mannheim. Fasz. Sonderstatistik 1945–1951

36 Der Anteil der Männer und Frauen an der Gesamtzahl der Arbeitslosen nach Berufsgruppen im Arbeitsamtsbezirk Mannheim am 31. 12. 1951
    Archiv Arbeitsamt Mannheim. Fasz. Sonderstatistik 1945–1951

37 Die Arbeitslosigkeit Ende Januar 1967 nach Arbeitsamtsbezirken
    ANBA Jg. 1967, S. 134

38 Die Entwicklung der versicherungspflichtig Beschäftigten in Mannheim 1976–1989
    Stadt Mannheim (1990) a.a.O., S. 1

39 Der Arbeitsamtsbezirk Mannheim nach Zuständigkeit 1993
    Strukturanalyse 1991 des Mannheimer Arbeitsamtes, Anhang

Anmerkungen

II. Von den Anfängen im Deutschen Kaiserreich 1893-1914

1. Kontext: Wirtschaftsgeschehen, Arbeitsmarkt und Stellenvermittlung

1) Michalke, Otto. Die Arbeitsnachweise der Gewerkschaften im Deutschen Reich. Berlin 1912, S. 236

2) Lindemann, Anna Maria. Mannheim im Kaiserreich. Mannheim 1988 (2. Aufl.). S. 76f.

3) Wörishoffer, F. Die sociale Lage der Fabrikarbeiter in Mannheim und dessen nächster Umgebung. Karlsruhe 1891, S. 372f.

4) Dito, S. 374

5) Walter, Friedrich. Schicksal einer deutschen Stadt. Geschichte Mannheims 1907–1945. Frankfurt/M. 1949 Bd. 3, S. 326

6) Angaben nach: Walter, Friedrich. Chronik der Hauptstadt Mannheim für das Jahr 1900. I. Jg. Mannheim 1901, S. 134; Baer, Albert. Über die Entwicklung der Mannheimer Eisen- und Maschinenindustrie (Diss). Heidelberg 1901, S. 25

7) Vgl. hierzu: Kromer, Wolfgang. „Ich wollt' auch mal in die Stadt". Zuwanderungen nach Mannheim vor den Zweiten Weltkrieg, illustriert an Wanderungsbiographien aus dem badischen Odenwald. Heidelberg 1986, S. 18ff.

8) Uhlig, Otto. Arbeit amtlich angeboten. Der Mensch auf seinem Markt. Stuttgart etc. 1970, S. 132

9) Kessler, Gerhard. Die Arbeitsnachweise der Arbeitgeberverbände. Leipzig 1911, S. 132

10) Dito, S. 10

11) Michalke (1912) a.a.O., S. 24

2. Das Arbeitsamt in der Pionierphase: „Centralanstalt für unentgeltlichen Arbeitsnachweis jeglicher Art in Mannheim, S. 1. 15" 1893–1905

1) Statistisches Jahrbuch für das Großherzogtum Baden. Jg. 1913, S. 136

2) Verwaltungsbericht der Großherzoglich Badischen Hauptstadt Mannheim. Jg. 1895/1899, S. 488

3) Thätigkeitsbericht der Centralanstalt für Arbeitsnachweis jegl. Art in Mannheim S1. 15 seit der Eröffnung am 2. August 1893 bis 31. Dezember 1894, vom Januar 1895, S. 3 (GLA 237/26686)

4) Bericht der Centralanstalt für unentgeltlichen Arbeitsnachweis in Mannheim S1. 17 für das Geschäftsjahr 1901, S. 1 (GLA 237/26686)

5) Bericht der Centralanstalt für unentgeltlichen Arbeitsnachweis in Mannheim M3a für das Geschäftsjahr 1903, S. 5 (GLA 237/26686)

6) Verwaltungsbericht der Großherzoglich Badischen Hauptstadt Mannheim für die Jahre 1895 /1899, S . 490

3. Kompetenzzuwachs: Das Arbeitsamt als Städtische Behörde 1906–1914

1) Uhlig (1970) a.a.0., S. 114ff.

2) Zahlenangaben nach Geschäftsberichten (GLA 237/26686)

3) Kessler (1911) a.a.O., S. 6ff.

4) Vgl . hierzu: Faust, Anselm. Arbeitsmarktpolitik in Deutschland: Die Entstehung der öffentlichen Arbeitsvermittlung. In: T. Pierenkemper/R. Tilly (Hg.). Historische Arbeitsmarktforschung. Göttingen 1982, S. 259

5) Bericht über die Tätigkeit Des Vereins Arbeitsnachweis Der Industrie Mannheim-Ludwigshafen 1913. Mannheim-Lindenhof o.J. (1914), S. 1/9

6) GLA 237/26686

7) Lindemann (1986) a.a.O., S. 76ff.; GLA 237/26686

8) Statistische Mitteilungen über das Großherzogtum Baden, Jg. 1915, S.38f.

9) Ausführlich hierzu: Seeber, Günther. Kommunale Sozialpolitik in Mannheim 1888–1914. Südwestdeutsche Schriften 8. Mannheim 1988, S. 47ff.

10) Chronik der Hauptstadt Mannheim für das Jahr 1901. Bearbeitet von Friedrich Walter, Mannheim 1902, S. 210

11) Ausführlich hierzu: Seeber (1988) a.a.O., S. 77ff.

12) Verwaltungsbericht der Großherzoglich Badischen Hauptstadt Mannheim. Jg. 1913, S. 186ff. (dortig mit detaillierten Ausführungsbestimmungen)

13) Dito

14) Seeber (1988), a.a.O., S. 49

15) Angaben nach: Verwaltungsbericht der Großherzoglich Badischen Hauptstadt Mannheim. Jg. 1911, S. 240

III. Die Zäsur des Ersten Weltkrieges 1914-1918

1) Hofmann, Emil. Die Mannheimer Kriegsarbeitslosenzählung vom 12/14. Oktober 1914. Mannheim 1915, S. 3

2) Vgl. hierzu: Schäfer, Hermann. Regionale Wirtschaftspolitik in der Kriegswirtschaft. Staat, Industrie und Verbände während des Ersten Weltkrieges in Baden. Stuttgart 1983, S. 36f.

3) Der Arbeitsmarkt im Mannheimer Wirtschaftsgebiet. Geschäftsbericht des Arbeitsamtes Mannheim für die Jahre 1924-1927 mit einem Vorbericht für die Jahre 1914-1924. Mannheim 1928, S. 11

4) Vgl. hierzu: Henschel, Hans. Geschichte der Arbeitsvermittlung in Deutschland. In: Siebrecht (Hg.). Handbuch der Arbeitsvermittlung und Berufsberatung. Teil 1: Arbeitsvermittlung. Stuttgart 1958, S. 38ff.

5) Jaeger, Hans. Geschichte der Wirtschaftsordnung in Deutschland. Frankfurt/M. 1988, S. 133ff; Uhlig (1970) a.a.O., S. 234ff.

6) Der Arbeitsmarkt im Mannheimer Wirtschaftsgebiet (1928), a.a.O., S. 11ff.

7) Ausführlich hierzu: Altmann, G.P. Die Kriegsfürsorge in Mannheim. Darstellung der Tätigkeit des Kriegsunterstützungsamtes und der Zentrale für Kriegsfürsorge. Mannheim 1916.

8) Schäfer (1983), a.a.O., S. 72

IV. Demokratische Erneuerung und Weimarer Zeit 1919–1933

1. Kontext: Sozialpolitische Schieflage, Wirtschaftsentwicklung und Korrekturen am Arbeitsrecht

1) Vgl. hierzu: Hentschel, Volker. Die Sozialpolitik in der Weimarer Republik. In: Bracher/Funke/Jacobsen (Hg.). Die Weimarer Republik 1918–1933. Politik - Wirtschaft - Gesellschaft. Bonn 1987, S. 197–217

2) Vgl. hierzu: Suhling, Lothar. Technik, Arbeit und große Industrie. Entwicklungen in der Zeit der Weimarer Republik. In: Nachrichtenblatt der „Deutschen Gesellschaft für Geschichte der Medizin, Naturwissenschaft und Technik e.V.", 38. Jg. 1988. Heft 3, S. 126f.

3) Jaeger (1988) a.a.O., S. 150

4) Boelcke, Willi A. Sozialgeschichte Baden-Württembergs 1800–1989. Stuttgart 1989, S. 395

5) Vgl. hierzu: Preller, Ludwig. Sozialpolitik in der Weimarer Politik. Stuttgart 1949 (Nachdruck 1978), S. 53f.

6) Uhlig (1970) a.a.O., S. 240

7) Angaben nach: Neuloh, Otto (Bearb.). Hundert Jahre staatliche Sozialpolitik 1839–1939 (aus dem Nachlaß von Geheimrat Dr. Friedrich Syrup). Stuttgart 1957, S. 349f.

8) Vgl. hierzu: Henschel a.a.O., S. 50f.

9) Hertz-Eichenrode, Dieter. Wirtschaftskrise und Arbeitsbeschaffung. Frankfurt/M. 1982, S. 42

10) Dito, S. 150ff.

2. Das Mannheimer Arbeitsamt 1919–1927: Zwischen Strukturanpassung und Krisenmanagement

1) Angaben nach: Statistische Mitteilungen über das Land Baden. Jg. 1923, S. 130

2) Vgl. hierzu: Allgeier, Rudi. Grenzland in der Krise. Die badische Wirtschaft 1928–1932. In: T. Schnabel (Hg.). Die Machtergreifung in Südwestdeutschland. Stuttgart 1982, S. 150–182; Schäfer, Hermann. Wirtschaftliche und soziale Probleme des Grenzlandes. In: Badische Geschichte. Vom Großherzogtum bis zur Gegenwart. Hrsg. v. d. Landeszentrale für politische Bildung Baden-Württemberg. Stuttgart 1987 (erstmals 1979), S. 143–167

3) Ausführlich hierzu: Blaustein, Arthur. Das befreite Mannheim. Rechenschaftsbericht und Zukunftsprogramm. Mannheim 1924

4) Gerber, Julius. Mannheim als Industriestandort (Diss.). Heidelberg 1930, S. 29

5) Jahresbericht der Handelskammer für den Kreis Mannheim 1925. Mannheim 1926, S. 1

6) Der Arbeitsmarkt im Mannheimer Wirtschaftsgebiet (1928) a.a.O., S. 31

7) Jahresbericht der Handelskammer für den Kreis Mannheim 1926. Mannheim 1927, S. 1

8) Der Arbeitsmarkt im Mannheimer Wirtschaftsgebiet (1928) a.a.O., S. 13

9) Fontaine, Willy. Die Bedeutung der Mannheimer Notstandsmaßnahmen nach dem Kriege für die Entlastung der unterstützenden Erwerbslosenfürsorge (Diss). Heidelberg 1924, S. 18

10) Verwaltungsbericht der Badischen Hauptstadt Mannheim Jg. 1919/20, S. 189

11) Denkschrift des Städt. Arbeitsamtes über die Arbeitsvermittlung in Mannheim o.O., o.J. (1920), S. 1 (GLA 237/26687)

12) Verwaltungsbericht der Badischen Hauptstadt Mannheim, Jg. 1919/20, S. 191

13) GLA 237/26686

14) Verwaltungsbericht (1919/20) a.a.O., S. 193

15) Schirmer, Kurt. Die Entwicklung der Arbeitslosigkeit in Mannheim seit der Stabilisierung (Diplomarbeit, unveröff.). Heidelberg 1934, S. 52

16) Tiefenbacher, Rudolf. Die volkswirtschaftliche Bedeutung der produktiven Erwerbslosenfürsorge unter Zugrundelegung der badischen Verhältnisse (Diss). Heidelberg 1931, S. 60

17) Angaben nach: GLA 237 /27912 –237 /27941

18) Vgl. hierzu: Hahn, Barbara. Der geförderte Wohnungsbau in Mannheim 1850–1985. Mannheim 1986, S. 65

19) Vgl. hierzu: Jacob, Lothar. Eine Idee macht Geschichte. 1910-1985. 75 Jahre Gartenstadt-Genossenschaft Mannheim. Mannheim 1985

20) Bericht der „Volksstimme" vom 26. April 1923

21) Bericht der „Volksstimme" vom 15. Januar 1925

22) Der Arbeitsmarkt im Mannheimer Wirtschaftsgebiet (1928) a.a.O., S. 69

23) Ausführlich hierzu: Förster, Wolfram. Benz & Cie. Rheinische Automobil- und Motorenfabrik AG. Eine unternehmensgeschichtliche Skizze. In: Badische Heimat. Heft 2/1992, S. 183–230

24) Vgl. hierzu: Der Arbeitsmarkt im Mannheimer Wirtschaftsgebiet (1928) a.a.O., S. 57ff.

25) Dito

26) Tiefenbacher (1931) a.a.O., S. 30

27) Angaben hierzu: Der Arbeitsmarkt im Mannheimer Wirtschaftsgebiet (1928) a.a.O., S. 60ff.

28) Tiefenbacher (1931) a.a.O., S. 50ff.

29) GLA 237/28001

30) GLA 237/28001; Elsaesser. Die Autostraße Mannheim - Heidelberg. Mannheim 1927

ANHANG

3. Das Mannheimer Arbeitsamt 1928–1933: Staatliche Unterinstanz im Sog der großen Krise

1) Vgl. hierzu: Uhlig (1970) a.a.O., S. 257f.
2) Zahlenangaben nach: Der Arbeitsmarkt im Mannheimer Wirtschaftsgebiet (1928) a.a.O., S. 24; GLA 237/27906
3) Angaben nach: Klee, Josef. Aus der Chronik des Arbeitsamtes Mannheim (Manuskript, unveröff.). Mannheim 1979, S. 3
4) Der Arbeitsmarkt im Mannheimer Wirtschaftsgebiet (1928) a.a.O., S. 23f.
5) Vgl. hierzu: Hentschel (1987) a.a.O., S. 90; Tiefenbacher (1931) a.a.O., S. 54
6) Angaben nach: Jahresberichte der Handelskammer für den Kreis Mannheim. Jg. 1928–1933
7) Allgeier (1982) a.a.O., S. 167 ; Zitat: GLA 233/26090
8) Archiv des Mannheimer Arbeitsamtes. Fasz. Arbeitsmarktberichte Dez. 1930 – Sept. 1933
9) Schirmer (1934) a.a.O., S. 72 benennt die Arbeitslosigkeit für die Stadt Mannheim des Jahres 1932 mit durchschnittlich 34.133 Personen, Hook (1954) a.a.O., S. 107 gibt für 1933 exakt 85 780 Erwerbspersonen an. Hieraus resultiert näherungsweise eine Arbeitslosenquote von 28,3 Prozent.
10) Angaben zu diesem Komplex nach Neuloh (1957) a.a.O., S. 319/357
11) Walter, Friedrich. Schicksal einer deutschen Stadt. Geschichte Mannheims 1907–1945. Bd. II. Mannheim 1950, S. 340
12) Vgl. hierzu: Die Kommune. Mitteilungsblatt für die sozialdemokratischen Gemeindevertreter Badens. Jg.4, Nr.1. Mannheim. 1. Januar 1931, S. 1f.
13) Angaben nach GLA 237/27962
14) GLA 237/27902
15) Angaben hierzu nach Hahn (1986) a.a.O., S. 60ff.
16) Zweiter Bericht der Reichsanstalt für Arbeitsvermittlung und Arbeitslosenversicherung für die Zeit vom 1. Januar 1929 bis zum 31. Dezember 1929 (Sonderdruck aus dem Reichsarbeitsblatt 1930. Nr. 12), S. 67
17) Klee (1979) a.a.O., S. 6
18) Zu folgenden Ausführungen vgl.: Braun, Günter/Wolfgang Horn/Erich Matthias. Einleitung. In: Erich Matthias/Hermann Weber et.al. Widerstand gegen den Nationalsozialismus in Mannheim. Mannheim 1984, S. 42ff.

V. Nationalsozialismus und Gewaltherrschaft 1933–1945

1. Kontext: Machtergreifung, Gleichschaltung und Wirtschaftsentwicklung

1) Jaeger (1988) a.a.O., S. 182
2) Braun et. al. (1984) a.a.O., S. 84. Zur Machtübernahme in Mannheim vgl. auch: Schad, Jörg. Alles für das Volk. Alles durch das Volk. Stuttgart/Aalen 1977, S. 221ff.; Walter (1950 Bd. II) a.a.O., S. 340ff.
3) Maier, Dieter. Arbeitsverwaltung und nationalsozialistische Judenverfolgung in den Jahren 1933 bis 1939. In: Arbeitsmarkt und Sondererlaß. Beiträge zur Nationalsozialistischen Gesundheits- und Sozialpolitik: 8. Berlin 1990, S. 67
4) Schneider, Wolfgang. Mannheimer Arbeitsamt 1933–1945 (Manuskript, unveröff.). 1989, 1. Teil
5) GLA 362/9884
6) GLA 362/9919
7) Jaeger (1988) a.a.O., S. 187
8) Ausführlich hierzu: Petzina, Dieter. Autarkiepolitik im Dritten Reich. Stuttgart 1968, S. 96ff.
9) Zu Badens Wirtschaftsentwicklung nach 1933 vgl.: Boelcke, Willi A., Wirtschaft und Sozialsituation. In: O. Borst (Hg.) Das Dritte Reich in Baden und Württemberg. Stuttgart 1988, S. 29–45; Blaich, Fritz. Grenzlandpolitik im Westen 1926–1936. Die „Westhilfe" zwischen Reichspolitik und Länderinteressen. Stuttgart 1978
10) Archiv Arbeitsamt Mannheim: Fasz. Arbeitsmarkt- und Presseberichte Jg. 1933–1937
11) Angaben nach: Pohl, Hans et. al. Die Daimler-Benz AG in den Jahren 1933 bis 1945. Eine Dokumentation. Stuttgart 1986, S. 11
12) Dito. S. 126/136

2. Arbeitsmarkt, Arbeitsmarktlenkung und wirtschaftlicher Gestellungsbefehl

1) Boelcke (1988) a.a.O., S. 35
2) Vergleichszahlen in Petzina et. al. (1978) a.a.O., S. 121
3) Zur Auflösung der bis 1933 gültigen Rechtsgrundlage der Reichsanstalt für Arbeitsvermittlung vgl. Uhlig (1970) a.a.O., S. 267ff.
4) Angaben hierzu bei: Böhm, Margarete/Roger Brock. Geschichte der deutschen Arbeitsverwaltung unter besonderer Berücksichtigung Berlins (Manuskript, unveröff.). Berlin 1990/91, S. 223f.
5) Dito S. 234f.; Deutsche Geschichte in Daten. Berlin 1967, S. 721
6) Angaben nach: Mason, Timothy W. Sozialpolitik im Dritten Reich. Arbeiterklasse und Volksgemeinschaft. Opladen 1977, S. 126; Zingel, Bernd. Das Arbeitsamt Hannover und seine Vorläufer bis 1933. Vom „freien" Arbeitsmarkt zur staatlichen Intervention (Manuskript, unveröff.). Hannover 1990, S. 102ff.
7) Jaeger (1988) a.a.O., S. 178
8) Stelzner, Jürgen. Arbeitsbeschaffung und Wiederaufrüstung (Diss). Tübingen 1976, S. 79
9) Zahlenangaben nach Jaeger (1988) a.a.O., S. 182ff.
10) Ausführlich zu diesem Thema: Kube, Alfred. Von der „Volksmotorisierung" zur Mobilmachung. Automobil und Gesellschaft im Dritten Reich. In: Räder, Autos und Traktoren. Erfindungen aus Mannheim. Wegbereiter der modernen Gesellschaft. Hrsg. vom Landesmuseum für Technik und Arbeit in Mannheim. Mannheim 1986, S. 138–157; Stelzner (1976) a.a.O., S. 83ff.
11) Kube (1986) a.a.O., S. 146 (Bericht eines Arbeiters über die Zustände beim Autobahnbau, zitiert nach: Deutschland – Berichte 1935, S. 786)
12) Angaben hierzu nach Neuloh (1957) a.a.O., S. 414ff.
13) Ausführlich hierzu: Benz, Wolfgang. Vom freiwilligen Arbeitsdienst zur Arbeitsdienstpflicht. In: Vierteljahreshefte für Zeitgeschichte. 16. Jg. 1968, S. 317–346; Köhler, Henning. Arbeitsdienst in Deutschland. Pläne und Verwirklichungsformen bis zur Einführung der Arbeitsdienstpflicht 1935. Berlin 1967
14) Vgl. hierzu: Maier, Dieter. Vom Arbeitsbuch zur Beschäftigtenstatistik. Vor 50 Jahren wurde das Arbeitsbuch eingeführt. In: arbeit und beruf. 10/1986, S. 307–311
15) Neuloh (1957) a.a.O., S. 409
16) Zehn Jahre Reichsanstalt (1937) a.a.O., S. 38
17) Neuloh (1957) a.a.O., S. 422ff.
18) Petzina (1968) a.a.O., S. 160

3. Das Mannheimer Arbeitsamt in der Funktion des NS-Erfüllungsgehilfen

1) Archiv des Mannheimer Arbeitsamtes. Fasz. Arbeitsmarktberichte Januar 1933 – Dezember 1937; Januar 1940 – November 1942; Statistik-Mappe
2) Dito. Arbeitsmarktbericht an den Präsidenten des Landesarbeitsamtes Südwestdeutschland September 1937. Zitate wo folgend ohne gesonderte Anmerkung entstammen Quellen wie Anmerkung 1
3) Bericht September 1937; Schirmer (1934) a.a.O., S. 116; Verwaltungsbericht der Stadt Mannheim 1933–1937. Die Stadtverwaltung im Jahrfünft. o.O. (Mannheim), o.J. (1938), S. 95
4) Ausführliche Angaben hierzu in: GLA 460/1
5) Schirmer (1934) a.a.O., S. 117
6) GLA 237/27957
7) GLA 237/27973
8) Schirmer (1934) a.a.O., S. 105
9) Angaben hierzu nach: GLA 237/27953 – 237/27997
10) Kube (1986) a.a.O., S. 146
11) Verwaltungsbericht der Stadt Mannheim (1938) a.a.O., S. 116
12) Dito S. 120
13) Projektangaben in GLA 237/27976; Heierling, Alfred. Die Geschichte von Sandhofen und Scharhof. Mannheim 1986, S. 18ff./254
14) Angaben nach: Hahn, Fred. Lieber Stürmer! Leserbriefe an das NS-Kampfblatt 1924–1945. Stuttgart-Degerloch. 1978, S. 165
15) Sauer, Paul (Bearb.). Dokumente über die Verfolgung jüdischer Bürger in Baden-Württemberg durch das nationalsozialistische Regime 1933–1945. Teil I: Darstellung. Stuttgart 1966, S. 3

16) Ausführlich zur Geschichte der Mannheimer jüdischen Gemeinde vgl.: Fliedner, Hans Joachim. Die Judenverfolgung in Mannheim 1933–1945. Teil I: Darstellung. Stuttgart 1971

17) Angaben hierzu nach: Maier, Dieter. Arbeitsverwaltung. In: Judenmord und öffentliche Verwaltung. Hrsg. v. d. Gewerkschaft Öffentlicher Transport und Verkehr. Berlin 1992, S. 31

18) Archiv des Mannheimer Arbeitsamtes. Fasz. Arbeitsmarkt- und Presseberichte Jg. 1935, Oktoberausgabe

19) Vgl. hierzu: Maier (1990) a.a.O., S. 80f.

20) Stadtarchiv Mannheim. Fasz. D9 – 3K

21) Fliedner (1971, Teil II. Dokumente) a.a.O., S. 333f.

22) Fliedner (1971, Teil I) a.a.O., S. 104

23) Maier (1990) a.a.O., S. 110

24) Fliedner (1971, Teil II) a.a.O., S. 241

25) Boelcke (1989) a.a.O., S. 394f.

26) Klee (1979) a.a.O., S. 12

27) Weinheimer Nachrichten vom 4. August 1938. Zur historischen Entwicklung des Weinheimer Arbeitsamtes von der Gründung 1907 bis zur Angliederung 1938 vgl: Schneider, Wolfgang. Weinheimer Arbeitsamt. Von der Gründung 1907 bis zur Auflösung 1938. Beiträge zur Geschichte des Arbeitsamtes (unveröff.). Mannheim 1991

28) Archiv Arbeitsamt Mannheim. Fasz. Statistik (Arbeitsbucherhebung 1938)

29) Im Überblick hierzu: Recker, Marie Luise. Nationalsozialistische Sozialpolitik im Zweiten Weltkrieg. München 1985, S. 59ff.

30) Degenbach, Klaus/Peter Kloppenhöfer. Eine Schule als KZ (unveröff.). Mannheim 1990, S. 44

31) Herbert, Ulrich. Geschichte der Ausländerbeschäftigung in Deutschland 1880–1980. Saisonarbeiter-Zwangsarbeiter-Gastarbeiter. Berlin/Bonn 1986, S. 140

32) Kohl, W. Arbeitsmarkt, Arbeitseinsatz und soziale Lage der Arbeiter im Protektorat Böhmen und Mähren 1939-1945. (Manuskript, unveröffentl.) o.J.

33) Herbert (1986) a.a.O., S. 145ff.

34) Degenbach/Kloppenhöfer (1990) a.a.O., S. 66

35) Archiv Arbeitsamt Mannheim. Fasz. Berichte über die Entwicklung des Arbeitseinsatzes im Arbeitsamtsbezirk Mannheim Jg. 1940/41

36) Ausführlich hierzu: Peters, Christian. Vom nationalsozialistischen Zwangsarbeiter zur Außenseiterexistenz des „Displaced Person". In: Mannheimer Hefte Jg. 1987, S. 13ff.; Schneider, Thomas. Fremdarbeiter und Kriegsgefangene in Mannheim 1939–1945 (Zula PH Heidelberg unveröff.). Heidelberg 1985

37) GLA 362/10.391

38) Stadtarchiv Mannheim. Fasz. Zug. 1958/Nr. 488, 489, 1255

39) Fliedner (1971, Teil II) a.a.O., S. 242

40) Maier (1992) a.a.O., S. 5/38f.

41) Schneider (1989) a.a.O., S. 23f.

42) Kriegsbericht der Stadt Mannheim 1939–1945. Hrsg. vom Statistischen Amt der Stadtverwaltung Mannheim. o.O. (Mannheim), o.J. (1946), S. 20

VI. Orientierungssuche in den Wirren der ersten Nachkriegsjahre 1945-1952

1) Vgl. hierzu: Adelshauser, Werner. Wirtschaft im Südwesten 1945–1952. In: Der Weg zum Südweststaat, hrsg. v.d. Landeszentrale für politische Bildung Baden-Württemberg. Karlsruhe 1991, S. 93ff.

2) Griesmeier (1953) a.a.O., S. 217

3) Jaeger (1988) a.a.O., S. 209

4) Irek, Joachim. Mannheim in den Jahren 1945–1949. Geschichte einer Stadt zwischen Diktatur und Republik. Bd. I. Darstellung. Mannheim 1983, S. 199ff.

5) Sauer, Paul. Die politische Nachkriegsentwicklung und die Auseinandersetzungen um den Südweststaat. II. Nordbaden. In: Badische Geschichte. Vom Großherzogtum bis zur Gegenwart, hrsg. v.d. Landeszentrale für politische Bildung Baden-Württemberg. Stuttgart 1987 (erstmals 1979), S. 250

6) Dito, S. 251

7) Adelshauser (1991) a.a.O., S. 97

8) Der Anfang nach dem Ende. Mannheim 1945–49. Text: Christian Peters. Hrsg. v. Stadtarchiv Mannheim. Mannheim 1985, S. 78

9) Lage und Wiederaufbau der Mannheimer Wirtschaft. Denkschrift vorgelegt von der Industrie- und Handelskammer Mannheim. o.O. (Mannheim). o.J. (1946), S. 5

10) Irek (1983) a.a.O., S. 203

11) Dito, S. 214ff.

12) Industrie- und Handelskammer Mannheim. Nachrichtendienst vom 15. 5. 1948. 4. Jg. Nr. 10/438

13) Adelshauer (1991) a.a.O., S. 102

14) Irek (1983) a.a.O., S. 200f.

15) Archiv Arbeitsamt Mannheim. Fasz. Bericht über die Entwicklung des Arbeitsmarktes im Arbeitsamtsbezirk Mannheim sowie über die Tätigkeit des Arbeitsamtes im Jahr 1951. März 1952, S. 4

16) Stadtarchiv Mannheim. Fasz. Zug. 73/1977 Nr. 304

17) Vgl. hierzu: Der Anfang nach dem Ende (1985) a.a.O., S. 42f.

18) Irek, Joachim. Mannheim in den Jahren 1945–1949. Geschichte der Stadt zwischen Diktatur und Republik. Bd. II. Dokumente. Mannheim 1983, S. 45

19) Vgl. hierzu: Heinz, Eugen. Auf dem Weg zur Selbstverwaltung. In: Arbeit und Sozialrecht. Mitteilungen des Arbeitsministerium Württemberg-Baden. Jg. 1946, Nr. 6, S. 114ff.

20) Archiv Arbeitsamt Mannheim. Fasz. Arbeitsmarktberichte August 1945 – März 1946.

21) Archiv Arbeitsamt Mannheim. Fasz. Arbeitsmarktbericht vom 21. Januar 1946

22) Irek (1983/I) a.a.O., S. 197

23) Mitteilungen des Arbeitsministeriums Württemberg-Baden. Jg. 1, 1946, Heft Nr. 1, S. 4ff.

24) Alle im Kapitel nachfolgenden Angaben nach: Archiv Arbeitsamt Mannheim. Fasz. Textberichte zur Arbeitsmarktlage des Arbeitsamtes Mannheim August 1945 – Dezember 1945 (wöchentlich bzw. 14tägig); Berichte über die Entwicklung des Arbeitseinsatzes im Stadt- und Landkreis Mannheim Januar 1946 – Dezember 1946 (14tägig); Textberichte zur Arbeitsmarktlage des Arbeitsamts Mannheim Januar1949 – Dezember 1949 (monatlich); Sonderstatistik 1945-1951; Statistische Erhebung des Arbeitsamtes Mannheim von Dezember 1946; Bericht über die Entwicklung des Arbeitsmarktes im Arbeitsamtsbezirk Mannheim sowie über die Tätigkeit des Arbeitsamts im Jahr 1951 (unveröff. Manuskript). März 1952.

VII. Stationen der weiteren Nachkriegsentwicklung bis zur Gegenwart 1952–1993

1) Kistler, Helmut. Die Bundesrepublik Deutschland. Vorgeschichte und Geschichte 1945–1983. Stuttgart 1985, S. 148

2) Jaeger (1988) a.a.O., S. 214

3) Zur Wirtschafts- und Konjunkturentwicklung vgl.: Abelshauser, Werner. Wirtschaftsgeschichte der Bundesrepublik Deutschland 1945–1980. Frankfurt/M. 1983; Henning, Friedrich Wilhelm. Das industrialisierte Deutschland 1914–1986. Paderborn 1988, S. 190ff.

4) Kistler (1985) a.a.O., S. 335ff.

5) Vgl. hierzu: Kullen, Siegfried. Baden-Württemberg. Stuttgart 1983, S. 220ff.; Boelcke, Willi A. Wirtschaftsgeschichte Baden-Württembergs. Von den Römern bis heute. Stuttgart 1987, S. 462ff.

6) Rall, Wilhelm. Baden-Württembergs Wirtschaft. In: Baden-Württemberg. Eine politische Landeskunde. Hrsg. v. d. Landeszentrale für politische Bildung Baden-Württemberg. Stuttgart 1975, S. 194

7) Angaben nach: Boelcke (1987) a.a.O., S. 462

8) Dito, S. 521

9) Zur Bevölkerungsseite Mannheim nach 1945 vgl.: Jentsch, Christoph. Die Bevölkerung der Stadt Mannheim. In: B. Hahn (Hg.). Mannheim – Analyse einer Stadt. Mannheim 1992, S. 26ff.

10) Archiv Arbeitsamt Mannheim. Fasz. Arbeitsmarktberichte. Die Wirtschaftsstruktur des Arbeitsamtsbezirks Mannheim. o.O., 1959, S. 5

11) Archiv Arbeitsamt Mannheim. Fasz. Arbeitsmarktberichte Jg. 1951–1960

12) Staatliche Archivverwaltung Baden-Württemberg (Hg.). Die Stadt- und Landkreise in Baden-Württemberg. Bd. I. Die Stadt- und Landkreise Heidelberg und Mannheim. Karlsruhe 1966, S. 626ff.

13) Archiv Arbeitsamt Mannheim. Fasz. Arbeitsmarktberichte. Jg. 1966-1969

14) Diesbezügliche Angaben nach: Industrie- und Handelskammer Rhein-Neckar in Mannheim (Hg.). Bilanz 1973–1977. o.O., 1977; Bilanz 1977–1980. o.O., 1981; Bilanz 1981–1984. o.O., 1986;

15) Industrie- und Handelskammer Rhein-Neckar in Mannheim (Hg.). Bilanz 1985–1988. o.O., 1989, S. 9

16) Industrie- und Handelskammer Rhein-Neckar (Hg.) Tätigkeitsbericht 1989, 1990, 1991, 1992

17) Zur Problematik Mannheims als altindustrialisierter Standort vgl.: Skarke, Hans. Die Entwicklung des Industriestandortes Mannheim. In: Materialien zur Geographie 9/Geographisches Institut der Universität Mannheim. Mannheim 1987, S. 64f.

18) Haasis, Hans Arthur. Industriestädte im Wandel. Der Fall Mannheim. Baden-Baden 1990, S. 48

19) Miodek, Wolfgang/Elisabeth Müller - Neumann. Entwicklung von Wirtschaftsstruktur und Arbeitsmarkt in Mannheim 1970–1990. In: Beiträge zur Wirtschaftsentwicklung, hrsg. vom Amt für Wirtschaftsförderung der Stadt Mannheim. o.O., 1992, S. 25

20) Böhm/Brock (1990/91) a.a.O., S. 294ff.

21) Vgl. hierzu: Uhlig (1970) a.a.O., S. 286ff.

22) Franke, Heinrich. 60 Jahre deutsche Arbeitsverwaltung. In: arbeit und beruf 10/1987, S. 311

23) Lampert, Heinz. 20 Jahre Arbeitsförderungsgesetz. In: Mitteilungen aus der Arbeitsmarkt- und Berufsforschung. 22/1989, S. 176

24) Dito, S. 177

25) Vgl. hierzu: Klee (1979) a.a.O., S. 9ff.

26) Mannheimer Morgen vom 7.9.1970, S. 6

27) Angaben nach: Bundesanstalt für Arbeit (1983) a.a.O., S. 6ff.

28) Esser (1989) a.a.O., S. 328

Verwendete Quellen und Literatur

1. Quellen

Amtliche Statistik

Statistisches Jahrbuch für das Großherzogtum Baden Jgg. 1899; 1904/05; 1909/11; 1910/11; 1914; 1915

Statistische Mitteilungen für das Großherzogtum Baden Jgg. 1914; 1915; 1917

Statistische Mitteilungen für das Land Baden Jg. 1922

Statistisches Jahrbuch für das Land Baden Jgg. 1923; 1925; 1930; 1938

Jahresbericht der Großherzoglich Badischen Landeshauptstadt Mannheim Jgg. 1895–1913

Verwaltungsbericht der Großherzoglich Badischen Hauptstadt Mannheim Jgg. 1913; 1919/20

Zehn Jahre Reichsanstalt für Arbeitsvermittlung und Arbeitslosenversicherung 1927–1937. Hrsg. v.d. Hauptstelle der Reichsanstalt

Jahresbericht des Landesarbeitsamtes Südwestdeutschland 1929. Hrsg. vom Landesarbeitsamt Südwestdeutschland

Jahresbericht 1952 :Hrsg. v. Bundesminister für Arbeit

Statistische Monatsberichte Baden-Württemberg. Ausgabe April/Mai 1962. Sonderheft Zehn Jahre Baden-Württemberg

Amtliche Nachrichten der Bundesanstalt für Arbeit (ANBA). Jgg. 1952–1993 (Monatsberichte, Jahresberichte)

Statistisches Jahrbuch des Landes Baden-Württemberg 1952

Generallandesarchiv Karlsruhe

Faszikel Nr.: 237/26686; 237/27906; 237/27902; 237/29655; 237/27639; 237/27684; 237/27906; 237/26687; 237/28001; 237/27953–27997; 362/9570; 362/9884; 362/9919; 362/10391; 460/1

Archiv Arbeitsamt Mannheim

Bericht über die Thätigkeit des Vereins Arbeitsnachweis der Industrie Mannheim-Ludwigshafen 1913

Denkschrift des Städtischen Arbeitsamtes Mannheim 1920

Der Arbeitsmarkt im Mannheimer Wirtschaftsgebiet. Geschäftsbericht des Arbeitsamtes Mannheim für die Jahre 1924–1927 mit einem Vorbericht für die Jahre 1914–1924

Arbeitsmarktberichte Arbeitsamt Mannheim Januar 1930 – September 1933 (monatlich)

Arbeitsmarkt- und Presseberichte Arbeitsamt Mannheim Jgg. 1933–1937 (monatlich)

Arbeitsmarktberichte Arbeitsamt Mannheim 1933—1939 (monatlich)

Zweiter Bericht der Reichsanstalt für Arbeitsvermittlung und Arbeitslosenversicherung für die Zeit vom 1. Januar 1929 bis zum 31. Dezember 1929 (Sonderdruck Reichsarbeitsblatt 2/1930)

Vierter Bericht der Reichsanstalt für Arbeitsvermittlung und Arbeitslosenversicherung für die Zeit vom 1. Januar 1931 bis zum 31. März 1932 (Sonderdruck aus dem Reichsarbeitsblatt 1933 Nr. 7)

Statistik 1933–1938

Arbeitsbuch (1935)

Laufende Statistiken

Berichte über die Entwicklung des Arbeitseinsatzes im Arbeitsamtsbezirk Mannheim Januar – November 1942 (monatlich)

Textberichte Arbeitsamt Mannheim Jgg. 1945–1949 (monatlich)

Arbeitsmarktberichte Arbeitsamt Mannheim Jgg. 1945/46; 1949/50 (monatlich)

Bericht über die Entwicklung des Arbeitseinsatzes im Stadt- und Landkreis Mannheim Januar – Dezember 1946 (14-tägig)

Statistik entlassene Kriegsgefangene

Sonderstatistik 1945 – 1951

Bericht über die Entwicklung des Arbeitsmarktes im Arbeitsamtsbezirk Mannheim sowie über die Tätigkeit des Arbeitsamtes im Jahr 1951

Die Wirtschaftsstruktur des Arbeitsamtsbezirks Mannheim. Stand 1951; Stand 1959

Statistische Taschenbücher

Arbeitsmarktberichte Arbeitsamtsbezirk Mannheim Jgg. 1950–1993 (monatlich)

Jahresarbeitsmarktberichte Arbeitsamtsbezirk Mannheim Jgg. 1959–1990

Arbeitsamt Mannheim. Strukturanalyse 1991

Statistik-Mappe

Pressebericht 6/92; 4/93; 17/93; 24/93; 36/93

Stadtarchiv Mannheim

Fasz. Zug. 1958-Nr. 488, 489, 1521, 1523; D9-3K

Volksstimme (Mannheim), Ausgaben vom 11. 2. 1910; 26. 4. 1923; 15. 1. 1925; 12.4.1930

Neue Mannheimer Zeitung, Ausgaben vom 18. 12. 1930; 21.1.1931; 10./11. 9. 1932; 24. 10. 1932; 28. 3. 1933; 5. 4. 1933; 30. 9. 1933; 21. 2. 1933; 28. 12. 1933; 31. 12. 1933; 10. 1. 1934; 21. 12. 1934; 1. 1. 1935; 2. 11. 1935; 7. 2. 1936; 20. 1. 1939

Hakenkreuzbanner (Mannheim), Ausgaben vom 6. 1. 1933; 21. 12. 1935; 2. 5. 1938; 28. 1. 1939; 12. 6. 1943

Mannheimer Arbeiter-Zeitung, Ausgabe vom 28. 11 1928

Neue Badische Landeszeitung, Ausgabe vom 20. 12. 1930

Ludwigshafener Generalanzeiger, Ausgabe vom 14. 2. 1933

Karlsruher Tageblatt, Ausgabe vom 23. 5. 1919

Israelitisches Gemeindeblatt, Ausgabe 13. Jg. 1935, Heft 1

Industrie- und Handelskammer Mannheim (Rhein-Neckar)

Jahresberichte der Handelskammer für den Kreis Mannheim Jg. 1923/24; 1925–1933

Industrie- und Handelskammer Rhein-Neckar in Mannheim. Vier Jahre Industrie- und Handelskammer 1973–1977; Bilanz 1977–1980; Bilanz 1981–1984; Bilanz 1985–1988; Tätigkeitsberichte 1989, 1990, 1991, 1992

Lage und Wiederaufbau der Mannheimer Wirtschaft. Denkschrift (1946)

IHK-Nachrichtendienst vom 15. 5. 1948

Stadt Mannheim

Beiträge zur Statistik der Stadt Mannheim Jg. 1897–1965

Statistische Vierteljahresberichte der Stadt Mannheim Jg. 1910–1951

Statistische Monatsberichte der Stadt Mannheim Jg. 1898–1938

Mannheimer Statistisches Taschenbuch Jg. 1913, 1927, 1931, 1936

Schaubilder zur Finanznot und Fürsorgebelastung der Stadt Mannheim. Ausgabe von 1932

Ausländer in Mannheim. Bericht zur Situation ausländischer Kinder und Jugendlicher in Mannheim. Ausgabe von 1992

Lage und Wiederaufbau der Mannheimer Wirtschaft. Denkschrift vorgelegt von der Industrie- und Handelskammer Mannheim. o.O., o. J. (1946)

Verwaltungsberichte der Stadt Mannheim Jgg. 1892–1927 (Jahresberichte); Verwaltungsbericht 1933–1937

Statistische Monatsberichte der Stadt Mannheim Jg. 1927–1933

Kriegsbericht der Stadt Mannheim 1939–1945

Verwaltungsbericht für das Rechnungsjahr 1949; 1950

Statistischer Jahresbericht 1946; 1950; 1955; 1960, 1965

Sonstiges

Die Kommune. Mitteilungsblatt für die sozialdemokratischen Gemeindevertreter Badens Jg. 4, Nr. 1. Januar 1931

Mitteilungen des Arbeitsministeriums Württemberg-Baden Jg. 1, 1946, Heft 1

Mannheimer Morgen, Ausgaben vom 16. 2. 1953; 10. 7. 1979; 18./19. 1. 1992; 5. 3. 1993; 18. 3. 1993; 20. 5. 1993

2. Literatur

Abelshauser, Werner. Wirtschaftsgeschichte der Bundesrepublik Deutschland. Frankfurt/M. 1983

Ders. Wirtschaft im Südwesten 1945–1952. In: Der Weg zum Südweststaat, hrsg. v. d. Landeszentrale für politische Bildung Baden-Württemberg. Karlsruhe 1991, S. 93–111

Allgeier, Rudi. Grenzland in der Krise. Die badische Wirtschaft 1928–1933. In: Thomas Schnabel (Hg.). Die Machtergreifung in Südwestdeutschland. Das Ende der Weimarer Republik in Baden und Württemberg 1928–1933. Stuttgart 1982, S. 150–183

Altmann, G.P. Die Kriegsfürsorge in Mannheim. Darstellung der Tätigkeit des Kriegsunterstützungsamtes und der Zentrale für Kriegsfürsorge von Kriegsbeginn bis zum Juli 1916. Mannheim 1916

Ambrosius, Gerold. Das Wirtschaftssystem. In: Wolfgang Benz (Hg.). Die Geschichte der Bundesrepublik Deutschland. Bd. 2. Wirtschaft. Frankfurt/M. 1989, S. 11–81

Bach, Eugen. Notstandsarbeiten. Entwicklung und Bedeutung der wertschaffenden Arbeitslosenfürsorge. In: Arbeit und Sozialrecht. Mitteilungen des Arbeitsministeriums Württemberg-Baden. Heft 9, 1959, S. 183f.

Baden-Württemberg. 30 Jahre im Spiegel der Statistik. Hrsg. v. Statistischen Landesamt Baden-Württemberg. Stuttgart 1982

Baer, Albert. Über die Entwicklung der Mannheimer Eisen- und Maschinenindustrie mit besonderer Berücksichtigung der Arbeitsverhältnisse (Diss.). Heidelberg 1901

Bausch, Heinz/Hans-Jörg Probst (Hg.). Neckarau. Bilder und Erinnerungen. Mannheim-Neckarau 1984

Becker-Bender, E. Querschnitt durch die Mannheimer Wirtschaft. Mannheim 1939

Beckmann, August. Das Arbeitsamt Pfarrkirchen in seiner Entwicklung vor und nach dem Jahre 1945 (Manuskript, unveröff.). o.O., o.J.

Benz, Wolfgang. Vom freiwilligen Arbeitsdienst zur Arbeitsdienstpflicht. In: Vierteljahreshefte für Zeitgeschichte. Jg. 1938, S. 317–346

Blaich. Fritz. Die Wirtschaftskrise 1925/26 und die Reichsregierung. Von der Erwerbslosenfürsorge zur Konjunkturpolitik. Kallmünz 1977

Ders. Grenzlandpolitik im Westen 1926–1936. Die „Westhilfe" zwischen Reichspolitik und Länderinteressen. Stuttgart 1978

Blaustein, Arthur. Die Handelskammer Mannheim und ihre Vorläufer 1728–1928. Mannheim 1928

Boelke, Willi A. Wirtschaftsgeschichte Baden-Württembergs. Von den Römern bis Heute. Stuttgart 1987

Ders. Wirtschaft und Sozialsituation. In: Otto Borst (Hg.). Das Dritte Reich in Baden-Württemberg. Stuttgart 1988, S. 29–45

Ders. Sozialgeschichte Baden-Württembergs 1800–1989. Stuttgart 1989

Böhm, Margarete/Roger Brock. Geschichte der deutschen Arbeitsverwaltung unter besonderer Berücksichtigung Berlins (Manuskript, unveröff.). Berlin 1990/91

Böttger, Richard. Die Notschule für Erwerbslose in Mannheim. In: Die Kommune. Mitteilungsblatt für die sozialdemokratischen Gemeindevertreter Badens. 4. Jg. 1931, S. 1–4

Borst, Otto (Hg.). Das dritte Reich in Baden und Württemberg. Stuttgart 1988

Braun, Günter/Wolfgang Horn/Erich Matthias. Einleitung. In: Erich Matthias/Hermann Weber (Hg.). Widerstand gegen den Nationalsozialismus in Mannheim. Mannheim 1984, S. 25–90

Bundesanstalt für Arbeit (Hg.). Die Bundesanstalt für Arbeit stellt sich vor. Nürnberg 1983

Dagenbach, Klaus/Peter Koppenhöfer. Eine Schule als KZ. Schriftenreihe des Schulverwaltungsamtes der Stadt Mannheim. Selbstverlag 1990

Datenreport 1992. Zahlen und Fakten über die Bundesrepublik Deutschland. Hrsg. v. statistischen Bundesamt. Bonn 1992

Deutsche Geschichte in Daten. Berlin 1967

Dieckmann, Wilhelm. Die Behördenorganisation in der deutschen Kriegswirtschaft 1914–1918. Hamburg 1937

Ehlert, H. G. Die wirtschaftliche Zentralbehörde des Deutschen Reiches 1914–1919. Das Problem der Gemeinwirtschaft in Krieg und Frieden. Wiesbaden 1982

Elsaesser. Die Autostraße Mannheim - Heidelberg. Mannheim 1927

Esser, Hartmut. Gastarbeiter. In: Wolfgang Benz (Hg.). Die Geschichte der Bundesrepublik Deutschland. Bd. 2. Wirtschaft. Frankfurt/M. 1989, S . 326–361

Faust, Anselm. Arbeitsmarktpolitik in Deutschland. Die Entstehung der öffentlichen Arbeitsvermittlung. In: T. Pierenkämer/R. Tilly (Hrsg). Historische Arbeitsmarktforschung. Göttingen 1982, S. 252-272

Fliedner, Hans Joachim. Die Judenverfolgung in Mannheim 1933–1945. 2 Bde. Stuttgart 1971

Förster, Wolfram. Benz & Cie. Rheinische Automobil- und Motorenfabrik. Eine unternehmensgeschichtliche Skizze. In: Badische Heimat. Heft 2, 1992, S. 183–230

Ders. Kommunen als Pioniere moderner Sozialstaatlichkeit. Arbeitsamt Mannheim mit 100jähriger Tradition. In: Die Wirtschaft. Nachrichten der Industrie- und Handelskammer Mannheim. Heft 8, 1993, S. 480–481

Ders. Der Industriestandort Mannheim. Branchen, Strukturwandel und Krise 1919–1933. In: Mannheim in der Weimarer Zeit. Hrsg. v. Stadtarchiv Mannheim. Mannheim 1994

Fontaine. Die Bedeutung der Mannheimer Notstandsmaßnahmen. Heidelberg 1924

Franke, Heinrich. 60 Jahre deutsche Arbeitsverwaltung. In: arbeit und beruf. Heft 10, 1987, S. 309–315

Fricke, Werner. Der Rhein-Neckar-Raum. In: Christoph Borcherdt (Hg.) Geographische Landeskunde von Baden-Württemberg. Stuttgart 1983, S. 135–154

Fritsch, Willi. Neues Bauen in Baden. Herausgegeben im Auftrag des Gauleiters und Reichsstatthalters Robert Wagner. Karlsruhe 1936

Gerber, Friedrich Julius. Mannheim als Industriestandort (Diss.) Heidelberg 1930

Gilbert, Martin. Endlösung. Die Vertreibung und Vernichtung der Juden. Ein Atlas. Rheinbeck 1982

Graak, Erdmann. Die Arbeitsvermittlung in Deutschland. Buchreihe des öffentlichen Arbeitsnachweises. Bd. 1. Stuttgart 1926

Grimm, Fritz. Die Wohlfahrtserwerbslosen in Baden (Diplomarbeit, unveröff.). Mannheim 1932

Griesmeier, Josef. Die Entwicklung der Wirtschaft und der Bevölkerung von Baden und Württemberg im 19. und 20. Jahrhundert. Ein statistischer Rückblick auf die Zeit des Bestehens der Länder Baden und Württemberg. In: Jahrbuch für Statistik und Landeskunde von Baden-Württemberg. 1. Jg. 1953, Heft 2, S.121–242

Haasis, Hans Arthur. Industriestädte im Wandel. Der Fall Mannheim. Baden-Baden 1990

Hahn, Barbara. Der geförderte Wohnungsbau in Mannheim 1850–1985. Südwestdeutsche Schriften Bd. 3. Mannheim 1986

Hahn, Fred. Lieber Stürmer! Leserbriefe an das NS-Kampfblatt 1924-1945. Stuttgart-Degerloch 1978

Hartwig, Adolf. Die Entwicklung der Berufsberatung in Deutschland. In: Handbuch der Arbeitsvermittlung und Berufsberatung. Teil 2: Berufsberatung. Hrsg. v. Valentin Siebrecht. Stuttgart 1959, S. 29–59

Heierling, Alfred. Die Geschichte von Sandhofen und Scharhof. Mannheim 1986

Heinz, Eugen. Auf dem Wege zur Selbstverwaltung. In: Arbeit und Sozialrecht. Mitteilungen des Arbeitsministeriums Württemberg-Baden. Jg. 1946, Nr. 6, S. 114–116

Henning, Friedrich Wilhelm. Das industrialisierte Deutschland 1914–1986. Paderborn 1988

Henschel, Hans. Geschichte der Arbeitsvermittlung in Deutschland. In: Valentin Siebrecht (Hg.). Handbuch der Arbeitsvermittlung und Berufsberatung. Teil 1. Arbeitsvermittlung. Stuttgart 1959, S . 27-58

Hentschel, Volker. Die Sozialpolitik in der Weimarer Republik. In: Bracher, Karl Dietrich/Manfred Funke/Hans Adolf Jacobsen (Hg.). Die Weimarer Republik 1918–1933. Politik. Wirtschaft. Gesellschaft. Bonn 1987, S. 197–217

Herbert, Ulrich. Geschichte der Ausländerbeschäftigung in Deutschland 1880 bis 1980. Saisonarbeiter, Zwangsarbeiter, Gastarbeiter. Berlin/Bonn 1986

Hertz-Eichenrode, D. Wirtschaftskrise und Arbeitsbeschaffung. Konjunkturpolitik 1925/26 und die Grundlagen der Krisenpolitik Brünings. Frankfurt/M. 1982

Hofmann, Emil. Preisbewegungen und Kosten der Lebenshaltung in der Stadt Mannheim für die Jahre 1890–1912. Schriften des Vereins für Sozialpolitik Bd. 145. Jg . 1914

Ders. Die Mannheimer Kriegsarbeitslosenzählung vom 12./14. Oktober 1914. Mannheim 1915

Ders. Preisbewegungen und Kosten der Lebenshaltung in Mannheim im Jahre 1924. Mannheim 1925

Ders. Die Entwicklung der Lebenshaltungskosten in Mannheim im Jahre 1932. Mannheim 1933

Hook, Karl. Mannheim in Wort, Zahl und Bild. Seine Entwicklung seit 1900. Mannheim 1954

Hupp, Friedrich. Das Heimatbuch der Stadt Mannheim. Hrsg. v. Hakenkreuzbanner-Verlag. Mannheim 1939

Ihrig, August. Die soziale Fürsorge der Stadt Mannheim (Diss.). Mannheim 1926

Irek, Joachim. Mannheim in den Jahren 1945–1949. 2 Bde. Mannheim 1983

Jacob, Lothar. 75 Jahre Gartenstadt-Genossenschaft 1910–1985. Eine Idee macht Geschichte. Mannheim 1985

Jaeger, Hans. Geschichte der Wirtschaftsordnung in Deutschland. Frankfurt/M. 1988

Jentsch, Christoph. Die Bevölkerung der Stadt Mannheim. In: Barbara Hahn (Hg.). Mannheim – Analyse einer Stadt. Südwestdeutsche Schriften Bd. 13. Mannheim 1992, S. 23–42

Kaftan, Kurt. Der Kampf um die Autobahn. Geschichte und Entwicklung des Autobahngedankens in Deutschland 1907–1935 unter Berücksichtigung ähnlicher Pläne und Bestrebungen im übrigen Europa. Berlin 1955

Kessler, Gerhard. Die Arbeitsnachweise der Arbeitgeberverbände. Leipzig 1911

Kistler, Helmut. Die Bundesrepublik Deutschland. Vorgeschichte und Geschichte 1945–1983. Stuttgart 1983

Klee, Josef. Aus der Chronik des Arbeitsamtes Mannheim. (Manuskript, unveröff.). 1979

Kohl, W. Arbeitsmarkt, Arbeitseinsatz und soziale Lage der Arbeiter im Protektorat Böhmen und Mähren 1939-1945. (Manuskript unveröffentl.) o.J.

Kohler, Henning. Arbeitsdienst in Deutschland. Pläne und Verwirklichungsformen bis zur Einführung der Arbeitsdienstpflicht im Jahre 1935. Berlin 1967

Krause, Walter. Wo wohnen die Mannheimer heute? In: Mannheimer Hefte. Jg. 1952, Heft 1, S. 15-17

Krautkrämer, Elmar. Kriegsende und Besatzungszonen. In: Der Weg zum Südweststaat. Hrsg. v. d. Landeszentrale für politische Bildung Baden-Württemberg. Karlsruhe 1991, S. 17–37

Kromer, Wolfgang. „Ich wollt auch mal in die Stadt". Zuwanderungen nach Mannheim vor dem Zweiten Weltkrieg, illustriert an Wanderungsbiographien aus dem badischen Odenwald. Heidelberg 1986

Kube, Alfred. Von der „Volksmotorisierung" zur Mobilmachung. Automobil und Gesellschaft im „Dritten Reich". In: Räder, Autos und Traktoren. Erfindungen aus Mannheim – Wegbereiter der modernen Gesellschaft. Hrsg. v. Landesmuseum für Technik und Arbeit in Mannheim. Mannheim 1986, S. 138–157

Kullen, Siegfried. Baden-Württemberg. Stuttgart 1983

Lampert, Heinz. 20 Jahre Arbeitsförderungsgesetz. Sonderdruck aus Mitteilungen aus der Arbeitsmarkt- und Berufsforschung. Jg. 1989, S. 173–185

Landesarbeitsamt Südwestdeutschland. Jahrbuch 1929. Hrsg. v. Landesarbeitsamt Südwestdeutschland. Stuttgart 1930

Lindemann, Anna Maria. Mannheim im Kaiserreich. Mannheim 1988

Maier, Dieter. Vom Arbeitsbuch zur Beschäftigtenstatistik – Vor 50 Jahren wurde das Arbeitsbuch eingeführt. In: arbeit und beruf. Jg. 1986, Heft 10, S. 307–311

Ders. Arbeitsverwaltung und nationalsozialistische Judenverfolgung in den Jahren 1933–1939. In: Arbeitsmarkt und Sondererlaß. Menschenverwertung, Rassenpolitik und Arbeitsamt. Beiträge zur Nationalsozialistischen Gesundheits- und Sozialpolitik Bd. 8. Berlin 1992, S. 62–136

Ders. Arbeitsverwaltung. In: Judenmord und öffentliche Verwaltung. Hrsg. v. d. Gewerkschaft öffentlicher Transport und Verkehr. Berlin 1992, S. 31–39

Ders. Arbeitseinsatz und Deportation. Die Mitwirkung der Arbeitsverwaltung bei der nationalsozialistischen Judenverfolgung in den Jahren 1938–1945. Berlin 1994

Mason, Timothy W. Arbeiterklasse und Volksgemeinschaft. Dokumente und Materialien zur deutschen Arbeiterpolitik 1936–1939. Opladen 1975

Michalke, Otto. Die Arbeitsnachweise der Gewerkschaften im deutschen Reich. Berlin 1912

Miodek, Wolfgang/Elisabeth Müller-Neumann. Entwicklung von Wirtschaftsstruktur und Arbeitsmarkt in Mannheim 1970–1990. In: Beiträge zur Wirtschaftsentwicklung. Hrsg. v. Amt für Wirtschaftsförderung der Stadt Mannheim. o.O. (Mannheim) 1992

Niess, Frank. Geschichte der Arbeitslosigkeit. Ökonomische Ursachen und politische Kämpfe: ein Kapitel deutscher Sozialgeschichte. Köln 1982

Neuloh, Otto (Bearb.). 100 Jahre staatliche Sozialpolitik 1839–1939. Aus dem Nachlaß von Dr. Friedrich Syrup. Stuttgart 1957

Ott, Hugo. Das Land Baden im Dritten Reich. In: Badische Geschichte. Vom Großherzogtum bis zur Gegenwart. Hrsg. v. d. Landeszentrale für politische Bildung Baden-Württemberg. Stuttgart 1979, S. 184–205

Peters, Christian. Der Anfang nach dem Ende. Mannheim 1945–1949. Mannheim 1986

Ders. Vom nationalsozialistischen Zwangsarbeiter zur Außenseiterexistenz als „displaced person". Ein Kapitel aus der Geschichte der Arbeit in Mannheim. In: Mannheimer Hefte. Jg. 1987, Heft 1, S. 13–27

Petzina, Dieter. Autarkiepolitik im Dritten Reich. Der nationalsozialistische Vierjahresplan. Stuttgart 1968

Ders. Die Mobilisierung deutscher Arbeitskräfte vor und während des zweiten Weltkrieges. In: Vierteljahreshefte für Zeitgeschichte. Jg. 1970, S. 443–455

Ders. et. al. (Hg.). Sozialgeschichtliches Arbeitsbuch III. Materialien zur Statistik des Deutschen Reiches 1914–1945. München 1978

Pohl, Hans et. al. Die Daimler Benz AG in den Jahren 1933 bis 1945: eine Dokumentation. Stuttgart 1986

Preller, Ludwig. Sozialpolitik in der Weimarer Republik. Stuttgart 1949 (Nachdruck 1978)

Rall, Wilhelm. Baden-Württembergs Wirtschaft. In: Baden-Württemberg. Eine politische Landeskunde. Hrsg. v. d. Landeszentrale für politische Bildung Baden-Württemberg. Stuttgart 1975, S. 192–215

Recker, Marie Luise. Nationalsozialistische Sozialpolitik. München 1985

Sachs, Hildegard. Entwicklungstendenzen in der Arbeitsnachweisbewegung. Abhandlungen des staatswissenschaftlichen Seminars zu Jena Bd. 15, Heft 1. Jena 1919

Sauer, Paul (Bearb.). Dokumente über die Verfolgung der jüdischen Bürger in Baden-Württemberg durch das nationalsozialistische Regime 1933–1945. 2 Bde. Stuttgart 1966

Ders. Die politische Nachkriegsentwicklung und die Auseinandersetzungen um den Südweststaat. In: Badische Geschichte. Vom Großherzogtum bis zur Gegenwart. Hrsg. v. d. Landeszentrale für politische Bildung Baden-Württemberg. Stuttgart 1979, S. 232–257

Schadt, Jörg (Bearb.). Alles für das Volk. Alles durch das Volk. Dokumente zur demokratischen Bewegung in Mannheim 1848–1948. Stuttgart/Aalen 1977

Schäfer, Hermann. Regionale Wirtschaftspolitik in der Kriegswirtschaft. Staat, Industrie und Verbände während des Ersten Weltkrieges in Baden. Stuttgart 1983

Ders. Wirtschaftliche und soziale Probleme des Grenzlandes. In: Badische Geschichte. Vom Großherzogtum bis zur Gegenwart. Hrsg. v. d. Landeszentrale für politische Bildung Baden-Württemberg. Stuttgart 1979, S. 168–183

Scherer, Peter/Peter Schaaf (Bearb.). Dokumente zur Geschichte der Arbeiterbewegung in Württemberg und Baden 1848–1949. Stuttgart 1984

Schirmer, Kurt. Die Entwicklung der Arbeitslosigkeit in Mannheim seit der Stabilisierung (Dipl.-Arbeit, unveröff.). Mannheim 1934

Schmitt, Angelika. Die Geschichte des Konzentrationslagers Mannheim-Sandhofen. Ein Beitrag zur Zeitgeschichte im regionalen Bereich (Zula PH Ludwigsburg, unveröff.) 1976

Schmitt, Helmut/Beate Knobloch. Ausländer in Mannheim. Bericht zur Situation ausländischer Kinder und Jugendlicher. Hrsg. v. d. Stadt Mannheim. Mannheim 1992

Schneider, Thomas. Fremdarbeiter und Kriegsgefangene in Mannheim 1939–1945 (Zula PH Heidelberg, unveröff.) 1985

Schneider, Wolfgang. Chronik des Mannheimer Arbeitsamtes 1933–1945. (Manuskript, unveröff.) 1989

Ders. Weinheimer Arbeitsamt. Von der Gründung 1907 bis zur Auflösung 1938. (Manuskript, unveröff.) 1991

Seeber, Günter. Kommunale Sozialpolitik in Mannheim 1888–1914. Südwestdeutsche Schriften Bd. 8. Mannheim 1990

Siebrecht, Valentin. Arbeitsmarkt und Arbeitsmarktpolitik in der Nachkriegszeit. Stuttgart 1956

Ders. (Hg.). Handbuch der Arbeitsvermittlung und Berufsberatung. Teil 1: Arbeitsvermittlung. Stuttgart 1959

Simon, Georg. Die Chronik des Arbeitsamtes Ludwigshafen am Rhein als Teilaspekt der politischen, wirtschaftlichen und sozialen Entwicklung in diesem Amtsbezirk. o.O., o.J. (1985)

Skarke, Hans. Die Entwicklung des Industriestandortes Mannheim (Dipl.-Arbeit). Materialien zur Geographie 9/Geographisches Institut der Universität Mannheim. Mannheim 1987

Staatliche Archivverwaltung Baden-Württemberg (Hg.). Die Stadt und Landkreise in Baden-Württemberg. Amtliche Kreisbeschreibung Bd. I: Die Stadt und Landkreise Heidelberg und Mannheim. Karlsruhe 1966

Ders. (Hg.). Die Stadt- und Landkreise in Baden-Württemberg. Amtliche Kreisbeschreibung Bd. III: Die Stadt Mannheim und die Gemeinden des Landkreises Mannheim. Karlsruhe 1970

Statistisches Bundesamt (Hg.). Datenreport 1992. Zahlen und Fakten über die Bundesrepublik Deutschland. Bonn 1992

Statistisches Landesamt Baden (Hg.). Die Industrie in Baden im Jahr 1925. Karlsruhe 1926

Steinbach, Lothar. Mannheim – Erinnerungen aus einem halben Jahrhundert. Sozialgeschichte einer Stadt in Lebensbildern. Stuttgart 1984

Stelzner, Jürgen. Arbeitsbeschaffung und Wiederaufrüstung 1933-1936 (Diss.). Tübingen 1976

Suhling, Lothar. Technik, Arbeit und große Industrie. Entwicklungen in der Zeit der Weimarer Republik. In: „Nachrichtenblatt" der deutschen Gesellschaft für Geschichte der Medizin, Naturwissenschaft und Technik e.V. Jg. 1988, Heft 3, S. 120–138

Syrup, Friedrich. Der Arbeitseinsatz und die Arbeitslosenhilfe in Deutschland. Berlin 1936

Tiefenbacher, Rudolf. Die volkswirtschaftliche Bedeutung der Produktion von Erwerbslosenfürsorge unter Zugrundelegung der badischen Verhältnisse. Heidelberg 1931

Tolxdorff, Leo Adalbert. Der Aufstieg Mannheims im Bilde seiner Eingemeindungen (1895–1930). Stuttgart 1961

Uhlig, Otto. Arbeit – amtlich angeboten. Der Mensch auf seinem Markt. Stuttgart 1970

Vom Büro für Stellenvermittlung zum Arbeitsamt (Herford/Minden). (Manuskript, unveröff., o. Verf.). Herford, o.J. (1989)

Walter, Friedrich. Chronik der Hauptstadt Mannheim für das Jahr 1901 (1902, 1903). Mannheim 1901 (1903, 1904)

Ders. Schicksal einer deutschen Stadt. Geschichte Mannheims 1907–1945. 3 Bde. Frankfurt/M. 1949

Ders. Baden-Pfalz-Südweststaat. Ludwigshafen/Mannheim 1950

Winkel, Harald. Zur historischen Entwicklung der Arbeitsbeschaffungsmaßnahmen. In: Hamburger Jahrbuch für Wirtschafts- und Gesellschaftspolitik Jg. 1976, S. 317–332

Wörishofer, F. Die soziale Lage der Fabrikarbeiter in Mannheim und dessen nächster Umgebung. Karlsruhe 1891

Wolffsohn, Michael. Industrie und Handwerk im Konflikt mit staatlicher Wirtschaftspolitik. Studien zur Politik der Arbeitsbeschaffung in Deutschland 1930/34. Berlin 1977

Wunder, Friedrich Emil. Die Versorgung der Mannheimer Industrie mit auswärts wohnenden Arbeitern (Diss.). Heidelberg 1914

Wybrecht, Günter. Die strukturellen Veränderungen der Mannheimer Wirtschaft von 1870 bis 1914 (Diss.). Freiburg/Br. 1956

Wysocki, Josef. Spuren. 100 Jahre Waldhof – 100 Jahre Wirtschaftsgeschichte. Hrsg. v. d. PWA Waldhof. Mannheim 1984

Zehn Jahre Reichsanstalt für Arbeitsvermittlung und Arbeitslosenversicherung 1927–1937. Hrsg. v. d. Hauptstelle der Reichsanstalt Berlin o.J. (1937)

Zier, Hans Georg. Politische Geschichte Badens 1918 bis 1933. In: Badische Geschichte. Vom Großherzogtum bis zur Gegenwart. Hrsg. v. d. Landeszentrale für politische Bildung Baden-Württemberg. Stuttgart 1979, S. 143–167

Zingl, Bernd. Das Arbeitsamt Hannover und seine Vorläufer bis 1933. Vom „freien" Arbeitsmarkt zur staatlichen Intervention (Manuskript, unveröff.). Hannover 1990

Zizler, Josef. Mannheim. Neue Bauten 1919-27. Düsseldorf o.J. (1928)

Ders. Die Mannheimer Kleinsiedlungen. In: Die Lebendige Stadt. Jg. 1931/32, Heft 5, S. 107–110

Fotonachweis

Sadtarchiv Mannheim: Seiten 16, 18, 19, 44, 46, 47, 54, 71, 78, 92, 97, 110, 118. 130, 132, 172, 188, 190.

Arbeitsamt Mannheim: Seiten 25, 80, 87, 89, 93, 112, 113.

Privatarchiv Förster: Seiten 119, 126, 154, 161, 178